D1997693

ARCHSUM AUF SYLT
TEIL 3
Die Ausgrabungen in den römerzeitlichen Erdwerken Archsumburg, Tinnumburg und Trælbanken an der Westküste Schleswigs

Studien zur Küstenarchäologie Schleswig-Holsteins
Serie B Band 3

RÖMISCH-GERMANISCHE FORSCHUNGEN

BAND 50

RÖMISCH-GERMANISCHE KOMMISSION
DES DEUTSCHEN ARCHÄOLOGISCHEN INSTITUTS ZU FRANKFURT A. M.

Archsum auf Sylt
Teil 3

DIE AUSGRABUNGEN IN DEN RÖMERZEITLICHEN ERDWERKEN ARCHSUMBURG, TINNUMBURG UND TRÆLBANKEN AN DER WESTKÜSTE SCHLESWIGS

VON

OLE HARCK
MIT BEITRÄGEN VON F.-R. AVERDIECK, H. KROLL
UND H. REICHSTEIN

VERLAG PHILIPP VON ZABERN · MAINZ AM RHEIN · 1990

XII, 300 Seiten, 199 Abbildungen, 40 Tafeln und 14 Beilagen
Redaktion: Georg Kossack, Riedering

Gedruckt mit Unterstützung der Ministerin für Bildung, Wissenschaft, Jugend und Kultur
des Landes Schleswig-Holstein

CIP-Titelaufnahme der Deutschen Bibliothek

Archsum auf Sylt.- Mainz am Rhein : von Zabern.
Literaturangaben

Teil 3. Harck, Ole: Die Ausgrabungen in den Römerzeitlichen Erdwerken Archsumburg, Tinnumburg und Traelbanken an der Westküste Schleswigs. - 1990

Harck, Ole:
Die Ausgrabungen in den Römerzeitlichen Erdwerken Archsumburg, Tinnumburg und Traelbanken an der Westküste Schleswigs / von Ole Harck. Mit Beitr. von F.-R. Averdieck . . .
- Mainz am Rhein : von Zabern, 1990
(Archsum auf Sylt ; Teil 3)
(Römisch-germanische Forschungen ; Bd. 50) (Studien zur Küstenarchäologie Schleswig-Holsteins : Ser. B ; Bd. 3)
ISBN 3-8053-1150-8

NE: Ausgrabungen in den Römerzeitlichen Erdwerken Archsumburg, Tinnumburg und Traelbanken an der Westküste Schleswigs <1972 - 1978>; 2. GT; Studien zur Küstenarchäologie Schleswig-Holsteins / B

© 1990 by Philipp von Zabern, Mainz am Rhein
ISBN 3-8053-1150-8
Alle Rechte, insbesondere das der Übersetzung in fremde Sprachen, vorbehalten.
Ohne ausdrückliche Genehmigung des Verlages ist es auch nicht gestattet, dieses Buch oder Teile daraus auf photomechanischem Wege (Photokopie, Mikrokopie) zu vervielfältigen.
Printed in West Germany by Philipp von Zabern
Printed on fade resistant and archival quality paper (PH 7 neutral)

Vorwort der Herausgeber

Anfänglich (1973) meinten wir, die Archsumburg in die Zeit der frührömerzeitlichen Bebauung des Melenknop datieren zu dürfen. Danach bestimmten wir die Reihenfolge der Bände innerhalb der Serie: Der der Burg gewidmete Band sollte veröffentlicht werden, wenn die Befunde aus Schichtpaket A des Wohnhügels Melenknop vorlägen (vgl. 55. Ber. RGK 1974 [1975] 299 ff.; 315 ff.). Aber während O. Harck nach Abschluß seiner Grabungen die Fundeinschlüsse der Burg durchsah, kam Zweifel an der Datierung auf. Er entschloß sich daher, zunächst den Baubefund des Beringes zu beschreiben, danach die hier gefundene Keramik unabhängig davon nach Typen und Varianten zu gliedern und zu untersuchen, wie sie sich nach Sorten zusammensetzte und in welchem Erhaltungsgrad sie in die Straten eingebettet wurde. Das Ergebnis überraschte: Zwar stimmte manches formal mit der Tonware des frührömerzeitlichen Schichtpaketes A im Wohnhügel überein, etliches aber auch mit der Keramik des dort folgenden frühen B. Verglich er den Zustand der Ware und die Bildung der Geschirrsätze, wichen sie dennoch in entscheidenden Zügen voneinander ab. Harck datierte die Keramik aus der Burg mit Hilfe von Grabinhalten, denen sie näher stand als der Ausstattung der Siedlungen. Da man bei diesem Stand der Forschung erst begann, die erheblichen Scherbenmassen aus den Schichtpaketen A und B des Melenknop anhand geschlossener Hausinhalte in selbständigen Arbeiten zu ordnen, schien es nicht mehr vertretbar, deren Ergebnisse abzuwarten und eine detaillierte Kontrastuntersuchung einzuleiten. Sie hätte den Abschluß der Burgstudie wesentlich verzögert. Harck reichte das fertige Manuskript 1987 bei der Philosophischen Fakultät der Christian-Albrechts-Universität Kiel als Habilitationsschrift ein.

Lektorat und Redaktion des Bandes, für die G. Kossack verantwortlich zeichnet, hatten den Werdegang des Werkes ebenso zu berücksichtigen wie den Verlauf der Grabung selbst. Wir hatten die Burg, die wir zur Hälfte seit langem bebaut, sonst aber in desolatestem Zustand und als Baugelände ausgewiesen kennenlernten, 1972 mit einem Baggerschnitt geöffnet. Wir glaubten damals, die bisher übliche Datierung des Erdwerks in die Wikingerzeit vor seiner endgültigen Zerstörung prüfen zu sollen, weil J. Reichstein nicht weit entfernt eine zeitgleiche bäuerliche Siedlung aufzudecken unternahm (I 183 ff.). Unsere Testgrabung erwies sich als ertragreich: Die Zeitbestimmung war falsch; von einer Burg im fortifikatorischen Sinn zu sprechen, erlaubte der Befund nicht mehr (Germania 51, 1973, 477 ff.). Grabungsschutz des Areals gestattete zwar ein Jahr später systematische Arbeit, aber schon 1974 drängte der Grundstückseigentümer, den Platz mit Ferienhäusern bebauen zu können, weil die genehmigten Pläne vorlagen und die Finanzierung gesichert war. Seither kann nur von einer »Notgrabung« unter Zeitdruck die Rede sein. Die Profile zwischen den Flächen abzutragen, schien uns z. B. unter diesen Umständen unnötiger Zeitaufwand; die Fundeinschlüsse ließen sich leider nur dort mit den Baubefunden korrelieren, wo stratigraphische Leithorizonte erkennbar waren (z. B. Brandschicht VII) oder wo die Fundamente von Herdstellen in Hütten aus Scherbenbruch bestanden. Diese in einer Zwangslage gewählte, sicher nicht ideale Vorgehensweise brauchten wir im nachhinein nicht zu bedauern: Die Keramik war von den ältesten bis zur jüngsten Strate derart gleichartig und innerhalb einer begrenzbaren Zone des Beringes so gleichmäßig verteilt, daß mit hoher Wahrscheinlichkeit Bau und Nutzung der Anlage allein in diejenige Zeitspanne fallen, aus welcher der Formenschatz der

Keramik stammt. Die Beschreibung der Befunde, ihre Dokumentation und die ausführliche Vorlage der Fundeinschlüsse im Manuskript ließen sich deshalb für die Veröffentlichung bis zu einem Grade kürzen, der eine Prüfung der Sachverhalte noch erlaubt. Jede einzelne Tonscherbe zu erläutern und abzubilden, schien uns die finanziellen Möglichkeiten beim Druck des Werkes weit zu überfordern, vor allem auch unter dem Gesichtspunkt, daß eine komplette Vorlage wegen fehlender Ausgrabung der östlichen Beringhälfte derzeit nicht möglich ist. Das Archiv des Archäologischen Landesmuseums in Schleswig wird nach Abschluß des Gesamtunternehmens das bisher ausgewertete Material verwahren, so daß dort Einsichtnahme bis ins Detail erwartet werden kann.

Ein zweiter, für die Herrichtung des Manuskriptes wichtiger Punkt betrifft die kultur-, speziell die religionsgeschichtliche Interpretation. Wie leicht wäre es gewesen, Rituale aus germanischer Lebensphäre hermeneutisch heranzuziehen (Nerthus: R. Much, Die Germania des Tacitus[3] [1967] 450 ff.; Schachtopfer: ebd. 173 ff.; Steinhaufen: ebd. 182 ff.) oder Volksbrauch als Mittel der Deutung zu nutzen (»Kriechgang«: Th. Zacharae, Kleine Schriften [1920] 240 ff.). Aber will man archäologisch argumentieren, sollte man zuerst das Verhältnis des Erdwerkes zu den zeitgleichen bäuerlichen Hofgruppen des Archsumer Geestkerns, also das soziale Spannungsfeld der Siedelgemeinschaft untersuchen. Wir müssen nach den Gründen im Wechsel der Hofstruktur zwischen Schichtpaket A (Einzelwirtschaften in Weilern) und B fragen (Familenverbände in Langhäusern mit langdauernder Ortsbindung), aber auch die anderen Flach- oder Wechselsiedlungen der Zeit, die wir alle durch Testschnitte lokalisiert und datiert haben, einbeziehen. Das wird allerdings erst möglich sein, wenn die entsprechenden Materialien in Band 4 und 5 der Reihe aufgearbeitet sein werden.

Blickt man ferner auf angenäherte Parallelen außerhalb der Insel, die Harck entweder aufsuchte oder aus der Fachliteratur kennenlernte, stellen sich ähnliche Fragen wie bei den von ihm durch Grabung erschlossenen Anlagen. Wir kennen deren Kontext noch nicht genau genug, auch nicht ihr Verhältnis zu Opferplätzen anderer Art in Seen, Mooren oder auf festem Grund. Der Rahmen des Untersuchungsfeldes spannte sich dann bis nach Nordjütland, wo Wohnhügel Archsumer Form neben Flachsiedlungen verbreitet waren, und zu den Anrainern der Nordseeküste gegen Westen bis nach England, wohin überall damals Kontakte bestanden. Schließlich wären die einzelnen Bauelemente, die Ringmauer, die radiale Anordnung der Hütten, das Tor mit »Kriechgang«, die Schächte wechselnden Inhalts, auf ihren Zusammenhang zu prüfen, den als Gefüge zu verstehen bisher nicht gelingen konnte. Die Archsumburg und ihre Verwandten mögen inhaltlich, geographisch und zeitlich noch isoliert erscheinen; sie stellen gleichwohl eine neuartige Denkmälergruppe dar, die in räumlich umfassenderem Rahmen zu erschließen der Mühe wert scheint, weil hier verläßliche Bausteine für die Kenntnis des religiösen Glaubens bei den Germanen und ihren Nachbarn erwartet werden dürfen.

Die vorliegende Studie beruht auf langjährigen Grabungen, die Harck nach 1973 selbständig geleitet hat und an denen außer den in Bd. I 30 ff. mit Anm. 43 benannten technischen Helfern noch die Herren H.-J. Repkewitz (Schleswig), K.-H. Willroth und M. Schirren (beide Kiel) beteiligt waren. Weil wir unter Zeitdruck gruben und ein Fachphotograph nur selten zur Stelle war, wenn wichtige Befunde es erforderten, stammen die meisten Aufnahmen vom Grabungsleiter. 1973 (Leiter G. Spindler) stellten sie auch bei schlechtem Wetter Grabungshelfer her, so daß die Farben mißrieten. Wir bitten deshalb, die bisweilen miserable Qualität zu entschuldigen. Die graphische Gestaltung der Publikation übernahmen J.-J. Sobotta und vor allem H. Erk, beide Kiel. Die Studie enthält als Kernstück die Berichte über die Grabungen (1972–1978) in der Archsum- und in der Tinnumburg auf Sylt sowie im Erdwerk »Trælbanken« unweit Højer am Nordrand der nordfriesisch-westschleswigschen Festlandsmarsch. Nach den Befunden werden die Fundeinschlüsse behandelt, deren datierende Stücke ein Kurzkatalog im Anhang zusammenstellt. Die Ergebnisse der drei getrennt voneinander durchgeführten Untersuchungen werden anschließend unter gemeinsamen Gesichtspunkten dargestellt, wobei die derzeit erreichbaren Parallelen und im Kontrast dazu die zeitgenössischen Wallanlagen abweichender Funktion die besonderen Züge der Erdwerke Archsumer Typs verstärkt in Erscheinung treten lassen. – Wir empfehlen Teil 1 (»Einführung in Forschungsverlauf und Landschaftsgeschichte«, Röm.-Germ. Forsch. 39 [1980]) und Teil 2 (»Landwirtschaft und Umwelt in vor- und frühgeschichtlicher Zeit«, ebd. 44 [1987]) des Gesamtwerkes bei der Lektüre zur Hand zu haben, weil auf die Beiträge in diesen Bänden häufig verwiesen wird (abgekürzt: I oder II mit Seitenzahl in arabischen Ziffern).

Wir danken unseren Helfern, der Deutschen Forschungsgemeinschaft, die uns durch lange Jahre gefördert hat, der Ministerin für Bildung, Wissenschaft, Jugend und Kultur des Landes Schleswig-Holstein für einen namhaften Druckkostenzuschuß, um den sich Kossack bemühte, und der Römisch-Germanischen-Kommission für die Aufnahme des Buches in eine ihrer Schriftreihen.

Riedering, Kiel und Schleswig

Georg Kossack, Ole Harck
und Joachim Reichstein

Inhaltsverzeichnis

Archsumburg

EINFÜHRUNG

Geographie

Der Ostteil der Insel Sylt besteht aus den beiden von Marsch umgebenen Pleistozänblöcken Archsum und Morsum. Sie sind von einer zwischen 175 und 300 m breiten, durch kliffähnliche Kanten hervorgehobenen Rinne getrennt, wodurch ihr früherer inselartiger Charakter angedeutet wird (*Taf. 1,* vgl. auch I topogr. Karte). Die geologische Kartierung erbrachte eine Kleidecke in diesem heute als Wiese genutzten Gelände zwischen den beiden Moränekuppen (I Beil. 9). Die Sedimentation datiert allerdings ins Mittelalter; ältere Meeresablagerungen ließen sich an keiner Stelle nachweisen, weshalb anzunehmen ist, daß die Niederung zwischen den Geestblöcken in prähistorischer Zeit lediglich eine Feuchtzone, nicht aber ein bei jeder Sturmflut überschwemmtes Areal darstellte. Der pleistozäne Untergrund findet sich im Süden der Rinne zwischen 0 und 1 m NN, weiter nördlich dagegen zwischen 1 und 2 m NN. Durch die niedrige Lage eignete sich der Bereich nicht für eine Besiedlung, aber daß der vermutlich als Wiese begrünte Streifen ständig begangen wurde, dürfte mehr als wahrscheinlich sein[1].

Im Gegensatz hierzu war die noch erkennbare Marsch zwischen dem Westteil Archsums und der Ostspitze der größten Eiszeitbildung Sylts mit den Ortschaften Kampen, Westerland und Keitum bereits um Christi Geburt mit Meeressediment gefüllt: Nach D. Hoffmann zeigt die Kleischicht an der schmalsten Stelle zwischen der Archsumer und der Keitumer Geest eine Breite von ungeführ 180 m auf (I Beil. 9).

Im Ostteil der Insel Sylt bestand während der Kaiserzeit demnach nur *ein* natürlich umgrenztes Siedelareal, das sich im Mittelalter in zwei selbständige Siedelkamnmern teilte. Die frühe, in sich zusammenhängende Geländeerhebung von Archsum und Morsum weist eine Länge von rund 6,4 km und eine Breite von ca. 2,1 km auf; das Gesamtareal oberhalb der vorkaiserzeitlichen Kleigrenze beträgt annähernd 9 km^2. Die höchsten Erhebungen im Ostzipfel messen 23,5 m über NN, der größte Teil des Morsumer Geländes liegt oberhalb der 5 m-Isohypse (etwa 3,5 km^2), eine Höhe, die in der Archsumer Feldmark nur am Nordkliff erreicht wird (0,04 km^2).

Daß Archsum und Morsum eine Einheit bildeten, geht aus historischem Kartenmaterial hervor. Bei der Sylt-Darstellung J. Mejers aus dem Jahre 1648 fehlt eine trennende Niederung zwischen den östlichen Geestblöcken; die Anhöhe Archsum-Morsum wurde als eiförmige Bildung gezeichnet (*Taf. 2,* vgl. auch I Abb. 36)[2]. Fraglich bleibt allerdings, ob diese Abbildung historisch interpretiert werden darf: Sie kann einerseits als Beleg für eine mäßige kartographische Dokumentation gewertet werden, andererseits aber auch auf eine überlieferte Zusammengehörigkeit Archsums und Morsums hinweisen. Sollte die erste Annahme zutreffen, dann ergibt sich zwangsläufig die Frage, weshalb gerade die Niederung zwischen Archsum und Morsum fehlt, während andere Einzelheiten wie das Dünengelände im Osten Morsums, die Trennung zwischen Archsum und Keitum, die Lage wichtiger Priele im Watt und in der Marsch und die Pfarrbezirksgrenze zwischen beiden Ostdörfern eingetragen worden sind. Gerade diese Angabe dürfte von erheblichem Interesse sein: Während die Morsumer Bauern aus den vier Teildörfern Groß- und Klein-Morsum, Schellinghörn und Osterende ihre zentral gelegene St. Martin Kirche besuchten, mußte die Archsumer Bevölkerung den weitaus längeren Weg zur St. Severin Kirche in Keitum antreten und konnte dabei an Sturm- und Überflutungstagen die Niederung zwischen Archsum und Keitum lediglich mit Hilfe von Stapfstei-

[1] D. Hoffmann, Aufbau und Alter der Marsch im Kern der Insel Sylt. Ber. RGK 55, 1974 (1975) 378ff.

[2] C. Danckwerth, Die Landkarten von Johannes Mejer, Husum, aus der Neuen Landesbeschreibung der zwei Herzogthümer Schleswig und Holstein (1652, Nachdruck 1963) Karte XI.

nen passieren[3]. Ungeklärt bleibt der historische Hintergrund für diese Aufteilung der Kirchspiele. Die fehlende Rücksichtnahme auf ältere, natürlich entstandene, landschaftlich begründete Verbindungen unterstreicht eine wahrscheinlich ins Spätmittelalter datierte Festlegung kirchlicher Bezirke, als die Niederung zwischen Archsum und Morsum erstmalig eine Kleidecke erhielt.

Auf der archäologischen Fundkarte (I 190ff. Abb. 79–80) wird die Senke zwischen Archsum und Morsum durch Fundleere charakterisiert und ihr Rand durch die dem Gelände angepaßte Krümmung vermutlich mittelalterlicher Deiche zusätzlich unterstrichen. Wenn prähistorische Funde ausbleiben, könnte das aber auch in Verbindung mit der Ablagerung jungen Kleis gesehen werden, der mögliche Fundstellen konservierend bedeckt hat. Die dem »Miniaturkliff« nächstgelegene Siedlung auf der Archsumer Seite (Fdst. 114) weist eine Basishöhe von rund 2 m NN auf, die Sohle des darunter befindlichen Mischbodens, der ebenfalls einige Funde enthielt, lag dagegen bei ca. 1,7 m NN. Hieraus ergibt sich indirekt, daß die Niederung keinen großen Einfluß auf die Anlage von Wohnplätzen gehabt haben kann, weil die ursprüngliche Höhendifferenz lediglich wenige Dezimeter betrug. Das wird zusätzlich dadurch erhärtet, daß sich die bislang erschlossenen kaiserzeitlichen Siedlungen nicht, wie in einer Übergangszone von Geest zur Marsch zu erwarten wäre, einer Perlenkette gleich am Rand der Niederung aneinanderreihten, sondern sich eher gleichmäßig in der Feldmark ohne Bezugnahme auf die Niederung verteilen (*Taf. 1* u. I 193 Abb. 80).

Die Karte mit den bisher bekannten Fundstellen aus der Zeit nach Christi Geburt im Osten Sylts deutet eine intensive Siedeltätigkeit um das heutige Dorf Archsum an (II 192 Abb. 68). Dies kann teils als historischer Tatbestand, teils als Trugschluß gewertet werden, weil die kleinere Archsumer Höhe im Gegensatz zur Morsumer seit Abschluß der amtlichen Landesaufnahme mehrfach von geschulten Fachkräften systematisch begangen wurde (I 190ff.). Nach den Angaben bei K. Kersten und P. La Baume fanden sich im Morsumer Bereich an 19 Stellen Fundgut der Eisenzeit (La 58, 64, 127, 128, 153, 192, 230, 236, 237, 239, 242, 244, 260, 261, 305, 316, 327, 350, 357), die publizierte Landesaufnahme weist für Archsum einen Urnenplatz und acht Wohnplätze auf[4]. Nach einer Überprüfung des Materials und der Befunde aus Morsum mußte die Fundstellenliste allerdings um einiges gekürzt werden: Zu den »sicheren« Plätzen zählen La 58, 128, 153? 239? 260, 305 und 350; als »unsicher« von der Zeitstellung und vom Befund her gesehen wären La 64, 127, 230, 236, 237, 244, 261, 316, 327 und 357 einzustufen, während La 192 und 242 ins Mittelalter datieren. Die Zahl der Fundstellen auf dem Archsumer Geestkern hat sich seit dem Ende der sechziger Jahre wesentlich erhöht; sie liegt zur Zeit bei 25 Plätzen. Eine vergleichbare Vermehrung der Fundstellenzahl dürfte bei einer entsprechend intensiven Begehung auf der Morsumer Höhe zu erwarten sein. Die Unterschiede in der Fundstellendichte bedeuten aber immerhin für den Archsumer Raum aus heutiger Sicht eine eindrucksvolle Dominanz dem größeren Ostteil der gemeinsamen Pleistozänhöhe gegenüber. Zu den eisenzeitlichen Wohnplätzen in Archsum gehören nach dem derzeitigen Kenntnisstand teils Wohnhügel (La 44, 52, 58, 60, 65 [Melenknop], 86 [Firstklent] und 117) mit gleichartiger Struktur und kontinuierlicher Hausfolge, teils Flachsiedlungen zu ebener Erde auf natürlich entstandenen Kuppen oder anthropogen gebildeten Anhöhen (La 12, 14, 25, 47, 59, 79, 85, 101–102, 106, 108, 111, 114, 116, 121 und 176). Eine Ausnahme stellt der große Hügel der Archsumburg dar (La 61)[5].

Dieses Denkmal liegt im Unterschied zu den anderen Ringwällen auf den nordfriesischen Inseln in einem vermutlich seit dem Mittelalter, sicherlich aber seit der frühen Neuzeit bebauten Areal. Dies wäre ein Grund für die vergleichsweise schlechte Erhaltung des Erdwerkes, das vor Beginn der Untersuchungen nur im Feinnivellement als schwach hervortretende Ringform mit zentraler Mulde erkennbar war. »Neufriesische« Ferienhäuser investitionsfreudiger Sylt-Enthusiasten haben seit 1978 die teilweise ausgegrabene Westhälfte des Burghügels zerstört; auf der östlich anschließenden, nach 1945 aufgeforsteten Parzelle steht dagegen seit Ende des 18. Jahrhunderts ein Gehöft, das seit Jahren nur für Wohnzwecke benutzt wird. Dieser Geländestreifen wurde vor kurzem ins Denkmalbuch eingetragen.

Das Erdwerk befindet sich auf der Geest: An keiner Stelle ist unter der Aufschüttung alter Klei festgestellt worden. Ebenfalls fehlen Hinweise auf Sedimentation im Außenbereich des Wallkörpers. Die geologische Kartierung Hoffmanns belegt zwar eine ins Mittelalter datierte Kleidecke in einem schmalen Wiesenstreifen rund 50 m nördlich des Beringes; der nächstgelegene Rand der älteren, vorkaiserzeitlichen Kleidecke fand sich erst 300 m westlich der Umwallung[6]. Dieser Befund bedeutet aber keineswegs, daß die Fluten bei Hochwasser nicht gelegentlich bis zum Wallfuß

[3] K. Kersten u. P. La Baume, Vorgeschichte der nordfriesischen Inseln (1958) 378 (LA 107).

[4] Ebd. 363ff.; O. Harck, »Landesaufnahme« som udgangspunkt for bebyggelses-historiske undersøgelser. In: H. Thrane, Bebyggelseshistorisk metode og teknik (Kongr. Odense 1978). Skr. Hist. Inst. Odense 23 (1978) 14ff.

[5] Ders., Archäologische Untersuchungen in Wallanlagen Nordfrieslands. Ber. RGK 67, 1986 (1987) 362ff. Abb. 1.

[6] Hoffmann (Anm. 1).

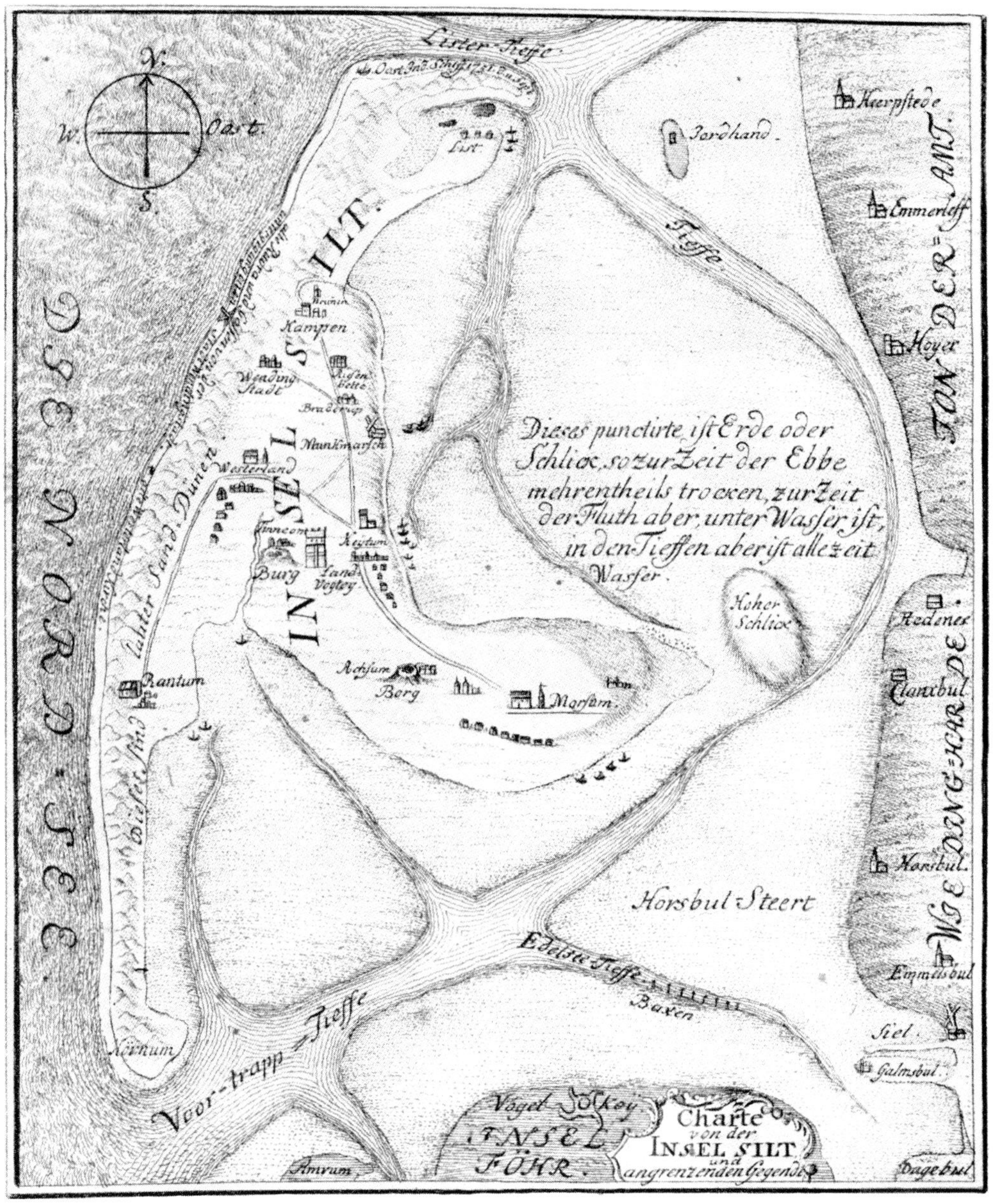

Abb. 1 Archsum- und Tinnumburg in der Karte von J. F. Camerer 1756.

gelangten. Fotografien aus der Zeit vor der Eindeichung 1938 dokumentieren, wie die Burgruine, einer Hallig ähnlich, aus dem bewegten Wasser herausragte (I 10 Abb. 1,1 links).

Das pleistozäne Relief des unmittelbar um die Archsumburg befindlichen Geländes zeigt, daß die heute sichtbare, von Anschüttungen der vorhergehenden Jahrhunderte erweiterte Anhöhe am Südwestrand eines bogenförmig gekrümmten Tales mit Tiefen unterhalb des 1 m-Isohypse über NN gelegen war (I 6 Abb. 5,2). Nur die Westhälfte der Umwallung erstreckte sich oberhalb des 2 m-Bereiches, während der gewachsene Boden unter dem östlichen, nicht untersuchten Wallabschnitt nach den Bohrungen kaum 1,5 m NN erreicht hat. Das Tälchen endete, wie aus der Bohrkarte Hoffmanns erkennbar wird, im Hofareal einer Dorferweiterung aus der frühen Neuzeit, die auf einem künstlich geschütteten Nord-Süd-orientierten Damm vor der Landvermessung 1780 errichtet worden war[7]. Die Erläuterung des ursprünglichen

[7] D. Selle, Archsum auf Sylt – eine historisch-geographische Strukturanalyse (1740–1800). (Staatsexamensarbeit Kiel 1975) Abb. 13 (Archsum-Archiv).

Reliefs ist aus verschiedenen Gründen wichtig: Sie verdeutlicht einerseits, daß die Umwallung nicht auf einer markanten Höhe oder auf einem Plateau, sondern an einem leicht geneigten Hang errichtet wurde, andererseits geht aber aus diesen Angaben auch hervor, daß das Gelände insgesamt oberhalb der kaiserzeitlichen Sturmflutgrenze gelegen war: Auf dem Melenknop und in der Westerländer Marsch erschien dieses Niveau um Chr. Geb. für die Errichtung eines Hofgebäudes durchaus vertretbar. Hierdurch wird der Argumentation, die Umwallung sei als Schutz gegen Überflutung gedacht, der Boden entzogen.

Der älteste historische Hinweis auf die Archsumburg ist eine Eintragung in der Karte von Johannes Mejer aus dem Jahre 1648 *(Taf. 2)*. Dort befindet sie sich südwestlich des Dorfkernes am Rande der Geest. Diese mit den tatsächlichen Gegebenheiten übereinstimmende Lokalisierung deutet die in vielen anderen Details korrekte Kartographie dieser wichtigen Quelle an. In einer jüngeren Sylt-Darstellung J. F. Camerers aus dem Jahre 1756 ist eine vergleichbare Lage angegeben *(Abb. 1)*[8], während eine dritte Gesamtkarte der Insel aus dem Jahre 1804/05 das Monument im Gegensatz zur Tinnumburg unberücksichtigt läßt (I 67 Abb. 37). Ob dies als Hinweis auf eine beginnende Planierung oder Zerstörung der Anlage verstanden werden kann, läßt sich weder anhand historischer Quellen noch durch Detailkarten klären.

In den Jahren zwischen 1756 und der Wende zum 19. Jahrhundert fand in Archsum die erste Flurvermessung statt. Die Unterlagen hierzu sind erhalten und auswertbar[9]. Die älteste Aufnahme entstand zwischen 1780 und 1787 durch den Landvermesser Nickels Wögens *(Abb. 2,2)*. Seine in einem Protokoll festgehaltenen Meßergebnisse wurden 1975 überprüft und zu einer Karte zusammengezeichnet *(Abb. 2,1)*. Sie weicht in einigen Details von den anderen älteren Dokumenten ab. Eine Kopie der Wögenschen Karte wurde 1838 von Knut Jens Clasen angefertigt *(Abb. 2,3)*. Darüber hinaus gibt es weitere gleichzeitige Unterlagen im Landesarchiv Schleswig, die für den Burgbereich Informationen bieten[10]. Eine Neuvermessung des Jahres 1875 zeigt die überlieferten Parzellengrenzen mit geringfügigen, hier unwichtigen Änderungen. Erst die Flurbereinigung im Jahre 1939 schuf eine grundlegende Veränderung *(Abb. 2,4)*. Bei allen älteren Karten wird das relativ große Areal des Beringes von der kleinflächigen Flureinteilung ausgespart, die sich durch mehr oder weniger rechteckige Formen mit geraden Seiten auszeichnet. Die eckige Ost-Begrenzung der früheren Burgparzelle korrespondiert dabei mit der Wallkrümmung. Hinzu kommt die bogenförmige Konturierung des Außenwalls im Süden und Westen bei Wögens. Diese Einzelheit wiederholt sich in sämtlichen Vorlagen, während andere Details Differenzen erkennen lassen, z. B. die Darstellung von Hofgrundrissen in der näheren Umgebung der Ausgrabungsstelle. Zu den Gemeinsamkeiten aller Darstellungen zählt unter anderem, daß der Nordteil des Walles einen heute noch vorhandenen, von Ost nach West verlaufenden Weg tangiert, zu den Unterschieden, daß der südliche Wallbereich nur in zwei Karten bis an eine nach 1970 wieder ausgebaute Zuwegung heranführte. Hiermit erscheint das umwallte Areal teilweise durch Verkehrsverbindungen eingerahmt. Allein die Kopie des Jahres 1838 enthält eine wichtige Abweichung *(Abb. 2,3)*: Die Grundstücksbegrenzung im Osten und Süden, der Weg im Norden und die Lage der vier um die Burg stehenden Gehöfte stimmen mit den älteren Aufnahmen überein, genauso wie eine bogenförmig gekrümmte Linie im Süden ungefähr bis an den hier befindlichen Weg heranreicht. Ferner findet sich innerhalb der mit der Wögenschen Vermessung korrespondierenden Parzelle der Wallkörper durch einen gestrichelt dargestellten Doppelkreis herausgestellt. Diese Angabe, die vielleicht 1838 aus der Erinnerung nachgetragen wurde, könnte für die Datierung der Burgplanierung bedeutsam sein, die an anderer Stelle erläutert werden soll (s. S. 98f.): Ihre Aussage deckt sich nämlich im Gegensatz zu den älteren Darstellungen weitgehend mit dem Ausgrabungsbefund.

In sämtlichen Detailkarten aus den letzten Jahrzehnten des 18. Jahrhunderts finden sich unmittelbar außerhalb der Archsumburg länglich gezeichnete Gebilde, die Kersten als »anscheinend mit Wasser gefüllte Niederungen« beschrieb[11]. Sie sollen später bei der Planierung der Anlage eingeebnet worden sein. Während der Wintermonate treten diese Bereiche teilweise heute noch als Feuchtzonen hervor. Zu diesen »Wasserlöchern« gehörte ein schmales Tälchen, das sich südwärts am Westfuß der neuzeitlichen Süderweiterung Archsums hinzieht *(Abb. 2,2.4)*. Wir wissen nicht, ob diese Rinne aus einem Wassereinbruch in Verbindung mit einer Sturmflut in unserem Jahrtausend hervorgegangen ist oder als tief eingegrabene schmale Niederung während der Eiszeit oder im frühen Postglazial als Erosionsrinne entstand. Beim Vergleich mit einer modernen topographischen Aufnahme stellt sich heraus, daß die »Wasserlöcher« mit den heute noch niedrigsten Stellen der Burgumgebung korrespondieren *(Taf. 3)*. Es dürfte somit vertretbar sein, die Niederungen als »Feuchtgebiete« zu deuten. Diese Annahme wird indirekt dadurch bestätigt, daß die Wege um das Burggelände durch die Niederungen führen, ohne auf die Flureinteilung Rücksicht

[8] Kersten u. La Baume (Anm. 3) Taf. 156; J. F. Camerer, Sechs Schreiben von einigen Merkwürdigkeiten der hollsteinischen Gegenden (1756).

[9] Selle (Anm. 7).

[10] Kersten u. La Baume (Anm. 3) 379 Abb. 105; Unterlagen im Archiv des Archäologischen Landesmuseums der Christian-Albrechts-Universität in Schleswig.

[11] Kersten u. La Baume (Anm. 3) 378ff.

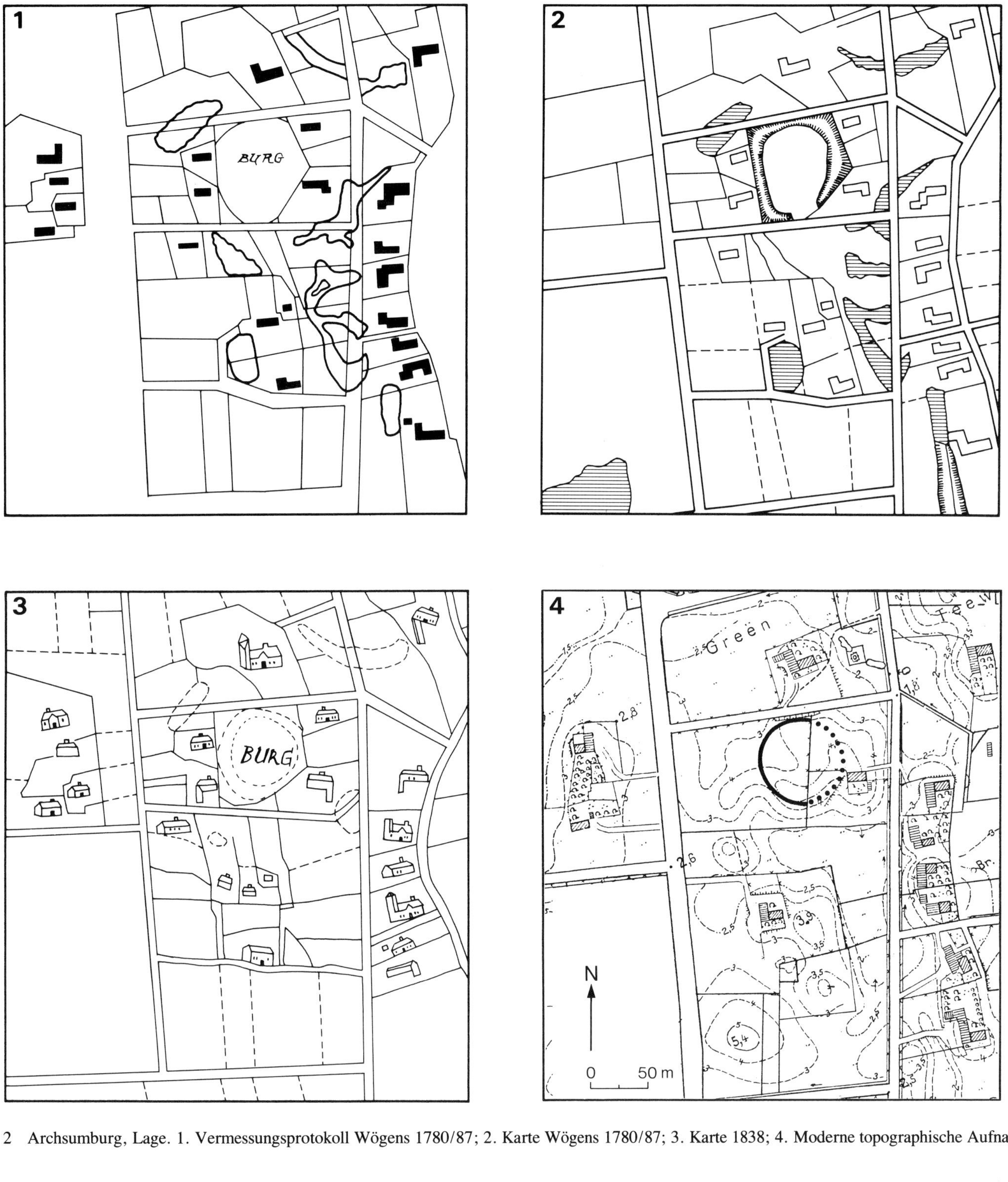

Abb. 2 Archsumburg, Lage. 1. Vermessungsprotokoll Wögens 1780/87; 2. Karte Wögens 1780/87; 3. Karte 1838; 4. Moderne topographische Aufnahme.

zu nehmen. Dies wäre nicht möglich gewesen, wenn die Senken bei einer Naturkatastrophe entstanden wären: In diesem Fall dürften bei der Ausräumung des Erdreichs tiefe Löcher gebildet worden sein, die anschließend mit Klei und Torf gefüllt worden wären. Die Frage bleibt allerdings offen, ob die Geländedepressionen nach einer Veränderung des Grundwasserspiegels als Folge der Errichtung zahlreicher Wohnhügel um den Burgbereich entstanden oder weil man hier beim Bau des Walles oder der Wohnhügel Erde entnahm. Eines aber dürfte mit Sicherheit auszuschließen sein: Weder die langgezogene Nord-Süd-orientierte Rinne noch die verschiedenen unförmigen Gebilde sind Reste eines schiffbaren Wasserlaufs, wie es Kersten – allerdings mit Fragezeichen versehen – vorgeschlagen hat[12].

Beschreibung der Anlage

Der Wallkörper der Archsumburg war bei Beginn der Untersuchungen 1972 als Bering obertägig kaum verifizierbar *(Abb. 3)*. Beim Feinnivellement 1970 trat die von Niederungen im Westen und Süden und Wegen im Norden und Osten begrenzte Anhöhe als ein länglich-orientiertes, rund 2 m über der Umgebung liegendes Plateau hervor, das im Westen und Norden durch unregelmäßig erscheinende Bodenanschüttungen erweitert wurde *(Taf. 3)*. Im Hauptbereich deuteten die sichelförmig gebogenen 4 m- und 4,25 m-Isohypsen den Verlauf im Westen, Süden und Osten an, eine flache muldenförmige Senke von wenigen Dezimeter Tiefe schien den zentralen Innenbereich zu dokumentieren. Es bestand jedoch keine Möglichkeit, im Relief Größe, Form und Funktion der ehemaligen Anlage zu erschließen. Deshalb waren weitergehende Einsichten, z.B. über das zu erwartende Tor, anhand des Oberflächenbefundes nicht möglich. Die Anhöhe mißt etwa 105 m in Nord-Süd-Richtung, der Durchmesser der Kernaufschüttung beträgt dagegen von Osten nach Westen rund 120 m.

Bis Anfang der siebziger Jahre bestand das Burggelände aus zwei Parzellen. Eine etwa von NNO bis SSW verlaufende Grundstücksgrenze führte vom nördlichen Straßenzug Borig über den zentralen Teil des Burgwalles bis zur Südseite der Anhöhe *(Abb. 2; Taf. 3)*, an deren Fuß erst bei Abschluß der Grabungen ein Sandweg als Zufahrt für ein »neufriesisches« Ferienhaus erbaut worden ist. Die Ostparzelle, auf der im süd-östlichen Bereich ein bereits 1780/87 eingemessener Hof steht, hatte der Besitzer nach dem Zweiten Weltkrieg aufgeforstet, während die westlich angrenzende Fläche bis zum Abschluß der Ausgrabung als Weide diente. Allein dieser Westteil stand für die Untersuchung zur Verfügung. Im aufgeforsteten Ostteil ist die Kontur der Wallruine nur noch schemenhaft erhalten: Das von einer niedrigen Krone begrenzte Innere tritt als feuchtes Areal hervor, während die Rundungen des Walles und das Gefälle des äußeren Hanges auch für das geschulte Auge kaum sichtbar sind. Ob einige Mahl- und Türsteine in einem Friesenwall, der vom Gehöft nach Süden führt, aus dem ehemaligen Bering stammen, ist unbekannt. Allein der Südwesthang deutete bis 1985 die ursprüngliche, rundlich geformte steile Böschung des Walles an. Heute ist die gesamte Westhälfte des Denkmals durch Bebauung und durch Anlage von Gärten und »unechten« Friesenwällen völlig zerstört.

Historische Notizen

»In der Folge [nach 1362] ließen die Archsumer freilich noch lange den großen Erdwall der Burg stehen, allein sie duldeten bisher niemals, daß sich jemand innerhalb desselben wieder anbauete, obgleich der Platz ziemlich hoch, trocken und fluthfrei ist«[13]. Diese Bemerkung des Inselchronisten C. P. Hansen aus dem Jahr 1865 verlor erst 1979 an Bedeutung, als die ersten Baugruben im eigentlichen Burgbereich ausgehoben wurden. Vorher hatte allerdings die Flurbereinigung im Jahre 1939 die Parzelleneinteilung beseitigt, die bis dahin auf den Wallkörper Rücksicht nahm. Ein Protest seitens der alteingesessenen Einwohner erfolgte bei der jüngsten Zerstörung nicht; warum auch: Die Gemeinde Archsum wurde 1970 als Gebietskörperschaft aufgelöst und im Zuge einer Kommunalreform der neuen Großgemeinde Sylt-Ost aus den Dörfern Tinnum, Keitum, Archsum und Morsum angegliedert. Die frühere lokale Beziehung ist daher bei der Verwaltung nicht mehr vorhanden.

Die ältesten Archivalien enthalten Angaben über Größe und Höhe des Erdwerkes, über die Erhaltung oder die Zerstörung des Walles sowie Sagen und nebulöse Vermutungen über Entstehung und Funktion des Beringes. Gesicherte historische Bezüge fehlen allerdings. Die früheste Erwähnung der Archsumburg findet sich in der Sylter Chronik des Hans Kielholt, der um die Mitte des 15. Jahrhunderts Teile einer Sylter Geschichte verfaßt haben soll[14]. Die Textstelle lautet nach M. Anton Heimreich[15]: *»Item hier up dit Land sind 3 Borgen und Festingen gewesen, de dissen Resen tom Besittinge wären ingedahn, und sind genohmet Arentzborg, Tinseborg, da en järlich ehre Schatt und Tinse vorde gelecht. To deme was noch Rahtzborg, dar se ehren Raht und Anschlage geholden hebben«.* Hierdurch werden die Sylter Wälle in einen Kontext gestellt, der zwar im historischen Zusammenhang phantasievoll konstruiert erscheint, aber dennoch für die archäologische Untersuchung bemerkenswert ist: Die Überlieferung enthält Hinweise auf zwei Bevölkerungsgruppen auf Sylt, die herrschenden Riesen und die steuerzahlenden »anderen« (die Einheimischen), und auf die prähistorisch oder frühgeschichtlich übliche Leichenverbrennung der dominierenden Siedlergruppe. In einer häufig als unglaubwürdig bezeichneten Karte Mejers von »Alt Nordt Frießlande biß an das Jahr 1240« (I 68 Abb. 38; 70 Abb. 39) findet sich außer dem Ortsnamen Archsum ein Arrerschloß, während neben Tinnum und Rantum nur Borg verzeichnet ist, was auch vergleichbar auf Föhr für die Lembecksburg gilt[16]. Die 1648 gezeichnete

[12] Ebd. 379.

[13] C. P. Hansen, Das Schleswig'sche Wattenmeer und die friesischen Inseln (1865) 207ff.

[14] P. Schmidt-Eppendorf, Der Sylter Chronist Hans Kielholt. Sylter Beitr. 5, 1972, 6.

[15] N. Falck (Hrsg.), M. Anton Heimreichs nordfriesische Chronik. Beilage 2 (1819, Nachdruck 1979) 343ff.

[16] Danckwerth (Anm. 2) Karten X–XI.

Abb. 3 Archsumburg von West (oben) und Südwest (unten).

Karte *(Taf. 2)* trägt dagegen neben den Ringwallsymbolen allein die Kurzform Borg. Der Ortsname »Archsum« ist aber seit 1462 überliefert. Im Register des Schleswiger Bischofs findet sich ein Arxum in Verbindung mit weiteren Sylter Dorfbezeichnungen (Rantum, Tinnum, Keitum und Morsum). List im Norden wurde schon 1292 angeführt, die erste Erwähnung des Inselnamens Sylt datiert aber ins Jahr 1141[17].

Hinweise auf Eigennamen wie Arentzburg oder Arrerschloß finden sich nirgends in der jüngeren Tradition, abgesehen von einer unten noch zu erläuternden Stelle: Die Bezeichnungen Borg oder Borig, wie das Gelände in der friesischen Mundart Archsums bis zum heutigen Tage genannt wird, dürften dagegen allgemein bekannt gewesen sein. Seit 1833 ist im Schrifttum verzeichnet, daß die Gemeinde Eigentümer des Burgplateaus sei[18]. Zur Überlieferung gehört ferner eine Sage über die Errichtung der Archsumburg[19]: Während der Regierungszeit des dänischen Königs Waldemar Atterdag (1340–75) zahlten die Bewohner der nordfriesischen Uthlande und der Insel nur jedes vierzehnte Jahr Steuern an die Krone. Die Ansprüche mußten seitens des Königs mit Heeresmacht geltend gemacht werden. Im Jahre 1359 waren die Friesen der Marsch und der Inseln Föhr und Sylt nach der von Hansen publizierten Tradition mit ihren Abgaben an den Staat erneut im Rückstand, wonach Waldemar seinen Feldherrn Waldemar Soep (Zappy) nach Nordfriesland schickte. Während des Winters 1360 gelang ihm der Übergang nach Sylt auf dem Eis: Archsum, der damals fruchtbarste Teil der Insel, hatte zu dieser Zeit bereits seit einem Jahrzehnt wüst gelegen, denn sämtliche Einwohner waren durch die Pest im Jahre 1350 verstorben. Waldemar Soep soll der Sage nach aus dem im verlassenen Archsum vorgefundenen Baumaterial eine befestigte Burg errichtet haben, die als Arentzburg oder Arrerschloß bezeichnet wurde. Sein Machtbereich erstreckte sich aber lediglich auf die Osthälfte der Insel. Es gelang ihm nicht, Keitum und die Westdörfer einzunehmen. An anderer Stelle schmückt Hansen die Sage dadurch aus, daß die Archsumburg mit einem Wall und Graben (?) versehen wurde. Die Grundmauern eines Schlosses sollen noch in späterer Zeit sichtbar gewesen sein.

[17] W. Laur, Historisches Ortsnamenlexikon von Schleswig-Holstein (1967) 61.

[18] J. Booysen, Die Silter Burgrudera. In: A. L. J. Michelsen u. J. Asmussen, Arch. f. Staats- und Kirchengesch. d. Herzogthümer Schleswig, Holstein, Lauenburg (1833) 260.

[19] Hansen (Anm. 13) 113ff.; 207ff.

Im Jahre 1362 wurde die Befestigung allerdings durch Seefahrer aus Gatum (Stedum, Hörnum) und Rantum eingenommen und die Besatzung vertrieben. Die Anlage habe man anschließend niedergerissen, wonach sich die neuen Bewohner rings um die Burghöhe ansiedelten. Von Soep heißt es bei Hansen weiter, er habe auch auf dem Festland an der Grenze zur Böckingharde eine zweite Burg erbaut. Es stelle sich jedoch die Frage, ob die um 1360 errichteten Burgen auf den Inseln bewohnt gewesen seien. 1877 schrieb er u.a.: »Die Burgen waren hohe ringförmige Erdwälle, in deren Nähe – nicht immer innerhalb derselben – sich deren Besitzer eine Wohnung einzurichten oder einen sogenannten »Gaard« zu erbauen pflegten«. Die Beringe dienten zum Schutze der fremden Ritter, während die Bevölkerung sie als »Zwingburgen« bezeichnete[20].

Die Legende ist mehrfach mit historischen Quellen verglichen worden. Der Kriegsmann Waldemar Soep (Sorp, Sop oder Zappy) stellt z.B. eine historisch bekannte Persönlichkeit aus der Zeit Waldemar Atterdags dar: Seine Leute sollen nach H. Handelmann 1356 auf Helgoland einen Überfall auf Hamburger Eigentum verübt haben, genauso wie seine Teilnahme an Feldzügen nach Gotland oder seine Tätigkeit als Befehlshaber von Ribe 1364 nicht bestritten wird[21]. Nur bezweifelt Handelmann, daß eine Verknüpfung der Archsumburg mit Ereignissen um 1360 von historischer Seite nachgewiesen werden könne. Aus archäologischer Sicht dürfte dabei der Vergleich Handelmanns mit einer Urkunde über eine Fortifikation dieser Zeit auf Föhr Bedeutung haben, die für diese Insel einen Burgplatz *(fundamentum)*, eine Zuwegung *(via)*, Fallgrube *(foveae)* und einen Burggraben *(aqua)*, nicht aber einen Wall aus der Zeit um 1360 aufweist. Diese Einzelheiten deuten nach Handelmann auf ein Blockhaus mit Palisadenschutz (Motte?) hin. Analoge Verhältnisse könnten auch für Sylt gelten, obwohl es hierzu weder in den historischen Quellen noch im archäologischen Fundgut Hinweise gibt.

Das ältere Schrifttum enthält verschiedene Einzelheiten über den Erhaltungszustand und die Zerstörung des Wallkörpers. Camerer schrieb als erster 1762, die Burg sei die größte und der Wall der höchste auf Sylt gewesen, »der Wall ist aber an zwei Orten durchgebrochen und der Erde gleichgemacht«. Der Text fährt fort: »Vermutlich hat Waldemar Soep, dessen Danckwerth erwähnet, darauf gewohnet, die Wälle sind ganz aufgeführet (d.h. ganz abgetragen?), und nichts mehr daran zu merken, als daß in der Mitte derselben eine Vertiefung, woselbst ohne Zweifel, die Besitzer ihre Brunnen gehabt haben«[22]. Diese Angaben können in verschiedener Weise interpretiert werden: Einerseits deutet der Text darauf hin, daß der Wall an zwei Stellen durchgraben worden sei, z.B. in Verbindung mit einer Entwässerung des Innenbereiches. Vergleichbare Befunde liegen aus der Tinnumburg und der Trælbanken vor. Dabei hätte man nur den Bering im unmittelbaren Umfeld der Einschnitte eingeebnet oder dem umliegenden Gelände angeglichen. Eine solche Interpretation würde durchaus mit einigen jüngeren Angaben über die Erhaltung des Walles korrespondieren (s.u.). Die archäologische Untersuchung kann den Befund aber nicht bestätigen: An keiner Stelle gibt es Hinweise auf schmale Einschnitte durch den Wallkörper. Andererseits enthält der zweite Abschnitt des Zitates die Information, daß größere Wallteile oder das gesamte Erdwerk vollständig vor 1762 planiert worden seien. Hier stellt sich jedoch die Frage, wie dann die oben genannte Eintragung des richtigen Beringverlaufs auf der Karte von 1838 entstanden sein kann.

Gegen die frühzeitige Zerstörung der Archsumburg sprechen andere Quellen, die zum Teil durch ihre detaillierten Angaben bestechen. In der archäologischen Landesaufnahme zitiert Kersten einen Brief von Pastor Pagelsen, Keitum, aus dem Jahr 1809[23]: »Bei Archsum und Tinnum findet man 2 sogenannte Burgen. Ein Platz von ziemlich großem Umfang ist an beiden Dörfern mit einem hohen Erdwall umgeben«. 1833 war die als Gemeindeeigentum bezeichnete Archsumburg zwar weitgehend »demoliert«, die südöstliche Seite maß aber immerhin eine Höhe von 16 Fuß (rund 4,5 m), innen jedoch nur 11 Fuß (rund 3,1 m)[24]. Die älteren Grundbuchangaben wiesen ein Areal der Burg von 241 Quadratruten aus. Nach der Beschreibung des Landesbevollmächtigten J. Booysen könnte an der Nordseite eine Öffnung gelegen haben, eine Vermutung, die seinerzeit von älteren Bewohnern Archsums geteilt worden sei. Als weiteres Indiz für die Bedeutung der Anlage wurden zahlreiche große Feldsteine, »welche im Grunde liegen«, angeführt. 40 Jahre später, im Jahre 1873, berichtete Handelmann, die Zerstörung der Umwallung wäre erst im Laufe des 19. Jahrhunderts erfolgt[25]. Die von Booysen beschriebene große Menge an Feldsteinen reduziere sich seiner Meinung nach auf vereinzelt gefundene Geröllblöcke, wie sie »auch zwischen dem Sande der Grabhügel vorkommen«. Sie als Fundamente eines Gebäudes zu bezeichnen, erschiene unvertretbar. Den offenbar zu Zeiten Booysens erhaltenen südöstlichen Wallbereich hatte Handelmann nicht mehr gesehen; nach seinen Angaben wurden die letzten Überreste 1860 abgetragen. Den Hinweis über eine Öffnung im Norden hat der Kieler Gelehrte als Hypothese eingestuft, »doch ist dieselbe auch hier wohl nicht als ursprünglich anzusehen«. Eine Öffnung (Wasserverbindung) nach Süden fehle gänzlich. Die von Camerer aufgeführten Walldurchstiche werden von anderen Autoren also nur bedingt bestätigt. Nach Booysen war 1833 allein der Südostwall erhalten. Andere Quellen berichten jedoch, der Bering sei um 1848 noch zur Hälfte vorhanden gewesen[26]. Hinzu kommt die lokale, von Kersten aufgezeichnete mündliche Überlieferung, man könne vom Wall in das obere Fenster des westlich gelegenen Hauses mit Hilfe eines Brettes klettern[27]. Diese Information steht deutlich im Widerspruch zu den oben zitierten Angaben Booysen, es sei denn, die Tradition ginge noch in die Zeit vor 1833 zurück. Über den Verbleib der Wallerde finden sich folgende Einzelheiten: Ein Teil gelangte in die Mitte des Beringes, die als feuchte Senke bezeichnet wird, weiterer Boden soll in die Feuchtgebiete außerhalb der Burg gefüllt worden sein; schließlich führt eine Quelle an, man habe die Wallerde auch für den Bau von Warften in der Umgebung verwendet[28].

Zusammengefaßt ergibt sich aus diesen Hinweisen von unterschiedlicher Wertigkeit folgendes Bild: Die Burgparzelle war Jahrhunderte hindurch unbebautes Gemeindeeigentum. Das Gelände blieb in der Flureinteilung als Sonderfläche

[20] Hansen, Chronik der Friesischen Uthlande (1856) 55.

[21] H. Handelmann, Die Bauernburgen auf den nordfriesischen Inseln. Zeitschr. Schleswig-Holstein. Gesch. 3, 1873, 64ff.

[22] Camerer, Vermischte historisch-politische Nachrichten, Teil II (1762) 672.

[23] Kersten u. La Baume (Anm. 3) 379.

[24] Booysen (Anm. 18).

[25] Handelmann (Anm. 21).

[26] L. Christiansen, Chronik der Insel Sylt. Archiv der Söllring Foriining (o. J.) 32.

[27] Kersten u. La Baume (Anm. 3) 379.

[28] Christiansen (Anm. 26).

erhalten, eine Eintragung aus dem Jahre 1838 zeigt die Wallanlage in einer durch die spätere Ausgrabung bestätigten Lage. Beide Quellen bestätigen somit indirekt, daß Teile des Wallkörpers Anfang des 19. Jahrhunderts tatsächlich noch sichtbar gewesen sind. Die Angaben stimmen ebenfalls mit der Beschreibung Booysens aus dem Jahre 1833 überein, der nur die Südostecke erhalten sah, und unterstreichen die von Kersten aufgezeichnete mündliche Tradition, die einer Zerstörung der Westhälfte widerspricht.

Die Burg ist erstmalig 1648, später 1752 und auch um 1780 kartographisch erfaßt worden. Über ihre Höhe gibt es außer allgemeinen Angaben aus den Jahren 1762 und 1809 exaktere Werte nur von Booysen 1833. Über den Zeitpunkt der Wallzerstörung differieren die historischen Nachrichten: Einerseits finden sich Hinweise auf die Erhaltung lediglich der Südostecke, andere Teile waren also bereits abgetragen; andererseits wird berichtet, der Wallkörper sei 1860 eingeebnet worden.

In verschiedener Weise stellen Einzelangaben z.B. über die Wallöffnung im Norden, die Wassertränke in der Mitte und große Steine im Burgbereich wertvolle Informationen dar, die später bei der Vorlage des archäologischen Befundes berücksichtigt werden sollen. Ortsnamen, historische Überlieferung und Sagen geben aber keinerlei Aufschlüsse über Alter und Funktion. Bemerkenswerterweise erwähnt Kielholt die Archsumburg zusammen mit der Tinnumburg und der Rathsburg. Daß sie im Zusammenhang mit den Feldzügen zur Zeit Waldemar Atterdags errichtet worden seien, gehört mit Handelmann jedoch ins Reich der Phantasie.

GRABUNGEN

Verlauf

Bevor wir 1972 mit unseren Untersuchungen in der Archsumburg begannen, hatte A. Bantelmann 1938 an der Südseite des Walles Kleischichten gefunden und mit dem Wallkörper in Verbindung gebracht[29]. Zum gleichen Resultat kam Kersten 1955 im Westen des Beringes[30], nur hob er das Erdreich bis zur Grundmoräne aus und entdeckte unter Klei (1 m) und Soden humoser Konsistenz von 0,30 m Mächtigkeit Straten, die er als Bauteile des Walles deklarierte, einen 0,10 m dicken »Siedlungshorizont« aus Asche und Scherben (hier ein Henkel mit facettiertem Rand) und an der Basis eine 0,40 m starke, homogenisierte, unten dunkel gefärbte Humusschicht, die er für einen »lang benutzten Ackerboden aus der Zeit vor der Siedlung« hielt. Ähnliche Ergebnisse erzielte H.-G. Wenk 1963; er widmete sich damals als Kulturgeograph der Geschichte des Dorfes (I 30). Wenk dokumentierte im damaligen Konnex unverständliche Schichtfolgen ohne prähistorischen Fundeinschluß innerhalb und außerhalb der Archsumburg sowie mittelalterliche Aufträge im westlichen Vorgelände.

Unsere eigenen Grabungen setzten im Spätsommer 1972 mit einem Baggerschnitt ein. Er schien uns gerechtfertigt, weil wir meinten, das Denkmal sei weitgehend zerstört. Außerdem stand flächige Bebauung des Geländes kurz bevor. Der Schnitt sollte, wie kleinere Grabungen in der Tinnumburg unweit Westerland (1948) und in der Lembecksburg bei Borgsum auf Föhr (1951–52), eine archäologische Datierung der Anlage in die Frühgeschichte begründen. Diese Aufgabe erschien deshalb so wichtig, weil die Ausgrabung in der 400 m nördlich der Burgruine liegenden Wüstung »Alt-Archsum« eine ländliche Siedlung der Wikingerzeit ergeben hatte (I 183ff.). Vergleichbare lokale Bezüge zwischen einer Siedlung und einer Umwallung des 8.–10. Jahrhunderts waren weder von Tinnum noch von Borgsum bekannt, so daß eine Grabung in der Archsumburg vermutlich nicht allein Hinweise auf die frühere Funktion der nordfriesischen Wallanlagen gestatten würde, sondern auch unter landesgeschichtlichem Aspekt zur Kenntnis der Herrschafts- und Sozialstruktur beitragen könnte. Wichtige Ergebnisse – insbesondere die überraschende Datierung des Erdwerkes in die ältere Kaiserzeit – wurden bereits mitgeteilt[31].

Die Feldarbeit am römerzeitlichen Wohnhügel »Melenknop« war abgeschlossen, so daß sich die Grabungsmannschaft der Archsumburg zuwenden konnte und zwar in enger Zusammenarbeit mit dem Team, das in »Alt-Archsum« wirkte. Die örtlichen Leiter beider Großgrabungen, J. Reichstein (Alt-Archsum) und Harck (Melenknop), haben 1972 und seit 1974 mehrere Kampagnen gemeinsam oder in Abstimmung gearbeitet, nachdem Frau G. Spindler, der wir die

[29] Bericht im Archiv des Archäologischen Landesmuseums der Christian-Albrechts-Universität in Schleswig (29. 10. 1938).

[30] Kersten u. La Baume (Anm. 3) 379ff.

[31] G. Kossack u. O. Harck, Grabungen in der Archsumburg auf Sylt. Germania 51, 1973, 477ff.; Kossack, Neues zur Archsumburg auf Sylt. Die Heimat 81, 1974, 109ff.; G. Kossack, O. Harck u. J. Reichstein, Zehn Jahre Siedlungsforschung in Archsum auf Sylt. Ber. RGK 55, 1974 (1975) 315ff.; Kossack, Stand und Probleme siedlungs-archäologischer Forschung in Archsum auf Sylt. Offa 39, 1982, 183ff.

Aufsicht 1973 für ein paar Monate übertragen hatten, ausgeschieden war. Die Koordination der technischen Maßnahmen lag vom Beginn im Jahre 1972 bis zum Herbst 1974 in den Händen von G. Kossack, damals Kiel, jetzt München, anschließend bei Harck. Viele Grabungsergebnisse gehen auf das Zusammenwirken aller Beteiligten gemeinsam zurück. Wir haben 445 Arbeitstage in sechs Jahren auf die Archsumburg verwendet, von denen an 32 Tagen das Wetter zur Unterbrechung zwang (1972: 65; 1973: 121; 1974: 83; 1976: 111; 1977: 28; 1978: 27). An 83 Tagen war die Forschungsgruppe auch noch an anderen Plätzen der Gemarkung tätig, wodurch die verhältnismäßig lange Grabungsdauer verständlich wird. Schlüsselt man die Tagewerke nach einzelnen Aufgabenbereichen auf, entfallen auf die Grabungsleitung 422, auf Techniker und Fachstudenten 1056 und auf die Erdarbeiter 2213.

Bereits im Jahre 1970 entstand eine topographische Aufnahme der Burghöhe einschließlich einer breiten Zone außerhalb des Hügels durch Regierungs-Vermessungsamtmann i.R. K. Koch (SFB 17-Kiel). Sie enthält einerseits das derzeitige Straßennetz sowie die umliegenden Gebäude und Grabensysteme, andererseits aber auch das durch Isohypsenlinien im Abstand von 0,25 m dargestellte Relief. Für die Grabung wurde 1972 ein Meßsystem mit einer OW-Achse an der nördlichen Begrenzung des zu untersuchenden Grundstückes vorbereitet. Die Nord-Süd-Achse führte senkrecht auf diese Linie durch den nordöstlichen Grenzstein der Parzelle; sie ist nicht mit der östlichen Grundstücksgrenze identisch. Der Kreuzungspunkt beider Achsen, der Grenzstein, bildet den Bezugspunkt für die gesamte Vermessung *(Taf. 4)*.

Mit Baggerhilfe wurde 1972 der Boden in einem 99 m langen, 3 m breiten, von einer 4 m breiten Brücke zweigeteilten Graben quer durch den obertägig kaum sichtbaren Bering ausgehoben (Fläche 13–14). Nur in Bereichen mit Befunden wie Steinlagen, Sodenstrukturen oder Hölzern gruben wir mit Schaufeln und Kelle. Gleichzeitig entstand 44 m weiter westlich ein zweiter 63 m langer und 4 m breiter Aufschluß durch die beiden an das Burgplateau geschütteten Hügel (Fläche 20). Hier dokumentierten Zeichnungen und Fotos das bis zum Pleistozän ausgehobene Ostprofil (Profil 2)[32], während von der gegenüberliegenden Westseite, (Profil 1) nur eine Bildserie vorliegt. Von den Baubefunden sind Steinpflaster, Ziegelmauerreste und Brunnen eingemessen worden. Demgegenüber erfolgte die Befundaufnahme in den Flächen 13–14 nach strengeren Maßstäben: Es sind sowohl beide Hauptprofile (Westprofil 3–5, Ostprofil 6–8) durchgearbeitet als auch der Wall und die befundreichen Zonen unmittelbar innerhalb des Erdwerkes z.T. in mehreren Flächenzeichnungen erfaßt worden[33].

Die überraschende Datierung der Archsumburg in die Zeit um Christi Geburt begründete die Absicht, die Ausgrabungen, die ursprünglich mit den 1972 durchgeführten Schnitten hätten abgeschlossen werden sollen, auszuweiten. Die neue Planung sah vor, innerhalb weniger Jahre die gesamte Westhälfte zu untersuchen, während der Ostteil des Beringes unter Denkmalschutz zu stellen sei. Aus verschiedenen Gründen zerschlug sich dieser Plan bereits Ende 1973. Zwischen diesem Jahr und 1978 gelang es daher lediglich, mehrere Schnitte und Flächen unterschiedlicher Größenordnung auszuheben, wobei die Erforschung von Aufbau und Verlauf des Walles im Vordergrund stand. Besonderes Interesse galt dabei der Frage, wo man die Zugänge zu suchen habe; außerdem wünschten wir, durch zusammenhängende Flächenabdeckung die Struktur der Innenbebauung zu erschließen und anhand eines Suchgrabens im zentralen Teil der Anlage zu klären, ob sich hier Einrichtungen besonderer Art befunden hätten.

Die Ausgrabung des Jahres 1973 begann mit dem Ausheben von einem orientierten Schnitt senkrecht zum Suchgraben (Fläche 18) und von Fläche 1 bis zur Oberkante einer Brandschuttdecke in sämtlichen Profilen, wobei wir im Gegensatz zu allen anderen Flächen im Bering auch die oberen, mit Klei gefüllten Partien in 0,20 m-Abständen aufdeckten. Die Arbeiten am Wall westlich Fläche 1 (Fläche 3) wurden eingestellt, als in geringer Tiefe die ersten Soden erschienen.

1974 mußte aus Rücksicht auf den Grundstückseigentümer zunächst ein als Zugwegung eingeplantes Areal ausgehoben werden. Es lag diskordant zum Meßsystem. Der Bagger öffnete den Schnitt in 27,7 m Länge und 4 m Breite (Fläche 19) bis zum ersten und einzigen durchgehend gezeichneten Planum 2, fünf weitere Plana umfaßten nur Teilbereiche. Als wir die Profilzeichnungen aus der benachbarten Fläche 18 verglichen, stellten sich unverständliche Abweichungen heraus, die wir aufzuklären wünschten, indem wir den Füllboden dort in voller Länge wieder aushoben und anschließend den Schnitt wegen der vorgesehenen Bauplanung in westliche Richtung bis Fläche 20 verlängerten. Eine weitere Maßnahme bestand in der abschließenden Untersuchung der Fläche 1. Aus arbeitstechnischen und zeitlichen Gründen wurde der Wallkörper stehengelassen, nur im Randbereich am Übergang zur Innenfläche erfolgte eine partielle Aufnahme in Einzelstraten. Die Größe der Innenfläche erforderte außerdem für eine spätere Korrelation von Schichten und Befunden im unteren Hüttenbereich Kleinprofile sowohl parallel zum Wallverlauf (Profile 20,22) als auch fast senkrecht vom Wall ausgehend in den Innenbereich (Profile

[32] Kossack u.a. 1974 (Anm. 31) 364ff. Beil. 14.

[33] In den 1973 und 1974 veröffentlichten Plänen findet man die Bezeichnungen: Schnitt 1 und 2. Beide sind in dieser Vorlage aus arbeitstechnischen Gründen umbenannt worden: Fläche 13–14 (Schnitt 1) und Fläche 20 (Schnitt 2).

17, 21). Zu den Aufgaben der Grabungskampagne 1974 zählte ferner eine Sondage im Zentrum. Deshalb wurde Fläche 17 in der östlichen Verlängerung von Fläche 18 bis zur Grundstücksgrenze weitergeführt. Diese Ausgrabung (20 m Länge und rund 4,5 m Breite) konnte jedoch wegen der jahreszeitlich bedingten ungünstigen Wetterverhältnisse nur in fünf wenig ergiebigen Plana untersucht werden.

Nach einjähriger Pause sind die Arbeiten 1976 wieder aufgenommen worden: Einerseits sollte Fläche 2 die getrennten Befunde zwischen den Flächen 14 im Osten und 1/18 im Nordwesten zusammenführen, andererseits wollten wir die Stratigraphie des Nordprofiles in Fläche 18 mit der Schichtenfolge in einer nördlichen angrenzenden Fläche 4 korrelieren. Hinzu kam die Ausgrabung schmaler Streifen dicht an der nördlichen und südlichen Grundstücksgrenze mit dem Ziel, hier den Wallverlauf festzulegen und darüber hinaus zu prüfen, ob der bereits bekannte Befund am inneren Wallfuß sich bis in den Nordteil der Anlage erstrecken würde (Fläche 12 und 16 unmittelbar am Zaun zur östlichen Burghälfte).

Neue Ergebnisse während der Ausgrabungen des Jahres 1976 erforderten im folgenden Jahr eine Profilkontrolle und eine Neuaufnahme der Profile in den Flächen 2, 4 und 12. Zu diesem Zeitpunkt wurde bekannt, daß die Bebauung des Nord-West-Bereiches der Archsumburg kurz bevorstand. Da eine großflächige Aufdeckung des gefährdeten Areals aus Mangel an Arbeitskräften utopisch schien, konzentrierten wir uns darauf, Lücken im Wallverlauf zu schließen und legten Fläche 5 (zwischen 13 und 19) und 6 an (zwischen 12 und 13). Durch diese im Oktober 1977 begonnenen Maßnahmen gelang es, den Wall nahezu komplett zu erfassen. Beide ca. ein Meter tief ausgebaggerte Flächen wurden geputzt, gezeichnet und fotografiert. Einige Befunde am inneren Rand des Beringes ließen sich nur in der schon vom Bagger ausgehobenen Tiefe aufnehmen. Von einer zeichnerischen Dokumentation der Profile mußte abgesehen werden, Anhaltspunkte für eine stratigraphische Zuordnung gibt lediglich eine Fotoserie der Profile 64–67.

Fläche 6 enthielt eine mit einer doppelten Steinreihe gefüllte Kleiverfärbung quer durch den Wall. Nachdem mit Sicherheit festgestellt worden war, daß dieser Befund zum Erdwerk gehörte, erschien eine besondere Untersuchung dieses Bereiches wünschenswert. Mit der Ausgrabung eines als Tor verwendeten Kriechganges (Fläche 6–11) und einer Abdeckung des Walles im Südbereich zwischen Fläche 14 und Fläche 16 (Fläche 15) konnte die Untersuchung in der Archsumburg 1978 abgeschlossen werden.

In Fläche 15 wurde lediglich ein einziges Planum bei etwa 3,4 m NN vom Bagger ausgehoben sowie ein wichtiges Detail vermessen. Anders verlief die Untersuchung des Torareals: Aus verschiedenen, auch zeitlichen Gründen gelang es nur, den Einschnitt durch den Wall in Fläche 6, den nördlich anschließenden Geländestreifen bis zur Straße (Fläche 9–10) und die im Süden gelegenen, zum Eingang führenden Bereiche (Flächen 7–8, 11) auszugraben. Sämtliche Befunde wurden jedoch in vertretbarer Weise aufgenommen und in einzelnen Beobachtungen durch zahlreiche Einzelplana und Profilzeichnungen dokumentiert. Keine Berücksichtigung fanden die unteren Baureste am inneren Wallfuß. Es wurde nur versucht, in allen Aufschlüssen die im gesamten Burggebiet vorgefundene Brandschicht zu erreichen.

Nach Abschluß der Ausgrabungen im Nordteil der Parzelle ist der Bereich zwischen Fläche 19 und Fläche 12 sowie zwischen Fläche 6 und dem Südende der Fläche 11 Ende der siebziger Jahre für Bauvorhaben freigegeben worden, nachdem das Areal zuvor aus dem Grabungsschutz herausgenommen worden war. Das Gelände südlich der Fläche 17–18 wurde 1985–1986 bebaut, die Gartenanlage weist hier noch Teile des ursprünglichen Burghügelreliefs auf, im Norden wurde es dagegen völlig verändert.

Die Beschreibung des Grabungsverlaufs hatte zum Ziel, gleich von Beginn an zu zeigen, wie die ursprüngliche Konzeption, die Archsumburg anhand eines Schnittes zu untersuchen, zunächst zugunsten einer umfangreichen Flächenabdeckung verändert wurde. Eine Großgrabung mit einer vollständigen Freilegung des gesamten Areals war von vornherein nicht möglich, weil die bewaldete und bebaute Osthälfte für Erdarbeiten nicht zur Verfügung stand. Die Möglichkeit, dennoch eine dritte Großgrabung in Archsum anzufangen, war im Jahre 1973 noch realisierbar und wünschenswert. Sie ließ sich aber aus personellen Gründen nicht verwirklichen, wonach die Feldarbeit der folgenden Jahre mehr oder weniger aus Notmaßnahmen bestand. Hierzu gehörten die Abschlußuntersuchung bereits in Teilen abgetragener Flächen (Flächen 1 u. 18), die Ausgrabung von Baumaßnahmen bedrohter Teilbereiche (Fläche 5–6, Fläche 18-West und Fläche 19) und die Freilegung des gesamten Wallkörpers (Flächen 2, 3, 5–6, 12, 15 und 16). Außerdem hatten wir Lücken zwischen den Flächenbefunden zu schließen (Flächen 2 und 15), gut erhaltene Baubefunde nach stratigraphischen Kriterien aufzudecken (Fläche 4) und die Untersuchung des Torareals im Norden zu beenden. Die Auswertung der Dokumentation wird zeigen, daß es immerhin gelungen ist, wesentliche Fragen in einer vertretbaren Zeit unter schwierigen Umständen zu beantworten.

Die Ausgrabung in der Archsumburg einschließlich der westlichen Aufhöhungen erfaßte rund 2050 m^2. Dieses Areal wurde sowohl nach der jeweiligen Befundsituation als auch nach den vorgegebenen Terminen mehr oder weniger gründlich dokumentiert. Die Anzahl gezeichneter Plana im Maßstab 1 : 20, Detailaufnahmen (Maßstab 1 : 20 und 1 : 10) und Profile (Maßstab 1 : 10) erlaubt keinen unmittelbaren Aufschluß über die Bedeutung der verschiedenen

Grabungsflächen, sondern unterrichtet über die wechselnde Fragestellung der einzelnen Kampagnen, wie sie oben erläutert wurde *(Tab. 1)*.

Die Profilaufnahme im Maßstab 1 : 10 erfaßte nach Möglichkeit sämtliche Flächen- und Schnittwände. Veränderungen der Grundwasserhöhe oder des Austrocknungsgrades und wechselnde, immer mehr verbesserte Einsichten in die verwickelte Baufolge bewogen uns dazu, viele Profile mehrmals zu putzen und zu dokumentieren. Zahlreiche Pfosten, gezeichnete und fotografierte wichtige Details von Herdstellen und Einzelbefunden ergänzten die Flächen- und Profildokumentation. Die folgende Übersicht vermittelt einen Eindruck vom Umfang der ausgewerteten Graubungsunterlagen:

a. Profile insgesamt: 68 vergebene Profilnummern
Mehrfachfassungen: (Gesamtaufnahmen oder Abschnitte) Nr. 2, 3, 4, 5, 12, 14, 15, 16, 19, 32, 34, 35, 38.
Nichtgezeichnete Profile: Nr. 1, 54, 64–68.

b. Profilzeichnungen in voller Höhe: 520,40 m
Halbprofile: 249,70 m
Mehrfachfassungen: 244,85 m
Insgesamt Profile: 1014,95 m

Flächen-bezeichung	Flächen-größe m^2	gez. Plana	m^2	Detail-plana	m^2
1	220	16	1740	1	7
2	116	16	775	—	—
3	78	1	78	—	—
4	52	8	409	3	37
5	186	1	186	—	—
6	148	5	252	1	1
7	12	5	57	—	—
8	9	5	39	—	—
9	4	5	16	—	—
10	4	5	20	—	—
11	26	1	26	—	—
12	56	13	367	—	—
13	115	6	155	—	—
14	170	7	146	—	—
15	95	1	95	1	16
16	62	8	313	2	2
17	93	5	226	—	—
18	220	26	1336	2	5
19	128	6	224	—	—
20	252	—	—	6	37
Gesamt	2046	140	6480	16	105

Tab. 1 Untersuchte Flächen in der Archsumburg.

Der Baugrund

Einleitung

Während der Grabung wurde das Erdreich in mehreren Flächen vollständig oder in größeren zusammenhängenden Teilen bis zum pleistozänen Untergrund ausgehoben, um das Geländerelief und das Bodenprofil vor Beginn des Wallbaus sowohl aus archäologischer als auch aus bodenkundlicher und botanischer Sicht wiederzugewinnen *(Taf. 4:* Flächen 1–2, 4, 6, 9–10, 12–14, 17–20). Der Versuch allerdings, die Oberkante des pleistozänen Sandes festzulegen, der festen Mergel bedeckte, scheiterte, weil Feuchtigkeitsgehalt (jahreszeitlich schwankendes Grundwasser) und Lichtstärke wechselten: Die Trennung von »reinem« Sand und dem durch Bewuchs und Bewirtschaftung entstandenen »Mischboden« fiel nicht immer so exakt aus, daß diese Grenze überall markant hervortrat; auch war es schwierig, den Mischboden und die primäre Oberfläche von jüngerem Auftragsboden abzugrenzen. Demgegenüber gelang es in allen Aufschlüssen, das vorwallbauzeitliche Relief von den Beringschichten zu trennen, so daß die Basishöhe des Erdwerkes bekannt ist. Dies gilt unabhängig davon, ob sie von einem humosen Boden oder einer Bleichsandstrate gebildet wurde.

Schichtfolge

Gliederung der Bodenaufschlüsse

Die Profilzeichnungen weisen vier Aufschlußtypen nach:

1. Eine ungestörte Schichtfolge aus pleistozänem Sand oder Mergel, Mischboden, ehemaliger humoser Oberfläche, häufig hiermit vermischter Humusauflage und 0,05–0,10 m mächtigem Bleichsand, den häufig zusammengepreßter Rohhumus abschließt *(Abb. 4,1)*,
2. ein vergleichbarer Aufschluß, jedoch ohne Bleichsand und Vegetationsdecke *(Abb. 4,2)*,
3. ein gekapptes Profil mit Resten des primären Humusbodens und/oder Mischboden als letzter Beleg für eine alte Oberfläche *(Abb. 4,3)* und
4. ein bis in den pleistozänen Untergrund abgetragenes Profil *(Abb. 4,4)*.

Die Ausbildung der einzelnen Profiltypen hängt weitgehend mit den kaiserzeitlichen Baumaßnahmen und einer späteren, ins Mittelalter und die frühe Neuzeit datierten Bodenentnahme zusammen. Die Verteilung der Bodenfolgen spiegelt somit indirekt unterschiedliche Eingriffe wider *(Abb. 5)*. Der unbeschädigte Aufschluß

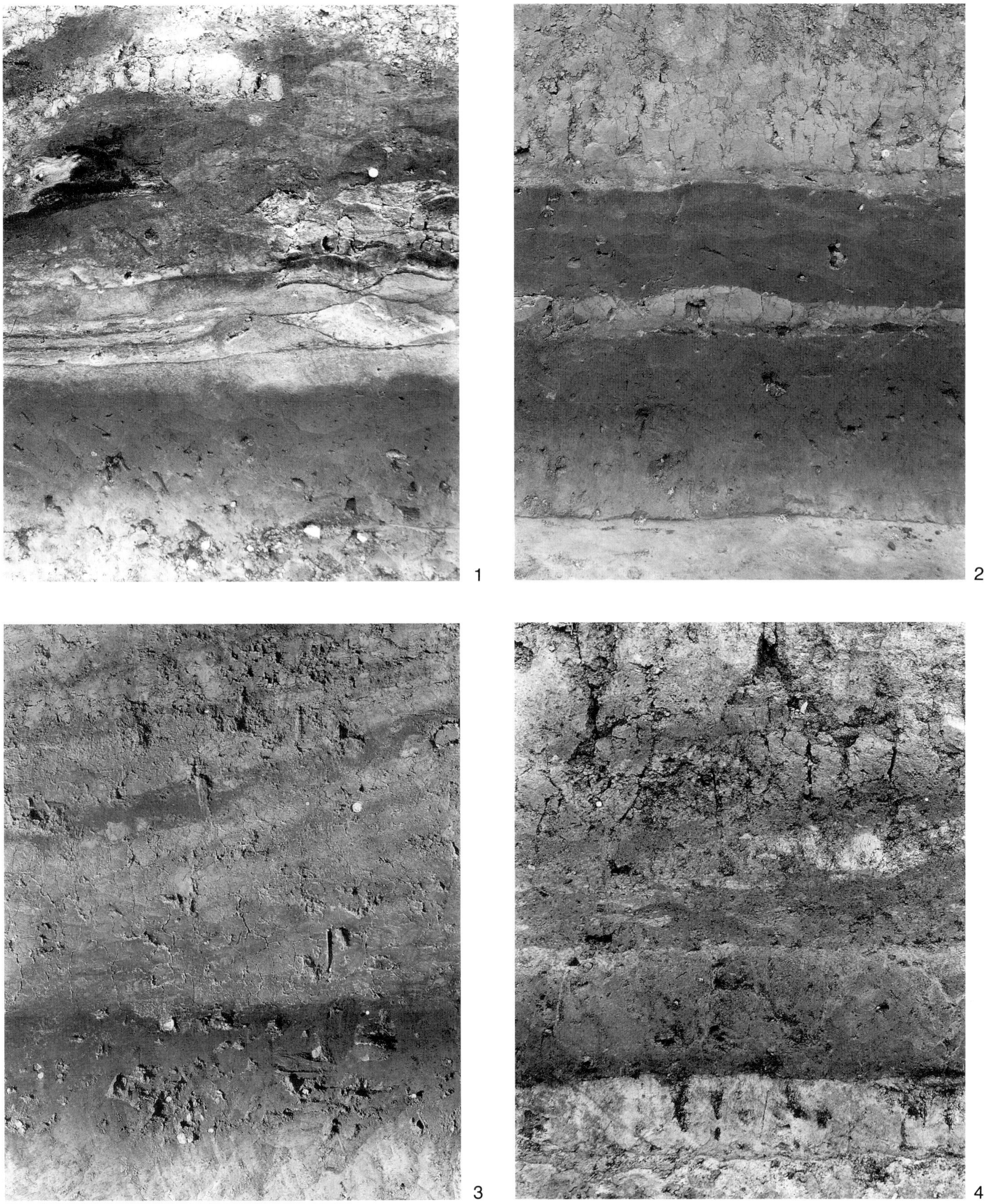

Abb. 4 Archsumburg, Bodenarten. 1. Erhaltener Bleichsand unter Wallsoden; 2. Teilgekappter Boden ohne Bleichsand; 3. Gekappter Boden vor dem Wall; 4. Abgetragener Boden westlich der Archsumburg.

Typ 1 fand sich beispielsweise unter dem konservierenden Wall und gut erhaltenen ältesten Bodenaufträgen innerhalb des Beringes (Fläche 4, 14 und 18). Typ 2 dominierte allgemein innerhalb der Umwallung, da es hier nur in begrenztem Umfang zur Sodengewinnung für den Wallbau gekommen war, vor allem im Torbereich sowie in einigen Schnitten außerhalb des Walles, während tiefgekappte Böden (Typ 3) unmittelbar vor dem Wall in den Flächen 6 und 14 auffielen, bevor sie durch völlige Zerstörung unseres Jahrtausends abgelöst wurden (Fläche 14 und 18).

Übergang zum gewachsenen Boden

Die obere Lage der pleistozänen Basis, ein weißlicher bis gelblicher Sand, ruhte auf Mergel, teilweise mit großen Steinen und Lehmbrocken durchsetzt. Der Mergel reichte an mehreren Stellen durch den Sand bis in den ersten von Menschen, Tieren und Pflanzen aufgearbeiteten »Mischboden«, der eine Übergangszone unterschiedlicher Mächtigkeit und Verbreitung unter der Archsumburg bildet. Im Norden der Fläche 13 wurde der Schnitt bis zur Oberkante des Mergels abgetragen. Dabei fanden sich Strukturbodenrisse im Flächenbefund *(Abb. 6,1)*. Der »Mischboden« trat als Schicht in den Flächen 13–14, im Torbereich sowie im Profil 18 der Fläche 1 hervor. In anderen Aufschlüssen fehlte er als erkannte Strate. Der Boden erreichte im Nord-Süd-Schnitt des Jahres 1972 stellenweise eine Mächtigkeit von 0,25–0,28 m, über weite Profilstrecken schwankte er jedoch zwischen 0,10–0,15 m.

Humusdecke

Bei verschiedenen Profilaufnahmen gelang es, eine Zweiteilung der Humuslage zwischen der Übergangszone zum Pleistozän und dem Bleichsand nachzuweisen (z.B. Fläche 1, Profil 19 (?); 4, 31; 13, 6; 14, 7; 17, 9.11; 18, 12) *(Abb. 6,2)*, in anderen Aufschlüssen konnte darüber hinaus unter günstigen Verhältnissen eine allmähliche Homogenisierung beobachtet werden, außerdem liefen hier die untere wallbauzeitliche Kulturschicht und das Humuspaket zusammen (Fläche 6, Profil 55: *Beil. 8,4;* 18, 12?).

Die Zweiteilung der Humusschicht unter dem Bering läßt sich mit ähnlichen Befunden auf dem Melenknop vergleichen (II 1ff.): Dort schützte eine mächtige Auflage die primäre Oberfläche vor Zerstörung bei der Bodenbearbeitung; die Trennung zwischen den primären und sekundären Humuslagen blieb somit erhalten, während sie bei geringmächtigeren Bodenaufträgen im Randbereich durch den Pflug und Beackerung in eine einzige Schicht umgewandelt wurden. In der Archsumburg war der zweigeteilte Humus bei erheblichem Auftrag erhalten, bei geringerer Mächtigkeit nur als Einheitsschicht überliefert. Wichtig erscheint hierbei die topographische Lage zweigeteilter Humusböden: Sie fanden sich mit Ausnahme eines kleinen Teilstückes in Profil 6 der Fläche 13 vor allem im Bereich der »höchsten« pleistozänen Erhebung auf der Archsumburg (Flächen 1, 4 und 18). Sie erreichte ein Niveau um 2,30 m NN oder wenige Zentimeter darüber, während das übrige, später umwallte Areal tiefer lag. Die maximal 0,35 m messende Höhendifferenz könnte unter allgemeinen Verhältnissen unberücksichtigt bleiben, gäbe es nicht eine auffällige Übereinstimmung mit den Meßdaten am Melenknop: Auch hier fand sich der mächtigste Humusauftrag mit erhaltener Schichtteilung auf der pleistozänen Kuppe, hangabwärts dünnte sie aus und lief dabei mit der primären Oberfläche zusammen. Das pleistozäne Relief zeigte auf dem Melenknop eine Steigerung von 1,9 m bis etwa 3,1 m NN auf 45 m Entfernung, hingegen war die Reliefdifferenz der pleistozänen Oberfläche unterhalb der Archsumburg nur unerheblich (II 1ff.).

Die Mächtigkeit der Humusauflage erreichte in den einzelnen Ausgrabungsfeldern unterschiedliche Werte. Da wir nicht wissen, wieviel Boden zur Zeit der Wallbenutzung abgetragen worden ist, sind exakte Angaben über die ursprüngliche Humusdecke allein bei Profilen mit erhaltenem Bleichsand gesichert. Bei den übrigen Aufschlüssen können nur die tatsächlich gemessenen Werte Grundlage der Analyse bilden. Im Süden erreichte der hier immer homogenisierte Humus zwischen 0,10 und 0,20 m, im Westen zwischen 0,15 und 0,25 m und im Norden zwischen 0,15 und 0,20 m. Diesen Daten sind Angaben über die Humusmächtigkeit in Aufschlüssen des Beringinnenbereiches mit erhaltener Schichttrennung, aber ohne Bleichsandstrate, gegenüberzustellen: in Fläche 4, Profil 31: 0,20 m; 13, 6: 0,20 m; 14, 7: 0,32 m; 17, 9: 0,32 m; 11: 0,30 m; 18, 12: 0,35 m. Der offensichtliche Widerspruch zwischen der mäßigen Überlieferung unter dem schützenden Wall und den günstigen Beobachtungen im teilplanierten Wallinneren läßt sich auf folgende Weise lösen: Der das ursprüngliche Bodenrelief konservierende Wall umschloß in randlicher Lage ein durch ältere Aufträge künstlich leicht aufgehöhtes Gelände, dessen Relief zu Beginn des Wallbaus aber nicht mehr rekonstruierbar ist, weil die Tiefe des Oberflächenabtrags (wenige Zentimeter Rohhumus, 0,05–0,10 m dicker Bleichsand) unbekannt bleibt.

Der stratigraphische Befund erbrachte mehrere wichtige Hinweise für Archsum insgesamt: Der ursprüngliche Boden war zeitweilig als Wirtschaftsfläche genutzt worden; durch Aufträge erfolgte eine gezielte Ertragsbesserung der Böden; das Auftragsareal umfaßte anscheinend vor allem das wenig erhöhte Zentrum einer pleistozänen Kuppe.

Bei den Straten mit Homogenisierung handelt es sich beispielsweise um den Bereich des späteren Tores (Fläche 6, Profil 55, *Beil. 8,4*). Hier hat Vertritt bei der Errichtung des Kriechganges ein Zusammenfließen der Schichten begünstigt. Der zweite Bereich lag drei Meter vor dem inneren Wallfuß im Südprofil 12 der Fläche 18: Die untere Strate I führte unmittelbar in eine ältere Humuslage über. Auch an dieser Stelle dürfte der Wallbau den gleitenden Schichtübergang verursacht haben.

Bleichsand

Die Humuslage wurde ursprünglich wohl in der gesamten Beringfläche von Bleichsand in 0,05–0,10 m Stärke bedeckt. Es gelang, diesen markanten Beleg einer Podsolierung und Verheidung des Areals nur unter dem Wall sowie in der unmittelbaren Nahzone des Erdwerkes zu dokumentieren. Auf dem weiß- bis weißgrauen Sandboden fand sich partiell außerdem eine zusammengepreßte Rohhumusschicht der ehemaligen Vegetation.

In diesem Zusammenhang stellt sich die Frage, ob die Bleichsandschicht mit anhaftendem Humusboden an der Basis innerhalb des umwallten Bereiches durch Vertritt und Eingriffe anderer Art zerstört oder aber bei Sodengewinnung entfernt worden sei. Der Profilbefund bringt hierzu eine mögliche Antwort: Während vor dem Wall Abtrag nachweisbar ist (völlige oder partielle Entfernung des Bleichsandes und der Humusdecke, Spatenstiche in der Humusoberfläche und Niveauabsenkung), fehlen entsprechende Merkmale im Inneren. Dafür beobachteten wir hier entweder Versandung im höheren Teil des Humusbodens oder bei günstiger Erhaltung eine deutlich abgesetzte, bis 0,10 m starke Sandstrate zwischen dem Humus und den unteren Kulturschichten, die sich allerdings farblich vom anstehenden Bleichsand unterschied. Das hellbraun- bis graugefärbte Band, das nur in den Profilen der Flächen 2 (34), 13 und 14 überliefert ist, entstand vermutlich durch Zertreten des Bleichsandes und der Humusschicht darunter während der frühkaiserzeitlichen Bebauung des Geländes *(Abb. 6,3);* denn aus dem Humus stammen eine bronzezeitliche und eine kaiserzeitliche Scherbe, und in Fläche 14, Profil 7, zog sich die Sandschicht außerdem über zwei wallbauzeitliche Pfosten (44,0–44,3 m NS;

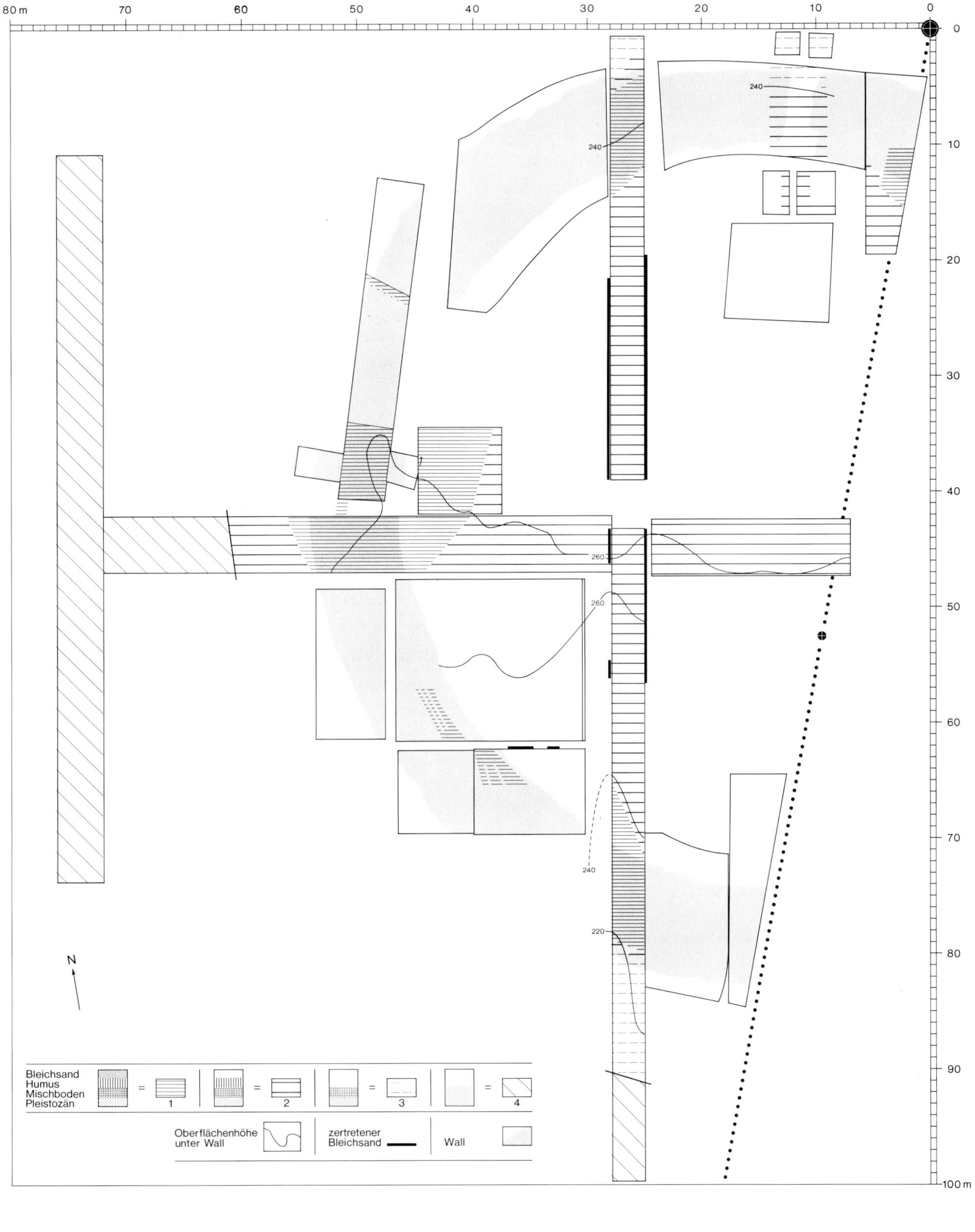

Abb. 5 Archsumburg, Verteilung der Böden unter der Anlage. – M. 1 : 500.

54,6–54,9 m NS). In Fläche 13, Profil 3, maßen wir ein bleichsandähnliches, holzkohlehaltiges Band von 21,5 bis 28 m NS auf dem Humus der primären Oberfläche ein. Es wurde von einer hellen, gelblich gefärbten Sandstrate und einer geringmächtigen Kulturschicht der Kaiserzeit aus festem, bindigem Boden bedeckt. Von 28 m NS bis zum Profilende bei 39 m NS vereinigten sich die drei Verfärbungen zu einer nicht differenzierbaren Schicht, die stellenweise an Bleichsand erinnerte. Die Beobachtungen korrespondieren mit dem Aufschluß gegenüber, Profil 6: Eine untere bleichsandähnliche Lage zwischen 19,4 und 28,4 m NS wurde ebenfalls durch einen gelblichen markanten Sandstreifen von einer wallbauzeitlichen Kulturschicht getrennt. Diese drei Lagen bildeten auch zwischen 28,4 und 39 m NS eine gemeinsame Schicht. Ihre Konsistenz wird als humos-sandig oder als »bleichsandähnlich« beschrieben. Im Ostprofil der Fläche 1 (19) fanden sich auf kurzen Strecken Schichten in vergleichbarer Profilhöhe, die ebenso klassifiziert wurden. Sie sind im Befundplan *(Abb. 5)* wegen ihrer nicht völlig gesicherten Zuordnung jedoch unberücksichtigt geblieben.

Ein letztes Argument für die Verbindung zwischen dem Wallbau und der umgewandelten Oberfläche ergibt sich aus der Ausdehnung der Sandschicht in der Beringmitte; sie kommt vor allem außerhalb des Walles, der den »anstehenden« Bleichsand bedeckt, und der ältesten Kulturschichten vor, die an seinem Fuß entstanden *(Abb. 5).* Wenn das Sandband in den Flächen 1, 17 und 18 fehlt, hängt das vermutlich, wie mehrfach betont, mit unterschiedlichen Beobachtungsmöglichkeiten während der Profildokumentation zusammen. Eine Durchsicht der zugehörigen fotografischen Aufnahmen erbrachte beispielsweise Hinweise auf eine Versandung im oberen Bereich der vorwallbauzeitlichen Humusdecke.

Auf- und Abtrag der primären Oberfläche

Unsere Beschreibung behandelte bisher vor allem die natürliche Schichtfolge unter der Archsumburg. Die Ausgrabung hat außerdem Hinweise auf ältere Bodenumlagerungen sowie auf Veränderungen beim Bau der Anlage und bei deren Zerstörung erbracht, über die im folgenden berichtet wird.

Zu den in die Zeit vor Beginn des Wallbaus datierten Abweichungen von der primären Schichtfolge zählt ein Befund im Mittelfeld der Fläche 1 (Profil 20a–c; *Beil. 3,2a–b; Abb. 7, Nr. 1*). Auf pleistozänem Sand (Oberkante 2,25 m NN) folgen Mischboden (2,40 m NN) und dunkler Humus einer ersten Bodenbildung (2,55 m NN), Bleichsand fehlt. Darauf legt sich ein bis 0,20 m mächtiger, mit Steinchen durchsetzter humoser Sandboden (2,75 m NN). Ein 0,05–0,10 m dicker dunkler Humusstreifen schließt ihn ab *(Beil. 3,2a–b).* Die untere Dreiteilung erscheint deutlich zwischen 48,5 m und etwa 52 m NS, anschließend läuft sie aus. Am Profilende bei 56,2 m NS fand sich lediglich heller humoser Sand direkt auf der pleistozänen Oberfläche. Ihn bedeckten die zweite, dünnere Humuslage und ein wenige Zentimeter dickes sandig-humoses Band, das von Kulturschichten des Erdwerkes überlagert wird. Im parallelen, weiter östlich verlaufenden Profil 20c tritt diese Folge zurück, in Profil 12 (Fläche 18) erscheint sie nur noch in Ansätzen vorhanden. Einwandfreie Befunde und Funde, die zur Deutung des Schichtbaus beitragen könnten, fehlen mit Ausnahme einer flachen Verfärbung in Planum 8: In Höhe der ursprünglichen Oberfläche fand sich zwischen 51,20 und 52,20 m NS und 38,80–39,40 m OW eine rechteckige, dunkle Verfärbung *(Abb. 7, Nr. 2).* Bei tieferem Abtrag blieb sie aus, ein kleigefülltes Pfostenloch, das in Planum 8 die Verfärbung unterbricht, ist allerdings auch noch in Planum 10 erkennbar.

Die in Profil 20a–c erkennbare und in Profil 12 schemenhaft überlieferte Schichtfolge unter den beringzeitlichen Aufträgen erscheint ohne Parallelen in anderen Aufschlüssen der Archsumburg. Hinweise auf ihre mögliche Entstehung ergeben sich u.a. durch ähnliche Befunde in Alt-Archsum[34]: Unterhalb eines Humusbodens der Kaiser- und Völkerwanderungszeit lag eine bis 0,25 m hohe Ruine eines bronzezeitlichen Grabhügels. Der stratigraphische Aufbau dieses Restdenkmals korrespondiert dabei weitgehend mit dem Befund in Profil 20 der Archsumburg. Eine konservierte ältere Oberfläche fand sich dagegen unter einem ebenfalls erheblich demolierten Tumulus der Bronzezeit, der vom eisenzeitlichen Wohnhügel Melenknop wenige hundert Meter südlich der Archsumburg bedeckt wurde. Hier war demgegenüber der den Hügelkern bedeckende Humus erhalten und dessen Einbindung in die ältere Schichtfolge stratigraphisch gesichert (II 11). Beide Befunde legen eine Deutung der beschriebenen Schichtenfolge in Fläche 1 als Grabhügelrest somit nahe. Der untere und der obere Humusboden am Nordende der Profile 20a–b vereinten sich offenbar im Auslaufenden des nördlich angrenzenden Profils 12 zu einer einzigen Schicht.

Die Bodenabträge vor dem Erdwerk im Torbereich sowie in den Flächen 13, 14, 18 und 20 sind für die Geschichte der Archsumburg bedeutsam. Sie datieren sowohl in die Entstehungszeit des Sodenwalles als auch ins Mittelalter. Der eindrucksvollste Bodeneingriff älterer Zeitstellung fand sich im Süden der Fläche 14, wo eine stufenförmige Bodenabsenkung kleineren Ausmaßes erhalten blieb und es später zu einer Umwandlung des oberen Mischbodens in einen dünnen Humusstreifen kam *(Beil. 3,1a–b u. 4,1a–b).* Der Bleichsand und der Humus darunter ist in beiden Profilen bis etwa 2 m vor der Front des mittleren Wallkerns ungestört, anschließend hat man ihn vermutlich im Zuge der Sodengewinnung für den Wallbau abgegraben. Ein zum Primärwall gehörender Schuttkeil (A) bedeckt die »Restberme« und den vorgelagerten Abtragsbereich. Hieraus läßt sich ermitteln, wann man damit begann, Soden für den Wall zu stechen. In Profil 4/5 gelang es außerdem, keilförmige, mit Humus gefüllte Spateneinstiche in die gelbbraune Übergangszone einzumessen. Ob allerdings die gesamte Humusdecke mit den Soden entfernt worden ist oder aber ein letzter unterer Rest erhalten blieb, ließ sich nicht generell klären. Der in beiden Profilen außerhalb des Walles durch tiefreichende Ortsteinzapfen gekennzeichnete »Mischboden« einschließlich eines vielleicht stellenweise vorhandenen Resthumus scheint zu einer geringmächtigen, humosen, rund 0,10 m unter dem ursprünglichen Relief gelegenen Oberfläche umgewandelt worden zu sein, bevor der Wall außen erweitert worden war. Ob dieser »neue« Bereich vor dem Wall zeitweilig begrünt gewesen ist, bleibt unbekannt, weil sich an keiner Stelle, auch nicht unter der späteren Wallerweiterung, Relikte einer Vegetationsstrate erhielten.

Südlich einer Linie zwischen 90,2 m NS (Profil 4/5, *Beil. 3,1a–b)* und 91,2 m NS (Profil 7/8) wurde der dunkelgefärbte anstehende Bodenrest von einer Mulde jüngerer, vermutlich mittelalterlicher oder späterer Zeitstellung unterbrochen. Die Sohle dieser rund 3,5 m breiten Wanne (?) lag etwa 0,90 m unter dem Niveau der oben beschriebenen Restoberfläche aus der Vorwallbauzeit. Sie war zunächst mit einer 0,30 m mächtigen Schicht aus Klei und größeren Steinen und anschließend in einer Mächtigkeit von 0,90 m mit streifig gelagertem Humus gefüllt, wohl Riesel- oder Schwemmboden, der vermuten läßt, daß der Graben über längere Zeit offen gelegen hat und erst allmählich verfüllt wurde. Dafür spricht auch, daß die Streifung hangaufwärts, nicht aber in südliche Richtung außerhalb des Grabenbereiches verlief. Der Eingriff in die ehemalige Oberfläche unterbrach den humosen Primärboden, der in Profil

[34] Kossack u.a. 1974 (Anm. 31) Beil. 13,1a.

1

2

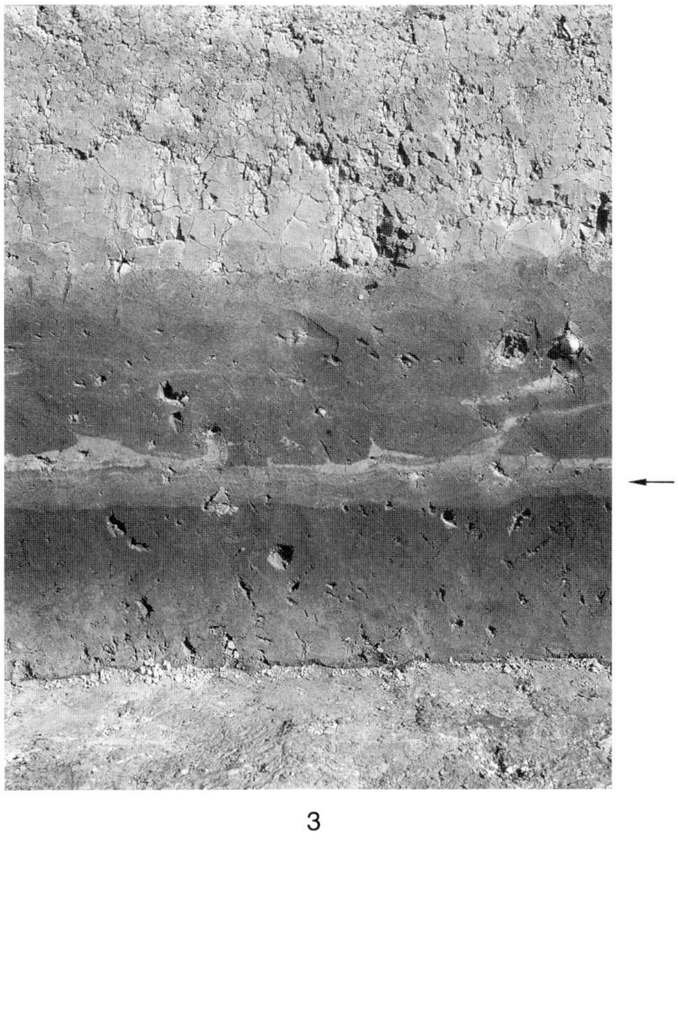

3

Abb. 6 Archsumburg, Bodenarten. 1. Strukturbodenreste im Mergel unter dem Erdwerk; 2. Zweigeteilter Auftragsboden unter den kaiserzeitlichen Schichten; 3. Umgewandelter Boden: Gemisch aus Bleichsand und kaiserzeitlichem Auftrag im Innenraum.

7/8 südlich der Mulde zwar in einem 2 m langen Teilstück erhalten, im gegenüberliegenden Aufschluß jedoch völlig abgetragen war. Er zerstörte außerdem das etwa 1,5 m mächtige Paket vermutlich prähistorischer Planierungsschichten vor dem Wall zwischen 87 und 91 m NS in Profil 7/8. Südlich des Grabens erreichte der Abtrag nur die Höhe der »Mischboden«-Unterkante zwischen 1,7 und 2 m NN, so daß die jüngeren Planierschichten hier ausschließlich auf dem gelblich gefärbten Sand und auf Mergel des Pleistozäns ruhen. Da weder die Anlage des Grabens noch die spätere Einfüllung unmittelbar datiert werden können, läßt sich die Zerstörung der Wallruine im Süden nur indirekt zeitlich fixieren: Die Flurkarten von 1780 bis zur Neuvermessung in den 30er Jahren enthalten einen Weg südlich der Koordinate 97 m NS *(Abb. 2; Taf. 3)*. Seine Lage stimmt auffälligerweise mit drei Schotter- und Schichtgrenzen ganz im Süden des Profils überein. Analog zu Befunden in den Flächen 18 und 20 (s. u.) könnten der Graben, die ihn planierende jüngere Schicht und der unterhalb der »Wegetrasse« liegende Boden bei der Abtragung der Wallruine zur Bodengewinnung entstanden sein; im Westen des Beringes wurde hier Material aus dem Mittelalter geborgen.

In Fläche 18 ließ sich der Bleichsand im Nordprofil 15 *(Beil. 2,1a–b)* bis 2 m vor der Front der jüngsten Wallerweiterung nachweisen; der darunter gelegene Humus erschien ungestört bis zur Unterbrechung der Schicht durch den oben genannten Graben am Fuß der mittelalterlichen Abtragsböschung bei 61,3 m OW. Ein entsprechender Befund deutet sich in Profil 12 an, obgleich hier der unmittelbare Bereich vor dem Wall wegen eines partiellen Profileinsturzes während der Ausgrabung nicht in situ gezeichnet werden konnte. Der Ansatz des Grabens bei 61,4 m OW blieb jedoch im Profil erhalten. Etwa 2,6 m vor der Außenwallfront wird die Humusdecke von einer wallbauzeitlichen Brandschicht (L) überlagert. Der sich vor dem Wall erstreckende Bleichsand erreicht eine Dicke von 0,10 m, so daß die erste Sodengewinnung für den Wallbau an dieser Stelle nur die Sandschicht beschädigt hat. Westlich des Grabens fand sich zwischen 61,3 und 62,4 m OW (Profil 15: *Beil. 2,1a–b)* und zwischen 61,4 und 63,3 m OW (Profil 12) auf 0,5 m Länge eine gekappte vorwallbauzeitliche Humuslage. Bis zum westlichen Profilende bei 72 m OW war sie abgegraben.

Die mittelalterliche Bodenentnahme bis zum pleistozänen Sand und Mergel umfaßte auch die ursprünglich etwa 1,5 m mächtige kaiserzeitliche Anschüttung des Außenwalles bis rund 6 m vor der jüngsten Außenwallfront. Der totale Abtrag des Vorgeländes spiegelte sich in Fläche 20 wider *(Abb. 4,4; Beil. 10)*: An keiner Stelle blieb die ehemalige Oberfläche oder ein älterer Befund erhalten. Das zeitliche Verhältnis zwischen dieser Arbeitsleistung und dem ersten, bis 0,70 m mächtigen Bodenauftrag (W), der mittelalterliche Scherben enthielt und undatierte Gruben mit Klei oder Asche bedeckte, blieb unbekannt. Er könnte kurz nach Abschluß der Humusgewinnung erfolgt sein, da es zu keiner Bildung einer sichtbaren Vegetationsschicht auf der Räumungsfläche gekommen ist. Dagegen belegt ein dünnes Humusband (X) zwischen diesen ersten mittelalterlichen Eingriffen (W) und einer jüngeren Aufschüttung (NZ) einen längeren Stillstand im Geschehen um die Ruine der Archsumburg im Westen *(Abb. 5)*.

Eine weitere Möglichkeit, das Vorgelände kennenzulernen, bot sich am Nordende der Fläche 13, obgleich dieser Ausschnitt nur eine Länge von rund 3 m aufwies. Im Westprofil 3 *(Beil. 7,1)* unterbrach eine Grube unter der Wallerweiterung außen sowohl den Bleichsand als auch die Humusunterlage, die es nördlich anschließend bis zum Profilende zu verfolgen gelang. Der tiefere, bis 0,25 m mächtige »Mischboden« blieb im Aufschluß von jeder Zerstörung zur Zeit des Wallbaus verschont. Die Gegenseite zeigte konservierten Bleichsand bis zur Front der jüngsten Sodenmauer *(Beil. 7,2)*. Der Humusboden war hier noch 0,20 m mächtig, am nördlichen Profilende dagegen nur noch 0,15 m, während der untere »Mischboden« gleichmäßig verlief. Fotos belegen beim Abbrechen des Bleichsandes eine geringe Niveauabsenkung von wenigen Zentimetern Tiefe. Flache, durch jüngeren humosen Klei gefüllte Vertiefungen in der vorwallbauzeitlichen Humusoberfläche am Nordende des Profils 3 könnten durch Spatenstiche entstanden sein. Der Befund deutet auf eine Sodenentnahme vor dem Wall hin, die in Wallnähe allein den Bleichsand, anschließend auch obere Teile der Humusschicht entfernt hat.

Vor dem Tor kam in den Flächen 6 und 9–10 eine abgetragene Humusdecke zum Vorschein, die hier an keiner Stelle durch Bleichsand überlagert war. Möglicherweise ist dieser obere Boden gemeinsam mit Teilen des Humusbandes vor Beginn der Wallbauarbeiten als Sodenmaterial verwendet worden. In den Profilen beiderseits des Einganges (45 und 50) fand sich der zentrale Wallkörper direkt auf einem dünnen Humus dunkler Färbung. Während die Schichtfolge im Westaufschluß unterhalb der Erweiterung des Außenwalls durch eine beim Ausbau angelegte Grube zerstört wurde, so daß der Übergang zu den nördlichen Profilstrecken mit einer dünnen humosen »Mischboden«-Lage ungeklärt blieb, brach die Humusdecke im östlichen Profil unterhalb jüngerer Ausbauten des Beringes rund 0,70 m vor der Front des inneren Wallkerns abrupt ab *(Beil. 5,4)*. Der hier wieder abgetragene Mischboden ließ sich bis zum nördlichen Flächenende als 0,10 m mächtige, zunehmend humose Schicht nachweisen. Ob es sich hierbei um eine Humuszufuhr durch Bewuchs, durch Auftrag oder um die unteren Reste einer gekappten primären Oberfläche handelt, ließ sich nicht mit Sicherheit feststellen. Für Humuszufuhr spricht ein Vergleich der Profile: In den Flächen 9 u. 10 fand sich die Steinsohle unmittelbar unter der »neuen« Humusdecke, im Bereich eines weitgehend ungestört erhaltenen Aufschlusses, z. B. in Profil 50, dagegen unter dem Mischboden. Die vorwallbauzeitliche Bodenstruktur unmittelbar innerhalb des Tores ließ sich nicht mehr klären.

Primäres Relief, erste Siedelspuren

Durch Bodenabtrag außerhalb des Erdwerkes und Schichtvertritt innen wurde die ursprüngliche Bedeckung so stark zerstört, daß das primäre Relief nur in groben Zügen rekonstruiert werden kann: Höhen von 2,30 m NN und darüber für die pleistozäne Oberfläche fanden sich in den Flächen 1, 4 und 18, Höhen zwischen 2,25 und 2,30 m NN in den Flächen 2 und 17 und um 2,20 m NN im Torbereich sowie in Fläche 12. Diese Angaben sind jedoch für einen detaillierten Höhenschichtenplan zu ungenau. Sicherheit bieten dagegen die Höhenangaben für den Übergang zwischen den vorwallbauzeitlichen und den frühkaiserzeitlichen Schichten *(Abb. 5)*. In den Flächen 1, 4, 14, 17, 18 und 19 erstreckte sich eine über 44 m lange, bis 14 m breite Zone mit einem Niveau über 2,60 m NN, die 2,40 m-Isohypse konnte nur unter dem Wall in Fläche 13 und direkt innerhalb des Beringes in Fläche 14 festgelegt werden. Tiefere Bereiche bei 2,20 m NN lagen außerhalb der Frontmauer in Fläche 14. Durch Abgrabung im Westen und Süden und einen modernen Weg im Norden gelang es an keiner Stelle, den Rand der kleinen Erhebung zu erreichen. Höhen zwischen 2,60 und 2,80 m konnten ausschließlich im Bereich der oben beschriebenen »Grabhügelruine« in Fläche 1 gemessen werden.

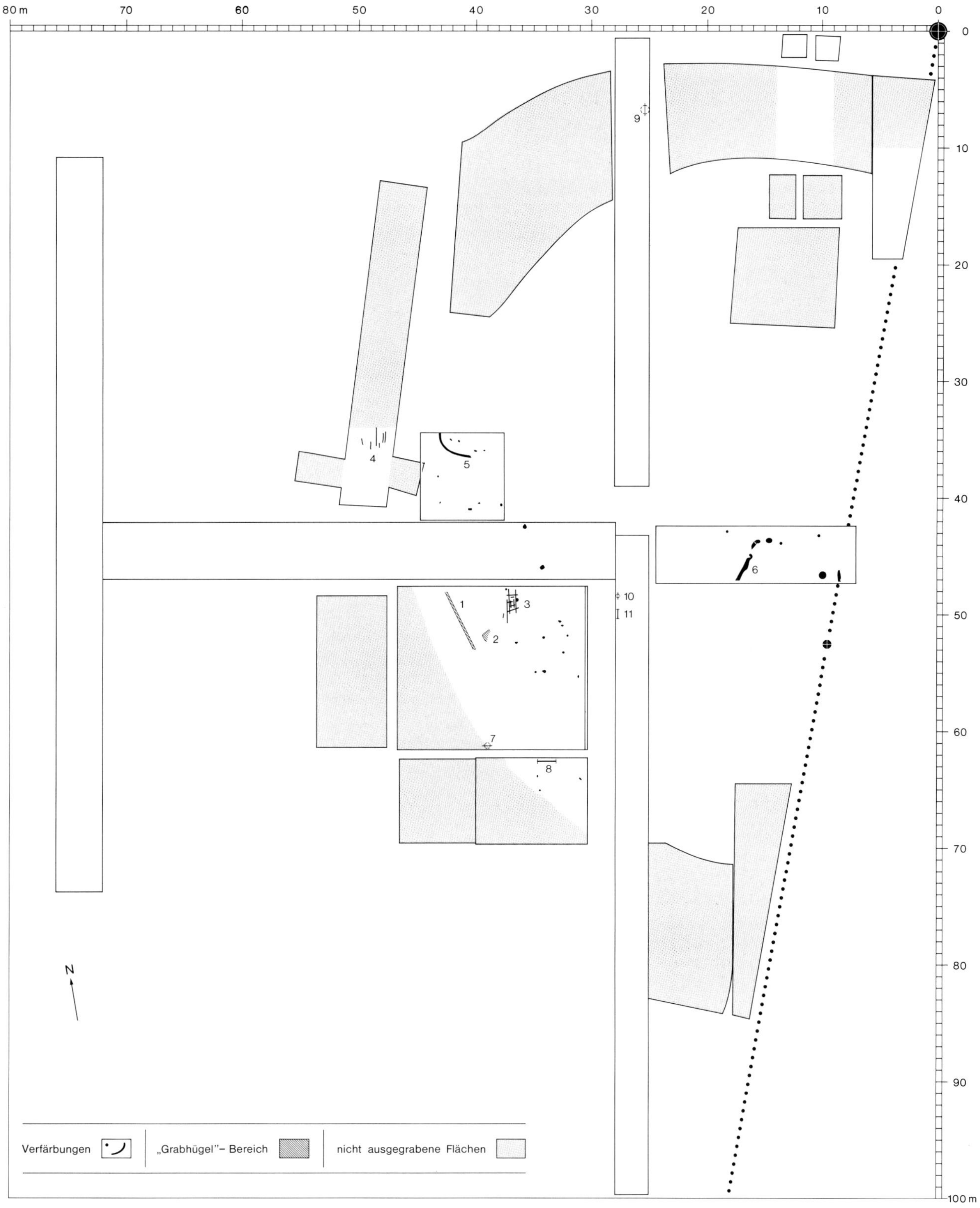

Abb. 7 Archsumburg, Verfärbungen aus der Zeit vor dem Wallbau. – M. 1 : 500.

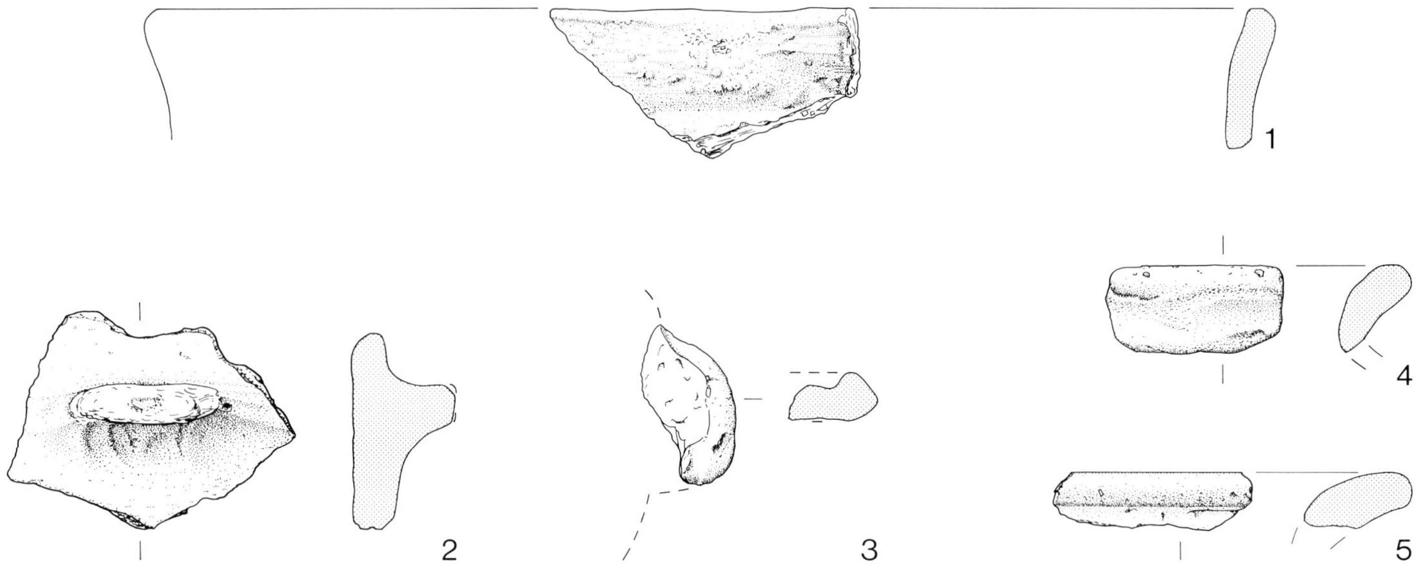

Abb. 8 Archsumburg, Keramik der jüngeren Bronzezeit und vorrömischen Eisenzeit. 1 (619); 2 (72/155); 3 (334); 4 (72/7); 5 (72/26). – M. 1:2.

Zu den ältesten Siedelnachweisen gehören schwache Ardkritzen in Planum 11 der Fläche 1 und in Planum 6 der Fläche 19 *(Abb. 7, Nr. 3–4).* Sie kamen an der Unterkante des Humusauftrages in Höhe des steindurchsetzten Mischbodens zutage. Während die Ardspuren in Fläche 1 wie auf dem benachbarten Melenknop in wechselnde Richtung laufen (Norden-Süden oder Nord-Nord-West–Süd-Süd-Ost), belegt der Ausschnitt in Fläche 19 ausschließlich nord-süd-orientierte, bis 1,60 m lange Streifung. Für beide Befunde gilt, daß eine Datierung nur durch den späteren Wallbau gegeben ist. Eine ähnlich vage, aber vorwallbauzeitliche Einstufung läßt sich für zwei Gräbchen in den Flächen 4 und 17 *(Abb. 7, Nr. 5–6)* sowie für einige Pfosten und grubenähnliche Verfärbungen ermitteln, deren stratigraphische Zuordnung in die Zeit vor Baubeginn anhand der Profile außer Zweifel steht (*Abb. 7, Nr. 7* mit *Beil. 5,1* bei 39 m OW; Nr. 8 (Foto); Nr. 9, *Beil. 7,2* bei 6,5 m NS; Nr. 10–11). Demgegenüber sind zahlreiche Pfosten und Gruben in den Flächen 1, 2, 4, 17 und 18 nur deshalb in *Abb. 7* eingetragen worden, weil sie nicht in der zeichnerischen Aufnahme höherer Plana vorhanden und daher vermutlich früh zu datieren sind (vgl. Katalog der Befunde). Diesen Fundstellen ist außerdem gemeinsam, daß der Füllboden keinen Klei enthält; bei mehreren Befunden erschien der Übergang von der Grubenfüllung zum Mischboden außerdem so fließend oder schwach konturiert, daß sie sich bereits aufgrund dieser Kriterien von jüngeren Eintiefungen unterscheiden. Abgesehen von den noch zu beschreibenden Pföstchenreihen in den Flächen 9–10 und 18 ergibt sich allerdings auch aus den sicher älteren Verfärbungen kein zusammenhängendes, interpretationsfähiges Bild.

Das in Schichten der Vorwallbauzeit geborgene Fundgut ermöglicht eine Datierung der Bodeneingriffe vor Errichtung der Archsumburg. Zu den Funden zählen einerseits Keramik der Bronzezeit *(Abb. 8, 1–3),* durch die eine erste Zeitmarke gewonnen wird, andererseits aber auch vorrömische und kaiserzeitliche Ware, die während der Besiedlung des Beringes in die Tiefe gelangte, also von zweitrangiger Bedeutung ist *(Abb. 8,4.5).* Hinzu kommt eine fragmentarisch überlieferte Spirale aus Bronze, während das in situ geborgene Steinmaterial unwesentlich erscheint (z.B. ein Quetscher) (s. auch S. 184).

Naturwissenschaftliche Untersuchungen

Aus Proben des Palynologen F.-R. Averdieck, des Großpflanzenrest-Botanikers H. Kroll und des Bodenkundlers M. Deppenbrock, alle Kiel, konnten zusätzliche Hinweise auf die Beschaffenheit der vorwallbauzeitlichen Oberfläche gewonnen werden[35]. Averdieck und Kroll analysierten sowohl Material aus der Humusdecke (A 6–7, K 209) als auch aus dem dem Bleichsand aufliegenden Rohhumus (A 5, K 211), Deppenbrock dagegen Phosphatwerte aus dem pleistozänen Sand (D 215) und dem Humus (D 214). Die Beschreibung dieser Befunde wurde an anderer Stelle gedruckt (II 57.167ff.; Beil. 7), die Ergebnisse zeichnen folgendes Bild: Der Polleninhalt weist den Humus als Kulturboden aus, weil sich hier die höchsten Werte von Getreide und Kulturbegleitern fanden, während die Rohhumusdecke gemeinsam mit den Wallsoden Verheidung aufzeigen

[35] Kossack u. Harck 1973 (Anm. 31) 477ff.

(Heidekraut, Wildgräser, Hohes Fingerkraut). Dieser Befund korrespondiert mit den Resultaten Krolls, der auf dem Bleichsand eine feuchte Heidewiese mit Pfeifengras und weiteren diesem Biotop zuzurechnenden Pflanzen annimmt. Kulturanzeiger treten insgesamt als Fundgruppe in der Schicht stark zurück. Eine regelmäßige Beweidung der vom Pedologen als Feuchtpodsol oder als Pseudogley-Podsol bezeichneten Fläche wird wegen des Pfeifengrasbewuchses ausgeschlossen, ein Ödlandcharakter des Geländes angenommen. Angaben über die Zusammensetzung des Großpflanzenmaterials aus der stratigraphisch älteren Humusschicht (K 209) mit überdurchschnittlich hohen Phosphatwerten fehlen.

Zusammenfassung

Die durch Ausgrabung gewonnenen Einsichten in die Beschaffenheit der Oberfläche vor Anlage des Erdwerkes begründen nicht, warum man den Standort für das Erdwerk wählte. Allein der Nachweis von Ödlandvegetation erscheint von Wichtigkeit, weil die frühkaiserzeitlichen Siedler in Archsum sich um eine wirtschaftliche Nutzung sämtlicher geeigneter Flächen bemühten. Offenbar hatte der Bereich der späteren Archsumburg jedoch lange Zeit vorher als Heide brach gelegen, wie die Bleichsandbildung mit aufliegender Rohhumusdecke belegt. Hinweise auf ein Umbrechen des Areals vor Baubeginn fehlen, die Soden des den Bleichsand konservierenden Walles lagen auf der stellenweise noch erhaltenen letzten Vegetation. Der Bleichsand trennte auf diese Weise die frühkaiserzeitliche Bautätigkeit von älteren Nutzungsphasen des Geländes: Die botanischen Befunde, der zweigeteilte Bodenauftrag und die Ardkritzen weisen auf Ackerbau hin, die Ruine eines älteren Grabhügels (?) konnte teils Stillstand in der Bodenbearbeitung, teils aber auch eine auf dem Melenknop und in Alt-Archsum nachweisbare Zerstörung der Tumuli im Kampf um jeden Quadratmeter nutzbaren Bodens bezeugen. Die wenigen Gruben, Kreisgrabenreste und Pfostenlöcher aus der Zeit der Ackerwirtschaft sind typische Begleiter früher Kultivierung, wie Grabungen an anderen Plätzen des Geestkernes lehren. Aber eine Datierung der unteren Humusdecke in die Bronzezeit läßt sich durch den auf alter Oberfläche liegenden Grabhügelrest (?), wenige Scherben dieser Zeit und eine Auftragsschichtung, die vergleichbar auf dem Melenknop beobachtet wurde, kaum sichern. Daß sichere neolithische und früheisenzeitliche Funde fehlen, darf wohl als indirekter Hinweis auf eine bronzezeitliche Zeitstellung gelten.

Die Untersuchung der vorwallzeitlichen Oberfläche erbrachte ferner Einblicke in Maßnahmen zur Zeit der Beringentstehung: Der Wall wurde offenbar ohne Vorbereitung (Bepflügung oder Planierung) des ursprünglichen Reliefs errichtet. Nur im Bereich des Nordtores scheint es zu einem partiellen Bodenabtrag gekommen zu sein. Das Gelände vor der Sodenfront wurde insgesamt abgeplaggt, der botanische Inhalt der Wallsoden korrespondiert mit entsprechenden Befunden im erhaltenen Profil unter dem Erdwerk. Stellenweise erreichten die im Anschnitt der Aufschlüsse nachweisbaren Spatenstiche auch den tieferen Humus, der unterschiedlich mächtig mit den Soden auf den Wall gelangte. Tiefreichender Abtrag der gesamten holozänen Oberfläche im Süden und Westen datieren schließlich ins Mittelalter.

Innerhalb des Beringes kam es offenbar durch Vertritt des Bleichsandes und der oberen Humusstrate zur Entstehung einer sandig-humosen Schicht, die sich über größere Strecken unterhalb der Wallbauschicht hinzog. Eine Datierung des umgewandelten Bodens in die frühe Kaiserzeit ergab sich beispielsweise durch die stratigraphische Überlagerung zweier sicherlich zur Innenwallbebauung zählender Pfosten in Fläche 14.

DAS ERDWERK DER FRÜHEN RÖMISCHEN KAISERZEIT

Einleitung

Ohne die verheidete, flache Kuppe durch Sodenabtrag, Abbrennen der Vegetation oder »rituelle« Bepflügung zu reinigen, errichtete man einen fortifikatorisch bedeutungslosen kreisförmigen Sodenwall. Erweiterungen des Erdwerkes an der Außen- und später an der Innenseite sowie anschließende Anschüttungen kleiigen Bodens an der Außenfront und Ablagerung oder Abtrag von Bebauungsrückständen innerhalb des Beringes führten zu einer erheblichen, offenbar gewünschten Veränderung des Reliefs, deren endgültig erreichte Höhe nach Abschluß der kaiserzeitlichen Baumaßnahmen insgesamt nur auf indirektem Wege annähernd erschlossen werden kann.

Die frührömerzeitliche Archsumburg hat Eigenschaften besonderer Art: Die wallähnliche Ringmauer wurde bald nach erster Errichtung partiell angeschüttet und planiert, die Art der Bebauung im Inneren ist, verglichen mit den Häusern der benachbarten Hofgruppen, ungewöhnlich, sie brach nach kurzer Zeit wieder ab. Die folgende Darstellung hat daher sowohl die detaillierte Beschreibung der Stratigraphie als auch eine Erläuterung der einzelnen Flächenbefunde unter Einbeziehung der späteren prähistorischen Bodenaufträge innerhalb und außerhalb des Erdwerkes zum Inhalt.

Abb. 9 Archsumburg, Wall und Innenbereich, Fläche 14, Profil 4/5.

Befunde

Stratigraphische Gliederung an Profil 15

Der Wallkörper besteht aus einem Kernwall und mehreren Schalen, die nacheinander an der Innen- und Außenseite aufgetragen wurden. Am Fuß jeder Baumaßnahme schlossen sich entweder Besiedlungsschichten oder aber Schutt-und Planierlagen an. Jede Stratifizierung würde vermutlich von einem Ausbau in einzelnen »Blöcken« ausgehen, zumal diese sich scheinbar mühelos aus den Profilbefunden begründen ließen: Der »mittlere Wallblock« trat in sämtlichen Aufschlüssen als ein 5–7 m breites, 1,20–1,70 m hohes, aus humosen Rasensoden errichtetes Erdwerk deutlich hervor *(Abb. 9–10);* die mehrschichtige Verbreiterung aus Humus- oder Kleisoden an der Außen- und Innenseite könnte demnach als jüngere Baufolge interpretiert werden. Eine derartige relative Gliederung der einzelnen Bautätigkeiten erschien anfänglich sowohl einfach als auch schlüssig, hätte das Ergebnis nur genauer Prüfung standgehalten: In keinem Aufschluß ließ sich nämlich zwischen den einzelnen Erweiterungen oder Erhöhungen eine fossile Vegetationsschicht erkennen, die einen Stillstand im Baugeschehen hätte begründen können. Die Schichtbestimmung wurde dadurch zusätzlich erschwert, daß Hüttenbau, Vertritt und Erosion den inneren Wallfuß vielfach beschädigten. Besondere Mühe bereitete schließlich der Versuch, die Erweiterungen am Innen- und Außenwall untereinander zu korrelieren, weil es kaum Schichtverbindungen zwischen den jüngeren Baubefunden gab, die eine sichere Verknüpfung erlaubten.

Bei der Profilbeschreibung zeigte sich bald, daß vollständige Wallschnitte für die Auswertung wesentlich informativer waren als nur zur Hälfte ausgegrabene Aufschlüsse, die kaum eine deutliche Schichtfolge innerhalb des Erdwerkes erkennen ließen. Die Gliederung der Wallanlage wird daher vor allem auf die durchgehenden Profile in den Flächen 6 (45,50 untere Hälfte: *Beil. 5,4.6),* 13–14 (3,4/5,6,7/8: *Beil. 3,1; 4,1; 7,1.2)* und 18 (12,15: *Beil. 2,1)* beruhen. Hinzu kommen im Torbereich die Profile 51–53 und 55 *(Beil. 8,1.4.7)* sowie in den Flächen 4 und 19 die Aufschlüsse 24 *(Beil. 6,6)* und 28 bzw. 32–33 *(Beil. 2,2–4),* gleichsam »Hilfsprofile«.

Einzelheiten konnten vor allem im Nordprofil der Fläche 18 studiert werden, das daher als »Standardprofil«für die Gesamtanlage dienen wird. Die hier eingeführten Bezeichnungen erhalten Gültigkeit für sämtliche Schichten der Archsumburg. Dies begründet die folgende Beschreibung des

Abb. 10 Archsumburg, Sodenstruktur des Primärwalles, Fläche 14. Außenbegrenzung durch Kopfsoden (links) hervorgehoben, Übergang zur Innenfläche (rechts) durch Brandlage (VII) markiert.

Profils 15 *(Beil. 2,1)* als Einleitung zu einer detaillierten, an den Einzelflächen orientierten Befundlage.

Profil 15 *(Beil. 2,1)* gehört zu den am häufigsten und besonders eingehend erörterten Aufschlüssen überhaupt; es läßt sich vor allem mit Hilfe der Profile in Fläche 19 kontrollieren *(Beil. 6,3.6)*, die vom Norden her in schrägem Winkel auf Profil 15 geführt wurden und Details enthalten, die nur an ihnen zu beobachten sind, weil die Lage dieser Aufschlüsse als atypisch gelten darf. Um die Stratigraphie der Anlage überschaubar und verständlich zu halten, werden die einzelnen Wallbauphasen mit arabischen, die Schichten des Innenbereiches mit römischen Ziffern und die Anschüttungs- und Rieselschichten an der Außenseite mit Großbuchstaben gekennzeichnet. Zusätzliche Einzelschichten ohne Beleg in der Hauptgliederung des Profils 15 sind mit Kleinbuchstaben benannt. Das jeweilige Schichtpaket wurde zunächst in verschiedene Bau-, Bebauungs-, Anschüttungs- und Planierphasen zerlegt. Sie dokumentieren jeweils einzelne Arbeitsgänge innerhalb eines Bauabschnittes; die Zusammenfassung dieser Bauphasen in Bauperioden oder -abschnitte erfolgt nicht durch Kennzeichnung in den Profilvorlagen, sondern nur im Text. Ein Arbeitsgang, eine Bauphase, kann dabei durchaus einen Zeitabschnitt, eine Bauperiode darstellen, muß es aber nicht.

Wall 1

Der teils aus graubraunen, teils aus hellgrau gefärbten humosen Soden errichtete Primärwall in Profil 15 (1) liegt auf der ursprünglichen, unbeschädigten Oberfläche *(Beil. 2,1)*. Die Sodenpackung erreicht an der Basis eine Breite von 4,90 m, die Höhe schwankt zwischen 0,30 m im Westen und im Osten sowie rund 0,50 m im Mittelbereich. Ihre senkrecht geformte Außenfront tritt durch Soden sandig-humoser Konsistenz hervor; demgegenüber erscheint die im Planum als Mauer überlieferte Innenseite im Profilanschnitt kaum verstärkt und gegen Versturz gesichert. Zu beiden Seiten des Walles finden sich geringmächtige keilförmige Schuttkegel (A,I) mit einer flachgeböschten, feinen Schichtung aus unterschiedlichem Material. Die Schuttschicht (I) am inneren Wallfuß vermengt sich ohne deutliche Trennung im wallfernen Bereich mit einer jüngeren Sandlage (II). Die Außenmauer des ersten Wallbaus unterscheidet sich im Aufschluß 15 weder durch die Anordnung der Einzelsoden noch im verbauten Material von der unteren Frontpackung der folgenden Baumaßnahme (2), so daß zunächst der Eindruck entsteht, die ehemalige »Front« des Kernwalles (1) sei vor Beginn der zweiten Bauperiode abgetragen, begradigt und anschließend nach Erhöhung des Erdwerkes gemeinsam verstärkt worden. Eine derartige Deutung wird aber in Profil 24 der Fläche 19 widerlegt *(Beil. 6,6)*, an dem eindeutig festzustellen ist, daß es sich bei der unteren Sodenfront (1) um ein eigenes Bauwerk handelt, das sich in der Packweise grundsätzlich vom jüngeren Auftrag (2) abhebt.

Wall 2

Als nächste Maßnahme folgte eine Aufhöhung des Kernwalles, des »Mittelblocks«: zunächst eine Sodenpackung von 0,25 m Mächtigkeit aus heterogenem, farblich stark differierendem Material, hierauf eine im Anschnitt homogen erscheinende braune, sandig-humose Strate mit mäßig ausgebildeter Sodenstruktur (2). Beide Auflagen bedecken an der Wallinnenseite bis zu 0,30 m Breite die zu Wallperiode 1 zählenden Schichten I und II; sie trennen zusammen mit einer am Fuß der zweiten Wallschicht anschließenden, 0,70 m langen und 0,05 m dicken kleidurchsetzten Schicht (III) die ältesten Straten I/II von der jüngeren Schicht IV. An der Wallaußenseite folgt den Außensoden der Schicht 1 eine geneigte, 0,65 m hohe Front aus humosen Soden, die durch zwei geböschte Stützpackungen aus sandig-humosen und kleidurchsetzten Soden (3 und 4) gegen Einsturz gesichert wurde. Am Fuß der unteren Sodenschicht (3), die dem Rieselmaterial A aufliegt, das sowohl »Bauschutt« von dem Primärwall als auch von Schicht 2 enthält, schließt sich eine dünne, nach 0,50 m auslaufende Rieselschicht B an, die sich ihrer Konsistenz nach von Schicht A und Schuttlage C deutlich absetzt.

Ob eine 0,10 m dicke Lage humoser Soden (9) auf Schicht 2 oder aber die Außenschichten 6–8 als jüngster Teil des Bauabschnittes interpretiert werden müssen, läßt sich an Profil 15 nicht klären. Durch den Befund in den Profilen 24, 26 und 29 der Fläche 19 *(Beil. 6,3.6)* ist aber erkennbar, daß die genannten Schichten von einem gemeinsamen Auf- und Ausbau stammen. Dies wird durch einen bemerkenswerten Planumbefund unterstützt: Die Straten 1, 2 und 9 nehmen gemeinsam Rücksicht auf eine quer zur Wallrichtung verlaufende Trennfuge *(Abb. 11)*, während alle jüngeren über die Fuge hinwegziehen (s. u. S. 26). Der die Schichten 2 und 9 umfassende, unmittelbare Auftrag auf dem ersten Sodenwall, der als »mittlerer Wallblock« in den Profilen hervortretende Wallkörper, bildet somit zusammen mit den noch zu beschreibenden Stütz- und Ausbauten außen (3–8) einen zweiten Bauabschnitt nach dem Primärwall.

Die Front der Baumaßnahmen 2 und 9 neigt sich in einem Winkel von 115 Grad nach außen. Um einen Einsturz der 0,90 m hohen Sodenmauer zu verhindern, errichteten die Erbauer vor der Front des mittleren Wallblocks Stützkeile aus humosen Soden (3–4), die von langgezogenen Rieselschichten (B und C) begleitet wurden. Wenn sie zwischen den Packungen 3 und 4 fehlen, hängt das vermutlich mit dem kurzen Zeitabstand zwischen beiden Wallteilen zusammen. Die starke Neigung der unbeschädigten Frontmauer 2 erforderte, daß die bis 2,70 m messende Verbreiterung außen nahezu gleichzeitig mit oder kurz nach dem Auftrag der Schichten 2 und 9 errichtet wurde. Weniger überzeugend erscheint die Ansicht, die Frontpackung (2 und 9) sei zu einem späteren Zeitpunkt von Regenwasser durchtränkt worden oder erst durch Druck nach Auftrag weiteren Materials gekippt. Allein eine flache Mulde in der Oberkante von Schicht 9, rund einen Meter hinter den Frontsoden, könnte als Beleg einer späten Dehnung dienen. Die Eintiefung reichte bis in Schicht 2 und war auch im gegenüberliegenden Südprofil 12 nachweisbar.

Ob die Verstärkung der Wallaußenseite (3–8) das Ergebnis eines oder mehrerer Arbeitsgänge darstellt, läßt sich am Profil nicht ablesen. Da ihre verschiedenen Schichten für unsere Periodisierung in anderen Profilen wichtig sind, tragen sämtliche Einzellagen vorsorglich laufende Nummern: Zunächst bedeckt eine 0,70 m lange spindelförmige Lage kleiner, horizontal gepackter Kleisoden (5) den Fuß der Stützmauer 4 und auf eine Länge von 1,1 m Schicht C; sie endet in einer 0,20 m langen und 0,10 m hohen, senkrecht abgestochenen Kleisode. Ihr schließt sich eine meterlange, 0,10 m dicke dünn auslaufende Schuttschicht aus abgerolltem, festerem Material und Sandpartikelchen an (D). Auf Schicht 5 erstrecken sich eine spindelförmig gestapelte Packung sandig-humoser Soden mit Rohhumusresten (6) und eine diese teilweise überlagernde Schuttfüllung (E) mit ungeklärter oberer Begrenzung. Die Struktur und das kleiige Material der folgenden Auflage (7) signalisieren Änderung im Baugeschehen, weil jetzt zum ersten Mal auch Kleisoden im größeren Umfang verbaut wurden. Zu dieser Packung gehören eine 0,30 m hohe, sorgfältig gelegte Front aus fünf Kleisoden mit Breiten zwischen 0,45 und 0,80 m, eine unregelmäßig gestapelte Hinterfüllung sandiger Kleisoden und ein schuttähnliches Gemenge abgerollter Klei- und Sandbrocken vor der Mauer 2. Die niedrige Mauer 7 sicherte außen eine keilförmige, 0,60 m breite und 0,20 m hohe Stützpackung humoser Soden (8). Ihr Fuß wird von einer kleidurchsetzten Schuttschicht (F) bedeckt.

Der Wall hatte in diesem zweiten Stadium eine Breite von insgesamt 8,40 m und eine Höhe von maximal einem Meter. Die beiden bereits im Ansatz durch Stützkeile »begradigten« Außenfronten traten im Aufgehenden überhaupt nicht in Erscheinung; die 0,35 m mächtigen Siedlungsrückstände (I–IV) am inneren Wallfuß nivellierten den Wall ebenfalls erheblich. Zwischen oder auf den Schichten 1–9 fehlen Reste einer durchgehenden Vegetationsdecke, die einen Stillstand im Baugeschehen belegen könnte. Entscheidend für die Zusammengehörigkeit der Schichten 2–9, B–F, III–IV zu einem zweiten Hauptabschnitt in der Geschichte der Archsumburg ist die Beobachtung, daß bis Bauphase 9 die Trennfuge in Fläche 19 *(Abb. 11)* erhalten blieb und daß eine Schuttlage G (Länge 1,20 m, Höhe 0,15 m) die Nahtstelle zwischen den Schichten 7 und 9 bedeckte.

Wall 3

Die dritte größere Baumaßnahme erstreckte sich auf den gesamten Bering nach dem üblichen Muster: Die Sodenerhöhung des »mittleren Blocks« korrespondiert mit der Frontflucht früherer Aufträge, die unmittelbar darauf folgende Verbreiterung des Walles außen wird durch eine äußere, durch Keile abgestützte Sodenfront abgeschlossen. Zunächst trug man im mittleren Bereich eine zwischen 0,20 und 0,40 m mächtige Packung humoser Soden (10) auf und begrenzte sie außen mit einer Kleisodenmauer. Die Innenseite blieb nicht erhalten, weil diese Mauerpackung später abrutschte (s. S. 34). Die 0,20 m hohe Außenfront des mittleren Wallblocks folgt, obwohl durch eine 0,20 m dicke Schuttlage G von der älteren Sodenmauer (2 und 9) getrennt, zunächst deren Neigungswinkel. In Fläche 19 überlagert Schicht 10 die Trennfuge, Profil 24 zeigt *(Beil. 6,6)*, daß man die Frontsoden von Schicht 10 horizontal, die der Schicht 9 schräg, der Schicht 11 dagegen in einer Art Fischgrätenmuster gestapelt hatte.

Schicht 11 findet sich in Profil 15 *(Beil. 2,1)* über weite Teile direkt unter der Ackerkrume. Das hat zur Folge, daß die Sodenstruktur des Auftrages mit Ausnahme der vier Kleisoden der Außenmauer insgesamt nur schwach hervortritt. Die Auflagenhöhe differiert zwischen 0,25 m im Osten und 0,40 m im Westen, die oberen Bereiche sind weitgehend umgearbeitet und homogenisiert. Auch bei Schicht 11 läßt sich die Innenseite nur rekonstruieren. Die Frontsoden der Schicht 11 unterscheiden sich im Profil 24 *(Beil. 6,6)* deutlich durch ihre Packweise von älteren und jüngeren Lagen.

Demgegenüber zeigt die Mauerpackung der rudimentär erhaltenen Schicht 12 eine horizontale Anordnung; sie erstreckt sich nicht

Abb. 11 Archsumburg, Fläche 19, Trennfuge im Planum.

mehr auf den gesamten Mittelbereich des Kernwalles. Ob die Schichten 10–12, jetzt wegen ihrer wechselnden Packweise in Einzelstraten trennbar, als unabhängige Maßnahmen interpretiert werden dürfen oder aus statischen Gründen als einheitlicher Bauvorgang gelten müssen, läßt sich anhand des Profils 15 nicht klären.

Vor der »funktionslosen« Frontmauer der Bauphasen 10, 11 und 12 (?) findet sich als erste Erweiterung des Beringes eine Sodenpackung von 2,15 m Länge und 0,40 m Höhe (13). Hierzu wurde Material teils aus ortsteindurchsetztem Klei, teils aus dunklem, humosen Boden verwendet. Die Außenfront zeichnet sich durch drei Lagen fester Kleisoden mit anhaftendem Sand ab. Darin unterscheidet sie sich von Mauer 7 darunter, nicht aber von den Außensoden der Schicht 14 darüber. Da eine Rieselschicht auf der Böschung vor 13 fehlt, läßt sich vermuten, daß man den Auftrag durch Lage 14, drei große Kleisoden an der Front und eine Hinterfüllung aus humosen Soden, begradigte. Ob die Aufträge 13 und 14 zwei getrennte oder aber nur eine einzige, allerdings in zwei Arbeitsgängen gegliederte Baumaßnahme darstellen, geht aus Profil 15 nicht hervor. Die Aufteilung stützt sich u.a. auf Planumbefunde (s. S. 35f.). Die »Außenfront« der Erweiterung 13 wurde wie bereits vorher die Schichten 2, 9 und 7 durch einen Keil humoser, horizontal gepackter Soden gegen einen Versturz gesichert (15). Die Maßnahme hatte außerdem zur Folge, daß die »Mauer« für einen Herannahenden nicht »sichtbar« war. Die unteren Humussoden dieses letzten »Vorbaus« erstrecken sich auf die Schuttschicht F. Den verhältnismäßig steil geböschten Sodenkeil 15 begleiten anschließend mehrere Riesellagen, die ihn gegen ein Zerrinnen im unteren Bereich schützten: Auf eine 0,05 m dicke und bis 0,50 m breite kleidurchsetzte Schicht H folgen eine humose, durch feine Sandbänder gegliederte Strate I (Länge 1,30 m, Höhe 0,08 m), eine Klei enthaltende Schicht J (Länge 1,90 m, Mächtigkeit bis 0,05 m), eine humose Lage K (Länge 2,80 m, Mächtigkeit 0,05 m) und schließlich eine Brandschuttlage L, die bis weit ins Vorfeld des Beringes sowohl im Planum als auch im Profil verfolgt werden kann (60,9 m OW). Sie bedeckt das auslaufende Schuttschichtpaket D–K in einer Länge von 2,30 m; weiter westlich liegt sie unmittelbar auf dem gekappten Humus der Vorwallbauzeit, bis sie durch mittelalterliche Erdbewegungen abgetragen wurde (s. S. 26). Schwach erkennbare Reste der Schicht L können schließlich auf der Oberseite des Sodenpaketes 15 und deutlicher ausgeprägt vor den Frontsoden der Schicht 14 und 16? (Planum 5) festgestellt werden.

Auf den Schichten 13 und 14 liegt ein 1,90 m breiter und bis 0,40 m mächtiger Auftrag mit einer Mauer aus fünf sandigen Kleisoden außen und horizontalen Soden aus humosem Material dahinter (16). Er wird von einer zweischaligen Packung 17 bedeckt, die aus einer Lage Kleisoden an der Außenseite, eine kleiummantelte Reihe Findlinge und eine gestapelte Hinterfüllung aus Soden teils humoser, teils kleiiger Konsistenz besteht. Auf diesen 0,50 m hohen Auftrag folgt moderner Ackerboden (0,20 m). Hinweise auf eine weitere Erhöhung an der Außenseite des Beringes fehlen. Vermutlich gehört die Schichtenfolge 10–17 zu einem dritten Hauptabschnitt in der Archsumburg.

Wir erörterten bei der Feldarbeit mehrfach, ob die Schichtpaare 13/14 bzw. 17a und b als einheitliche Bauvorgänge beurteilt werden dürften und dies auch in der Benennung zum Ausdruck kommen müsse (13/14, 17/»18«). Die gewählte Numerierung stützt sich auf folgende Details: Für eine Zweiteilung der sehr ähnlichen und daher kaum differenzierbaren Ausbauschichten 13 und 14 spricht

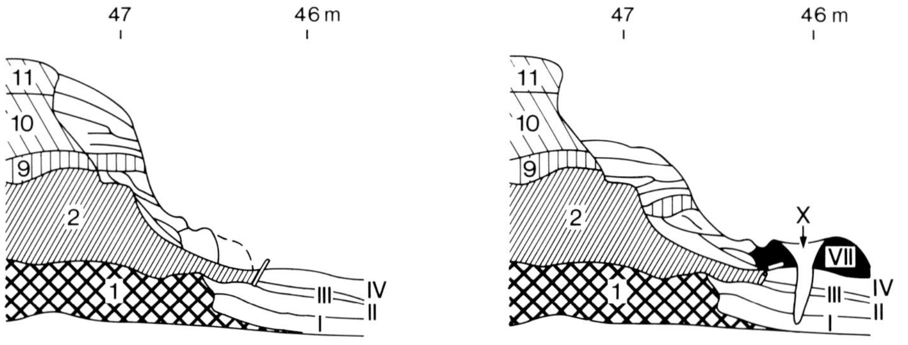

Abb. 12 Archsumburg, Rekonstruktion der Wallinnenseite vor (links) und nach (rechts) dem Rutschvorgang (18). – M. 1 : 40.

ihr Bau aus jeweils einer Frontmauer und einer zugehörigen Hinterfüllung. Vergleichbare Befunde fehlen demgegenüber bei 17, obwohl hier die scharfe Trennung zwischen der Frontpackung und der humosen Hinterfüllung auf eine Begradigung vor dem Aufstapeln der Frontpackung verweist. Ein ähnliches Problem der Schichtkennzeichnung stellt sich später bei den Innenerweiterungen 23a und 23b (s. u. S. 27).

Die sowohl im Profil als auch im Planum dokumentierte Brandschicht L erweist sich als weitgehend ungestört; sie enthält außer der bis 0,10 m mächtigen ziegelroten Asche Hölzer bis zu Knüppeldicke, die häufig nur angekohlt, aber nicht gänzlich verbrannt sind. Dieser Befund deutet darauf, daß das Holz zum Zeitpunkt des Abbrennens der Fläche frisch oder sehr feucht gewesen sein muß. Die hervorragende Erhaltung der gesamten Schicht bis 60,9 m OW läßt vermuten, daß die sie bedeckende jüngere Schicht M und vielleicht auch die Schicht N bald nach dem Feuer aufgetragen wurden, während die folgenden Lagen »O« bis »V« den Wallkörper nur wenig später nivelliert haben dürften. Schicht M tritt in Wallnähe noch sodenähnlich strukturiert hervor, weiter westlich erweist sie sich eher als ein durchtretener Boden mit Klei und Humus sowie zahlreichen Vivianiteinschlüssen aus (Länge 3,80 m, größte Mächtigkeit 0,20 m). Die folgende kleiig-humose, bis 0,25 m dicke Lage N besteht aus mindestens drei kaum voneinander trennbaren Einzelstraten. Sie bedecken an der Wallfront die obere Hälfte der Mauer 14 und den unteren Teil der Schicht 16 und erstrecken sich bis 60,1 m OW. Der humose, mit zahlreichen Kleibrocken durchsetzte Keil »O« lagert sich von der Front 16 bis 59,2 m OW, die jüngeren, vor Front 17 gelegenen Kleiaufträge P, R, T und V enthalten in Wallnähe drei humose Einschlüsse Q, S und U.

Im Bereich zwischen 59 und 62 m OW zerstörten jüngere Abgrabungen die gesamte, leicht nach außen geneigte Schichtpackung. Die Rotasche L kann noch bis 60,1 m verfolgt werden. Bis zu diesem Punkt konservierte sie kleiiger Boden N; fetter Klei (P) bedeckt die auslaufende, an der Basis verkohlte Strate, die schließlich am Graben (60,9 m OW) abbricht *(Beil. 2,1)*.

Im Mittelalter hatte man von 61,2 m OW westwärts das gesamte Vorgelände abgetragen. Am Fuß der verhältnismäßig steilen Böschung zwischen 59,2 und 61,2 m OW wurde ein 1,20 m breiter, 0,30 m tiefer, bis unter die vorwallbauzeitliche Oberfläche reichender Graben ausgehoben. Wie lange er offen gehalten wurde, wissen wir nicht, aber Rieselklei aus der Schicht P lagerte sich an der östlichen Grabenwand ab. Später füllte ihn ein mehrschichtiger Boden W und erhöhte den umliegenden Bereich von rund 2,10 m auf etwa 2,70 m NN. Dieser sandig-kleiige Auftrag, der nicht nur in Profil 15, sondern auch in den Profilen 2 und 12 *(Beil. 10)* untersucht werden konnte, erbrachte ausschließlich hartgebrannte Keramik des Mittelalters. Westlich 64,5 m OW in Profil 15 bedeckt eine humose Lage X das Erdreich, während sich zwischen die Böschung der prähistorischen Wallschüttung (60,5 m OW) und den Ansatz der dunklen humosen Lage X (64,5 m OW) ein Keil Z aus kleiig-humosem Material schiebt. Hieraus stammt eine graublaue Scherbe. Der leicht geneigte Auftrag Z kann durch Erosion der Wallruine entstanden sein, wofür es allerdings keinen sicheren Beleg gibt. Auf R fand sich zwischen 57,20 m und 59,30 m OW eine ungleichmäßige, später mit humosen Boden planierte Aushebung Y, die stratigraphisch vor Z einzuordnen ist. Das folgende, 0,75 m mächtige Schichtpaket NZ (Neuzeit) läßt sich durch Keramikeinschlüsse der Kaiserzeit, des Mittelalters und der Neuzeit und einschlägige Befunde in den Profilen 2, 12 und 15 als Aufwarftung zweier Gehöfte bestimmen (vgl. *Beil. 10)*.

An der Wallinnenseite kam es nach dem Auftrag der Schicht 10 oder 11 zu einem Hangrutsch (18), in dessen Verlauf ein etwa 0,25 m breites Sodenpaket aus Material der Schichten 2, 9, 10 und 11 (?) 0,20 m abstürzte. Der Vorgang erfaßte dabei schräg gelagerte Soden der Schicht 2, eine markante, dunkle Sode aus 9 sowie leicht geneigte Wallreste von 10. Die Oberkante des verschobenen Sodenblocks liegt nach zeichnerischer Rekonstruktion in Höhe der Trennlinie zwischen 10 und 11 *(Abb. 12)*. Demnach könnte das Schichtpaket gestürzt sein, nachdem 10 und bevor 11 aufgetragen war. Es gibt aber ein Gegenargument *(Beil. 2,1)*: Die obere Hälfte der Sodenschicht 18 besteht aus sandig-humosem Boden, der ähnlich wie das Material der Schichten 10 und 11 leicht auseinanderfällt. Deshalb muß davon ausgegangen werden, daß obere, mit Auftrag 11 korrespondierende Partien der Schicht 18 ohne einen schützenden Bewuchs während oder kurz nach dem Versturz durch Erosion, Vertritt oder Abtrag zerstört wurden. Diese Annahme gilt, obwohl sich weder am Fuß der Schicht 18 noch in einer höheren Lage unter den Soden 19 bis 22 Rieselmaterial belegen läßt, das hierauf zurückgehen könnte. Der Versturz stimmt mit den Angaben ingenieurwissenschaftlicher Lehrbücher über Gleitbewegungen bei Erdrutsch überein und dürfte als Ergebnis falscher Statik oder mäßig geeigneten Materials gewertet werden[36]. Der

[36] H. Prinz, Abriß der Ingenieurgeologie (1982) 255ff. Abb. 18,6.11.

Versturz an der Innenseite des Bauabschnittes 3 in Profil 15 unterbrach eine Verbindung zwischen den Auftragsstraten 10–11 (?) und den zugehörigen Schichten der Innenbebauung. Über andere Profile in der Archsumburg läßt sich der Hangrutsch 18 jedoch ungefähr mit Schicht IX korrelieren (z. B. Profile 6 und 38: *Beil. 6,1; 7,2*), während Auftrag 9 mit der Innenbebauung V–VI einherging, die in Profil 15 vor dem Wallfuß abgetragen ist (Profile 18 und 34: *Beil. 5,1.3*). Das zeitliche Verhältnis zwischen der Brandstrate VII und den Schichten des Walles bleibt im »Standardprofil« ungeklärt.

Der dritte Hauptabschnitt der Baumaßnahmen in der Archsumburg umfaßt unter stratigraphischen Gesichtspunkten die Schichten 10 und 11 sowie möglicherweise Schicht 12 im »mittleren Wallblock«, die Erweiterungen 13–17 an der Außenseite und vermutlich einige oder alle Rieselstraten im Paket H–K vor dem Bering. Die nur in Fläche 18 nachgewiesene Brandschicht L datiert sicher in eine Phase nach Fertigstellung der Frontmauer 14, wie Schmauchspuren an der Außenseite belegen. An der Innenkante käme als zugehörige Siedlungsstrate Brandschicht VII in Betracht, wenn die vor dem Wallfuß abgetragenen Siedlungsschichten V–VI dem Auftrag 9 zugeordnet werden. Die nach Konsistenz und Erhaltung ähnlichen Rotaschelagen L und VII könnten bei derselben Feuersbrunst entstanden sein. Aus stratigraphischen Gründen läßt sich gegen diese Deutung nichts einwenden, obwohl ein Nachweis fehlt.

Wall 4

Schicht 18 stellt für die zeitliche Gliederung des Beringes eine Zäsur dar. Die Verbreiterung und Verstärkung des Innenwalles datieren eindeutig in die Zeit nach dem Hangrutsch. Die Schichten am inneren Wallfuß VIII (Zerstörungsschicht auf Brandlage VII mit Rotasche vermischt) und IX (humose Lage mit wenigen Rotpartikelchen und Holzteilen) schließen direkt an die abgesackte innere Wallfront 18 an. An deren Fuß ruht die aus drei Sandsoden bestehende Erweiterung 19, die Basis einer Serie von insgesamt vier nur aus wenigen Soden gebildeten und überlappend gestuften Ausbauten (19–22). Auf Schicht X folgen Sandlinse XI und sandighumose, nicht differenzierbare Soden 20. Die Linse könnte als Riesellage auf eine Stillstandsphase im Baugeschehen hinweisen. Auflage XII aus Schutt, Asche und Holzkohle schließt den Auftrag humosen Materials im Innenraum ab. Da sie erst 1,80 m vor der inneren Wallfront einsetzt, wird sie ebenso wie die Schichten V/VI am Wallfuß abgeräumt worden sein. Auf Schicht XII folgen Kleilagen oder stark mit Klei durchsetzte Auftragsstraten. Die Grenze zwischen XII und XIII kann nicht markanter sein.

Die Soden des Auftrages 20 bedecken die älteren Lagen X–XI auf rund 0,35 m; Schicht 21, aus drei Kleisoden mit anhaftendem Sand gebildet, überlagert die mit Baumaßnahme 20 zeitgleichen Straten XIII (Gemenge aus Humus und Kleibrocken) und XIV (dunkles Band mit dünner humoser Decke) um den gleichen Betrag. Die Kleisoden der jüngsten, nach unten geknickten Auflage 22 schieben sich bis 0,20 m über die Kleischicht XV, welche die »Front« 21 planiert, den Sandsodeneinschluß (?) XVI und die humose Trennstrate XVII. Kleilage XVIII nivelliert anschließend das Aufgehende der Wallerweiterung 22. Die Stratifizierung der Wallausbauten 20–22 und der Schichten XIII–XVIII gelang allein in den Profilen 6, 7/8, 18, 35, 36 und 38 (*Beil. 4,1; 5,1.5; 6,1.2; 7,2*), weniger deutlich in Profil 15.

Die Struktur der Sodenschichtung 23 in Profil 15 deutet eine Zweiteilung an: Auf die Soden 22 folgt eine 0,55 m hohe Auflage aus kleiigen Frontsoden mit gestufter Außenseite und humoser Hinterfüllung (23a). Später hatte man das Bauwerk auf 1 m mit charakteristischen dünnen Kleisoden erweitert (23b). Zunächst interpretierten wir den Gesamtauftrag als ein in zwei Schüben errichtetes Bauwerk, weil Schutt-, Planier- oder Rieselschichten vor der Wand 23a fehlten, während vor dem Sodenstapel 23b Auftragsstraten zum Vorschein kamen: ein Grausandkeil von etwa 0,40 m Länge und 0,10 m Höhe (XIX) und darüber Kleilagen unterschiedlicher Brüchigkeit mit einer Gesamthöhe von 0,45 m am Wall (XX–XXI). Außerdem scheint die gemeinsame Basishöhe beider Aufträge ein Beleg für die Zusammengehörigkeit von 23a und 23b zu sein. Gegen diese Periodisierung sprechen allerdings abweichende Schichtfolgen in nördlich angrenzenden Flächen: Vor den Frontsoden 23a der Profile 27/28 (*Beil. 2,4; 6,4*) in Fläche 19-Ost und der Profile 32/33 in Fläche 4 (*Beil. 2,2.3*) finden sich Schuttfüllungen, die einen Zusammenhang der Baumaßnahmen 19–23a bestätigen, während 23b einen weiteren Ausbau des Beringes anzeigt. Dennoch behalten wir die gewählte Numerierung bei, zumal 23a in Profil 15, dem »Standardaufschluß«, keiner Schuttauflage im Innenbereich zugewiesen werden kann.

Der Rest (?) einer späten Kleimauer (24) verbreitert den Innenwallbereich um weitere 0,70 m. Am Fuß der nur 0,10 m hohen »Front« lagert Grausand (XXII), der im wallentfernteren Bereich erst durch flachliegende, dann angehäufte Steine als Grenze zu Schicht XXI in Erscheinung tritt. Es folgen eine Kleidecke (XXIII), ein Grausandband (XXIV) und darüber ein weiterer Auftrag aus reinem Klei (XXV). Eine jüngste Steinmauer 25 läßt sich nur im Planum nachweisen. Ihre Reste finden sich als Geröllhalde XXVII am Innenhang des Erdwerks (*Abb. 13; Taf. 5*).

Bevor die folgenden, den Innenraum des Beringes aufhöhenden Schichten XXVIff. erläutert werden, ist der wallentferntere Verlauf der Schichten I–XXV zu beschreiben. Während Rieselschicht I bereits 2,60 m vor dem Wallfuß ausläuft, erstreckt sich Auflage II weit ins Innere der Anlage zunächst bis zu einer Kleigrube (s. S. 94; 96), die sämtliche ältere Schichten unterbricht (zwischen 40,4 und 41,8 m OW). Profile in Fläche 4 (30–33: *Beil. 2,2.3*) überbrücken die Lücke. Östlich der Grube lagerte sich zwischen dem vorwallbauzeitlichen Bleichsand und der Rotasche VII ein bis 0,10 m mächtiger, sandiger, nicht differenzierbarer Boden ab, ein Materialgemenge der Schichten II–VI. Er erstreckt sich bis zum Profilende bei 28,6 m OW. Den noch 0,70 m östlich der Grubenkante nachweisbaren Brandschutt VII bedecken jüngere, offenbar in die Asche eingedrückte Steine. Die Mischung aus Rotschutt und Humusboden VIII scheint nur in Wallnähe auf der Rotdecke erhalten geblieben zu sein, Schicht IX läuft demgegenüber deutlich konturiert bei 42,6 m OW aus. Vielleicht gehört die oberhalb der Rotschicht eingemessene Steinlage zu einem älteren Befund (a) der Phase X. Der sie bedeckende Schutt aus Humus und Kleiresten dürfte aus stratigraphischer Sicht ebenfalls Schicht X zuzurechnen sein. Er tritt östlich der Grube mit Sicherheit in zwei Lagen hervor (b–c). Die Unterteilung der Schicht X in eine a-, b- und c-Phase ist für das Profil insgesamt unerheblich, die Bedeutung der Feinstratigraphie ergibt sich jedoch aus dem Befundzusammenhang: Mehrschichtigkeit findet sich nur im Bereich einer Hüttenruine (s. S. 71), zu der die Steinlage als Eingang diente. Schicht X kann außerdem ostwärts bis zum Profilende als geringmächtiges Band verfolgt werden.

Die aschehaltige, verhältnismäßig dünne, dafür aber markante Strate XII wird ebenfalls von der Kleigrube unterbrochen. Sie erstreckt sich jedoch nur bis rund 1 m östlich des Grubenrandes, während Auftrag XIII die vorher planierte Grube bis zu dessen Ostrand bedeckt, anschließend aber nicht mehr verifizierbar ist. Bevor der Klei XV aufgetragen wurde, hatte man westlich der von XIII bedeckten Grube bei 42 m OW einen Pfosten eingegraben.

Die Schichten XV–XXV, vor den Baumaßnahmen 21–24 entstanden, fallen zunächst flachgeböscht ins Innere des Beringes.

Lage XV setzt sich mit ungleichmäßig verteilten Steinen am Übergang zu den älteren Straten deutlich ab und läuft bei 42,7 m OW mit den Schichten XVI–XVIII und bei 39 m OW außerdem mit Schicht XX zusammen. Anschließend vereinigen sich diese Kleiaufträge zu einer einzigen Schicht bis etwa 32,5 m OW; weiter östlich verändert sich ihr Inhalt durch Humusanreicherung zu einem durchtretenen Boden. Die jüngere Kleiauflage XXI gibt sich von der Front 23 bis etwa 37 m OW substantiell noch als selbständig zu erkennen, anschließend läuft sie mit XXIII–XXV zu einem schmalen, bis zum Profilende erkennbaren Kleiband zusammen. Auf ihr liegt eine bis 0,40 m mächtige Packung humoser Soden mit gut erhaltenen Rohhumuslagen (XXVI).

Die folgende Schichtgliederung darüber beruht wegen unklarer Befunde zwischen 40 und 41 m OW nicht auf Profil 15, sondern auf der Stratifizierung des Profils 41 in Fläche 16 *(Beil. 4,2)*. Es zeigt die im Klei gebettete Rollsteinlage XXVII auf dem Ackersodenpaket XXVI. Beide werden von einer weitflächigen, mergelähnlichen Schicht XXVIII bedeckt. Der gelblich gefärbte, lehmige Auftrag lief in Profil 15 rund 1 m vor einer Lage Steine aus, durch Versturz hochkant gestellt und ineinander gekeilt (XXVII). Deshalb kann die Schichtfolge insgesamt nur auf dem Umweg über Profil 41 begründet werden. Auf XXVIII folgen kleiig-humoser Boden (XXIX) und ein mit wenigen großen Steinen durchsetzter Kleiauftrag XXX. Ein jüngerer, aus locker-sandigem Material bestehender Klei (XXXI) bedeckt zwischen 40,5 und 41,3 m OW Steinlage XXVII, östlich anschließend finden sich zunächst ein sandiger fester Kleiboden (XXXII), darüber »fetter« Klei (XXXIII) und eine Serie sandig-kleiiger, z.T. auch humoser Schichten, die sich allmählich mit der oberen Humusdecke einschließlich der Grasnarbe vermengen.

Ergebnisse

Eine Gliederung des Wallbaus in mehrere Hauptphasen erscheint an Profil 15 erst in groben Zügen erfolgversprechend. Der Wall besteht aus einem zentralen Mittelblock (Primärwall, jüngere Aufträge 2 und 9, 10–12), den vorgelagerten Stützkeilen aus Einzelpackungen jeweils mit zugehöriger Schuttstrate (3–4), Außenwallerweiterungen (5–7, 13–14, 16–17) und vorgelagerten Stützkeilen mit Riesel- und Schuttstreifen (8, 15). An der Innenseite folgen nach Hangrutsch 18 mit Material der Schichten 9–11 (?) sechs gestufte Erweiterungen (19–24). Der jüngste Wallausbau 25 fehlt im Profil.

Der Primärwall hat eine Breite von 4,90 m und eine Höhe bis 0,50 m. Den Wallfuß außen begleitet Schuttlage A, die auch Rieselmaterial vom jüngeren Auftrag 2 enthält, innen folgt eine Doppelschicht aus den Straten I–II. Ohne daß es zur Bildung einer Vegetationsschicht kommt, wird diese erste Anlage erhöht und zunächst durch Stützkeile, später durch Verbreiterung außen erweitert, die ihrerseits ebenfalls mit vorgelagerten Keilen gesichert ist. Zu diesem zweiten Wall aus den Schichten 2–9 gehören am Innenfuß die Kulturstraten IV–VI und an der Außenseite die Riesellage F. Die Wallbreite beträgt jetzt 8,80 m, die Höhe liegt bei rund einem Meter. Auch hier fehlt ein Hinweis auf Begrünung der Oberkante, die einen Stillstand längerer Dauer belegen könnte. Allein die Sandlinse G auf Schicht 7 und 9, vielleicht eine Erosionsschicht, vermittelt den Eindruck eines Hiatus im Baugeschehen. Eine Trennfuge quer durch den Wallkörper in Fläche 19 bestätigt ihn; auf diese Fuge nehmen zwar die Bauphasen 1–9 Rücksicht, jüngere aber ziehen über sie hinweg *(Abb. 11; Beil. 6,3.6)*.

Die folgende dritte Auflage umfaßt die Schichten 10–11 und möglicherweise die Strate 12 im mittleren Wallblock sowie vermutlich die Erweiterungen 13–17 außen. Die erste Anschüttung des Stützkeiles 15 erfolgt wahrscheinlich während der Arbeiten am Wall oder später als Folge natürlicher Erosion. Brandschicht VII dürfte in diese Periode gehören; ob sie mit einer entsprechenden Rotschuttdecke L im Außenbereich zeitlich korrespondiert, ist nicht mit Sicherheit nachweisbar. Zweifelsfrei wird die Kleilage M, welche die Ascheschicht L konservierte, an der Außenseite kurz nach dem Brand aufgetragen; wann andere Anschüttungen am Außenwallfuß entstehen, kann an Profil 15 nicht geklärt werden.

Die durch Hangrutsch (18) dezimierte Innenseite des Erdwerkes wird anschließend mit Packungen aus zwei bis drei kaum mehr erkennbaren Soden (19–22) und insgesamt neun Riesel- oder Kulturschuttstraten (X-XVIII) erweitert. Sie bedecken später das mächtige Sodenpaket 23 mit drei Auflagen (XIX–XXI) am Mauerfuß und eine schwach erkennbare Kleierweiterung 24, die ebenfalls von vorgelagerten Kleiaufträgen im Innenbereich begleitet wird (XXII–XXV), sowie die in Profil 15 fehlende Steinmauer 25. Diese letzten umfangreichen Ergänzungen der Innenmauer verbreitern den Wallkörper um rund 3 m, so daß das Erdwerk im jüngsten archäologisch nachweisbaren Stadium 9,60 m ohne und 10,60 m mit Stützkeil an der Außenseite gemessen haben dürfte.

Wall

Die an Profil 15 erarbeitete Gliederung des Wallaufbaus wurde mit den Stratifizierungsversuchen anderer Aufschlüsse verglichen. Hierdurch gelang es, einerseits die Abfolge insgesamt zu überprüfen, andererseits aber auch zusätzliche Einsichten in die Beringgeschichte zu gewinnen. Als Ergebnis dieser Studien entstand die anschließende Beschreibung.

Die kartographische Aufnahme des Archsumburg-Hügels vor Beginn der Ausgrabungen weist bereits trotz verwaschenen Reliefs auf ein rundes Gebilde hin *(Taf. 3)*. Die Untersuchung in den Jahren 1972 bis 1978 bestätigte nicht nur die Kreisform, sondern erbrachte außerdem Hinweise auf eine Bauplanung. Die folgende Beschreibung des Erdwerkes als wichtigsten Teil des Denkmals versucht, die Konzeption als Voraussetzung für die Funktionsdeutung zu erfassen, wobei Veränderungen in der Bauausführung genauso erläutert werden wie Detailaufnahmen einzelner Befunde.

Die verheidete Oberfläche des späteren Beringareals hatte zu Beginn der Baumaßnahmen lediglich Niveauunterschiede von wenigen Dezimetern Höhe. Die Basis des auf einem Rohhumus

Abb. 13 Archsumburg, Fläche 18 von Norden, Planum 3. Geröllhalde XXVII (Mitte) und Steinmauer 25 (rechts).

errichteten Beringes liegt etwa zwischen 2,40 und 2,60 m NN. Gut erhaltene Reste der unbeschädigten Oberfläche aus einer Rohhumusdecke über einem bis 0,10 m mächtigen Bleichsand und einem bis 0,30 m Humusboden finden sich unter dem Primärwall und den ältesten Beringerweiterungen sowie am inneren Wallfuß durch die Schichten I–II konserviert *(Abb. 5)*. Außerhalb des Beringes war der vorwallbauzeitliche Boden zur Sodengewinnung abgetragen und innerhalb mit Material der Schicht IV ff. zu einer 0,10 m mächtigen homogenen Auflage vermischt worden *(Abb. 4)*.

Als Baumaterial dienten generell Soden unterschiedlicher Struktur und Qualität. Während der Primärwall und die hierauf folgenden Erhöhungen 2 und 9–12 ausschließlich Soden humoser oder sandig-humoser Konsistenz zeigen *(Abb. 14)*, treten die Erweiterungen an der Außen-und Innenseite des mittleren Wallblocks teils durch Humuslagen, teils durch Kleisoden hervor. Als Hinterfüllung der meisten vorzüglich gestapelten Frontpackungen finden sich Soden geringerer Qualität sowie scheinbar unstrukturierter Boden ohne erhaltene Vegetationsauflage *(Abb. 15)*.

Die Humussoden könnten im Gelände unmittelbar vor dem Erdwerk gestochen worden sein. Die palynologische Untersuchung von Böden unter dem Wall und von humosen Soden des Erdwerkes weisen auf eine übereinstimmende Zusammensetzung des Polleninhaltes hin (II 167ff.), den Profilen lassen sich außerhalb des Erdwerkes einwandfreie Belege für Oberflächenabtrag unterschiedlicher Mächtigkeit entnehmen *(Beil. 2,1; 3,1; 4,1; 5,4)*. Weitaus schwieriger erscheint dagegen die Frage, wo die Erbauer die Kleisoden für die Erweiterungsmaßnahmen und den Kleiboden für die spätere Wallbedeckung gewonnen hatten. Die nächstgelegene, heute noch vorhandene Kleidecke aus den Jahrhunderten vor Christi Geburt findet sich 600 m westlich oder südlich der Archsumburg, wie eine Kartierung durch Hoffmann zeigt[37]. Dabei sollte aber berücksichtigt werden, daß er bei den hier eingemessenen Kleigrenzen ausdrücklich vermerkt, die kaiserzeitliche Marschoberfläche sei seiner Ansicht nach insgesamt in diesem Bereich durch Abtrag reduziert worden. Die nachweisbare Kleibedeckung wäre unter diesem Aspekt nur noch als Rest einer früher stärkeren Auflage zu sehen, die vermutlich wesentlich näher an die Archsumburg gereicht haben könnte.

Eine Datierung der Erhöhung und Verbreiterung des Beringes anhand der Sodenkonsistenz und Sodenstruktur erscheint ausgeschlossen. Nur in Ausnahmefällen, beispielsweise beim Primärwall mit charakteristischen, durch Rohhumusreste konturierten Soden oder an der Innenerweiterung 23b, die aus besonders dünnen Kleisoden mit anhaftender Sandschicht errichtet war, läßt sich das verbaute Material zeitlich zuordnen.

Die Sodengewinnung erfolgte durch Abstich mit dem Spaten. Unter den Holzfunden der Archsumburg befindet sich der Handgriff eines zeitgenössischen Spatens, wie er in jüngerem Zusammenhang auch von anderer Stelle der Nordseeküste bekannt wurde *(Abb. 148,7; 150)*[38].

Erhöhung 17 am Außenwall enthält im Westen, Fläche 18, und im Norden, Fläche 12, eine von Kleisoden umgebene Findlingsreihe als besonderes Charakteristikum *(Abb. 16)*; vergleichbare Befunde fehlen in anderen Aufschlüssen. In diesem Zusammenhang

[37] Hoffmann, Aufbau und Alter der Marsch im Kern der Insel Sylt (ungedr. Diss. Kiel 1968) Karte 4.

[38] z.B.: M. Szabó, G. Grenander-Nyberg u. J. Myrdal, Die Holzfunde aus der frühgeschichtlichen Wurt Elisenhof. Stud. Küstenarch. Schleswig-Holsteins, Serie A, Bd. 5 (1985) 20ff.; W. Haarnagel, Die Grabung Feddersen Wierde. Methode, Hausbau, Siedlungs- und Wirtschaftsformen sowie Sozialstruktur. Feddersen Wierde 2 (1979) Taf. 29,8.

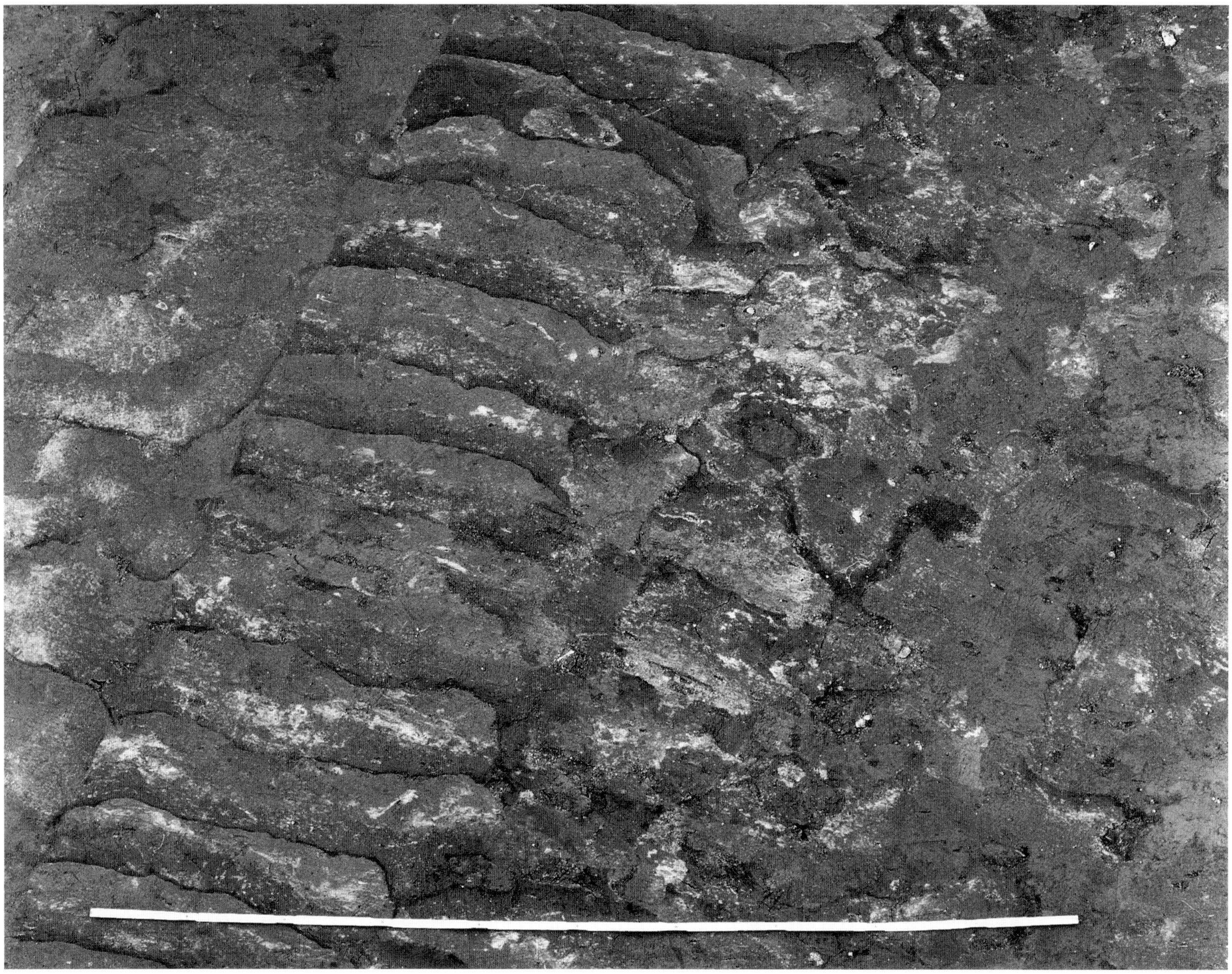

Abb. 14 Archsumburg, Sodenaufbau im Primärwall, Fläche 14.

sollte aber darauf hingewiesen werden, daß Schicht 17 nur in ganz wenigen Profilen mit Sicherheit nachweisbar ist, z.B. in den Profilen 3, 6 *(Beil. 7,1.2)*, 15 *(Beil. 2,1)*, 24–25 *(Beil. 6,6)*, 36 und 38. Die Basis eines Steinwalles findet sich ausschließlich in Fläche 18 als Beringausbau 25 *(Abb. 13)*. Dafür gelingt es aber, ihre Reste in einer zum Teil mehrschichtigen, nach innen gestürzten Geröllhalde einzumessen *(Abb. 13; Taf. 5)*.

Von entscheidender Bedeutung für die Gliederung der Beringschichten sind die Aufschlüsse 12 und 15 in Fläche 18; denn nur hier kann eine Lücke im Baugeschehen zwischen den Schichten 7–9 einerseits und 10ff. andererseits festgestellt werden *(Beil. 2,1)*. Dieser Einschnitt in beiden Profilen (G) besagt, daß der mittlere Wallblock als Ganzes nicht auf einmal entstand, ehe er an der Außenseite erweitert wurde, sondern daß die Erhöhungen und Verbreiterungen gleichzeitig mit den Bauetappen erfolgten.

1. Der aus Humussoden errichtete Primärwall ist in den Profilen 12 und 15 rund 5 m breit *(Beil. 2,1)* und etwa 0,45 m hoch. Eine markante, 0,60 m breite Sodenpackung konturiert die Innenseite (Fläche 18, Planum 10), während die Außenseite in Profil 15 offenbar nach Auftrag der Sodenhinterfüllung durch einen 0,80 m breiten, sandig-humosen Sodenstapel im Zuge eines zweiten Arbeitsganges begrenzt wird. Die Innenmauer des Primärwalles ist ebenfalls in den Flächen 1, 2 und 12 belegbar; die anderen Aufschlüsse enthalten keine vergleichbaren Befunde. Eine äußere Sodenlage existiert allein in Fläche 18, entsprechende Mauerreste fehlen in den benachbarten Aufschlüssen. Der von beiden Mauern begrenzte Bereich ist bis wenig oberhalb der Frontpackungshöhe mit Soden angefüllt. Die Walloberseite verläuft hierdurch nahezu flach.

In weiteren Profilaufnahmen mit vollständigen oder partiell erfaßten Primärwallteilen gibt es Abweichungen vom Befund in Fläche 18: Im Süden zeigt der zwischen 6,4 m (Profil 7/8: *Beil. 4,1*) und 6,6 m (Profil 4/5: *Beil. 3,1*) breite Wall lediglich eine scharf abgesetzte, 0,10–0,15 m hohe Außenfront *(Abb. 10)*, dahinter eine 1,3 m breite Berme und anschließend eine 2,4 m breite Böschung (Profil 7/8) oder einen schräg geneigten Anstieg bis zur Scheitelhöhe etwa 1 m über dem vorwallbauzeitlichen Rohhumus. Die zwischen 2,4 und 3,2 m breite »Wallkrone« verläuft hier fast horizontal, während die Innenseite steil abfällt. Anhand der Stapelweise größerer Sodenpartien im Süden der Archsumburg könnte der Eindruck eines zweiteiligen Wallaufbaus entstehen. Da es jedoch zum älteren Sodenstapel keine zugehörige Schutt- oder Kulturschicht gibt und die einheitlichen Soden erheblich ineinander verkeilt sind, verzichten wir auf eine Erläuterung dieser Baustadien. Die steile, kaum getreppte Innenseite wiederholt sich in den »Halbprofilen« 34 und 35 der Fläche 2 *(Beil. 5,3.5)*. Im zuletzt genannten Aufschluß beträgt die Höhe des Primärwalles 0,90 m, im Norden der Fläche 2 dagegen 0,60 m, während der Primärwall in Fläche 1, Profil 18, nur noch eine Höhe von 0,45 m, die Innenfront 0,35 m mißt *(Beil. 5,1)*.

Der Primärwall findet sich in schrägem Anschnitt außerdem in Fläche 19 (Profil 24 und 29: *Beil. 6,3.6*): Hier bilden die Soden eine in den Plana nachweisbare Trennfuge zwischen zwei Wallsektoren *(Abb. 11)*. Der stratigraphischen Situation zufolge ist zunächst das nordwestliche Beringviertel, anschließend die südliche Erweiterung erbaut worden. Beide sind zwischen 0,60 m (Profil 29: *Beil. 6,3*) und 0,40 m (Profil 24: *Beil. 6,6*) hoch. Die angegliederte Flucht erscheint, bedingt durch geringe Höhenunterschiede, im Nahbereich leicht geböscht. Der nördliche Verlauf des Primärwalles läßt sich anhand der Verfärbungen in Fläche 19 und Fläche 5 verfolgen. In Fläche 13 tritt der zwischen 4,7 m (Profil 3) und 5 m (Profil 6) breite Wall beiderseits des abgeflachtgewölbten, 0,65 m hohen Scheitels symetrisch geböscht hervor *(Beil. 7,1–2)*. Dieser Befund wiederholt sich an der Außenseite des Beringes im Torbereich (Profil 45 und 50: *Beil. 5,4.6*); die Innenseite erweist sich westlich des Durchlasses von einem späteren Einschnitt zerstört (Profil 45), östlich durch eine steile Kante begrenzt. Hier erreicht der Wall eine Breite von 3,5 m. Es bleibt offen, ob die Abweichung der Wallbreite am Tordurchlaß gegenüber anderen Aufschlüssen auf eine Besonderheit der Torzone zurückgeht, weil die Profile in der benachbarten Fläche 12 lediglich die steile, begradigte Böschung der Innenseite und die Wallhöhe bestätigen, zum Breitenmaß mangels entsprechender Flächentiefe aber nichts beitragen.

Zusammengefaßt entsteht folgendes Bild vom Primärwall: Der ältere Bering ist anscheinend in Viertelsektoren in der Weise errichtet worden, daß der nordwestliche Abschnitt vor Anlage des südwestlichen Beringviertels entstand. Vermutlich läßt sich anhand der südlichen Trennfuge in Fläche 15 eine ähnliche Zeitabfolge begründen: Der Süd-Ost-Sektor ist hier früher begonnen worden als der westlich anschließende Teil. Die Beringhöhe differierte zwischen 0,45 und 1 m, wobei sich unterschiedliche Querschnitte ergaben: im Westen (Fläche 1 und 18, zum Teil auch Fläche 2) flach und mauerähnlich, im Süden (Fläche 14 und teilweise Fläche 2) »halbbirnenförmig«. Sowohl an der Außen- als auch an der Innenseite

Abb. 15 Archsumburg, Wall- und Innenbereich der Fläche 1, Planum 3 (von Süden gesehen). Die helle Kleisodenpackung gehört zu den Schichten 19–22, die dunkle Schicht links zur Bauperiode 10, der beide Strukturen trennende schwarze Streifen zum Hangrutsch 18.

stützten Sodenpackungen besonderer Qualität die Hinterfüllung aus gewürfelten Humussoden ab. Die vielfach steile Innenböschung erscheint im Aufschluß partiell begradigt, gelegentlich getreppt oder auch gerundet, die Außenseite gerundet (Fläche 6 und 13) oder gestuft (Fläche 14 und 18). Wie die Außenberme in Fläche 14, Profil 7/8 *(Beil. 4,1b)*, entstand und welche Bedeutung sie hatte, muß offenbleiben. Die Breite des Primärwalles schwankte zwischen 3,5 und 6,6 m, das Mittelmaß dürfte rund 5 m betragen haben.

Hinweise auf die Bildung einer Vegetationsschicht auf dem Erdwerk oder an seinem Fuß fehlen genauso wie markante Belege einer Zerstörung durch Vertritt oder Abtrag. Die vorzüglich erhaltene Innenmauer in Fläche 1 geht auf eine Konservierung des Wallfußes durch die Schichten I und II zurück.

Eine Besonderheit, offenbar mit dem Primärwall verbunden, stellen Stakenreihen außerhalb des Walles in den Flächen 9–10 und 18 dar *(Taf. 6)*. Im Westen verlaufen sie parallel zum Primärwall im Abstand von 2,7 m. Die Flucht ist hier identisch mit der späteren Mauerkante der Schichten 7ff. Dagegen finden sich die Staken im Norden etwa 5,20 m vor dem ältesten Wall, 3,7 m vor Wallfront 2 oder aber 1,7 m vor der Wallfront 13ff. Hier ist ein unmittelbarer Zusammenhang mit dem Wallbau nicht erkennbar, während er in Fläche 18 offensichtlich scheint.

2. Die Aufhöhung des Primärwalles hatte einen doppelten Zweck: Den bisher partiell fast »halbspindel-« bis »halbbirnenförmigen« Wallquerschnitt durch eine senkrechte Außenfront zu konturieren und die unterschiedliche Höhe des Primärwalls weitgehend zu nivellieren. Diese Absicht begründet die unterschiedliche Arbeitsleistung der zweiten Wallbauperiode. In den Profilen der Fläche 18 erstreckt sich eine rund 5 m breite, etwa 0,40 m hohe Auflage mit einer markanten Frontpackung auf dem Primärwall; Hinweise auf einen besonderen Ausbau der Innenbegrenzung fehlen *(Beil. 2,1)*.

Ein Vergleich mit anderen Aufschlüssen im Süden des Beringes belegt die wechselnde Qualität der Auflagen. Im Südprofil der Fläche 1 bedeckt eine 1,7 m lange, bis 0,25 m hohe Sodenpackung die Innenkante des Primärwalles in einer Breite von 1,3 m, die vorgelagerten Schichten I–II und IVa dagegen auf nur 0,40 m *(Beil. 5,1)*. Der ältere Wall und der die Innenbebauung begrenzende Innenkeil ist in den Profilen 34 und 35 und den Plana 9–11 der Fläche 2 *(Beil. 5,3.5; Abb. 42)* hervorragend erhalten. Während die Befundverhältnisse auf dem Primärwall, nicht aber über den Innenschichten in Profil 34 wegen der geringen Aufschlußbreite unklar bleiben, tritt die Sodenauflage im Ostprofil der Fläche auf der Böschung des Primärwalles deutlich hervor. Der Keil bildet im Planum eine zum Innenbereich gewendete Sodenmauer. Im benachbarten Schnitt (Fläche 14) reduziert sich die Baumaßnahme auf einen kleinen, an die steile Innenseite des Primärwalles gelehnten Sodenstapel *(Beil. 3,1b)*. Der Aufschluß zeigt darüber hinaus eine frontbildende, 0,80 m hohe senkrechte Außenerweiterung, welche die relativ schwach ansteigende Außenseite des Primärwalles bis zur Höhe des älteren Scheitels nivelliert. Teil dieser Mauer ist die oben genannte Stufe als Abschluß der Primärmauer in Profil 4/5. In diesem Zusammenhang ist hervorzuheben, daß die der Frontmauer 1 und 2 vorgelagerte »Schutt«-Schicht A, die im Standardprofil 15 *(Beil. 2,1)* allein den Fuß des Primärwalles begleitet, offenbar die Front beider Mauern vor Auftrag der Stützmauer 3 in Fläche 14 begradigen sollte *(Beil. 3,1; 4,1)*. Wie in Fläche 18, so gelingt es auch in Fläche 19, die markante Außenmauer 2 bis zur Trennfuge nachzuweisen *(Abb. 11; Taf. 7)*. Südlich der Sodentrennung springt der Wall, sei es, daß jüngere Wallschichten sich überlappen, sei es, daß man die Frontabschnitte auszugleichen beabsichtigte. Der Befund fehlt nördlich der Querfuge.

In der Nordfläche 13 erstreckt sich Aufhöhung 2 zunächst als 0,20 m mächtige Lage auf dem gesamten Primärwall; anschließend bildet sie 1,20 m vor dem Fuß des älteren Beringes, keilförmig gestapelt, eine senkrechte, 1 m hohe Front (Profil 3: *Beil. 7,1*). Die Innenseite ist vermutlich durch Abtrag zerstört. Vergleichbare Befunde enthält Profil 6 an der Ostseite der Fläche 13 *(Beil. 7,2)*.

Im Torbereich zeigen die Profile 45 und 50 *(Beil. 5,4.6)* einen 1,3–1,4 m breiten Wallkeil, eine Erhöhung des Primärwalles ist dagegen nur an Profil 50 erkennbar *(Beil. 5,4)*. Es folgt eine spindelförmige Sodenpackung »2« (?) am inneren Wallfuß, während entsprechende Befunde im Profil 45 wegen älterer Störung nicht mehr erhalten sind. Die Außenschuttlage »A« liegt in den Profilen der Fläche 13 und Profil 45 (?) *(Beil. 5,6)* nicht vor dem Primärwall, sondern außerhalb der Mauer 2. Dagegen kann sie in Profil 50 vor dem ältesten Wallbau nachgewiesen werden *(Beil. 5,4)*. Sie diente hier als Basis für Ausbau 2 und für jüngere Erweiterungen. Fläche 12 zeigt Sodenpackungen auf I und II (Breite 0,40 m, Höhe 0,30 m), die sich an die Innenseite des Primärwalles lehnen (Profil 36 u. 38: *Beil. 6, 1.2*).

Wall 2, nur aus Humussoden errichtet, stellt insgesamt einen wesentlichen Teil des Erdwerkes dar. Die Baumaßnahme erhöhte den im wechselnden Querschnitt errichteten ersten Wall auf durchschnittlich 1 m, verbreiterte den Bering außen partiell durch keilförmigen, senkrecht abschließenden Auftrag und markierte die Innenseite mit einer Sodenpackung auf den ältesten Schichten I–II. Zur Bauperiode 2 gehört Kulturschicht IV. Ob diese Verknüpfung auch für IVa gilt, ist nicht völlig gesichert, aber wahrscheinlich.

Nach Abschluß des Sodenauftrages 2 kam es vermutlich im Westteil des Beringes zu einer Sackung der Mauerfront des »mittleren Wallblocks«, die nur durch einen erheblichen Auftrag aus Klei und Humussoden abgefangen werden konnte *(Beil. 2,1)*. Der Vorbau von zunächst 2,8 m (Schicht 3–7), später 3,3 m Breite (Schicht 3–8) setzt sich aus verschiedenen »Bausektoren« zusammen: zwei keilförmige Packungen humoser Soden von rund 1 m Breite und 0,60 m Höhe mit Stützfunktionen vor den Wallfronten 1–2 (3–4), dann eine spindelförmige Kleisodenpackung (5), eine Lage von Humussoden (6) und schließlich eine vorgelagerte Kleisodenmauer mit Hinterfüllung aus kleiigen und humosen Soden (7). Die neue »Front« von 0,35 m Höhe korrespondiert in ihrer Flucht mit der oben beschriebenen Stakenreihe *(Taf. 6)*; sie ist von einem 0,60 m breiten, 0,20 m hohen Keil aus Humussoden bedeckt (8). Die Oberflächen des Auftrages 7 und der Sodenpackung 2 bilden in Profil 15 einen nahtlosen Übergang ohne Absatz an der Schichtgrenze.

In den Profilen der Flächen 1–2 fehlen Hinweise auf solche Ausbauten, während sie im Schnitt der Fläche 14 überliefert sind (Profil 4/5 u. 7/8: *Beil. 3,1; 4,1*). Über keilförmig gepackten Humussoden (3/4) (Breite 1,3 m, Höhe 0,7 m) folgen an der Ostseite auf der vorgelagerten Schuttschicht B eine spindelförmige Packung kleiner Humussoden (5), dann in beiden Aufschlüssen Humus- und Kleisoden (6), die in Fläche 14 ein 0,40 m hohes Fundament für die spätere Mauerfront 7ff. bilden, und schließlich eine Lage aus Humus- und Kleisoden außen und eine Hinterfüllung innen (7), deren Oberfläche zusammen mit der von Bau 2 horizontal verläuft. Vor Mauer 6 findet sich in Profil 7/8 ein Keil humoser und kleiiger Soden (8); er fehlt auf der Gegenseite (Profil 4/5).

Nördlich der Trennfuge in Fläche 19 *(Abb. 11)* verändert sich der Schichtaufbau vor der Wallfront 1–2, wie ein Schnitt durch den unteren Bereich im Norden des Planums belegt *(Beil. 6,5)*. Hier finden sich Sodenreste der Mauer 2 unterhalb Schicht 13 und der ihr vorgelagerten Kleisodenfront 14, die beide über die Profile 24 und 25 mit der Gliederung in Profil 15 *(Beil. 2,1)* korrelierbar sind. Westlich anschließend folgt im genannten Schnitt der Fläche 19

Abb. 16 Archsumburg, Fläche 18, Planum 3: Steinreihe der Bauperiode 17.

eine etwa 1 m breite, 0,30 m tiefe Mulde mit mehrschichtigem Füllboden teils kleiiger, teils humoser Konsistenz. Dieser Befund wiederholt sich in den Profilen 3 und 45 (*Beil. 5,6; 7,1*), während die Aufschlüsse 6 und 50 nicht den gleichen, sondern nur einen ähnlichen Aufbau zeigen (*Beil. 5,4; 7,2*).

Im Westprofil der Fläche 13 liegt vor Frontmauer 2 ein 1,30 m breiter, 0,75 m hoher, horizontal gestapelter Sodenkeil 3/4, der bis zur Oberkante von Bau 2 reicht (*Beil. 7,1*). Nördlich des Keilfußes folgt eine rund 1,30 m breite, 0,35 m tiefe Mulde mit mehrschichtiger Füllung um einen stumpf endenden Holzpfahl (Länge 0,65 m, Durchmesser 0,15 m: 4a–c). Die Mulde wird von einer schuttähnlichen Decke abgeschlossen (4d). Die Grubenfüllung erstreckt sich verjüngend bis zum Profilende im Norden. Dem Planierboden folgen die Erweiterung 13/14 mit einer Front rund 2,20 m vor dem Sodenabschluß 2 und nördlich anschließend der 0,7 m breite Außenkeil 15.

Die Gegenseite unterscheidet sich nur in wenigen Punkten (*Beil. 7,2*): Am Fuß der Sodenkeile 3 und 4, die bis zur Oberkante von Mauer 2 reichen und auf Schuttschicht A errichtet sind, folgt die geringmächtige Schuttstrate B, hierauf eine »frontbildende«, nach Profil 15 nicht stratifizierbare Kleisodenpackung (4ff.) von 0,15 m Höhe bis rund 1,80 m vor der älteren Außenmauer als Fundament für die Humussoden der Schicht 13/14; ihren nördlich anschließenden Schuttkeil F (?) bedeckt Sodenkeil 15.

Während die bis kurz unterhalb der Maueroberkante 2 reichenden Keile 3–4 und eine Muldenfüllung 4ff. in Profil 45 der Fläche 6 (Torbereich) als Basis für die Erweiterung 13/14 rund 2,20 m nördlich der Frontmauer 2 dienen (*Beil. 5,6*), zeigt die Gegenseite eine eher an Profil 6 erinnernde Gliederung (*Beil. 5,4*): Vor den auf Schicht A errichteten Sodenkeilen 3–4 erstreckt sich Schuttband B als Unterlage für die Verbreiterung 13ff. Zwischen dem Sodenkeil 15 sowie der Kleisodenmauer 13–14 und der Schicht B legt sich ein kleiiger Streifen F (?), der vermutlich wie in Profil 6 einem älteren, später abgeräumten Auftrag zuzuweisen wäre. Eine Klärung dieser Frage in Fläche 12 mußte jedoch mangels entsprechender Aufschlußtiefen unterbleiben.

Offenbar hatten die Wallbenutzer zunächst nur die Rettung der auswärts geneigten Frontmauer 2 im Auge, als sie die Stützkeile 3–4 auftrugen. In der Südwestsektion des Walles reichte diese Sicherung jedoch nicht aus, um ein Absacken zu verhindern. Hiernach wurde die mehrschichtige Verbreiterung des Beringes notwendig, wie sie in den Flächen 14 und 18 überliefert ist. An der nördlichen, wetterabgewandten Seite konnten die hohen, bis zur Oberkante des älteren Bauwerkes reichenden Sodenkeile 3–4 Frontmauer 2 jedoch sichern. Als zusätzliche Maßnahme hatte man hier aber in flache Mulden eingegrabene Pfähle in einer unbekannt dichten Folge aufgestellt. Ihre »Pfostengruben« sind in den Profilen 3 und 45 sowie in Fläche 19 belegt (*Beil. 5,6; 6,5; 7,1*). Der Abstand dieser Eintiefungen zu Wallfront 2 differiert zwischen 1,60 m (Profil 45) bis rund 2 m. In Profil 3 bilden der Holzpfahl und die spätere Mauerfront 13–14ff. eine fast senkrechte Linie; vergleichbare Befunde fehlen sowohl in Fläche 19 als auch in Profil 45.

Die Oberkante der Wallerweiterung in der Südwestsektion des Beringes zeigt einen stufenlosen Übergang zur Höhe der Frontpackung 2, obgleich der Vorbau 3–7 insgesamt etwas niedriger als der ältere Wall ausfiel. Hierdurch entsteht der Eindruck, als ob die Baumaßnahmen als ganzes gesehen einen abgeschlossenen Vorgang darstellen würden, was jedoch weder durch Erosionsschichtung noch Reste von Vegetationsbändern oder deutliche Beschädigung markiert wird, es sei denn, man hätte diese Schichten vor dem Weiterbau radikal entfernt.

Was Humuskeil 8 (0,60 m breit und 0,20 m hoch, Profil 15) vor Frontmauer 7 bezweckte, ist unklar (*Beil. 2,1*). Er verhinderte einerseits ein Abrutschen der Sodenmauer 7, verdeckte andererseits aber auch diese Front in voller Höhe; anders Profil 4/5 in

Fläche 14: Die rund 0,60 m hohe, fast senkrechte Außenmauer bleibt ohne vorgelagerten Sodenkeil; die Gegenseite des Aufschlusses erscheint dafür, wie in Profil 15, eher geböscht *(Beil. 3,1; 4,1)*.

Nur in Fläche 18 gelingt es, im Wall eine »Schuttdecke« (G) aus Rieselmaterial und gerundeten Humus- und Kleiklumpen nachzuweisen, die in Profil 15 sowohl die Wallverbreiterung als auch eine auf dem Primärwall und Baumaßnahme 2 gelegene humose Sodenpackung 9 bedeckt *(Beil. 2,1)*. Die in Profil 15 erhaltene geringmächtige sandig-humose Erhöhung 9 muß aus mehreren Gründen diesem Wallausbau zugerechnet werden: Im Standardprofil liegt sie unter »Stillstandschicht« G, die als dünner Streifen auch im Planum eingemessen werden kann. Die Schichtfolge in den Aufschlüssen der Fläche 19 belegt eine Berücksichtigung der Trennfuge im Wall durch die Schichten 1–2 und 9 *(Abb. 11)*, während jüngere Aufträge oberhalb Schicht G nach den Profilen 24 und 29 offenbar die Wallquerfuge bedecken *(Beil. 6,3.6)*. In Profil 18 der Fläche 1 tritt Schicht 9 als sandig-humose Strate von rund 0,30 m Mächtigkeit hervor *(Beil. 5,1)*, auf der Gegenseite (Profil 34, Fläche 2) erstreckt sie sich als Sodenerweiterung von etwa 0,7 m Breite auf Keil 2 und der vorgelagerten Kulturschicht IV *(Beil. 5,3)*. Der Befund der Humussodenpackung an der Wallinnenseite wiederholt sich in Profil 35 und ist außerdem als Innenmauer in den Plana 5–9 der Fläche 2 enthalten *(Beil. 5,5)*. Die sandige Konsistenz des Auftrags 9 ermöglicht es, Reste der Erhöhung auch in Profil 4/5 nachzuweisen *(Beil. 3,1; Abb. 9)*; der Keil am Innenfuß des Walles ist jedoch durch Störung beschädigt. Dafür könnten schemenhaft überlieferte Soden auf Keil 2 in Profil 7/8 als Hinweis auf Keil 9 in diesem Bereich gelten *(Beil. 4,1)*.

Nördlich Fläche 18 ist Erhöhung 9 noch in Fläche 19 als geringmächtige Sodenlage in den Profilen um die Trennfuge erhalten; sie fehlt im nördlichen Planum und in den angrenzenden Flächen 5, 6, 12 und 13. Auch in den Profilen der Nordflächen gelingt es an keiner Stelle, die Schicht stratigraphisch gesichert zwischen 1–2 und 10ff. zu präparieren. Ihre Datierung im Süden beruht auf der Lage des Sodenkeils an der Wallinnenseite zwischen Wallperiode 2/ Siedlungsstrate IV und unterhalb der Brandschuttdecke VII (Fläche 1, 2, 14), auf einer geringen Strukturierung der Auflage 2 (Fläche 18–19) und auf ihrer Position unter Schicht G in Profil 15 *(Beil. 2,1)*. Vergleichbare Anhaltspunkte durch Stratifizierung fehlen im Norden.

Die Datierung des Auftrages 9 in die Zeit nach der Verbreiterung 3–8 erscheint nur dadurch begründet, daß Auftrag 7 die gleiche Höhe erreicht wie Mauer 2 (Profil 15). Das westliche Schichtende von 9 erscheint demgegenüber als deutliche, später allerdings erodierte Kante von geringer Höhe; die Abbruchreste wären dann im Schutt G zu vermuten. Argument für eine Trennung der Schichten 2 und 9 finden sich außerdem in den Profilen 18, 34 und 35: Während Auftrag 2 Kulturschicht IV zuzuordnen ist, gehört die folgende Schicht mit V–VI zu Wallbauphase 9 *(Beil. 5,1)*.

Zusammengefaßt ergibt sich ein Bild von auffälligen Bauaktivitäten zur Zeit der kombinierten Erhöhungs- und Erweiterungsperiode »2« die, von einer »Stillstandphase« (G) unterbrochen, eine gewisse Zäsur in der Wallgeschichte erkennen läßt: Gemeinsame Kennzeichen dieser Entwicklung sind die Berücksichtigung der Trennfuge in Fläche 19 zur Zeit der Baumaßnahmen 1, 2 und 9 *(Abb. 11)*, die Lage unter Schuttdecke G, die Abstützung der Frontmauer 2 durch keilförmig gelegte Sodenpackungen 3–4, die Erweiterung des Südwestsektors durch einen breiten Kleisodenvorbau mit »Front« und vorgelagertem Stützkeil sowie parallel hierzu die symbolische (?) Wallverbreiterung gleichen Umfanges im Nordwestbereich durch Holzpfähle ohne fortifikatorische Funktion in gewissen Abständen vor dem Erdwerk. Daß die Wallschichten 1–9 ein wichtiges Stadium im Bau der Anlage darstellen, geht aus folgenden Beobachtungen hervor: Die Front der jüngeren Wallerhöhungen 10–12 in Profil 15 folgt nicht der ursprünglichen Mauerflucht der Periode 1, sondern der Oberfläche der bereits auswärts geneigten Sodenpackung 2. Die Erhöhung des Walles erfolgt also nach dem Absacken der Frontsodenpackung und ihrer Abstützung durch die Schichten 3–8. Das berechtigt, die Phasen 1–9 zusammenzufassen. Das zweiteilige Erdwerk bestand in dieser Zeit aus dem »Mittelblock« (1,2,9), allein aus Humussoden errichtet, und der Außenerweiterung mit Auflagen aus Kleisoden. Wir erinnern an die Außenseite der Verbreiterungspackungen 3–7: Die Frontflucht 7 korrespondiert in Fläche 18 mit dem Verlauf der älteren, von Schicht 7 durch Schuttauftrag D getrennten Stakenreihe; Mauer 7 bildet hier sowie in Profilen der Südfläche das Fundament für die späteren Außenwallerhöhungen 13ff. Eine vergleichbare Übereinstimmung zeichnet sich in den Flächen 6, 13 und 19 (Nord) durch die »symbolische« Pfahlreihe ab.

3. Die Erhöhung des Mittelblocks (10–12) und der Auftrag der Außenerweiterung (13–17) berücksichtigten ältere Strukturen: Die Auflage über Schicht 2 und 9 besteht, ausgenommen die auch Klei enthaltenen Frontpackungen, aus Humussoden; die Verbreiterung enthält dagegen sowohl kleiiges als auch humoses Material. Die Front der Bauperioden 10–12 korrespondiert dabei mit der in Profil 15 überlieferten Flucht der nach außen gekippten, später aufgefangenen Sodenmauern rund 0,80 m westlich der ursprünglich konzipierten Begrenzung *(Beil. 2,1)*. In anderen Aufschlüssen schließt Mauerkante 2 demgegenüber zusammen mit Sodenpackung 10ff. senkrecht ab, zwar leicht nach außen (Profil 6, 7/8, 45, 50: *Beil. 4,1; 5,4.6; 7,2*) oder nach innen geneigt (Profil 4/5: *Beil. 3,1*), im großen und ganzen aber als aufgehende Wand stabil. Ein vergleichbarer Zusammenhang zeigt sich an der Außenseite der Beringverbreiterung: Die westliche Begrenzung der Aufträge 13ff. bildet zusammen mit der später (?) durch Keil 8 verdeckten Oberfläche 7 eine einzige hohe Wand.

Die Auflagen 10 und 11 besitzen gemeinsam eine hervorragend gestapelte Außenwand (Fläche 2 ?, 6, 12, 15–16, 18) *(Taf. 7)*, während die Innenfront wegen eines Hangrutsches (18) nur in wenigen Resten erhalten blieb (Fläche 1: Planum 2; Fläche 2: Planum 2,4). Sie zeigt mäßig strukturierte Soden außen, die in den Flächen 6 und 15 senkrecht zum Wall verlaufen. Die Breite der gesamten Auflage 10–11 läßt sich der Störung wegen in Profil 15 nicht einmessen; ihre Höhe beträgt rund 0,6 m. Ob der nur als Zipfel überlieferte Auftrag 12 in Profil 15 dem Schichtpaket hinzugezählt werden muß, bleibt offen, weil der jüngere Auftrag 13 an der Außenseite zwar die Fronten 10–11, nicht aber Schicht 12 tangiert. Die Frage ist weder mit Hilfe der Aufschlüsse in Fläche 19 noch eines anderen Profils lösbar.

Südprofil 18 in Fläche 1 *(Beil. 4,1)* und Nordaufschluß 34 in Fläche 2 *(Beil. 5,3)* erlauben es nicht, die einheitlich hervortretenden Sodenpackungen 10ff. anhand der Packweise, der Materialstruktur oder bestimmter Schichtverläufe zu trennen. In Ostprofil 35 (Fläche 2) und in den Aufschlüssen des östlich angrenzenden Schnittes 14 hebt sich die Erhöhung als mehrschichtiger Auftrag ab *(Beil. 3,1; 4,1; 5,5)*: Signifikante, chronologisch verwertbare Merkmale fehlen weitgehend, so daß der Versuch einer eingehenden Gliederung insgesamt scheitern muß. Dennoch sollen die Befunde in den Profilen 18, 34–35, 4/5 und 7/8 mit wenigen Hinweisen erläutert werden: Sodenpaket 10ff. erscheint in den Profilen 18 und 34 als 0,70 m hohe Auflage mit einer Innenböschung von rund 45 ° *(Beil. 5,1.3)*, während die Innenseite im Osten der Fläche 2 leicht abgebröckelt, dafür aber als nahezu senkrechte 0,50 m hohe Kante hervortritt *(Beil. 5,5)*. In den Flächen 1 und 2

Abb. 17 Archsumburg, Kleisodenfront 16 in Fläche 5, dahinter Sodenstruktur des »mittleren Wallblocks«.

fehlt der Außenbereich des Beringes in der Dokumentation, dagegen ist er in den Profilen der Fläche 14 erhalten. In der westlichen Schnittwand 4/5 bedeckt der 0,45 m hohe Auftrag 10ff. aus sandigem, wenig humosem Boden 2 und 9 *(Beil. 3,1)*. Aus Frontmauer 2 und der Oberfläche 10ff. entstand eine nahtlos verlaufende senkrechte Begrenzung außen, während die Innenseite zerstört ist. In Profil 7/8 wiederholt sich der lotrechte Abschluß der Außenseite *(Beil. 4,1)*, die Innenkante ist ungleichmäßig, weil später partiell Boden entnommen oder angeschüttet wurde. Im Gegensatz zur Westseite gelingt es hier, Auflage 10–12 durch Sodenschichtung und Materialstruktur vertikal zu gliedern, vergleichbar in den Profilen der Fläche 16. Die Schichtzuweisung übernahmen wir aus Profil 15, denn eigene Gliederungsmerkmale fehlen.

Aufschluß 29 in Fläche 19 enthält allein Auftrag 10, die Gegenseite 24 auch die Lagen 10 und 11 als Trennfugendecke *(Beil. 6,3.6)*. Die Schichttrennung erfolgt nicht anhand der Sodenstruktur, sondern des Farbwechsels. Im Norden des Erdwerkes (Fläche 6, 12 und 13) beobachten wir mit den undifferenzierbaren Lagen 10ff. eine Erhöhung des mittleren Wallblocks; die Front, 0,60 m hoch, stimmt mit der von Wall 2 überein, die Innenseite ist bei Auftrag oder Hangrutsch beschädigt (Profil 3, 6, 36, 38, 45, 50: *Beil. 5,4.6; 6,1.2; 7,1.2*). Die Soden sind in Fläche 6 gut erhalten, in Fläche 13 dagegen stark homogenisiert; in den Plana der Fläche 6 und 12 bestechen besonders die Frontsoden durch gleichmäßige Stapelung *(Abb. 17)*.

Die mehrteilige, gelegentlich zweischalige Aufschüttung außerhalb des mittleren Wallblocks nach Auftrag der Erhöhungen 10–12 besteht aus der Schichtfolge 13–14, 16–17 und dem Sodenkeil 15 vor Front 13. Die anschließende Beschreibung faßt den Ausbau insgesamt, der vermutlich unmittelbar nach Fertigstellung der Baumaßnahmen 10ff. erfolgt sein dürfte, als Einheit zusammen, da es keine stratigraphisch belegbaren Hinweise auf eine Unterbrechung oder einen Stillstand während der Arbeiten gibt. In Profil 15 bedeckt Kleisodenlage 13 Schuttlage G und Mauer 7, deren Außenkante als neue Westbegrenzung übernommen wird *(Beil. 2,1)*. Die Sodenstrukturen der Hinterfüllung, nicht aber der Mauer begründen die Unterteilung der Schichten 13 und 14. Gemeinsam bilden sie jedoch einen gleichmäßigen, 0,50 m mächtigen Auftrag, den es auch in anderen Aufschlüssen der Archsumburg nicht zu trennen gelingt. Demgegenüber zeigt Auflage 16 einen klar erkennbaren zweischaligen Aufbau mit äußeren mauerbildenden Kleisoden und einer humosen Hinterfüllung, während Schicht 17 durch einen 1 m breiten, komprimierten Kleiinhalt mit eingeschlossenen großen Findlingen *(Abb. 16)* und einer Hinterfüllung aus Klei- und Humussoden deutlich konturiert erscheint. Die Oberfläche der keilförmigen humosen Sodenpackung 15 vor Mauer 13 reicht bis zur Höhe des Ansatzes 14. Sie sollte offensichtlich nur den Wallfuß 13 sichern. Im Bereich der Erweiterungen 14 und 16 weist die Kleisodenmauer eine ungleichmäßige Kante im Profil auf, während Kleifüllung 17 und die ältere Packung 13 unbeschädigt senkrecht erhalten sind. Dies könnte auf eine Errichtung des Sodenkeils 15 umgehend nach Fertigstellung der Frontpackung 13 und eine Anschüttung der Bodenschichten D–V unmittelbar nach Abschluß der Bauarbeiten an Front 17 hinweisen.

Die Flächen 2–3 enthalten nur im Planum Sodenstrukturen der Erweiterungen 13–14. Sie können über Fläche 18 stratifiziert werden, auswertbare Profilaufschlüsse fehlen sonst. Die Gliederung wird in den Profilen der Fläche 14 bestätigt, einheitliche Struktur ohne Stratifizierung kennzeichnet die hier eingemessenen Erhöhungen oberhalb der Beringerweiterung 7. Die Flucht von

Außenfront 7 blieb in Profil 4/5 weitgehend erhalten *(Beil. 3,1)*, ein Keil kleiighumoser Soden 15 findet sich nur in Profil 7/8 *(Beil. 4,1)*. Seine Oberkante reicht bis zur Höhe eines Kleibandes, das die Aufträge 13 und 16ff. offenbar trennt: Die untere Hälfte könnte als Schicht 13/14, die obere als 16/17 numeriert werden; zutreffender wäre jedoch die Bezeichnung 13ff. für den Gesamtauftrag. Dies gilt auch für die Gegenseite (Profil 4/5) und die entsprechenden Befunde in Fläche 16. Im Westaufschluß der Fläche 14 erscheint die Wallfront schwach getreppt und weitgehend unbeschädigt *(Beil. 3,1)*, die Ostseite unter Keil 15 außen dagegen leicht gebogen *(Beil. 4,1)*. Oberhalb dieses Schutzkeiles verläuft die Mauerkante dagegen zunächst ungleichmäßig, fast senkrecht (Höhe 0,25 m), dann aber auf 1,10 m Breite fast horizontal abgetragen. Ähnlich endet, von angeschüttetem Material bedeckt, Auflage 13ff. in Fläche 16. Auch hier dürfte die ehemalige Scheitelhöhe des Walles kaum erreicht sein *(Beil. 4,3)*.

Die Aufschlüsse in Fläche 19 (Profil 24, 25 und 29: *Beil. 6,3.6*) stratifizieren die jüngeren Aufträge auf 3–7 in der Nordwest-Sektion in Anlehnung an Profil 15. Der nicht abgebildete Aufschluß 25 zeigt Schicht 13 als homogene Sandlage unter dunklem Boden mit vorgelagerter Kleimauer (14), horizontal gelegte Soden der Schicht 16 und den zweischaligen Befund 17. Die Gliederung wiederholt sich in den Aufschlüssen 24 und 29, wodurch nicht allein der Planumbefund in Fläche 19, sondern auch die Schichtfolge in Fläche 5 bestimmt werden kann. Fläche 19 enthält westlich der markanten Frontsoden 2 zunächst den homogenen Boden 13, anschließend die mauerbildende Erweiterung 14. So auch in Fläche 5 *(Taf. 7)*. Hier folgen vor dem Sodenkeil 3/4 homogenes Material 13, danach Sodenfront 14 und außerdem Reste der Keilerweiterung 15 im Nordwesten. Die Abfolge korrespondiert mit dem Befund in Fläche 13, während in der östlich benachbarten Fläche 6 vor allem Schicht 16 dominiert *(Beil. 5,4.6)*.

Die Profile in Fläche 13 bestätigen diese stratigraphische Einordnung. Im Westaufschluß 3 bedeckt eine 2,10 m breite, 0,40 m hohe, aus einer Kleisodenmauer und einer humosen Hinterfüllung gebildete Erhöhung 13/14 mit fast horizontaler Oberfläche Schuttdecke 4d *(Beil. 7,1)*. Der vorgelagerte Sodenkeil 15 erreicht die Höhe dieser neuen, auf dem Holzpfahl der Schicht 4ff. ruhenden Front. Der folgende, vergleichbar gegliederte Auftrag 16 (Höhe 0,30 m) wird von einer 0,20 m hohen Lage 17 (?) abgeschlossen. Die Außenkontur der insgesamt senkrechten Kleisodenwand verläuft ungleichmäßig durch Abbruch (Frost, Regen). An der Gegenseite legt sich eine 0,55 m hohe, 1,60 m breite humose Sodenpackung (13/14) auf Keil 3/4 und die Kleierweiterung »4ff.«, ihre Front wird vom Sodenkeil 15, Humussoden unten und Kleisoden darüber, bedeckt *(Beil. 7,2)*. Oberhalb der nahezu horizontalen Oberfläche 13/14–15 findet sich die zweiteilige Erhöhung 16 mit einer 0,50 m hohen Kleisodenmauer auf Frontpackung 13/14 und einer Hinterfüllung aus Humus- und Kleisoden, darüber Reste der Schicht 17, charakterisiert durch einen unstrukturierten, kompakten Außenklei und einer Hinterfüllung mit Soden. Anhand dieser Schichtung kann man die entsprechenden Befunde in den Profilen 45 und 50 bestimmen *(Beil. 5,4.6)*: Westlich des Tores erstreckt sich Humusmaterial 13/14 auf Füllboden »4ff.«, darauf die Kleisodenmauer 16 aus besonders dünnen Soden mit humoser Hinterfüllung wie in Profil 6. Östlich des Tores stützt Humus- und Kleisoden-Keil 15 wie in Profil 6 die erweiterte Kleisodenmauer 13/14 ab. Anschließend folgen Reste der Kleimauer 16 mit humoser Hinterfüllung.

Die Gliederung der Schichten in Fläche 6 erlaubt die Stratifizierung der Wallerweiterungen in Fläche 12: Vor der hervorragend überlieferten Sodenfront 10 liegt im Planum homogener, sandighumoser Boden (13/14), anschließend eine Kleisodenpackung; Stratigraphie und Baumerkmale (Findlinge in der Kleifüllung) ordnen sie teils Erhöhung 16, teils der jüngeren Schicht 17 zu. Die Kante dieser Schichtfolge ist leicht nach innen geneigt.

Die Erweiterung 13–17, von wechselnder Breite, Höhe und Schichtung, nivelliert in allen Aufschlüssen Wallfront 10ff.; in den Profilen 3, 6, 24 und 36 *(Beil. 6,2.6; 7,1.2)* scheinen die Lagen (16–)17 nicht nur in die Mauerflucht 10ff., sondern auch Auftrag 10ff. zu bedecken. Dadurch wird einerseits die Aufhöhungsfolge 10ff. vor 13ff. bestätigt, andererseits aber auch die Frage aufgeworfen, ob Auftrag (16–)17 einen weiteren Ausbau des Mittelblocks in Höhe und Breite nach Abschluß der Arbeiten an 10ff. anzudeuten vermag. Sichere Hinweise darauf fehlen: Homogenisierung und natürliche Bodenzerstörung unter der heutigen Oberfläche geben sie nicht her. Gegen eine Erhöhung 17ff. sprechen Befunde in den Flächen 14 und 16 mit zusammenfallenden oberen Schichtgrenzen.

Das Ergebnis: Die Aufträge der Bauperiode 10–12 auf dem mittleren Wallblock und den Anschüttungen außen (13–17) höhten das Bauwerk zweischalig auf. Die Flucht der älteren Wallfronten blieb erhalten, die äußeren Sodenkeilpackungen wurden ergänzt, Humus- und Kleisoden verteilte man wie ehedem, die Wandmauern sind in hervorragender Stapeltechnik errichtet, die Hinterfüllung mit Soden dagegen in weniger sorgfältiger Weise.

Die Zeitfolge der Einzelmaßnahmen erklärt sich aus stratigraphischem Zusammenhang: Zunächst hatte man den mittleren Wallblock erhöht, anschließend die Verbreiterung außen ergänzt. Die Aufschlüsse belegen, daß Sodenauftrag die »provisorische« Beringerweiterung durch Holzpfähle in der Nordwest-Sektion des Erdwerkes ablöste.

Sichere Belege für Baumaßnahmen nach Schicht 17 im Bereich des mittleren Wallblocks und der Außenerweiterung gibt es nicht. Nimmt man den Befund als Endstadium der Bauperiode 3, hatte die Mauer eine Breite von rund 7 m, eine senkrechte Außenwand von mindestens 1 m Höhe und einen 0,70 m breiten und 0,70 m hohen Schräghang aus den Sodenkeilen 8 und 15 davor. Eine Korrelation mit den Straten des Innenraumes fehlt im Gegensatz zu den Phasen 2–9 (Schicht IV–VI). Eine Brandschicht auf Sodenkeil 15 und vor den Sodenmauern 13–14 in Fläche 18 wäre vielleicht als Indiz für eine Verbindung zur Aschelage VII zu werten *(Taf. 8)*.

4. Ein bedeutsames Kriterium für die stratigraphische Gliederung der Schichtfolgen am inneren Wallfuß ist der lange unerkannt gebliebene Hangrutsch von 2, 9 und 10 (–11). Da diese Schichtverlagerung sowohl in Profil 15 als auch in anderen Aufschlüssen als entscheidend für die anschließend beschriebene Schichtfolge gilt, muß sie hier datailliert erläutert werden[39].

Der Rutschvorgang 18 läßt sich in Profil 15 dank übereinstimmender Sodenpackungen des Walles und verlagerten Bodens rekonstruieren *(Beil. 2,1)*. Die Oberkante des 0,40 m tief abgesackten Blocks liegt wenig unterhalb der Schichtgrenze zwischen 10 und 11; ob Teile der Auflage 11 später zertreten, abgetragen oder erodiert wurden, bevor Schicht 23 das abgestürzte Material bei Verbreiterung des Walles bedeckte, ist nicht erkennbar. Die »Gleitmulde« auf Wallkörper 2 überzieht Schicht IV auf mindestens 0,30 m Breite, während offenbleibt, in welcher Beziehung sie zu den Kulturschichten V–VI steht, weil diese vorher (?) bis 1,20 m vom Wallfuß entfernt abgetragen wurden. Obgleich die Höhe der Gleitmulde und die Basis der Brandschicht 7 übereinstimmt, ist Gleichzeitigkeit wohl ausgeschlossen. Profil 12 gegenüber gibt

[39] Hoffmann (Anm. 37).

einen Hinweis, den man möglicherweise auf Profil 15 übertragen kann: Hier scheint der Rutschvorgang die Brandstrate gestaucht zu haben. Vermutlich geht die ungewöhnlich mächtige, aber relativ kurze Aschelage vor dem Beringfuß in Profil 15 auf einen vergleichbaren Vorgang zurück *(Beil. 2,1; Taf. 8)*.

In Teilen der Fläche 1 findet sich Schicht 18 im Planum als homogenes humoses Band am Übergang zwischen Soden des Wallkörpers 2 und 10 auf der einen und den Erweiterungsmauern 21/22 auf der anderen Seite (Planum 3–4.1); in Fläche 2 wiederholt sich dieser Befund in den Plana 3–5; in Planum 4 kennzeichnen ihn die für Schicht 18 typischen Versturzmerkmale einer parallel zum Wall verlaufenden Streifung. Die Schichtfolge in Profil 34 enthält sandiges Material des Versturzes 18 *(Beil. 5,3)*; an der Ostseite der Fläche 2 fehlt eine solche Füllung.

Die Aufschlüsse an der weitgehend wettergeschützten Innenseite des Beringes (etwa Fläche 14) informieren in anderer Weise: Während in Ostprofil 7/8 Hinweise auf Schicht 18 fehlen, zeigt die Gegenseite 4/5 am Übergang vom Wall zum Innenraum eine rund 1 m breite, 1,10 m tiefe, bis zum Sodenkeil 2 ausgehobene Grube, die teils mit abgebrochenen Blöcken des Wallkörpers 10, teils mit Soden ungeklärter Herkunft gefüllt ist *(Beil. 3,1; Abb. 9)*. Sie unterbricht nicht nur die Schichtfolge an der Beringinnenseite, sondern auch die Siedlungsstraten V–X am Übergang zum Wall. Der Befund könnte durchaus mit dem Hangrutsch im Zusammenhang stehen.

Belege für den Versturz in Fläche 19 fehlen, er zeigt sich aber in Fläche 5 durch charakteristische Parallelstreifen zwischen Primärwall und Innenauftrag 19ff. *(Abb. 18)* und in Profil 6 der Fläche 13, wo ein durch eine Gleitfläche gekennzeichneter, von den Sodenlagen 19, 20 und 21 abgeschlossener Versturz mit Schicht IX zusammenhängt *(Beil. 7,2)*. Hierzu gehören verschiedene Innenschichten vor dem Kernwall in Fläche 6 aus homogenem, sandigem Material, das gelegentlich gestreift ist und fast parallel zum Bering verläuft. Das alles wiederholt sich in den Aufschlüssen 50 (Fläche 6) *(Beil. 5,4)*, 36 (Fläche 12: mit Stauchung der Brandschicht [?]) *(Beil. 6,2)* und 38 (Fläche 12: mit Stauchung der Brandschicht VII und Anschluß an Schicht IX) *(Beil. 6,1)*. Die stratigraphische Lage zwischen Wallkörper 2 und den Erweiterungen 19ff. tritt in den Aufschlüssen der Fläche 12 genauso hervor wie die markante Gleitfläche des Rutschvorganges.

Zusammenfassend: Die unterschiedlich breite Innenbegrenzung verlagert sich durch einen Rutschvorgang in der Zeit nach Auftrag 10–(11?) und nach Bildung von Brandschicht VII *(Taf. 8)*. Als zugehörige Kulturschicht im Innenbereich kommt Auflage IX in Frage. Dieser Zusammenhang beruht vor allem auf Befunden im Norden der Archsumburg. Verschiedene Beobachtungen weisen auf Stauchung der älteren Brandschicht VII unmittelbar vor der Gleitfläche hin (Profil 12, 36: *Beil. 6,2*). Warum die Sodenwand nach innen stürzte, läßt sich möglicherweise statisch erklären: Die Innenmauer 10ff., die anfänglich senkrecht gestanden haben dürfte und die Innenseite des Beringes gebildet hat, nahm mehr Wasser auf, als sie vertrug, verlagerte ihren Schwerpunkt und sackte. Deshalb fehlt sie auch in sämtlichen Aufschlüssen.

5. Sie alle, ausgenommen Fläche 16, erlauben es jedoch, die zeitlich folgenden Baumaßnahmen stratigraphisch zu erfassen, Profil 15 allein mindestens sieben Straten, welche ältere wie jüngere Wallpartien zusammen mit der Rutschlage 18 bedecken *(Beil. 2,1)*. Im folgenden werden zunächst die jeweils aus wenigen Soden bestehenden Auflagen 19–22 erläutert, anschließend der Auftrag 23a zusammen mit der Verbreiterung 23b, die mäßig überlieferte Kleimauer 24 und der »Steinwall« 25.

Abb. 18 Archsumburg, Innenbegrenzung des Wallkörpers in Fläche 5 mit Parallelschichtung des Hangrutsches 18.

In »Standardprofil« 15 finden sich horizontal gepackte Humussoden (19) auf der auslaufenden Rutschlage 18 *(Beil. 2,1)*. An sie schließt Kulturschicht X an. Beide werden von einer weiteren Humussode (20) bedeckt, darüber folgt Kleisodenpaket 21. Die jüngste von Kulturschicht XVIII begleitete Kleisodenlage 22 ist zungenförmig konturiert. Die 0,50 m hohen Aufträge 19–22 verbreitern den Wall um rund 0,70 m. Die Baumaßnahmen zeichnen sich in Fläche 18 (Planum 4–6) als Sodenlagen ab. Vergleichbares kommt ebenfalls in Fläche 1, Planum 3, zum Vorschein.

Profil 18 in Fläche 1 und Profil 34 in Fläche 2 sind mit Profil 15 vergleichbar *(Beil. 5,1.3)*, während das Ostprofil der Fläche 2 eine Innenmauer aus verschobenen Kleisoden mit humoser Hinterfüllung zu erkennen gibt *(Beil. 5,5)*. Die Frontsode von 19 liegt hier bei rund 0,60 m südlich des stufenförmigen Abschlusses 20, den 21 in 0,20 m Breite wiederum bedeckt. Dagegen zeigt sich Mauer 22 0,80 m nordwärts verschoben. Die Soden 19–22 gehören zu den Befunden der Plana 1–3 in Fläche 2.

Eine Störung in Profil 4/5 *(Beil. 3,1)* beseitigte sämtliche Belege für einen Wallausbau an der westlichen Innenseite der Fläche 14. Im östlichen Aufschluß signalisiert allein ein 0,55 m breiter, 0,20 m hoher Kleisodenstapel »Ausbau« 19–21 *(Beil. 4,1)*; eine rund 0,60 m weiter einwärts reichende, 0,15 m hohe Kleipackung mit humoser Hinterfüllung könnte Aufhöhung 22 zugewiesen werden. Die Kleisoden 19–21 finden sich östlich anschließend in Fläche 15 wieder; bei etwa 20,7 m OW folgt eine Schichtgrenze senkrecht zum Wallverlauf zwischen den breiten Kleisodenpackungen 19–21 und einer schmaleren Kleisodenwand vor der begradigten senkrechten Wallfront 10ff. in Fläche 16 *(Taf. 7)*. Zu diesem Befund gehört teils eine Planierung des Innenraumes, wodurch die Schichten X–XII diskordant zu ihrem Gefälle unterbrochen werden, teils eine in Wallbauperiode 20 datierte senkrechte Mauer (Breite 0,5–0,7 m), die später von den Kulturschichten XIII–XXI angefüllt wird *(Beil. 4,2.3)*.

Die Profile 27–28 im östlichen Seitenflügel der Fläche 19 *(Beil. 2,4)* und Profil 33 in Fläche 4 *(Beil. 2,3)* weichen im Aufbau und Verlauf der Außenerweiterung 20–22 von Profil 15 ab: Die Sodenpackung 20 reicht bis 2,10 m östlich 2–9, die Kleisodenpackung 21–22 mit humoser Hinterfüllung dagegen nur 1,50 m tief in den Innenraum (Profil 28). Auf die Bedeutung des Befundes wird unten in Verbindung mit Auflage 23 eingegangen werden. Weder Fläche 4 noch der weiter nördlich gelegene Aufschluß 5 enthält sichere Daten für die Baumaßnahmen 19–21; die Befunde in den Profilen 3 und 6 der Fläche 13 sind mäßig ausgeprägt und nur anhand der stratifizierbaren Kulturschichten rekonstruierbar *(Beil. 7,1.2)*. Schicht 19, begrenzt von Kulturschicht X, besteht aus Humussoden, Auftrag 20 zusammen mit der vorgelagerten Kleifüllung XIII–XVIII teils aus Resten einer Kleisodenmauer, teils aus Soden einer humosen Hinterfüllung. Auflage 21 und 22 in Profil 6 *(Beil. 7,2)* bilden gemeinsam mit Baumaßnahme 23 eine begradigte, durch X ff. begrenzte Wand. Wallbauperiode 19 (?)–21 sind im Torbereich (Profil 61: *Beil. 8,5)* nur mäßig gut erhalten und sagen für die hier angeschnittenen Fragen nichts aus (Profil 55: *Beil. 8,4*).

Vergleichbar schwierig gestaltet sich eine Zuordnung von Wallresten oberhalb des Hangrutsches 18 in Fläche 12: Schicht 19 erscheint ohne Frontkontur in Profil 38 *(Beil. 6,1)*, darüber folgt die senkrecht begradigte Kleisodenmauer 20–22 (?) als Innenwand eines Hüttenbefundes (vgl. S. 73f.). Die Höhe beträgt insgesamt 0,40 m, die Breite vor Schicht 18 1,40 m. Im westlichen Aufschluß der Fläche belegt ein 0,50 m breiter, 0,30 m hoher Humussodenstapel vor Schicht XVIII unter Kleisoden der Schicht 23 die Baumaßnahmen 19–22. Die Zuweisung läßt sich allein anhand der Kulturschichten des Innenbereiches begründen, eine Stratifizierung entfällt.

Die Schichten 19–22 sind verschiedenartig gebaut: Im Westen als relativ mächtige Erhöhung »umgekehrt« gestuft *(Beil. 2,1)*, im Südwesten entweder ebenso gelagert oder mit übereinander verschobenen Fronten *(Beil. 5,1.3.5)*. Ein Wallrudiment im Ostprofil der Fläche 14 führt zu markantem Schichtwechsel in Fläche 15. Ihre östliche Verlängerung gehört zu einer Kleisodenmauer 20ff. vor der hier begradigten Wallerhöhung 10ff. in Fläche 16. Die Nordflächen bieten kein einheitliches Bild. Einerseits findet sich eine begradigte Mauer in Fläche 13 *(Beil. 7, 1–2)*, andererseits die durch Hüttenbau veränderte niedrige Kante in Fläche 12. Kennzeichnend für sämtliche Aufschlüsse sind die humose Sodenlage 19, die Erweiterung 20, teils aus Humus, teils aus Klei, und die Auflage 21–22, immer aus Kleisoden und humos hinterfüllt.

6. Die 2,5 m breite, mindestens 0,5 m hohe Erweiterung des Innenwalls (23) tritt in Profil 15 in zwei deutlich getrennten Blöcken hervor: 23a und 23b *(Beil. 2,1)*; da eine Kulturschicht vor dem älteren Bauteil fehlt, werden beide als Einheit beschrieben. Die wall nahe, 1,5 m breite Hälfte besteht aus einer Kleisodenmauer mit humoser Hinterfüllung, den vorgelagerten Ausbau charakterisieren dagegen dünne, durch Sandstreifen getrennte Kleisoden. Obgleich Profil 12 den Befund nicht so deutlich überliefert, wiederholen sich hier die Mächtigkeit der Auflage und die schräge Außenböschung. Die Plana 2–5 enthalten in Fläche 18 Reste getrennter Sodenstapel von den Mauerzügen beider Schichten. Ähnliche Befunde liegen in Fläche 1 vor *(Abb. 15)*, deren Südprofil mit Aufschluß 15 vergleichbar ist *(Beil. 5,1)*. Allerdings besteht die Hinterfüllung hier aus Kleisoden. An der Gegenseite (Profil 34) kehrt die Gliederung wieder *(Beil. 5,3)*, während die Ostseite der Fläche 2 eine begradigte schmale Wand 23 (a) mit humoser Hinterfüllung zeigt, die von einer mit sandig-humosen Soden gefüllten Grube (?) unterbrochen wird *(Beil. 5,5)*. Sowohl die Mauersoden der Schicht 23 (a–b?) als auch die von Wallerweiterung 24 teilbedeckte Eintiefung erscheint in Planum 1 vor dem Aufschluß als Verfärbung.

Die Störung in Profil 4/5 der Fläche 14 *(Beil. 3,1)* am Übergang vom Wall zum Innenbereich erstreckt sich ebenfalls auf die beschriebene Schichtfolge. Im Ostaufschluß des Schnittes kommt eine unstrukturierte Kleidecke auf Wall 22 als möglicher Aufbau 23 in Frage *(Beil. 4,1)*. Diesem Wallrest vorgelagert fand sich eine Mulde von 2,5 m Breite und 0,60 m Tiefe, die mit Kleisoden in der für Mauer 23 charakteristischen Struktur gefüllt war. Ungeklärt bleibt, ob die Soden die Grube planieren sollten wie in Fläche 2, Profil 35 *(Beil. 5,5)*, oder ob sie in der Gesamtheit eine abgerutschte Mauer darstellen: Der untere gleichmäßige Übergang zu älteren Innenschichten hat Merkmale einer Gleitfläche, der oberhalb eingemessene Planumbefund in Fläche 15 jedoch die Kontur eines begrenzten Aushubs *(Taf. 7)*. Der in Fläche 15 anschließende, 1,10 m breite, wallparallele Streifen aus mäßig erhaltenen Kleisoden senkrecht zur Beringflucht kann Schicht 23 zugewiesen werden.

Die Befunde zu den Beringerweiterungen 23a–b im östlichen Seitenflügel der Fläche 19 *(Beil. 2,4; 6,4)* und im Westprofil 33 der Fläche 4 *(Beil. 2,3)* sind von erheblicher Bedeutung für die Stratigraphie des jüngeren Wallausbaus insgesamt. Wie bei Profil 15 beschrieben, bildete die Flucht der Außenseiten von 22 und 23a in den Profilen 27–28 eine gemeinsame, leicht geböschte Innenkante des Erdwerks. Schicht 22 begrenzt Kleisoden der Strate XVIII (Profile 27 und 28). Hierauf folgt im Aufschluß 27 vor Mauer 23a Schutt als Basis der jüngeren Wallerweiterung 23b. Sie fand sich als linsenförmige Kleiauflage oberhalb XVIII in Profil 33 *(Beil. 2,3)* zwischen 38,5 und 40,5 m OW wieder. Wegen einer Profilunterbrechung (Seitenflügel 19) läßt sich der nördlich anschließende Schichtverlauf nur über Profil 28 stratifizieren. Dieser Aufschluß zeigt eine aus den Erweiterungen 21–23a bestehende Kleisodenfront mit vorgelagerten Anschüttungen XV, XVIII, XVIIIb (vor 23a), wobei der jüngste Auftrag in Profil 33 humos und auf der Unterseite konturiert erscheint *(Beil. 2,3)*. Ausbau 23b schließt den mehrschichtigen Boden vor Wallerweiterung 23a ab. Die zuletzt genannte, aus besonders dünnen Kleisoden mit sandigen Trennbändern bestehende Mauer dominiert auch in Profil 15. Die Sodenstruktur findet sich außerdem in Profil 33 und mit schräger Außenkante in Profil 32 *(Beil. 2,2)*. Dünne Kleistreifen charakterisieren die unterschiedlich stark abgetragene, ohne 23a überlieferte Mauer 23b in Profil 6 (Fläche 13: *Beil. 7,2)*, in Profil 55 *(Beil. 8,4)* und 58 (Torbereich) sowie die Auflagen ohne Außenbegrenzung in Westprofil 36 der Fläche 12 *(Beil. 6,1.2)*.

Die in den West- und Südwestflächen erhaltene Beringverbreiterung 23 bietet sowohl im Süden als auch im Norden ein desolates Bild, bedingt durch Abtrag, Beschädigung durch fast zeitgleiche Gruben und Mulden sowie die Lage direkt unter der heutigen Oberfläche. Die Breite zwischen Front 17 und der schräg geneigten Kante 23 beträgt beispielsweise in Profil 15 *(Beil. 2,1)* rund 9 m, im Norden etwa 8 m (Profil 6: *Beil. 7,2)*, im Süden vermutlich ursprünglich 9 m (Profil 7/8: *Beil. 4, 1)*. Der bereits in Profil 15 angenommene zweischalige Ausbau des Beringes (Block 23a fluchtet mit älteren Sodenlagen und ist humos hinterfüllt, 23b nur aus dünnen Kleisoden errichtet) läßt sich nur mit Kulturschichten in den Profilen 27–28 *(Beil. 2,4; 6,4)* und 33 *(Beil. 2,3)* begründen. Im

Abb. 19 Archsumburg, Fläche 1 (hinten) und Fläche 18 mit Geröllhalde XXVII, Planum 5.

Süden zerstören Gruben und Mulden die Schichtfolge, im Norden behindern Abträge und die geringmächtige Erhaltung der Schichten eine Gliederung. Hier sichert allein die besondere Sodenstruktur von 23b die Abfolge der Mauerzüge.

7. In Profil 15 schließt eine 0,80 m breite, 0,10 m hohe homogene, auf die Aufträge XIV–XXI gelegte Kleipackung 24 an die Erweiterung 23b an *(Beil. 2,1)*. Die Schichten XXII–XXV verdecken dabei ihre kaum abgesetzte Außenkante. Fläche 18 enthält in Planum 3 schwach konturierte Mauerreste mit kleiig-humoser Hinterfüllung. Vergleichbares fehlt im Planumbefund der Flächen 1 und 2, obgleich die Profile 18 und 35 durchaus Sodenreste zu erkennen geben, die allerdings gegen Schicht XXV kaum begrenzt sind *(Beil. 5,1.5)*. In den Südflächen 14 und 16 ist von Mauerresten dieser Zeitstellung nicht die Spur zu sehen. Schichtansatz XXV beispielsweise liegt zwischen 1,4 und 2 m vor Innenmauer 20 in den Profilen 41 und 42 *(Beil. 4,2.3)*, die Profile der Fläche 14 *(Beil. 3,1; 4,1)* bieten bei vergleichbarer Schichtfolge nicht mehr als einen stratigraphisch kaum verwertbaren Ansatz.

Nördlich Profil 15 ist Mauer 24 nur noch in Rudimenten erkennbar, u.a. in Profil 33 *(Beil. 2, 3)*. Das gleiche gilt für Profil 32: Hier wird der Mauerfuß von einer nach innen geböschten Steinlage begleitet *(Beil. 2,2)*. In den nördlichen Flächen fehlt Mauer 24 dagegen völlig, während die Begleitschichten XXII–XXV zwischen 0,9 und 1 m von der jeweils vorhandenen jüngsten Mauer belegt werden können (Profil 6: *Beil. 7,2*).

8. Der bislang jüngste Mauerrest erscheint allein in Fläche 18, Planum 3 *(Beil. 2,1)* überliefert: Eine Steinpackung *(Abb. 13)*, zunächst Geröllschicht XXVII im Innenbereich der Anlage zugeordnet *(Taf. 5)*, dann als Fundament einer in fast allen Flächen indirekt durch Steinversturz belegbaren Geröllsteinmauer vor Wall 24 erkannt *(Abb. 19)*, ohne allerdings Breite und Höhe wiederzugewinnen oder Aufgehendes erschließen zu können. Der Abstand von Mauerkante 23b zur Geröllhalde unter der Oberfläche schwankt erheblich: Profil 15 *(Beil. 2,1)*: 2,7 m; 12: 1,4 m; 18 *(Beil. 5,1)*: 1 m; 7/8 *(Beil. 4,1)*: 2 m; 42 *(Beil. 4,3)*: 2,4 m; 32 *(Beil. 2,2)*: ca. 2 m; 3: 3,6 m; 6 *(Beil. 7,2)*: 3,5 m. Die uneinheitlichen Maße spiegeln teils Oberflächenabtrag, teils Wallbegradigung vor 23 wider (Profile 3 und 6); die Entfernung von rund 2 m in vier von 6 brauchbaren Aufschlüssen könnte auf eine Erweiterungsmaßnahme vor dem etwa 1 m breiten Auftrag 24 hinweisen. Aus der Verbreitung der Geröllschicht *(Taf. 5)* geht hervor, daß Steinmauer 24 keine partielle, sondern eine den ganzen Wallkörper begleitende Baumaßnahme gewesen ist. Die Basis der Steinmauer lag in Fläche 18 bei rund 4–4,10 m NN, die Innenhöhe des Beringes zur Zeit des Versturzes bei etwa 3,20–3,40 m NN. Die Mauer ist vor der Abdeckung des Innenraumes durch Schicht XXX abgebrochen worden. Der Hang der Versturzschicht ist zwischen 2,70 und 4 m vor Mauer 23b häufig senkrecht gestuft und bildet am Übergang zur Böschung zusammen mit dem Geröll ein horizontales Niveau (Profil 12, 15: *Beil. 2,1;* 32: *Beil. 2,2*).

Die zeitlich gegliederte, sich vor allem auf die Profile stützende Beschreibung der Wallentwicklung ergibt ein differenziertes Gesamtbild: Der zu beiden Seiten unterschiedlich geböschte Primärwall (1) erreichte eine Höhe zwischen 0,5 und rund 1 m; eine Stakenreihe im Westen diente vermutlich als symbolische Begrenzung. Als Kulturschichten wurden die Aufträge I–II bestimmt.

Durch die kombinierte Erhöhung des Mittelblocks 2 entstand eine erste senkrechte Außenwand, die von einer inneren Sodenmauer und eine Keilpackung gleicher Zeitstellung begleitet wurde. Eine bis zur älteren Stakenreihe reichende Erweiterung 3–8 und eine anschließende Erhöhung von 9 auf 2 zählten zusammen mit den Kulturschichten IV–VI zu den wesentlichen Neuerungen dieser Zeit, wobei sich die Baumaßnahmen in der Südwest-Sektion von denen der Nordwestflächen unterschieden. Die spätere Aufhöhung 10–17 der Bauperiode 3 folgte dem überlieferten Schema; ob die dieser Bauperiode zuweisbare Brandschicht VII und die vergleichbare Aschelage L vor dem Wall zusammengehören, blieb ungeklärt, auch die Frage, ob die Außenseite später noch einmal aufgehöht und verbreitert wurde, was sich über die Innenseite belegen läßt. Hier trennt Hangrutsch 18/Kulturschicht IX die Auflagen innerhalb des Beringes (Periode 4).

Die ersten Anschüttungen des Außenwalles dürften in die Zeit datieren, als die geringmächtigen, sonderbar gestuften, von den Innenaufträgen X–XVIII begleiteten Straten

19–22 aufgetragen wurden (Periode 5). Vergleichbare Überlegungen auf der Grundlage einer im Torbereich erarbeiteten Stratigraphie ergaben sich bei der »zweiteiligen« Wallverbreiterung 23a–b (Periode 5/6). Der Innenblock (19–23a) war noch in traditioneller Bauweise errichtet, die Erweiterung 23b entstand dagegen in neuer Technik mit abweichender Sodenstruktur. Der Kriechgang aus großen Findlingen in der Torpassage (s. S. 44f.) führte sowohl durch Reste der Sodenmauer 24 als auch durch mächtige Außenanschüttungen des Beringes. Eine Steinmauer 25, die jüngste archäologisch faßbare Beringergänzung, wurde überwiegend auf indirektem Wege erschlossen (Versturzschicht am Innenhang des Walles).

Alle Einzelbeobachtungen zusammengefaßt, ergeben für den Gesamtplan folgendes Bild: Das Erdwerk besteht aus einem vielschichtigen Rundwall mit einem Außendurchmesser von 78,50 m (Schichtwand 7ff.) und einem Innenmaß in Höhe der Schichten 18 und 22 von rund 64 m *(Taf. 7)*. Anhand der aufgedeckten Sodenpackungen und der Krümmung ihrer Außenfront konnte das theoretische Zentrum der Anlage bei etwa 42,50 m NS und 15–15,70 m OW ermittelt werden. Eine Nord-Süd-Achse durch den Bering führte von der Mittellinie durch das Tor direkt zu einer Trennfuge quer durch den Wall in Fläche 15. Von der Innenseite des Primärwalles in Fläche 6 bis zum gegenüberliegenden Ansatz des mittleren Wallblocks in Fläche 15 betrug die Strecke 64,80 m. Der Mittelpunkt der Achse lag bei 42,50 m NS, 15,70 m OW. Eine lotrechte Linie hierauf berührte im westlichen Wallrund (Fläche 19) die an anderer Stelle beschriebene Trennfuge. Der Abstand vom »Mittelpunkt« zum Ansatz innen betrug jedoch nur 31,50 m. Verlegt man diesen »Mittelpunkt« jedoch in der Weise, daß sämtliche Achsen die gleiche Länge von 32,40 m hätten, dann ergäbe sich zwar eine Abweichung von rund 3° in der Nord-Süd-Achse, dafür aber ein archäologischer Befund im Planum: Zwischen 42–43 m NS und 15,20–16,20 m OW fand sich in Fläche 17 (Planum 4/5) eine 1 m breite und 0,20 m tiefe Mulde, gefüllt mit Lehm und Steinen unter Klei der Strate XXI–XXV. Westlich davon bedeckte der Klei durchtretenen Kulturschutt der Schichten IX–X (?), der oberhalb der Verfärbung jedoch fehlte.

Der Versuch, von der Mitte ausgehend die Kreisform des Erdwerkes innerhalb bestimmter Toleranzgrenzen zu beschreiben, erscheint problematisch: Will man den äußeren Wallverlauf festlegen, stellen sich schon die Sodenkeile 8 und 15 in den Weg, weil man nicht weiß, ob sie überhaupt zur Wallkonzeption gehören. In Fläche 14 (Profil 4/5) fehlt jeglicher Hinweis auf dieses Baudetail, die Geländedokumentation bietet für die Flächen 2, 3, 6, 12 und 19 aus verschiedenen Gründen keinerlei einschlägige Befunde. Wählt man die überall nachweisbare, nahezu senkrechte Front aus Soden der Straten 7, 13, 14, 16 und 17 als Außenbegrenzung, weicht sie gegenüber einer konstruierten Kreislinie in den Flächen 14 und 18 nur gering ab, erheblicher aber in den Flächen 12 (bis 1 m), 19 (bis 2 m), 5 (bis 2 m), 13 (bis 1 m) und 6 (bis 1 m), während sie in den Flächen 2 (1 m) und 3 (0,1–1 m) nicht bis an die errechnete Kreislinie heranreicht. Entsprechende Abweichungen finden sich am inneren Wallfuß (Schichtgruppe 19–22): Der Wall springt vor in den Flächen 16 (geringfügig), 17 (bis 1 m), 14 (bis 1 m), 2 (0,5–1 m), 1 (1,5 m), 18 (1,5 m) und 4 (?), zurück dagegen in den Flächen 5 (bis 1 m), 13 (0,5 m), 6 (–) und 12 (–). Obwohl sie im Meterbereich liegen, läßt sich die Anlage dennoch in ihrer Gesamtform als rundes Gebilde bestimmen, allerdings nur in ihrer Westhälfte, weil die Gegenseite nicht untersucht werden konnte *(Taf. 7)*. – Zur Korrelation von Wallbau und Innenbebauung vgl. *Tab. 2*.

Bauphase 2–(9)/IV:	11 Fundstellen von Hütten oder Hüttenteilen.
Bauphase 9/V–VI:	8 Fundstellen von Hütten oder Hüttenteilen.
Bauphase 10–17/VII:	4 Fundstellen von Hütten oder Hüttenteilen. 1 Herd ohne Bezug zu einer Hütte. 6 Brandschuttdecken in flach eingetieften »Wannen«.
Bauphase 19/X:	3 Fundstellen von Hütten. 1 Wandgräbchen? 2 »Hüttenwannen«. 2 Stakenreihen.
Bauphase (19)20–21/XII–(XV):	9 Fundstellen von Hütten oder Hüttenteilen.
Bauphase 21–(22) nach XV:	1 Hütte? 2 Herdstellen.

Tab. 2 Archsumburg. Datierung der Hütten, Herdstellen, »Wannen« und Stakenreihen.

Tor

Das Wallinnere war durch eine schmale Öffnung im Norden zugänglich. Sie bildete einen so festen Bestandteil der Anlage, daß man sie während der meisten oder aller Baumaßnahmen berücksichtigt hatte. Umbauten, Erneuerungen oder Planierungen lassen sich vielfach beobachten und mit bestimmten baulichen Veränderungen verbinden. Den ältesten Wall (1) hatte man durch eine 4 m breite Mulde im Beringkörper unterbrochen *(Beil. 8,7)*. Unklar bleibt allerdings, ob sie direkt als »Durchlaß« diente oder als Standort für keilförmig gestapelte Soden unter Wallauftrag 2 bestimmt war. Ihre Innenseiten sind nicht erhalten, so daß die Frage, ob es Torwangen gab, unbeantwortet bleibt. Unabhängig hiervon sollte der Befund insgesamt dennoch als Nachweis für einen Durchgang im Norden zur Zeit des ersten Beringes verstanden werden (T 1).

Gleichzeitig mit den ältesten Hütten (IV–VII) entstand vermutlich ein einmal erneuerter, mit Holzpfählen gestützter Durchlaß, dessen Mittelachse im älteren Stadium parallel zum Meßsystem der Grabung verlief, später aber um rund 7° in östliche Richtung verschoben war *(Abb. 20)*. Zu dem einen oder dem anderen Bauwerk könnte eine im Südprofil der Fläche 6 eingebettete (Profil 55: *Beil. 8,4*), in der Aufsicht leicht gebogene Steinreihe zählen (*Beil. 10; Abb. 21* links), die die Seiten einer eingegrabenen schmalen Passage durch die Schichten II–IV vor Zerfall und Zerfließen sicherte (T 2).

Die in unterschiedlich dichter Folge eingegrabenen Pfostengruben für die teilweise noch erhaltenen Holzpfähle lassen sich zwei Perioden zuweisen *(Abb. 20)*. Die beiden Reihen sind im älteren Stadium ca. 1,1 m voneinander entfernt, im jüngeren zwischen 1,3 und 1,4 m, die Länge der Holzkonstruktion beträgt maximal 2,10 m. Die stratigraphische Einbindung der Steinreihe in Profil 55 *(Beil. 8,4)* und Vergleiche mit dem Wallbau machen eine Datierung in die Zeit der Wallstraten 2–17 (?)/Siedlungsphase IV (–V –VIII?) wahrscheinlich: Das Nordende des Holztors reicht bis vor die Sodenkeile 3/4, nicht aber bis zum Fuß der Erweiterung 13/14 oder des Keiles 15. Wie anzunehmen ist, hängen Beringverbreiterung und Durchlaß zusammen. Dieser Befund begründet die Datierung des hölzernen Durchlasses in die Wallschichten 2–9 oder Schicht IV als frühestem Zeitpunkt. Dagegen spricht, daß die Holzpfähle oder ihre Pfostengruben im Süden nur bis zur Mitte des Primärwalles nachweisbar sind. Zwischen ihr und der Steinreihe klafft eine Lücke von etwa 1 m. Die Füllung der Passage mit Mischboden aus Humus und Brandschutt (Profil 55: *Beil. 8,4*), wohl mit Schicht VIII identisch, gibt einen Terminus ante quem für den Durchlaß, der an der Wallinnenseite durch die Steinreihe markiert wird. Damit wird das Holztor allerdings nicht näher datiert.

Die Baulücke scheint bei jüngeren Umbauten entstanden zu sein, wenn wir sie nicht selbst verursachten, als wir den Steingang abräumten. Sie läßt sich aber auch auf folgende Weise erklären: Während der Ausgrabung beobachteten wir, daß die humosen Soden im Primärwall wesentlich wind- und wetterfester sind als Mauern aus Klei; deshalb hatte man durchaus im zentralen Wallbereich auf Holzstützen verzichten können, nicht aber im Norden wegen der hier verbauten, wesentlich weniger widerstandsfähigen Soden.

Die Frage, wie der Zugang vom Beringinneren zur Holzkonstruktion im Wall konzipiert war, läßt sich nur indirekt für das südliche Ende des Befundes klären. Hier begrenzt die leicht gebogene Steinreihe einen mindestens 0,35 m tiefen, die Schichten I–IV unterbrechenden Durchlaß; einen Beleg für den Verlauf in südliche Richtung gibt es wegen der Zerstörungen durch jüngere Torpassagen allerdings nicht (Profil 55: *Beil. 8,4*). Auch am nördlichen Anschluß fehlt jede Möglichkeit dazu, es sei denn, eine flache Verfüllung am westlichen Torwegrand, bis rund 1 m nördlich der äußeren Pfosten als »Kleibettung des Steinganges« deklariert, zeigt einen älteren Zuweg an.

Bei den folgenden, jüngeren Erweiterungen lassen sich lediglich die Befunde an der Wallinnenseite stratifizieren. Die Straten 19–21/XI–XVII erhielten sich als desolate Kleisodenpackungen von Torwangen (?) in Profil 55 und als zeitgleiche kleigefüllte Durchgangsmulden mit Kleifüllung in Profil 62 (T 3) *(Beil. 8,4.10)*, wo eine 0,40 m tiefe, steilgeböschte Rinne in Wallnähe die Schichten I–X unterbricht; in Profil 60 *(Beil. 8,9)* tritt sie als fast horizontale Sohle, in Profil 59 *(Beil. 8,6)* 4,50 m vor der Wallinnenkante als 0,25 m dicke, flächendeckende Kulturschicht hervor. Die westliche Torwange blieb nur mit wenigen Sodenresten erhalten (Profil 55: *Beil. 8,4*), ihre Verlängerung zum Wall und zum Innenraum hin dürfte von jüngeren Umbauten zerstört worden sein.

Vergleichbar dürftig erscheint die Überlieferung der Torwangen des Wallausbau 22/XVIII, die als Sodenlagen in den Profilen 55 und 62 (?) nachweisbar sind (T 4) *(Beil. 8,4.10)*. Die Innenseite der 0,30 m tiefen, mit Klei und Asche gefüllten Passage markiert ein großer Findling; hierzu gehört eine lückenhafte Steinreihe in Fläche 7 *(Abb. 22)*. Der Längsschnitt der Passage in Profil 60 *(Beil. 8,9)* zeigt am Übergang von der Kleifüllung zur Aschestrate Pflasterung aus kopfgroßen Steinen. In Südprofil 59 führt die Wegmulde in einen schmalen, kleigefüllten Graben, der auch im Planum der Fläche 11 sichtbar ist *(Beil. 8,6; 10)*.

Eine weitere, mäßig erhaltene Torwange aus Kleisoden kann Schicht 23/XX–XXI zugewiesen werden (T 5) *(Abb. 23)*. Reste von charakteristischen dünnschichtigen Kleisodenpackungen in Profil 55 dokumentieren dieses späte Erweiterungsstadium des Beringes *(Beil. 8,4)*. Die Profile 59 und 62 ermöglichen es, wesentliche Details des früheren Bauwerkes herauszuarbeiten: Die Torwange gibt sich in Profil 62 *(Beil. 8,10)* als 0,60 m breite, 0,20 m hohe Verfärbung zu erkennen. Ihre südliche Verlängerung findet sich in Fläche 7 (Planum 3) als Sodenpackung; rund 3,20 m vor Profil 62 knickt sie rechtwinklig nach Osten ab und erstreckt sich anschließend noch in etwa 2 m Länge als deutliche Verfärbung im Planum *(Abb. 23)*. Die 0,25 m tiefe, mit durchtretenem Klei gefüllte Durchlaßmulde erscheint als Schichtzipfel in Profil 59 östlich der Eintiefung des jüngeren Steinganges als tiefer Einschnitt, zu dem ein 4 m langes, 0,40 m breites Gräbchen in Fläche 11 gehört *(Beil. 8,6)*. Auch westlich der Kleifüllung ist die Schicht in Profil 5 als Rudiment erhalten.

Wie das Tor im eigentlichen Wallbereich konstruiert war, läßt sich den Schichten 19–23/XI–XXI (T 3–5) leider nicht entnehmen. Vermutlich verwendete man das Holztor nach wie vor. Eine Markierung der äußeren Torwange durch Sodenlagen bleibt im Bereich der älteren Erweiterung 13/14–16 aus; stattdessen erbringt die Außenseite des

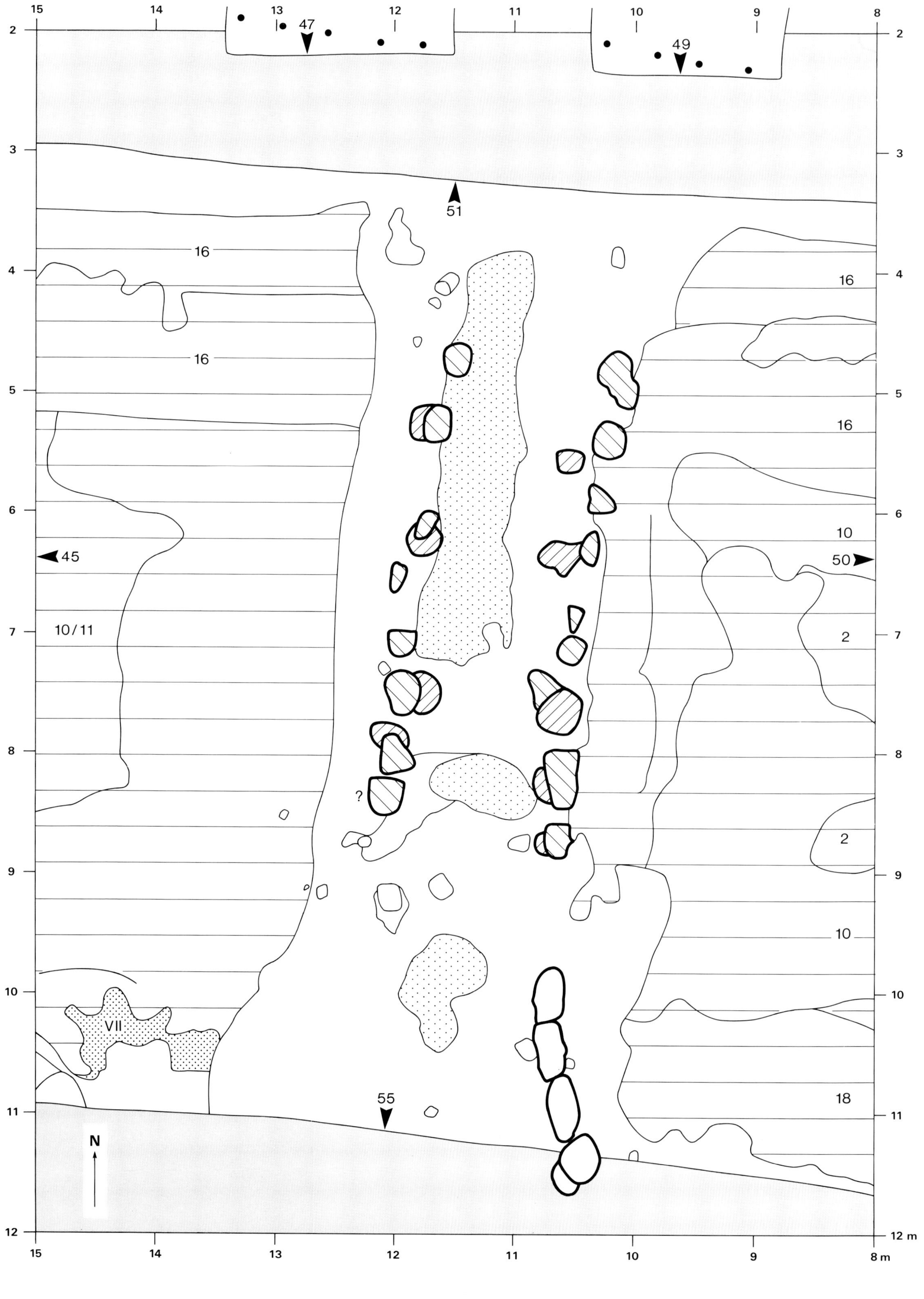
15
14
13
12
11
10
9
8
8 m
12 m
47
49
51
45
50
55
16
10
10/11
2
18
VII
?
N

Abb. 21 Archsumburg, Profil 55 in Fläche 6. Schichtaufbau östlich des Kriechganges.

Beringes bemerkenswerte Befunde aus der Zeit nach Wallerweiterung 16–17, aber vor Wallbauphase 24: In den Profilen 45 und 50 *(Beil. 5,4.6)* liegt vor den Mauersoden 13/14 und 16 und Sodenkeil 15 Schutt, zwischen 0,70 m (Profil 50) und 1,20 m (Profil 45) hoch abgelagert. Die mehrschichtige untere Anschüttung verjüngt sich zu einem dünnen Band, zwischen 3 m (Profil 45) und 4 m (Profil 50) vom Wallfuß entfernt. Die obere, durch Kleilagen gekennzeichnete Anschüttung, am Straßengraben noch in 0,50 m Höhe erhalten, birgt westlich des jüngeren Steintores rechtwinklig gebogene Torwangen *(Beil. 10)* und zwei durch Schutt getrennte Durchgangsmulden geringer Tiefe (*Beil. 8,3:* D I–II), östlich eine 0,50 m tiefe kleigefüllte Wanne (Profil 51: *Beil. 8,2*). Während die Seitenkante der Sodenwangen in den Profilen 47 *(Beil. 8,3)* und 51 als Verlängerung der westlichen Pfostenreihe der älteren Holzkonstruktion denkbar wäre *(Beil. 8,1),* stimmt die Flucht der östlichen Grabenmulde mit der Achse des jüngeren Holzbaus überein. Wir sehen dennoch keine Möglichkeit, die Anschüttung außen auf dieser Grundlage zu gliedern und die Außenanlagen den Holztorperioden zuzuordnen. Aber die Datierung der Anschüttung außen oder von Teilen dieser Arbeitsleistung in die Zeit vor Errichtung des Steinganges scheint auf jeden Fall gesichert. Wir korrelieren sie daher mit den Wallerweiterungen 19–23 an der Beringinnenseite.

◁

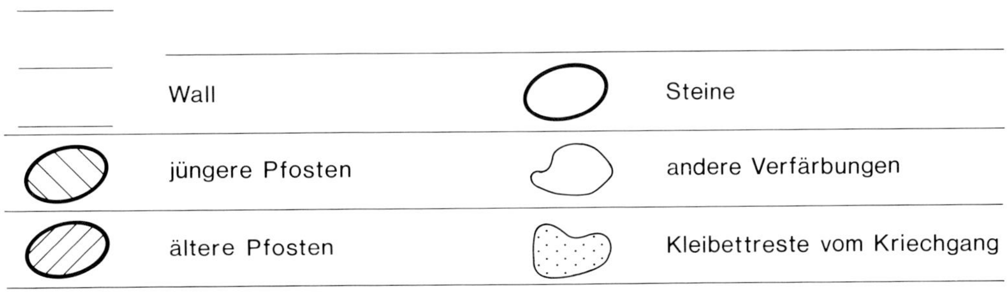

Abb. 20 Archsumburg, ältere Torpassage. – M. 1 : 40.

Der Kriechgang mit Boden- und Decksteinen zählt zu den hervorragenden Befunden in der Archsumburg (T 6) *(Abb. 24–26)*. Nach Profil 62 *(Beil. 8,10)* ist er mit der östlichen Torwange an Schicht 24/XXII anzubinden *(Beil. 10)*, zumal Kleiauftrag XXV beide Bauten bedeckt oder füllt. Die rudimentär erhaltene Torwange innen zeigt eine dem Vorgängerbau ähnliche Form. Der 9,20 m lange, im Innenbereich 0,70 m breite Steinweg steht in einem Kleibett von rund 2 m Breite, das im Nordosten bis an die Wallfront 16/17 reicht und diese als 0,20 m dicke Schicht bedeckt, während ein vergleichbarer Zusammenhang auf der westlichen Gegenseite nicht gesichert scheint. Mittelalterlicher Abtrag beschädigte die Kleischicht »vor 17« (XXV) (Profil 50: *Beil. 5,4*). Anhand weiterer Aufschlüsse (47 und 49, 43 und 44 [*Beil. 8,3*]) läßt sich immerhin erkennen, daß sie die Schuttstraten vor Wallfront 13–16 bedeckt und einen wesentlichen Teil des Beringes einnimmt.

Auf der Sohle des Steinweges, von Süd nach Nord um 0,40 m geneigt *(Beil. 5,2)*, liegen 16 Findlinge mit der Flachseite nach oben, darunter ein Mahlstein. Keilsteine stützten die leicht auswärts geneigten Randsteine, mehrere aufeinander gestapelt, darunter einer mit Schälchen. Vier flache Decksteine mit Größen zwischen 0,7 x 0,5 m und 1,0 x 0,7 m lagen zu Beginn der Grabung am Nordende des Kriechganges noch in situ. Sie berührten aber nur in schmaler Breite die Kuppen der Seitensteine *(Beil. 9; Abb. 24–26)*. Nach den Befunden in den Profilen 48 und 51 *(Beil. 8,1.2)* dürfte es im Mittelalter Versuche gegeben haben, die Steine herauszubrechen. Vermutlich sind entsprechende Decksteine im Mittel-und Südbereich des Torweges auf diese Weise entfernt worden. Die durch Boden-, Seiten- und Decksteine gebildete Passage erlaubte theoretisch ein Durchkriechen, hätte man nicht den Gang vor dem Auflegen der Decksteine mit reinem Klei gefüllt.

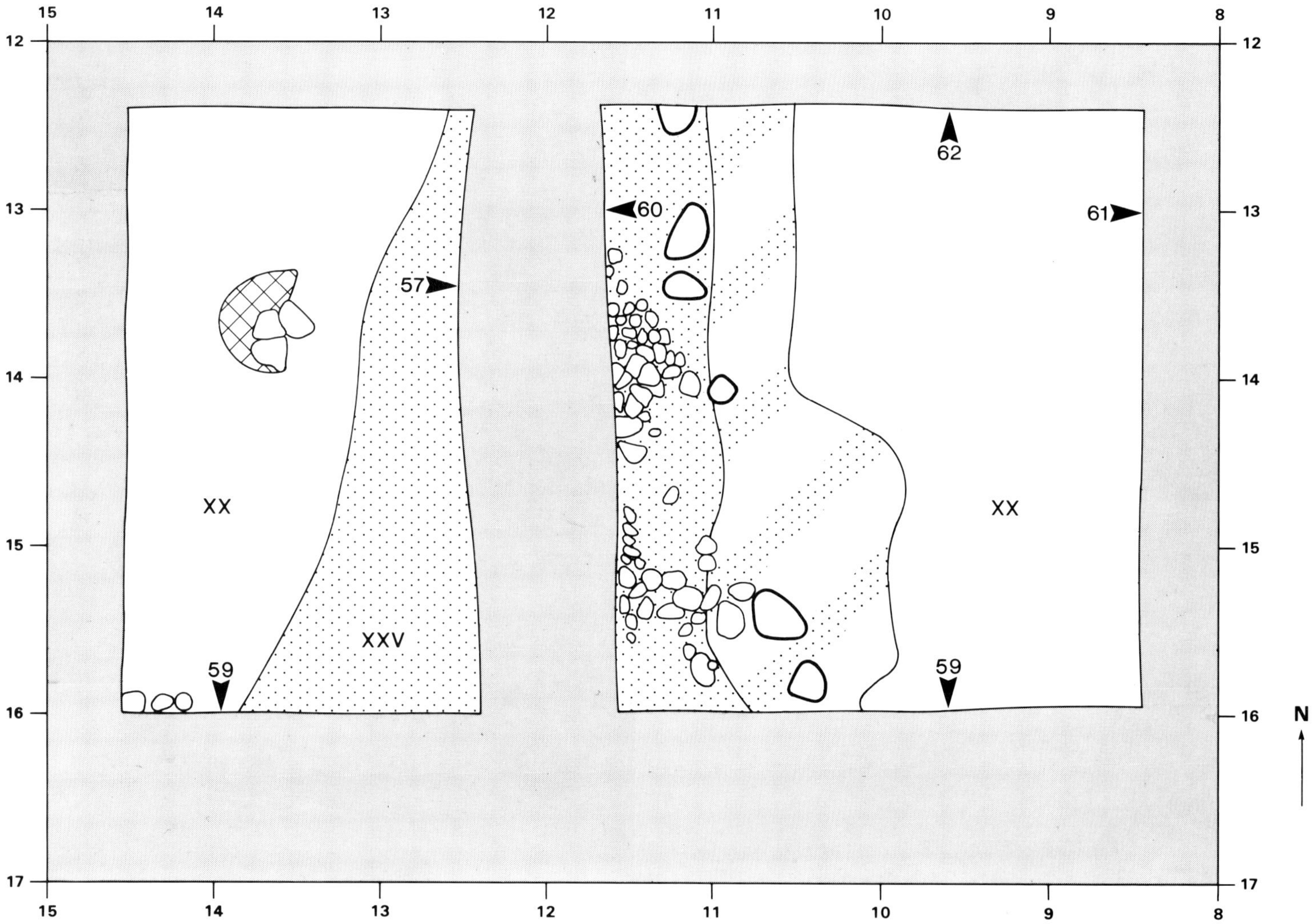

Abb. 22 Archsumburg, Torweg 22/XVIII mit Begrenzung durch Steinreihe (rechts). In Fläche 8 (links) Herd (?) XIII–XVII 1. – M. 1 : 40.

Vor beiden Enden des Kriechganges folgen bis in den pleistozänen Untergrund reichende, steilgeböschte Gräben, die vermutlich zunächst als »Arbeitsbereich« dienten, aber nach Bauabschluß mit Klei bis zur Sohle des Kriechganges zugeschüttet wurden *(Beil. 8,1.2.4.6.7.8)* wie später die »Zugangsmulde« und der Kriechgang mit Klei (XXV). Während das Nordende des Zuganges unter der heutigen Straße liegt, führt ein mit Klei gefüllter Graben im Beringinneren bis Fläche 11 *(Beil. 10)*. Hierdurch ergibt sich eine Gesamtlänge der Anlage 24/XXII von 21,20 m: Steingang 9,20 m, Zugang außen 2,40 m, Innengraben 9,60 m. Die östliche Torwange vor dem Ansatz des Kriechganges am Wallfuß innen gehört insofern zu den wichtigen Befunden, als sie mit der vorangehenden Bauperiode übereinstimmt und somit Kontinuität im Baugeschehen belegt.

Schemenhaft überlieferte Reste einer Tormulde D III (?) mit streifig gelagertem Füllmaterial oberhalb des Kriechganges (Höhe : 3,10 m NN, Profil 47: *Beil. 8,3*) zählen zu den jüngsten Baumaßnahmen in der Archsumburg; es wurde nach der Einfüllung des Steinweges (T 7), vermutlich während Schicht 25, aufgetragen, aber sicher ist das nicht.

Die Gliederung in Um- und Ausbauphasen bezieht sich allein auf den Durchlaß im Norden; ob ein weiterer im Osten vorhanden war, läßt sich nicht sagen. Zur Zeit des Primärwalles schien eine Unterbrechung des Beringes mit keilförmigen Sodenstapeln als Schutz beiderseits einer wohl schmalen Passage (?) ausgereicht zu haben (T 1). Während der ersten Aufhöhung und Erweiterung des Beringes und zur Zeit der ersten Bebauung der Innenfläche (2–9: IV–VI) folgte ein Holztor vom Fuß des Sodenkeils 3/4 im Norden bis zu einer steingestützten Mulde (?) im Süden (T 2). Zur Zeit der Aufhöhung 10/12, der Erweiterungen 13/17 und der Siedlungsstraten V–VIII ist die Torkonstruktion anscheinend

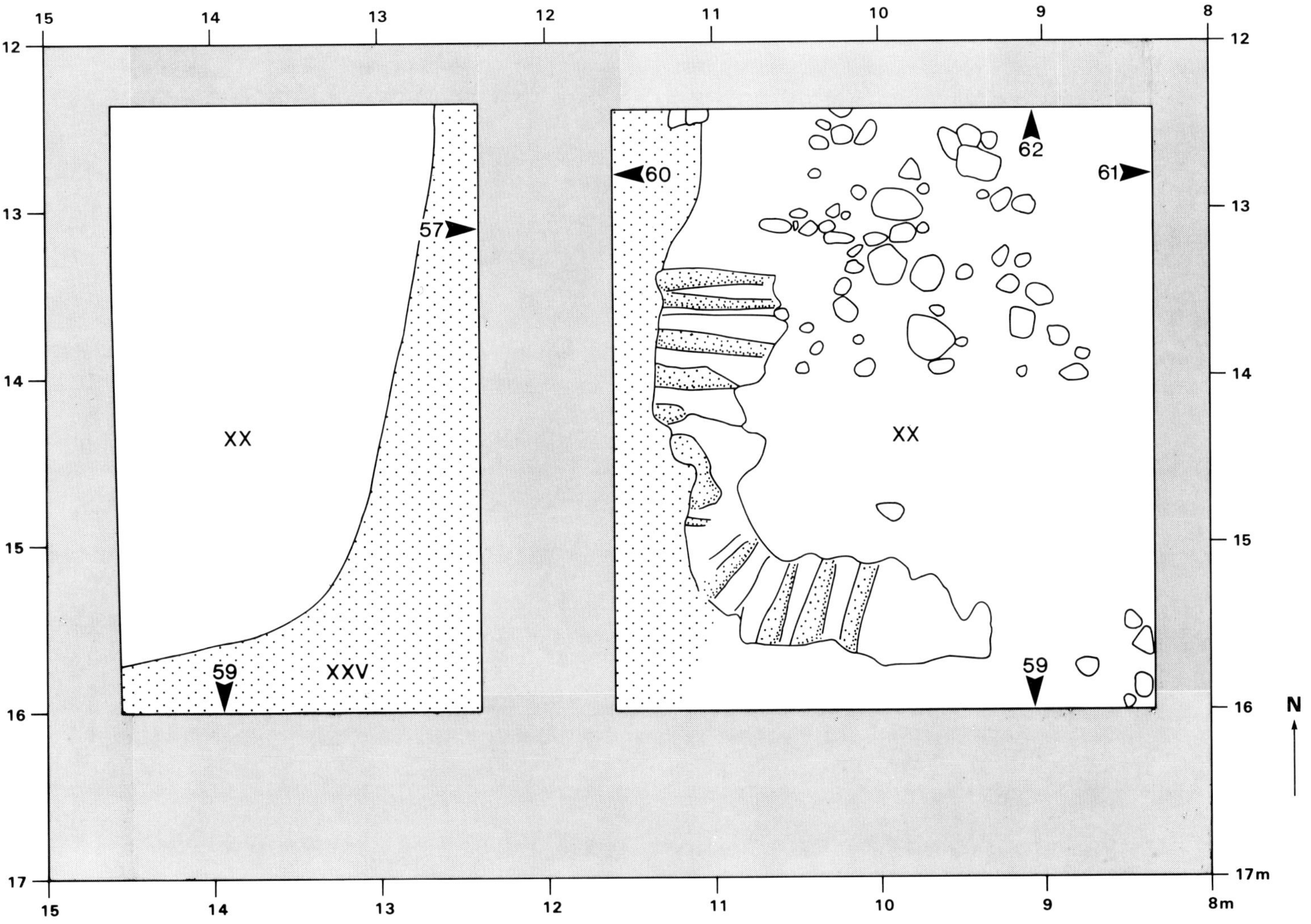

Abb. 23 Archsumburg, Torweg 23/XX mit Kleisodenwange in Fläche 7–8. – M. 1 : 40.

Abb. 24 Archsumburg, Fläche 6. Torpassage durch den Wall vor Beginn der Ausgrabung des Befundes.

Abb. 25 Archsumburg, Fläche 6. Kriechgang von Südost gesehen.

Abb. 26 Archsumburg, Fläche 6. Kriechgang von Süden. In Profil 51 (Hintergrund) Decksteine in situ.

nicht verändert worden. Gleichzeitig mit den Bauphasen 19–23/XI–XXI erweiterte man das Tor und legte einen Weg an, den Wangen aus Kleisoden an der Wallinnenseite ähnlich wie außen Wegmulden begleiteten (T 3). Der Kriechgang mit Zuwegung außen wie innen und die Torwange ist das jüngste gut erhaltene Bauwerk (24/XXII) (T 6). In seine Füllung (XXV) hatte man eine Durchlaßmulde (25?) (T 7) eingetieft, von der nur noch ein Rest erkennbar ist.

Torperioden und Baubefunde im Inneren der Anlage lassen sich nicht direkt korrelieren. Dennoch besteht anscheinend ein Zusammenhang, denn der Abstand zwischen Wall und Torwangen einerseits und die Entfernung der Hausgiebel (XII) vom Wallfuß andererseits stimmen überein.

Innenbebauung

Sämtliche Bauwerke innerhalb des Walles werden funktional gegliedert, anschließend durchnumeriert und darauf in stratigraphischer Folge beschrieben. Sie setzen mit der zweiten Bauperiode der Ringmauer ein. Schicht I–III bleiben ohne Befund.

Hütten

Schicht IV *(Taf. 9)*

Hütte 1: Fläche 12; Profil 36, 38 u. 39; Plana 10–12; *Abb. 27–28; Beil. 6,1.2.*
Schicht IV erstreckt sich als dunkle Kulturstrate zwischen Grausandlagen, die sie von der darüberfolgenden Kulturschicht V und der älteren Kulturschicht I–II trennen. In Profil 38 tritt Schichtansatz IV an der Wallerweiterung 2 deutlich hervor, das südliche Ende liegt bei 18 m NS. Hier wird die in eine flache Hausmulde (?) eingetiefte Schicht durch ein Wandgräbchen (?) unterbrochen. Bis zum Profilende folgt eine bis 0,10 m mächtige Schuttlage, durch eine Sandschicht von V getrennt. In der gegenüberliegenden Wand (Profil 36) zieht sich Schicht IV als Sandlage vom deutlich abgesetzten, steilgeböschten Wallfuß der Mauer 2 (12,1 m NS) bis etwa 17,5 m NS, wo sie ein zweiperiodiges Wandgräbchen bedeckt, das, nach den Hüttenresten zu urteilen (vgl. u. S. 59, Nr. 11 mit *Beil. 6,2*), eher in Schicht V datiert, zumal die tieferen Plana keine Befunde von Hausteilen der Schicht IV in diesem westlichen Flächenteil belegen.

In den Plana 10–11 finden sich Stakenreihen ohne Wandgräben und Geflecht *(Abb. 27)*. Die parallel zum Wall verlaufende Stakenfolge führt durch Profil 38 beim beschriebenen Wandgräbchen zwischen 18 und 18,1 m NS *(Beil. 6,1)*. Die Stakenreihe biegt nach 1,20 m rechtwinklig in nordöstliche Richtung. Der 4,80 m lange Wandrest erreicht die Profilwand bei etwa 13,40 m NS. Hier enthält der Aufschluß einen schräggestellten, in Sodenkeil 2 eingetieften Staken.

Die Hüttenlänge beträgt 4,80 m, die Breite ist unbekannt. Hinweise auf dachtragende Pfosten oder Herdstellen fehlen.

Hütte 2: Fläche 13; Profil 3 u. 6; Planum 4.3; *Abb. 29; Beil. 7,1–2.*
Im unteren Planum 4.3 finden sich Wandgräben mit Geflecht und Staken im Westen, Süden und Osten, ein Eingang im Südosten und

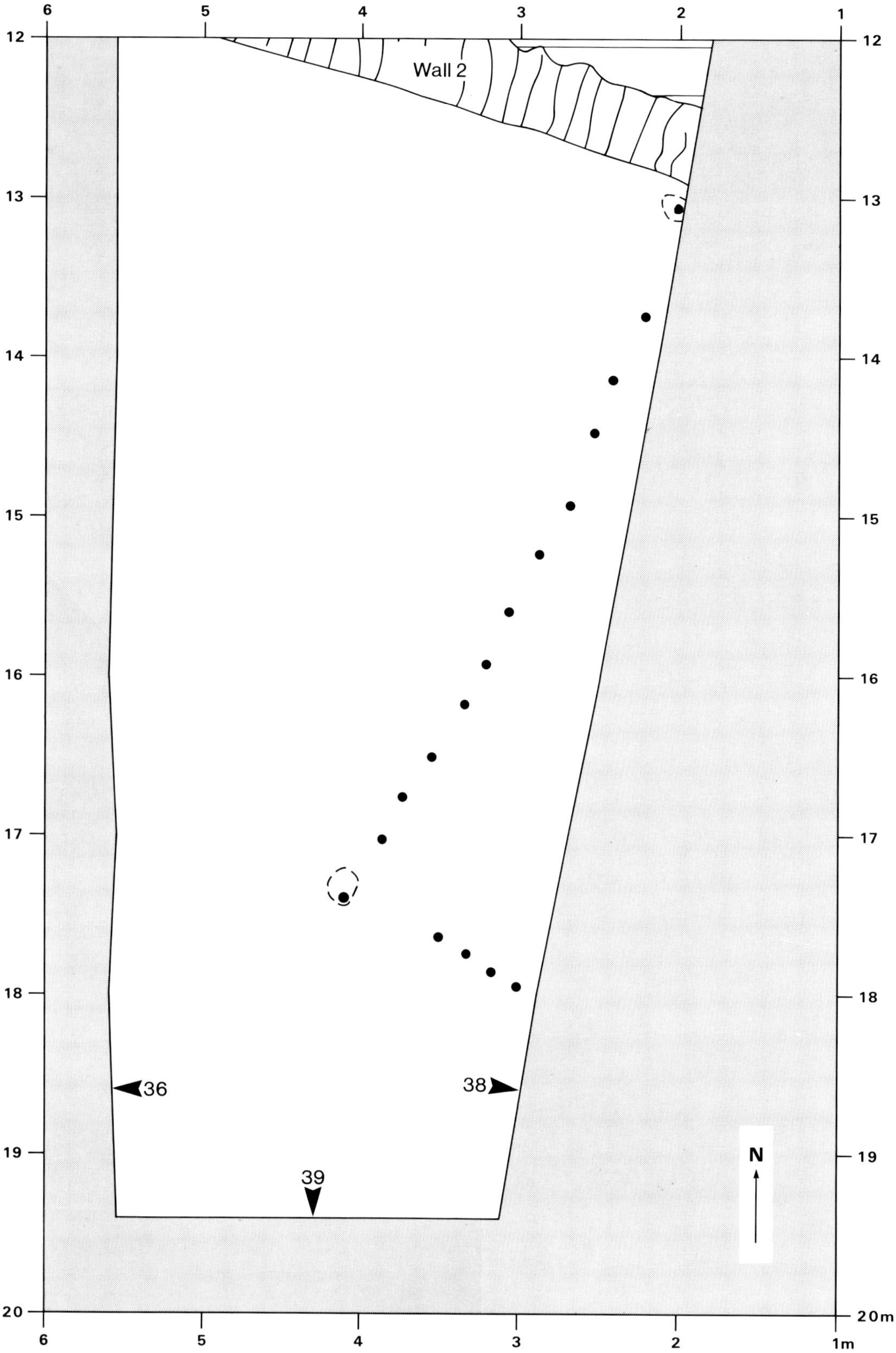

Abb. 27 Archsumburg, Fläche 12. Hütte 1. – M. 1 : 40.

Abb. 28 Archsumburg, Profil 39 in Fläche 12. Links im Aufschluß Steingrube 9.

zwei Stakenreihen von Zwischenwänden (?) parallel zur Hausachse. Die schmalen Wandgräbchen der Hütte zeichnen sich durch hellere Verfärbung deutlich gegenüber dem umliegenden Humus ab. Herd und dachtragende Pfosten fehlen, die Länge der enggepackten Pflasterung am Eingang beträgt 1,20 m. Welche Fläche das Bauwerk einnimmt, bleibt offen. Die Wände der jüngeren Bauten sind leicht verschoben im Vergleich zu dem hier beschriebenen Befund (s. u. S. 63, Nr. 13).

Hütte 3 (?): Fläche 4; Strate IV?; Profil 33; Plana 9 u. 10?; *Beil. 2,3.*
Unter einer im Planum eingemessenen Lage torfigen, mit Klei durchsetzten Bodens der Schicht IV wird im Aufschluß 33 eine zweiteilige, 0,30 m breite, 0,27 m tiefe Verfärbung (32,90 bis 38,70 m NS) angeschnitten. Die ältere, den Mischboden durchfahrende Füllung enthält tiefbraunes, humoses Material, die jüngere dagegen humosen Sand. Ob es sich hierbei um einen Einzelpfosten oder aber um ein im Anschnitt überliefertes Wandgräbchen handelt, läßt sich nicht entscheiden. Fünf bis sechs Verfärbungen in einer Flucht von 2,40 m Länge vor dem Profil könnten auf Reste einer weitgehend zerstörten Stakenwand hinweisen (Lage im Übersichtsplan der Bauperiode eingetragen: *Taf. 9*).

Hütten 4 und 15: Fläche 18; Strate IV–VI; Profil 12 u. 15; Plana 9–11; *Abb. 30–34; Taf. 10,1; Beil. 2,1.*
Vor Sodenmauer 1 steht im mittleren Flächenbereich ein vorzüglich erhaltenes Wandgeflecht, dessen Westende am Wallfuß Sodenreste der Schicht 19 und Brandschutt der Schicht VII bedecken *(Abb. 30).* Die angespitzten Staken stehen im Abstand von 0,20–0,25 m, sind von einem bis 0,20 m hohen Geflecht umgeben und reichen bis in den vorwallbauzeitlichen Humus (zwischen 0,25 und 0,35 m unterhalb des Geflechtansatzes) *(Abb. 31).* Die Schichtfolge sichert die Datierung in eine Bauperiode nach II.

Die südliche Längswand der Hütte steckt in einem Pfostengewirr von Profil 12. Aus den vielen Stakenresten ließen sich drei Wandrichtungen herausarbeiten (s. u. S. 51, Nr. 5), von denen eine schlecht erhaltene parallel zum oben genannten Geflecht verläuft. Von der Südwand konnten wir in Planum 9 Teile eines Geflechtes einmessen, das Brandschicht VII offenbar begrenzt, nach dem Profilaufschluß jedoch einem Bauwerk unterhalb der Rotasche zugeordnet werden muß. Hinzu kam ein in Profil 12 steckender Pfosten, der nach seiner Tiefe im Profil ebenfalls zu einem Befund unter VII gehört (42,55 m OW). Anhand dieser wenigen Reste läßt sich eine Hüttenbreite von rund 3 m ermitteln; ihre westliche, nicht durch eine Flechtwand konturierte Begrenzung dürfte mit dem Wall zusammenfallen, die östliche Schmalseitenwand fehlt.

Dachpfosten auf der Mittelachse der Hütte sind nicht erkennbar. Im Innenraum weisen mehrere Herdstellen übereinander auf längere Nutzungsdauer hin: Die älteste, eine gewölbte Platte von 0,80 m Durchmesser aus dünner, verziegelter Lehmschicht ohne Fundament, liegt auf Schicht II *(Abb. 32),* die sowohl über Profil 12 als auch über Profil 15 *(Beil. 2,1)* einwandfrei in Schicht IV stratifiziert werden kann. Eine Humusstrate trennt ihn von einer zweiten, wenige Dezimeter nach Nordwesten verschobenen Herdplatte (Durchmesser etwa 1 m) mit Scherbenpackung als feste Grundlage *(Abb. 33).* Nach der Fundtiefe in Profil 12 und Sandstrate VI unter Brandschuttdecke VII käme für sie eine Datierung in Schicht V in Frage. Der jüngste Herd liegt rund 1 m von den beiden anderen entfernt. Fotos belegen, daß sich der Herd auf Schicht VI direkt unter Brandschicht VII erstreckt, wohin er deshalb auch gehört *(Abb. 34).*

Datierung und Verknüpfung der Herde mit dem Baubefund erscheinen dennoch problematisch. Vermutlich bestand die Hütte bereits in Strate IV, mit Sicherheit aber in den Schichten V–VI. Eine Analyse der Wandbefunde ergibt jedoch keine Anhaltspunkte für ein mehrperiodiges Bauwerk.

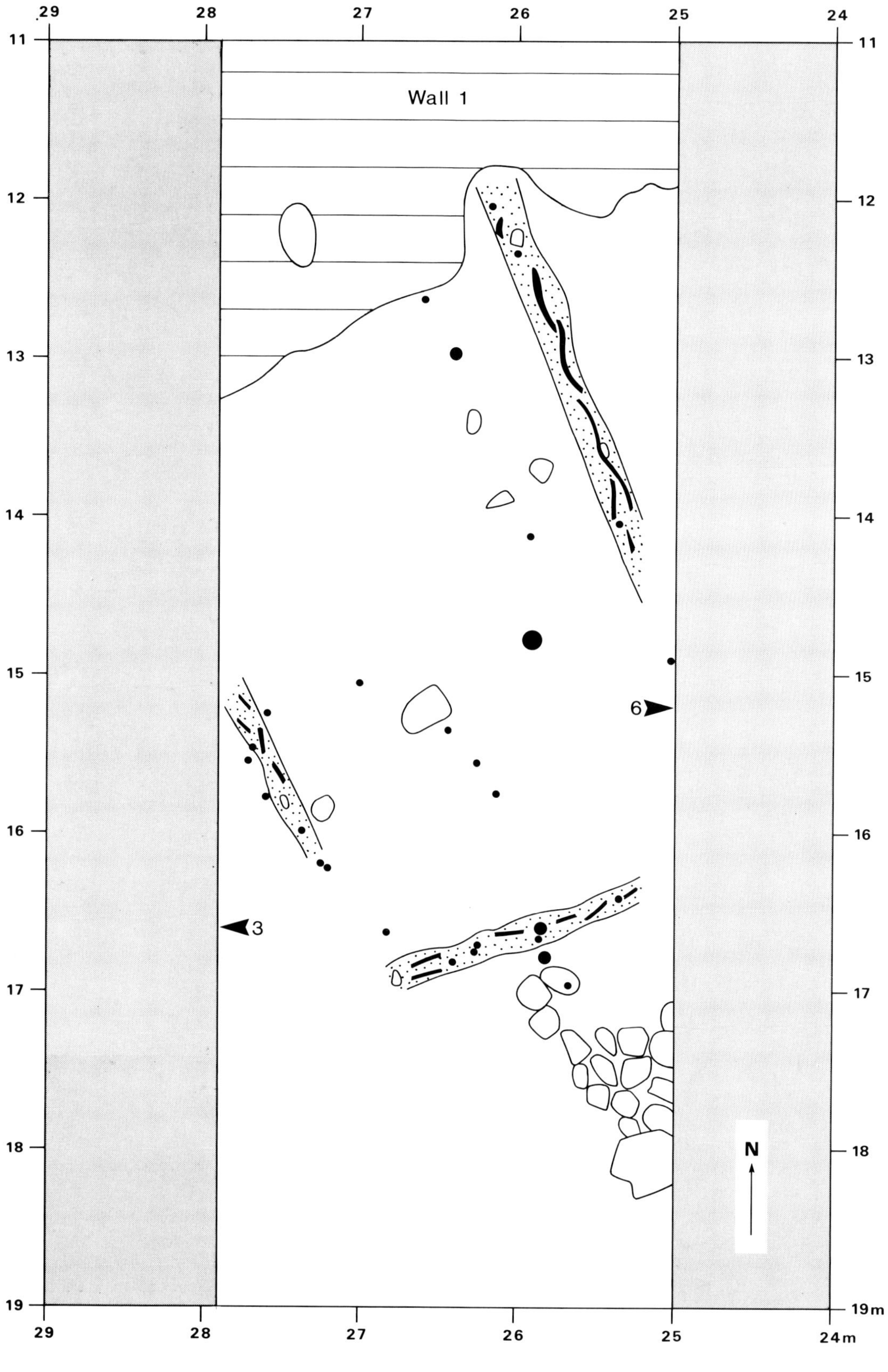

Abb. 29 Archsumburg, Fläche 13. Hütte 2. – M. 1 : 40.

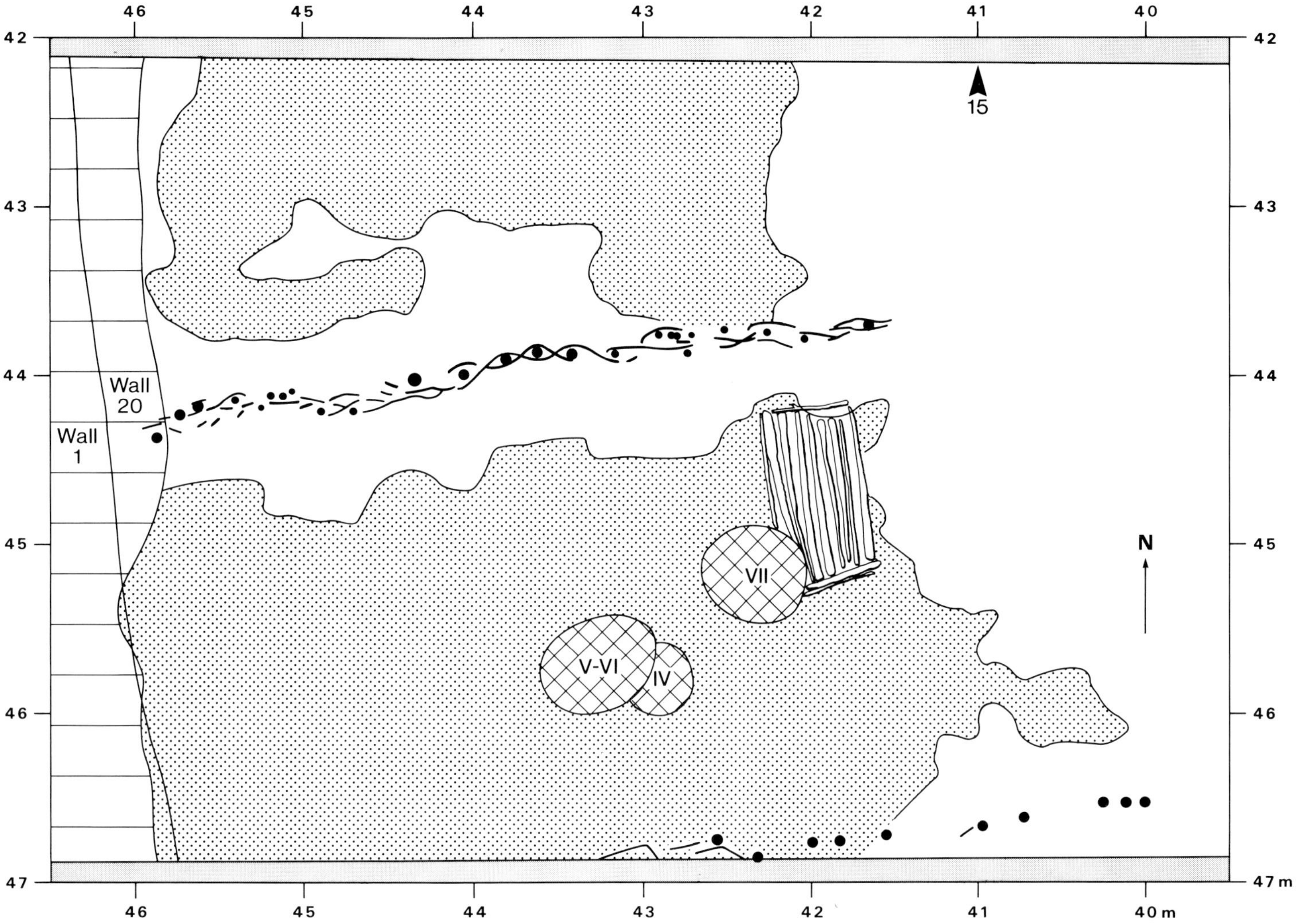

Abb. 30 Archsumburg, Fläche 18. Befunde der Hütten 4 und 15 mit Herdstellen, Holzrost und Brandschuttdecke VII 6. – M. 1 : 40.

Herdanlage VII bedeckt Teile einer rechteckigen Rutenlage (Länge 1,10 m, Breite 0,60 m), die nach der Fundhöhe in Strate V–VI datiert *(Taf. 10,1)*. Anhaltspunkte für eine Funktionsbestimmung (Türplatte oder Fußmatte) fehlen.

Aus dem unteren Herd und dem darunter gelegenen Bereich stammen Pflanzengroßreste, wie sie nach dem Urteil von H. Kroll für Siedlungen allgemein üblich sind. Von Bedeutung ist allein Emmer-Spreu (s. u. S. 267ff.), die man als Baumaterial für die Herdplatte verwendet hatte. Dieser für Archsum seltene Befund scheint nach Auffassung des Botanikers dafür zu sprechen, daß Emmer während der Kaiserzeit auf Sylt noch angebaut wurde, wofür es sonst keine Belege gibt (vgl. II 96).

Hütten 5 und 6: Fläche 1 u. 18; Profil 12 u. 20a–b; Plana 5, 6.1, 6.2, 7,8 u. 10 (Fl. 1); 9–11 (Fl. 18); *Abb. 35; Beil. 3,2.* Brandschutt VII bedeckt im Süden der Fläche 18 und im Norden der Fläche 1 ältere Baubefunde nur mangelhaft. Die in und unterhalb der Aschenschicht eingemessenen Stakenreihen erscheinen kaum entwirrbar, zumal mehrere, fast ineinanderliegende Hüttenwände eine Einzelgliederung erschweren. In Profil 20a–b fanden wir zwischen 50,70 und 53,50 m NS eingegrabene, durch Flechtwände begleitete Hüttenreste, die ihrer Lage nach Strate V–VI zugewiesen werden müssen (Hütte 16–17). Die beiden nördlich in Profil 20a eingemessenen, stratigraphisch älteren Herdstellen auf Sand- und Kulturboden der Schichten I–II gehören demnach in Strate IVb–c, weil sich ihre Kulturschicht über den Herd der Hütte 7 erstreckt *(Beil. 3,2)*.

Die Profile 20a und b teilen verschiedene Stakenreihen in relativer Folge auf, u.a. zwei parallel zueinander verschobene Wandreste im Nordbereich der Fläche 1, die in ihrer Flucht mit zwei vergleichbaren Stakenreihen im Süden der Fläche 18 korrespondieren *(Abb. 35)*. Einer dieser Wandreste (Fläche 18) biegt zur östlichen Schmalseite um; vergleichbares läßt sich an den südlichen Längswänden in Fläche 1 nur am Wall nachweisen. Die wallseitige Schmalwand wird bei beiden Bauwerken von Flechtwänden gebildet, die ältere (?) direkt am Wallfuß 1, die jüngere (?) 0,20 m ostwärts verschoben. Einige im Planum von Brandschutt umgebene Steine am südöstlichen Hausende mögen die südlichste Längswand

Abb. 31 Archsumburg, Fläche 18. Hütte 4: Nordwand.

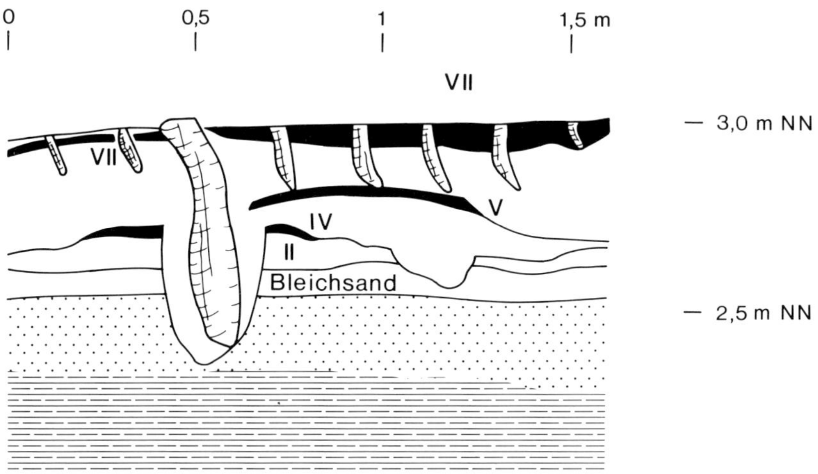

Abb. 32 Archsumburg, Fläche 18. Hütten 4/15. Stratigraphie der Herdstellen. – M. 1 : 20.

Abb. 33 Archsumburg, Fläche 18, Planum 10. Hüttenbefunde 4/15. Herdstelle V–VI (ohne Lehmdecke); darunter Herdstelle IV.

Abb. 34 Archsumburg, Fläche 18, Planum 9/10. Hüttenbefunde 4/15. Herdstellen V–VI unter Brandschicht VII; darin Staken von Hütte (?) 30.

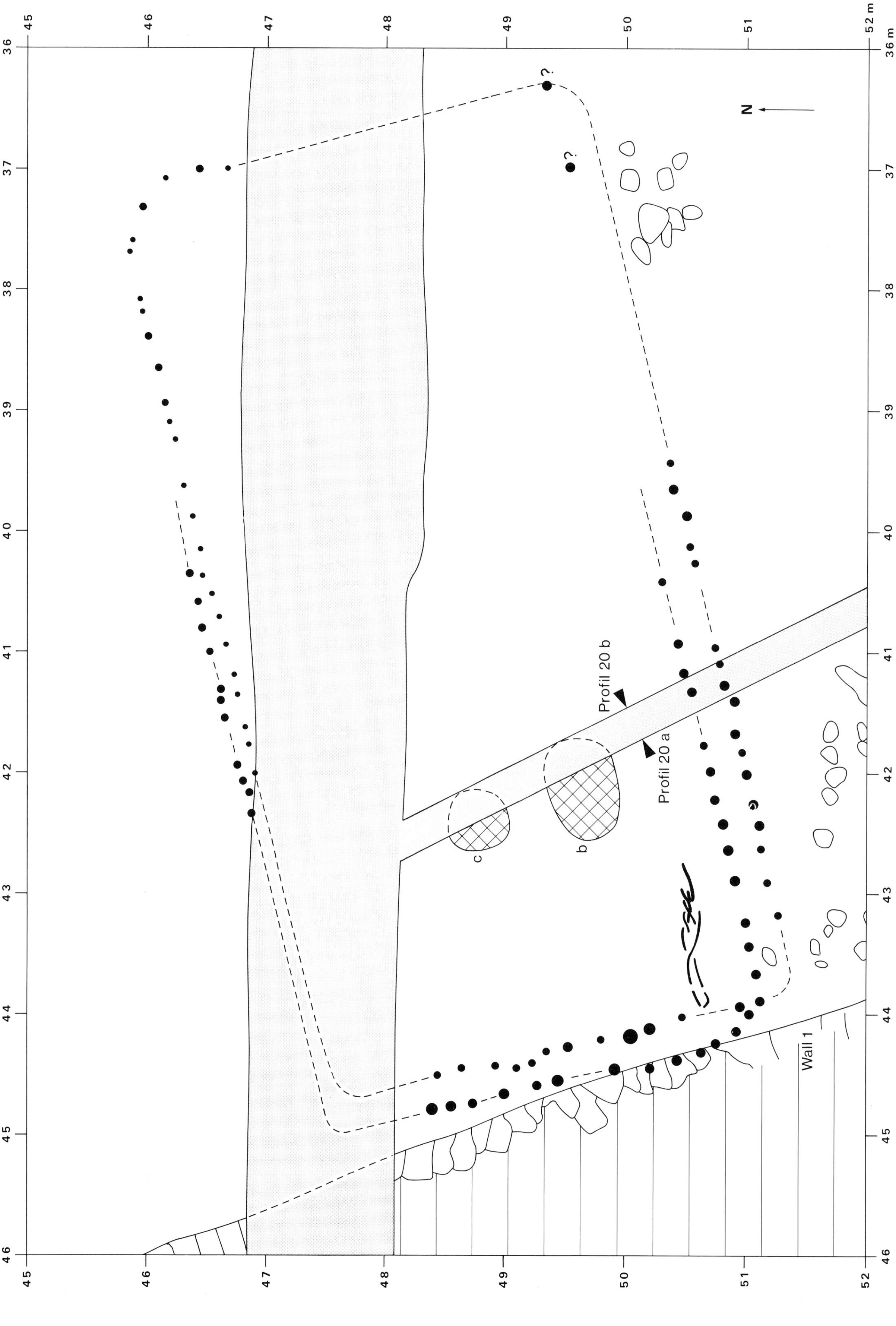

Abb. 35 Archsumburg, Flächen 3 und 18. Befunde der Hütten 5 und 6. – M. 1 : 40.

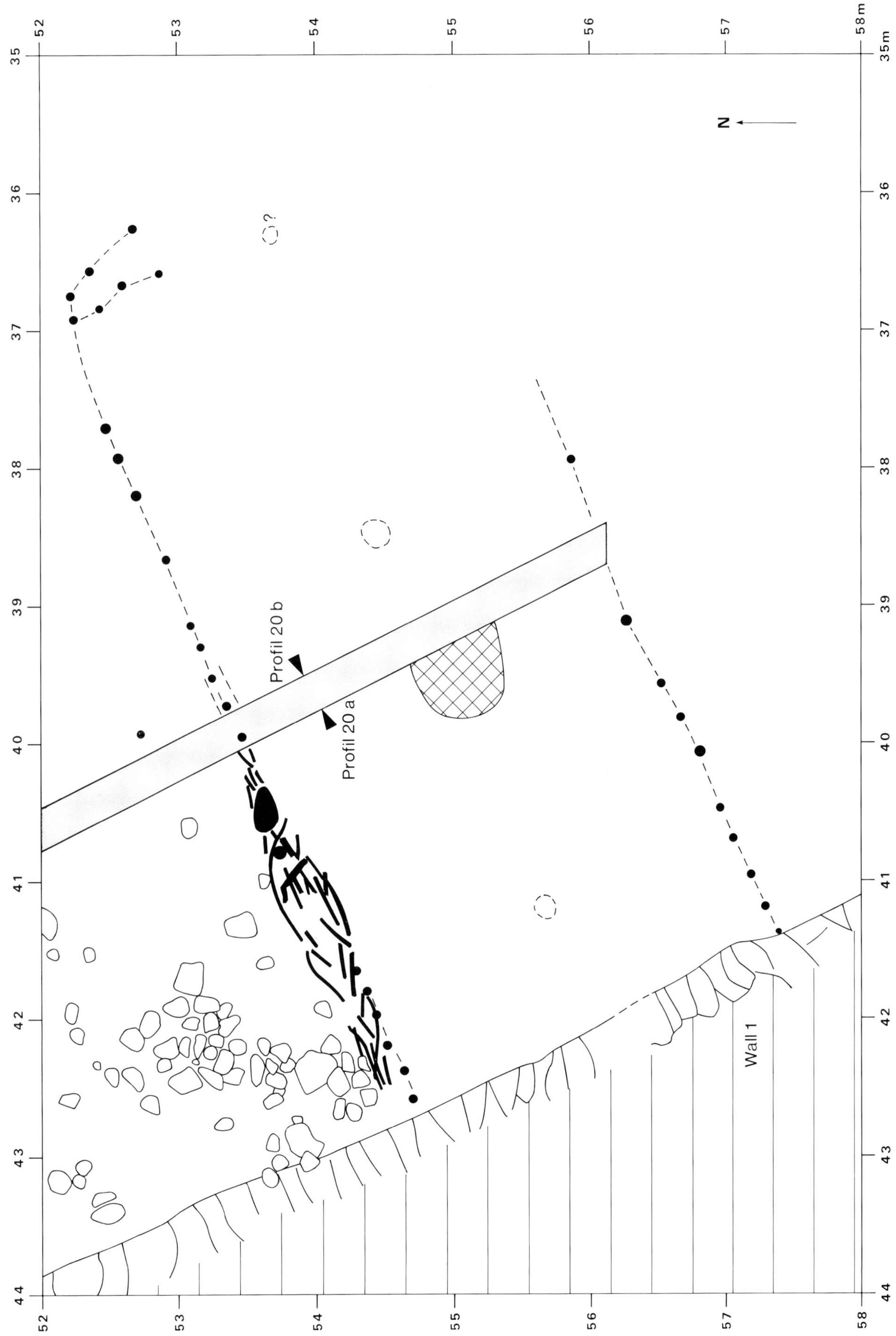

Abb. 36 Archsumburg, Fläche 1. Hütte 7. – M. 1 : 40.

Abb. 37 Archsumburg, Fläche 1. Befunde der Hütten 8 und 18. – M. 1 : 40.

Abb. 38 Archsumburg, Fläche 1, Planum 1. Hüttenbefunde 8/18, Gesamtaufnahme.

Abb. 40 Archsumburg, Fläche 1, Planum 1. Hüttenbefunde 8/18, Detailaufnahme von geflochtenem Grasbündel der Dachbedeckung?

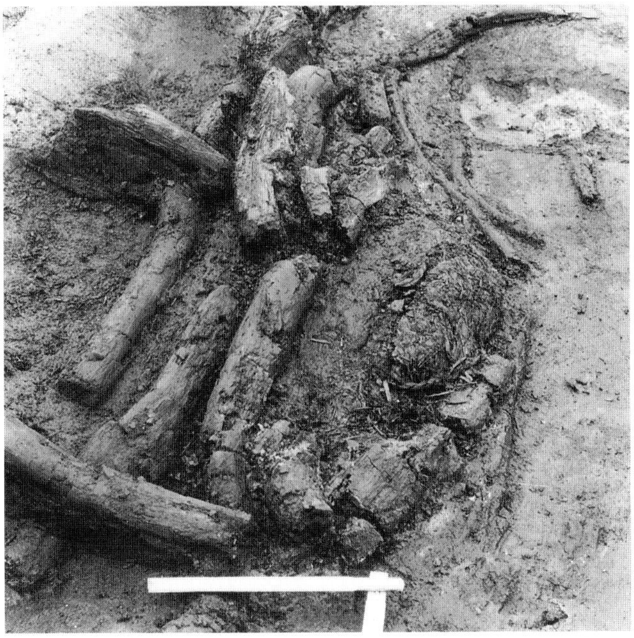

Abb. 39 Archsumburg, Fläche 1, Planum 1. Hüttenbefunde 8/18, Detailaufnahme von der Holzkonstruktion am Wall.

begleitet haben. Die rekonstruierten Hütten sind zwischen 3,80 und 4 m breit. Hieraus ergibt sich die Frage, ob von Doppelpfosten für einen Dachstuhl auszugehen sei. Eine Zuordnung mehrerer Pfostenverfärbungen zum Gesamtbefund war allerdings nicht möglich.

Profil 20a *(Beil. 3,2)* gliedert die Herdstellen der Strate IV in drei Stadien.

Die beiden nördlichen stammen aus dem mittleren (b) und jüngsten Stadium. Herd b (Planum 7): flachgewölbte ovale Herdplatte aus verziegeltem Lehm auf Scherbenfundament (s. S. 181f.); Durchmesser 0,80 x 0,60 m. Herd c (Planum 7): rundliche flachgewölbte Herdplatte auf Scherben (s. S. 181f.); Durchmesser 0,50 m. Ein parallel zu den Wänden in den Plana 7–10 liegendes Geflecht ohne zugehörige Staken könnte bei Abbruch der Hütte verschleppt worden sein.

Hütte 7: Fläche 1; Profil 20a. b; Plana 5, 6.1, 6.2, 7 u. 10; *Abb. 36; Beil. 3,2.*
Direkt auf humosem Sand über der Humusdecke des »Grabhügels« (Schicht I?) (s. o. S. 16) liegt eine rundliche flachgewölbte Herdplatte aus verziegeltem Lehm mit Scherbenfundament (Planum 8) (s. S. 181f.), Durchmesser ca. 0,60 m. Reste eines Wandgrabens sowie Staken in Profil 20b deuten die Nordwand an, bei der Zerstörung nach außen gekippt und als Geflecht noch auf 3 m Länge verfolgbar, eine Stakenreihe in Planum 10 die Südwand. Außer der Herdplatte finden sich auf der Mittelachse drei kräftige, dachtragende Pfosten. Die östliche Giebelseite wird durch zwei im Eckverband gerundete Stakenreihen angedeutet (Planum 5 u. 6.1), die wallseitige gegenüber bleibt ohne Befund. Länge der Hütte 6,40 m, Breite 3 m. Zwischen den Hütten der Phase IVa u. b–c liegen locker verteilte Steine und organisches Material (Planum 7).

Hütte 8 (und 18): Fläche 1; Strate IVa. V/VI; Profile 17 u. 18; Plana 5–10; *Abb. 37–40; Beil. 5,1.*
Zu den am besten überlieferten Befunden in Fläche 1 gehört eine zweiperiodige Hütte, die zusammen mit einer parallel verlaufenden Längswand eines südlich angrenzenden Bauwerkes (s. Nr. 9) wegen der besonders günstigen Stratigraphie (Profil 18) abgehandelt werden soll. Die in das Südprofil führende, 3,20 m lange Wand

der Hütte 9 (*Abb. 37,* unten) gehört Schicht IVa an *(Beil. 5,1);* zwischen 38,7 und 39,9 m OW). Das Geflecht ist gut erhalten, die Einordnung in Profil 18 deshalb unproblematisch. Den 1,20 m breiten Streifen zwischen dieser einperiodigen Wand und der parallel verlaufenden älteren Südwand des zweiperiodigen Bauwerkes Hütte 8 und 18 (Fläche 1) füllen große, bis in diese Flechtwand reichende Steine (Planum 5, 7, 8) *(Abb. 37).* Die ältere Südwand schließt direkt an sie an, eine jüngere folgt 0,15 m nördlich davon, beide sowohl an Staken als auch an Geflecht erkennbar. Die Verschiebung der Wände wiederholt sich bei der nördlichen Längswand, während die östliche Schmalseite nur um 0,10 m versetzt erscheint. Datiert man die Schmalseitenwand am Wall in die jüngere Bauperiode, kann man das damit begründen, daß die ältere Wand schwerlich konserviert worden wäre, als die nächst jüngere Hütte errichtet wurde. Eine von der nördlichen Längswand ausgehende, 1,50 m lange Zwischenwand zum westlichen Innenpfosten dürfte nach der Stakentiefe dem älteren Bauwerk zuzuordnen sein. Außer insgesamt vier jeweils 1,80 m voneinander entfernten Mittelpfosten, hiervon zwei in Pfostengruben, fanden sich zwei Lehmdeckenherde übereinander:

a: ovale Form (Länge 0,50 m, Breite 0,40 m [IV: Planum 8]), Fundament: Scherben?

b: ovale Form (Länge 0,65 m, Breite 0,50 m [V: Planum 5 und 7]), ohne Fundament, aber mit seitlicher Steinbegrenzung.

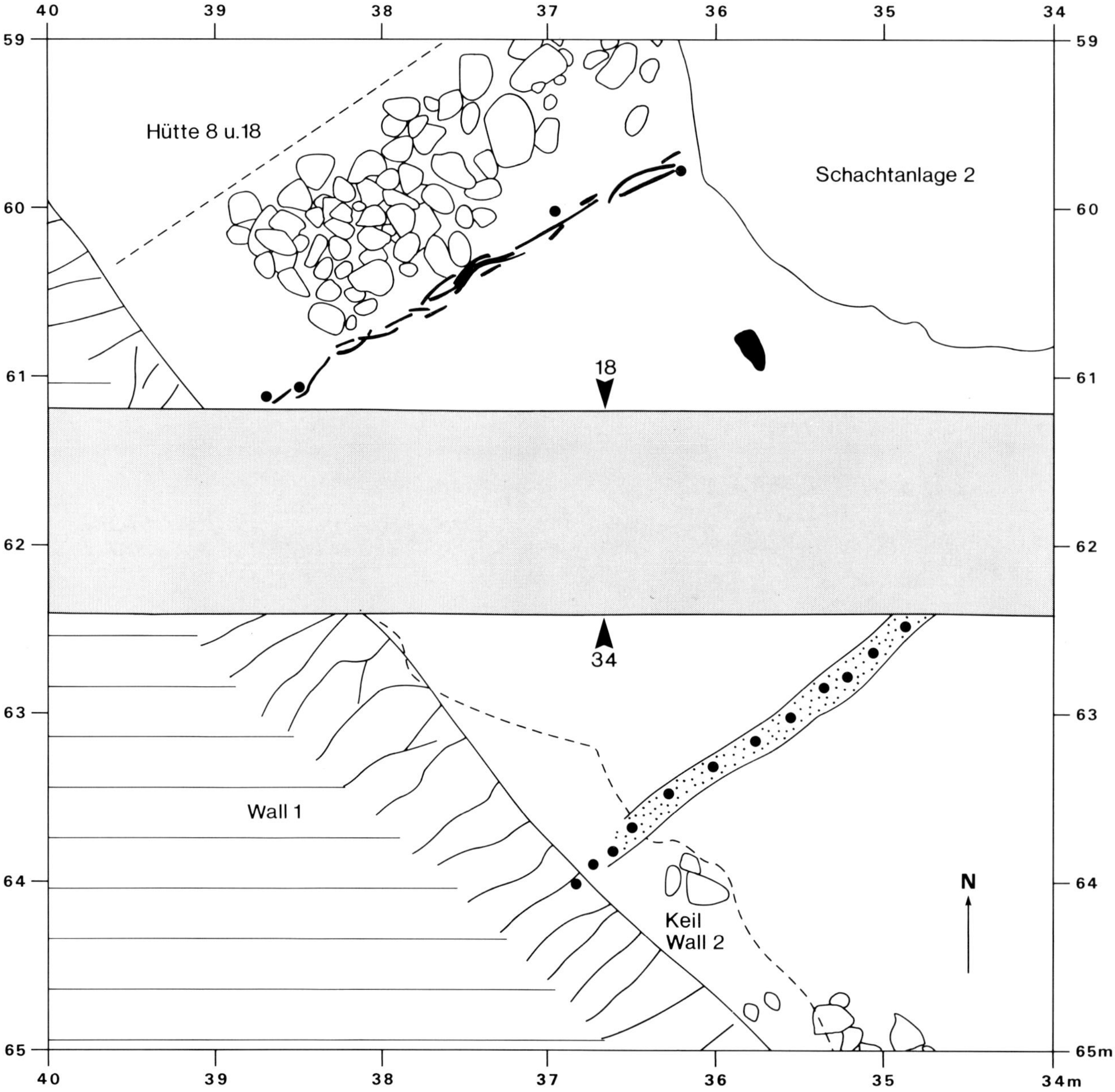

Abb. 41 Archsumburg, Flächen 1 und 2. Hütte 9. – M. 1 : 40.

Ein jüngerer Schacht (2) (s. S. 88) zerstörte das östliche Hüttenende *(Abb. 37)*.

Die Datierung des jüngsten Hüttenbefundes in die Schichten V–VI erfolgt in Anlehnung an Profil 17: Die deutlich konturierte flache Mulde im oberen Teil des Hütteninnenraumes liegt direkt unter Brandschuttdecke VII. Die älteren Bauteile werden dagegen mit Hilfe der Profile 20a–b Schicht IV zugewiesen.

Den Innenraum (Länge 5,20 m, Breite 3 m) deckt zentimeterdickes organisches Material mit Grasbündeln und Reisigstücken *(Abb. 38–40)*. An der Schmalseite gegen den Wall liegen Holzstücke eines Geflechtes (?) aus stakendicken Hölzern.

Hütte 9: Stratum IVa (b + c?); Fläche 2, Profil 18 u. 34; Plana 12–15; *Abb. 41; Taf. 11; Beil. 5,1.3.*
Unterhalb Sodenerweiterung 2 (Profile 18 u. 34) und auf den Schichten I und II reicht ein dünnes Band organischen Materials bis zum Eingang der nördlichen Flechtwand in Profil 18. Ein Wandgräbchen unterbricht die Schichten I–II vor Wallmauer 1. Sodenkeil 2 bedeckt in Planum 11 die südliche Längswand, deren Wandgräbchen zwischen 34,60 und 34,90 m OW in Profil 34 noch sichtbar, in der Verlängerung auf der Gegenseite jedoch nicht mehr erhalten ist, weil eine Steingrube (s. S. 93, Nr. 6) die Schichtfolge an dieser Stelle zerstörte (Profil 18). Die streifige Füllschicht oberhalb der primären organischen Auflage in Profil 34 unterscheidet sich in beiden Aufschlüssen deutlich von der östlich anschließenden Sandlage außerhalb der Hütten, wodurch allerdings nicht entschieden wird, ob die Hütte außer in Phase IVa auch noch in IVb–c bestand: Sodenkeil 2 bedeckt den Ansatz der südlichen Längswand am Wall auf 0,50–0,60 m Breite, die nördliche Längswand scheint nach dem Befund im Planum einperiodig zu sein. Allein ein verstellter Staken außerhalb des Wandgräbchens in Profil 34 sowie die bis zur Schichtoberkante reichende Füllung der flachen, wannenförmigen Hausgrube aus streifig gelagertem organischen Material wären als Hinweis auf eine mehrfache Benutzung der Hütte zu werten, was aber einen Neu- oder Umbau nicht unbedingt voraussetzt. Holzreste zwischen den Soden des Wallkeils 2 (Planum 11) und über der älteren Flechtwand könnten als Überbleibsel einer Hüttenlängswand gelten, die noch bestand, als man den Wall innen verbreitert hatte (2). Eine sandige Auflage in Profil 34 trennt den Befund von Sodenerweiterung 9 und Torfband V, das sich bis zum östlichen Profilende gleichmäßig erhielt.

Herdstelle und Pfosten fehlen, eine Schmalseite dürfte durch Schacht 2 in Fläche 1 zerstört worden sein. Die Hüttenbreite beträgt 3,20 m, die Schichtmächtigkeit zwischen der unteren organischen Auflage und der jüngsten Sandstrate IV 0,20 m. Zwischen der südlichen Längswand und der Hütte 10 (vor Profil 35) streuten kopfgroße Steine. Der umgebene Boden ist mit organischem Material dieser oder der folgenden Straten V–VI angereichert. Im Streifen zwischen der nördlichen Längswand und der benachbarten Hütte in Fläche 1 finden sich große Steine in mehrschichtiger Packung (s. oben).

Hütte 10: Fläche 2; Profil 35; Plana 10–15; *Abb. 42; Taf. 11 u. Beil. 5,5.*
Die Pfosten vor Profil 35 (67 und 68 m NS) lassen sich stratigraphisch entwirren und einer mehrperiodigen Wand der Schicht IV zuordnen, deren begleitendes Gräbchen in Planum 13 überliefert ist. Zur ältesten Strate IVa zählt eine Linse aus organischer Substanz *(Beil. 5,5)*, an der Außenseite des Bauwerks (Dachreste?) auf Schicht I–II und unterhalb der Wallerweiterung 2. Das Wandgräbchen IVb hatte die vermutlich vorhandenen Reste eines Gräbchens IVa weitgehend zerstört, während das jüngste (IVc) wiederum in die oberen Teile des Vorausgehenden eingreift, aber seinerseits durch einen mächtigen Pfosten jüngerer Zeitstellung X beschädigt wurde. Außerhalb dieser Gräbchen sind, im Profil erkennbar, aber im Planum nicht nachzuweisen, 0,40 m hoch Soden gestapelt *(Beil. 5,5)*; Wallerweiterung 2 begrenzt sie, nördlich davon folgte in Aufschluß 35 eine Schichtfolge teils organischen, teils sandigen Inhaltes, die im Baggerschnitt abbricht.

Parallel zur südöstlichen dreiperiodigen Längswand verlaufen in Fläche 2 drei Stakenreihen der Schicht IV. Ihre relative Datierung stützt sich auf die Befundtiefe der Staken und die Überlagerung durch Wallerweiterung 2. Die jüngste Phase IVc zeichnet sich durch Geflecht einer gekippten Wand in Planum 10 ab. Die Flechthölzer liegen rund 0,30 m von einer Stakenreihe der Plana 11–15 südöstlich entfernt, in deren Flucht Planum 13 ein Wandgräbchen von 0,80 m Länge enthält (c). Etwa 0,10 m nach Nordwesten verschoben folgt eine zweite Wand mit Geflecht und erhaltenen Staken bis zu Wallerweiterung 2 (IVb). Die dritte, mindestens 4,20 m lange, vermutlich älteste Wand IVa findet sich ausschließlich in den Plana 13 und 15 etwa 0,20–0,60 m nordwestlich der oben beschriebenen Befunde *(Abb. 42)*.

Wo die nordwestlichen Wandteile enden, bleibt offen, weil sie nicht beachtet wurden, als wir Schacht 1 untersuchten. Die Länge der Hütten kann deshalb nicht berechnet werden. Allein ihre Breite (IVa: 3,50 m, IVb: 3,25 m, IVc: 3,10 m) läßt sich annähernd bestimmen. Ein vermutlich zur jüngsten Phase zählender, im Wall eingetiefter dachtragender Holzpfahl ist offenbar der einzige erhaltene Dachpfosten der Gebäude. Eine Herdstelle fehlt.

Sodenkeil 2 am Ende der nordwestlichen Längswand nimmt durch besondere Stapelweise Bezug auf die Wandflucht. Außerhalb des Geflechtes knickt die Keilpackung ab und deutet damit das Ende des Sodenauftrages in Höhe der mittleren Wand an. Wallerweiterung 2 und die mittlere Hütte (IVb) dürften deshalb zur gleichen Zeit entstanden sein. Hierzu könnte auch die nur in Profil 35 überlieferte Sodenpackung vor 2 gehören, die eine Wand bildete oder sie begrenzte. Nach Aufgabe der Hütte entstand oberhalb der drei nordwestlichen Längswände eine längliche, später mit Klei gefüllte Senke, die sich bereits in Planum 9 abzeichnete.

Hütte 11: Fläche 14; Profil 7/8; Plana 3–4; *Beil. 4,1.*
Sodenkeil 2 und die davor gelagerte Sodenpackung bedecken eine Flechtwand in kleigefülltem, schwachkonturiertem, von humosem Boden der Aufträge I–II umgebenem Graben (Planum 4). Das rund 1,40 m lange Geflecht beginnt am Wallfuß 1 und führt schräg in Profil 7/8 (70,3–71,8 m NS; 25–25,4 m OW)[40]. Die »Diele« der Hütte zeichnet sich durch eine dünne Kleischicht und ein Band organischer Substanz darauf aus. Außerhalb des Bauwerkes findet sich im Profil und im Planum 4 ein bis 66 m NS nachweisbarer, durchtretener Boden, durchsetzt mit großen Steinen in ungleichmäßiger Streuung (Lage s. Übersichtsplan *Taf. 9*).

Schicht V/VI *(Taf. 12)*

Hütte 12: Fläche 12; Profile 36,38–39; Plana 7–9; *Abb. 28; 43; Beil. 6,1.2*; s.o. S. 47, Nr. 1.
Im Südteil der Fläche kam ein teilweise durch Steingrube 8/9 zerstörtes Steinpflaster zutage, das Schicht V zugewiesen werden könnte. Zusammen mit dem darüber liegenden Sandauftrag VI bildet die mit organischem Material durchsetzte Auflage V eine markante Kulturschicht unter Branddecke VII. Während Schicht V in

[40] Kossack u. Harck (Anm. 31) 485ff. Taf. 33.

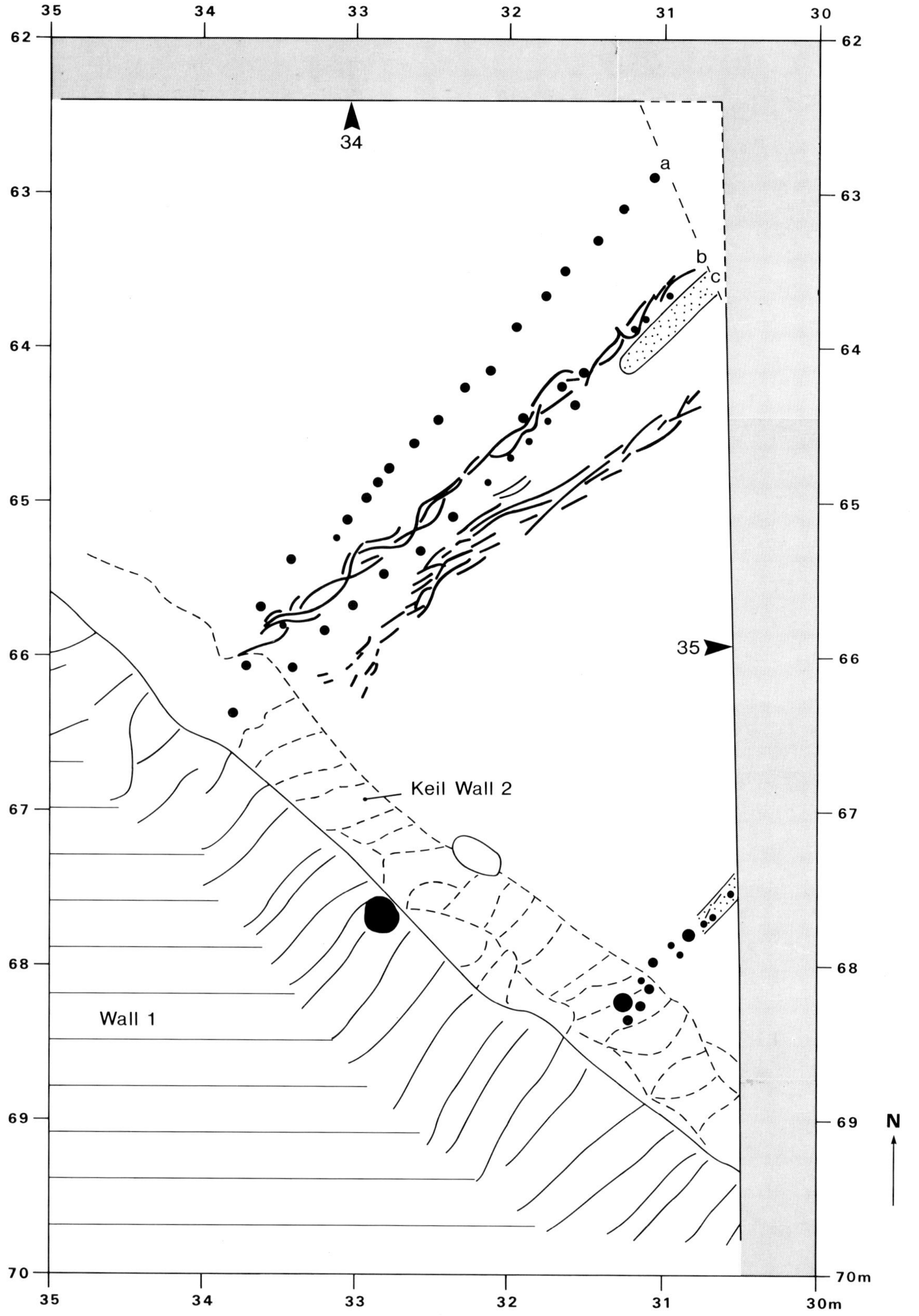

Abb. 42 Archsumburg, Fläche 2. Hütte 10. – M. 1 : 40.

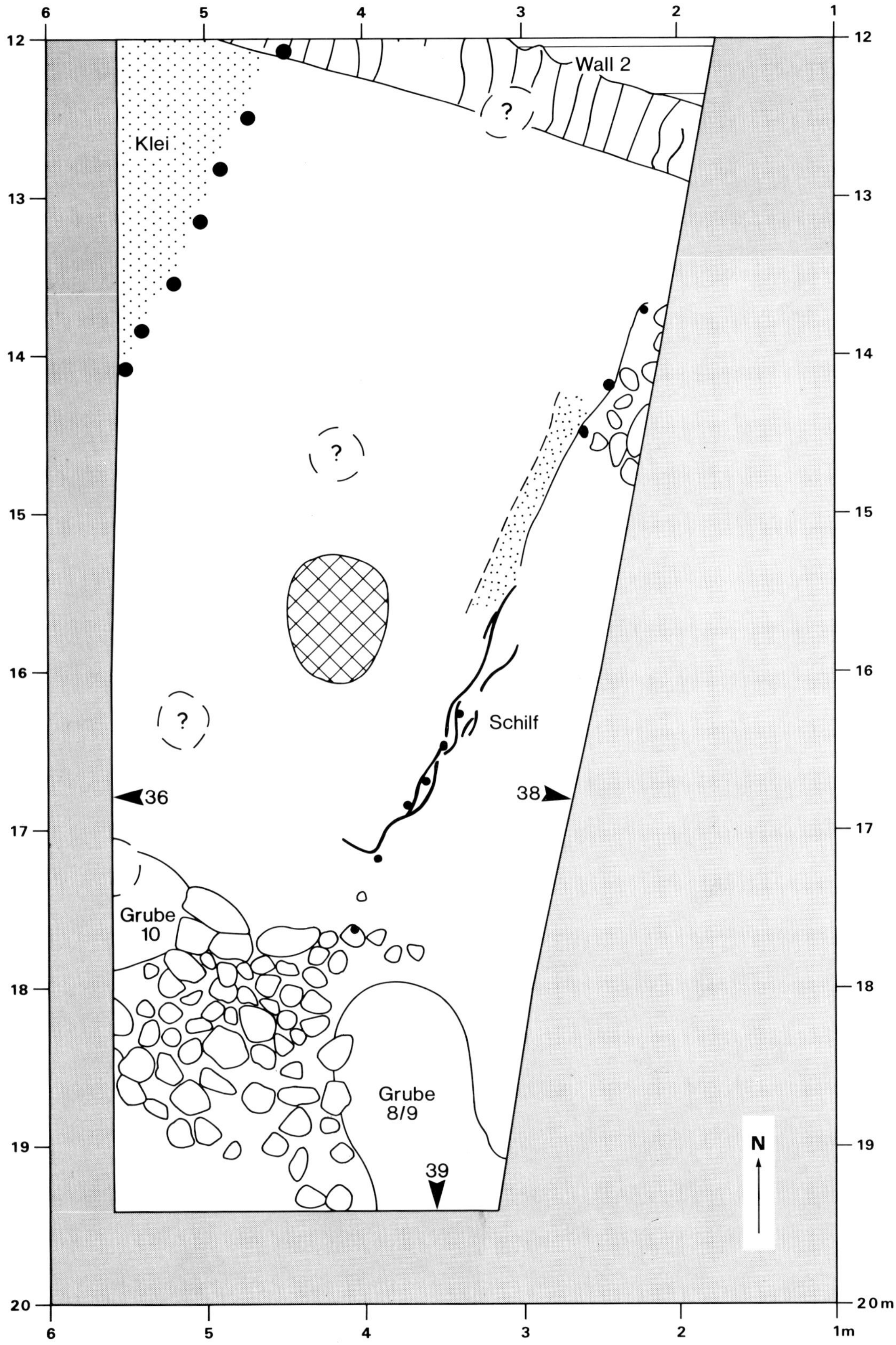

Abb. 43 Archsumburg, Fläche 12. Hütte 12. – M. 1 : 40.

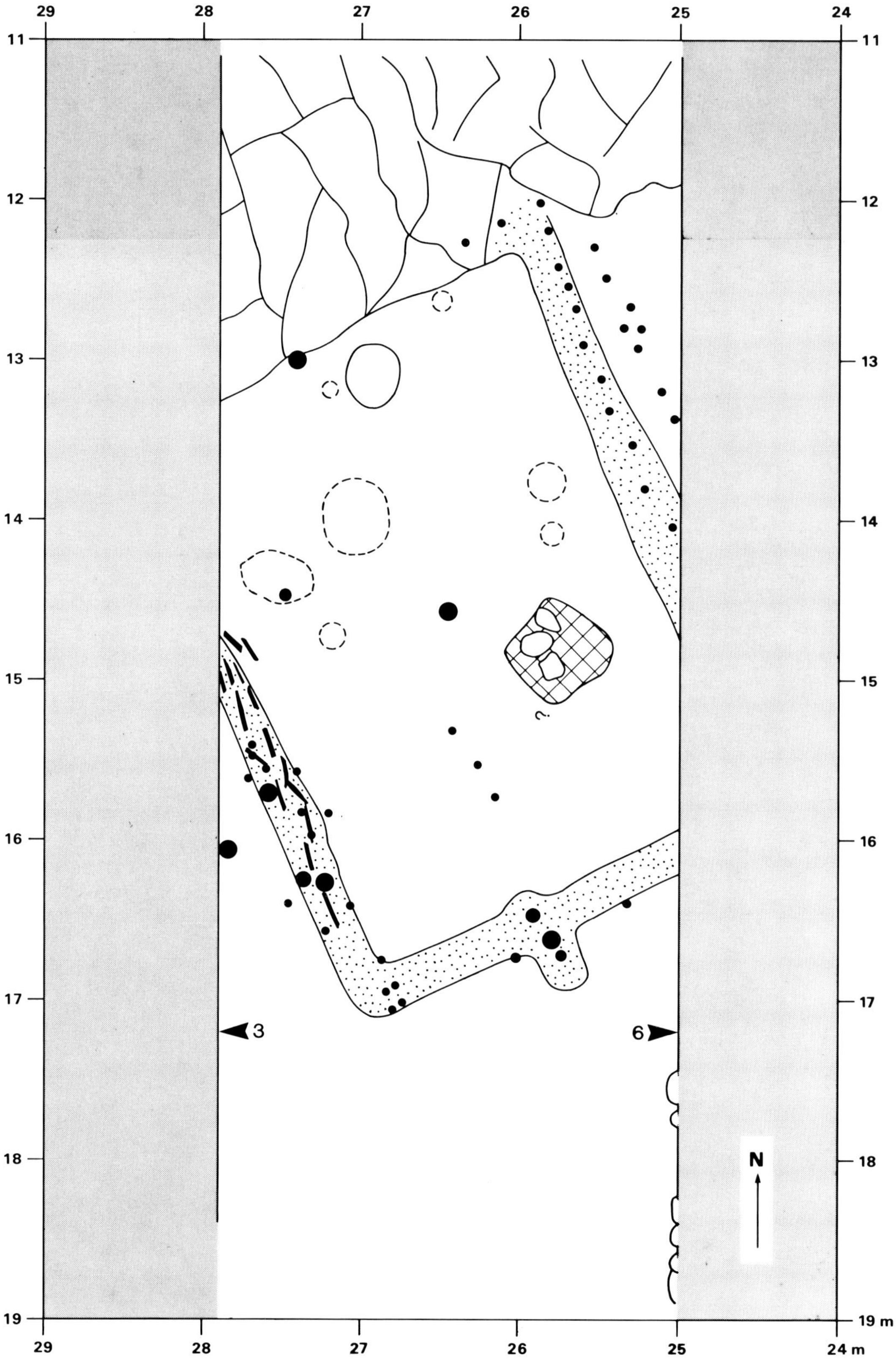

Abb. 44 Archsumburg, Fläche 13. Hütte 13. – M. 1 : 40.

Abb. 45 Archsumburg, Profil 32 in Fläche 4 (1. Fassung).

der Westwand (Profil 36) nur bis 13,8 m NS als dunkles Band, anschließend aber als Kleistrate erhalten ist, erstreckt sich Schicht VI bis an den Wallfuß und bedeckt dabei die obere Innenkante von Mauerkeil 2. Im Ostprofil sind die Schichten V–VI vom Wallansatz 2 bis zum Aufschlußende deutlich. Schicht VI hat unterhalb der Steinpflasterung im Eingang zu Hütte 20 eine Lücke.

Die stratigraphische Einbindung datiert eine unregelmäßige Steinlage zwischen 13,7 und 14,8 m NS in Profil 38 und eine Herdstelle in der Flächenmitte. Verfärbungen eines Wandgräbchens (?) im Planum mit Flechtwandresten sowie eine parallele, durch Schichtfolge in Profil 36 (14 m NS) datierte Stakenreihe sind weitere Belege für ein zerstörtes Haus, dessen Inneres einen Herd, umgeben von Erdreich mit plaggenähnlicher Struktur, besitzt, während es eine Schilftorflage, eine Steinsammlung im Klei ostwärts und eine Kleischicht im Westen begrenzen. Die Schmalseitenwand fehlt. Profil 36 (16,8–17,5 m NS) deutet ein zweiperiodiges (?) Flechtwerk an.

Die ovale, leicht gewölbte Herdstelle von 0,9 m Länge und 0,7 m Breite hatte unter der verziegelten Lehmdecke ein festes Fundament aus Scherben und faustgroßen flachen Steinen, auch Mahlsteinen (s. S. 181 f.). Will man Verfärbungen einiger Trägerpfosten auf der Mittelachse den tieferen Plana zuordnen, läßt sich Sicherheit nicht erreichen.

Länge der Hütte: 5,40 m, Breite: 2,70 m. Der Eingang könnte in der südöstlichen Ecke gelegen haben, die Pflasterung wäre aber auch als Begrenzung der Schmalseitenwand zu interpretieren. Der Herd liegt verschoben zur Mittelachse.

Hütte 13: Fläche 13; Profil 3,6; Plana 3–4.2; *Abb. 44; Beil. 7,1.2;* s. o. S. 47; 49, Nr. 2.
Nach Abtrag der Brandschuttdecke VII legten wir Teile einer älteren Hütte frei. Der Wandverlauf zeichnet sich sowohl durch Wandgräbchen als auch durch Staken und Geflecht ab, so daß beide Längswände und eine Schmalseite bekannt sind. Länge 4 m, Breite 3 m. Zur Dachkonstruktion gehören vermutlich wenige, nicht näher untersuchte Pfosten am Wallfuß innen, mit Sicherheit aber ein weiterer in der Mitte des äußeren Schmalseitengräbchens, das hier eine markante Ausbuchtung zum Innenbereich der Anlage zeigt. Der Herd, nur als Steinfundament erhalten und umgeben von dunkel verfärbtem Erdreich, liegt verschoben zur Mittelachse; Durchmesser 0,80 m. Profil 6 enthält Teile einer Pflasterung für den Eingang. Eine Stakenreihe einer Längswand (ohne Wandgräbchen) verläuft auf 1,25 m Länge parallel zur Ostwand außerhalb der Hütte.

Die Datierung beruht auf der Einbindung der Eingangspflasterung in Profil 6 und auf der Lage unter Brandschuttdecke VII und über Hütte 2 (s. o. S. 49) in Planum 4.3.

Hütte 14: Fläche 4; Profil 32–33; Plana 8–11; *Abb. 45; Beil. 2,2–3;* s. o. S. 49, Nr. 3.
Ein in Profil 33 (35,70–35,90 m NS) und im Planum 8–11 eingemessenes Wandgräbchen erstreckt sich auf eine Länge von 3,80 m (37,10 NS/41,10 m OW). Die bis 0,40 m breite Verfärbung zeigt in Planum 8 sandigen, in Planum 9 dagegen kleiig-humosen Boden, der in Planum 10 in Klei übergeht. In Planum 9 folgen Staken und Flechtwandreste in unregelmäßigem Abstand, weil Kulturschicht VII den Befund störte. Eine Schmalseitenwand fehlt: An Wandgräbchen erinnernde Verfärbungen in Profil 32 (Fassung 1: 39–40,30 m OW *[Abb. 45];* Fassung 2: 40,50–41,10 m OW *[Beil. 2,2]*) könnten allerdings von einer parallel verlaufenden Längswand stammen, deren Richtung anhand beider Profile unbestimmbar bleibt ebenso wie die Zuordnung von Pfosten, Steinen und Bodenfüllung außerhalb des Wandgrabens (Lage im Übersichtsplan *Taf. 12* eingetragen).

Hütte 15: s. o. S. 49; 51, Nr. 4 mit *Abb. 30–34.*

Hütten 16 und 17 (?): Fläche 1; Profil 20a. b; Plana 5, 6.1–2,7; *Abb. 46; Beil. 3,2.*
Hütte 16 (Breite 3,20 m) ist in den Schichten der Bauperiode IV flach eingegraben (Profil 20a–b, zwischen 50,6 und 53,5 m NS). Der Aufschluß zeigt zwei bis drei durch Sand getrennte Lagen organischen Materials, der Siedlungsschutt lehnt sich leicht aufwärts gebogen an die im Anschnitt sichtbaren Flechtwandreste, deren Gräben und Staken noch erkennbar sind. Die Mehrperiodigkeit der Füllung könnte auf zwei ineinanderstehende Bauwerke hinweisen; die Annahme wird durch Doppelstaken in den Profilen und eine für ein einziges Gebäude zu dichten Stakenfolge zusätzlich unterstrichen; entscheidende Belege fehlen jedoch. Eine Stakenreihe parallel zur Südwand dürfte nach dem stratigraphischen Befund eher als Nordwand der Hütte 17 (?) interpretiert werden, zumal sich der

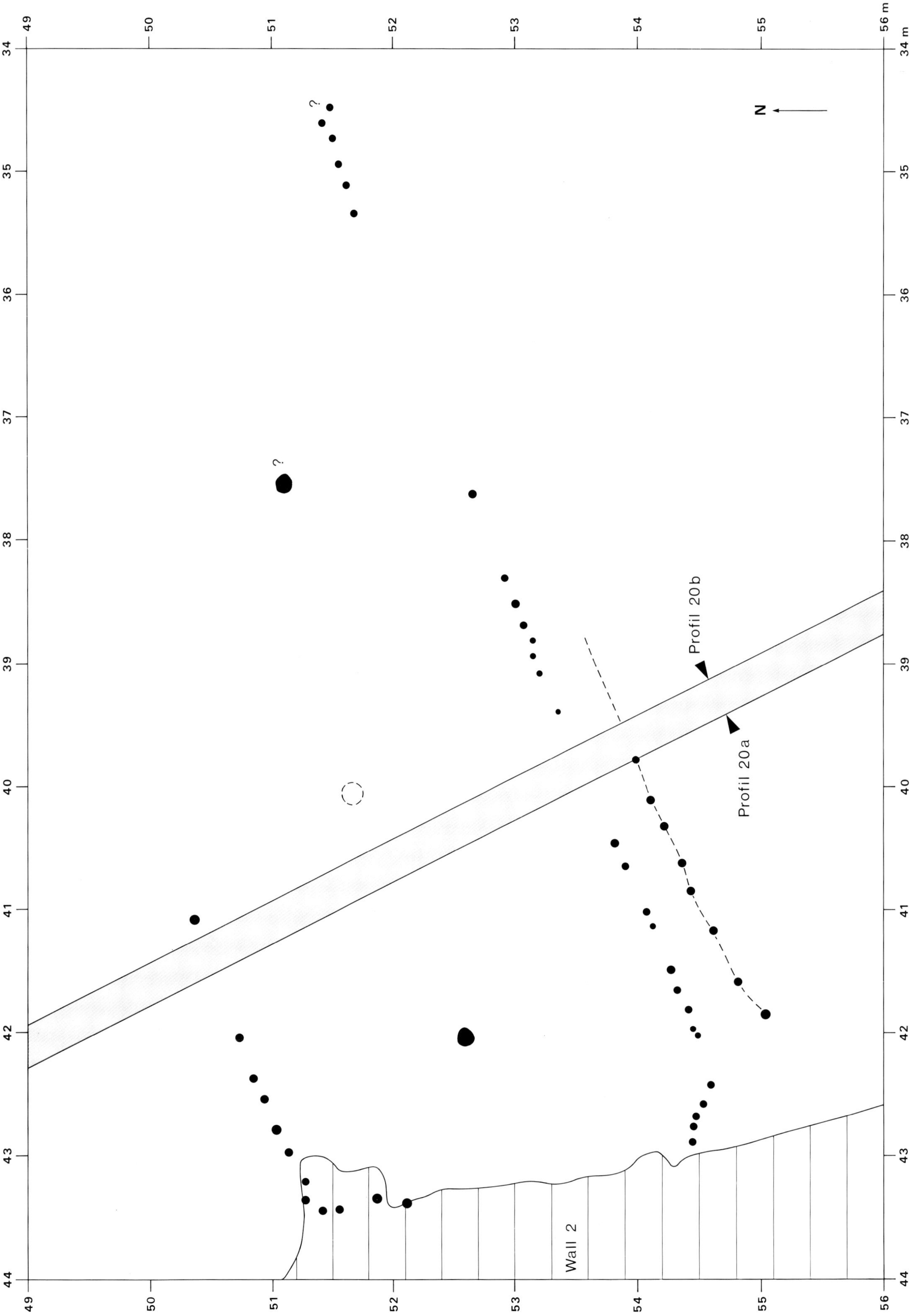

Abb. 46 Archsumburg, Fläche 1. Befunde der Hütten 16 und 17. – M. 1 : 40.

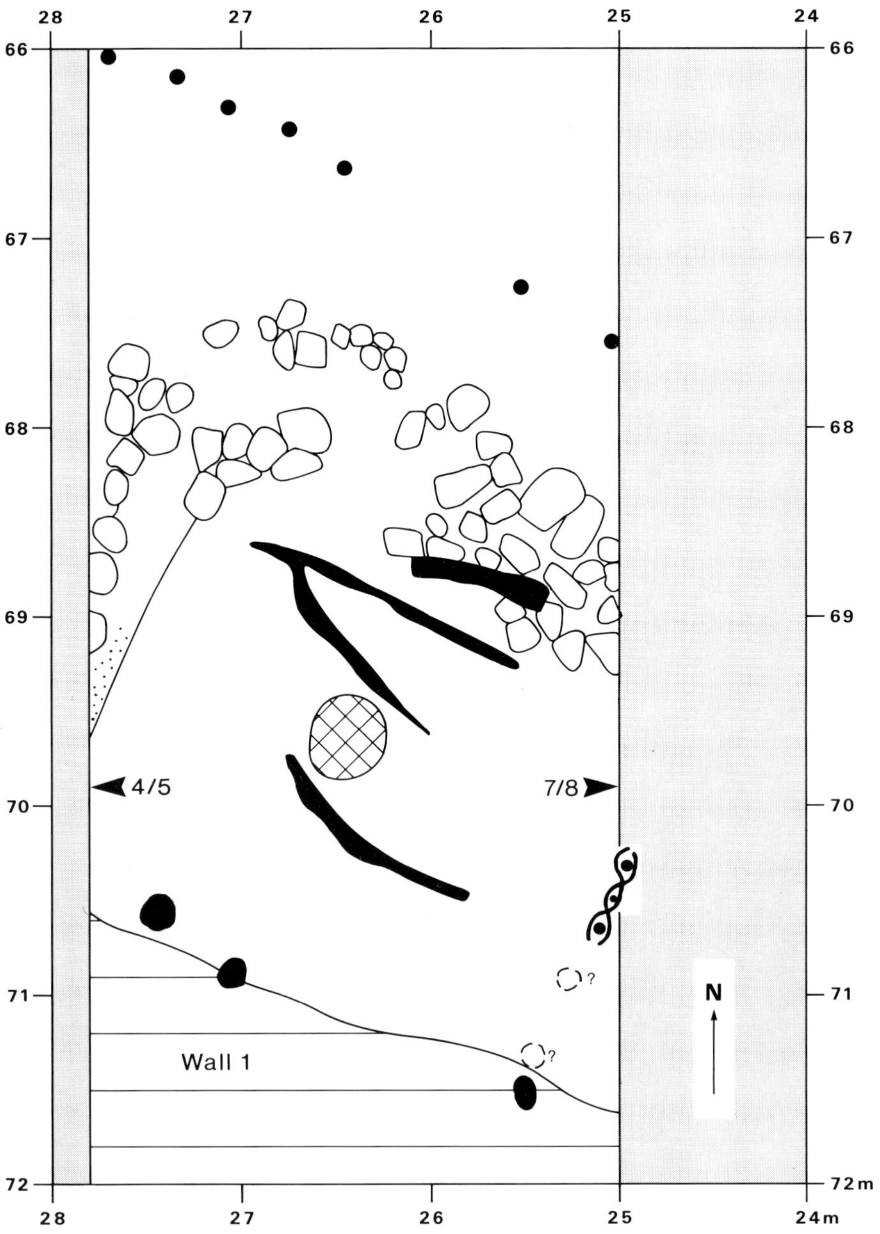

Abb. 47 Archsumburg, Fläche 14. Hütte 19. – M. 1 : 40.

Befund an der Nordseite des hier beschriebenen Bauwerks nicht wiederholt. Wenige Staken deuten eine wallseitige Schmalwand mit gerundeten Ecken an, die Hauslänge kann nicht ermittelt werden. Eine Stakenreihe in Verlängerung der südlichen Längswand zwischen 8 und 9 m vor dem Wall dürfte zu weit vom Hüttenbefund entfernt liegen. Zwei kräftige Pfosten in der Mittelachse weisen wir der Dachkonstruktion zu. Eine Herdstelle fehlt.

Südlich der Hütte hatte man vermutlich schon zur Zeit der Errichtung von Hütte 16 Boden schalenartig 0,20 m tief und mindestens 2,50 m breit ausgehoben (Profil 20a. b; Hütte 17). Nach dem Querschnitt zu urteilen, scheint der Bodenabtrag für eine weitere Hütte bestimmt gewesen zu sein; die Mulde ist von streifig abgelagerten Schichten teils kleiiger, teils organischer Substanz aufgefüllt. In Profil 20a stecken Reste einer Flechtwand, in Planum 6.2 Teile einer Stakenflucht zwischen Profilsteg und Wall. Hüttenbreite und Verhältnis zur südlich benachbarten zeitgleichen Hütte 18 (s. u.) bleiben offen. Der Herd Nr. VII 1 dürfte wiederum jünger sein. Insgesamt stellt sich die Frage, ob es sich bei dem Befund überhaupt um eine Hüttenruine handelt.

Hütte 18: s. S. 57, Nr. 8.

Hütte 19: Fläche 14; Profil 4/5 u. 7/8; Planum 2; *Abb. 47; Beil. 3,1; 4,1*; s. o. S. 59, Nr. 11.
Profil 7/8 zeigt zwischen 70,2 und 70,8 m NS den Wandrest einer im Planum nicht erkannten Hütte. Die Staken sind in den vor

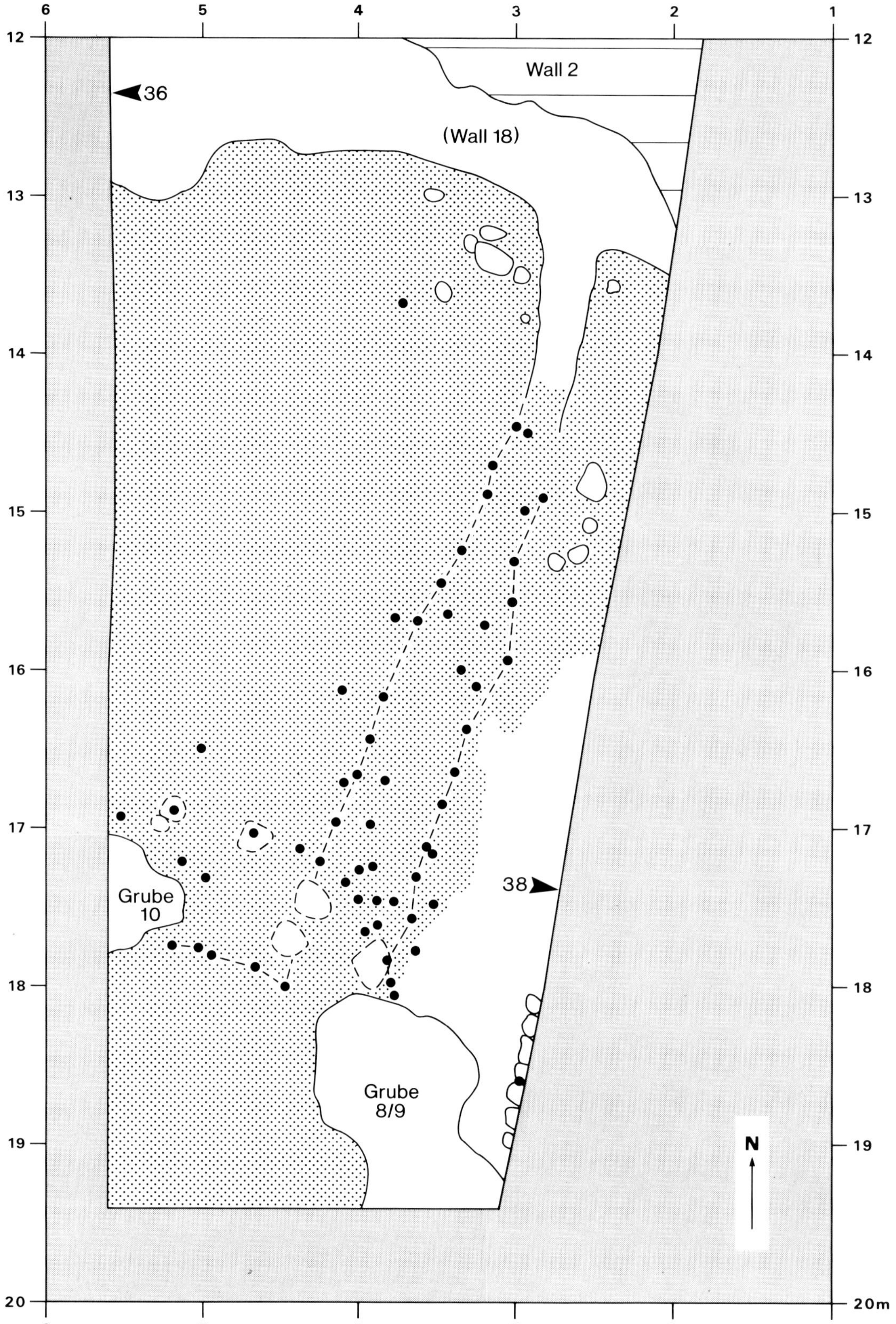

Abb. 48 Archsumburg, Fläche 12. Hüttenreste 20/21. – M. 1 : 40.

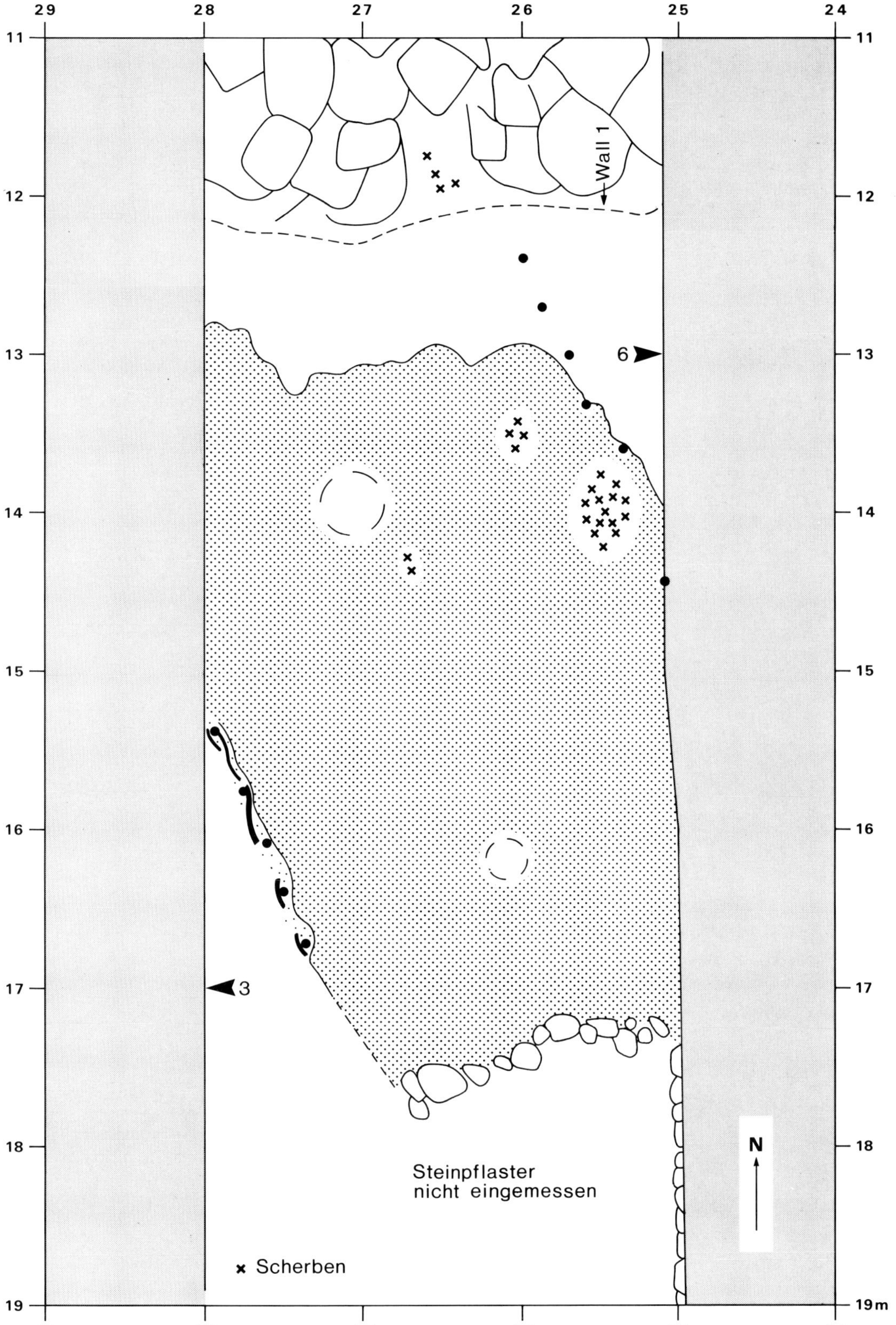

Abb. 49 Archsumburg, Fläche 13. Hütte 22. – M. 1 : 40.

Keil 2 gelegenen Sodenblock eingetieft, die Geflechtstücke durch organische Auflage der Hüttendiele z. T. überlagert. Zum Bau gehört vermutlich eine einschichtige, rund 1,20 m breite lockere Steinstreuung 2 m vor dem parallel verlaufenden Wallrand. Im Streifen zwischen Wall und Steinschicht finden sich parallel gelegene, lange, z. T. gegabelte Hölzer und ein runder, auf Steinen und Scherben errichteter Herd (Durchmesser 0,50 m). Eine Besonderheit stellt ein Holzblock mit napfförmiger Bohrung dar *(Abb. 149)*; weitere Holzpfosten weisen wir der gleichen Schicht zu. Eine Schichtgrenze führt vom Wall bis zu einem Wandgräbchen in Profil 4/5 und verläuft parallel zur rekonstruierten östlichen Wand, zu der rundliche Kleifüllungen von Stakenlöchern (?) in Planum 2 und ein Holzpfosten im Wall gehören dürften. Die Mächtigkeit der organischen Auflage und die genannten Details belegen Reste einer ein- oder zweiperiodigen Hütte der Schicht V–VI. Die Bedeutung der in Profil 4/5 und in Planum 2 eingemessenen Steine bleibt unklar. Sie könnten eine »Halbhütte« begrenzt haben oder auf eine Überdachung der Herdanlage hinweisen. Die Langhölzer im Planum wären dann als Dachreste zu werten.

Schicht VII *(Taf. 13)*

Hütten 20 u. 21: Fläche 12; Profile 36,38–39; Plana 5 u. 6; *Abb. 28; 48; Beil. 6,1.2*; s. S. 47, Nr. 1; 59, Nr. 12.
In Profil 38 setzt sich der hier stark zerstörte Wall von Brandschutt-

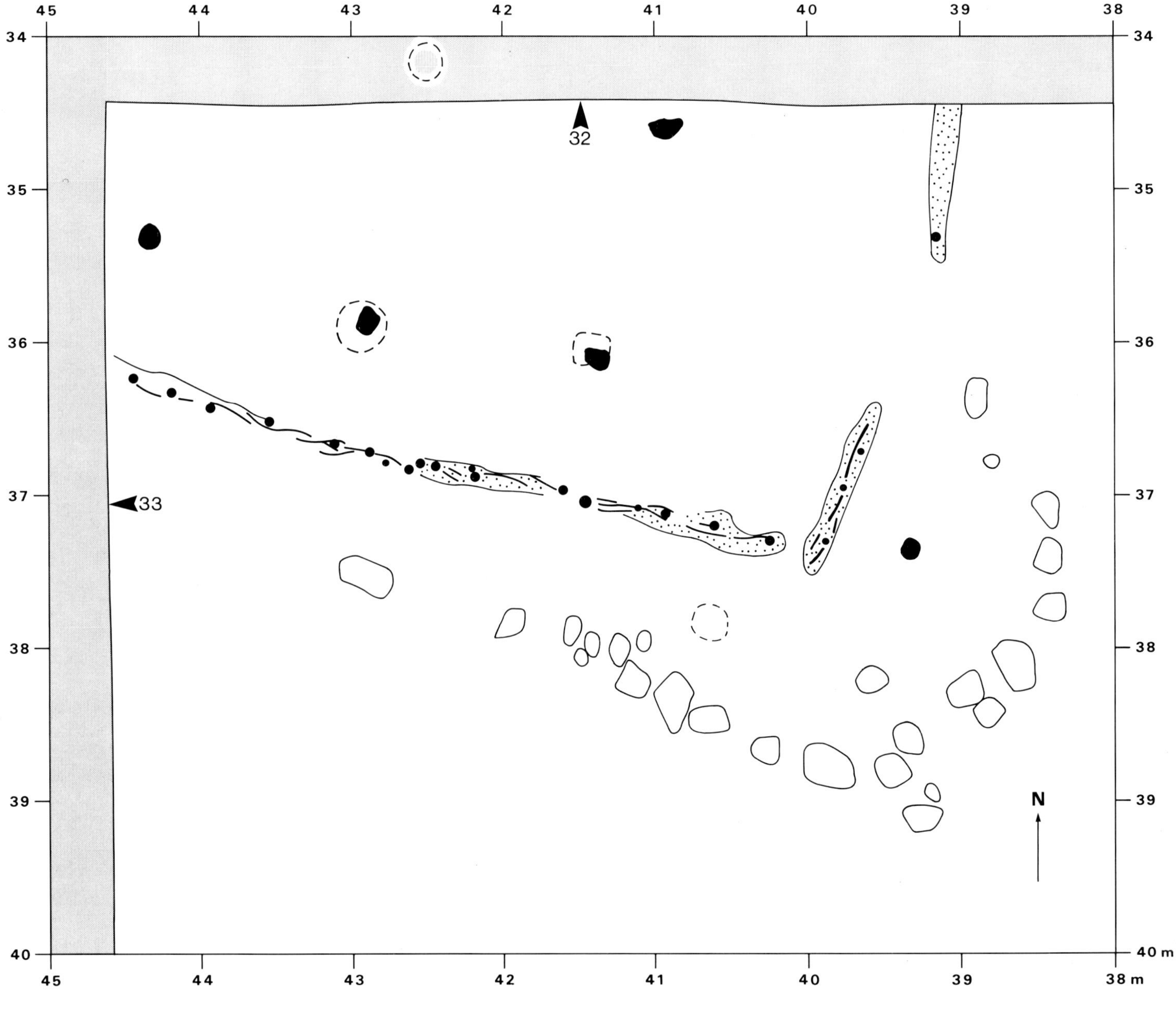

Abb. 50 Archsumburg, Fläche 4. Hütte 23. – M. 1 : 40.

Abb. 51 Archsumburg, Brandschuttdecke VII 5 in Fläche 14.

lage VII kantig ab (Höhe 0,15 m); eine vergleichbar deutliche Innenbegrenzung fehlt auf der Gegenseite in Profil 36. Hier liegt eine 0,10 m mächtige Ascheschicht 1,1 m vom Wallfuß entfernt, die sich aber anschließend als ein wenige Zentimeter dickes Band auf dem vorangehenden Auftrag bis zur Beringinnenkante zieht. Am Südende des Profils 38 erstreckt sich ein mindestens 1,1 m langes Steinpflaster zu einer durch Brand zerstörten Hütte. Planum 6 enthält direkt unter der Aschendecke zahlreiche Staken von Flechtwänden, die in tieferen Plana verschwinden und oberhalb der Brandschicht fehlen: Teile von zwei senkrecht zum Wall führenden Flechtwänden und von der Schmalseitenwand der westlichen Hütte 21. Steingrube 8/9 zerstörte die Südwand des östlichen Hauses 20. Ein Pfosten (?) in Profil 38 bei 18,5 m NS könnte vielleicht als Wandrest gelten. Eine schmale Erdbrücke in Planum 5 trennt beide Längswände und damit die beiden flach eingetieften Hüttenmulden. Außer dem genannten Eingang in Profil 38 fehlen Hinweise auf Baubefunde wie Herdstellen, Pfosten usw. Hüttenlänge: 5,2 m von der Wallkante bis zur Schmalseite (21) und 4,6 m vom Wallfuß bis zur Steinpflasterung (20). Die Breite läßt sich nicht berechnen.

Hütte 22: Fläche 13; Profile 3 u. 6; Plana 2 u. 3; *Abb. 49; Beil. 7,1.2*; s. S. 47ff., Nr. 2; 63, Nr. 13.
Flechtwandteile im Westen und Osten sowie ein gepflasterter Eingang im Süden (Breite 3,20 m, Länge rund 5 m) begrenzen eine flach-muldenförmige, bis 0,20 m eingetiefte Ascheschicht. Während der Westrand der Aschenlage mit der Längswand übereinstimmt, bedeckt Brandschutt die östliche Stakenreihe; ihre Rekonstruktion erfolgt anhand von vier Pfosten in Planum 2, die zusammen mit einem weiteren Pfosten in Profil 6 (14,5 m NS) eine Parallele zur Westwand bilden. Zwei rundliche Verfärbungen auf der Mittelachse des Bauwerkes in Planum 2, 4.1 und 4.2 könnten von dachtragenden Pfosten stammen, die südliche bereits beim Putzen der Brandschicht sichtbar, die nördliche von Asche in Planum 2 verdeckt. In die Brandschicht sind einige im Plan eingetragene Scherbenkomplexe von Töpfen und Schalen eingebettet. Die Sohle der in einer Mulde eingetieften Brandschicht liegt in Profil 3 0,18 m unter dem zugehörigen Fundniveau; die Schichten IV–VI hatte man hier vorher abgegraben.

Hütte 23: Fläche 4; Profile 32 u. 33; Plana 5–9; *Abb. 50; Taf. 14; Beil. 2,2.3*; s. S. 63, Nr. 14.
Die nördliche Brandschuttdecke (Planum 5) erstreckt sich fast bis an die zugehörige südliche Längs- und östliche Schmalseite aus Wandgräbchen, Staken und Geflecht. An der Giebelseite deutet eine 1 m breite Lücke des mit Kleiboden gefüllten Wandgräbchens den Eingang an. Hinweise auf Herdstellen oder Zwischenwände fehlen. Bei der errechneten Hausbreite von 3,6 m sind Doppelpfosten als Dachträger anzunehmen. Hierfür kämen vier Pfosten in den Plana 6–7 und in den Profilen in Frage, zwei weitere stecken vermutlich in der nicht untersuchten nördlich angrenzenden Fläche. Gebäudelänge: etwa 6 m.

Eine bogenförmig gelegte Steinreihe außerhalb endet am südlichen Eingang. Außenpfosten dazwischen dürfen möglicherweise der Hausruine zugeordnet werden, weil sie vor dem abgebrannten Bauwerk standen und ihre Tiefe mit der anderer Befunde übereinstimmt. Die muldenförmige Sohle der Brandschuttdecke liegt in

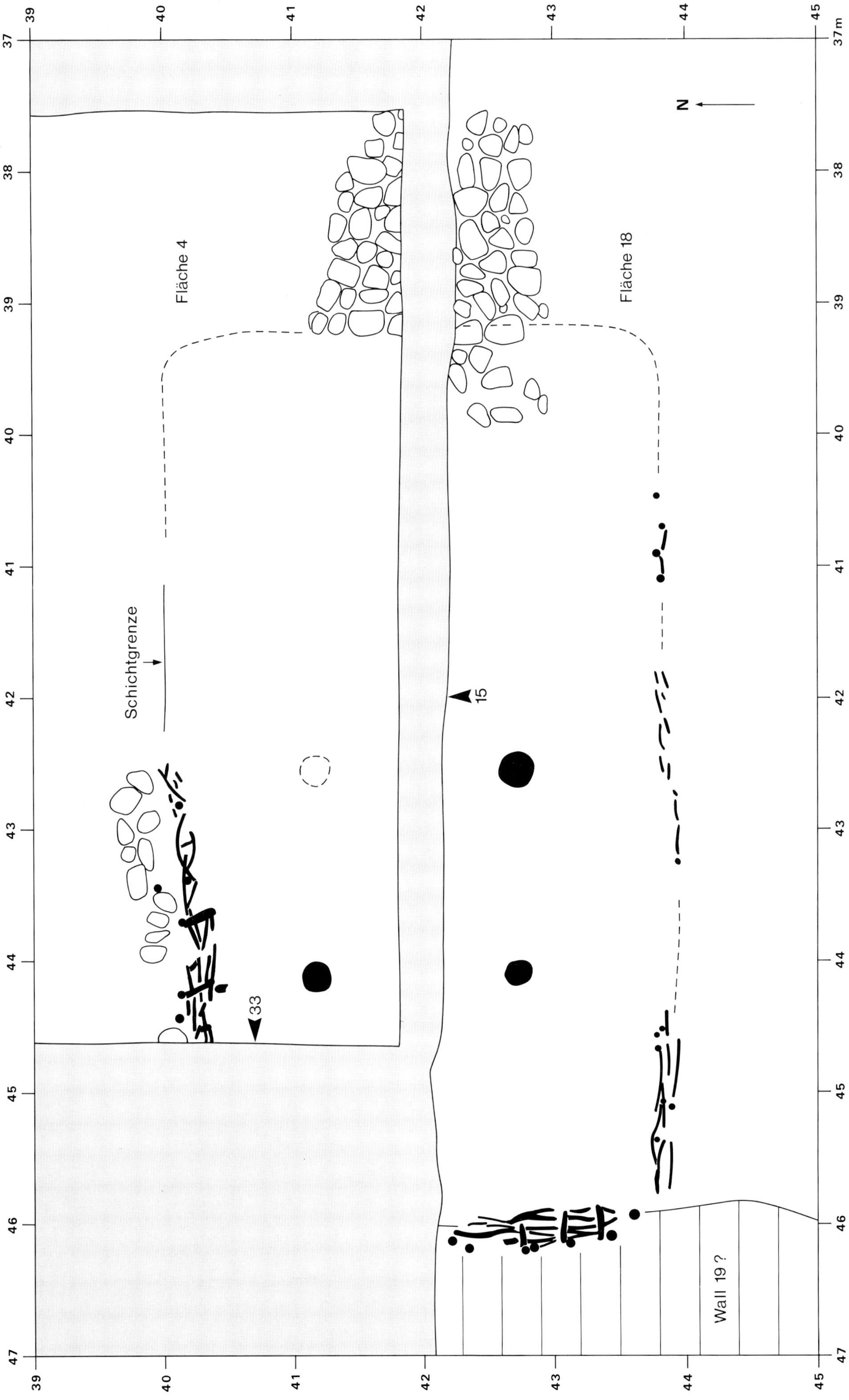

Abb. 52 Archsumburg, Hütte 24. – M. 1 : 40.

Profil 32 bis 0,20 m unter dem Niveau des vorangehenden Auftrages. Die Schichtmächtigkeit beträgt hier 0,10 m, in Profil 32 verjüngt sie sich in östlicher Richtung bis 0,05 m.

Herd VII 1: Fläche 1; Profil 20a; Planum 6.1; *Taf. 13; Beil. 3,2.*
Unter der rotgefärbten Brandschicht VII liegt eine rundliche Herdstelle (Mittelpunkt: 54,70 m NS, 39,80 m OW), Durchmesser ca. 0,80 m. Der dünne, verziegelte Lehmauftrag bedeckt eine dünne Sandschicht auf »schwarzer Branderde« unter Rotasche.

Brandschutt VII 1: Fläche 1; Profile 17, 18, 20b, 21; Planum 5; *Taf. 8; Beil. 5,1.*
Die Brandschicht erstreckt sich vom Wall bis 6–7 m in den Innenbereich. Sie enthält Funde, möglicherweise einen Herd (s. o.) und zeigt Ansätze von Erdbrücken, die die rote Asche zu unterbrechen scheinen. Da sie jedoch mit Wandteilen älterer Zeitstellung identisch sind, könnte das mehrfach erkennbare schalenartige Relief der Brandschuttdeckensohle durch Senkung älterer Bauwerke entstanden sein, zumal Wandreste und Pfosten, die eindeutig Schicht VII zuzuweisen sind, fehlen.

Brandschutt VII 2: Fläche 2; Profile 34 u. 35; Plana 4–11; *Taf. 8; Beil. 5,3.5.*
Brandschutt VII konzentriert sich vor beiden Profilen sowie in einem schmalen Streifen unmittelbar vor dem Wall. Planum 8 zeigt eine längliche, aschehaltige Verfärbung als Füllung der eingesackten Flechtwände der Schicht IV, vergleichbare Befunde in Zusammenhang mit anderen älteren Bauwerken fehlen. Die Verteilung der 0,05 und 0,10 m mächtigen Schicht in drei Bereichen könnte auf Hüttenmulden zurückgehen, für die es jedoch keine zusätzlichen Belege gibt.

Brandschutt VII 3: Fläche 4; Profile 30 u. 33; Planum 5; *Taf. 8; Beil. 2,3.*
Obgleich eine bis 0,10 m mächtige, in ältere Schichten flachwannenförmig eingetiefte Ascheschicht sich deutlich in Planum 5 abzeichnet, bleibt ein sicherer Baubefund aus.

Brandschutt VII 4: Fläche 7/8; Profile 50, 55, 56, 61, 62; Plana 5–6; *Taf. 8; Beil. 5,4; 8,4.5.10.*
Brandschuttdecke VII tritt in Profil 50 an der Wallinnenseite hervor (0,10 m), in Profil 61 verjüngt sie sich in südlicher Richtung und fehlt daher in Profil 59. Geringmächtige Reste finden sich dagegen sowohl in Profil 56 als auch in Profil 62, ohne hier allerdings eine der charakteristischen flachen Mulden wie bei Hütten zu bilden. Planum 5 der Flächen 7–8 enthält einige isolierte Brandschuttreste, das tiefere Planum 6 in Fläche 7 zeigt in ihrer nordöstlichen Hälfte die geringmächtige Aschelage, unterbrochen von jüngeren Befunden.

Brandschutt VII 5: Fläche 14; Profile 4/5 u. 7/8; Planum 1; *Abb. 51; Taf. 8; Beil. 3,1; 4,1.*
Profil 4/5 zeigt eine 1,5 m breite, flach eingetiefte »Hausmulde« mit Asche (0,10 m). Die sowohl im Profil als auch in der westlichen Planumhälfte nachweisbare Brandschuttkonzentration gehört zu den mehrfach überlieferten Aschemulden ohne nachweisbaren Baubefund. Kleinere Branddecken außerhalb sind teilweise von geringerer Mächtigkeit und häufig unterbrochen.

Brandschutt VII 6: Fläche 18; Profile 12 u. 15; Plana 5–6, 6,9; *Abb. 30; Taf. 8; Beil. 2,1.*
Das Westende der Brandschicht VII erscheint in Profil 12 durch Versturz 18 gestaucht; ein vergleichbar unklarer Befund deutet sich in Profil 15 an: Die rotgefärbte Ascheschicht tritt außerhalb dieses Streifens unmittelbar am Wall als gleichmäßiges, 0,05–0,08 m dickes Band hervor, das zwischen 6 m (Profil 15) und 9 m (Profil 12) vor der Beringfront bald als dünne, kaum noch wahrnehmbare Schicht ausläuft.

Die beiden geschlossenen Brandschuttdecken in Fläche 18 deuten Hausbefunde an: Die nördliche Verfärbung hängt mit dem eben besprochenen angrenzenden Befund in Fläche 4 zusammen (Profil 33). »Erdbrücken« trennen beide Brandschuttdecken *(Abb. 30).* Wenige, den südlichen Ascherand begleitende Großpfosten und eine verziegelte Herdplatte rundlicher Form auf Steinfundament (0,50 m Durchmesser) deuten Hütten an *(Abb. 34).*

Schicht X *(Taf. 15)*

Hütte 24: Fläche 4 u. 18; Profile 15, 30 u. 33; Plana 3, 5, 7, 9 (Fläche 4) u. 9–11 (Fläche 18); *Abb. 52; Taf. 10,2; Beil. 2,1.3.*
Profil 15 *(Beil. 2,1)* datiert vorzüglich erhaltene Flechtwandreste in den Flächen 4 und 18 in Schicht X. Es handelt sich um einen Hüttenrest mit dachtragenden Doppelpfosten und gepflastertem Eingang im Osten.
Fläche 4: Die Plana 5 und 7 enthalten ein 2 m langes Stück einer gekippten (?) Flechtwand mit vereinzelten Staken und in Verlängerung der Schicht eine Kleibegrenzung, vermutlich der Rand eines Wandgräbchens, das selbst nicht erhalten blieb. Weiter ostwärts führt eine bereits in Planum 3 sichtbare 1,70 m lange und 0,70 m breite Steinlage zur Hütte. In Profil 30 bedeckt sie Brandschutt der Schicht VII.
Fläche 18: Die westliche, noch 1,60 m lange Schmalseite aus Flechtwerk *(Taf. 10,2),* durch Profil 15 und den Flächenbefund in Schicht X/Wallstrate 19 datiert, biegt im rechten Winkel nach Osten und bildet die südliche Längsseite der Hütte auf 5,5 m (Planum 10). In der Flucht dieser Wand ist bei etwa 41 m OW noch ein 0,40 m langes Teilstück erhalten. Die östliche Giebelseite (?) belegt die in Fläche 18 eingemessene Pflasterung des Einganges (1,80 m Länge, 0,60 m Breite).

Die Profile 15 und 30 lassen Reste der planierten »Hüttenmulde« vor dem gepflasterten Eingang im Osten erkennen (von 39,50 bis 42,60 m OW; Schicht Xa–c); in Wallnähe fehlt diese Strate.

Der rekonstruierte Grundriß hat eine Länge von 7 und eine Breite von 3,90 m. Diese Breite machte Doppelpfosten für das Dach erforderlich. Während in Fläche 18 zwei kräftige Pfosten auszuscheiden sind, darf in Fläche 4 allein eine in Planum 11 eingemessene Verfärbung unter Vorbehalt als Pfostengrube gelten. Weitere Belege fehlen, der östliche Hüttenbereich ist durch klei- und steingefüllte Gruben 15/16 zerstört worden.

Hütte 25: Fläche 1 u. 14; Profile 4/5, 7/8 u. 19; Planum 6a.b (Fläche 14); *Abb. 53; Beil. 3,1; 4,1.*
Nördlich des Schachtes 3, 12–18 m vom Wallfuß entfernt, sind 16 Staken einer Längs- und sechs Pfosten einer Giebelwand in den Humus der Vorwallbauzeit eingelassen. Nimmt man eine Hüttenbreite von 2,40 m an, kämen zwei in tiefen Gruben stehende Pfosten als Reste der Dachkonstruktion in Betracht (Schnitt 9: Breite 0,30 m, Tiefe 0,60 m, gerundetes Ende, Pfostendicke 0,10 bis 0,15 m; Schnitt 11: Breite 0,25 m, Tiefe 0,30 m, spitzendend). Eine Einbindung in die Profile der Fläche 14 ist nicht möglich. Die geringmächtige Auflage eines rötlichen, ascheähnlichen Bodens in Profilabschnitten, die den »Hüttenbefund« bedecken (in *Abb. 53* durch Balken am Profil gekennzeichnet), könnte als Hinweis auf ein Bauwerk gelten: In Profil 7/8 nahezu ausschließlich im Winkel zwischen der vom Profil bedeckten Längs- und Schmalseitenwand,

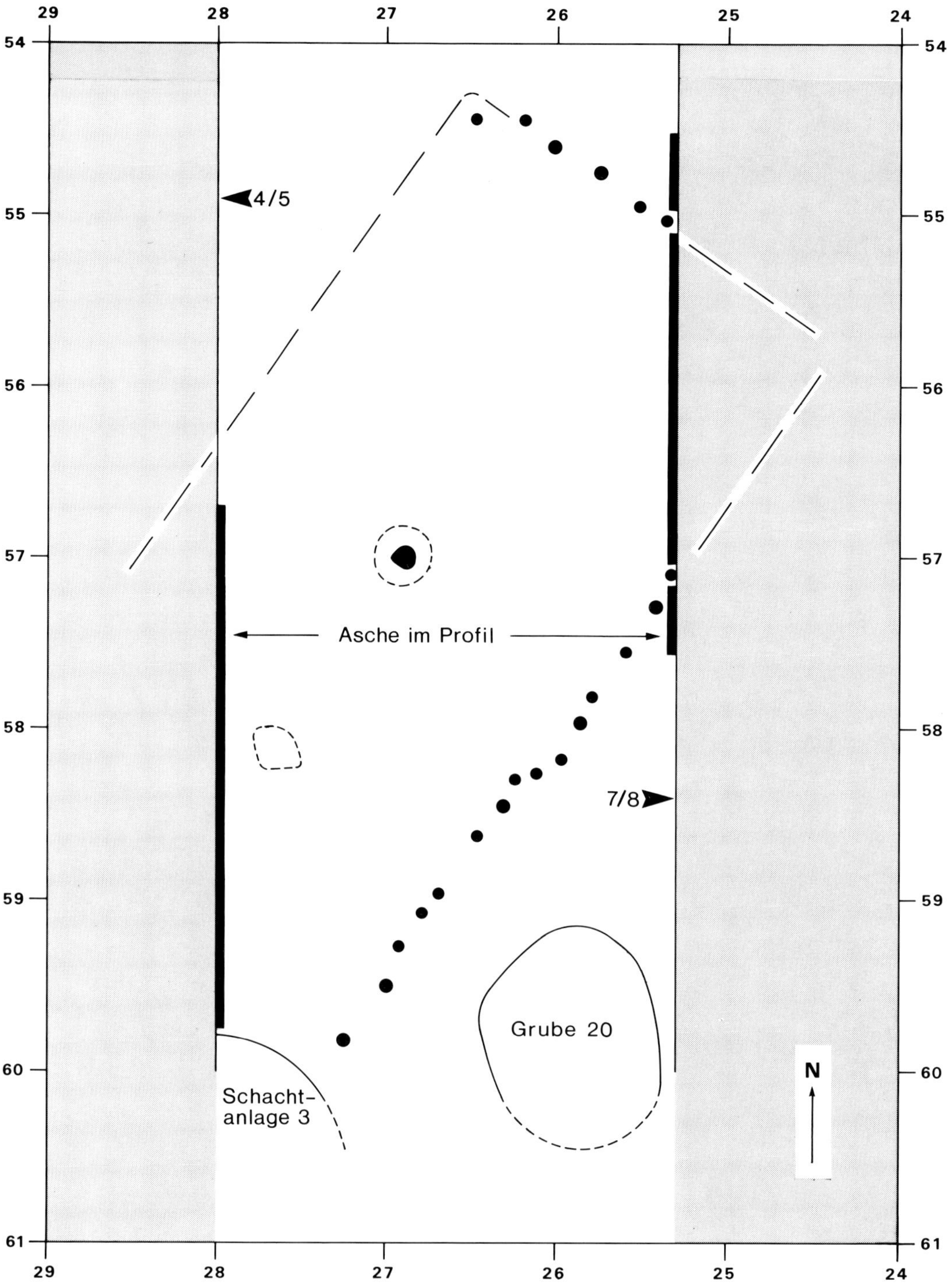

Abb. 53 Archsumburg, Fläche 14. Hütte 25. – M. 1 : 40.

auf der Gegenseite, zwischen 56,70 m NS, im rekonstruierten Durchgang der Wandflucht in Profil 4/5 und in der Schichtlücke, die Schacht 3 verursachte. Erweiterte man die angenommene Wandflucht bis Fläche 1, wäre die nordwestliche Längswand in Profil 19 im Bereich des Wandgrabens X 1 zu erwarten.

Hütte 26: Fläche 2; Profil 4/5 u. 35; Plana 6–10; *Abb. 55; Beil. 3,1; 5,5*; s. S. 59, Nr. 10.

Eine 2,20 m lange Stakenreihe im Südostzipfel der Fläche gehört offenbar zu einer Flechtwandhütte, die weitgehend im Erdsteg zwischen den Flächen 2 und 14 steckt. In Profil 35 unterbricht ein flaches Wandgräbchen in Verlängerung der Wand sowohl Brand-

Abb. 54 Archsumburg, Profil 33, Fläche 4-West.

schuttdecke VII als auch bei 65,90 m NS das Band aus organischer Substanz V–VI darunter. Sandboden darüber (IX), durchsetzt mit horizontalen Kleilinsen, scheint den Wandrest zu bedecken. Jüngere Zeitstellung wird dennoch aus folgenden Gründen angenommen: Ein in Sandschicht IX eingetiefter dachtragender Pfosten der Schicht X bei 67,30 m NS (Durchmesser 0,20 m, Tiefe 0,55 m) könnte als Bauteil in Frage kommen; danach wäre der Befund insgesamt in Schicht X zu datieren, Brandschutt, der zum großen Teil abgetragen worden war, bevor Klei und streifiger Sand (XI–XII?) seine Reste vor Mauer 19 bedeckten.

Profil 4/5 enthält einen zusätzlichen Beleg für den Hüttenbefund an dieser Stelle: Auf Schicht VII folgen zunächst Sand IX und darüber der mit Brandschutt durchsetzte, 0,05 m dicke Auftrag X zwischen 65,20 und 66,80 m NS, die 0,20 m dicke Füllung einer flachen »Hausmulde« (?). Hängen die Längswand in Fläche 2 und der Pfosten in Profil 35 zusammen, müßte die Verlängerung der rekonstruierten, im Erdsteg gelegenen südöstlichen Längswand bei 66,50 m NS in Profil 4/5 nachweisbar sein. Das ergänzte Bauwerk mit Mittelpfosten wäre dann 2,40 m breit. Ob die in Planum 6 (Fläche 2) eingemessenen Steine außerhalb der nordwestlichen Längswand dem Befund zugeordnet werden können, bleibt ungeklärt.

Pfosten oder Wandgräbchen X 1: Fläche 1; Profil 19.
Eine 0,25 m breite, 0,20 m tiefe, trichterförmige Verfärbung in Profil 19 (Mittelpunkt 59,20 m NS) wird von Schutt der Schichten XI–XIX bedeckt; der Füllboden scheint den Schichten IX–X zuweisbar zu sein, ältere Straten wurden vom Einschnitt offenbar unterbrochen. Nach der Form der Eintiefung ließe sich der Befund als Wandgräbchen deuten. Diese Interpretation wird durch die Lage in Verlängerung einer rekonstruierten Wand von Hütte 25 (Fläche 14) erhärtet.

»Wanne« X 1: Fläche 4; Profil 28 u. 33; Plana 1–3; *Abb. 54; Beil. 2,3.4.*
Eine wannenförmige, 0,10 m tiefe Mulde des Auftrages X unterbricht Schicht IX–IXa in Profil 33 zwischen 36,70 und 38 m NS. Die Sohle zeichnet sich durch eine dünne, jedoch sehr markante, auch im Planum eingemessene Auflage aus organischem Material (Stroh?) aus. In Profil 28 erscheint dieses Band in humosem Boden, es bildet am Übergang zum Wall einen 0,15 m hohen, rechtwinklig geknickten Abschluß. Befunde wie Pfosten, Steinlagen usw. fehlen. Eine Deutung als Hüttenruine würde sich allein auf die charakteristische Form der Eintiefung stützen können.

»Wanne« X 2: Fläche 6/11; Profile 59 u. 61; *Beil. 8,5.6.*
Eine charakteristische flache Mulde in Profil 59, Reste von Flechtwandteilen und ein Holzpfosten durch Brandschicht VII in Profil 61 könnten als Hinweise auf eine Hütte gelten, die im Planum nicht erhalten blieb (Profil 59: 8,40–9,70 m OW; Profil 61: 13,10 bis 16 m NS).

Staken X 1: Fläche 14; Planum 2 *(Abb. 47).*
Parallel zum Wall verläuft in Planum 2 eine Stakenreihe quer über die Fläche. Die eingemessene Höhe liegt etwa im Bereich von Schicht X. Eine Verbindung zu einem Bauwerk besteht nicht (67,6 m NS/25 m OW; 66 m NS/27,7 m OW). Abstand der Einzelstaken von West nach Ost: 0,40 m; 0,35 m; 0,35 m; 0,40 m; 1,10 m; 0,60 m.
Staken X 2: Fläche 16; Planum 8.
Vier Staken führen senkrecht zum Wall. Abstand 0,20 m. Sie stecken in Wallerweiterung (?) 2 oder 9, in Brandschicht VII und in der unteren Humuslage X, dagegen nicht in Schicht XII. 73,50–74,10 m NS; 15 m OW (Lage im Übersichtsplan *Taf. 15*).

Schicht XII (–XV) *(Taf. 16).*

Hütte 27/27a: Fläche 12; Profile 36, 38 u. 39; Plana 1–4; *Abb. 28; 56; Beil. 6,1.2*; s. S. 47, Nr. 1; 59, Nr. 12; 68, Nr. 20/21.
In den oberen Plana 1–3 Wandreste aus Klei- und Humussoden: eine senkrecht auf den Wall führende, 5 m lange, bis 0,7 m breite Längswand mit gerader Ost- und erheblich beschädigter Westseite; ein parallel zum Wall verlaufendes Stück Schmalseite im rechten Winkel am südlichen Ende der Längsmauer. Eine Lücke zwischen beiden Wandstücken weist auf einen Eingang im Südwesten hin. Die östliche Hälfte der Bauruine liegt unausgegraben hinter Profil 38; im Innenraum der Hütte fand sich außer mehreren ungebrochenen Steinen und zahlreichen Verfärbungen unbekannter Herkunft ein Herd aus großen Fundamentsteinen, wenigen Scherben

und einem flachgewölbten, teilverziegelten Lehmüberzug (Breite im Profil rund 1 m). Die Wände bestehen allem Anschein nach aus Soden sandigkleiiger Konsistenz im tieferen und sandig-humosen Plaggen im höheren Bereich. Eine Verschiebung der Schmalseiteninnenkante um rund 0,5 m in südliche Richtung zwischen Planum 2 und Planum 3 belegt zwei Bauphasen dieser Wand. Die Annahme wird durch Profil 38 bestätigt *(Beil. 6,1)*: Beiden Phasen gemeinsam sind der Herd und die nördliche, 0,25 m hohe Begrenzungskante am Wall.

Planum 4 enthält eine in einem Gräbchen stehenden Pfostenreihe einer Flechtwand. Ihre Spitzen reichen unter Brandschicht VII in Planum 6. Das Geflecht scheint die Innenseite der Sodenwand zu begleiten. Herd und Mauer werden von einem dünnen Kleiband und einer geringmächtigen, humosen Strate bedeckt. Beide Schichten gehören nach Profil 38 zum Füllmaterial innerhalb der Mauer des Bauwerkes. Das Kleiband läßt sich über Südprofil 39 bis zum Aufschluß 36 im Westen verfolgen *(Beil. 6,2)*. Zwischen 17,5 und 18,5 m NS erkennt man eine mit dem Kleiband gleichzeitige, bis 0,10 m dicke Kleilinse, die das Planum nicht überliefert. Vermutlich könnte es sich um einen Sodenwandrest – wie im Ostprofil – handeln, der eine gemeinsame Längswand mit dem östlichen Bauwerk teilt (Hütte 27a). Weitere Argumente dafür wären außer dem »Wandteil« eine auf faustgroßen Steinen erbaute, mit verziegeltem Lehm bedeckte Herdstelle vor Profil 36 (Durchmesser von 0,50 m; 15,70–16,20 m NS; 5–5,40 m OW) und die auffällige Beschädigung der beschriebenen Längswand außen.

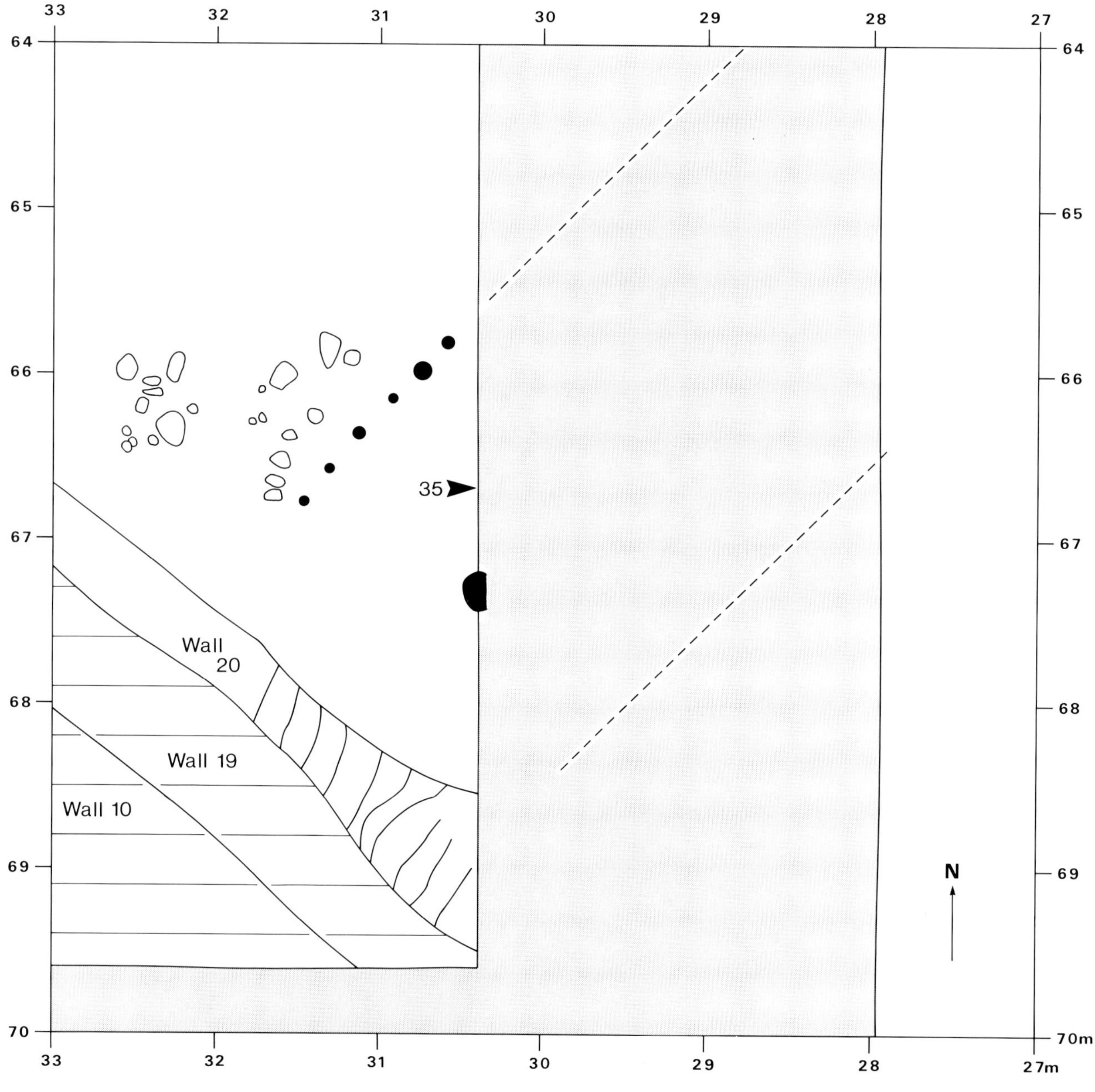

Abb. 55 Archsumburg, Fläche 2. Hütte (?) 26. – M. 1 : 40.

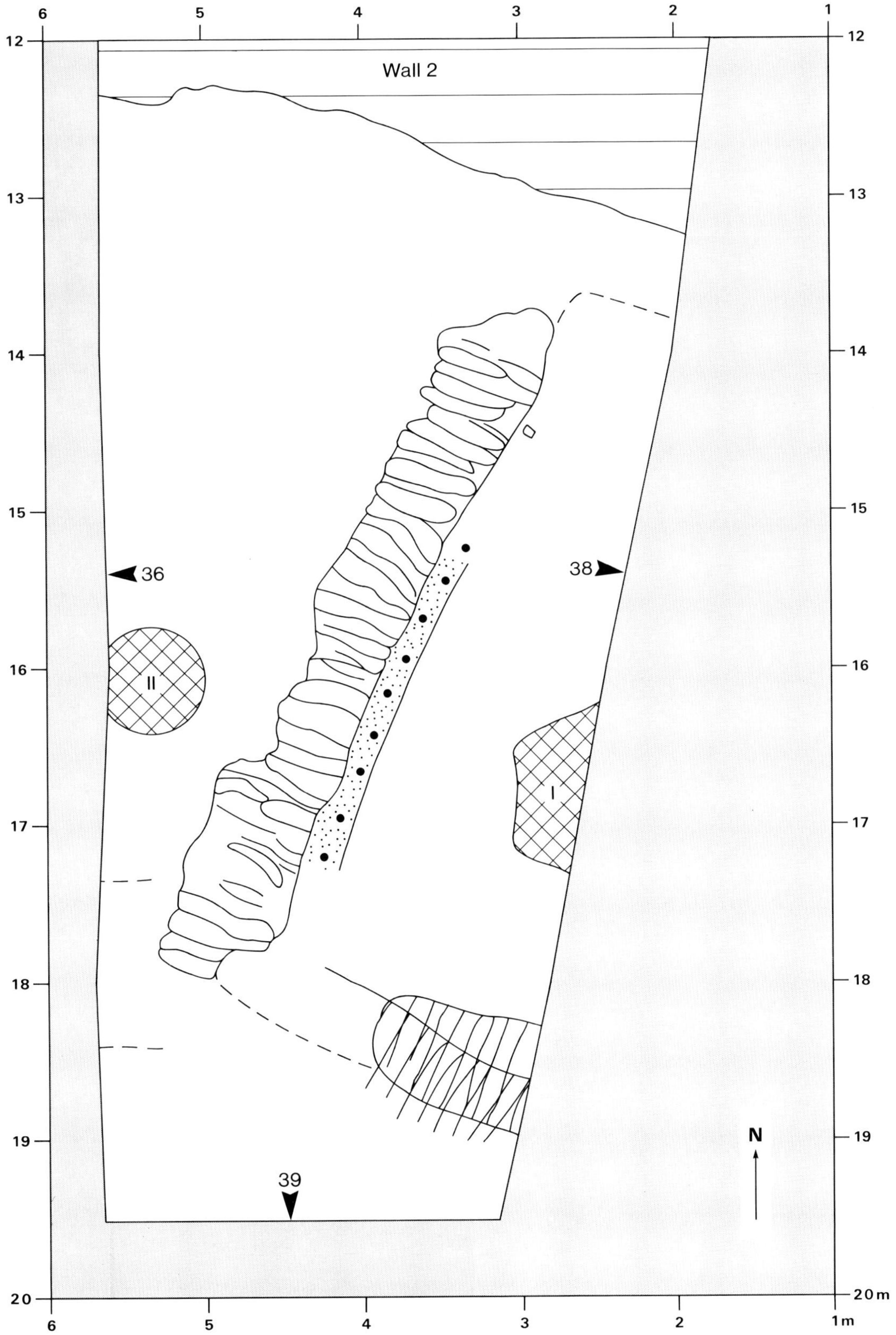

Abb. 56 Archsumburg, Fläche 12. Befunde der Hütten 27 und 27a. – M. 1 : 40.

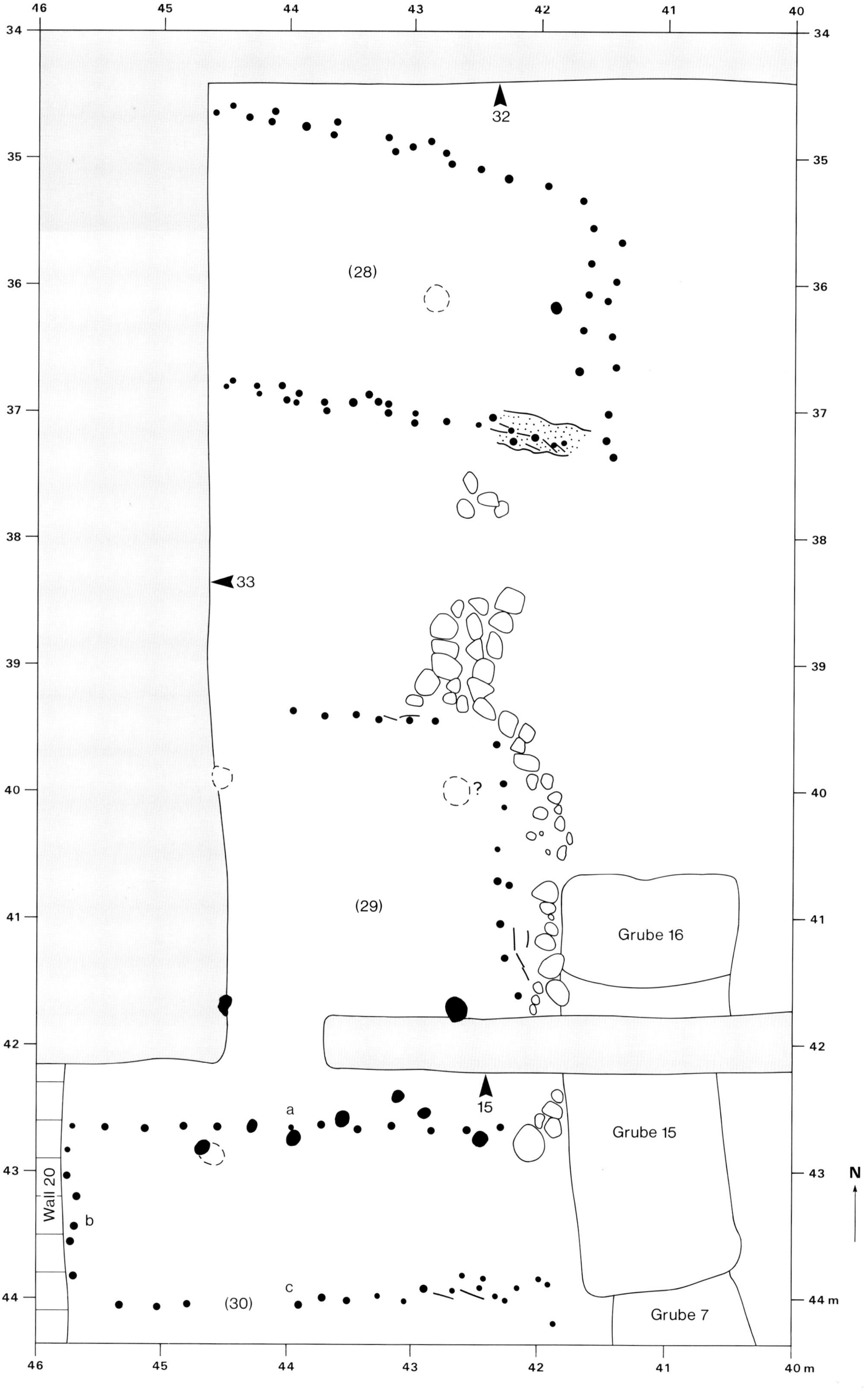
46
45
44
43
42
41
40
34
35
36
37
38
39
40
41
42
43
44
44 m
40 m
32
33
15
(28)
(29)
(30)
?
a
b
c
Grube 16
Grube 15
Grube 7
Wall 20
N

Die vorgefundenen Baureste gehören zur Innenbebauung vor den Wallphasen 20–22, die in Profil 38 gut, auf der Gegenseite weniger deutlich hervortreten. Das Ostprofil belegt folgenden Schichtaufbau *(Beil. 6,1)*: Nach Errichtung einer fast senkrechten Wallfront auf der Wallerweiterung 19 oder Schicht X wurde zunächst der Herd erbaut. Um ihn liegt eine Humus-, darüber eine Grausandschicht. Hierauf hat man die Kleisoden der älteren Schmalseitenwand gestapelt, die bereits vorhandene Herdstelle jedoch beibehalten. Zur dritten Herdphase gehörte die jüngere Schmalseitenwand.

Die Schichten sind in Profil 36 bis zu 3 m Breite vor dem Wall völlig abgetragen; in welchem Umfang dabei die Beringinnenseite beschädigt wurde, bleibt offen. Später bedeckten ein dünnes Kleiband sowie geringmächtiger Humus die östliche Wallruine (Profil 38). Das Kleiband erstreckt sich – wie oben beschrieben – bis in Profil 36, hier zunehmend durchtreten, und bildet zwischen 17,50 und 18,50 m NS einen mauerähnlichen Befund, der an der Westseite gemeinsam mit einem zeitgleichen, dünnen schwarzen Band und mit der ovalen Herdstelle den letzten Rest eines stratigraphisch jüngeren Bauwerkes vor Mauer 20–22 anzudeuten scheint. Da beide (?) Hausstellen von Humus der Schicht XVIII überzogen sind, liegt eine Datierung in Schicht XII–XV nahe.

Die Innenlänge des östlichen Baues beträgt 4,50 m, die Breite läßt sich nicht berechnen. Pfostengruben für die Dachkonstruktion fehlen. Das Innenmaß des »Befundes« in der westlichen Flächenhälfte dürfte vergleichbar sein. Die Mauerbreite schwankt um 0,60 m, die Wandgrabenbreite um 0,20 m.

Hütte 28: Fläche 4; Profil 33; Plana 1–8; *Abb. 57; Beil. 2,3.*
Zwei nahezu parallel, Ost-West verlaufende Stakenreihen aus Doppelpfosten und eine dritte auf der östlichen Schmalseite bilden einen schiefwinkligen Innenraum von 2,10 m Breite und mehr als 3 m Länge. Allein in der südöstlichen Ecke gibt es Reste von Flechtholz in einem Wandgräbchen; sonst zerstörte Bodenabtrag (Profil 33) die aufgehenden Partien der Hütte. Sowohl die Doppelstaken als auch die verschobene »Schmalseite« deuten zwei ineinander stehende Hütten an.

Zwei starke Pfosten auf der Mittelachse stammen wohl von der Dachkonstruktion. In Planum 2 eingetragene Steine unter dem Klei der Schicht XVIIIa gehören anscheinend zu einer Pflasterung zwischen der oben beschriebenen Hütte und einer gleichzeitigen im Südteil der Fläche (Hütte 29).

Hütte 29: Fläche 4 u. 18; Profile 15 u. 33; Plana 1–5 (Fläche 4) u. 9 (Fläche 18); *Abb. 57; 58; Beil. 2,1.3.*
In der Südwestecke der Fläche 4 biegt eine orientierte Stakenreihe rund 2,20 m vor Profil 33 rechtwinklig nach Süden um und erreicht bei 42,20 m OW Profil 30. In Profil 33 ist Schicht X südlich 39,40 m NS durch eine spätere 0,10 m tiefe Absenkung zerstört, das auch in Profil 15 erhaltene dunkle Band XII begrenzt die Sohle des Abtrags.

In Fläche 18 kann eine in Planum 9 eingemessene Stakenreihe über Brandschuttdecke VII diesem Bauwerk zugeordnet werden. Das so umgrenzte Hüttenareal hatte eine Länge von 4 m und eine Breite von 3,20 m. Flechtwerk, Herdstellen oder Eingangspflasterung fehlen. Eine kleibedeckte (XV) Steinpflasterung begrenzt die östliche Flechtwand außen (Fläche 4 und 18). Der Dachstuhl der 3,30 m breiten Hütte erforderte offenbar Doppelpfosten: Drei kräftige, in Fläche 4 eingetragene Pfosten scheinen ein Beleg dafür zu sein.

Hütte 30?: Fläche 18; Plana 5–6 u. 9; *Abb. 57–58*; s. S. 49, Nr. 4 u. 15.
Die südliche Längswand (a) der Hütte 29 biegt in Höhe der Wallfront 20 im rechten Winkel nach Süden (b) und nach rund 1,40 m wieder rechtwinklig nach Osten bis zum Rand einer Klei- und Steingrube (c) (Grube 7). Während die Staken der 3,70 m langen Südwand a, der den Wall begleitenden Schmalseite b und der westlichen Hälfte der 4 m langen Wand c durchschnittlich 0,25 m voneinander entfernt sind, besteht die östliche Wandhälfte c sowohl aus Staken als auch aus Geflecht. Eine vergleichbare, fast parallel verlaufende Stakenreihe fand sich schließlich rund 2 m weiter südlich (d) (eingetragen *Taf. 10,1*). Auch hier sind die in Rotdecke VII steckenden Hölzer, die möglicherweise zur Hütte 31 gehören, Schicht XII zuzuordnen *(Abb. 34)*.

Hütte 31: Fläche 1 u. 18; Profile 12 u. 20b; Plana 3, 5, 6.1–2,7 (Fläche 1); *Abb. 59, a–b.*
Im Nordwesten der Fläche 1 bildet eine Stakenreihe einen rechten Winkel und führt mit einer Länge von 3,30 m senkrecht auf den Wall zu, außen von einem Steinpflaster begrenzt (Plana 5,6.1); Steine in der flachen Hüttenmulde gehören dagegen zu einem jüngeren Versturz. Herdstellen oder dachtragende Pfosten fehlen.

Hütte 32: Fläche 1; Profil 21; Plana 5 u. 6.1–2; s. S. 57f., Nr. 7.8.18; *Taf. 16.*
Eine Stakenreihe von rund 5 m Länge (51,60 m NS/40,20 m OW; 55,80 m NS/37,95 m OW) in der Rotschuttdecke und in Planum 6.1 unmittelbar darunter verlängert die Giebelwand der Hütte 31 nach Süden parallel zum Wall. Hierzu gehört vermutlich eine nördlich anschließende halbovale, 1 m lange, 0,55 m breite Steinpflasterung. Der Befund datiert nach Profil 21 vermutlich in Schicht XII. Die Lage ist im Übersichtsplan eingetragen *(Taf. 10,1)*.

Hütte 33/34: Fläche 1 u. 2; Profile 18 u. 34; Plana 3–7 (Fläche 2); *Abb. 60; Beil. 5,1.3*; s. S. 59, Nr. 9.
Zu den interessantesten Bauwerken der Archsumburg gehört ohne Zweifel Hüttenbefund 33, ein mehrphasiger Bau, der sich mit Hilfe der Profile 18 und 34 stratifizieren läßt. In den Plana 3 und 5 der Fläche 2 sieht man zwei parallele, 4 und 1 m lange Humusstreifen im Abstand von 2,60 m, durchschnittlich 0,60 m breit, unterschiedlich gut erhalten und innen von Flechtwänden begleitet, auf der Mittelachse zwei dachtragende Pfosten (1: Planum 5–10; 2: Profil 34) sowie eine runde Herdstelle aus verziegeltem Lehm (Durchmesser 0,70 m) und einem Fundament aus großen Steinen mit der Flachseite nach oben. Schicht X vor der Wallfront 19 ist offenbar planiert worden, bevor man die 0,40 m hohen und 0,60 m breiten Wände aus humosen Soden stapelte. Profil 34 gibt an der Wand innen (zwischen 35,80 und 36,40 m OW bzw. 32,40 und 31,80 m OW) unterschiedlich tiefe Wandgräben zu erkennen. Der Fuß der nordwestlichen Sodenwandpackung erscheint sowohl in Profil 18 als auch in Profil 34 innen zertreten. In Profil 18 bedeckt humossandiger Vertritt organische Reste der älteren Hausdiele. Auf der Gegenseite macht jüngerer Aushub den älteren Befund unkenntlich. Entsprechendes bietet die Südostwand.

Der flach-gewölbte Herd datiert in die erste Bauphase (a), zu der auch ein dachtragender Pfosten daneben (Profil 34), die Soden- und ältere Flechtwände gehören. Nachdem Sand, Klei und Rieselmaterial von den Sodenwänden aufgetragen war, erneuerte man den dachtragenden Pfosten und die Diele und hob neue Wandgräbchen an beiden Längswänden aus. Den Herd gab man in dieser zweiten

◁ Abb. 57 Archsumburg, Flächen 4 und 18. Befunde der Hütten 28–30. – M. 1 : 40.

Phase (b) offenbar auf. Hierauf folgt eine bis 0,20 m mächtige, kleiig-humose Füllung (c), die den ganzen Innenraum bis zur Höhe der Sodenwände planierte. Eine Pfostengrube im ehemaligen Wandgräbchen an der nordwestlichen Sodenpackung datiert nach diesem jüngsten Abschnitt der Hütte (d). Entsprechende Befunde fehlen an der Südostwand und an der Gegenseite in Profil 18.

Ob sich die verschobene Lage der Mauersoden in Profil 18 gegenüber Profil 34 auf eine Schmalseite bezieht, bleibt ungeklärt. Holzreste zwischen Steingrube 6 und der westlichen Innenwand könnten aber als Reste einer Flechtwand gelten. Die Hütte hätte dann eine Länge von 4,40 m (außen) gehabt.

Die Ruine ist zwischen Wall und nordwestlicher Sodenwand mit Kleiboden und Steinen der Schichten XV und XVIII planiert. Darauf errichtete man anschließend den Wall 23, den die vorgelagerte Schicht XX begleitet.

Hütte 35: Fläche 16; Plana 5–8; *Abb. 61.*
Staken und Geflecht zweier senkrecht zum Wall führender Längswände in den Plana 6–8 belegen eine Hütte mit einer Länge von mindestens 4,40 m und einer Innenbreite von 2,40 m. Während die östliche Stakenreihe nur in 1,60 m Länge erhalten ist und die Schmalseite fehlt, sind größere Teile der westlichen Flechtwand erkennbar. Anhand einer Schichtkante in Planum 6 läßt sich indirekt das westliche Wandgräbchen festlegen: Die Ostseite wird durch eine torfige, organische Substanz des Hütteninneren begrenzt, die westliche Längswand dagegen außen von einer Pflasterung, die im Norden die Giebelseite bogenförmig umgibt. Zwei Kleiverfärbungen auf der Mittelachse deuten Pfosten der Dachkonstruktion, eine lang-ovale, von dunklem Boden umgebene Steinsetzung seitlich davon (1,80 m Länge NS und 1 m Breite OW) die Herdstelle an.

Mehrere zeitgleiche (?) Einzelpfosten und rundliche Kleiverfärbungen lassen sich dem Bauwerk funktional nicht mehr zuordnen. Die in Schicht XII eingemessenen Baubefunde fehlen dort, wo der Wall begradigt und abgetragen wurde. Dies begründet eine Datierung in Schicht XII. Als Beleg für die Zusammengehörigkeit der beiden Flechtwände dient Kleischicht XV, die die Hüttenmulde bedeckt, die Ruine also planiert.

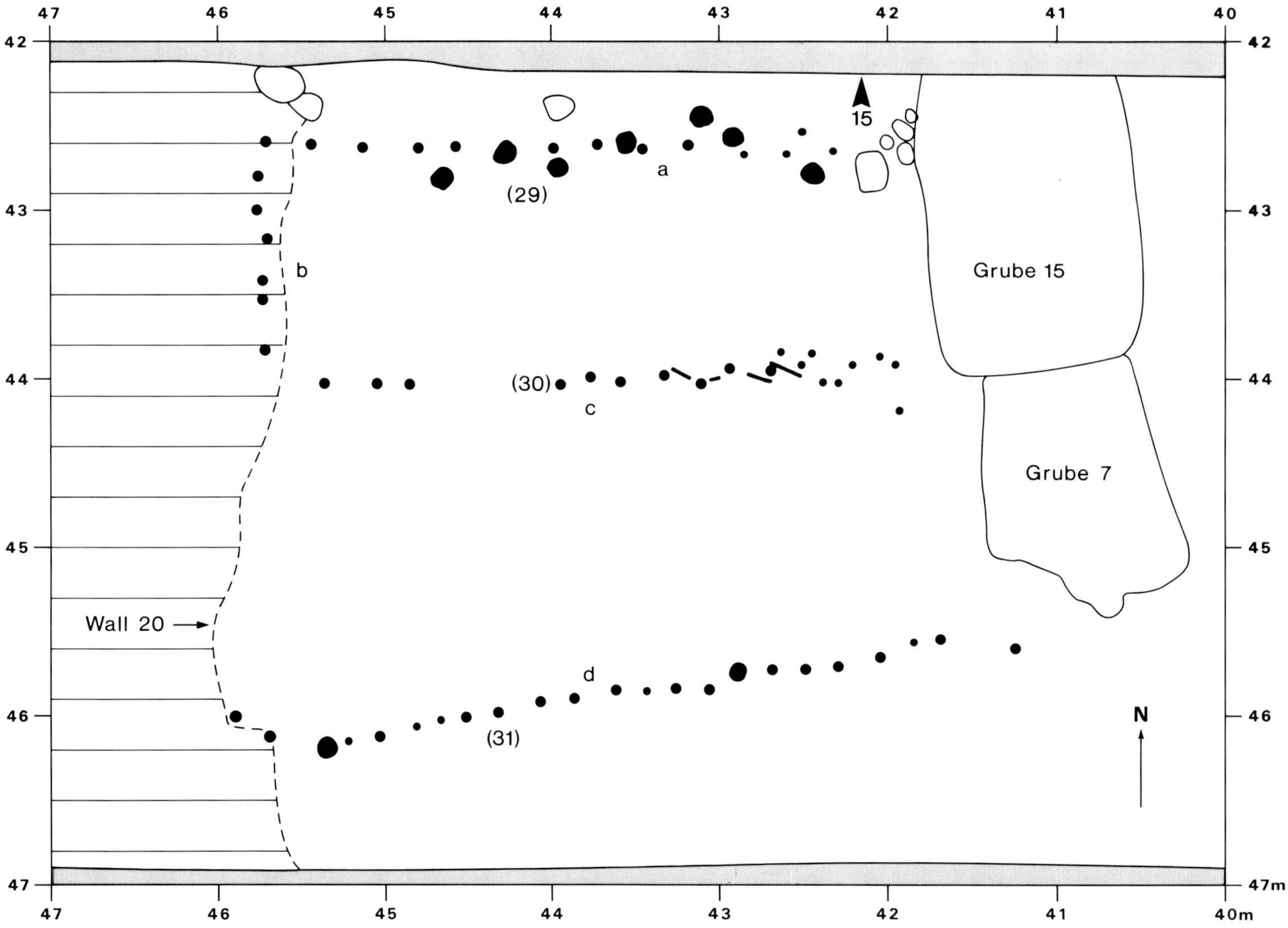

Abb. 58 Archsumburg, Fläche 1, 4 und 18. Befunde der Hütten 29–31. – M. 1 : 40.

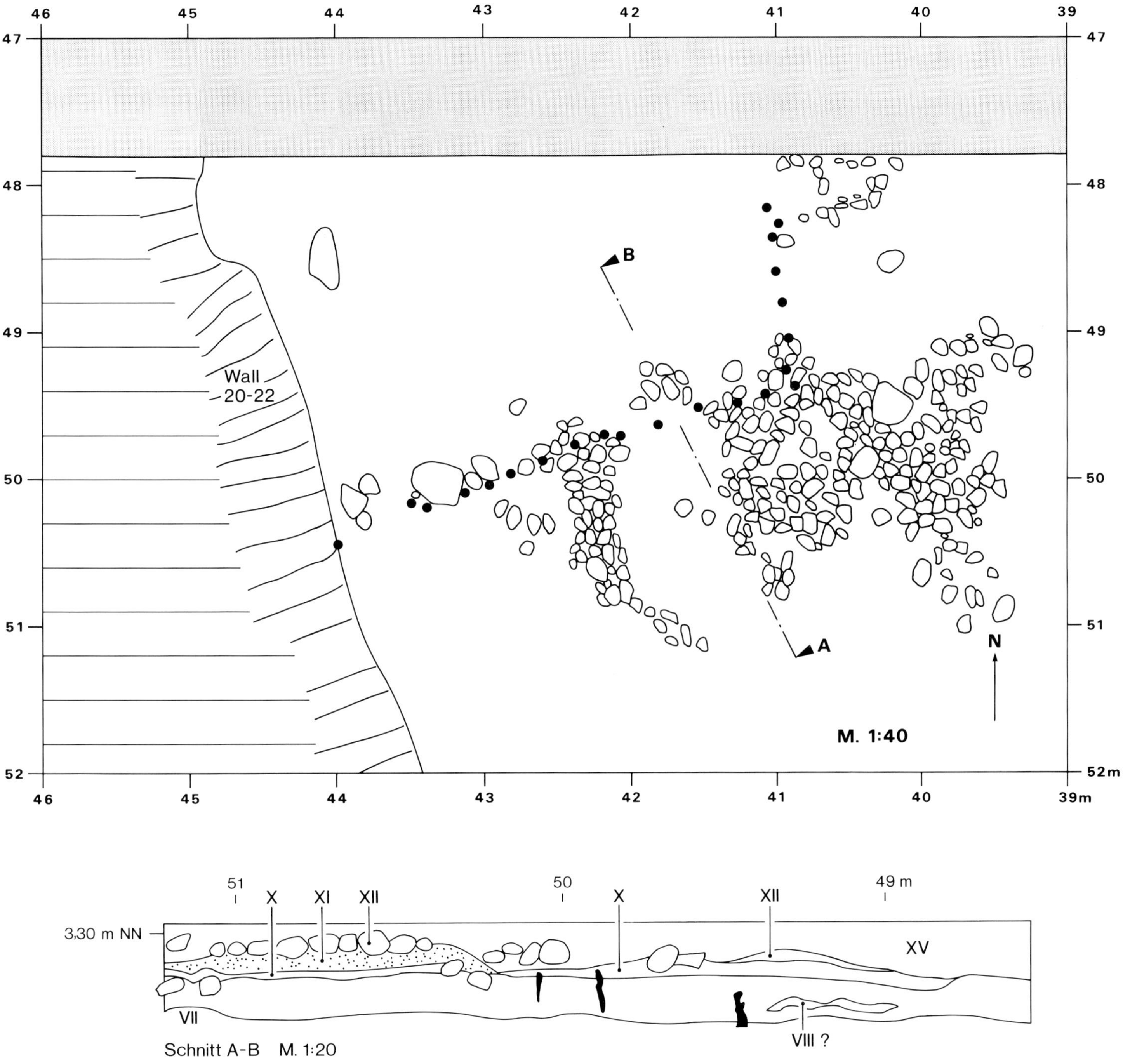

Abb. 59 Archsumburg, Flächen 1 und 18. Hütte 31 mit Schnitt durch den Befund. – Fläche M. 1 : 40. Profil M. 1 : 20.

Schichten nach XV *(Taf. 17)*

Hütte (?) 36: Fläche 16; Profil 41; Plana 2–5; *Abb. 62; Beil. 4,2*; s. S. 78, Nr. 35.
Am Westrand der Fläche stößt ein flachgewölbter, verziegelter Herd (Durchmesser 0,85 : 0,60 m) mit einer lockeren Steindecke und wenigen Scherben als Fundament an Profil 41. Von eingetieftem Sand bedeckt (in Profil 41 bei 73,60 m ein Stakenloch), liegt er auf Klei der Schicht XV und mag mit Kleiauftrag XVIII darüber zeitgleich sein.

Ob eine erheblich beschädigte, senkrecht auf den Wallfuß führende Packung humoser und kleiiger Soden (Länge 2,30 m, Breite 1 m) in den Plana 2–4 der Herdstelle zugeordnet werden muß, bleibt ungeklärt; an der Westseite ist sie deutlich konturiert, wäh-

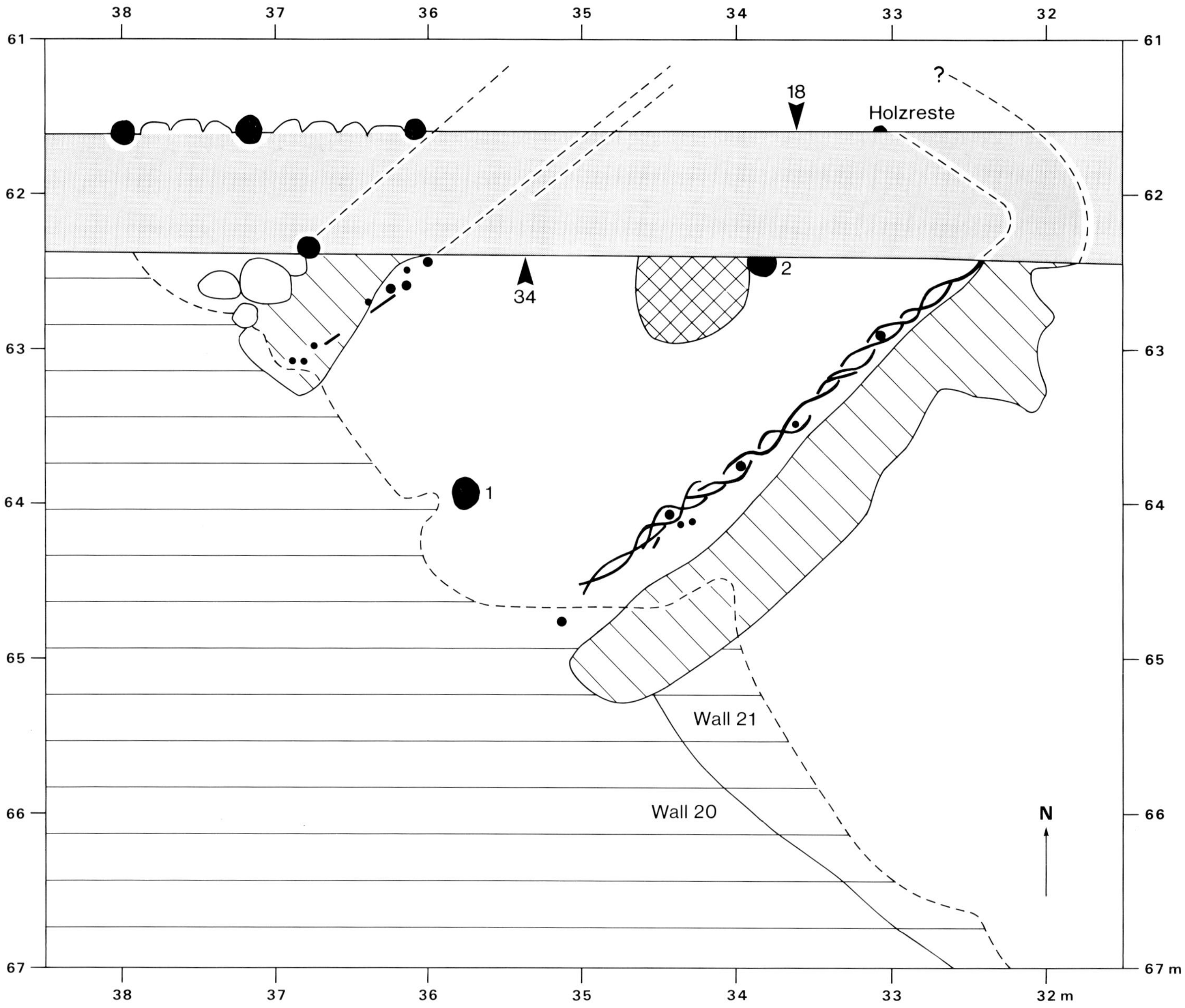

Abb. 60 Archsumburg, Fläche 1 und 2. Befunde der Hütten 33 und 34. – M. 1 : 40.

rend die Gegenseite mit angrenzenden Verfärbungen zusammenläuft. Sie ist von Klei der Schichten XVIII?–XX bedeckt (Plana 2 und 3).

Herd (?) XIII–XVIII 1: Fläche 8; Planum 5 *(Abb. 22; Taf. 17).* Rundliche Herstelle (?) mit Fundament aus großen Steinen auf Schicht VII; der umgebende durchtretene Boden gehört stratigraphisch den Schichten XIII–XVII an. Durchmesser 0,60 m (13,40–14 m NS; 13,40–14 m OW).

Herd XVIII 1: Fläche 7; Profil 61; Planum 4; *Taf. 17; Beil. 8,5.* Am Ostrand der Fläche 7 eine Herdstelle, von aschehaltigem, dunklem Schutt umgeben. Die verziegelte, leicht gewölbte Lehmdecke lag auf einem Fundament aus faustgroßen Steinen. Durchmesser 0,95 m NS, Hüttenbefunde fehlen. Der Mittelpunkt des Herdes lag 2,60 m östlich vom Rand des zeitgleichen Torweges (Profil 61: 13,2–14,1 m NS).

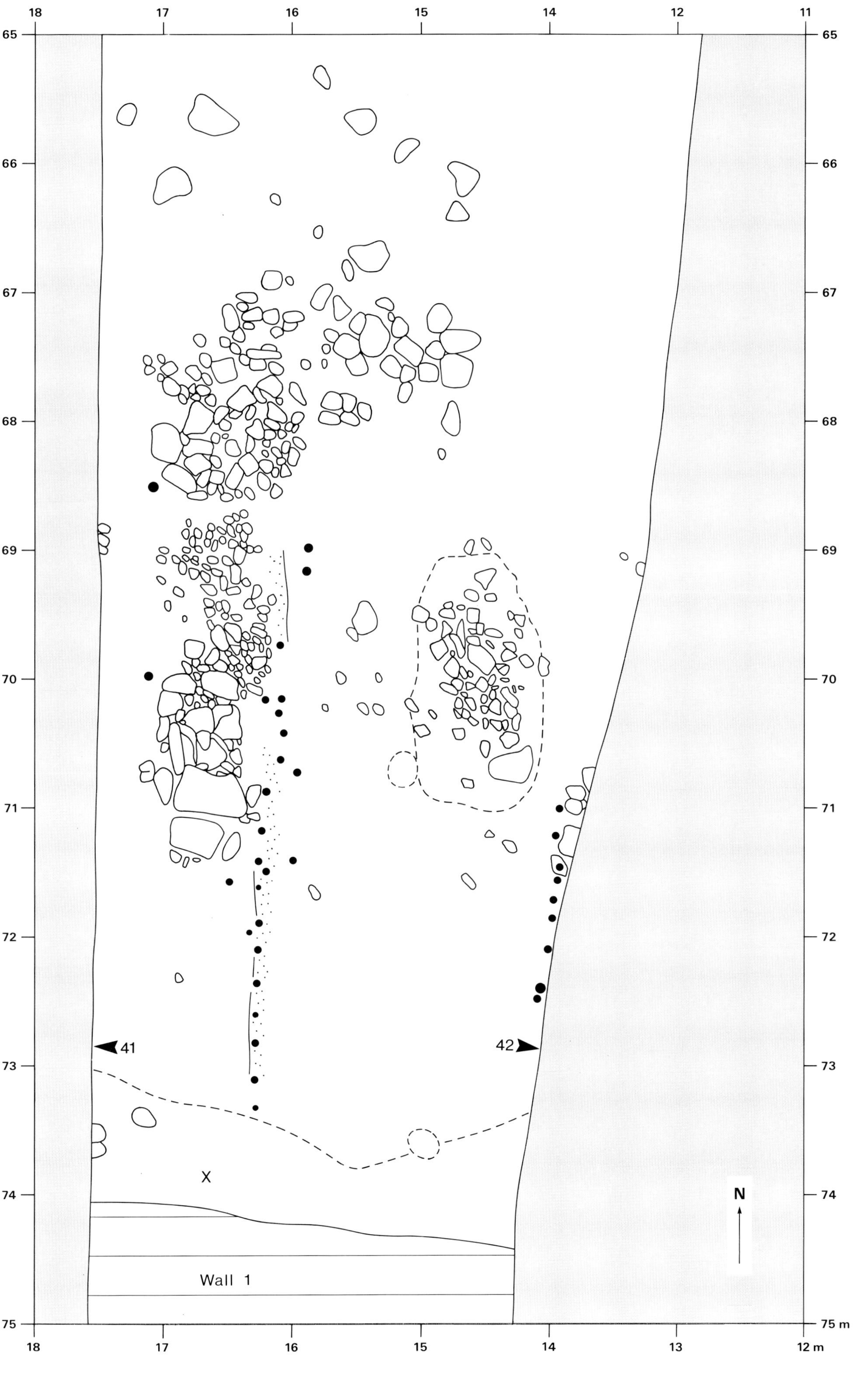

Abb. 61 Archsumburg, Fläche 16. Hütte 35. – M. 1:40.

Den Hütten, Herdstellen, »Wannen« usw. lassen sich wichtige Hinweise auf eine Bautätigkeit am Innenfuß der Umwallung entnehmen. Dabei ist zu bemerken, daß die erste Bauperiode (Primärwall mit den Schichten I–II) keine Befunde dieser Kategorie kennt, auch nicht zusammengehörige, von einem Bau stammende Pfostenstellungen. Die beschriebenen Baureste datieren sämtlich in die Zeit der Erhöhungen und Erweiterungen des Wallkörpers *(Tab. 2)*. Kontinuität liegt zwischen den Befunden der Bauphasen IV–VI (VII?) vor, nach dem Flächenbrand (VII) fehlen Hinweise auf eine Stetigkeit der Bausubstanz (s. S. 195f.).

Die Bauten im Inneren des Erdwerkes lassen sich trotz vieler gemeinsamer Merkmale nach ihrer Konstruktionsart gruppieren. Entscheidet die Wand, trennen wir Hütten aus Flechtwerk von solchen aus Soden; ist es das Gefüge, kommt Zwei- und Dreischiffigkeit in Betracht; Größenklassen ergeben sich aus dem Umfang der bebauten Fläche; schließlich ist der Baugrund wichtig: Teils errichtete man die Hütten auf ebener Erde, teils stellte man sie um eine vermutlich vorher eingetiefte Mulde auf. Eine prinzipielle Teilung ist nicht gut möglich, weil alle Baulichkeiten durch jüngere Eintiefungen und Umbauten teilgestört sind oder weil unsere Flächenein-

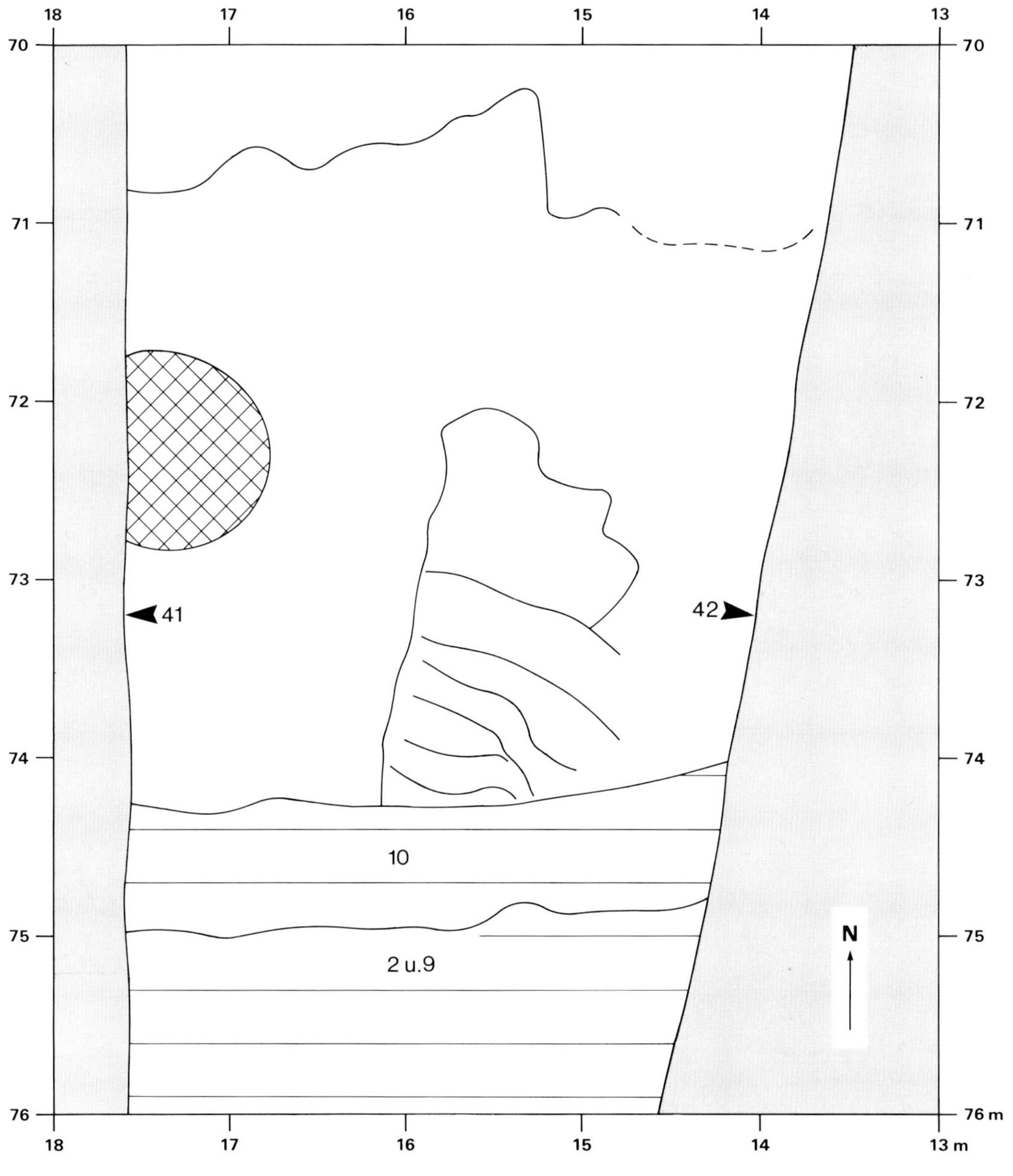

Abb. 62 Archsumburg, Befunde der Hütte (?) 36. – M. 1 : 40.

teilung nur unterschiedlich große Ausschnitte freizulegen erlaubte. Deshalb mußten die Hausgrundrisse bis auf wenige Ausnahmen aus vielen Details rekonstruiert werden. Das erschwerte eine genauere Erfassung im Einzelfall, das Gesamtbild beeinträchtigte es jedoch nur in geringem Umfang.

Die bis auf Hütte 25 radiale, in den einzelnen Perioden unterschiedlich dichte Bebauung bestand aus kleinen Rechteckhäusern, die eine Schmalseite an den Wall gelehnt, die andere mit Eingang gegenüber. Nach Ausweis zahlreicher Profile und einiger Plana war der Innenraum mehrfach flach, bis 0,10–0,15 m in den Boden eingetieft (Hütte 6, 9, 16 bis 17, 24, 27, 33–34), die hierdurch entstandenen, bis 3,50 m breiten »Hüttenmulden« erschienen dabei durch mehrschichtige, von Sandauflagen getrennte Dielenstreu aus organischem Material planiert oder mit Schutt, zum Beispiel roter Asche, aufgefüllt (z.B. Hütten 4 u. 15, 20–23: *Abb. 30; 48; 49; Taf. 14;* Brandschutt VII: 1.2.3.5.6: *Taf. 8; Beil. 2,3; 7,1).* Hütte 5 enthielt zwei Streulagen (Profil 20a, *Beil. 3,2*), eine davon im Anschluß an die Herdstelle b, die benachbarte jüngere Hütte 16 zwei oder drei, die angrenzende ältere 7 unten zwar einen Herd ohne Diele, aber Streu darüber. Vergleichbares ließ sich auch in jüngeren Hüttenruinen beobachten: in Sodenwandhaus 33 (Profil 34; *Beil. 5,3*) zwei Streulagen, im zeitgleichen (?) Bauwerk 27 aber nur geringmächtige Sandschichten, getrennt durch dünne Kleiauflagen im Dielenbereich *(Beil. 6,1).* Auch außerhalb der Hüttenmulden fand sich organisches Material und zwar in unbebauten Streifen zwischen den Wänden der Hütten 7 und 6 oder 9 und 10. Es darf als Rest abgestürzter Dachhaut gelten.

Die zahlreichen, unterschiedlich erhaltenen »Hausmulden«, planiert mit Brandschutt VII, stellen ein besonderes Problem bei der Befundanalyse dar. Nur in wenigen Fällen ließen sich zeitgleiche Wandreste als Begrenzung belegen (Hütte 23: *Abb. 50; Taf. 14;* 22: *Abb. 49*), meist sind es Staken mit auffällig geringer Bodentiefe am Rand der Brandschuttdecke (Hütte 20–21: *Abb. 48*); an keiner dieser Stellen gab es Hinweise auf Mehrschichtigkeit der Dielenfolge. Die Abweichungen vom Allgemeinbefund führten daher zur Überlegung, ob Brandschicht VII überhaupt als Baumaßnahme zu verstehen sei. Die wenigen sicheren Hütten (Befunde 22 und 23) oder die zeitgleichen Herdstellen ohne Hausreste (VII 1.6) wären beispielsweise als jüngste Bauten der Schichten V–VI zu werten, die der Brandschutt ihrer hohen Lage wegen nicht bedeckte, während die »Pseudobauten« (Hütte 20/21) als Hinweis auf eine Bebauungsabsicht zu beurteilen seien und die »wandlosen« Mulden (z.B. VII 1.2) vielleicht als Einfüllung älterer Baustellen, nachdem die Dielenstreuung vermodert und die Hüttenplätze gesackt waren. Das wäre durchaus diskutabel, gäbe es nicht die in großer Zahl geborgene Keramik aus Brandschicht VII (s. S. 180). Ihre Einbettung in die Branddecke zeigt, will man nicht

Schicht	Hütte	Länge	Breite	Arealgröße
IV	6?	ca. 8	4	32 m²
	7	ca. 6,4	3	19,2 m²
	8	5,2	3	15,6 m²
V	12	5,4	2,7	14,6 m²
	13	4	3	12 m²
	18	5,2	3	15,6 m²
VII	22	ca. 5,6	3	16,8 m²
	23	6	3,6	21,6 m²
X	24	7	3,9	27,3 m²
XII	28	ca. 4	2,1	8,4 m²
	29	4	3,3	13,2 m²
	33?	ca. 4	2,6	10,4 m²
	35	ca. 5	2,2	11 m²

Tab. 3 Archsumburg. Längen- und Breitenmaße sowie Arealgröße erhaltener Hütten.

Brandopfer für möglich halten, daß die Baulichkeiten gleichzeitig und schnell vom Feuer vernichtet wurden, bevor die Keramik gerettet werden konnte.

Dachpfosten, Eingangspflaster und Raumgliederung blieben selten. Demgegenüber fanden sich innerhalb des Beringes zahlreiche Wandreste, als Stakenreihen, Geflecht, Grabenverfärbung oder in den jüngeren Perioden als Sodenpackungen erhalten. Anhand vieler Details gelang es, die Größe, Konstruktion und Aufteilung der Hütten nachzuzeichnen. Nur wenige der Bauten erbrachten wegen unseres Flächenzuschnittes oder jüngerer Zerstörungen vollständige Grundrisse. Dagegen konnten mehrfach Einzelmaße für Länge und Breite gewonnen werden *(Abb. 63 u. Tab. 3).*

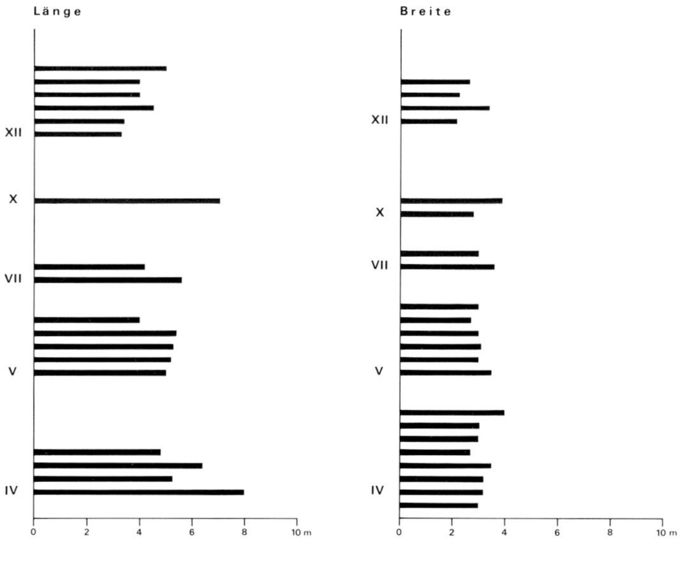

Abb. 63 Archsumburg, Hüttenlängen und -breiten.

Demnach differieren die Längen zwischen 4 und 8 m, die Breiten zwischen 2,1 und 4 m, die Arealgrößen zwischen 8,4 und 32 m^2. Werden die Längen- bzw. Breitenmaße von Hütten, deren Breite und Länge nicht bekannt sind, hinzugezählt, ergeben sich zusätzliche Maße *(Tab. 4)*.

Schicht	Hütte	Länge	Breite
IV	1	4,8	
	2		2,70
	9		3,20
	10a		3,50
	b		3,20
	c		3,00
V	4		3,10
	16		3,50
	19		3,00
VII	20	ca. 5	
	21	ca. 5,2	
X	25		ca. 2,80
XII	27	4,5	
	31	3,3	
	32	3,4	

Tab. 4 Archsumburg. Längen- und Breitenmaße teilerhaltener Hütten.

Sie liegen durchaus im Rahmen der in *Tab. 3* verzeichneten Maße. Eine Differenzierung der Hüttengrößen nach stratigraphischen Kriterien erscheint nur bedingt erfolgreich. Die Hüttenlängen in den älteren Perioden unter der Brandschicht VII lagen zwischen 4 m und 8 m, oberhalb zwischen 4 m und 7 m; die Breiten betrugen unter der Aschelage zwischen 2,7 m und 4 m, darüber zwischen 2,2 m und 3,9 m.

Insgesamt sind die jüngeren Bauten kürzer und schmaler. Dies dürfte auch darauf zurückzuführen sein, daß etliche Flechtwände oberhalb der Brandschuttdecke die Sodenwände innen begrenzten, Außenmaße also gar nicht mehr zu gewinnen sind.

Die Flechtwandhütten erbrachten bei guter Erhaltung bemerkenswerte Konstruktionsdetails: Aus den Plana lassen sich nicht nur gerade, wie mit einer Schnur gezogene Wandfluchten belegen, sondern auch Hausecken im rechten Winkel (z.B. Hütte 8: *Abb. 37–38;* 31: *Abb. 59a;* 23: *Abb. 50; Taf. 14;* 28: *Abb. 57;* 1: *Abb. 27;* 2.13: *Abb. 29; 44*) oder gerundet (z.B. Hütte 7: *Abb. 36;* 5.6.16.17: *Abb. 35; 46;* 24: *Abb. 52*), vor allem bei Hütten mit offener Schmalseite am Wall (Hütten 5.6.16.17.24), aber diese Formen sind nicht auf einen bestimmten Haustyp oder auf eine Bauphase begrenzt.

Viele Wandteile fanden sich in schmalen, von Kleiboden und durchtretenem Material gefüllten Gräben von 0,20 bis 0,30 m Tiefe. Deshalb war es einerseits möglich, die Dielenhöhe und die Schicht zu bestimmen, andererseits aber auch Wandteile als verlagerte Rückstände beim Abbruch der Hütte zu identifizieren, wenn das auch nicht immer sicher war. In Fläche 1 fand sich beispielsweise ein rund 3 m langes Flechtwandstück in der Flucht oder im Wandgraben der nördlichen Wand der Hütte 7; Fläche 2 enthielt ein 2,40 m langes Geflecht ohne Stakenverbindung als gekippte (?) Wand bei Hütte 10, Fläche 4 dagegen eine vergleichbare Wandmatte an der Nordseite des Hauses 24.

Querschnitte mehrerer, bis 0,20 m breiter Gräbchen und besonders markante Geflechte gestatten Aussagen über die Bauart der Wände, hier exemplarisch dargestellt an Hütte 4 *(Abb. 30–31):* Die 4 m lange Nordwand blieb als 0,12 bis 0,25 m hohes Geflecht erhalten, dessen Unterkante, auf das Relief bezogen, von 2,70 m auf 2,60 m NN fiel. Die dünnen Flechthölzer wanden sich um 0,08 m dicke angespitzte Staken mit Rinde; man hatte sie 0,30–0,40 m tiefer als die Flechtbasis in die Gräbchensohle eingeschlagen und zwar durchschnittlich 0,25 m voneinander entfernt. Nur in einem Fall (Hütte 29; *Abb. 57*) verstärkten kräftigere Hölzer offenbar die Stakenfolge, wohl deshalb, weil die Dachlast es notwendig erscheinen ließ. Sonst muß jedoch davon ausgegangen werden, daß die relativ schwachen Hüttenwände das Dach nur stützten, nicht trugen, vor allem bei dicht aneinander stehenden Bauten.

In den Querprofilen 20a–b *(Beil. 3,2)* und 33 *(Beil. 2,3)* konnten wir anhand der Stakentiefe und der eingemessenen Wandgräben die Flechtwände in relativer Baufolge gliedern. Wir übertrugen sie auf die Plana der Flächen 2 und 4, wodurch die mit Kriterien anderer Art gegliederte Wandfolge eine zusätzliche Bestätigung fand.

Wandgeflecht der Schicht IV wird mitunter außen von Stapeln sandig-humoser Soden begleitet, deren Innenseite nach dem Profilbefund steil abgestochen erscheint. Die Breite und Art der Begrenzung sind leider nicht erschließbar, weil sie anscheinend immer nur einer Hüttenlängswandseite zugeordnet werden konnten, so daß sich ihr Zweck nicht mehr bestimmen läßt (z.B. Hütte 10–11) *(Beil. 4,1; 5,5)*. Dagegen gehören die »echten« Sodenwandhäuser (Hütte 27: *Abb. 56;* 33: *Abb. 60;* 36: *Abb. 62*) zur Gruppe der jüngsten und am besten erhaltenen Bauten überhaupt; noch mäßig erscheint allein der Befund bei Hütte 36 *(Abb. 62)*, wo sich ein 3 m langes, etwa 0,8–1 m breites Teilstück mit gerader westlicher und verschwommener östlicher Kontur den Zusammenhang mit der zeitgleich benachbarten Herdstelle zwar vermuten, aber nicht sichern ließ. Trotz Flächenzuschnitt und jüngerer Eingriffe liegen die Dinge im Norden (Hütte 27: *Abb. 56*) und im Südwesten günstiger (Hütte 33: *Abb. 60*). Die Längswände beider Hütten, aus Humus- und Kleisoden in 0,60 m Breite errichtet, ziehen vom Wall radial zur Beringmitte; die Schmalseite der Hütte 27 erwies sich als zweiphasig. Die Wände blieben insgesamt nur als wenige Zentimeter mächtige Verfärbung erhalten: Die 5 m lange

Längswand erschien innen an der Ostseite konturiert, außen dagegen ab- oder ausgebrochen. Die Längswände der Hütte 33 waren in den Plana 3,5 und 6 der Fläche 2 als unstrukturierte Humusfüllung kenntlich *(Abb. 60)*, beiderseits undeutlich begrenzbar, obwohl die Wanddurchgänge in den Profilen 18 *(Beil. 5,1.3)* und 34 als Mauer hervortreten und zwar mit Sodenlängen zwischen 0,25 m und 0,40 m. Hinweise auf die Stapeltechnik konnten hier nicht gewonnen werden.

Die Breite der Hütte 33 außen lag bei 3,80 m, das Innenmaß nur bei 2,60 m. Die Gesamtlänge des Baus 33 könnte nach Verfärbungen in Profil 18 *(Beil. 5,1)* zu urteilen 4,4 m betragen haben.

Beiden Sodenwandhütten fehlte eine eigene Giebelwand am Wall; die Längswände sind innen beide Male von Flechtwerk in Gräbchen begleitet. Auch enthielten sie Herdstellen und mehrschichtige Streu. Eine 0,90 m breite Lücke zwischen Schmalseite und Längswand in der Südwestecke von Hütte 27 weist vermutlich auf einen Eingang hin; die Soden der Längswand sind an den Ecken nicht verstärkt, was bei einem geschlossenen Wandverband erforderlich gewesen wäre. Hütte 33 enthielt zwei dachtragende Pfosten, die das Gebäude als zweischiffig auswiesen, und einen Herd auf der Mittelachse. Außerdem fanden sich zeitgleiche Pfosten und Steinlagen außerhalb der Sodenwand. Der Versuch, einen jüngeren Bau (?) mit Herdstelle westlich der mit Hütte 27 gemeinsamen (?) Sodenlängswand zu gewinnen, bereitete Schwierigkeiten (27a).

Sämtlichen Hütten ist die leichte Konstruktion der Längsseiten gemeinsam; die instabilen Flechtwände sind nur in einem Fall mit dickeren Staken verstärkt gewesen (Hütte 29?). Ein paar Mal gelang es, Giebelwände unterhalb des Walles zu präparieren (Hütte 5, 8, 16 u. 24: *Abb. 35; 37; 46; 52; Taf. 10,2*), meistens fehlten sie an dieser Stelle, obgleich die Befundsituation vorzüglich war (z.B. Hütte 2, 9, 10, 12, 13, 19, 22, 26, 27, 29, 33 u. 35). Da der Wall niemals einen bis zum Dachfirst reichenden Schutz hätte bieten können, dürfte die Schmalseitenöffnung – wenn überhaupt – von einem Vorhang oder einer Matte verdeckt worden sein.

Die Frage nach der Bedachung konnte an Hütte 28 in groben Zügen geklärt werden: Unter Brandschicht VII präparierten wir mehrere Äste mit breitgefächerten, flächendeckenden Zweigen quer zur Hüttenrichtung heraus, dazu Bündel von zusammengebundenen Grashalmen und Zweigen *(Abb. 38–40)*. Größere Aststücke, ebenfalls in Querlage zur Hüttenflucht, enthielt Fläche 14 (Hütte 19: *Abb. 47*). Lagen organischer Substanz außerhalb der Wände dieses Befundes stammen vermutlich von abgerutschter Dachhaut (z.B. zwischen Hütte 6 und 7; östlich Hütte 12).

Als Träger für diese leichte Bedeckung des Daches dienten größere, in Gruben stehende Pfosten. Etliche vorzüglich überlieferte Befunde sichern deren Anzahl und die Art der erforderlichen Holzkonstruktion:

Zweischiffige Hütten:
Schicht IV
Hütte 7: Drei Pfosten?; einer fast am Wallrand; Abstand vom Wall nach innen: 2,30 m; 3 m *(Abb. 36)*.
Hütte 8: Vier Pfosten; einer fast am Wallrand, vier außerhalb der Schmalseiteninnenwand; Abstand vom Wall nach innen: 2 m, 2 m, 1,90 m *(Abb. 37–38)*.
Hütte 10c: Ein Pfosten am Wallfuß *(Abb. 42)*.
Schicht V:
Hütte 8: siehe oben.
Hütte 12: Drei Pfostengruben?; einer am Wall?; Abstand 2,40 m; 2 m *(Abb. 43)*.
Hütte 13: Zwei Pfosten; einer am Wall; zwei außerhalb der Schmalseitenwand in Ausbuchtung des Wandgräbchens; Abstand? *(Abb. 44)*.
Hütte 16: Vier Pfosten?; Abstand 2,2 m? *(Abb. 46)*.
Schicht VII:
Hütte 22: Zwei Pfostengruben? auf der Mittelachse im Innenraum. Abstand 2,40 m *(Abb. 49)*.
Schicht X:
Hütte 25: Ein Pfosten auf der rekonstruierten Mittelachse *(Abb. 53)*.
Schicht XII:
Hütte 33: Zwei Pfosten auf der Mittelachse; einer am Wallfuß; Abstand 2,40 m *(Abb. 60)*.
Hütte 35: Zwei Pfosten? auf der Mittelachse; Abstand? *(Abb. 61)*.

Dreischiffige Hütten:
Schicht VII:
Hütte 23: Vier der sechs Pfosten von insgesamt drei Trägerpaaren im Innenbereich. Keine Pfosten im Bereich der Schmalseitenwand; Befunde am Wall nicht aufgedeckt. Abstand: vom Wall nach innen: 1,6 m, 1,5 m; von Nord nach Süd 1,5 m *(Abb. 50)*.
Schicht X:
Hütte 24: Drei der vier Pfosten von zwei Trägerpaaren im Innenbereich: Befunde an der Schmalseitenwand nicht überliefert. Abstand: 1,60 m im Quadrat. Zahl der Trägerpaare vermutlich fünf *(Abb. 52)*.
Schicht XII:
Hütte 29: Drei der vier Pfosten von zwei Trägerpaaren im Innenbereich. Zahl der Trägerpaare vermutlich drei. Keine Pfosten an der Schmalseitenwand. Abstand von Ost nach West: 1,90 m, von Nord nach Süd: 1,70 m, *(Abb. 57)*.

Die zwölf beschriebenen Befunde dokumentieren zwei Konstruktionsvarianten. Der vorzüglich erhaltene zweischiffige Bau 8 hat dachtragende Pfosten unmittelbar außerhalb der Schmalseitenwände sowohl an der Wallseite als auch vor der zur Beringmitte zeigenden Giebelseite. Außerdem maßen wir zwei dachtragende Pfosten im Dielenbereich ein. Wallseitige Pfosten fanden sich ferner bei den Hütten 10c: *Abb. 42; Taf. 11;* 12?: *Abb. 35;* 13?: *Abb. 44;* 33: *Abb. 60,* ein Pfosten direkt außerhalb der gegenüberliegenden Schmalseitenwand bei Hütte 13: *Abb. 44.* Der Abstand zwischen den Pfosten differierte erheblich: 1,90 m: 1; 2 m: 3; 2,20 m: 1?; 2,30 m: 1; 2,40 m: 3; 3 m: 1. Einen anderen Aufbau belegen die jüngeren dreischiffigen Hütten: Die Pfostenpaare bildeten offenbar niemals Bauelemente der Schmalseiten, der Abstand der Pfosten schwankte zwischen 1,50 und 1,90 m, das Maß zwischen den einzelnen Trägerpaaren vergleichbar zwischen 1,50 und 1,70 m.

Das Hütteninnere enthielt nirgends Steinpflaster oder Lehmdielen, dafür aber Decken von organischem Streu zwischen den Wandfluchten. Als Baubefund gelang es selten, Innenwände in Längs- oder Querrichtung der Hüttenflucht (Hütte 2 u. 8: *Abb. 29; 37–38*) sowie Herdstellen aufzudecken (Schicht IV: Hütte 5, 7, 8; Schicht V: Hütte 4, 8, 12, 13?, 19: *Abb. 32–34;* Schicht VII: –?; Schicht X: –; Schicht XII: Hütte 27, 33; Schicht XV: Hütte 36?).

Der Herd lag auf der Mittelachse (Hütte 5b, 33) oder unterschiedlich weit von dieser entfernt (Hütte 4, 6 alt, 7 wenig, 8, 12, 13?, 19 wenig). Die Form des Herdes wechselte von rundlich (7 mal) bis oval (5 mal), der Durchmesser lag bei der ersten Gruppe zwischen 0,5 und 1 m, die Länge und Breite der zweiten Form hielt sich in einer vergleichbaren Größenordnung. Vier Herdplatten mit spiegeleiförmiger Lehmdecke hatten kein Fundament (Hütten 4a, 8a–b, 33), eine Scherbenbasis die der Hütten 4b, 6a–b und 7 *(Abb. 33),* Steine die Fundstellen in den Hütten 12 (Mahlsteine), 13?, 19, 27, 36? und VII,6?. Der jüngere Herd in Hütte 8 war durch Steine seitlich abgestützt.

Als letztes sind die Eingänge zu beschreiben: Eingangsmarkierungen oder besondere Türkonstruktionen fehlen in den Längswänden gänzlich; gelegentlich ist die Schmalseite unterbrochen, so bei Sodenwandbau 27 *(Abb. 56).* Bei der Flechtwandhütte 23 *(Abb. 50; Taf. 14)* lag der Durchlaß in der Schmalseitenwand im Bereich der Mittelachse, er war hier aber weder durch eine Schwelle, besondere Türpfosten zur Sicherung der Wände oder Pflasterung gekennzeichnet. Auf einen Eingang weisen bei anderen Hütten sonst noch Steinpflaster verschiedener Qualität und Größe hin. In Verlängerung der Mittelachse fand sich vor Hütte 24 *(Abb. 52)* eine 2 m lange, 1,20 m breite, trapezoide Steinlage mit abgesetzter (?) Kante zur Markierung einer Hauswand. Reste einer größeren, von jüngeren Gruben teilzerstörten Lage aus Steinen verschiedener Größe, auch länglichen Formats erstreckte sich vor Hütte 12 *(Abb. 43)* und deutete indirekt den Verlauf der Giebelseite an, ohne hier allerdings den Eingang zu fixieren. Negativ war auch der Befund bei Hütte 20/21 (Steinpflasterung nur in Profil 38 *[Beil. 6,1]*) und bei den Hütten 2, 13 u. 22, hier drei Steinlagen übereinander in Profil 6 *(Beil. 7,2).*

Steinlagen außerhalb der Hütten, z.B. Geröllschichten zwischen den Hütten 8 und 9 *(Abb. 37–38)* und bei den Hütten 12 *(Abb. 43)* und 34 *(Abb. 60),* mehrere locker gestreute Steine im Streifen zwischen den Hütten 6 und 7 und 9 und 10 und eine einschichtige Umrandung bei den Bauten 29 und 35 unterstreichen den besonderen Charakter der Bebauung innerhalb der Archsumburg. Typische Befunde für eine bäuerliche »Infrastruktur« gab es dagegen nicht. Es fehlten u.a. gepflasterte Wege, Brunnen und umfangreiche Umzäunungen.

Die Art der Bebauung und der Bauweise im Inneren des Beringes weicht von den bäuerlichen Gehöften in zeitgleichen Siedlungen am Melenknop, am Firstklent und an anderen Stellen der Nachbarschaft erheblich ab. Sowohl die Länge als auch die Breite der Hütten, ihre überwiegend zweischiffige Innenaufteilung, die leichte Bauweise, ihre geringe Flächengröße, die mangelhafte Festigkeit ihrer kleinen Herdstellen und die Lage der Eingänge an der Schmalseite finden dort keine Parallelen. Übereinstimmung zeigt sich nur bei der Verankerung der Flechtwände in Wandgräben, die Kenntnis der Rundung von Eckteilen und der seltene dreischiffige Aufbau der Dachkonstruktion.

Obgleich die Bebauung im Detail ungleichmäßig und uneinheitlich erscheint, ein Bild, das bei der planmäßigen Bauweise des Walles nicht zu erwarten war, stellt sie dennoch einen geschlossenen Komplex dar. Die radiale Lage fast aller Hütten gilt als wesentliches Merkmal, obwohl Kontinuität der einzelnen Bauplätze selten bleibt *(Taf. 9; 12–13; 15–17).*

Zäune

Stakenreihen älterer Zeitstellung, senkrecht zum Wall geführt, aber ohne eine Verbindung zu den Hütten, könnten durchaus zu stark zerstörten und deshalb nicht mehr erhaltenen Bauten zählen, etwa die Staken in Gräbchen der Fläche 4 (Hütten? 3 und 14) *(Taf. 9; Beil. 2,3).* Ob dies auch für den Befund bei Hütte 25 gilt (wohl X, *Abb. 53*), blieb ungeklärt, obwohl der Stakenabstand von 0,20 m mit dem bei sicheren Hüttenwänden übereinstimmt. Dagegen betrug die Entfernung einer in einer Reihe stehenden Stakengruppe der Bauperiode X (?) zwischen 0,30 und 0,40 m. Sie folgte dem Wallfuß in Fläche 14 in einem Abstand von etwa 4,50 m. Vermutlich handelt es sich bei diesem Befund um einen Zaun parallel zum Bering; der Abstand zwischen den Einzelstaken korrespondierte außerdem mit einer vergleichbaren Stakenreihe außerhalb des Primärwalles im Norden und Westen (s. u. S. 96).

Pfosten

In den Profilwänden fanden sich zahlreiche Einzelpfosten und Pfostengruben oder vermoderte senkrechte Staken ohne

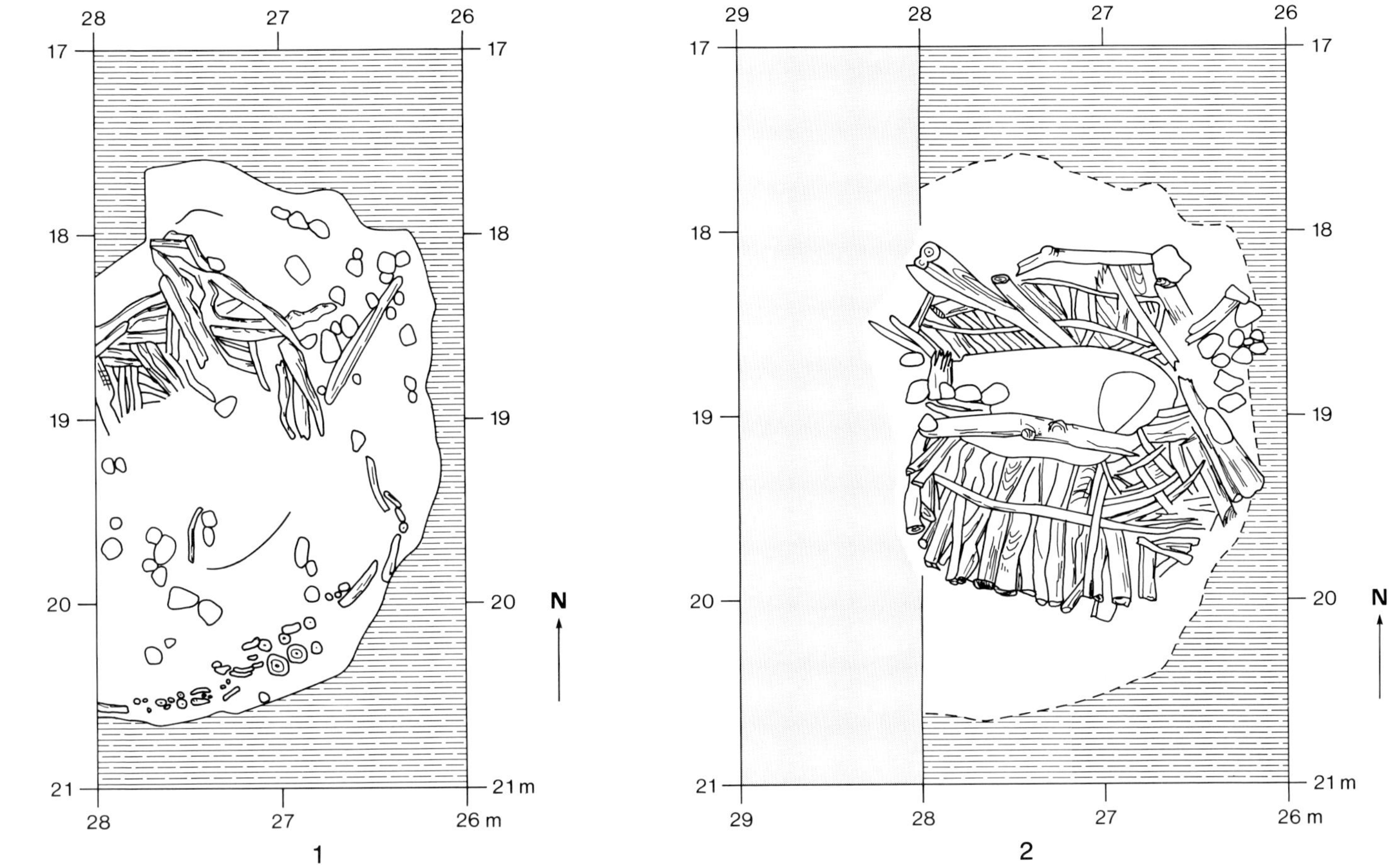

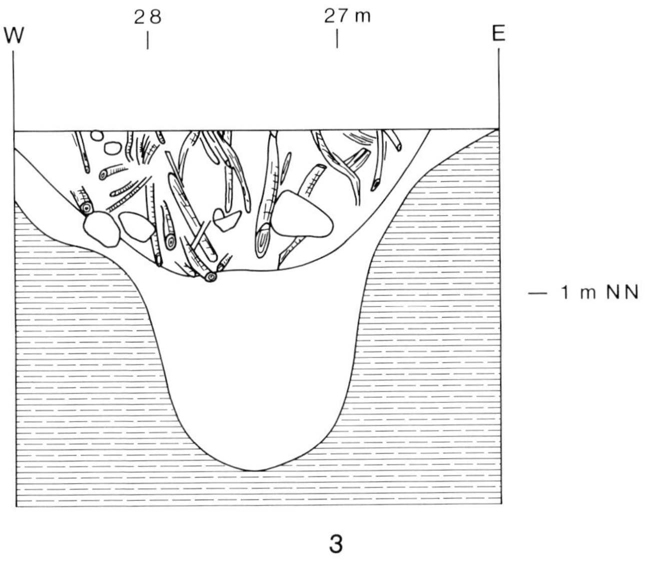

Abb. 64 Archsumburg, Fläche 13. Schacht 1. 1 Planum 1; 2 Planum 2; 3 Schnitt. – M. 1 : 40.

Pfostengrube und Wandgraben. Sie gehören vor allem in die Zeit des Hüttenbaus, können aber weder funktional noch stratigraphisch mit einem bestimmten Bau in Verbindung gebracht werden. Durchmesser, Tiefe und Art der Zurichtung (angespitzt, stumpf und seitlich von Steinen abgestützt) wechseln ebenso wie die Füllung der Pfostengrube mit Humus, durchtretenem Boden oder Klei.

Schächte *(Taf. 18)*

Zu den jüngsten Belegen für aktive Bautätigkeit innerhalb der Archsumburg zählen die Schachtanlagen 1–3.

Schacht 1: Fläche 13; Profil 3 und Detailaufnahmen; *Abb. 64–67; Beil. 7,1.*
In Profil 3 unterbricht eine 3,30 m breite, in der Aufsicht rundliche Grube die Schichten I–XX. Die Füllung besteht aus Material der Lagen XX–XXIII? (Kleiboden, Steine), während Schicht XXV den Befund bedeckt. Nachdem das Planiermaterial aus Humus, Klei und Steinen, das den Schacht bis zur Hälfte füllte, abgetragen war, beobachteten wir in Höhe der pleistozänen Oberfläche (2 m NN) nach innen gestürzte, schwere, parallel und eng zusammenliegende Holzknüppel, die von einem Dach oder einer Grubendecke stammen könnten. Zwischen 1,40 m und 1,80 m NN zeigen sich nicht nur dicht gepackte Hölzer, sondern auch »Querlatten«; im Schnitt bis zur gerundeten 0,80 m breiten Sohle (0,10 m NN) sind sie gegen die ältere Füllung aus organischem Material scharf abgegrenzt. Die eingestürzte Bedachung oder Grubendecke wurde durch größere

Steingerölle der Packung XX zerdrückt (zu den Funden s. S. 182, *Tab. 14*).

^{14}C-Analyse (Probe KI 672): 1865± 64 v. 1950; mittlere dendrochronologische Korrektur: 130 n. Chr. Geb. (Mitteilung Prof. Dr. H. Willkomm, Universität Kiel).

Schacht 2: Fläche 1; Profile 17–19; Planum 4ff.; *Abb. 37–38; 68.*

Zunächst der Profilbefund: In Profil 17 überzieht eine in Klei gebettete Steinlage bei 3,15 m NN einen Schacht, über die Profile 19 und 22 in Schicht XXVII datiert. Er unterbricht in Profil 17 und wahrscheinlich auch in Profil 22 Humussoden der Schicht XXVI. Die Füllung besteht hier aus Klei, humosen Linsen und gelegentlich waagerecht abgelegten Steinen; beide Male stützen sie senkrecht stehende Hölzer vermutlich ab. Weitere Einsicht in den Aufbau des Schachtes gestatten folgende Plana: Planum 7 (2,70 m NN): randlicher Brandschutt als Versturz der Schicht XII; Planum 8 (2,65 m NN): Kleisodenpackung am Nordwestrand; Planum 9 (2,60 m NN): Kleilage am Westrand; Planum 11 (2,32 m NN): Durchmesser des Schachtes noch 4,80 m; Plana 12 (2,10 m NN) und 13 (1,80 m NN): Locker gepackte Steine im Süden, Klei und Humus wechseln im Füllboden. Das Profil des Schachtes von Planum 11 zeigte bis zur Sohle (0,20 m NN) trichterförmige Kontur; zwischen 1,20 und 0,90 m NN zweischichtige Steinpackung, im Westen 0,20 m dicke, diskordant geböschte Erosionsschicht aus Kleibrocken, Humus und Brandschutt (I), darüber Planierung (II). Fundeinschlüsse fehlen.

Schacht 3: Fläche 14; Profile 4/5 u. 18; *Abb. 69–70; Beil. 3,1; 5,1.*

Zu den wichtigsten Befunden in Fläche 14 zählt eine runde, 5 m breite und 2 m tiefe Grube, die nach Anlage der Steinschicht XX und vor Auftrag des Kleibodens XXV datiert wird. Profil 4/5 ermöglicht die Einbindung in das westlich anschließende Profil 18 *(Beil. 3,1)*.

Profil 4/5 *(Abb. 69; Beil. 3,1)* zeigt in Nord-Süd-Richtung einen ungleichmäßig eingetieften Grubenrand mit nahezu V-förmiger Sohle (*Abb. 69,* unten), von Ost nach West geschnitten eine gleichmäßige, halbbogenförmige Kontur (*Abb. 69,* Mitte), die Aufsicht (zwischen 1,60 und 1,70 m NN) eine rundliche Verfärbung von 3 m Durchmesser, im Norden und Südwesten durch zwei

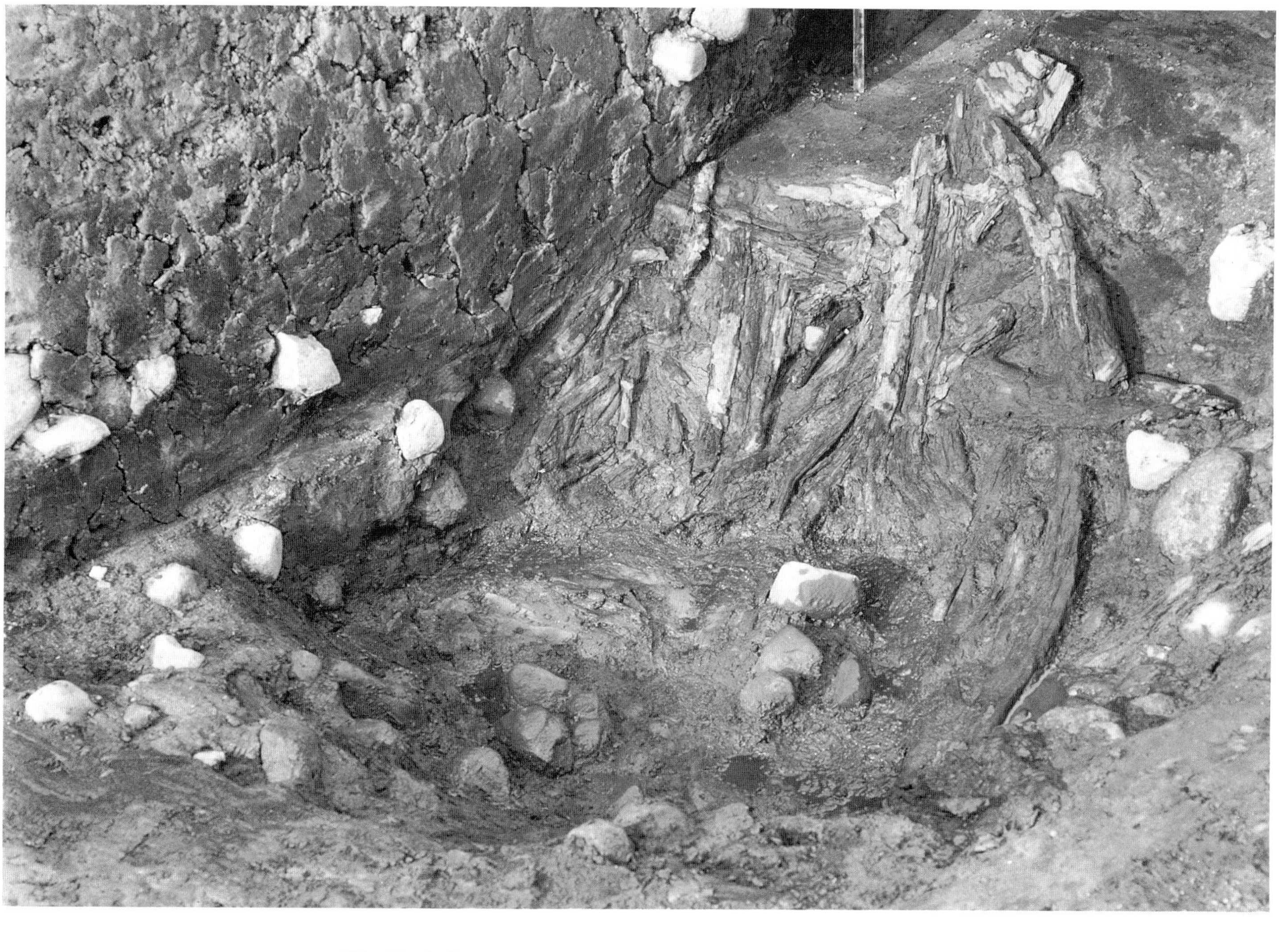

Abb. 65 Archsumburg, Fläche 13. Schacht 1, Planum 1 (von Südost).

rechteckige Ausbuchtungen unbekannter Funktion ergänzt (Breite 0,45–0,50 m, Länge 0,50–0,60 m) *(Abb. 69,1)*. Die Füllung besteht in tieferen Partien, 0,80 m mächtig, aus gelbem Sand, Humus, Brandschutt, organischen Resten, wenigen Steinen und Holzstücken *(Abb. 69,2–3)*. In der Grubenmitte steht ein Pfahl von 1,40 m Länge und 0,30 m Durchmesser, sein unteres Ende 0,20 m

Abb. 66 Archsumburg, Fläche 13. Schacht 1, Planum 2 (von West).

Abb. 67 Archsumburg, Fläche 13. Schacht 1, Profil.

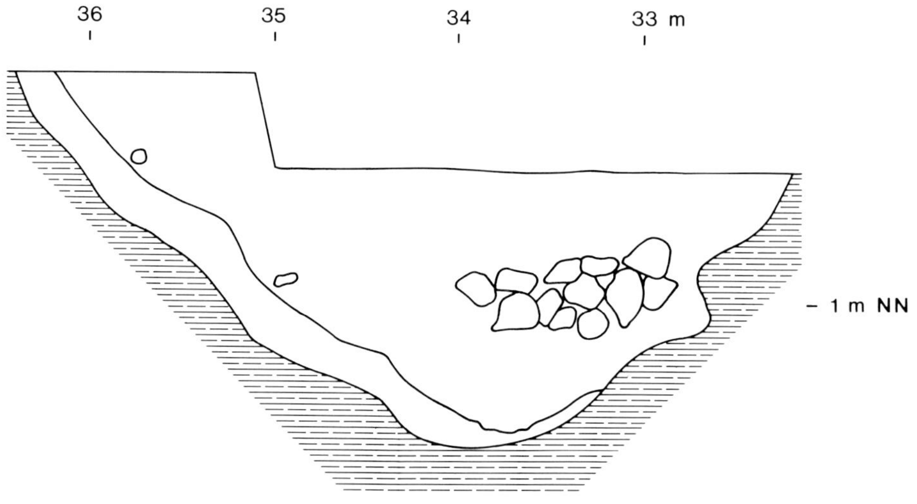

Abb. 68 Archsumburg, Fläche 1. Schacht 2: Querschnitt (von Süden). – M. 1 : 40.

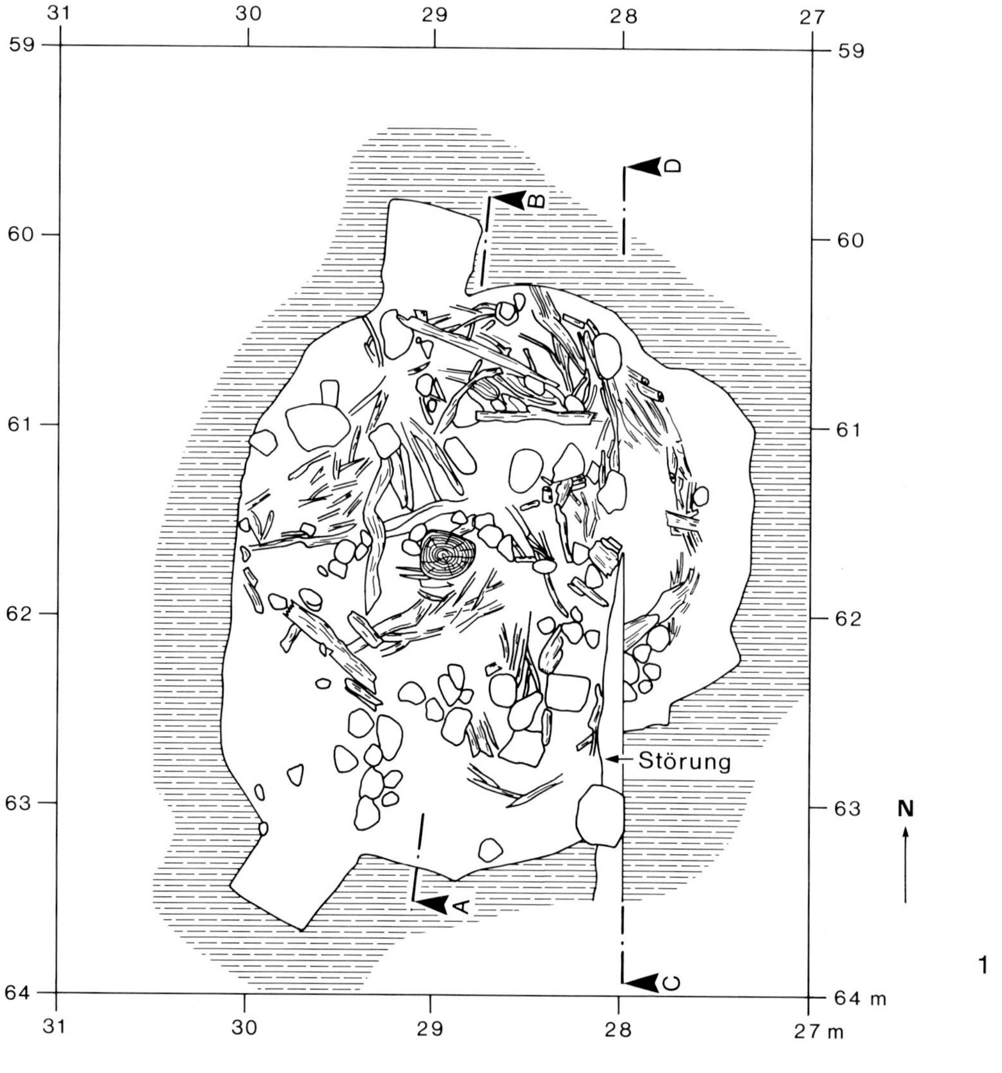

Abb. 69,1 Archsumburg, Fläche 14. Schacht 3. Planum 1. – M. 1 : 40.

über der Grubensohle, anscheinend während oder nach der Einfüllung aufgestellt und durch Steine abgestützt. Über der Grubensohle liegen zwischen 0,80 m und 1 m Steine, Flechtwandreste und Kleibrocken von Holz bedeckt, das vermutlich in die Grube stürzte, darüber zahlreiche große Steine der Geröllpackung XX, durchtretener Klei und Humus. Die Holzdecke war am Schachtrand wahrscheinlich kegelförmig aufgestellt, der zentrierte Pfahl könnte als Mittelstütze gedient haben.

^{14}C-Analyse (KI 671): 1960 ± 31 vor 1950; mittlere dendrochronologische Korrektur: 20 n. Chr. Geb. (Mitteilung Prof. Dr. H. Willkomm, Universität Kiel).

Nach der stratigraphischen Situation datieren die beiden mit Hölzern abgedeckten Schächte 1 und 3 kurz nach XX, also in die Zeit des Wallaufbaus 23b, während Schacht 1 »vor Schicht XXVII« einzuordnen ist, womit ein Zusammenhang mit der Wallerweiterung 24 als wahrscheinlich gilt. Die zeitliche Differenz begründet vermutlich die Abweichungen in der Bauweise der beiden älteren Schächte gegenüber dem jüngeren.

In der Aufsicht zeigten die Schächte rundliche Form *(Abb. 38; 64; 69)*. Etwa 1 m oberhalb der Sohle lag der Durchmesser der beiden südlichen Schächte 2 und 3 bei 2,70 m, der des Schachtes 1 im Norden bei 1,25 m. Die Schächte 2 und 3 hatten im Anschnitt breite Wannen- *(Abb. 68–69)*, Anlage 1 dagegen Birnenform *(Abb. 64)*. Die Sohle, nirgends abgeflacht, lag bei 0 m NN (2), 0,10 m NN (1) und 0,20 m NN (2) oder zwischen 2,30 und 2,40 m unterhalb der Oberfläche vor Beginn der Beringerbauung. In Schacht 2 bedeckt eine der Grubenböschung folgende, zur späteren Einfüllung diskordante Schicht (I) aus humosem Boden und Brandschuttfetzen eine Seite. Sie könnte Versturzmaterial

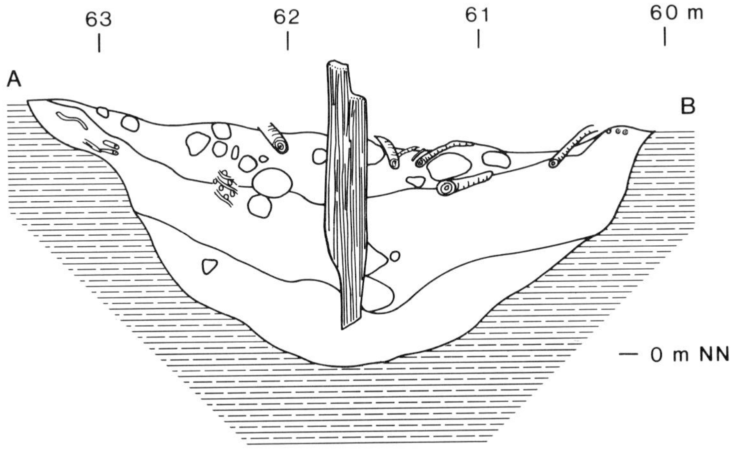

2

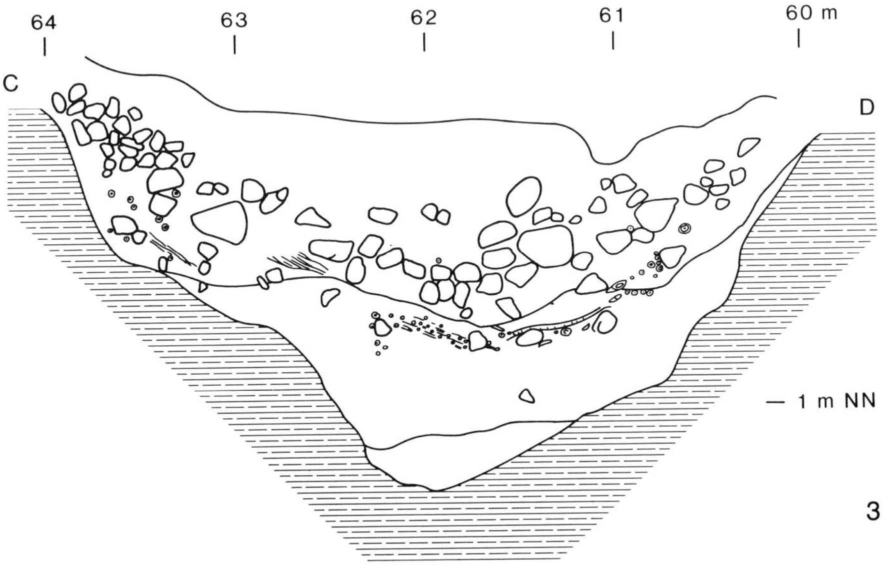

3

Abb. 69,2–3 Archsumburg, Fläche 14. Schacht 3. 2 Schnitt AB; 3 Profil 4/5 (Ergänzung) (CD). – M. 1 : 40.

Abb. 70 Archsumburg, Fläche 14. Schacht 3, Planum 1 (von Norden).

aus dem kaiserzeitlichen Siedlungsboden enthalten. Dagegen hatten die beiden älteren Anlagen keine vergleichbare »natürliche« Füllung, die bei dem wasserdurchtränkten Fließsand des anstehenden Bodens zu erwarten gewesen wäre.

Stützende Einbauten aus Steinen, Holzrahmen oder Pfählen fehlten insgesamt. Auch stimmt die Art der unteren Füllung aus humosem Material (1,3) oder durchtretenem Boden (2) überein, der zusätzlich durch torfige Rückstände erheblich angereichert ist. Diesen Füllboden schließt eine mehrschichtige Findlingspackung (2: *Abb. 68*) oder eine Knüppeldecke ab (1 u. 3: *Abb. 64–67; 69*), die abstürzte und außerdem durch Steine der Schicht XX zusätzlich ramponiert wurde. Sie trennten die untere Schachtfüllung von jüngerer Planierung aus durchtretenem Material mit Kleibrocken und Steinen.

Das alles deutet auf eine Teilfüllung der Schächte bei oder kurz nach Abschluß der Baumaßnahme hin. Dabei erhielten die Schächte 2 und 3 eine 0,90 m höhere neue Sohle, der dritte eine 1 m mächtige Decke. Die Holzdächer auf den Schächten 1 und 3 datieren vermutlich in die Zeit nach der ersten Füllung, wie Schacht 3 belegt: Der senkrechte Pfahl von rund 0,20 m Durchmesser stand im unteren Füllboden, umgeben von wenigen Stützsteinen *(Abb. 69–70)*. Das stumpfe Ende reichte bis 0,20 m oberhalb des pleistozänen Untergrundes. Der Pfahl diente offenbar als Träger einer Knüppeldecke, die man vermutlich kegelförmig aufgestellt hatte. Bei Schacht 1 waren die Knüppel dagegen satteldachförmig gegeneinander gestellt worden *(Abb. 64);* den Firstbalken und die pfettenähnlichen Hölzer hatte man auf die Staken gelegt und dadurch eine gewisse Stabilität des Bauwerkes erreicht. Schacht 2 blieb ohne Decke. Was man mit den beiden rechteckigen, asymmetrisch angeordneten »Flügeln« am nordwestlich und südwestlichen Rand des Schachtes 3 bezweckte, ließ sich nicht klären *(Abb. 69)*.

Die Schächte enthielten weder Keramik noch Knochen; die geborgenen Stücke stammen vor allem aus jüngeren Planierfüllungen oberhalb der Abdeckung.

Aus der Lage der Schächte innerhalb des Erdwerkes ergeben sich keine Hinweise auf die Art der Verwendung. Die Schachtmitte ist allerdings übereinstimmend 6,50 m vom Wallansatz entfernt. Sie lag also in Höhe der zum Beringinneren gewendeten Giebel der älteren Hütten. Eine Deutung als Brunnen ist ausgeschlossen, zumal die ersten Einfüllungen gleich nach dem Ausheben der Schächte erfolgte und keine Abstützung, die aufgrund der Bodenbeschaffenheit nötig gewesen wäre, überliefert ist.

^{14}C-Messungen an Holzproben aus den Schächten 1 (KI-672) und 3 (KI-671) datierten die Anlagen in das 1. (und zweite?) Jahrhundert n. Chr. Geb.

Steingruben *(Taf. 19)*

Zu den Besonderheiten in der Archsumburg zählen 18 (+ 2) mit Steinen gefüllte Gruben unterschiedlicher Größe, Form und Tiefe.

Steingrube (?) 1: Vor V; Fläche 12; Plana 8–10.
Unter dem Steinpflaster, das zu Hütte 12 führt (Schicht V), eine ovale Grube (?) mit großen Steinen und Füllboden aus Humus (oben) und Klei (unten). Durchmesser 0,9 m OW, 0,7 m NS, Tiefe 0,20–0,25 m (17,3–18,1 m NS; 4,2–5,2 m OW).

Steingruben 2–5: IX–X; Fläche 1; Profil 21; Planum 4.3ff.; *Abb. 38; 71.*
Nach Abtrag der Kleischichten XI–XVIII in Fläche 1 vier ovale Gruben unterschiedlicher Größe, Tiefe und Orientierung, gefüllt mit faust- bis kopfgroßen Steinen. Sie dürften nach der Bildung von Brandschicht VII gleichzeitig ausgehoben worden sein.
2. Ovale Steingrube: Länge 1,20 m NS, Breite 0,70 m OW; Tiefe 0,30–0,35 m (48,10–49,40 m NS, 40–40,80 m OW).
An der Sohle (Planum 10) offenbar Kleiabsatz. In Planum 4.3 und 5 Steinlage für Gruben 2 und 3 gemeinsam; in Planum 6.2 trennen sich die Befunde.
3. Ovale Steingrube: Länge 1,30 m OW, Breite 0,80 m NS; Tiefe 0,30–0,35 m (49,20–50,40 m NS; 39,20–41 m OW).
An der Sohle (Planum 8–10) Klei.
4. Flache Steingrube in den Plana 4.3, 5 und 6.2. Dichte, randlich konzentrierte Steinlage: Länge 2,40 m NS, Breite etwa 1,55 m OW, Tiefe etwa 0,40–0,45 m (50,40–52,80 m NS; 37,80–39,60 m OW). Im Mittelbereich (Plana 5 u. 6.1) Kleiabsatz. An der Sohle (Planum 6.2) Steine auf eine nördliche und eine südliche Packung verteilt. Ob dieser Befund zwei Gruben (a und b) oder aber nur eine gemeinsame Anlage belegt, bleibt ungeklärt. Profil 21 erweist, daß die Steingrube Brandschicht VII und Schicht IX darüber unterbricht und vom Klei der Schicht XV bedeckt wird. Der Befund datiert vermutlich in Schicht X.
5. Ovale Steingrube: Länge 1,80 m OW, Breite rund 1 m NS; Tiefe etwa 0,50 m (53–54,5 m NS, 37–38,80 m OW).
Erste Steine in Planum 4.3; in Planum 5 unförmiger Umriß, unterhalb Planum 6.2 oval begrenzt.

Steingrube 6: Vor X, nach IX (?); Fläche 1; Profil 18; Planum 11; *Beil. 5,1.*
Am Südrand der Fläche 1 Steingrube in Profil 18, 0,55 m breit, 0,50 m tief, sackförmig, von Schutt der Schicht X bedeckt (zwischen 33,2 und 33,8 m OW).

Steingrube 7: Vor XVIII (?), nach VII; nach Zwischenprofil zu Planum 5ff. bei 40,75 m OW u. Hilfsprofil zu Planum 11 vermutlich IX–X; Fläche 18; Plana 9–11 u. 20 *(Abb. 58).*
In Planum 9 längliche, mit Steinen gefüllte Grube (Länge 1,50 m NS, Breite 1,20 m OW, obere Gerölle bei 2,96 m NN, untere bei 2,20 m NN, dicht aneinander, von dünner Schlammschicht umgeben. Nach Planum 9 berührt die Grube eine nördlich angrenzende Kleifüllung in Fläche 4 (s. Gruben 15–16), tiefer fehlt dieser Zusammenhang (Planum 11, Anschnitt).

Steingruben 8 u. 9: Vor X, nach VII; Fläche 12; Profile 38 u. 39; Plana 4–13; *Abb. 28; 43 u. Beil. 6,1.*
Zweiteiliger Grubenkomplex in den Profilen 38–39: 8. Ovale Verfärbung mit Steinfüllung von 1,20 m Länge, 0,70 m Breite und 0,45 m Tiefe. Lage unter der Schmalseitenmauer der Hütte 27 (18,10–18,90 m NS; 3,30–4,20 m OW). In Planum 5, rund 0,1 m unter Planum 4, bildete die Grube zusammen mit einer in den Profilen 38–39 und den Plana 5–13 eingemessenen steingefüllten Grube 9 einen nicht mehr differenzierbaren Komplex. In und unterhalb Planum 8 zerfiel er jedoch in zwei deutlich getrennte Bereiche. Grube 9 (Breite über 0,80 m, Tiefe bis in den pleistozänen Untergrund 0,70 m: 19–19,40 m NS, 3,10–3,80 m OW). Unten Kleianreicherung zwischen den Steinen, darüber kein Füllboden.

Steingrube 10: X; Fläche 12; Profil 36; *Beil. 6,2.*
Flache Steingrube in Profil 36, 0,80 m breit, 0,25 m tief, unterbricht eine untere (?) Füllung aus Schicht X, von einer höheren, sandig-humosen Strate der gleichen Lage bedeckt. Profil 36: 16,9–17,7 m NS.

Steingrube 11: unter Klei XVIIIa, nach VII; Fläche 4; Plana 3–9. Erste Steine bereits in Planum 3, in Planum 5 ovale Grube mit faustgroßen Steinen und Klei, vom Brandschutt der Schicht VII abgesetzt. Durchmesser 0,80 m x 0,65 m NW–SO, Tiefe rund 0,40 m (35,50–36,15 m NS; 40,50–41,10 m OW).

Steingrube 12: unter Klei XVIIIa, nach VII; Fläche 4; Plana 5–9. In Planum 4 wenige Steine, in Planum 5 deutlich konturierte, ovale Verfärbung mit Steinen und Klei, Durchmesser 0,85 m NS x 0,65 m OW. Steinfüllung reicht bis Planum 9, Tiefe rund 0,40 m (35,80–36,50 m NS; 39,30–40,20 m OW).

Steingrube 13: XI–XII; Fläche 14; Profil 4/5; *Beil. 3,1b.*
Im Westprofil eine bis in den pleistozänen Untergrund eingetiefte, ausschließlich mit faust- bis kopfgroßen Steinen gefüllte, 0,70 m breite, 0,60 m tiefe Grube zwischen 64,5 und 65,2 m NS.

Steingrube 14: (IX)–X, vor XII; Fläche 18; Profil 12.
Eine im Anschnitt 0,70 m breite, mit eng zusammenliegenden Steinen von Faust- bis Kopfgröße gefüllte Grube, Tiefe 0,30 m, unterbricht Brandschicht VII und die Siedlungsschichten zwischen 40,1–40,9 m OW darunter.

Klei- und Steingruben 15 u. 16: Vor XIII, nach XII; Fläche 4 u. 18; Profile 15 u. 30; Fläche 4: Plana 3–8; Fläche 18: 9 u. 11; *Abb. 57 u. Beil. 2,1.*
Profilsteg 15/30 durchschneidet eine mit Klei gefüllte Grube

Abb. 71 Archsumburg, Fläche 1 (von Süd). Steingruben 2 (hinten) – 5 (vorn) in Fläche 1 (von Süd).

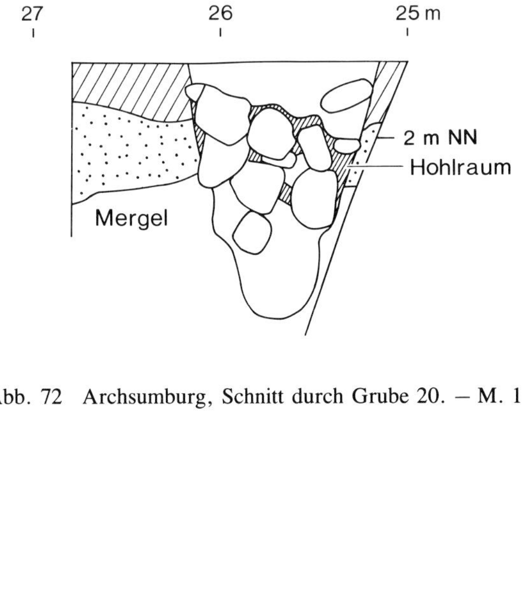

Abb. 72 Archsumburg, Schnitt durch Grube 20. – M. 1 : 40.

(Länge 2,50 m, Breite 1,35 m). Im ersten Flächenbefund (Fläche 4: Pl. 5; Fläche 18: Pl. 9) rechteckig, im tieferen Abtrag (Fläche 4: Pl. 7–8; Fläche 18: Pl. 11) oval (Länge 1,60 m, Breite 1,30 m). Nach Planum 9 erreicht sie, 0,55 m tief, pleistozänen Boden und stößt in Fläche 18 an die südlich benachbarte Steingrube 7. Weiter nördlich schien eine mit Klei und Steinen gefüllte ovale Grube 16 zunächst ein Teil der Grube 15 zu sein (Länge 1,40 m OW, Breite 0,90 m NS), doch ließ sie sich, tiefer ausgehoben, von ihr trennen und als jünger erweisen, Tiefe rund 0,50 m.

Steingrube 17: XVIIIb–XXV, nach IX; Fläche 4; Profile 31 u. 32, 1–2; Plana 3–8; *Abb. 45 u. Beil. 2,2.*
In der Nordostecke der Fläche 4 eine durch Steine von Faust- bis Kopfgröße gefüllte Grube unbekannten Umrisses, Durchmesser 1,40 m NS, über 1,10 m OW, Tiefe bis 0,45 m. Sand oder Klei zwischen den Steinen fehlen.

Steingrube 18: Zeit?; Fläche 11; *Beil. 9.*
Vor dem Nordprofil der Fläche 11 eine als »Sickerschacht« bezeichnete Grube mit faust- bis kopfgroßen Steinen, Durchmesser ca. 1,20 m; keine Schnittbefunde (16,80–17,40 m NS; 14,60 bis 15,80 m OW).

Die Gruben 19–20 gehören wegen ihrer möglichen Datierung in die Zeit vor dem Wallbau nicht in die Gruppe der Befunde 1–18.

Steingrube 19 (?): Zeit ?; Fläche 14.
Zwischen 56,7–57,2 m NS und 26,25–26,70 m OW in pleistozänem Untergrund eine runde, mit Humus und verbrannten wie unverbrannten Steinen gefüllte, 0,25 m tiefe Grube. Im Anschnitt steil, Sohle flach, Oberkante bei 2 m NN. Eine Datierung in die Vorwallbauzeit erscheint nicht ausgeschlossen, weil die Höhe der ursprünglichen Humusdecke bei 2,45 m NN liegt.

Steingrube 20 (?): Zeit ?; Fläche 14; Planum 6a; *Abb. 72.*
Im Humus unter Wallniveau rundliche, 1 m breite Grube mit Klei- und Steinfüllung (59,15–60,20 m NS und 25,40–26,50 m OW); 1,30 m tief, Sohle u-förmig, im unteren Drittel schmierige humose Füllung, durchsetzt mit Klei, organischem Material und Asche, darüber mehrschichtige, locker gepackte Lage kopfgroßer Steine in fester ortsteinähnlicher Kruste, zwischen den Steinen gelegentlich Hohlräume, darüber Klei und Humusboden. Aus der Grube stammen verschiedene Scherben (s. u. S. 182, *Tab. 14*).

Gemeinsam für die Gruben 1–18 ist der Inhalt aus faust- bis kopfgroßen Geröllen, die, abgesehen von kleiig-schmierigem Absatz im Sohlenbereich (2, 3, 5, 7 u. 9) weder mit Sand noch mit Klei oder Humus gefüllt sind. Bei der Grabung purzelten die Steine häufig aus den Profilen *(Abb. 28; 45)*, weil sie nur selten von einer Kruste zusammengehalten wurden. Das deutet darauf hin, daß die Steingruben in einem Zuge ausgehoben, gefüllt und verdeckt worden sind.

Tab. 5 gibt die Maße (ovaler Aufriß), die Orientierung (NS: 6, OW: 6) und die Lage zum Wall (Parallel: 3, Quer: 5). Einige Gruben haben einen flachen (z.B. 10, 14), andere einen sackförmigen Querschnitt (u.a. 6, 13). Die Eintiefungen unterbrechen die älteren Siedlungsschichten (4?, 7, 10) oder reichen bis in den unteren Teil des vorwallbauzeitlichen Auftrages oder sogar an die Oberfläche des pleistozänen Untergrundes (1–3, 5–7, 9, 13, 16 u. 17).

Die Befunde mit meßbaren Längen und Breiten im Planum engen den Spielraum der Werte ein: Die Längen differierten zwischen 0,90 und 1,80 m (Mittelmaß 1,16 m), die Breiten zwischen 0,65–1,20 m (Mittelmaß 0,80 m).

Die meisten Gruben gehören in den jüngsten Zeitabschnitt der Archsumburg, als die Beringinnenseite durch Hangrutsch (18) offenbar beschädigt worden war, der Ausbau des inneren Wallfußes aber noch nicht begonnen hatte (2, 6, 7?, 8?, 9?, 10, 11?, 12?, 14, 17), während andere früher (1) oder später datieren (16). Eine Verbindung zur Hüttenbebauung der Schicht X läßt sich aber nicht begründen. An eine Funktion als Brunnen ist bei der geringen Tiefe der Gruben nicht zu denken. Dagegen wäre eine Verwendung als Entwässerungsschacht nicht abzuweisen: Hierfür sprechen der gelegentlich dokumentierte Kleiabsatz an einigen Grubensohlen und der auffällige, fast gleichbleibende Abstand von den Steinfüllungen zum nächstgelegenen Wallansatz (rund 4 m) *(Taf. 19)*. Da der Hangrutsch auf ein Übergewicht wasserdurchtränkter Wandsoden zurückgehen dürfte, erschienen Maßnahmen zur Absenkung des Wasserinhaltes durchaus sinnvoll, vor allem, wenn man das Beringinnere neu bebauen wollte. Außer dieser pragmatischen Erklärung gibt es noch weitere, an anderer Stelle zu beschreibende Deutungsmöglichkeiten.

Gruben und grubenähnliche Eintiefungen

Elf Gruben und grubenähnliche Verfärbungen mit unterschiedlichem Umriß, Querschnitt und Füllboden können anhand formaler oder substanzieller Kriterien oder aufgrund ihrer Lage innerhalb des Beringes nicht als Einheit beurteilt werden; sie interessieren vor allem ihrer Datierung wegen *(Tab. 6)*. Die Zusammenstellung erscheint beachtenswert, eine Kommentierung der einzelnen Befunde wird das in der Tabelle dargestellte Bild allerdings korrigieren: Bei den ältesten Gruben handelt es sich um Profilbefunde, die stratigraphisch vor Schicht IV datieren. Eine Zuweisung in die ältere Phase IVa, die im Norden nicht herausgearbeitet werden konnte, wäre aufgrund des Schichtverlaufes durchaus diskutabel (1–2; *Beil. 6,2*); ähnlich unsicher bleibt Grube 3. Die Grubenverfärbung unterhalb Brandschicht VII in Profil 7/8 (4) erscheint demgegenüber stratigraphisch einwandfrei *(Beil. 4,1)*. Aufgrund der besonderen Ausgrabungssituation konnte weder die Ausdehnung im Planum noch die Zuordnung zu einer Baulichkeit geklärt werden.

Von den jüngeren Eintiefungen gehören nur die Befunde 5 und 9–11 in den späten Zeitabschnitt des Beringes; die Gruben 6–8 sind allein von jungen Schichten bedeckt, ältere Zeitstellung ist jedoch anzunehmen. Dies gilt vor allem für den mit gelbem Lehm gefüllten, 1 m breiten, 0,20 m tiefen Befund 7, der den »Mittelpunkt« der Archsumburg markiert.

Zu den wichtigen jungen Verfärbungen gehören die deutlich konturierte Eintiefung einer 0,40 m breiten und tiefen

Befund Nr.	Länge/ Durchm.	Breite	Tiefe	Datierung	Richtung NS	Richtung OW	Lage
1	0,90	0,70	0,25	vor V	—	+	(P)arallel. zum Wall
2 *Abb. 71*	1,20	0,70	0,35	IX–X	+	—	P
3	1,30	0,80	0,35	IX–X	—	+	(S)enkr. zum Wall
4 *Abb. 71*	a. 1,30 b. 1,30 2,60	0,80 0,75 1,55	ca. 0,40	ca. X	— +?	+ +	S S P
5 *Abb. 71*	1,80	1,00	0,50	IX–X	—	+	S
6 *Beil. 5,1*	0,55	—	0,55	vor X nach IX?	—	—	—
7	1,50	1,20	ca. 0,75	nach VII vor XVIII eher IX–X	+	—	P
8	1,20	0,70	0,45	nach VII vor X	+	—	—
9 *Abb. 28*	0,80	—	0,70	nach VII vor X	—	—	—
10 *Beil. 6,2*	0,80	—	0,25	X	—	—	—
11	0,80	0,65	0,40	nach VII	+	—	S
12	0,85	0,65	0,40	nach VII	+	—	—
13 *Beil. 3,1*	0,70	—	0,60	nach X	—	—	—
14	0,70	—	0,30	nach VII vor X?	—	—	—
15/(16) *Abb. 57*	1,40	0,90	ca. 0,50	XII ff.	—	+	S
17 *Beil. 2.2* u. *Abb. 45* (rechts)	1,40	größer als 1,10	0,45	IX–(X)	—	—	—
18	1,20	—	—	—	—	—	—

Tab. 5 Archsumburg. Maße und Lage Steingruben 1–18

Schicht I–II:	1:	Fläche 12, Profil 36, 15,6–16,2 m reicht ins Pleistozän, *Beil. 6,2*
	2:	Fläche 12, Profil 36, 17,0–17,5 m reicht ins Pleistozän, *Beil. 6,2*
	3:	Fläche 12, Planum 11/12, 16,4 –16,9 m NS; 4,1–4,7 m OW, im Humus unter Wallbauschichten
Schicht V–VII:	4:	Fläche 14, Profil 7/8, 70,8–71,5 m, von Rotasche VII bedeckt, Beil. 4,1
vor Schicht XX nach XVIII:	5:	Fläche 11, Profile 56 (13,9–14,5 m) und 58 (11,85–12,7 m) von XX bedeckt, Tiefe 0,50 m
vor Schicht XXI–XXV:	6/7:	Fläche 17, Profil 9, 13 m u. 15,2 –16,2 m
	6:	0,30 m messende Eintiefung mit Steinen;
	7:	»Zentrum der Archsumburg« (0,20 m tief) mit gelbem Lehm gefüllt
vor Schicht XXV:	8:	Fläche 11, 17–18 m NS; 12,5 –13,4 m OW unter Steintormulde XXV
nach Schicht XXVI:	9/10:	Fläche 1, 53,4–53,8 und 55,2 –55,5 m NS; 35,6–36,1 und 35,8–36,2 m OW, in: Humusdecke XXVI, unter Mergel XXVIII;
	9:	Kleifüllung
	10:	Steinsammlung
Schicht XXXI–XXXII:	11:	Fläche 1, Profil 19, 58,0–58,5 m nach Auftrag XXXI/XXXII

Tab. 6 Archsumburg. Datierung und Lage der Gruben und der grubenähnlichen Eintiefungen.

Pfostengrube (?) im Planierungsauftrag XXXI (Befund 11), die Kleifüllung eines möglichen Pfostens? (Befund 9) und eine Sammlung faustgroßer Steine im Kleibett oberhalb des humosen Sodenpaketes XXVI (Befund 10). Die beiden letzten Befunde weisen zusammen mit »echten« Pfosten auf Bauaktivität unbekannten Umfangs in der Archsumburg während der jüngsten Bauperiode hin. Die mit Klei-und Humusbrocken gefüllte Eintiefung 5 in Profilen des Torbereiches hat keinen erkennbaren Bezug zu Baubefunden. Die Sohle der Verfärbung vor Wallfuß 21–23 ist in den Aufschlüssen nicht erreicht worden.

Außenzäune

In den Flächen 9–10 und 18 fanden sich 23 gereihte, in die vorwallbauzeitliche Humusdecke bis in den pleistozänen Untergrund eingeschlagene, angespitzte Staken *(Abb. 20; Taf. 6)*.

Fläche 9/10:
Im unteren Planum 5 (2,15–2,17 m NN) eine Stakenreihe vor den Profilen 47 und 49. Die Höhe der gekappten alten Oberfläche lag bei 2,30 m NN, ursprünglich wohl bei 2,40 m. In Planum 4 (Fläche 9: 2,31–2,34 m NN am Profil; Fläche 10: 2,39–2,40 m NN am Profil) fehlen Hinweise auf Staken. Ihre Datierung erfolgt daher nicht stratigraphisch, sondern allein in Anlehnung an den vergleichbaren Befund in Fläche 18 *(Tab. 7)*. Die Entfernung zum Fuß des Primärwalles betrug 5 m.
Fläche 18:
2,70 m vor der Primärwallfront und parallel zu ihr Stakenreihe in Planum 16–17. 14 Verfärbungen (0,05 m Durchmesser) erreichen zwischen 2,50–2,30 m NN Tiefen bis 0,25 m unter der alten Oberfläche (2,50 m NN). Ihre Flucht war mit der Mauerfront 7 und 13–14 identisch. Dennoch kann sie nicht mit der unteren Außenbegrenzung der ersten Wallverbreiterung (Phase 7) verbunden werden, weil Staken in Planum 15 (2,70 m NN), ihr Flächenniveau, fehlen. Zwischen dem Befund in Planum 16 und den unteren Soden der Mauer 7 schoben sich außerdem die Schuttstraten B und D; beide enthalten keinerlei Hinweise auf eine Pseudo-Palisade oder auf eine Flechtwand. Der Abstand zwischen den Staken betrug etwa 0,40 m, wodurch er sich von dem der Hüttenflechtwände unterscheidet (0,30 m und weniger). Gegen eine Datierung in die Zeit vor dem Wallbau sprechen nicht nur der Parallelbefund in Fläche 9/10, sondern auch Holzreste in einigen der geschnittenen Verfärbungen.

Begradigung der Innenmauer

Es handelt sich im Folgenden um Arbeiten am Wallfuß innen, um die Mauer zu begradigen (a) und eine Steilkante aus jüngeren Planierungsschichten herzustellen, die teils mit der Steinansammlung aus Schicht XX einhergehen (b), teils mit einer Steinreihe korrespondieren (c).

a. Am deutlichsten dürfte wohl der Befund in Fläche 16 sein *(Beil. 4,2.3)*: Schicht X ist teilzerstört, die folgende, 0,25 m mächtige Schicht XII zwischen 1 und 2,50 m vor der Wallfront sogar abgetragen. Danach entstand eine fast horizontale Fläche im Beringinneren, die eine senkrechte Mauer aus Klei und Humussoden wallseitig begrenzt. Reste vergleichbarer Erdarbeiten fehlen in Fläche 14; Profil 7/8 enthält 2 m vor der Wallfront nur noch die Spur eines Abtrags von Schicht X. Dagegen zeigen die Profile 34(?)–35 in Fläche 2 einwandfrei bestimmbare Einbrüche zwischen den Aufträgen IX und X *(Beil. 5,3.5)*. Profil 18, Fläche 1, bestätigt diese Schichtfolge *(Beil. 5,1)*, allerdings auch hier nur in geringer Breite und Tiefe. Der Schichtverlauf wird zwischen Brandschicht VII und dem Wall unterbrochen.

In Hauptprofil 15 sind die Kulturschichten V–VI 1–2 m vor dem Wallfuß abgetragen *(Beil. 2,1)*, die jüngere Brandschicht VII erstreckt sich daher als fast horizontales Band im gesamten Profil. Wegen des Hangrutsches 18 war es jedoch nicht möglich, die Struktur der Innenmauer in diesem Aufschluß zu klären. Eine zweite Begradigung datiert nach Schicht XII. Sie läßt eine waagerechte Innenfläche entstehen, allerdings ohne senkrechte Mauerfront wie in Fläche 16.

Die Profile 32 und 33 in Fläche 4 dokumentieren erhebliche Erdbewegungen am Innenwall *(Beil. 2,2.3)*. Sie beziehen sich auf die Folge X–Xc, ein rund 0,30 m hohes Paket, das 1,40 m breit im

Mittelbereich des Profils 33 stehengeblieben war. Die Südseite dieses »Blocks« nivellierten die Aufträge XII–XV, während Schicht XV die Nordseite planierte. Vorher scheint Schicht X Teile der älteren Strate IX beschädigt zu haben. Die Aufträge X–XVIII in Nordprofil 32 (2. Fassung) zeigen Teilabtrag, nach der rund 1 m weiter südlich gelegenen ersten Aufnahme des Profils hatte man Schicht IX–XVIII etwa 3 m vor dem Wallfuß völlig abgetragen.

Vergleichbarer Bodenabtrag am Wallfuß kann im Norden der Anlage nachgewiesen werden. Hierzu zählt in Profil 3 eine Teilzerstörung der Schichten IV–VI durch die Hausmulde 22 (VII) und der jüngeren Aufträge X ff., die eine Kleilage vor X bedecken *(Beil. 7,1)*. Die Gegenseite (Profil 6) läßt einen Abtrag nach Schicht X erkennen *(Beil. 7,2)*, er begradigte den Bereich vor dem Wall. Kleianfüllungen der Straten XIII–XX begleiten die Mauerfolge 20 bis 23, die als senkrechte Wand hervortritt. Bereits vorher hatte man durch ungleichmäßige Bodenentnahme die Schichten VII bis VIII vor dem Wall entfernt. Die folgende Planierlage bedeckt dabei die Soden der abgerutschten Mauer 18. Während die Aufschlüsse im Torbereich keine Abträge in der Übergangszone vom Wall zum Innenraum belegen, ist in Fläche 12 Schicht XII rund 3 m vor dem Wallfuß begradigt (Profil 36: *Beil. 6,2*). Die folgenden Auflagen XIII–XVII legen sich diskordant auf diesen Abtrag, er nivelliert die Innenfläche.

b. Im wallentfernteren Bereich des Beringes finden sich sowohl in den Plana als auch in den Profilen Ansammlungen von Steinen unterschiedlicher Größe, Streudichte und Schichtmächtigkeit, die als Reste eines besonderen Baubefundes gelten müssen *(Taf. 20)* (Fläche 1, Profil 18, Plana 3–4.1, 4–5; 2, Profil 34, Planum 2; 4, Profil 32 (1), Planum 2; 13, Profil 3 u. 6, Planum 1; 14, Profil 4/5, 7/8 (Detailpl); 15, Profil 41–42, Planum 2–4; 18, Profil 12, Planum 6). Nach den Aufschlüssen gehören die Steine offenbar zu einer breiten Steinmauer vor der steilkantig abgetragenen Schicht XVIII–XX. Kurz nach der Fertigstellung der durchschnittlich 0,25 m hohen Kante, die zwischen 2,70 und 6,50 m vor dem gleichzeitigen Wallfuß lag, wurde die etwa 1,20 m breite Geröllanhäufung demoliert, wie Steine sowohl in den Schachtanlagen (1 u. 3: *Abb. 64* oben; *69* oben u. unten) als auch im vorgelagerten Bereich des Innenraumes belegen. Anhand der Profile 41–42 *(Beil. 4,2.3)* lassen sich der 0,20–0,25 m hohe Abtrag der Schichten XVIII–XX, der mehrschichtige, 0,60–1,20 m breite Steinaufbau und die nach Zerstörung aufgebrachte Kleidecke XXI belegen. Andere Profile bestätigen die stratigraphische Gliederung: Profil 7/8 enthält die 0,20 m hohe Abtragskante der Kleischichten XVIII–XX *(Beil. 4,1)*, Deckschicht XXI reicht aber nur bis zum Ansatz der rund 3 m langen Steinpackung Profil 4/5 *(Beil. 3,1)*: 0,30 m hohe Kleischichtkante, davor eine 1,40 m breite Geröllansammlung, die anschließend Schacht 3 unterbricht; Deckschicht XXI fehlt. Profil 18 *(Beil. 5,1)*: Der ungeteilten, 0,20 m hohen Kleischicht XVIII–XXI(?) vorgelagert eine mehrschichtige Geröllage von 2,60 m Länge. Profil 12: 0,25 m mächtige Kleischicht mit faustgroßen, locker verteilten Geröllen durch eine 1,20 m breite Steinlage 2,90 m vor dem Wallfuß abgelöst. Deckschicht XXI fehlt. Profil 32 (1. Fassung: *Abb. 45*): Schicht XXI bedeckt 2,80 m vor dem Wallfuß etliche Steine. Profil 3 *(Beil. 7,1)*: XVIII–XX abgetragen, Kantenbildung nicht erkennbar, auf Steinlage (Breite 1,80 m) folgt Schichtunterbrechung durch Schacht 1. Profil 6 *(Beil. 7,2)*: 0,25 m hohe Kante der Schichten XVIII–XX, Steinansammlung von 1,20 m Breite, anschließend lockere Geröllagen in 2,30 m Länge, Kleischicht XXI bedeckt Gesamtbefund. Profil 36 *(Beil. 6,2)*: Schicht XVIII mit Hausresten nicht abgetragen, darüber 0,25 m mächtige Schicht XX, 1,60 m breite Steinpackung rund 4,80 m vor dem Wallfuß.

Fläche 9/10					
1.	MP:	NS 2,30	OW 9,05	Tiefe 0,15	
2.	MP:	NS 2,25	OW 9,45	Tiefe 0,20	
3.	MP:	NS 2,20	OW 9,80	Tiefe 0,20	
4.	MP:	NS 2,10	OW 10,25	Tiefe 0,10	
5.	MP:	NS 2,10	OW 11,75	Tiefe 0,05	
6.	MP:	NS 2,10	OW 12,12	Tiefe 0,06	
7.	MP:	NS 2,00	OW 12,55	Tiefe 0,06	
8.	MP:	NS 1,95	OW 12,95	Tiefe 0,17	
9.	MP:	NS 1,90	OW 13,30	Tiefe 0,15	
Fläche 18:					
10.		NS 42,38	OW 54,18	Tiefe 0,24	(Holzreste)
11.		NS 42,75	OW 54,15	Tiefe –	
12.		NS 43,05	OW 54,15	Tiefe 0,19	
13.		NS 43,45	OW 54,15	Tiefe 0,24	
14.		NS 43,95	OW 54,12	Tiefe 0,25	
15.		NS 44,22	OW 54,11	Tiefe 0,25	(Holzreste)
16.		NS 44,60	OW 54,10	Tiefe 0,26	
17.		NS 44,60	OW 53,80	Tiefe 0,18	(schräg)
18.		NS 45,00	OW 54,00	Tiefe 0,25	(Holzreste)
19.		NS 45,38	OW 54,00	Tiefe 0,17	
20.		NS 45,75	OW 53,90	Tiefe 0,25	
21.		NS 46,12	OW 53,81	Tiefe 0,17	
22.		NS 46,50	OW 53,85	Tiefe –	
23.		NS 46,70	OW 53,75	Tiefe –	

Tab. 7 Archsumburg. Maße der Außenzäune vor dem Erdwerk.

c. In Profil 15, Fläche 18 *(Beil. 2,1)*, markiert eine Steinpackung etwa 1,40 m vor dem Wallfuß 24 eine Stufe in Kleiauftrag XXI, vermutlich auch in Profil 12, hier allerdings mit Steinen der Geröllage XXVII teilvermengt. Profil 6, Fläche 13 *(Beil. 7,2)*, enthält eine Steinlage ohne Stufenbildung als Trenner von XXI–XXV. Die Herkunft der Gerölle und die Bedeutung des Absatzes bleiben ungeklärt. Der Befund dürfte aber mit den Abträgen am inneren Wallfuß vergleichbar sein.

Die Befunde im Streifen unmittelbar unterhalb der Innenmauer des Erdwerks erbrachten wichtige Hinweise zur jüngsten Geschichte der Archsumburg. Die nur partiellen Belege für Bodenentnahme oder Schichtunterbrechung zur Zeit der älteren Hütten könnten mit der Errichtung dieser Bauten zusammenhängen (Profile 3 u. 6: *Beil. 7,1.2*). Einen anderen Wert muß man der radikalen Wallbegradigung nach Schicht X oder XII beimessen. Damals entstand eine weitflächige »Fastebene« hinter dem Wall, die nur die Sodenwandhäuser 27 und 33 unbeschädigt ließ. Die folgende jüngere Bebauung erscheint dagegen erheblich reduziert (Hütte 36: *Abb. 62*; Herde: S. 80). Die Innenmauer blieb bei späteren Baumaßnahmen intakt: Als man die Schichten XVIII–XX abtrug, schuf man an mehreren Stellen eine erste Kante als Begrenzung der planierten (?) Innenfläche nach dem Versturz des inneren Wallfußes 18 und betonte sie vermutlich noch durch eine Steinmauer (?). Vergleichbares finden wir nach Begradigung und weitgehender Nivellierung des Innenbereiches am Übergang der Schicht XXI zu XXIII und vor XXVII am inneren Wallfuß, als eine 0,40 m mächtige Ackersodenschicht (XXVI) im gesamten Innenbereich aufgetragen wurde. Ob die Kleischichten XXXff. mit ähnlichen Arbeitsleistungen zusammenhängen, blieb ungeklärt.

Planierschichten aus der Zeit der Beringaufgabe

a. Innen:

Bevor das Erdwerk aufgegeben wurde, hatte man dessen Inneres noch mehrfach umgestaltet; davon zeugen Verfärbungen einer Tormulde »D 3« oberhalb des Kriechganges aus Findlingen *(Beil. 8,3)*, die aus Geröllen errichtete jüngste Innenmauer (Schicht 25/XXVII: *Abb. 13*) und einige Pfosten (*Beil. 4,3:* zwischen 67–68 m und bei 71 m NN) und Verfärbungen unbekannter Bestimmung. Vorher waren die Innenflächen nivelliert (Schicht XXVI) und der innere Wallfuß geböscht worden. Alle diese Arbeiten fanden in der Zeit zwischen dem Ende des Hüttenbaus (XVIII) und denjenigen Aufträgen statt, die diskordant auf den Beringschichten liegen.

Mehrfach ist durch Abtrag der Schichten XVIII–XX, XXII und XXV (–XXVIII) das Relief unmittelbar vor dem inneren Wallfuß verändert worden. Während die beiden ersten Maßnahmen für eine Nivellierung der Innenfläche ohne weiteren Bodenauftrag ausreichten, wurde das gesamte umwallte Areal im Zuge der jüngsten Kantenbildung (3) zusätzlich durch Sodenauflage XXVI erhöht. Das Niveau der Innenfläche lag vorher zwischen 2,6 bis 3,3 m NN, danach zwischen 3 und 3,40 m NN. Fläche 17 belegt dabei Schichtgrenzen zwischen den einzelnen Auftragsstadien sowohl im Planum als auch in den Profilen. Demnach erfolgte die Aufhöhung in Schüben, die sich in unterschiedlicher Materialzusammensetzung markierten. Die Herkunft der Soden blieb unbekannt: Einzelne abgerollte Scherben deuten auf eine ehemalige Ackerflur hin. Naturwissenschaftliche Befunde bestätigen es: Phosphorgehalte, wenig über jenen Werten, die in A_h-Horizonten extremer Trocken-Podsole auf nährstoffarmen Standorten aufzutreten pflegen, so daß die Soden »aus einer humos-sandigen, nährstoffarmen, wenig intensiv bewirtschafteten Ackerflur im Staunässebereich« stammen könnten (M. Deppenbrock), dann Pflanzenreste, außer Getreide auch Reste einer Acker- und Ruderalvegetation, u.a. Bottenbinse, die auf feuchten, sandigen oder reinen Salztonböden zu Hause ist (H. Kroll)[41]. Nach der Zusammensetzung des Pflanzenspektrums auf dem Melenknop zu urteilen, wird der Boden in die Zeit um Christi Geburt datiert (II Beil. 4). Schließlich palynologische Daten: Heide und Kulturanzeiger hatten den größten Anteil (II 167ff.), u.a. Roggen *(Secale)*. Wichtig erscheint der Hinweis F.-R. Averdiecks zu diesem Material: »Möglicherweise drückt sich hierdurch eine zeitliche Differenz aus, denn Roggen fehlt in der Archsumer Siedlung am Beginn der römischen Kaiserzeit noch gänzlich«, während er in der Völkerwanderungszeit und in der Wikingerzeit die Gerste abgelöst habe.

Die beiden nach dem Versturz der Steinmauer 25 datierten Auflagen XXVIII–XXIX (lehmig/mergelig, einige Scherben, durchtretener Boden) dürften den Humus bald verdeckt haben: Die Oberfläche der konturierten Ackersoden ist weder bearbeitet noch homogenisiert oder zersetzt worden und auch nicht begrünt gewesen *(Abb. 4,2)*. Die im Innenbereich der Umwallung aufgetragenen Humussoden wären vermutlich bei kräftigem Regen mit Wasser derart getränkt worden, daß man sie nicht hätte betreten können, ohne die Soden oben zu beschädigen, wäre keine Möglichkeit gewesen, das Areal schnell zu entwässern. Hinweise auf Oberflächendrainage gibt es aber an keiner Stelle, es sei denn, die schmalen Gräben zum Nordtor hätten diesen Zweck gehabt. Die Grabung lieferte indessen nicht die geringste Spur, etwa sandigen Bodensatz oder Kantenabbruch, wie wir es bei unseren »Wassergräben« nach Wolkenbrüchen während der Grabung kennenlernten. Allerdings könnte die befundlose Lehm-Mergeldecke als Versuch verstanden werden, die »schwammähnliche« Aufhöhung XXVI zu versiegeln; später sicherte man sie mit der 0,30–0,40 m mächtigen, wasserundurchlässigen Kleilage XXX *(Abb. 4,2)*.

Eine Durchsicht sämtlicher Profile und Plana bestätigt die Schichtfolge. Auch gelang es, verschiedene Pfosten und Verfärbungen mit Bauarbeiten nach Schicht XXVI zu verbinden. Hinzu kommen dünne, tiefschwarze Bänder unbekannter Entstehung auf Schicht XXVIII aus 0,30 m dickem, lehmig-mergeligem Material (Profil 3 zwischen 20,5 und 25,5 m NS) und Auflagen von Siedlungsschutt (Profil 19: ca. 52–57 m NS). Auf Kleischicht XXX fanden sich Reste einer Geröllsteinlage (z.B. Profil 7/8: *Beil. 4,1; 34*: 1. Fassung) ohne Verbindung zur Umwallung oder zu einem Baubefund. Die folgenden, 0,30 m mächtigen Aufträge XXXI bis XXXIII aus sandigem Klei ließen sich nur in wenigen Profilen stratifizieren (z.B. Profil 15: *Beil. 2,1*). Sie dürften insgesamt als die jüngsten prähistorischen Aufträge im Inneren der Archsumburg gelten.

Die Frage, ob der Wall nach der Planierung als Monument sichtbar gewesen sei, wie es nach historischer Überlieferung anzunehmen war, gehört gleichfalls in diesen Themenbereich. Nach dem undatierten Abtrag der Schichten XXXI–XXXIII vom inneren Wallfuß bis zum Beringzentrum entstand eine neue innere »Wallfront« unbekannter Höhe, die einige Male von Schicht XXXIV konserviert worden ist (Profile 6: *Beil. 7,2;* 7/8: *Beil. 4,1;* 41–42: *Beil. 4,2.3*). Deshalb wird sich der Wall gegen das planierte Innere wenigstens zeitweilig abgesetzt haben, in welcher Höhe wissen wir allerdings nicht. In Profil 7/8 *(Beil. 4,1)* schob sich Schicht XXXIV zungenförmig über die Reste der abgeschrägten Walloberseite, auch in den Profilen 41 und 42 *(Beil. 4,2.3)*, während in Profil 6 *(Beil. 7,2)* Sandschicht XXXIV nur die senkrechte, 0,05 m hohe Wallkante bedeckte.

Ein Versuch, den Scheitel des Walles anhand des Böschungswinkels der Aufträge bis Schicht XXXII in Profil 15 zu rekonstruieren, erbrachte eine maximal mögliche Höhe des Erdwerkes zwischen 0,8 und 1 m oberhalb der jüngsten eingemessenen Beringoberfläche. Hierbei blieb die Frage unbekannter Erweiterungen des Innenwalles unberücksichtigt.

b. Außen:

Aus den Profilen 4/5 *(Beil. 3,1)*, 7/8 *(Beil. 4,1)* und 42 *(Beil. 4,3)* im Süden und Profil 6 *(Beil. 7,2)* im Norden geht hervor, daß die Außenwallerweiterungen »alt« beschädigt worden sind, sie schlossen die Beringerhöhung vor Auftrag der jüngsten Anschüttungsschicht an der Außenseite ab und entstanden deshalb vor Aufgabe des Erdwerkes insgesamt: In den Profilen bedecken die undatierten, mit Sicherheit aber prähistorischen Anschüttungsschichten nicht nur die Wallfront, sondern auch die Erweiterung 13ff. (Profil 4/5, 7/8, 42) oder 16–17 (Profil 6). Während in Profil 4/5 offenbar keine Beschädigung an 13ff. sichtbar ist, fand sich in der gegenüberliegenden Wand eine ungleichmäßige Außenkante konserviert von der Anschüttung, die in den Profilen 6 und 42 begradigt er-

[41] Kossack u. Harck (Anm. 31) 480ff.

scheint. Struktur und Neigungswinkel der Anschüttung in Profil 4/5 deuten an *(Beil. 3,1)*, daß der Wallscheitel vor der Entstehung einer sandig-humosen Erosionsschicht (?) eine maximale Höhe von 0,8–1 m oberhalb des gezeichneten Profils oder unter neuzeitlichem Auftrag erreicht haben dürfte. Diese Angabe korrespondiert auffälligerweise mit den Befunden an der Wallinnenseite.

Nach Auftrag der von einer Steilkante am Wall begrenzten Schicht Ackersoden (XXVI) und dem Abbruch der Steinmauer 25 (Geröllschicht XXVII: *Taf. 5*) hatte man die fast ebene Innenfläche mit einer Lehm- und Mergeldecke »versiegelt«. Den Abschluß bildeten eine 0,30 m mächtige Lage fetten Kleis (XXX) und mehrere, sandig-kleiige Auflagen (XXXI–XXXIII). Hinweise auf Baubefunde dieser jüngsten Zeit fehlen, abgesehen von wenigen Pfosten und Verfärbungen in den Humussoden XXVI. Nach einem undatierten, offenbar den Bering berücksichtigenden Abtrag wallnaher Innenschichten und nach Auftrag der Schicht XXXIII überlagerte Sandstrate XXXIV den Innenbereich diskordant. Sie bedeckte außerdem den Wallfuß, der im Verhältnis zu den planierten Innenschichten auf höherem Niveau stand.

Alte »Anschüttschichten« konservierten die Außenfront nach Abschluß der jüngsten Aufhöhung. Dabei hatte man Teile der Walloberkante begradigt oder teilzerstört. Ein Versuch, die Wallhöhe anhand der Schichtfolgen an der Außen- und Innenseite des Erdwerkes zu rekonstruieren, ergab ein Maß zwischen 0,80–1 m oberhalb der eingemessenen Beringreste.

Nach dem Gesamtbefund zu urteilen, könnte die Archsumburg demnach zeitweilig vielleicht als zerstörter Rundwall von geringer Höhe obertägig sichtbar gewesen sein. Erosion, Abträge neuerer Zeit und neuzeitliche Bodenentnahme zur Humusgewinnung aus dem mittleren Wallstück haben die jüngsten Umwallungsreste allerdings zu einem frühen Zeitpunkt reduziert.

Fundeinschlüsse

Umfangreiches Fundmaterial datiert die Archsumburg und dient der Interpretation des Bodendenkmals, es besteht zum überwiegenden Teil aus keramischen Erzeugnissen: außer Gefäßen üblicher Form noch Webgewichte, »Teller« und gehenkelte »Deckel«. Zahlreiche Hölzer, darunter aber nur wenige Geräte, mehrere bearbeitete Stein- und Flintstücke sowie Tierknochen kommen hinzu, allerdings in geringer Anzahl. Ein fragmentarisch erhaltenes Bernsteinstück und eine grünliche Glasperle gehören zu den seltenen Antiquitäten. Unter dem Wall fanden sich einige Scherben, Flintstücke und Reste von Bronzedraht, westlich des Erdwerkes und in jüngeren Störungen der Schichten auch mittelalterliche Keramik und neuzeitliche Erzeugnisse. Diese Komplexe werden an anderer Stelle beschrieben (s. S. 260ff.).

Das Fundgut wurde während der Grabungsarbeiten sowohl nach Koordinaten als auch im Nivellement erfaßt (Katalog S. 282ff.); stratigraphisch Gesichertes erfährt bei der Auswertung besondere Beachtung (s. S. 179f.). Während der Grabung 1972 sind die Materialien numerisch von 1–232 bezeichnet worden, im folgenden Jahr hat man unter neuer Grabungsleitung unglücklicherweise gleichfalls mit »1« begonnen und von 1974 bis 1978 diese Zählung weitergeführt (1973: 1–395, 1974: 396–629, 1976: 630–906, 1977: 907–987, 1978: 988–1012). Eine Verwechslung der Fundzahlen wäre für die Jahre 1972 und 1973 denkbar. Zur Unterscheidung des Fundgutes im Suchschnitt des ersten Grabungsjahres wird daher die Zahl »72« den Fundnummern vorangestellt, bei Aufzählungen aus beiden Jahren ebenfalls die Bezeichnung »73« übernommen, das Grabungsjahr sonst aber weitgehend unberücksichtigt gelassen.

Keramik

Umfang und Erhaltung

Während der Ausgrabungen von 1972–1978 wurden rund 7500 Scherben geborgen. Hierzu zählen einerseits Reste von Gefäßen verschiedenster Funktion, andererseits sekundär als Spinnwirtel genutzte durchbohrte Wandscherben sowie als Näpfe hergerichtete Fußteile von Pokalgefäßen. Die Tonware verteilt sich im einzelnen auf folgende Gruppen: Randscherben 962 (12,8%), Bodenscherben 544 (7,2%), verzierte Scherben 772 (10,2%) und »atypische«Ware 5243 (69,8%). Im Vergleich zu entsprechenden Auszählungen von Siedlungsmaterial aus den Grabungen auf dem Melenknop (Fundstelle 65) und im Wohnhügel Firstklent (Fundstelle 86) deuten sich bei quantitativer Zusammensetzung bemerkenswerte Abweichungen an. Das liegt nicht am wechselnden Umfang der ausgegrabenen Flächen: Während der Suchgraben im Firstklent 3478 Funde erbracht hat, davon 310 Randstücke (8,6%), 148 Bodenscherben (4,2%) und 183 verzierte Scherben (5,3%), konnten auf dem Melenknop bei nahezu totaler Aufdeckung 136597 Funde aufgelistet werden, 11521 Randscherben (8,5%), 5858 Bodenstücke (4,2%) und 6071 verzierte Scherben (4,4%). Repräsentative Zwischenzählungen am Melenknop mit einer Scherbenzahl, die dem Anfall aus der Archsumburg in quantitativer Hinsicht entspricht, ergaben nur geringfügige Abweichungen gegenüber der gesamten Fundzahl aus dem Wohnhügel. Die Ergebnisse dieser Auflistungen finden sich in *Tab. 8*.

Die Fundverteilung aus beiden Siedlungen einschließlich der Zwischenzählungen belegt eine geringe Schwankung der Prozentanteile bei den einzelnen Gruppen. Sie liegt unter den entsprechenden Zahlen der Archsumburg, die ihrerseits in vielerlei Hinsicht mit dem Zählergebnis von repräsentativen, zeitgleichen Friedhöfen auf dem Festland korrespondieren. Bei Sörup I und II, Gräberfelder der römischen Kaiserzeit im

Siedlungen	Gesamtzahl Scherben	Rand-scherben	Boden-scherben	verzierte Scherben
MELENKNOP				
gesamt	136 597 (100%)	11 521 (8,5%)	5 858 (4,2%)	6 071 (4,4%)
Zwischen-zählung Fund-Nr.				
1–200	7 367 (100%)	724 (9,8%)	278 (3,7%)	289 (3,9%)
600–615	7 333 (100%)	738 (10%)	303 (4,1%)	141 (1,9%)
700–735	7 323 (100%)	571 (7,7%)	321 (4,3%)	231 (3,1%)
FIRSTKLENT	3 478 (100%)	301 (8,6%)	148 (4,2%)	183 (5,3%)
ARCHSUM-BURG	7 521 (100%)	962 (12,8%)	544 (7,2%)	772 (10,2%)
Gräberfeld				
SÖRUP I–II (120 Gefäße)	5 865 (100%)	787 (13,4%)	596 (10,1%)	1 479 (25,2%)

Tab. 8 Quantitatives Verhältnis der Scherbensorten in römerzeitlichen Wohnhügeln, der Archsumburg und in Gräbern des Friedhofes von Sörup in Angeln.

Kr. Schleswig-Flensburg, kann davon ausgegangen werden, daß die Gefäße nahezu komplett in den Boden gelangten[42]. Der Ausgräber hatte somit theoretisch die Möglichkeit, sämtliche Gefäßreste zu bergen. Im Gegensatz hierzu erscheinen Zusammensetzung und Auswahl in den Siedlungen mit zahlreichem Keramikbruch eher zufällig. Die Keramik in der Archsumburg nimmt dabei eine Sonderstellung ein, da sie mit dem Befund des Gräberfeldes einigermaßen übereinstimmt, während es bei den Siedlungen nicht der Fall ist. Dieses Ergebnis unterstreicht den besonderen Charakter der Archsumburg gegenüber den benachbarten Wohnplätzen. Für die funktionale Deutung des Bauwerkes dürften die Gruppierungen nicht unerheblich sein, obgleich Analysen von ausgezählten Keramikresten aus Siedlungen anderer Zeitstellung teils vergleichbare, teils völlig abweichende Resultate erbringen: Die jungbronzezeitliche Siedlung Fragtrup in Himmerland/Dänemark enthielt 15 455 Wand-, Henkel- und Deckelscherben (73,7%), 1181 Randscherben (5,6%), 372 Bodenstücke (1,8%) und 3946 undefinierbare Keramikfragmente (18,9%); eine völkerwanderungszeitliche Grube in Bergen a. d. D., Kr. Lüchow-Dannenberg, 395 atypische Wandscherben (77,9%), 67 Randscherben (13,2%) und 45 Bodenstücke (8,9%)[43].

Ordnung

Die folgende Untersuchung des Scherbenmaterials aus Schichten, die der Zeit des Wallbaus angehören, geht von typologischen Merkmalen und funktionalen Kriterien aus. Es folgen die Beschreibung der eingemessenen Scherben aus stratifizierten Profilen und kartierten Fundarealen und schließlich die Zuweisung zu bestimmten Flächenbefunden. Die gewählte Reihenfolge erklärt sich aus der Einsicht, daß die in Bebauungsschichten geborgenen Scherben keine deutlichen Hinweise auf stilistische oder funktionale Veränderungen ergeben, sondern daß sie insgesamt als »Einheitsware« der älteren Kaiserzeit beurteilt werden dürfen[44]. Die Prüfung dieser Annahme erfordert aus methodischer Sicht eine eingehende Materialvorlage, zumal sie, bestätigte sie sich, für die Deutung der Anlage insgesamt wesentlich erscheint.

Die Ergänzungen und Exkurse zu ausgewählten Materialien dienen regionaler Zuordnung bestimmter Formen und Merkmale. Sie gehen auf eine Durchsicht dänischer, norddeutscher und niederländischer Literatur zurück und erheben keinerlei Anspruch auf Vollständigkeit. Eine detaillierte Fundanalyse soll nach umfassender Materialaufnahme in Jütland, Niedersachsen und Holland im Zusammenhang mit der Bearbeitung wesentlich größerer Scherbenkomplexe Archsumer Siedlungen erfolgen.

Als Grundlage für den anschließenden Gliederungsversuch wurde zunächst ein Schlüssel der wichtigsten Rand-, Boden- und Henkeltypen sowie der Verzierungsmerkmale anhand des Gesamtmaterials erarbeitet. Einzelfunde, die sich in typologischer Hinsicht nicht unmittelbar in dieses Schema einfügen lassen, werden dagegen individuell im Zusammenhang mit ihrer formenkundlichen Vorlage beschrieben, während die Aufnahme der »Massenware« nach der unten vorgestellten Typenaufzählung erfolgt.

[42] K. Raddatz, Sörup I. Ein Gräberfeld der Eisenzeit in Angeln (1981); K. Lagler, Sörup II und Südensee. Zwei eisenzeitliche Urnenfriedhöfe in Angeln (1989).

[43] B. Draiby, Fragtrup – en boplads fra yngre bronzealder i Vesthimmerland. Årbøger 1984, 127ff., bes. 175; Harck, Eine Siedlungsgrube der Völkerwanderungszeit aus Bergen a.d. Dumme, Kr. Lüchow-Dannenberg, Niedersachsen. Stud. Sachsenforsch. 3, 1982, 31ff.

[44] Kossack u. Harck (Anm. 31) 489ff.

Töpfe

Merkmale

Der Keramikschlüssel berücksichtigt an erster Stelle Ränder, Böden, Henkel und Verzierungsdetails topfartiger Gefäße, während die Schalen als besonderer Komplex später beschrieben werden.

Randtypen

Von 962 Mündungsscherben standen lediglich 579 formenkundlicher Auswertung zur Verfügung; 382 Stücke (39,7%) schlossen wir aus, weil es nur Fragmente oder auch Doubletten von schon erfaßten Gefäßen waren. Beide Gruppen wurden jedoch bei der statistischen Erfassung mitgezählt. Die Grobsortierung der Gefäßränder erfolgte zunächst formal, beispielsweise danach, ob die Randlippe verdickt, facettiert oder innen gerundet ist, und nach der Art des Umbruchs. Wir gliedern den Fundstoff in sechs Randtypen, die ihrerseits wiederum in mehrere, hier aber nicht berücksichtigte Varianten aufgeteilt werden können. Sämtliche Ränder sind außerdem nach einheitlichen Gesichtspunkten mit der Zielsetzung vermessen worden, die Ordnung objektivieren zu können. Als Meßwerte dienten dabei die Höhe des Randes vom Umbruch bis zum Mundsaum (a), die größte Breite der Randlippe (b) und die Wandungsstärke der Gefäßschulter (c) *(Abb. 73a)*.

Typ 1: Nach außen geknickter oder deutlich umgebogener Rand, überwiegend kurz-verdickt, seltener etwas länglich-verdickt. Außenkante gerade, abgestrichen oder facettiert, Innenseite gerundet oder facettiert. Meßwerte: Höhe »a« überwiegend größer als die Breite »b«, »b« wiederum deutlich breiter als »c«. 324 Funde (55,9% aller vermessener Ränder) *(Abb. 73a; 74)*.
Typ 2: Kurzer, kaum nach außen geknickter oder gebogener Rand. Außen gelegentlich mit facettiertem Abstrich, Innenseite gerundet oder facettiert. Meßwerte: Höhe »a« und Breite »b« fast gleich, »b« nur wenig größer als »c«. Insgesamt 114 Funde (19,6% aller vermessener Randscherben). Variante mit rundlich verdicktem Profil, wegen der Meßwerte zu Typ 2 statt zu Typ 1 gezählt *(Abb. 73a; 75)*.
Typ 3: Kolbenartig geformter, hoher, langgezogener Rand, Profil häufig trichterförmig. Umbruch deutlich geknickt, gebogen oder geschweift. Mundsaum vielfach abgestrichen, verdickte Innenkante gerundet oder facettiert. Meßwerte: Höhe »a« erheblich größer als Breite »b«, meistens im oberen Drittel des Profils gemessen; »b« bemerkenswert größer als »c«. Variante: länglich verdickte, facettierte Ränder wie Typ 1. Nach den Meßwerten gehören die acht Funde jedoch zu Typ 3. Zweite Variante: länglich verdickte, im Mundsaum abgestrichene Form. Hier entschieden ebenfalls die Meßwerte über die Zuordnung zu Typ 3. Insgesamt 82 Funde (14,1% aller vermessener Scherben) *(Abb. 73a; 76)*.
Typ 4: Lang gezogener, kaum verdickter Rand. Profil bei der Langform (Variante a) nach außen gebogen oder geschweift, bei der Kurzform (Variante b) auswärts geknickt. Meßwerte: Höhe »a« bei Variante a erheblich größer als Breite »b«, bei Variante b nur wenig größer, »b«- und »c«-Werte fast gleich. 19 Funde (3,2% aller vermessener Scherben) *(Abb. 73a; 77)*.
Typ 5: Kolbenförmiger, gerundeter, schwach nach außen geschweifter Rand, »a«-Maß fehlt, »b« größer als »c«. 11 Funde (1,8%) *(Abb. 73a)*.
Typ 6: Dreieckiges Randprofil mit verjüngend auslaufender Lippe. Maße »a« fast wie »b«, »b« etwas größer als »c«. 12 Funde (2%) *(Abb. 73a; 78)*.

Obgleich die vorgeschlagene Aufteilung der Randtypen bei Einzelscherben unsicher bleibt, bietet sie doch bestimmte Anhaltspunkte, die bei der Auswertung insgesamt Bedeutung haben; das geht auch daraus hervor, daß die Gruppe der nicht in das Schema einzuordnenden Gefäßreste nur 19 Scherben (ca. 3%) umfaßt. Die Randtypen verteilen sich, wie noch zu zeigen ist, schwerpunktmäßig immer nur auf bestimmte Gefäßformen. Die Aufzählung kann daher im gewissen Umfang auf die Gefäßverteilung insgesamt hinweisen.

Sonderformen *(Abb. 73b)*

a. Nach innen gebogene, schlichte oder im Mündungssaum kolbenartig verdickte Ränder von kumpfartigen Gefäßen. 5 Funde. Randdurchmesser: 16 (2), 18 (1), 22 (1) und 24 cm (1). 3 Randscherben fielen durch grobe Magerung auf.
b. 7 Funde von Gefäßen mit kaum verdicktem, geradem, schwach trichterförmigem oder konischem Rand. Die Scherben stammen von engmundigen, weitbauchigen, hohen Töpfen mit verzierter Schulter oder von stark bauchigen Terrinen mit weiter Mündung.
c. 4 Wandscherben von Gefäßen mit einem nach außen geknickten, zum Teil abgestrichenen Trichterrand. Mündungsweiten von 18–30 cm, eine Form unbestimmbar.
d. Vasenförmiger, hochhalsiger Topf mit nach außen geknickter, facettierter, dünner Randlippe. Randdurchmesser 12 cm.
e. Randscherbe eines weitmundigen Gefäßes mit schwach nach innen gebogener, riefenverzierter Schulter, in deren Verlängerung die schlichte, abgestrichene Randlippe folgt.

Der Mündungsdurchmesser der Typen 1–6 konnte bei rund zwei Drittel der Funde zeichnerisch rekonstruiert werden (Typ 1: 227 von 324 [70%]; Typ 2: 77 von 113 [68%]; Typ 3: 58 von 82 [70%]; Typ 4: 12 von 19 [63%]; Typ 5: 7 von 11 [63%]; Typ 6: 5 von 12 [41%]. Weitmundige Gefäße mit einem Durchmesser zwischen 18 und 32 cm oder zwischen 14 und 20 cm bei den Typen 1 und 2 überwogen *(Abb. 79)*. Die Zusammenzählung großer und geringerer Weiten ergibt eine dritte interessante Kurve mit zwei bemerkenswerten Gipfeln (I–II). Sie korrespondieren mit einer Gliederung der Keramikgrößen auf dem benachbarten Siedlungsplatz Melenknop aus der römischen Kaiserzeit. Der erste Höhepunkt zielt auf die Gruppe der Kleingefäße, der zweite auf die der mittelgroßen Tonware, während Großbehälter durch den unteren »Gipfel« (III) kaum erscheinen.

Henkel

Insgesamt fanden sich 116 Henkelstücke und Scherben mit Ansatzstellen für Henkel oder Knubben. Hiervon gehören elf zu Schalen, weitere zehn zu »Deckeln«. Zu den Henkelfunden zählen sowohl Stabhenkel mit rundlichem bis quadrati-

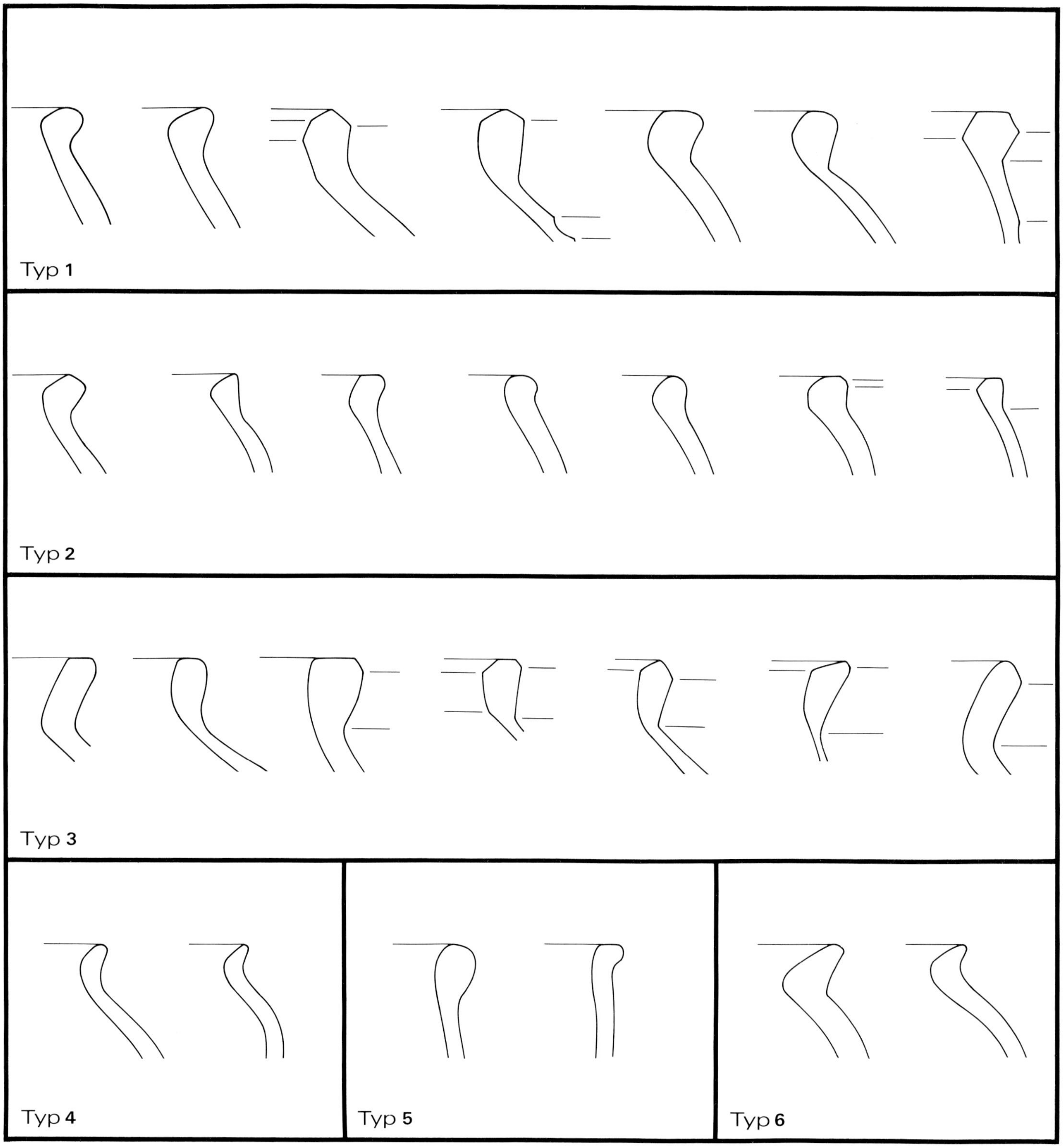

Abb. 73a Archsumburg, Keramik. Topfformen. Randtypen 1–6. – M. 1 : 2.

Abb. 73b Archsumburg, Keramik. Topfformen. Ränder der Sondertypen a–e. – M. 1 : 2. ▷

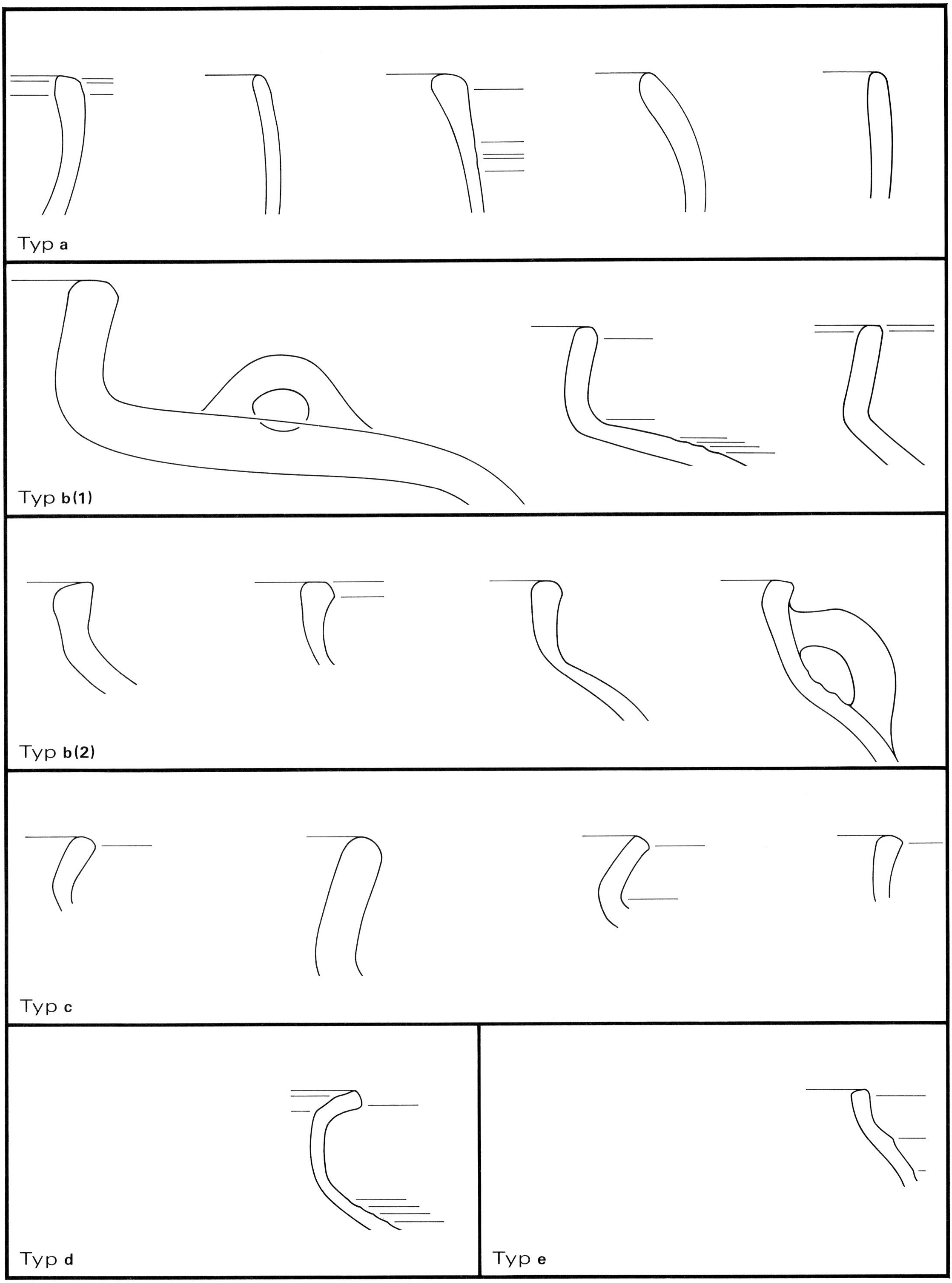
Typ a
Typ b(1)
Typ b(2)
Typ c
Typ d
Typ e

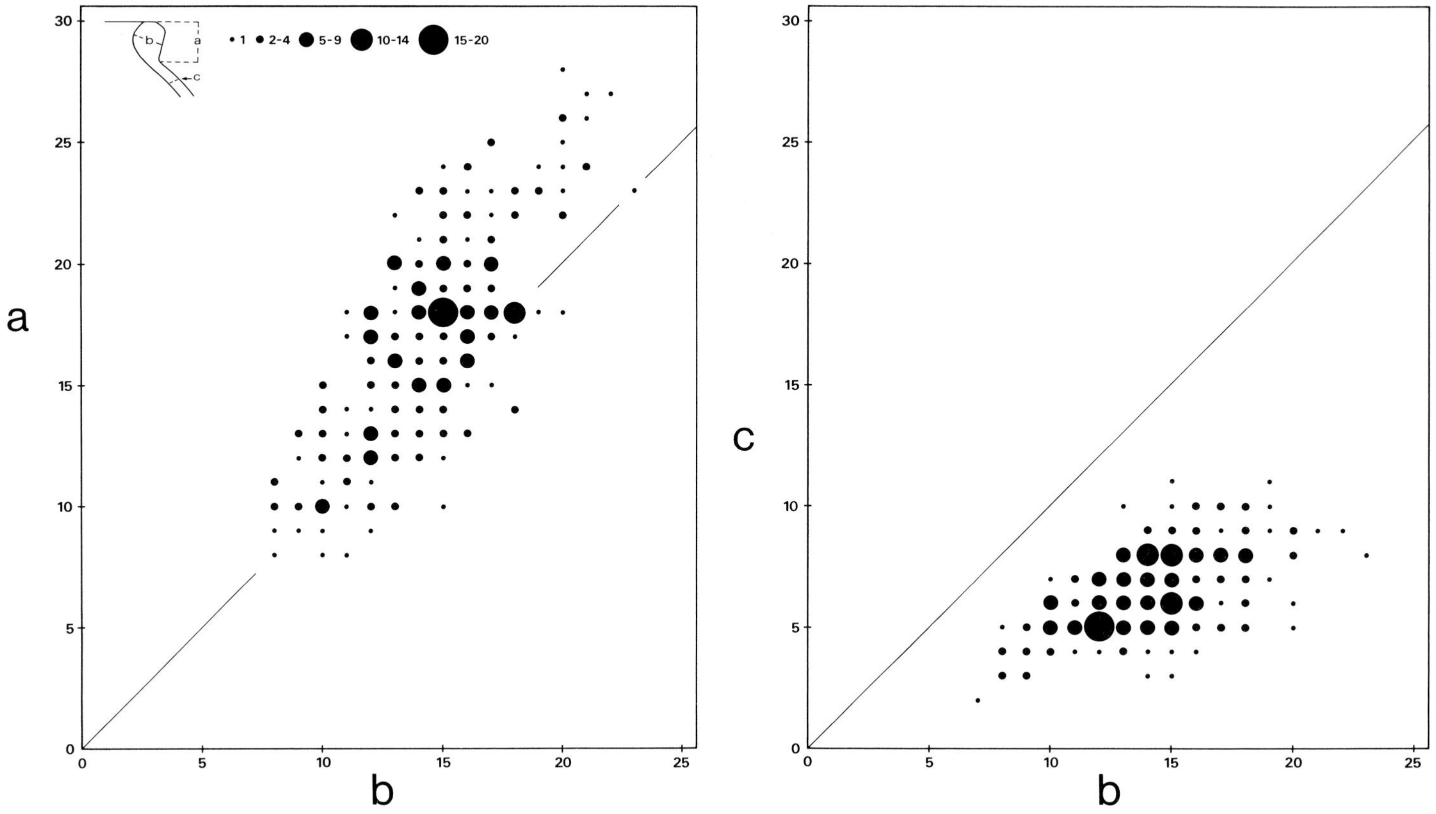

Abb. 74 Archsumburg, Keramik. Randtyp 1. Verteilung der Quermaße: a–c.

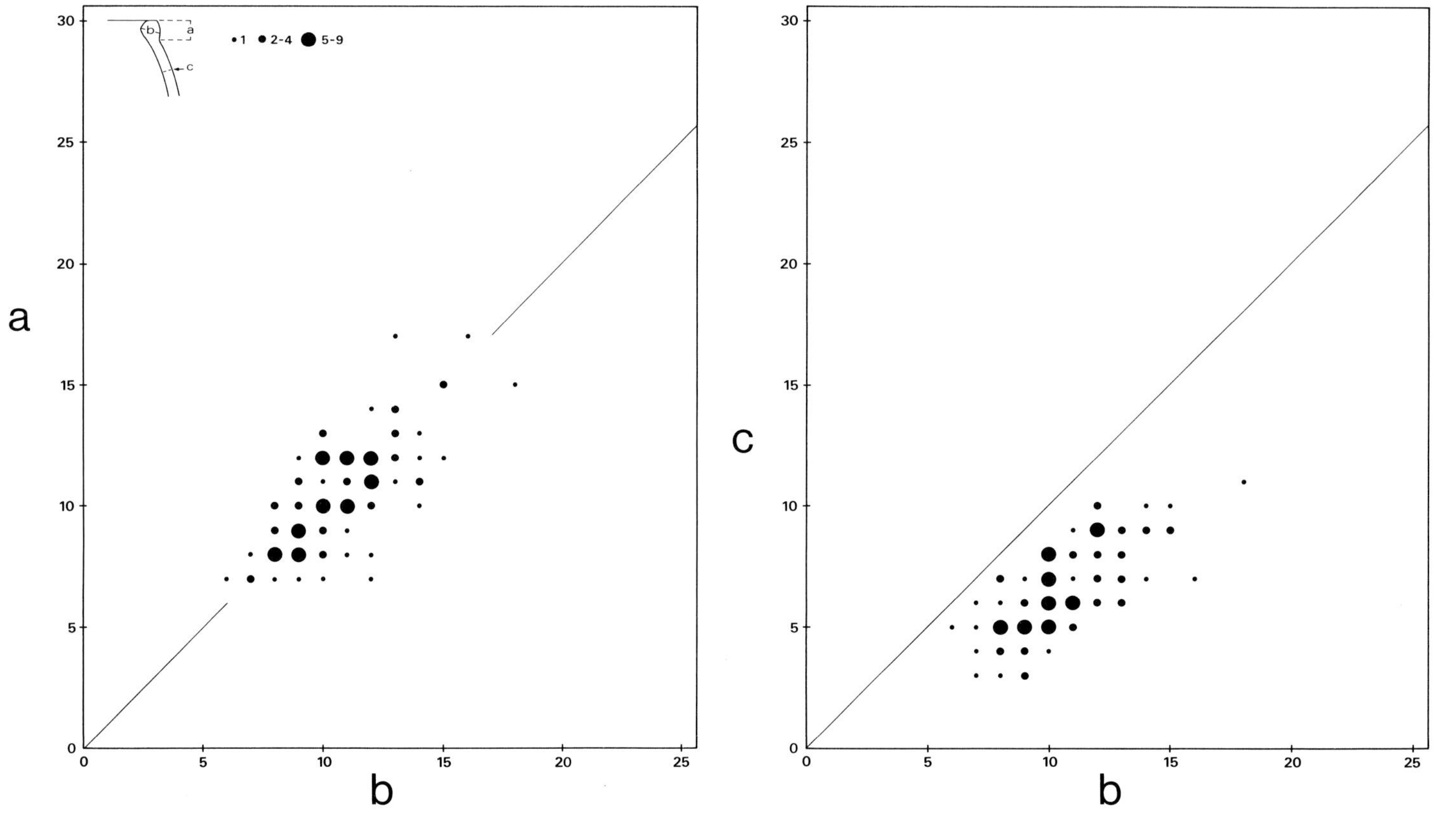

Abb. 75 Archsumburg, Keramik. Randtyp 2. Verteilung der Quermaße: a–c.

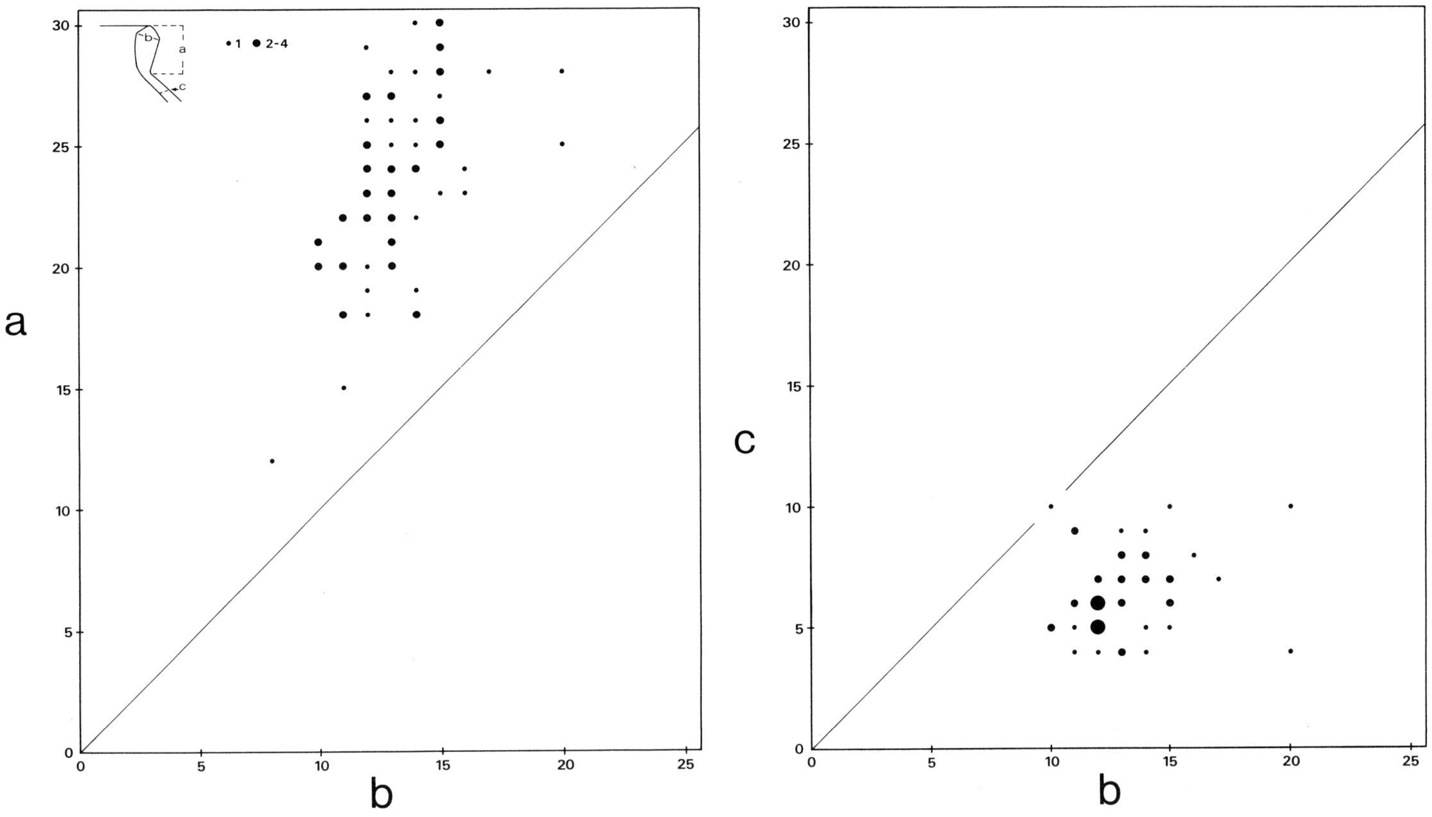

Abb. 76 Archsumburg, Keramik. Randtyp 3. Verteilung der Quermaße: a–c.

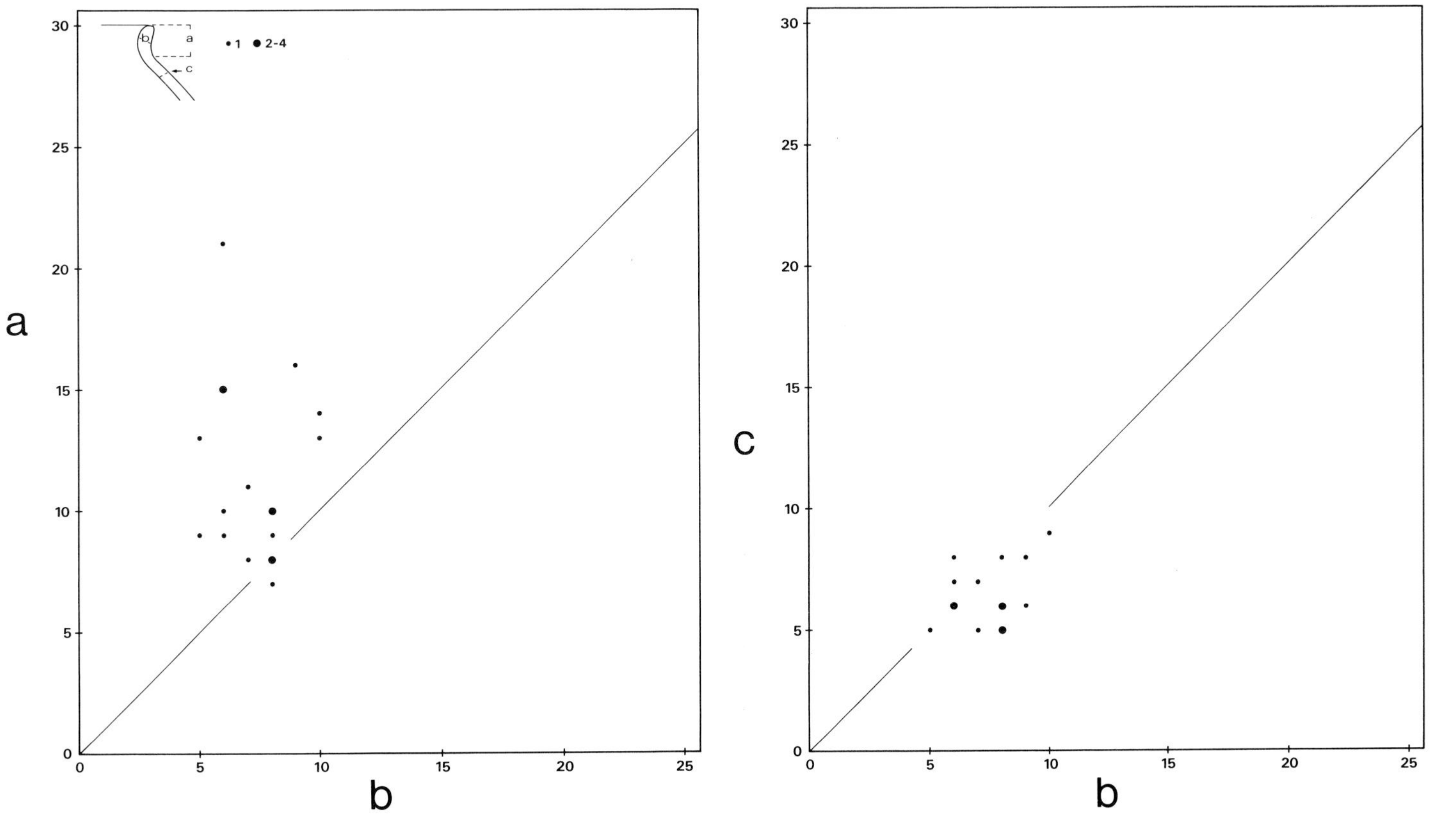

Abb. 77 Archsumburg, Keramik. Randtyp 4. Verteilung der Quermaße: a–c.

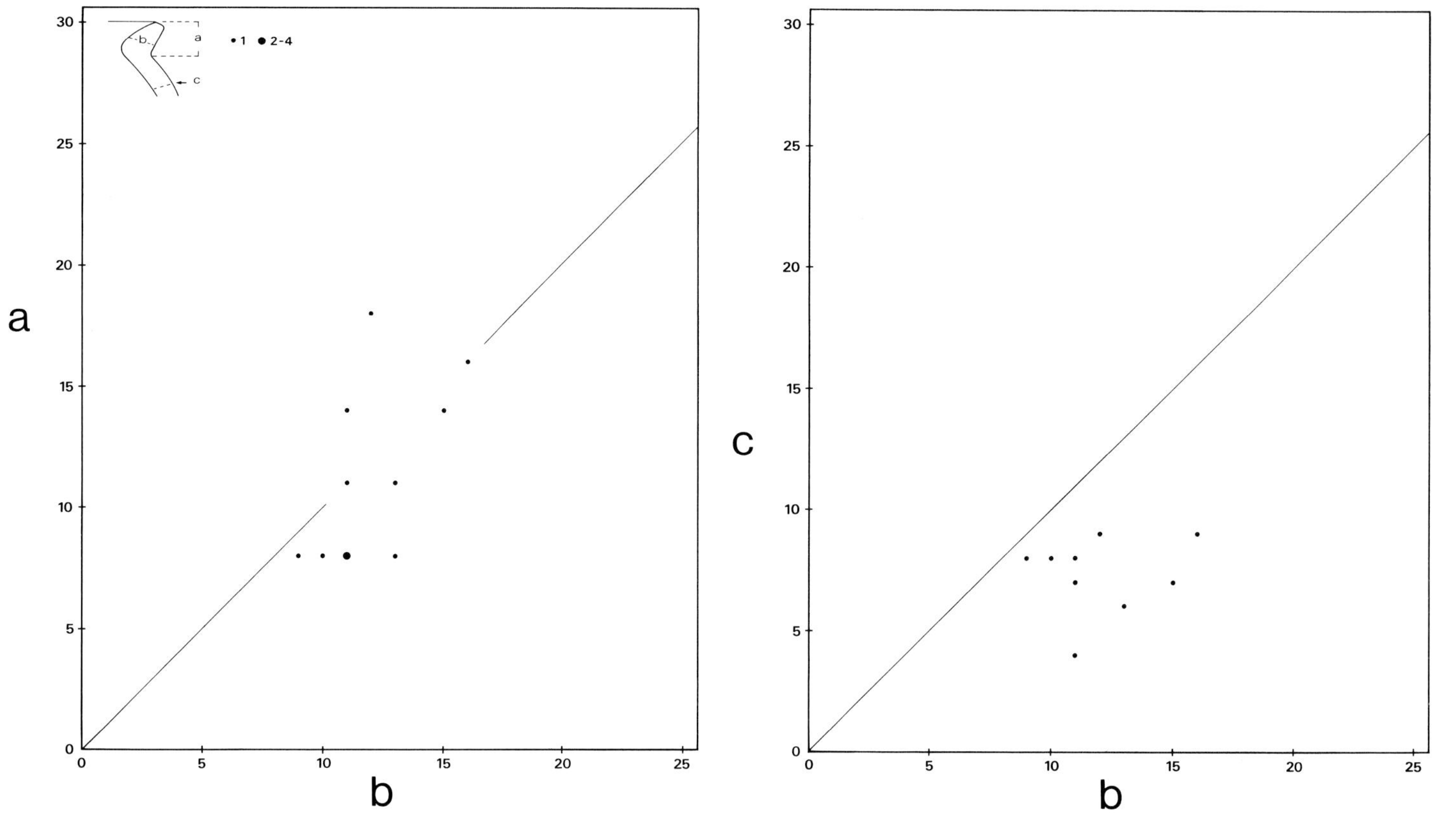

Abb. 78 Archsumburg, Keramik. Randtyp 6. Verteilung der Quermaße: a–c.

schem Querschnitt als auch Bandhenkel dickerer Machart, die jedoch nicht mit den dünnen breiten Formen aus der vorrömischen Eisenzeit vergleichbar sind[45]. Verwaschene X-Form überwiegt, die Ansätze enden häufig in langgezogenen Zipfeln. Charakteristische kleine X-Henkel sind Ausnahmen *(Abb. 107,4; 108,1; 110,1; 113,8; 114,1)*. Zahlreiche Henkel ließen sich als Funktionsteile einzelner Gefäßformen bestimmen, der Tassen (randständig: *Abb. 134, 1–3*) und hoher Töpfe (randständig oder auf der Schulter: *Abb. 118, 1–4.6.8.9; 119–122*). Aber auch funktionsfähige Henkel an weitmundiger Keramik und Terrinen flacher oder hoher Ausführung sind bekannt (randständig: *Abb. 113,7; 117,1;* in Schulter-: *Abb. 106,1* bzw. in Bauchhöhe: *Abb. 113,8; 114,1; 115,7; 116,9*). Im Gegensatz hierzu haben Kleinhenkel, Henkelattrappen und henkelförmige Knubben bloßen Zierwert, so kleine Henkel auf der Schulter eines engmundigen hohen Topfes *(Abb. 108,1)*, an der Seite eines steilhalsigen (?) und an der Wandung eines nicht näher definierbaren Topfes. Henkelattrappen ohne Durchlochung fanden sich auf der Schulter oder am Bauchumbruch mehrerer topfartiger Gefäße (z.B. *Abb. 99,3*) und auf einer unbestimmbaren Scherbe. Knubben in Henkelform oder als runder Besatz ausgebildet auf der Schulter weitmundiger Gefäße sind dreimal vertreten. In Verbindung hiermit muß ein längliches, horizontalgerieftes Wulststück von 7,6 cm Länge am Bauchumbruch eines weitmundigen Topfes genannt werden *(Abb. 106,2)*.

Anhand der Henkelfunde läßt sich keine typologische Reihe bilden. Allein die geringe Zahl »echter« X-Henkel zugunsten dicker Breitformen charakteristischer Stabhenkel läßt sich bei einer Diskussion über die zeitliche Einordnung der Archsumburg als Hilfe nutzen.

Böden/Unterteile *(Abb. 80)*

Diese Fundgruppe umfaßt einerseits zahlreiche gut erhaltene Gefäßunterteile, andererseits aber auch Standplatten ohne Aufgehendes und fragmentarisch überlieferte Ansatzteile vom Umbruch zur Standfläche (33).

[45] z.B. Kossack u.a. 1974 (Anm. 31) Abb. 10, 1.2.7.14; C. J. Becker, Førromersk jernalder i Syd- og Midtjylland (1961) Taf. 57ff.

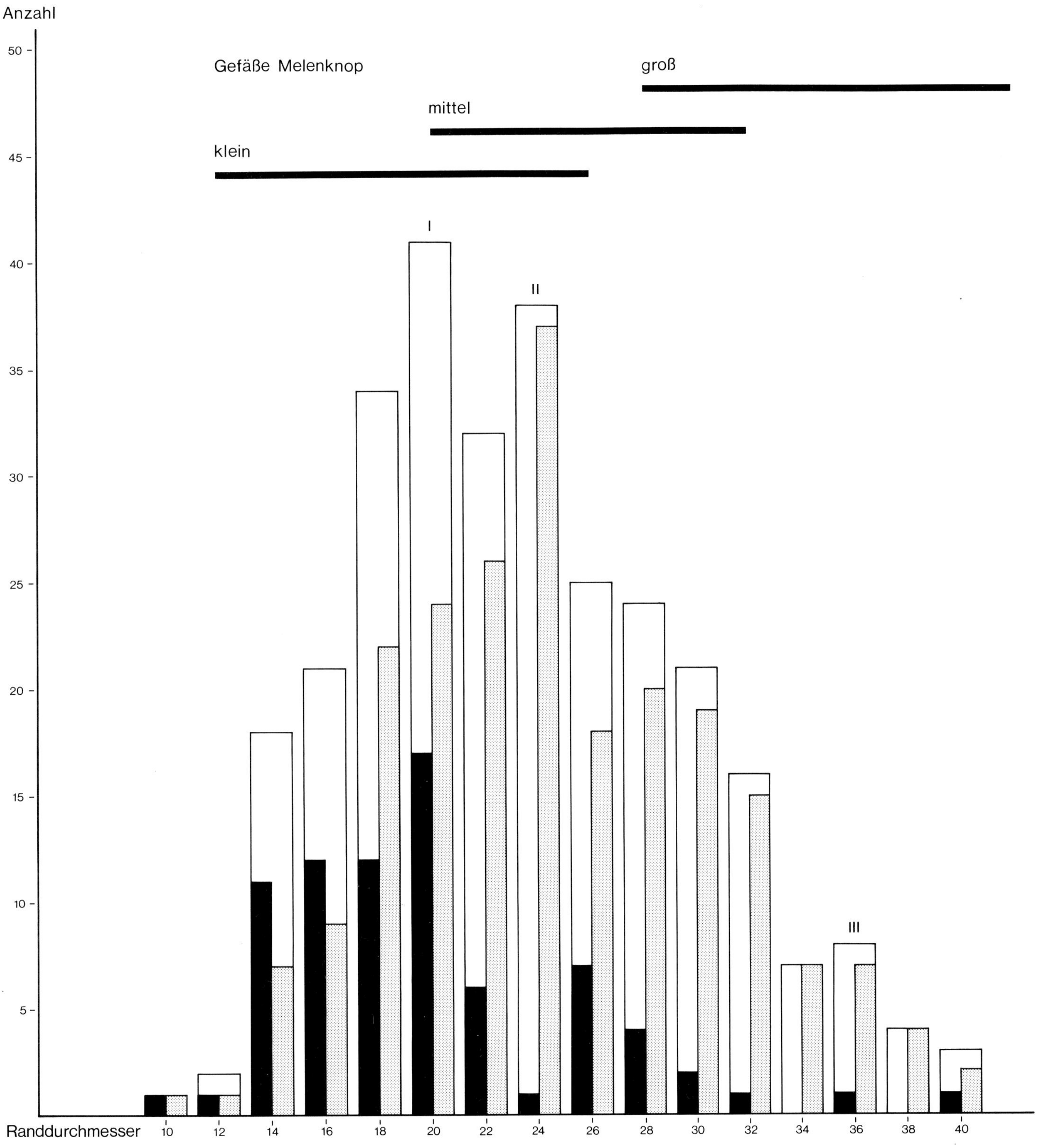

Abb. 79 Archsumburg, Keramik. Mündungsweiten von Gefäßen mit Randtyp 1–2. Grau: Randtyp 1; schwarz: Randtyp 2; weiß: Randtyp 1 u. 2.

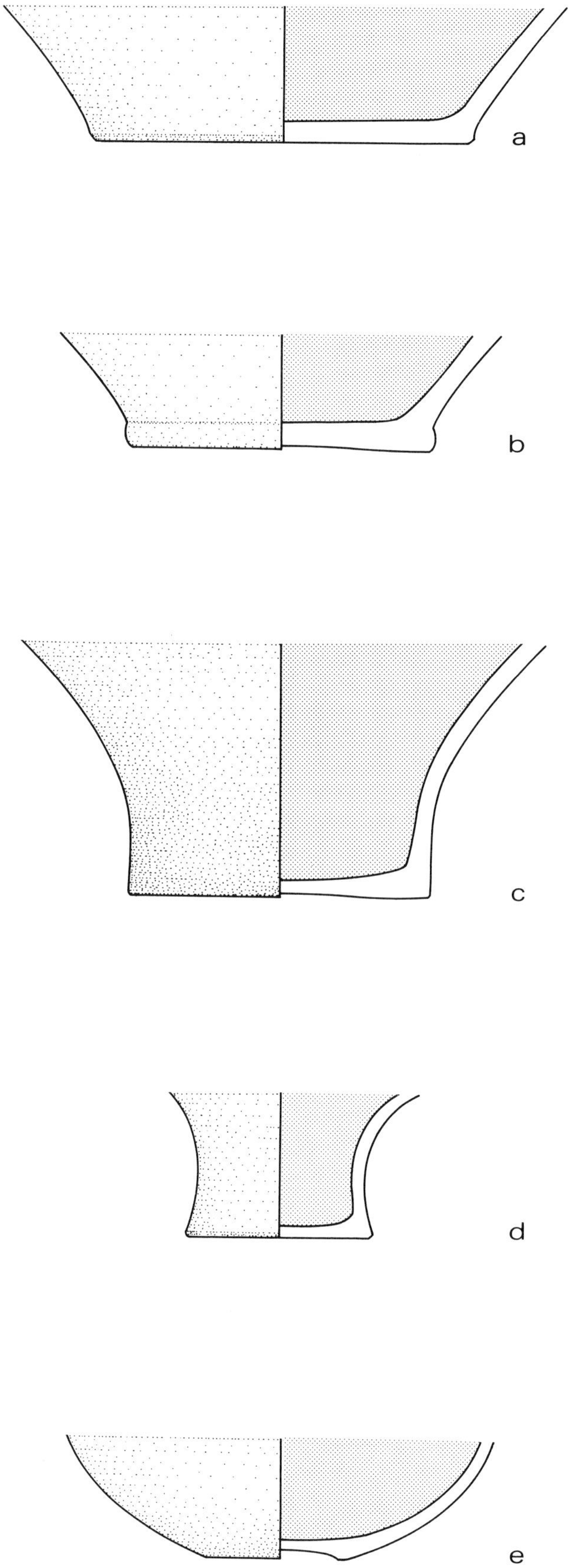

Abb. 80 Archsumburg, Keramik. Topfformen. Boden und Unterteile (schematisch). – M. 1 : 2.

Die meisten unbestimmbaren Funde gehören zur Gruppe der einfachen Formen (Typ a) ohne besondere Merkmale (79). Der Durchmesser der Standfläche variiert hier zwischen 6 und 26 (?) cm, wobei es eine deutliche Konzentration zwischen 10 und 20 cm gibt: 10: 5, 11: 4, 12: 14, 13: 5, 14: 10, 16: 13, 17: 5, 18: 4, 19: 1, 20: 5 (zusammen 66 Bodenscherben). Funde mit kleineren (4) und größeren (3) Meßwerten fallen dabei quantitativ kaum ins Gewicht, bei den restlichen fünf Stücken ließ sich das Quermaß nicht berechnen. Die Unterteile sind an der Außenwandung oberhalb der Standfläche geglättet (29), gerauht (24), mit Rauhung unterbrochen und senkrechten Glättstreifen versehen (1), durch senkrechten Kammstrich oder durch ungleichmäßige Rillen verziert (10) oder mit einem ungleichmäßigen Kamm- oder Besenstrich aufgerauht (5). Bei den übrigen Scherben fanden sich keine erwähnenswerten Merkmale.

Zu den Bodenstücken mit besonderen Charakteristika, die für die chronologische und formenkundliche Keramikanalyse Bedeutung haben, gehören u. a. folgende Typen:

Typ b: Einfacher Unterteil mit markant abgesetztem Übergang zur Standfläche, überwiegend glatt; der höhere Gefäßunterteil dagegen geglättet (6), aufgerauht (7) oder durch senkrechte Rillen verziert (2). 15 Funde: gemessener Durchmesser zwischen 10 und 26 cm, bei 13 Böden zwischen 10 und 16 cm (nicht stratifiziert).

Typ c: Unterteil unterschiedlich stark zur Standfläche eingezogen oder geschweift. 14 Funde: Unterteil bis zum Standflächenumbruch oder kurz oberhalb des Bodenansatzes durch senkrechten Kammstrich (5), Glättstreifen auf gerauhter (3) oder kammstrichverzierter Oberfläche (1) oder durch senkrechte Schmalriefen (1) verziert. Insgesamt 4 Gefäßreste gerauht. Durchmesser zwischen 10 und 16 cm (11 Funde). Herkunft: über Schicht VII. 2, in Schicht VII. 4, unter Schicht VII: 8.

Typ d: Pokalähnlicher oder vasenförmig geschweifter Gefäßunterteil. 9 Funde aus der Gruppe der Feinware. Übergang zur Standfläche durch Riefen markiert (4), durch einen Knick ausgestellt (1) oder ohne besondere Kennzeichen. Unterteil durch senkrechte Riefen verziert (1) oder geglättet. Durchmesser zwischen 6,5 und 12 cm. Herkunft: über Schicht VII: 3, in Schicht VII. 3, unter Schicht VII: 1, fraglich: 1. Hierzu zählen auch zwei Gefäßreste mit Riefen oberhalb der Standfläche (Durchmesser 5,6 cm), die nach Glättung der Bruchstelle 2 bzw. 4 cm oberhalb des Bodens als Kleinstnäpfe Verwendung fanden *(Abb. 135, 2.4)*. Sie werden hier nicht mitgezählt (s. S. 168).

Typ e: Bodenreste feinerer Keramik mit gerundetem Gefäßunterteil und sehr kleiner Standfläche (20 Funde). Standplatte bei 6 Funden gewölbt. Übergang nirgends abgesetzt. Oberfläche glatt (19) oder durch Rillenmuster verziert (1). Durchmesser: 5 cm:1, 6 cm:6, 7 cm:7, 8 cm:4, 14 cm (?):1. Herkunft: über Schicht VII: 2, in Schicht VII: 5, unter Schicht VII: 11.

Von diesen Fundkomplexen sind allein die Typen c und d für die Auswertung von Interesse, da sie in statistischer Hinsicht unterschiedlich häufig in den Fundschichten vertreten sind. Da beide Typen aus dem Bereich der »Feinkeramik« kommen, könnte diese Beobachtung ein schwaches Indiz für eine Veränderung in der Typenvielfalt geben. Aus der Verteilung der beiden Typen lassen sich keinerlei Rückschlüsse ziehen.

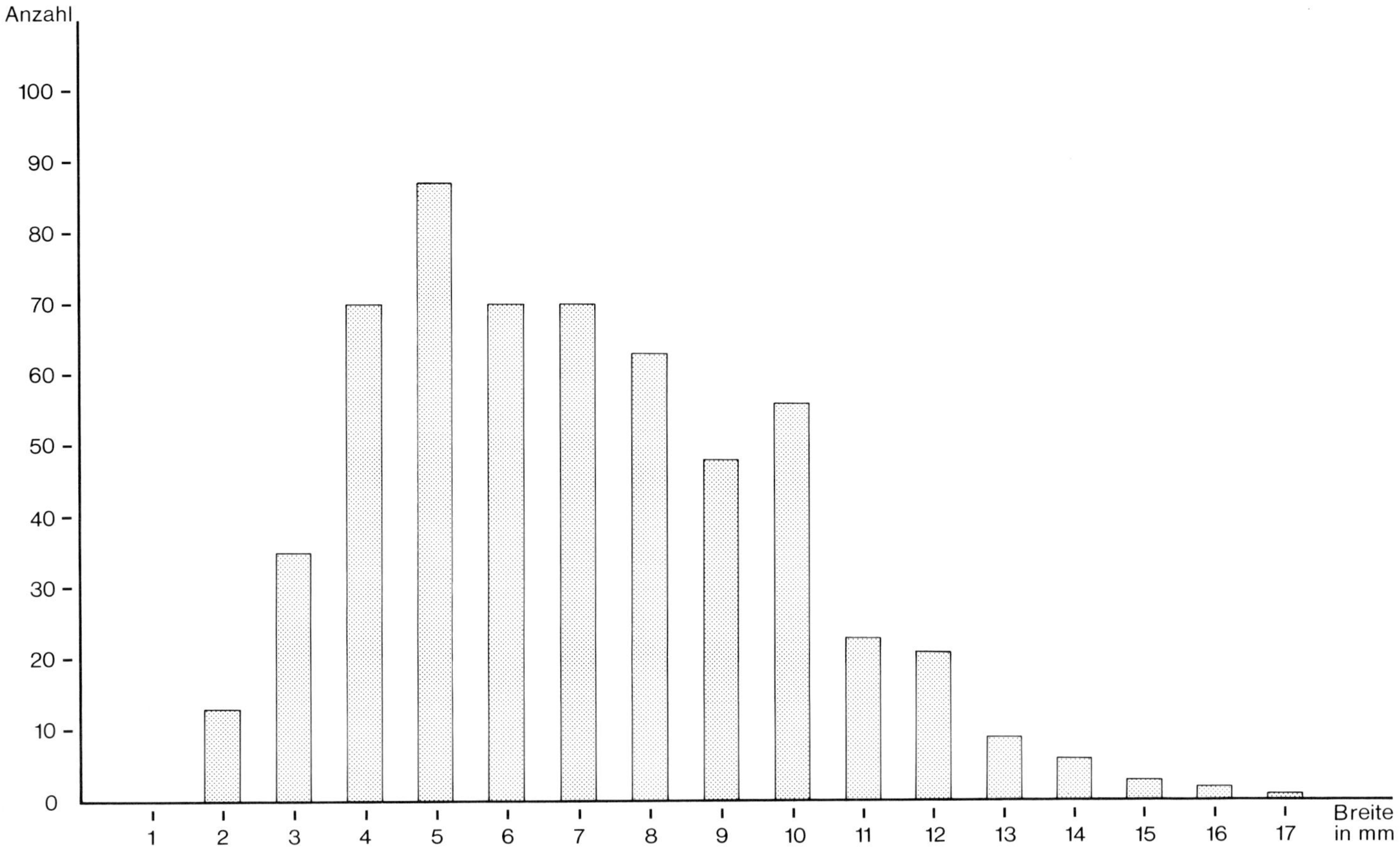

Abb. 81 Archsumburg, Keramik. Anzahl der Scherben mit Riefenzier und Riefenbreite.

Verzierung

Der größte Teil der Gefäße gehört zur Gruppe der unverzierten Ware. Hierzu zählen geglättete Oberflächen oben wie unten und gerauhte Scherben von Unterteilen vor allem gröberer Machart. Da eine markante Oberflächengestaltung, z.B. hervorragende Glättung oder kräftige Rauhung ebenso wie Gefäßverzierung zu den äußeren, besonderen Merkmalen der Keramik zählen, wird – stellvertretend für andere – die »fast polierte« Ware der Erläuterung der eigentlichen Ornamente vorangestellt. Die Scherben dieser Gruppe, die häufig zur Feinware gehören, stammen aus verschiedenen Siedlungslagen am inneren Wallfuß, insbesondere aus dem Bereich unter Schicht VII (17), einige wenige fanden sich auch in dieser Strate (6) oder in jüngeren Aufträgen (9). Eine Konzentration auf besondere Befunde innerhalb des Beringes ist nicht erkennbar. Die Verteilung der Scherben mit anderen Variationen der Oberflächengestaltung dürfte sich vom Beispiel der »fast polierten« Ware nicht wesentlich unterscheiden.

»Fast polierte« Feinware vor allem schwarzer Färbung gilt offenbar als eine Besonderheit in Siedlungen der Eisenzeit. Die Ausgrabungen in Hodde, Ribe amt, belegen u.a. einen engen Streuungsbereich schwarzer polierter Keramik um ein Herrenhaus am Nordrand der umzäunten Dorfgemeinschaft[46]. Eine Überprüfung der vergleichbaren Ware in der Archsumburg deutete weder im vertikalen noch im horizontalen Befund eine Häufung entsprechender Art an.

Das Spektrum der Gefäßverzierung erscheint dürftig: Horizontalriefen verschiedenster Anordnung dominieren als wichtigstes Ornament. Die überwiegend in Höhe der Gefäßschulter eingeglätteten Muster sind zwischen 2 und 17 mm breit, am zahlreichsten vertreten waren Breiten zwischen 3 und 10 mm *(Abb. 81)*. Diese Messungen beruhen auf 580 Scherben. Als zweites wichtiges »Ornament« muß das Kammstrichmuster genannt werden. Rund 60 Scherbenkomplexe enthalten Belege. Kammstrich und Riefenzier sind

[46] S. Hvass, Hodde. Et vestjysk landsbysamfund fra ældre jernalder (1985) 161 Taf. 109.

	über VII	in VII	unter VII	Gesamt
Riefenenden knicken	3	6	17	26
Riefenlücke (Kurzriefe)	1	1	2	4
Riefenlücke (einfach)	—	1	3	4
Horizontalriefen und Bogenriefen kombiniert	1	2	—	3
Riefen- u. Rillenschraffen	3	7	22	32
Einstichreihen	4	3	7	14
Dellen	—	3	—	3
Glättstreifen senkrecht	1	6	5	12
Schmalriefen senkrecht	5	6	6	17
Kammstrich, senkrechte Riefen oder Glättstreifen	—	2	8	10
Gesamt	12=14,5%	37=29%	70=56,5%	125=100%

Tab. 9 Stratigraphisch fixierbare Lage verzierter Tonware in der Archsumburg.

ebenfalls als gemeinsames Muster vertreten. Hierzu gehören beispielsweise Funde mit senkrechten Riefen oder Glättstreifen, die die Kammstrichzier auf Gefäßunterteilen unterbrechen, oder Horizontalriefung verschiedener Breite in Schulterhöhe, kombiniert mit Kammstrich. 51 bestimmbare Scherben mit Kammstrich verteilen sich stratigraphisch in folgender Weise: über Schicht VII: 8 (15,7%); in Schicht VII: 10 (19,6%); unter Schicht VII: 30 (58,8%); fraglich: 2 (3,95%); im Wall: 1 (2%). Die Konzentration von kammstrichverzierten Scherben gleicher stratigraphischer Zuweisung auf besondere Bereiche, z.B. in Fläche 1 (Brandschicht), Fläche 14 (unter Schicht VII) und Fläche 12 ? (Brandschicht) soll nicht überbewertet werden, da sie vielleicht zu einem oder wenigen Gefäßen gehören *(Taf. 26)*. Werden diese Fundbereiche ausgeklammert, dann ergibt sich lediglich eine gleichmäßige Verteilung.

Die folgende Beschreibung wird die »einfachen« Oberflächenmuster wie Horizontalriefung und Kammstrich nicht weiter berücksichtigen, sondern allein entwickelte Zierweisen und Kompositionen behandeln. Hierzu zählen »Spielereien« mit Enden von Horizontalriefen, die vor einem Henkel nach oben oder unten abbiegen. Auch knicken Riefenenden symmetrisch oder asymmetrisch ohne Henkel ab. In diese Gruppe gehört eine viermal belegte Variante aus unterbrochenen Horizontalriefen, kombiniert mit senkrechten Kurzriefen oder nur in kurzem Abstand unterbrochen.

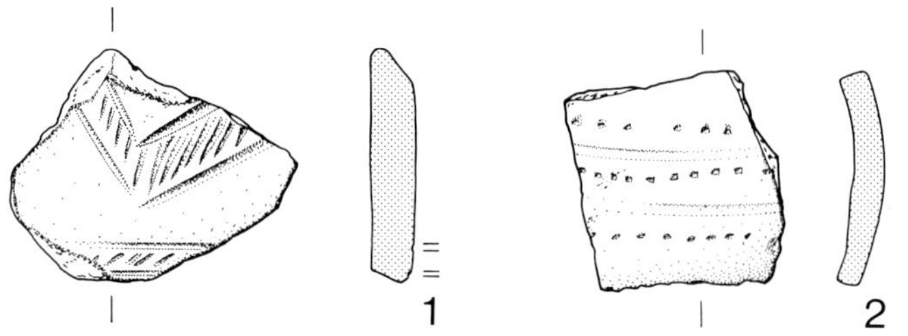

Abb. 82 Archsumburg, Keramik. Verzierung aus Winkelbandmuster und Pseudorädchen. 1 (371); 2 (73/172). – M. 1:2.

Mehrfach bilden Horizontalriefen und Riefenböden gemeinsame Muster, auch Horizontalriefen und beidseits schräg schraffierte Dreiecke entweder flächendeckend oder als Zickzackband. Diese Zierpalette wird schließlich durch Einstichreihen parallel zur Riefung ergänzt. Zu den Besonderheiten zählen dreieckig angeordnete große Dellen, Horizontalrillen kombiniert mit Schrägrillen *(Abb. 118,7* in Schicht VII), Winkelornament (unter Schicht VII)[47] und Pseudorädchenmuster (in Schicht VII) *(Abb. 82)*.

Auf den Gefäßunterteilen finden sich senkrechte Glättstreifen vom Bauch bis zur Standfläche, bei Gefäßen feinerer Machart auch flächendeckende Muster aus senkrechten Schmalriefen und Kammstrichzier, unterbrochen von Glättstreifen oder Riefen. Musterung einer Standplatte kam nur bei einem Pokalfuß vor, der sekundär als Napf benutzt wurde *(Abb. 135,2:* Schicht VII).

Verzierte Ware lag überdurchschnittlich häufig in Schichten unter Brandschicht VII, wie sich aus *Tab. 9* entnehmen läßt. Als Ergebnis wäre festzuhalten, daß Kammstrich, besondere Riefenenden oder Kombinationen von Riefenmustern und am Unterteil verzierte Keramik am häufigsten im Bereich des größten Fundanfalls unter Brandschuttdecke VII vertreten sind (50–64,7%), zahlreich in Schicht VII vorkommen (19,6–34,2%) und ebenfalls in höherer Lage zu finden sind (11,7–16,6%) *(Tab. 10)*.

[47] Das Winkelmuster ist sowohl auf Keramik der späten vorrömischen Eisenzeit (J. Brandt, Die vor- und nachchristliche Eisenzeit auf den nordfriesischen Inseln [ungedr. Diss. Kiel 1951] Taf. 13, 3 = Norddorf/Amrum: Hügel 1, Grab 84, s. auch Kersten u. La Baume [Anm. 3] 190) als auch auf Gefäßen der älteren Kaiserzeit bekannt: J. Mestorf, Urnenfriedhöfe in Schleswig-Holstein (1886) Taf. 6, 17 = F. Tischler, Das Gräberfeld Ober-jersdal, Kreis Hadersleben (1955) Taf. 7, Grab 19; E. Albrectsen, Fynske Jernaldergrave II (1956) 206 Abb. 52, e; Kossack u.a. 1974 (Anm. 31) Abb. 23, 21.

Verzierung aller Scherben	über VII	in VII	unter VII	Sonst.	Gesamt
Kammstrich	8 = 15,7%	10 = 19,6%	30 = 58,8%	3 = 5,9%	51 = 100%
Variationen von Riefenenden	4 = 11,7%	8 = 23,5%	22 = 64,7%	—	34 = 100%
Riefenkombinationen	8 = 16,6%	12 = 24,4%	29 = 59,0%	—	49 = 100%
Unterteilverzierung	6 = 15,7%	13 = 34,2%	19 = 50,0%	—	38 = 100%

Tab. 10 Zierarten auf Keramik der Archsumburg.

Magerung und Brand

Die Art der Magerung, des Brandes und der Oberfläche sind nur subjektiv erfaßbar. Von kulturhistorischer Bedeutung sind allein die grobgemagerten Stücke, die häufig in die Vorwallbauzeit datieren (s. S. 20), sowie die mit Klei oder organischem Material gemagerten Stücke, nämlich »Deckel« und »Teller«, aber auch einige wenige Wandscherben. Scherben mit großen organischen Partikeln und mit Klei (?) oder feinem Häcksel gemagert kamen sowohl unterhalb als auch in oder über Schicht VII zum Vorschein, ohne bemerkenswerte Schwerpunkte in ihrer horizontalen und vertikalen Verteilung anzudeuten. Die Magerung hatte zur Folge, daß sich der Brand im Farbton, in der Konsistenz und in der Härte von der sonst üblichen Ware unterscheidet.

Deckelfunde, beispielsweise in Hodde, Ribe amt[48], zeigen normale »Sandmagerung«, wie Steen Hvass mündlich bestätigt hat. Dagegen konnte Verf. im Frühjahr 1986 an zahlreichen Deckelstücken in den westfriesischen Museen Groningen und Leeuwarden eine mit den Funden aus der Archsumburg vergleichbare, sandlose Magerung feststellen. Kaiserzeitliche Terpenware aus Nordholland ist außerdem kleigemagert und deshalb »weicher« gebrannt. Beide Merkmale kommen ein paar Mal auch in der Archsumburg vor. Man wird sich dieser Ware annehmen müssen, weil sie Küstenhandel oder küstennahen Kulturaustausch anzudeuten scheint. Die Funde aus der Archsumburg gelten somit in der Tat als Beleg für küstenbezogenen Verkehr von Sylt bis westlich der Ems.

Die Zusammenstellung typischer Merkmale läßt erkennen, daß der Bering nur kurzfristig aufgesucht worden sein kann: Die Randtypen 1–3 und die hiermit korrespondierenden Verzierungsdetails sind stratigraphisch einheitlich verteilt und stetig überliefert *(Tab. 11)*.

Bei den Randtypen wurde einerseits die Gesamtzahl aller Scherben berücksichtigt, andererseits die numerierten Fundkomplexe unabhängig von ihrem Inhalt gezählt. Fundnummer 72:36 ergab beispielsweise 13 Scherben vom Typ 1: Sie sind in der oberen Zeile der *Tab. 11* (»Komplex«) nur einmal enthalten, in der unteren dagegen 13 Mal vertreten. Beide Komplexe belegen unabhängig voneinander eine beachtenswerte quantitative Stabilität.

Formenkunde

Nur wenige Male sind so viele Scherben von ein und demselben Gefäß vorhanden, daß sich ein vollständiges Profil vom Rand bis zur Standfläche gewinnen oder sicher rekonstruieren ließe. Meist ermöglicht allein der Mündungsdurchmesser eine Zuordnung. Anhand weiterer Merkmale: Profilneigung, Randtyp, Verzierung, Glättung und Wandstärke gelingt es, die formenkundliche Gliederung zu prüfen und weitgehend zu bestätigen. Hierdurch kann ein großer Teil des Fundgutes auch ohne Kenntnis der Höhe, vielfach allerdings unter Vorbehalt, den Gefäßtypen zugeordnet werden.

I. Weitmündiger Topf *(Abb. 83–104)*

Zahlreiche Scherben stammen von hohen Töpfen mit weiter Mündung. Das Verhältnis zwischen Gefäßhöhe und Mündungsweite läßt sich nicht ermitteln, denn nur an sechs Fundstücken von insgesamt 280 bekannten konnte die Höhe gemessen werden. Anhand verschiedener formaler Kriterien (Aufbau, Art des Unterteils, Rauhung, Magerung) und einer Gegenüberstellung mit den »Terrinen« kann man die weitmundigen hohen Töpfe als Gefäßgruppe zusammenfassen. Bei Gefäßen mit kleinem Randdurchmesser bleibt strittig, ob sie weitmundigen hohen Töpfen oder Terrinen zugewiesen werden dürfen.

Randdurchmesser bis 12 cm: 3 Funde. Randtyp 1:2, 5:1. Gefäßschulter verhältnismäßig dickwandig, Rand einmal besonders verdickt. Unverziert. Höhe unbekannt *(Abb. 83, 1.2.4);*

bis 14 cm: 2 Funde. Randtyp 1:2, Schulter dünnwandig, Rand kräftig verdickt. Horizontalriefe: 1 *(Abb. 83,3);*

[48] Hvass (Anm. 46) 156ff. Abb. 122.

Bestimmbare Herkunft der Randscherben

Typ		über VII	in VII	unter VII	?	gesamt = 100%
1	Komplex	55 = 24,4%	66 = 29,3%	98 = 43,5%	6 = 2,5%	225
	Gesamt	79 = 24,8%	93 = 29,2%	140 = 44,0%	6 = 2,0%	318
2	Komplex	23 = 30,2%	22 = 28,9%	29 = 38,1%	2 = 2,6%	76
	Gesamt	28 = 26,6%	31 = 29,5%	44 = 41,9%	2 = 2,0%	105
3	Komplex	17 = 24,5%	19 = 27,5%	28 = 40,5%	5 = 7,5%	69
	Gesamt	18 = 24,6%	21 = 28,7%	29 = 39,7%	5 = 7,7%	73
4		6	5	5	—	16
5		1	2	5	1	9
6		1	2	5	1	9
Sonderform						
a		2	—	2	—	4
b		2	2	2	1	7
c		1	3	1	—	5
d		—	1	—	—	1
e		1	—	—	—	1

Tab. 11 Stratigraphisch fixierbare Lage der Randscherben in der Archsumburg.

bis 16 cm: 3 Funde. Randtyp 1:3. Schulterpartie dünnwandig, nur einmal erhalten. Verzierung fehlt *(Abb. 83,5);*

bis 18 cm: 12 Funde. Randtyp 1:5, 2:4, 3:2, 4:2. Dünnwandig: 5. Riefenverziert: 2, Riefen kombiniert mit Dreieckmuster: 2, randständiger Henkel: 1. Höhe nicht zu ermitteln *(Abb. 83, 6–10);*

bis 20 cm: 18 Funde. Randtyp 1:13, 2:2, 3:3. Dünnwandig: 4. Riefenverziert: 4. Henkelknubben auf der Schulter: 1. Keine gemessene Höhe *(Abb. 83, 11–13; 84, 1–5);*

bis 22 cm: 20 Funde. Randtyp 1: 13, 2: 1, 3: 4, 4: 1, 6: 1. Dünnwandig: 3. Horizontalriefen: 4, Horizontalriefen unterbrochen durch senkrechte Kurzriefen: 1, Horizontalriefen mit symmetrisch nach unten gebogenen Enden: 1. Henkel fehlen. Höhenangaben: einmal 34 cm *(Abb. 84, 6–7; 85; 86, 3–4);*

bis 24 cm: 27 Funde. Randtyp 1: 25, 3: 1, 5: 1. Dünnwandig: 9. Horizontalriefen: 8, Horizontalriefen (?) mit Dreieckmuster: 1. Schulter-Henkel: 1. Höhenangaben fehlen *(Abb. 86, 1–2; 87–88; 89, 1);*

bis 26 cm: 30 Funde. Randtyp 1: 25, 2: 3, 3: 1, 6: 1. Dünnwandig: 4. Horizontalriefen: 3, Horizontalriefen, Enden asymmetrisch nach unten geknickt: 2, Horizontalriefen, Enden symmetrisch nach unten geknickt: 1, senkrechte Glättriefen am Unterteil: 1. Höhe zweimal ca. 25 cm *(Abb. 89, 2–5; 90–91; 92,1);*

bis 28 cm: 23 Funde. Randtyp 1: 14, 2: 4, 3: 4, 4: 1. Dünnwandig: 2. Horizontalriefen: 5, Horizontalriefen, einfach unterbrochen: 1, getrennte Rillen und Glättstreifen am Unterteil: 1. Höhe je einmal ca. 24 u. 32 cm *(Abb. 92, 2–4; 93–94; 95, 1);*

bis 30 cm: 24 Funde. Randtyp 1: 17, 2: 3, 3: 4. Dünnwandig: 6. Horizontalriefen: 7. Horizontalriefen, einfach unterbrochen: 2. Unterteil mit senkrechten Riefen: 1. Gemessene Höhe: 29 cm *(Abb. 95, 2–3; 96–98);*

bis 32 cm: 14 Funde. Randtyp 1: 13, 3: 1. Dünnwandig: 1. Horizontalriefen: 1. Knubben auf der Schulter: 2 *(Abb. 99; 100, 1–3);*

bis 34 cm: 8 Funde. Randtyp 1: 7, 3: 1. Dünnwandig: 1. Horizontalriefen: 1. Rillen mit breitem Abstand: 1. Dellen auf der Schulter: 1 *(Abb. 100, 4–5; 101, 1–2);*

bis 36 cm: 14 Funde. Randtyp 1: 9, 2: 1, 3: 2, 6: 2. Dünnwandig: 2. Horizontalriefen: 2 *(Abb. 101, 3–5; 102);*

bis 38 cm: 5 Funde. Randtyp 1: 4, Sonderform: 1. Horizontalriefen: 2 *(Abb. 103, 2–4);*

bis 40 cm: 7 Funde. Randtyp 1: 3, 2: 1, 3: 2, 5: 1. Horizontalriefen, Enden symmetrisch nach unten gebogen: 1. Höhe ca. 36 cm (778) *(Abb. 103, 1; 104, 2–3).*

Bei 211 Scherbenkomplexen ist der Randdurchmesser bekannt oder zeichnerisch rekonstruierbar (12–40 cm). Gefäße mit Mündungsweiten zwischen 18 und 32 cm (80%) sind am zahlreichsten, Funde mit geringeren (4%) oder größeren Werten (16%) weniger häufig. An Töpfen vom benachbarten Melenknop finden sich Randdurchmesser zwischen 20 und 31 cm vor allem in der Gruppe der »mittelgroßen« Topfformen, Durchmesser zwischen 28 und 42 cm dagegen bei Großbehältern. Zur ersten Gruppe zählen in der Archsumburg 148 Funde, zur zweiten 94. Als Randform dominiert eindeutig Typ 1 (73,5%), während die anderen kaum ins Gewicht fallen (Typ 2: 8,5%, Typ 3: 12%, Typ 4: 2%, Typ 5: 1,4%, Typ 6: 2%, Sonderformen: 0,5%). Randtyp und Mündungsweite sind bei der zweitgrößten Gefäßgruppe, den Terrinen, auf andere Weise kombiniert (Rand-

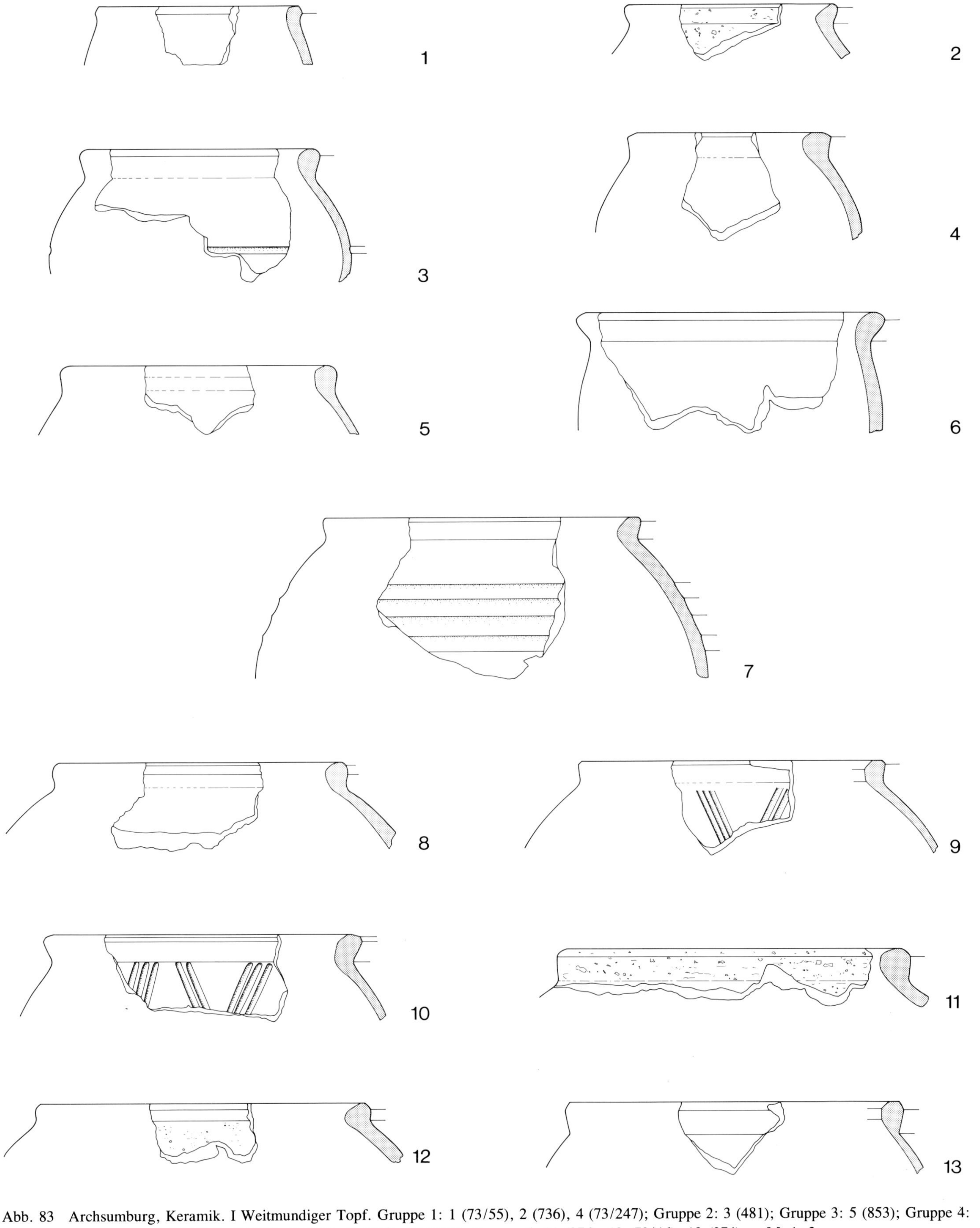

Abb. 83 Archsumburg, Keramik. I Weitmundiger Topf. Gruppe 1: 1 (73/55), 2 (736), 4 (73/247); Gruppe 2: 3 (481); Gruppe 3: 5 (853); Gruppe 4: 6 (73/114), 7 (979), 8 (313), 9 (854), 10 (925); Gruppe 5: 11 (376), 12 (73/46), 13 (374). – M. 1:3.

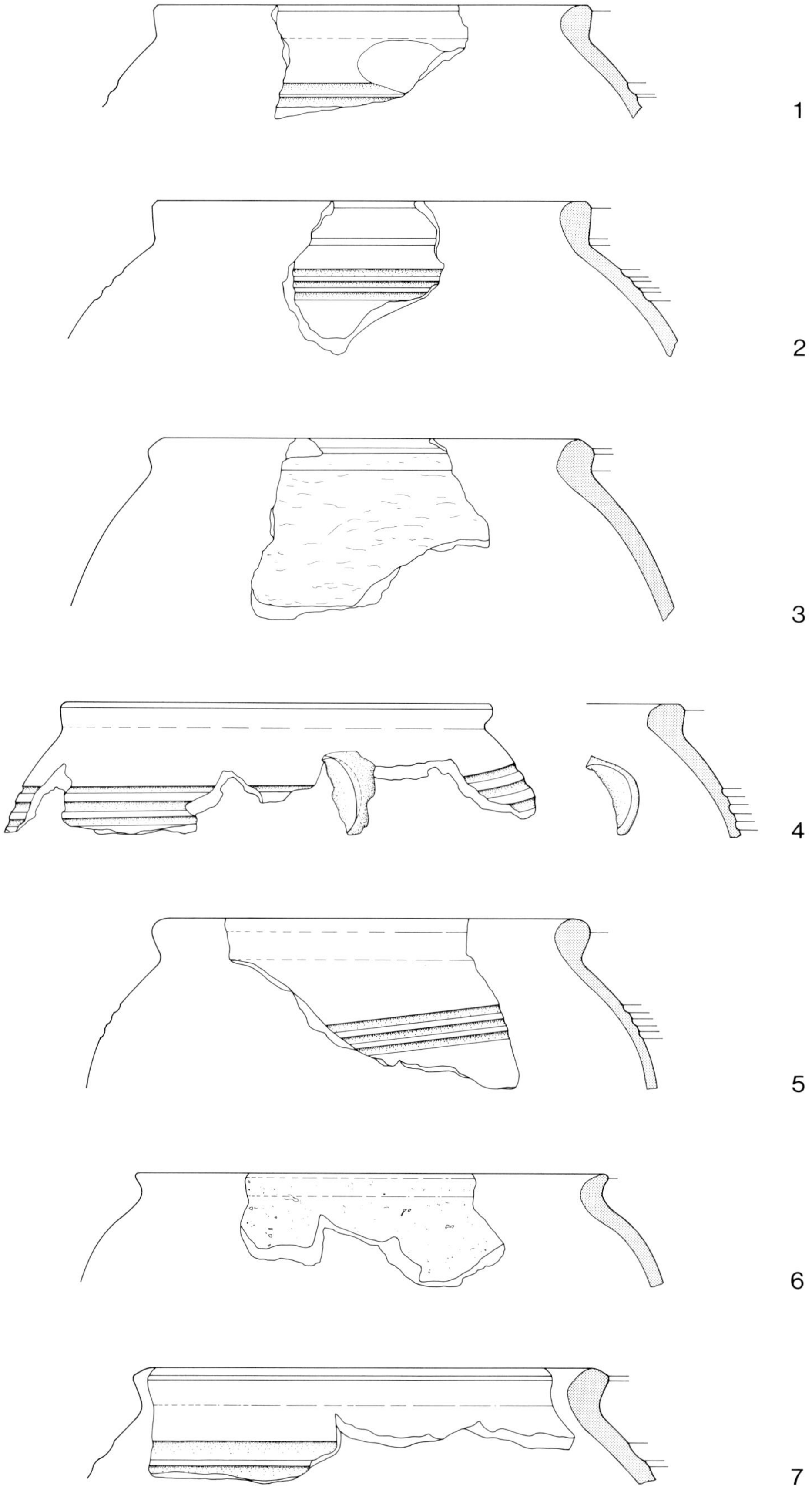

Abb. 84 Archsumburg, Keramik. I Weitmundiger Topf. Gruppe 5: 1 (910), 2 (?), 3 (976), 4 (73/45), 5 (311); Gruppe 6: 6 (73/207), 7 (717). – M. 1 : 3.

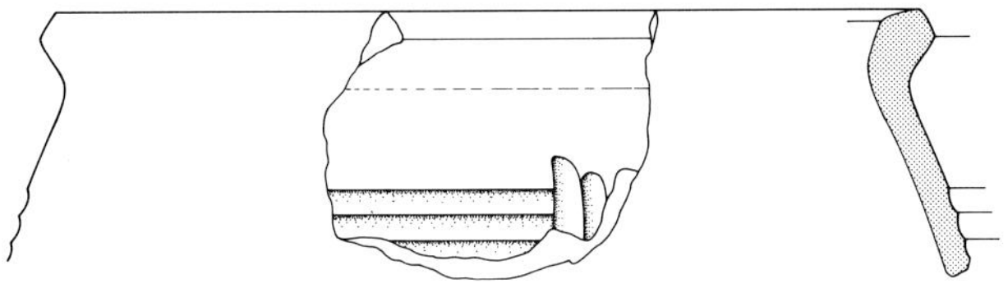

1

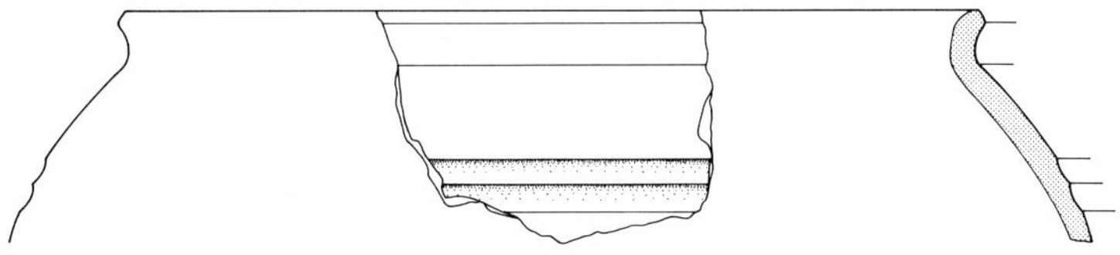

2

3

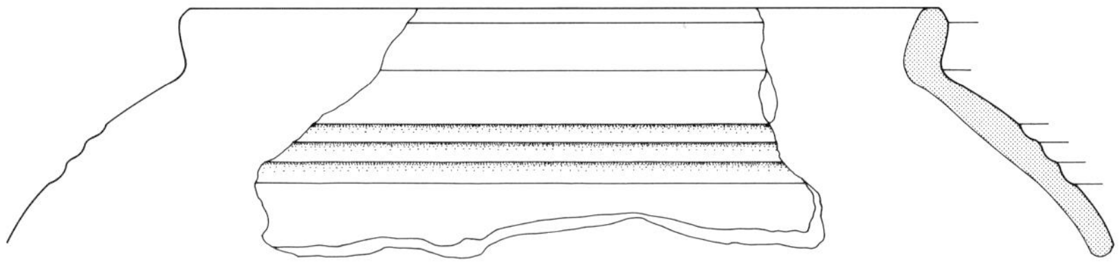

4

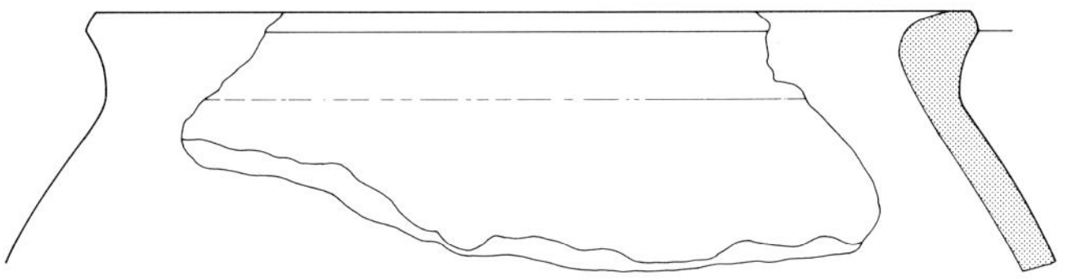

5

Abb. 85 Archsumburg, Keramik. I Weitmundiger Topf. Gruppe 6: 1 (72/98), 2 (305), 3 (720), 4 (73/119), 5 (720) (3 u. 5 möglicherweise von einem Gefäß). – M. 1 : 3.

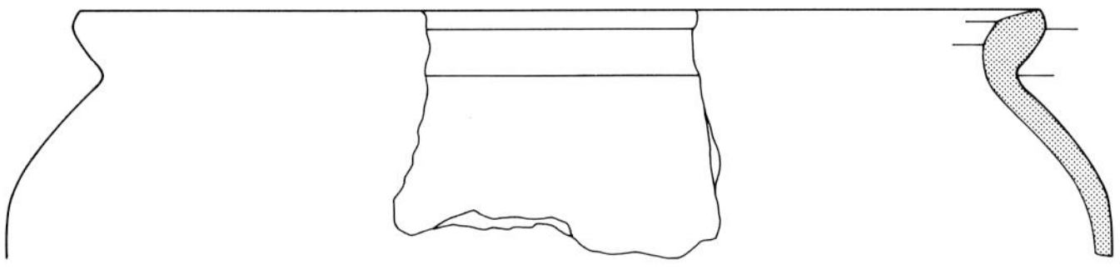

1

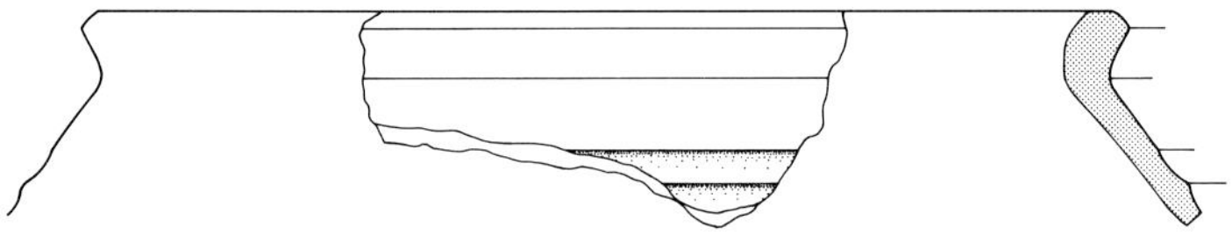

2

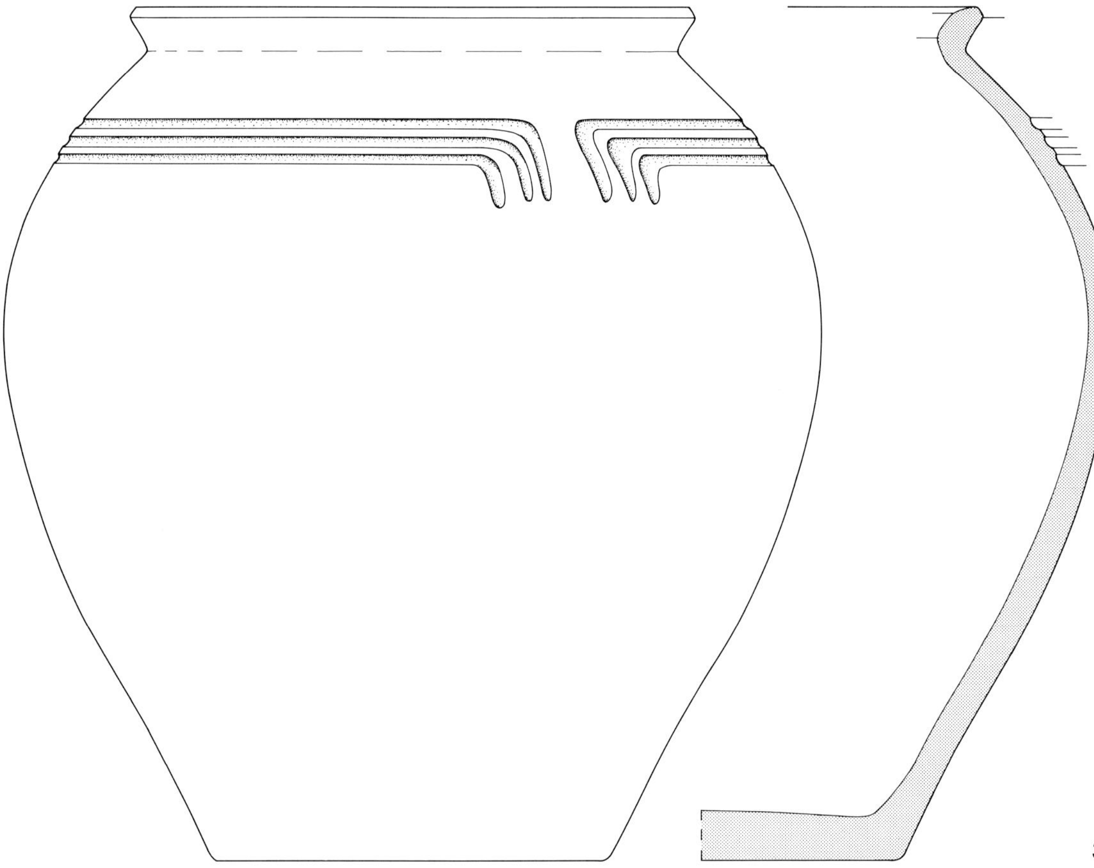

3

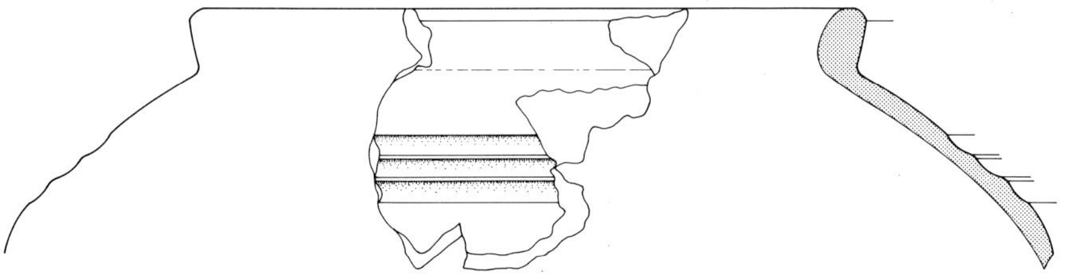

4

Abb. 86 Archsumburg, Keramik. I Weitmundiger Topf. Gruppe 6: 3 (73/91), 4 (312); Gruppe 7: 1 (72/39), 2 (743). – M. 1 : 3.

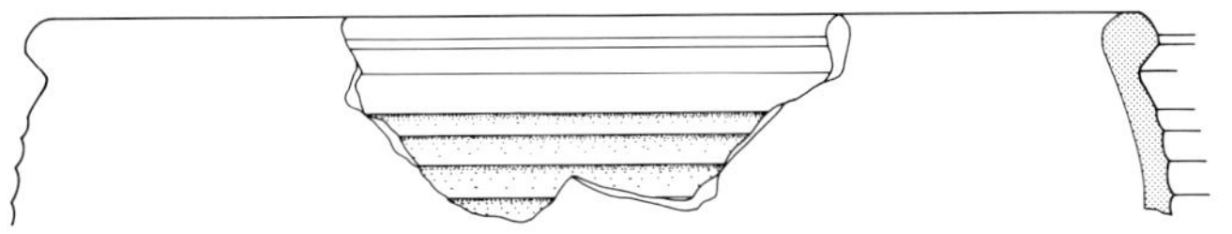

1

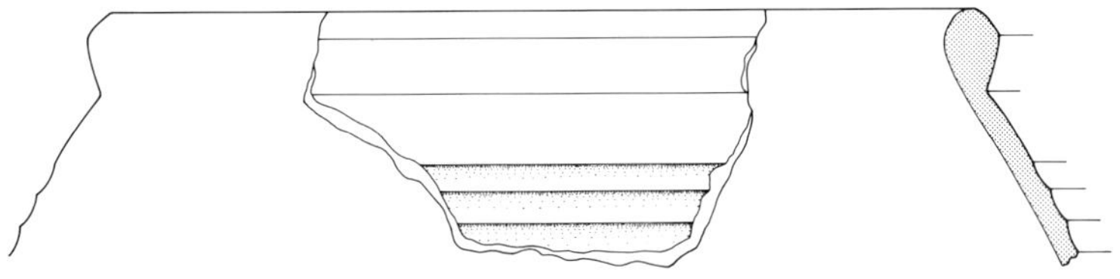

2

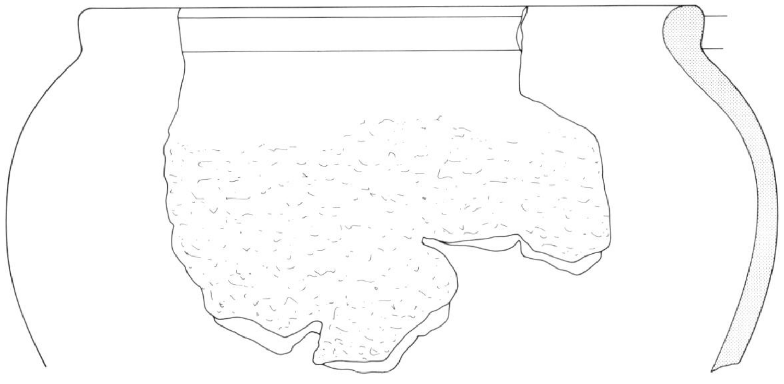

3

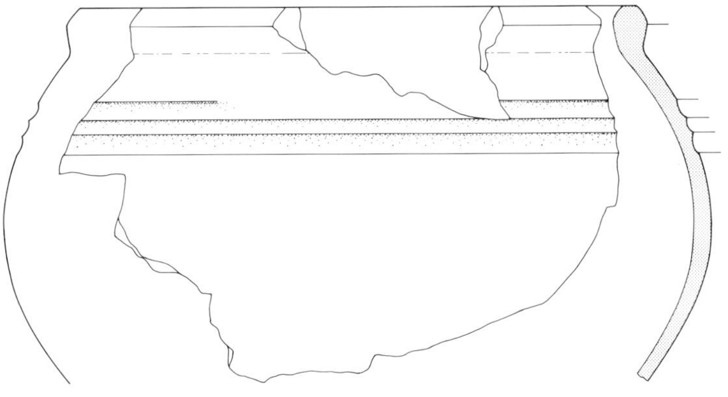

4

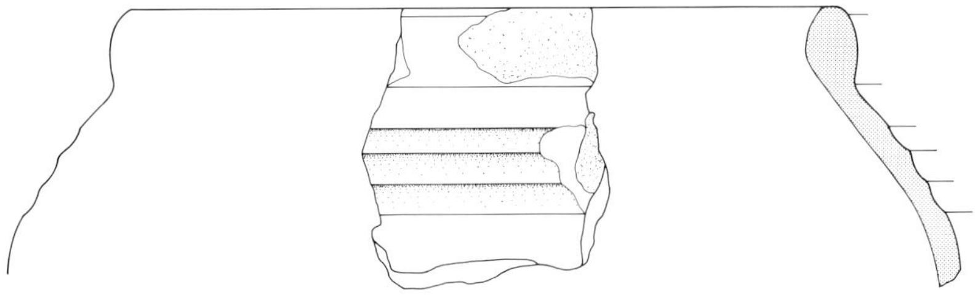

5

Abb. 87 Archsumburg, Keramik. I Weitmundiger Topf. Gruppe 7: 1 (72/88), 2 (907), 3 (72/84), 4 (835), 5 (779). – M. 1 : 3.

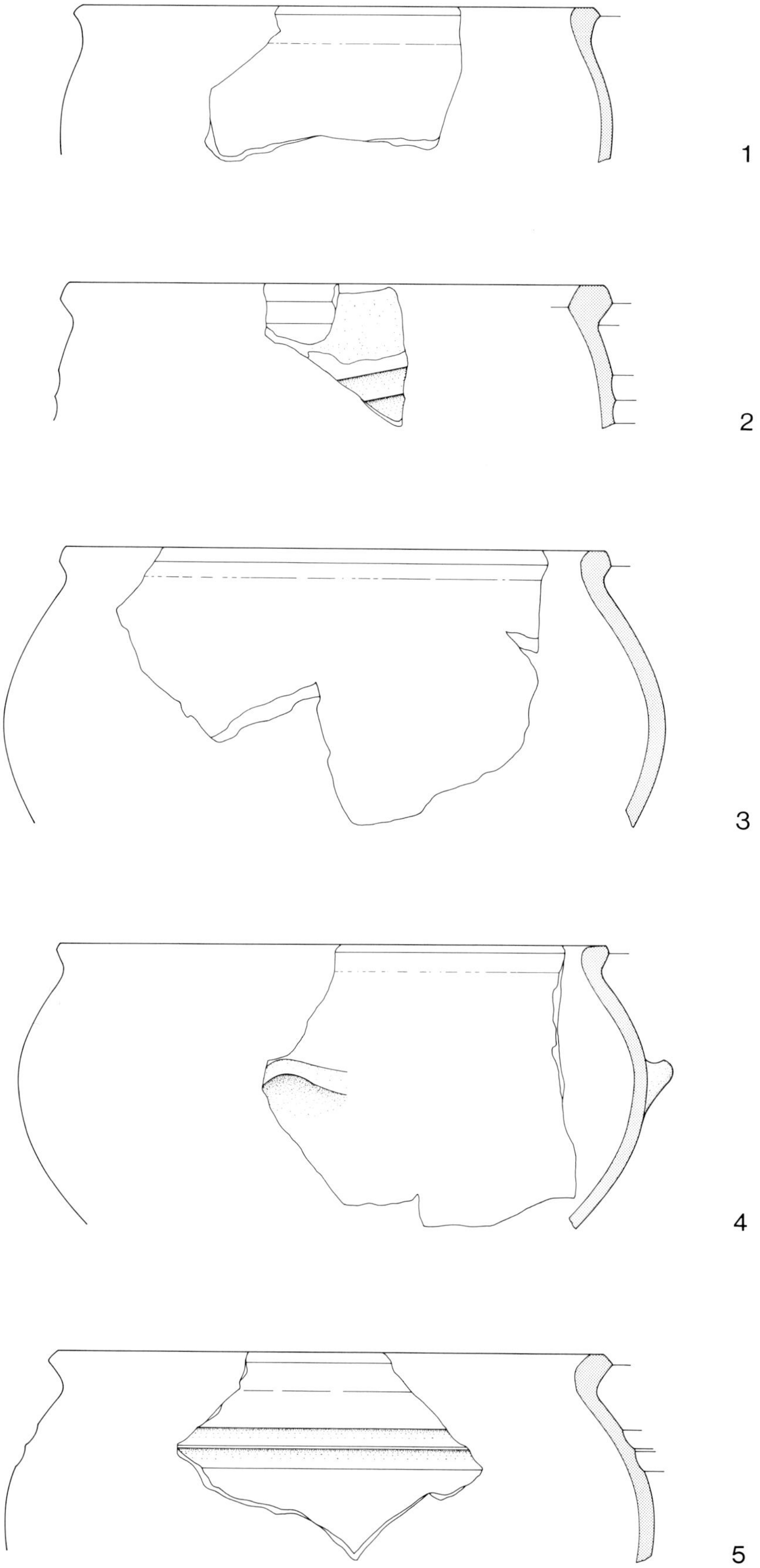

Abb. 88 Archsumburg, Keramik. I Weitmundiger Topf. Gruppe 7: 1 (790), 2 (786), 3 (835), 4 (907), 5 (909). – M. 1:3.

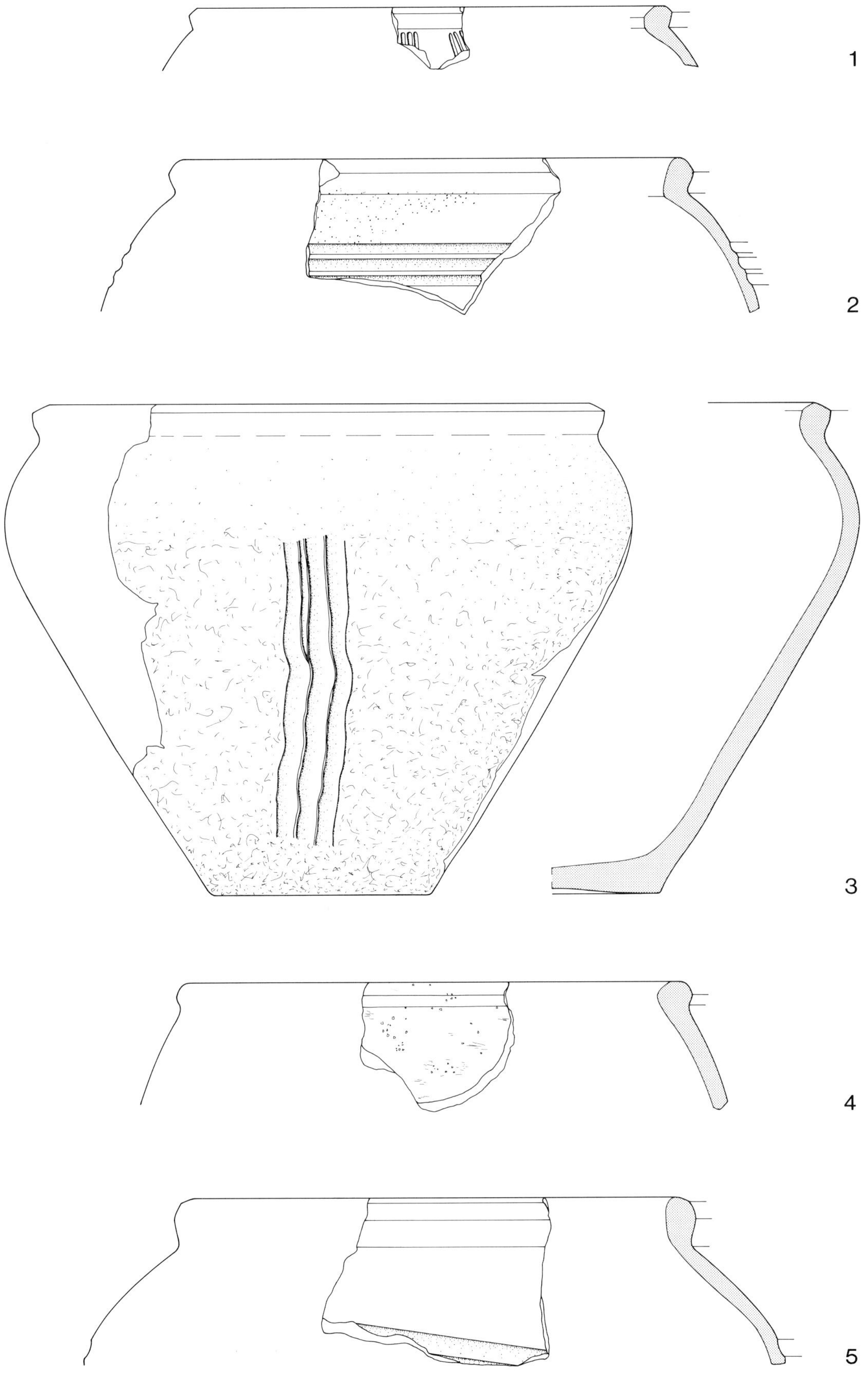

Abb. 89 Archsumburg, Keramik. I Weitmundiger Topf. Gruppe 7: 1 (359); Gruppe 8: 2 (346), 3 (1007), 4 (852), 5 (795). – M. 1 : 3.

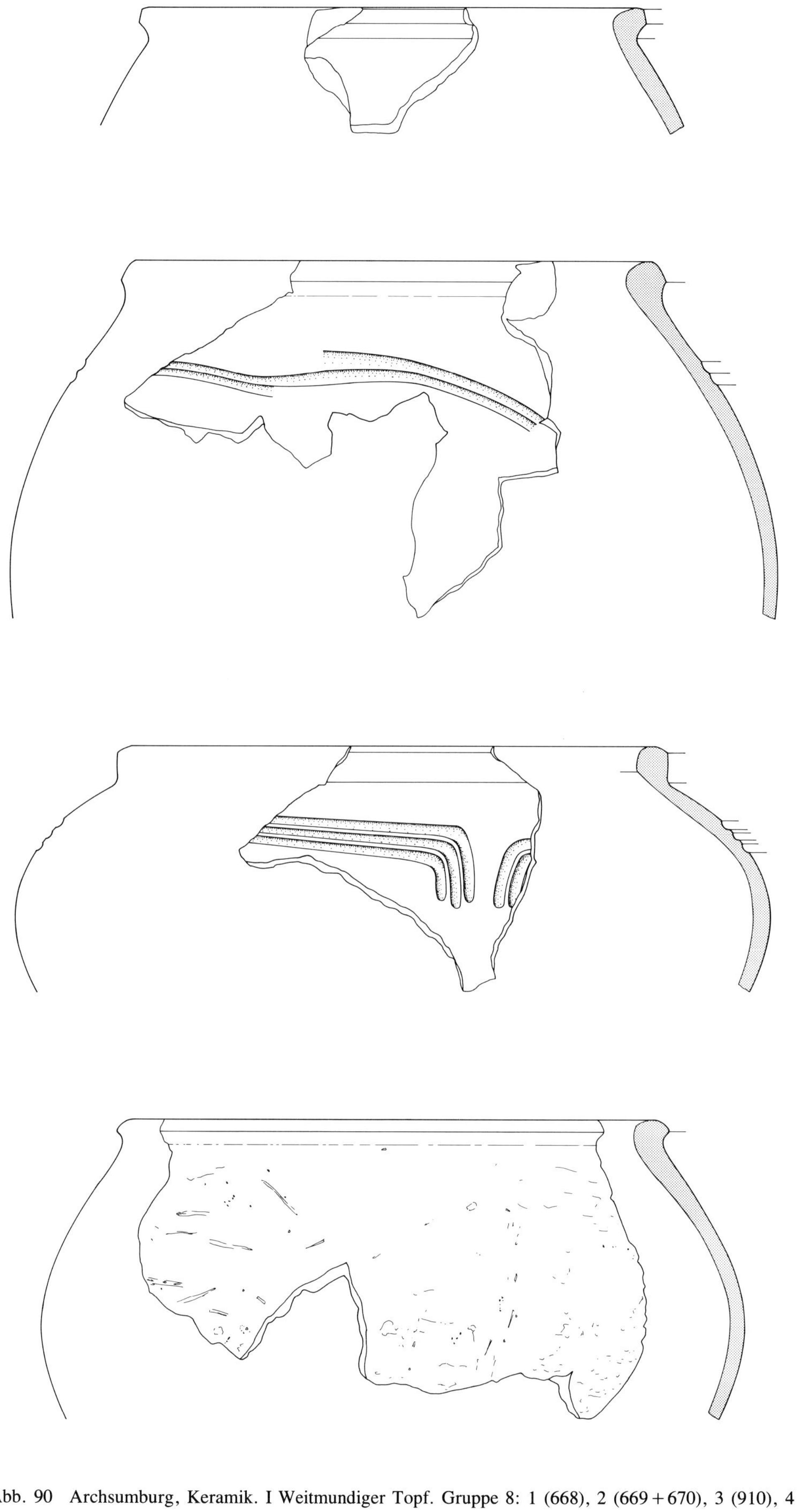

Abb. 90 Archsumburg, Keramik. I Weitmundiger Topf. Gruppe 8: 1 (668), 2 (669+670), 3 (910), 4 (73/114). – M. 1:3.

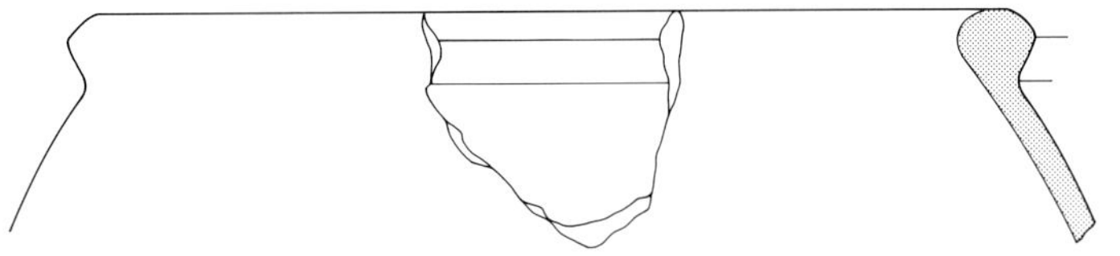

1

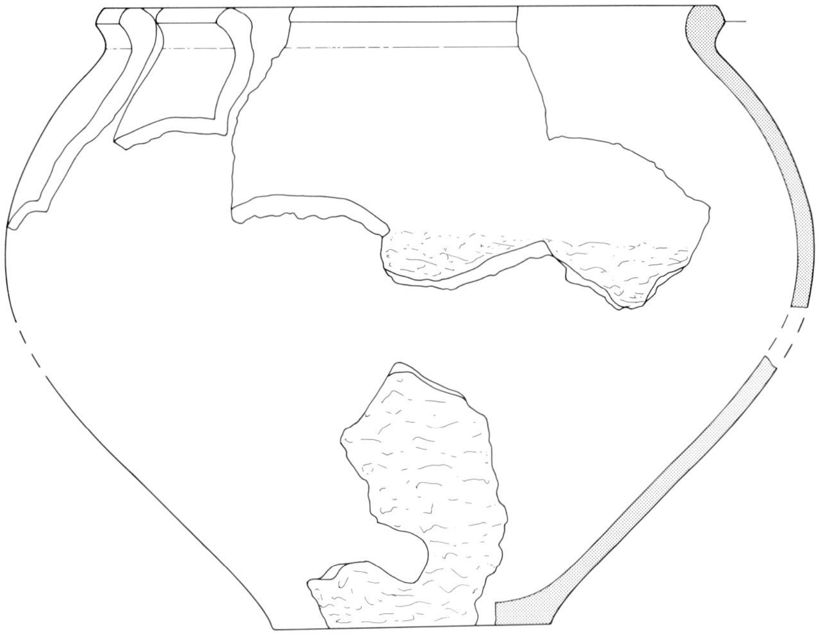

2

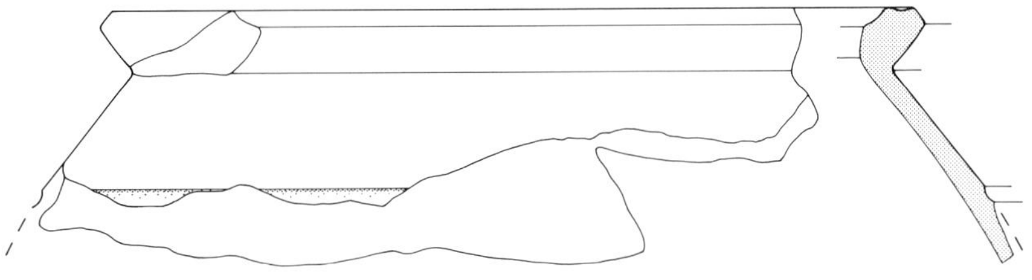

3

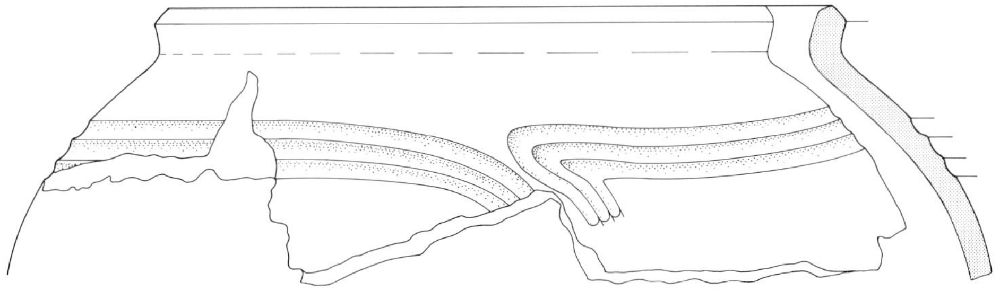

4

Abb. 91 Archsumburg, Keramik. I Weitmundiger Topf. Gruppe 8: 1 (385), 2 (510), 3 (72/62), 4 (73/24). – M. 1 : 3.

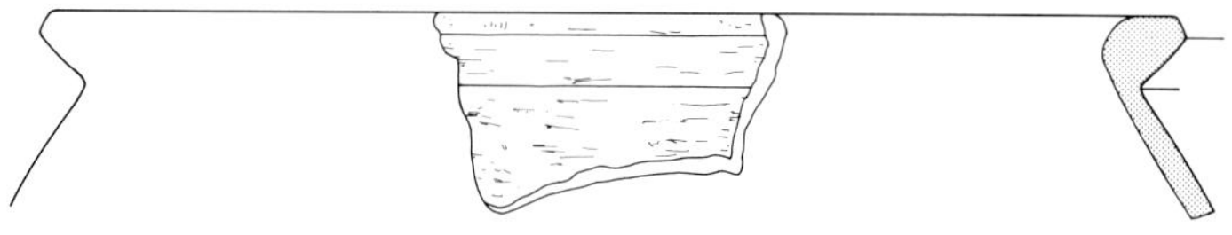

1

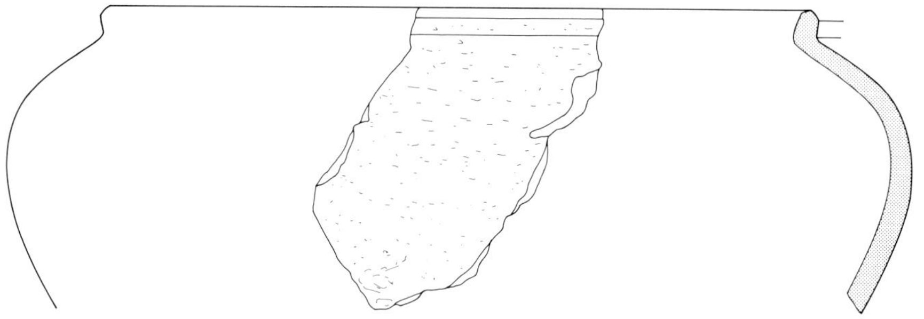

2

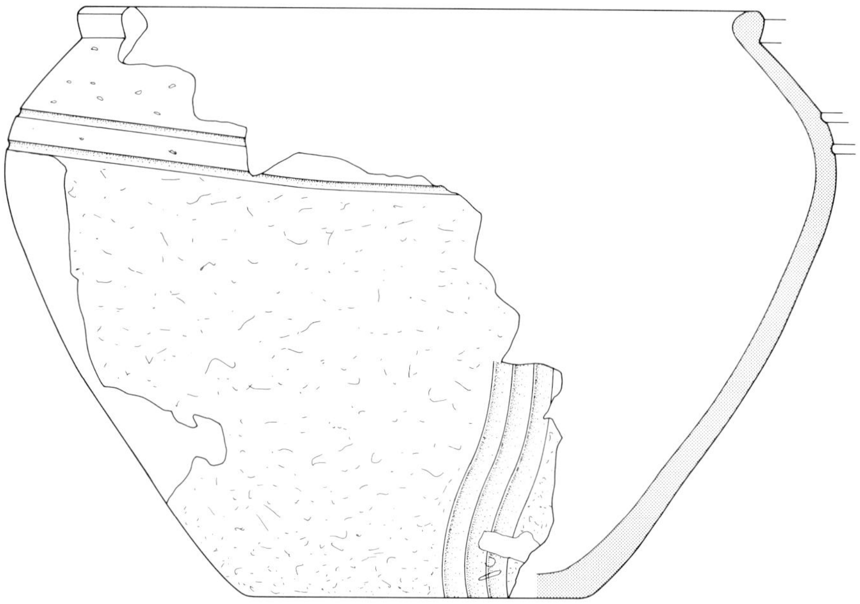

3

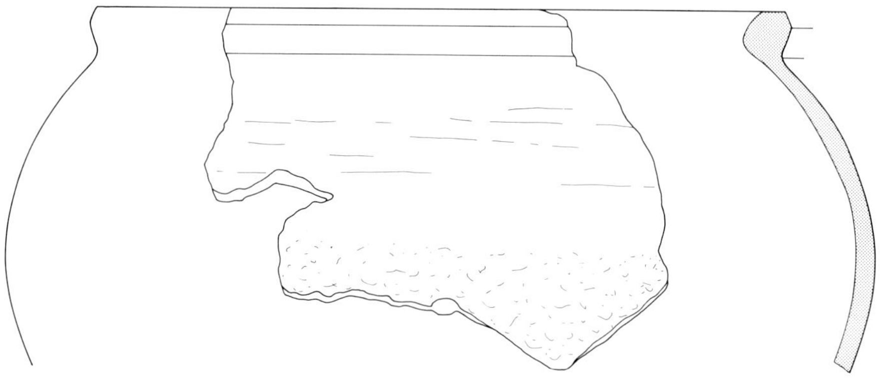

4

Abb. 92 Archsumburg, Keramik. I Weitmundiger Topf. Gruppe 8: 1 (73/62); Gruppe 9: 2 (72/97), 3 (289), 4 (705). – M. 1 : 3.

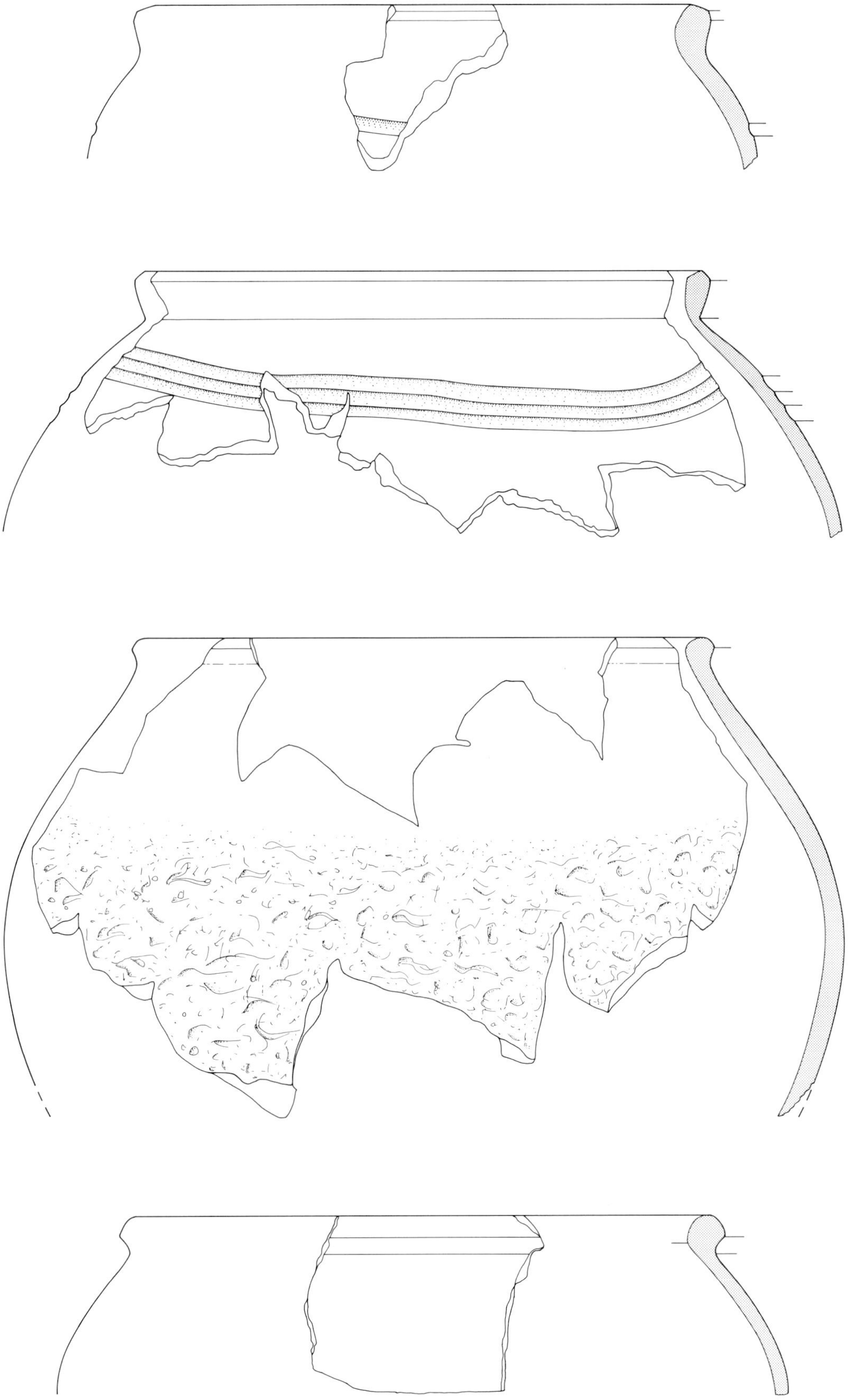

Abb. 93 Archsumburg, Keramik. I Weitmundiger Topf. Gruppe 9: 1 (752), 2 (319), 3 (593), 4 (767). – M. 1 : 3.

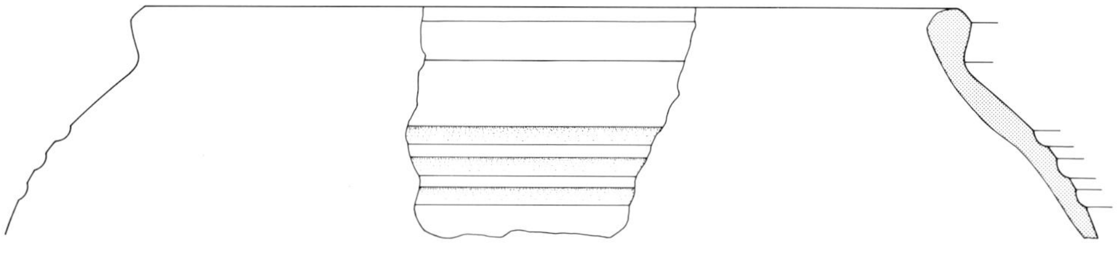

1

2

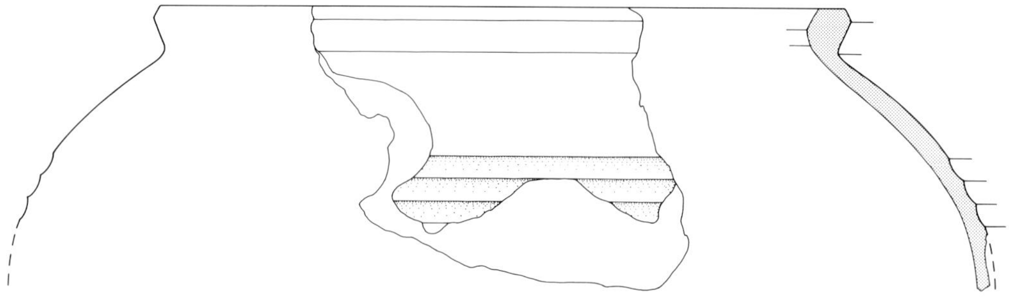

3

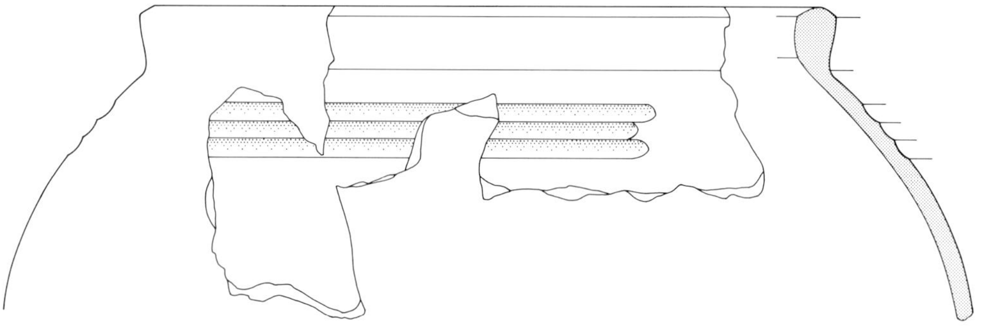

4

Abb. 94 Archsumburg, Keramik. I Weitmundiger Topf. Gruppe 9: 1 (72/48), 2 (73/100), 3 (72/63), 4 (72/39). – M. 1 : 3.

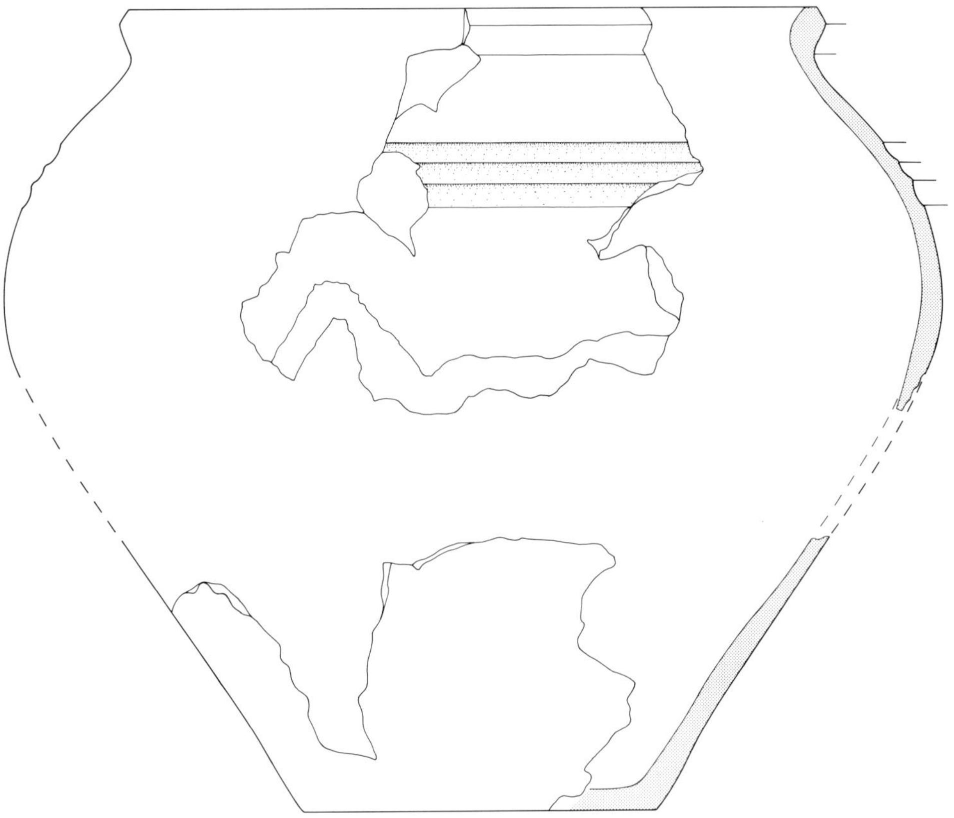

1

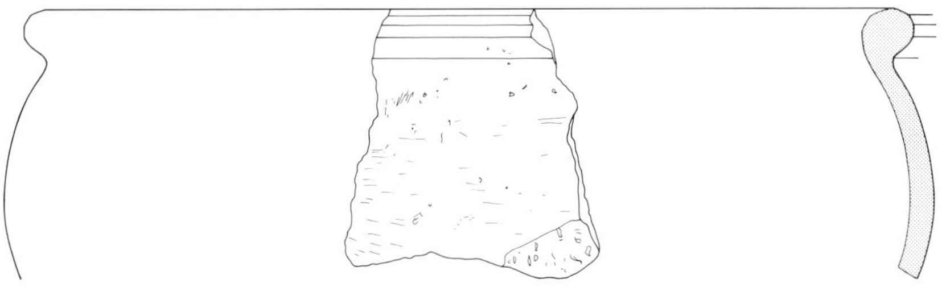

2

3

Abb. 95 Archsumburg, Keramik. I Weitmundiger Topf. Gruppe 9: 1 (283 + 284); Gruppe 10: 2 (73/147), 3 (980). – M. 1 : 3.

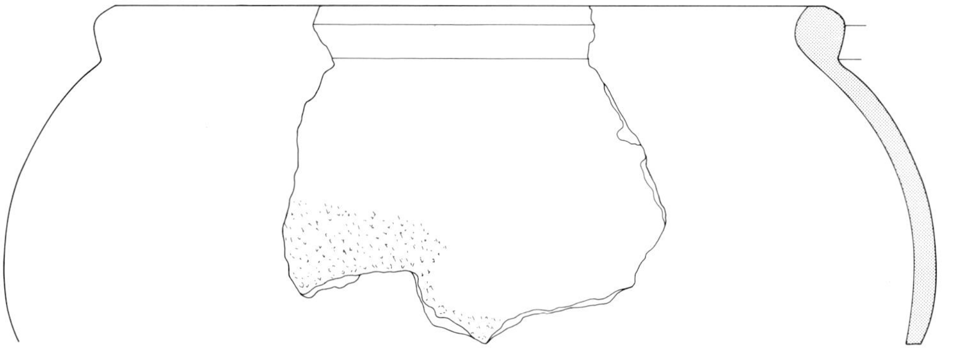

1

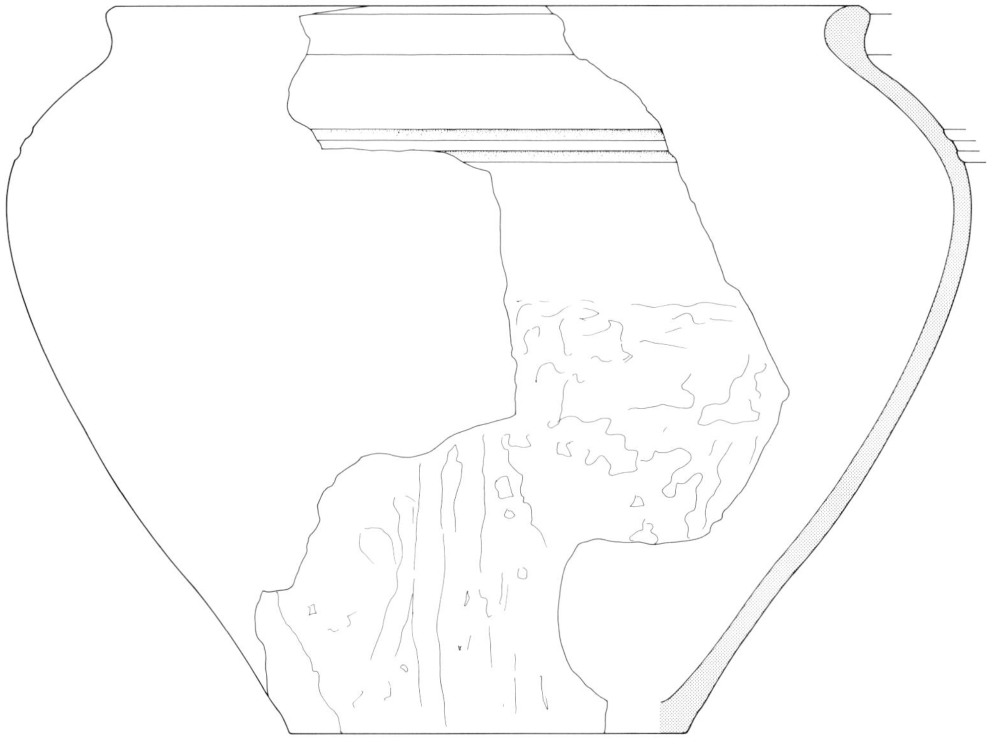

2

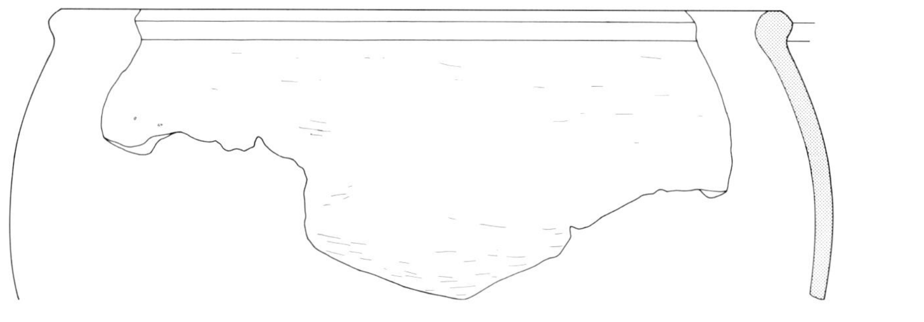

3

Abb. 96 Archsumburg, Keramik. I Weitmundiger Topf. Gruppe 10: 1 (325), 2 (591), 3 (847). – M. 1 : 3.

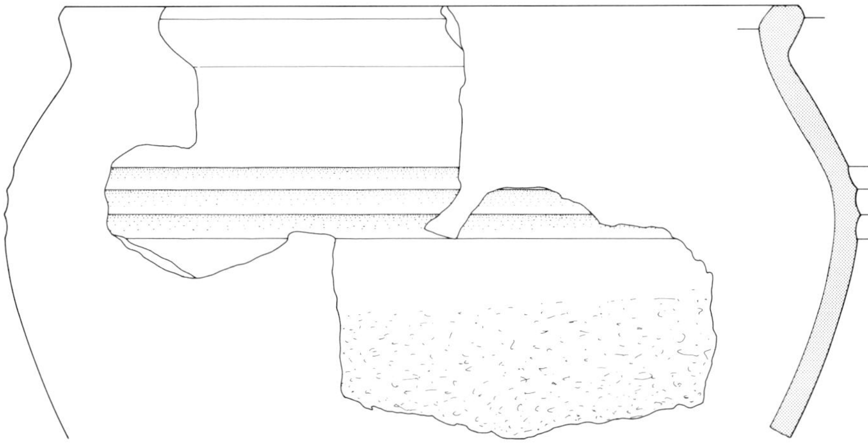

1

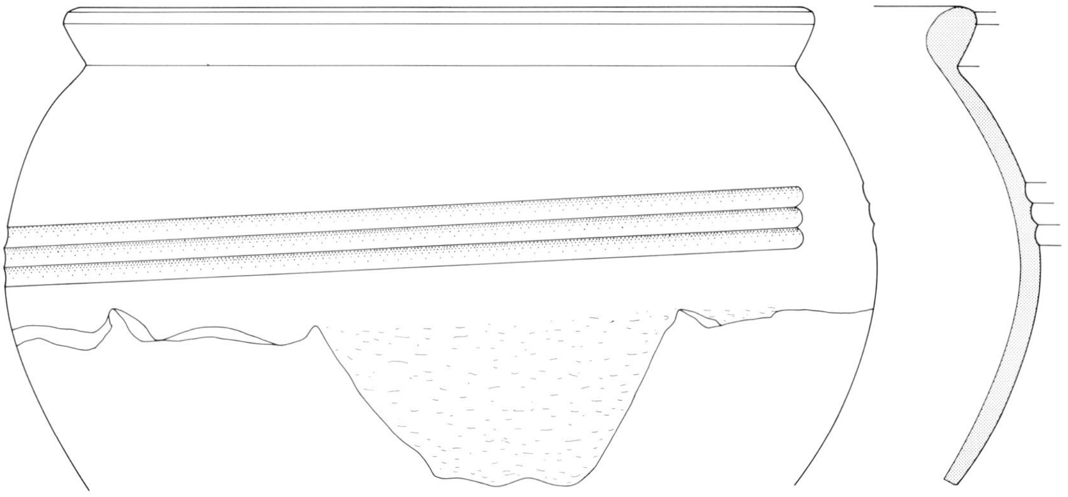

2

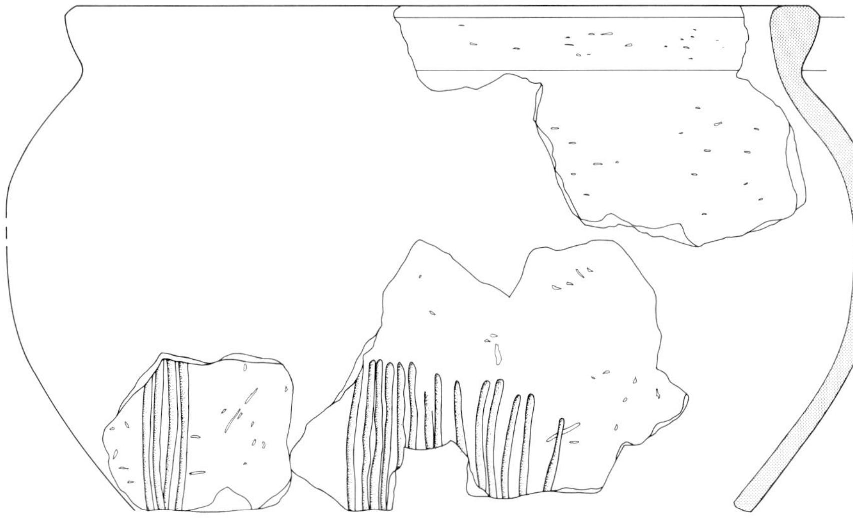

3

Abb. 97 Archsumburg, Keramik. I Weitmundiger Topf. Gruppe 10: 1 (72/36), 2 (72/92), 3 (746). – M. 1 : 3.

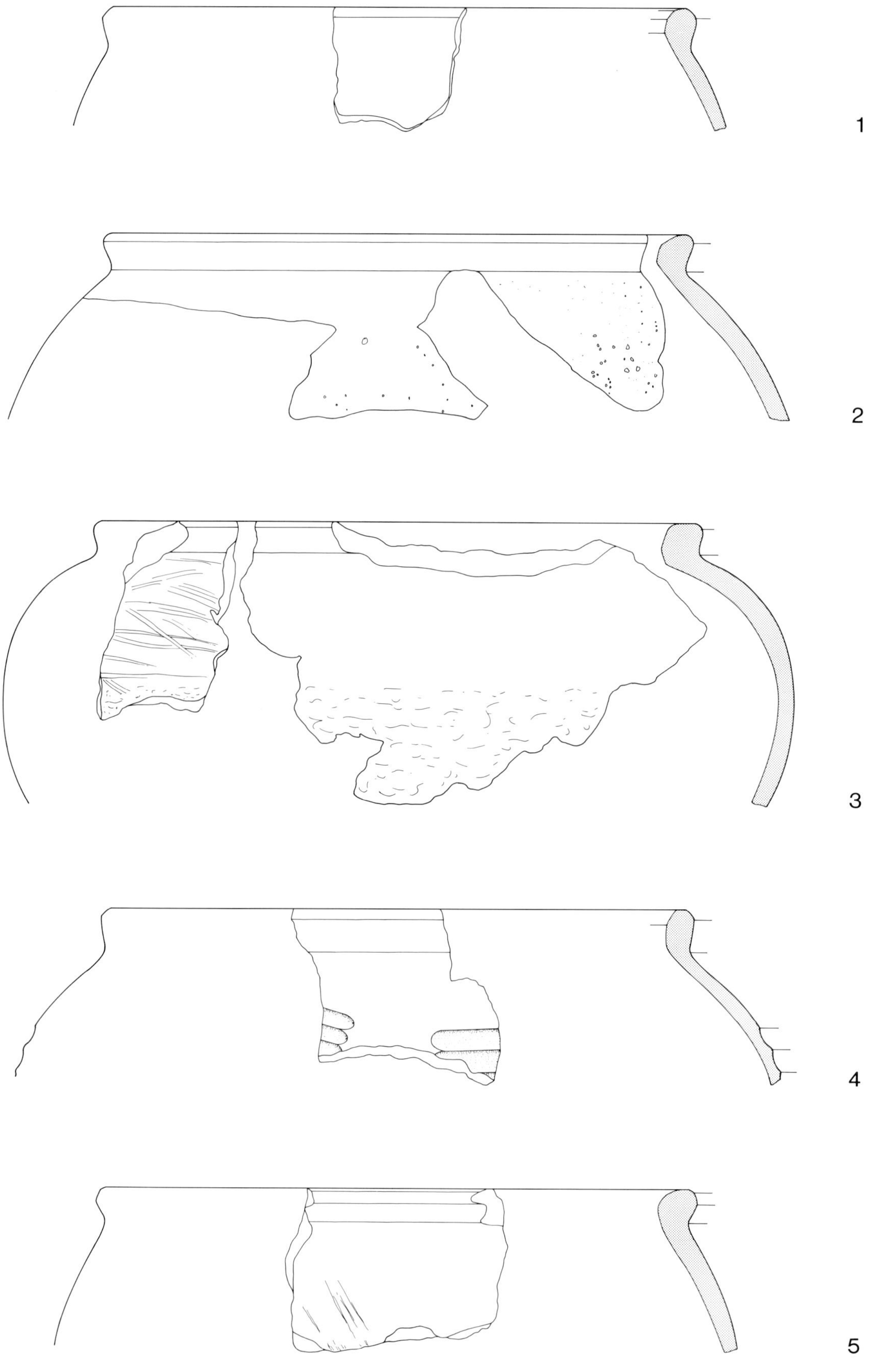

Abb. 98 Archsumburg, Keramik. I Weitmundiger Topf. Gruppe 10: 1 (72/87), 2 (779), 3 (953), 4 (810), 5 (610). – M. 1 : 3.

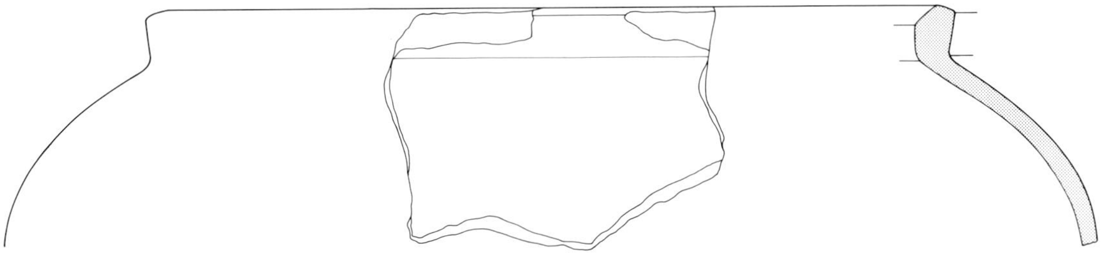

1

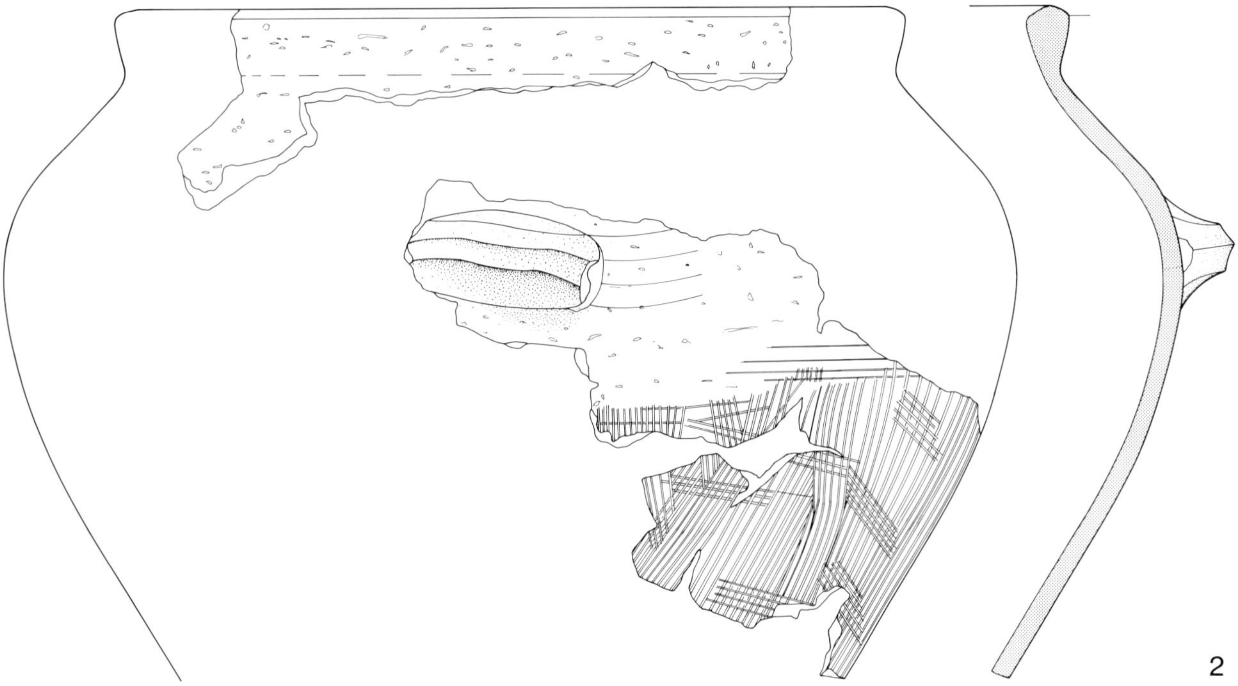

2

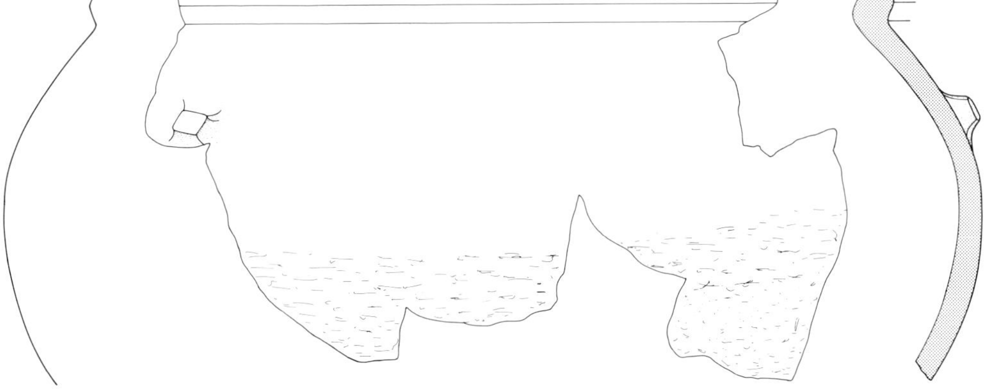

3

Abb. 99 Archsumburg, Keramik. I Weitmundiger Topf. Gruppe 11: 1 (795), 2 (840), 3 (740). – M. 1 : 3.

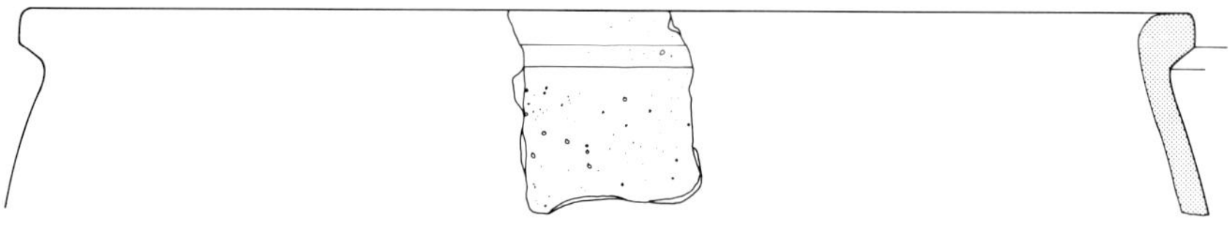

1

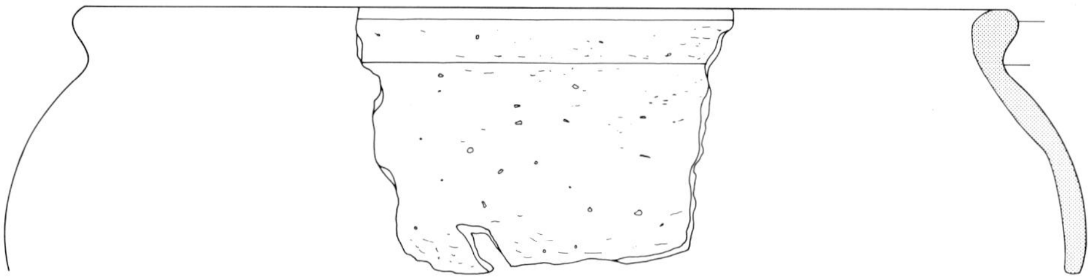

2

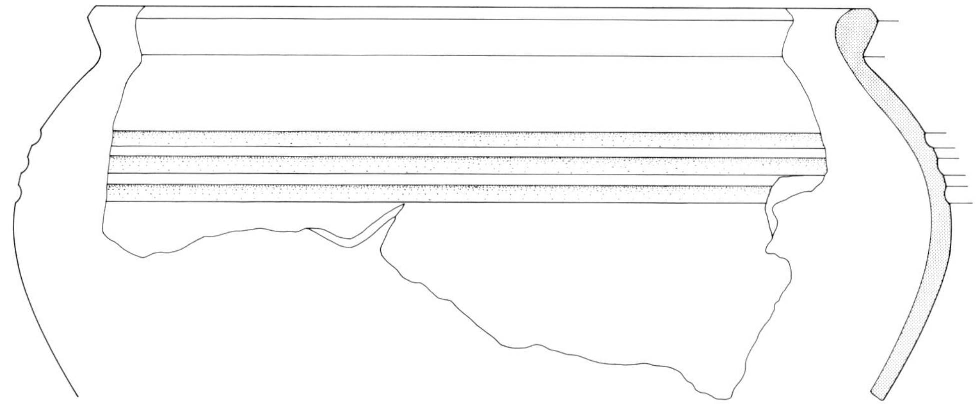

3

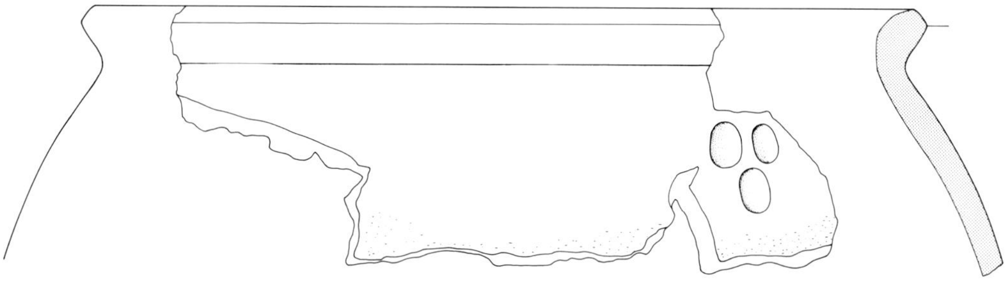

4

5

Abb. 100 Archsumburg, Keramik. I Weitmundiger Topf. Gruppe 11: 1 (73/79), 2 (386), 3 (72/53); Gruppe 12: 4 (73/183), 5 (847). – M. 1 : 3.

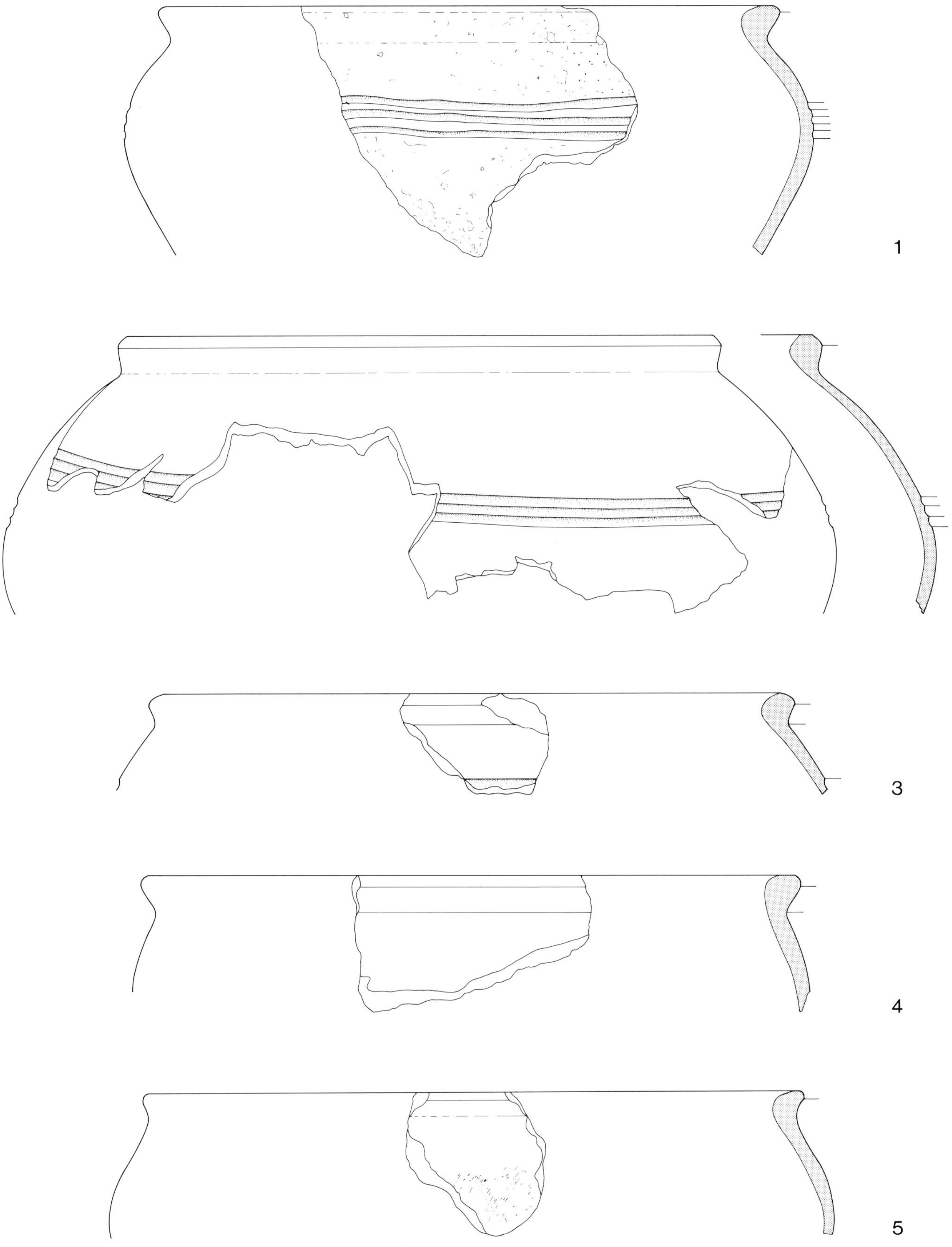

Abb. 101 Archsumburg, Keramik. I Weitmundiger Topf. Gruppe 12: 1 (621), 2 (319); Gruppe 13: 3 (456), 4 (562), 5 (915). – M. 1 : 3.

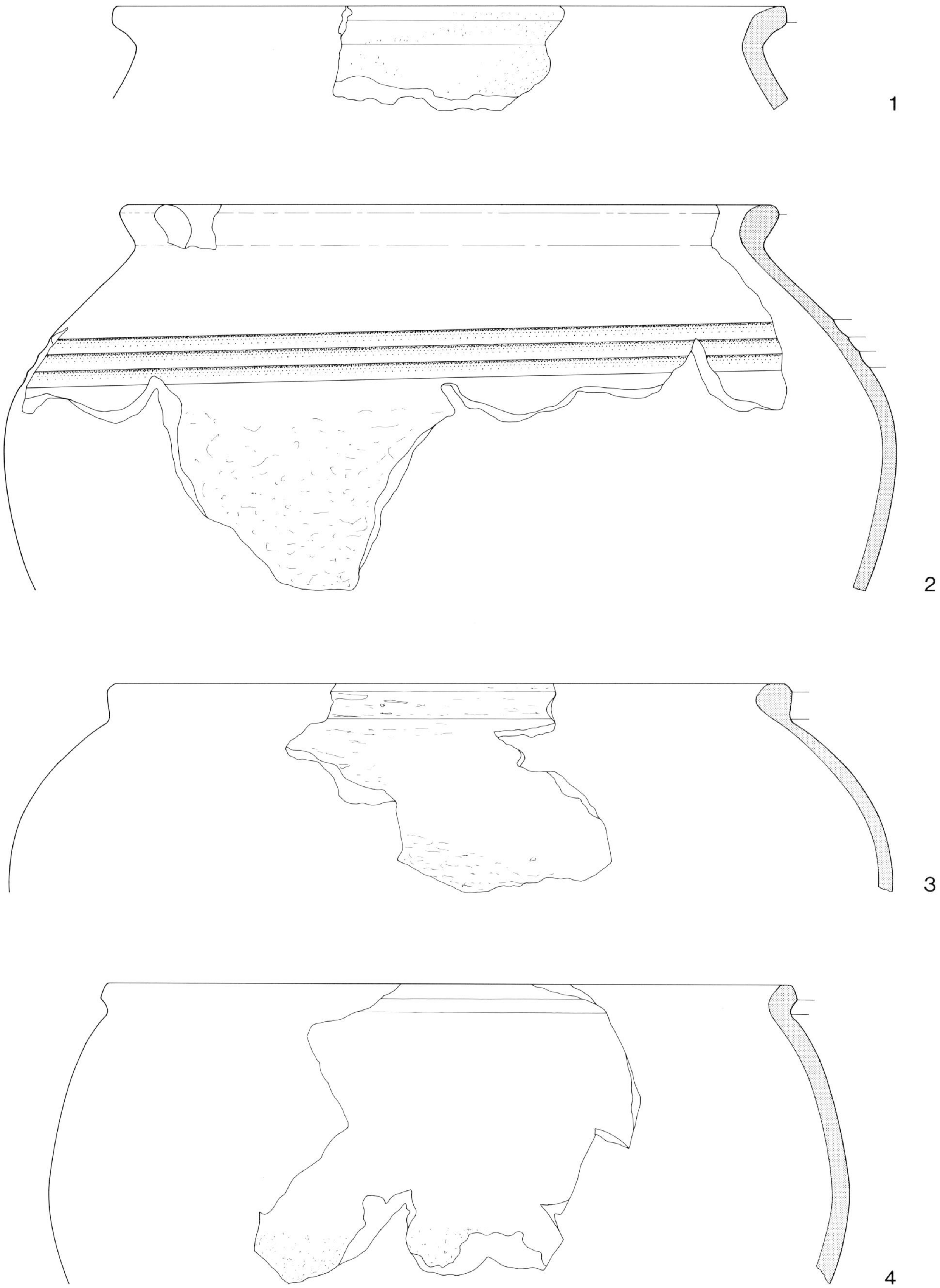

Abb. 102 Archsumburg, Keramik. I Weitmundiger Topf. Gruppe 13: 1 (73/43), 2 (72/92), 3 (73/69), 4 (707 + 711). – M. 1 : 3.

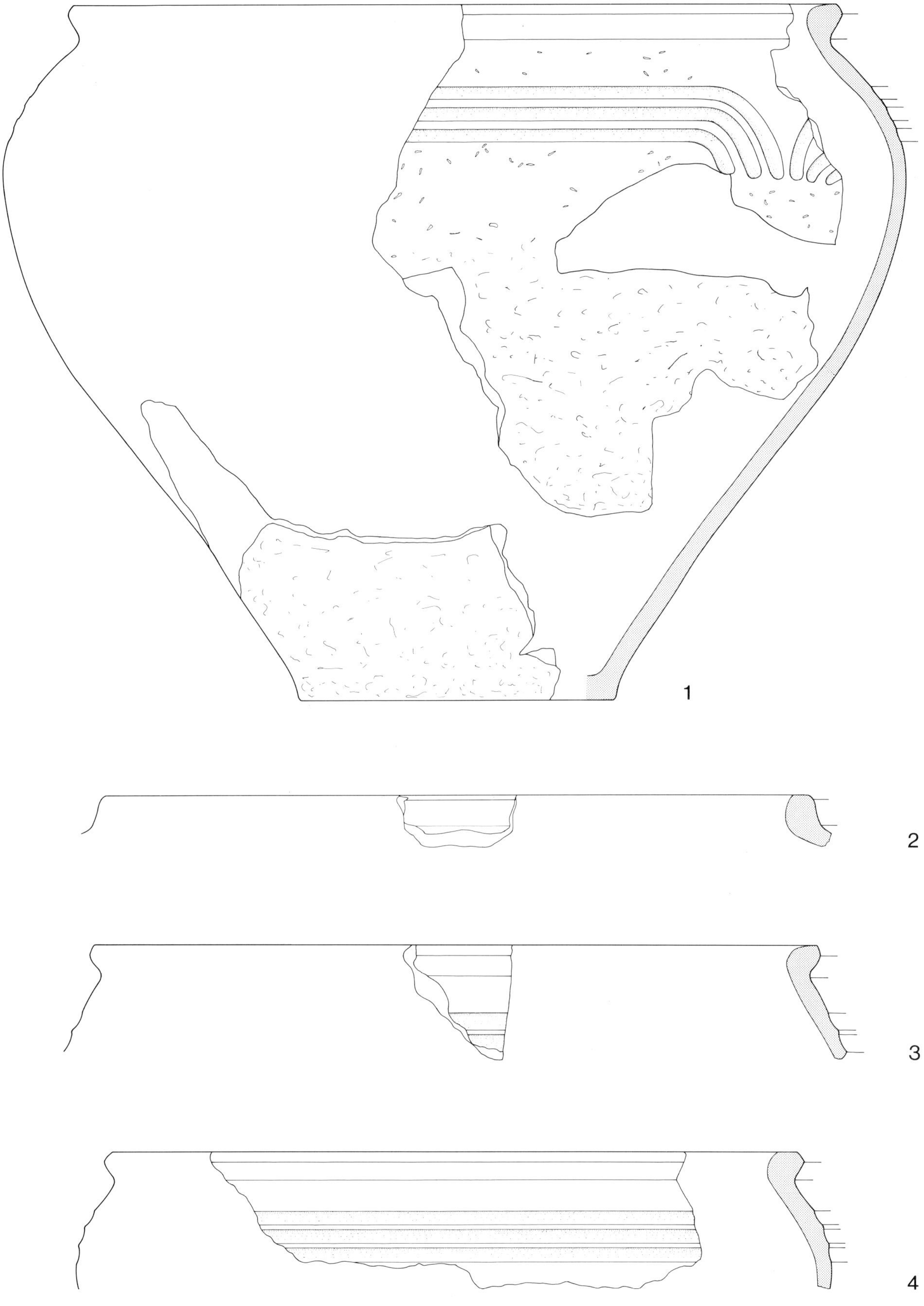

Abb. 103 Archsumburg, Keramik. I Weitmundiger Topf. Gruppe 14: 2 (782), 3 (302), 4 (290); Gruppe 15: 1 (778). – M. 1 : 3.

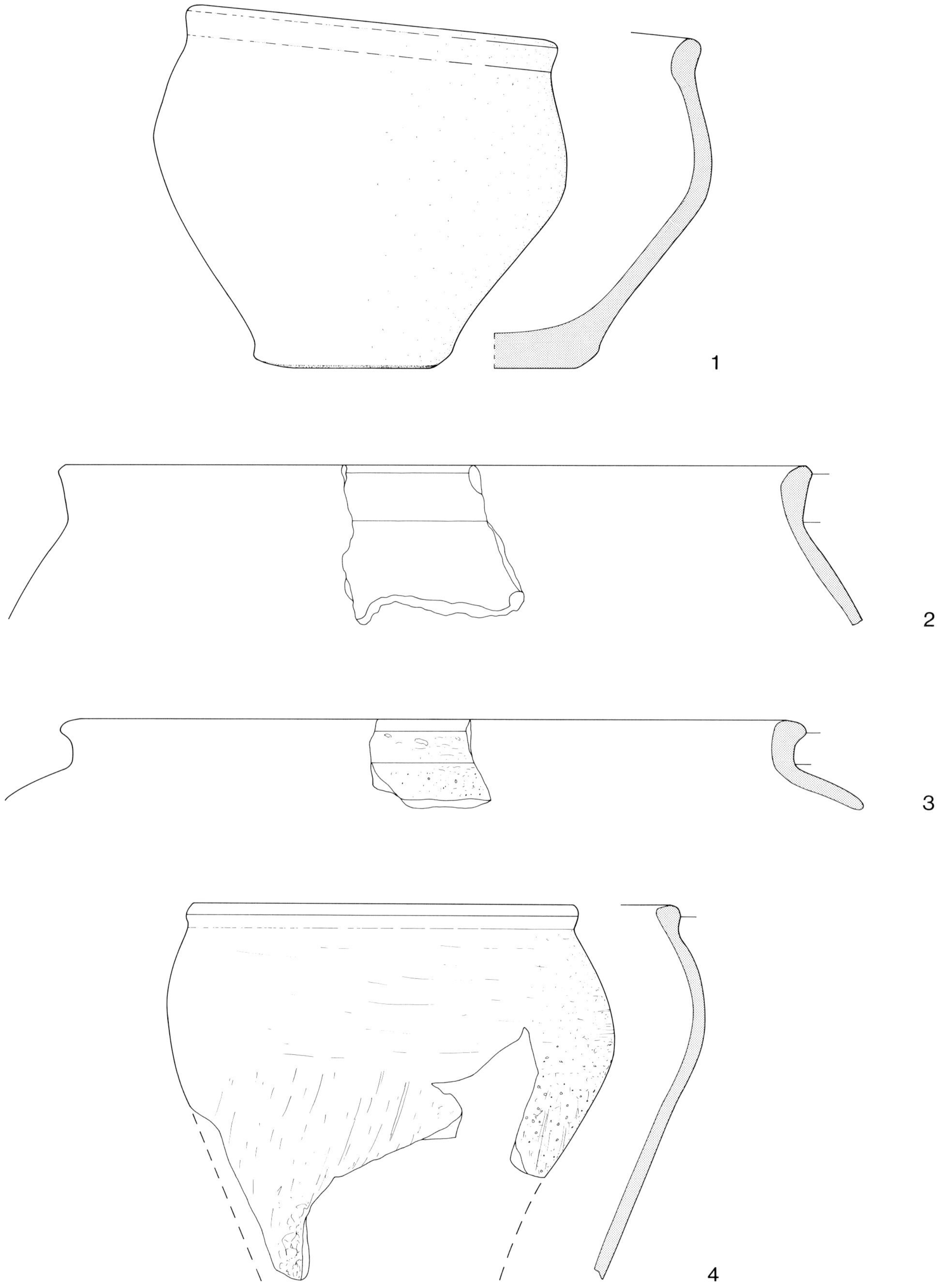

Abb. 104 Archsumburg, Keramik. I Weitmundiger Topf. Gruppe 15: 2 (820), 3 (321); II Weitmundiger ungegliederter Topf. 1 (847), 4 (723). – M. 1 : 3.

typ 1: 48%, Typ 2: 45,6%, Typ 3: 1%, Typ 4: 5,4%); es gibt also einen Zusammenhang zwischen Randtyp und Gefäßform. Die gröbere Gebrauchskeramik wird demnach durch Randtyp 1 charakterisiert.

Auch die verhältnismäßig wenigen Belege für Verzierung, Henkel und Knubben definieren weitmundige Töpfe als Gebrauchsgeschirr zum Kochen oder zur Vorratshaltung. Horizontalriefung kommt nur bei 18,7% der Funde vor. Selten sind ferner Schmalriefen, unterbrochen von breiten Leerstreifen (2=1%), oder Kurzriefen (2=0,5%), Dreiecke oberhalb der Riefenzone (3=1,4%) oder Ornamentlücken (3=1,4%). Henkel fallen kaum ins Gewicht (2: je 1x rand- und schulterständig), während Knubben immerhin viermal vertreten sind. Bemerkenswert scheint außerdem, daß die Wandungsstärke der Gefäßschulter trotz gleicher Mündungsweite verschieden ausfällt: 36 Scherben sind besonders dünn, vor allem bei Gefäßen bis 25 cm Randdurchmesser.
Herkunft: über Schicht VII: 53 (25,9%), in Schicht VII: 68 (33,2%), unter Schicht VII: 84 (40,9%).

II. Weitmundiger, ungegliederter Topf *(Abb. 104)*
Weitmundige Töpfe mittlerer Größe fallen durch ihre schlichte, grobe Machart und einfache Form auf. Sie sind unverziert und henkellos. Die Oberfläche ist über der größten Bauchweite teilweise schlecht geglättet, unterhalb einmal angerauht. Der Rand ist niemals deutlich abgesetzt, er zählt zu den kurzen Formen und ist unterschiedlich stark verdickt (Randtyp 1: 2, 2: 2, 5: 1, unbestimmt: 1), Facetten fehlen. Zweimal gelang eine Rekonstruktion von der Mündung bis zur Standfläche (Rand 26, größte Bauchweite 26,5, Boden 11, Höhe 23; Rand 20, größte Bauchweite 22, Boden 10, Höhe 18,5). Die Mündungsweite der anderen Funde liegt bei 20 (1), 21 (1) und 23 cm (2) *(Abb. 104, 1.4; 105, 1–4)*.
Herkunft: über Schicht VII: 1, in Schicht VII: 1, unter Schicht VII: 3.

III. Weitmundiger, hoher Topf mit langgezogener Randlippe *(Abb. 105, 5.6)*
Zu dieser Form zählen zwei Gefäßfunde mit Rändern vom Typ 3 und Sonderform c. Die Mündungsweiten liegen zwischen 30 und 32 cm. Schulterteile fehlen, aber anhand des Ansatzwinkels läßt sich ein flachgewölbter Oberteil belegen *(Abb. 105, 6)*.
Herkunft: über Schicht VII: 1, in Schicht VII: 1.

IV. Weitmundiger, bauchiger Topf *(Abb. 106)*
Fünfmal wurden Scherben rundbauchiger Töpfe mit steiler oder leicht nach innen geneigter Randlippe gefunden. Ein Henkeltopf, durch Horizontalriefen mit symmetrisch nach unten gebogenen Enden verziert, ließ sich zeichnerisch rekonstruieren (Rand 20, größte Bauchweite 29, Boden 14, Höhe 24). Der Mündungsdurchmesser differiert sonst zwischen 22 und 34 cm. Üblich sind je einmal Randtyp 5 und Sonderform b, dann leicht verdickt und abgestrichen *(Abb. 106)*.
Herkunft: über Schicht VII: –, in Schicht VII: 3, unter Schicht VII: 3.

V. Engmundiger, hoher Topf *(Abb. 107; 108,1)*
a. Rand trichterförmig, verdickt: Zur Gruppe der Großgefäße gehören engmundige hohe Töpfe mit kräftig nach außen geknicktem, kurzem, verdicktem Rand (Typ 1:2). Der Mündungsdurchmesser beträgt 26 cm. Schulterwölbung und Bauchform unbekannt *(Abb. 107, 5–6)*.
Herkunft: über Schicht VII.
b. Rand kragenförmig, verdickt oder trichterförmig: Der Rand steigt außen fast senkrecht an, innen ist er gerundet, kurz, stark verdickt oder gerade (Typ 1: 4, Sonderform b: 1). Der Mündungsdurchmesser beträgt 22 (1), 24 (2) und 28 (1) bzw. 35 (1) cm. Die Schulter ist bei zwei Gefäßen fast horizontal abgesetzt, bei einem dritten gewölbt. Zwei Töpfe tragen Riefen, in einem Fall nach unten vor dem Henkel abgeknickt, zwei einen »funktionslosen« Breithenkel. Maße eines zeichnerisch rekonstruierten Stückes: Rand 35 cm, größte Bauchweite 76, Boden 27, Höhe 84 cm *(Abb. 107, 1–4; 108, 1)*.
Herkunft: in Schicht VII: 1, unter Schicht VII: 4.
c. Randlippe konisch nach innen geneigt, verdickt: Bei zwei sehr großen Töpfen biegt der Rand aus. Die Ränder gehören zu Typ 1: 1 und 6: 1. Die Mündungsweiten lagen bei 20 cm. Schulter- und Bauchscherben fehlen *(Abb. 107, 7.8)*.
Herkunft: über Schicht VII: 1, in Schicht VII: 3, unter Schicht VII: 4.

VI. Engmundiger Topf, Randlippe langgezogen *(Abb. 108; 109, 1.2)*
Die Grundform ist drei Gefäßen verschiedener Größe gemeinsam:
a. enghalsiger Topf mit auswärts gebogener, unverdickter, schwach facettierter, langgezogener Randlippe (Sonderform d), hohem zylindrischen Hals, gerundeter riefenverzierter Schulter, kräftiger Bauchrundung und konischem Unterteil (Rand 12, größte Bauchweite 18,4, Boden 6,5, Höhe 17,5). Das Gefäß stammt aus der Schicht VII *(Abb. 109,2)*.
b. zwei größere engmundige Töpfe mit abgesetztem, nach außen geknicktem, unverdicktem Trichterrand (Sonderform b), breiter Schulter und kräftiger Bauchrundung. Unterteil fehlt.

Beide Töpfe tragen auf der Schulter Horizontalriefung bei einem von einer Einstichreihe begleitet. Ein entsprechendes Zierband markiert den Halsumbruch (Rand 19, größte Bauchweite etwa 43,5; Rand 14, größte Bauchweite 34).

Beide Töpfe fanden sich über Schicht VII, der erstgenannte lag im Klei, der zweite in einem der Schächte, die die Brandschicht durchstießen *(Abb. 108, 2; 109, 2)*.

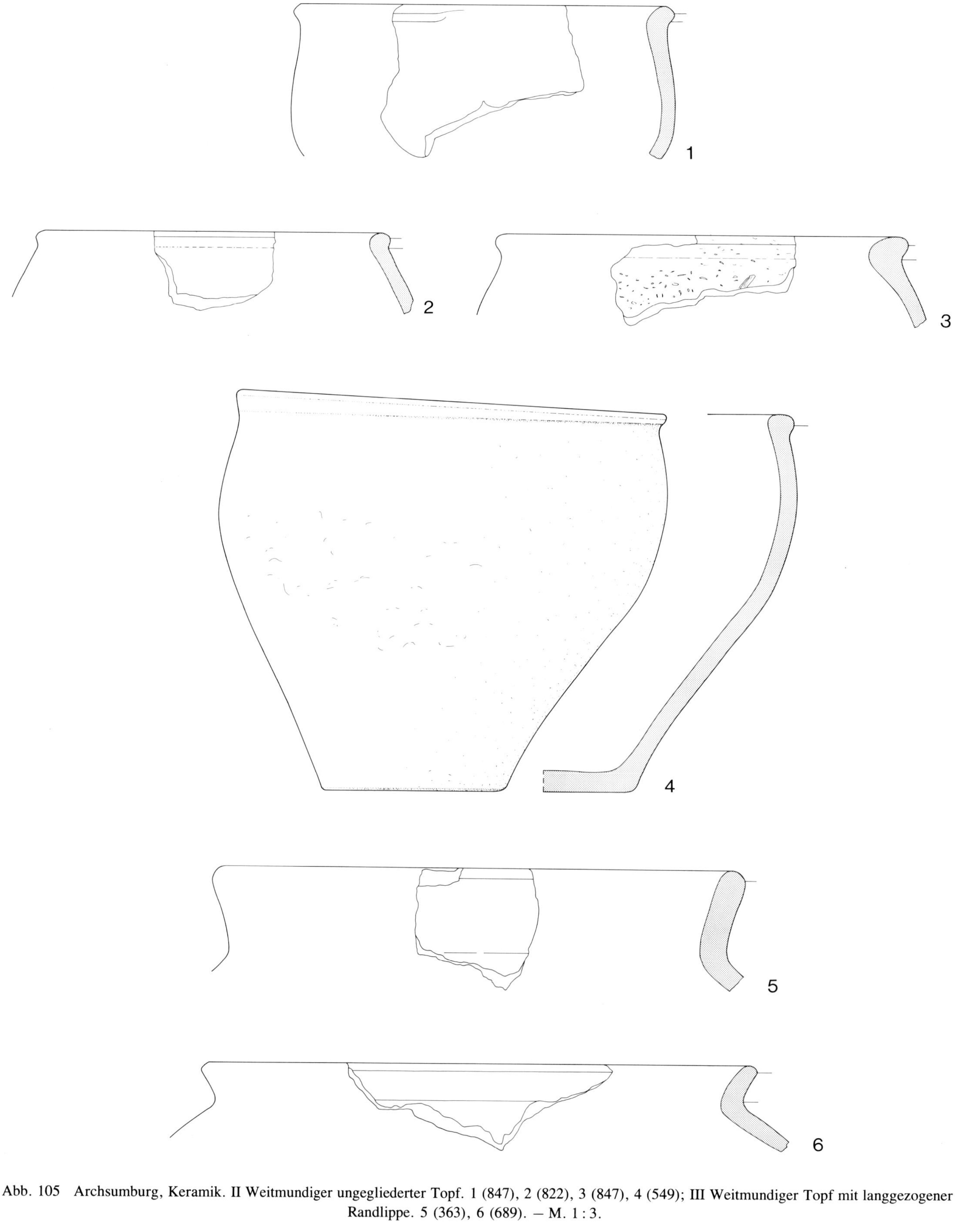

Abb. 105 Archsumburg, Keramik. II Weitmundiger ungegliederter Topf. 1 (847), 2 (822), 3 (847), 4 (549); III Weitmundiger Topf mit langgezogener Randlippe. 5 (363), 6 (689). – M. 1 : 3.

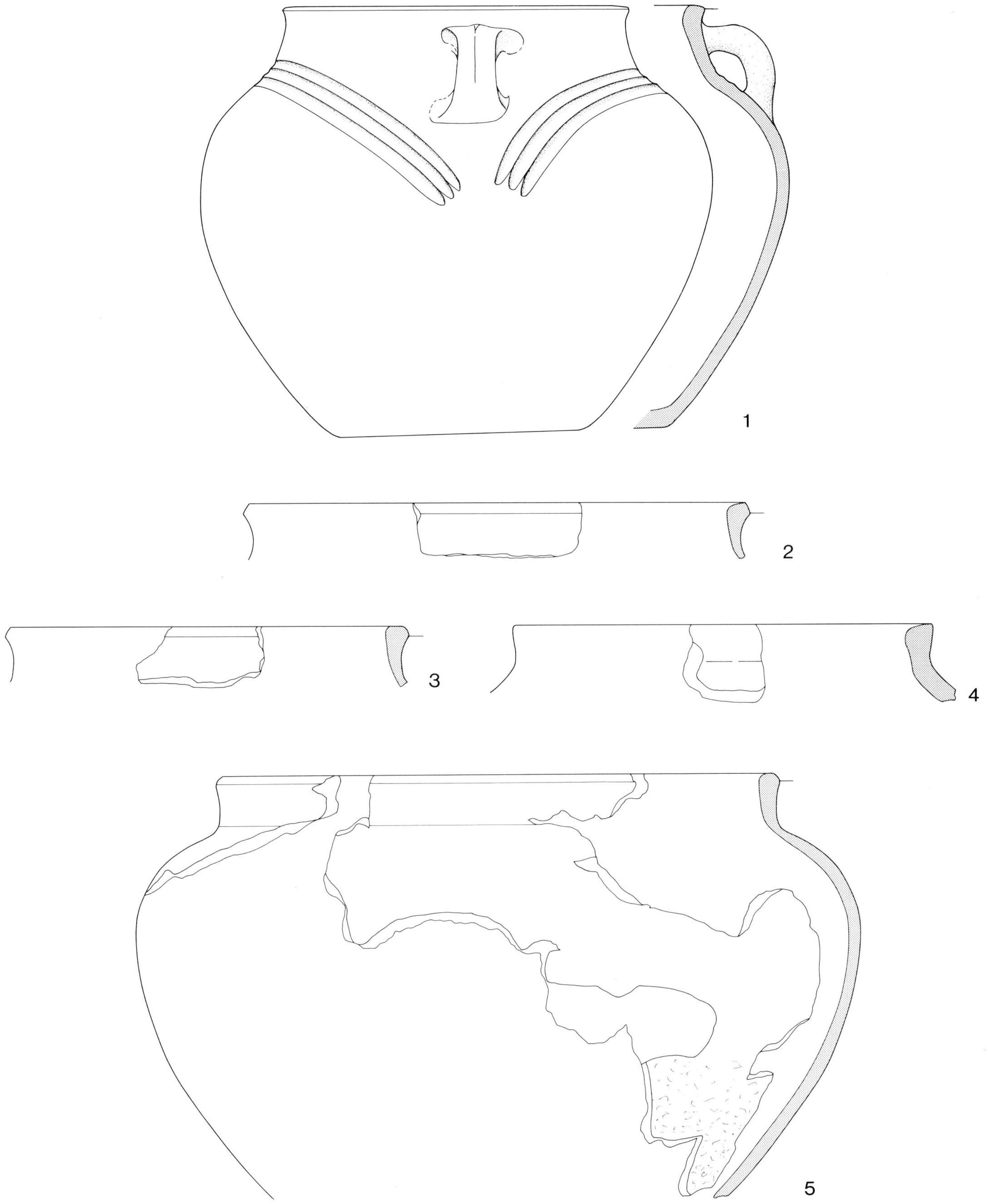

Abb. 106 Archsumburg, Keramik, IV Weitmundiger bauchiger Topf. 1 (72/56), 2 (72/39), 3 (463), 4 (356), 5 (391). – M. 1:3.

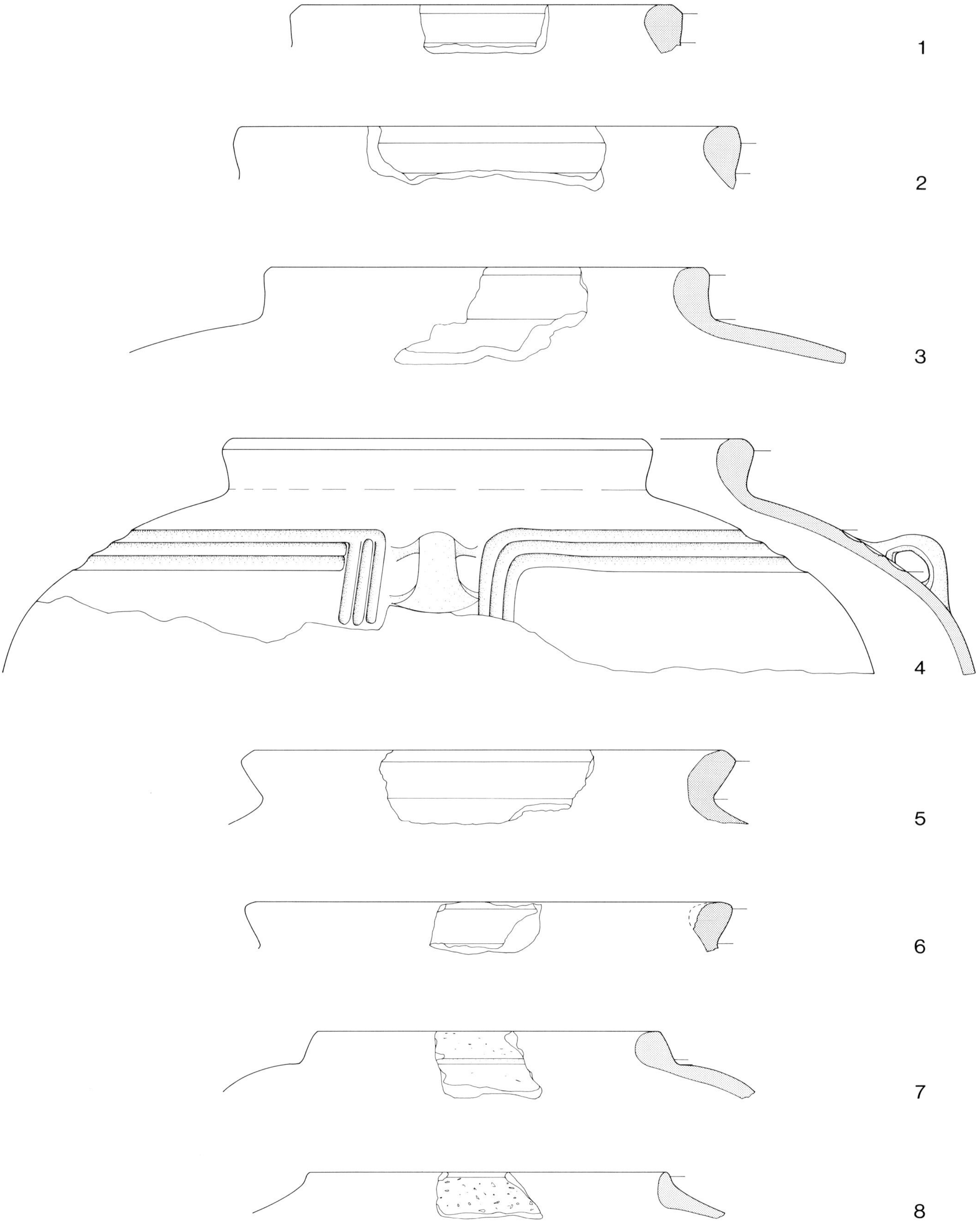

Abb. 107 Archsumburg, Keramik. V Engmundiger hoher Topf. a: 5 (73/44), 6 (298); b: 1 (677), 2 (552), 3 (801), 4 (787); c: 7 (404), 8 (73/108). – M. 1 : 3.

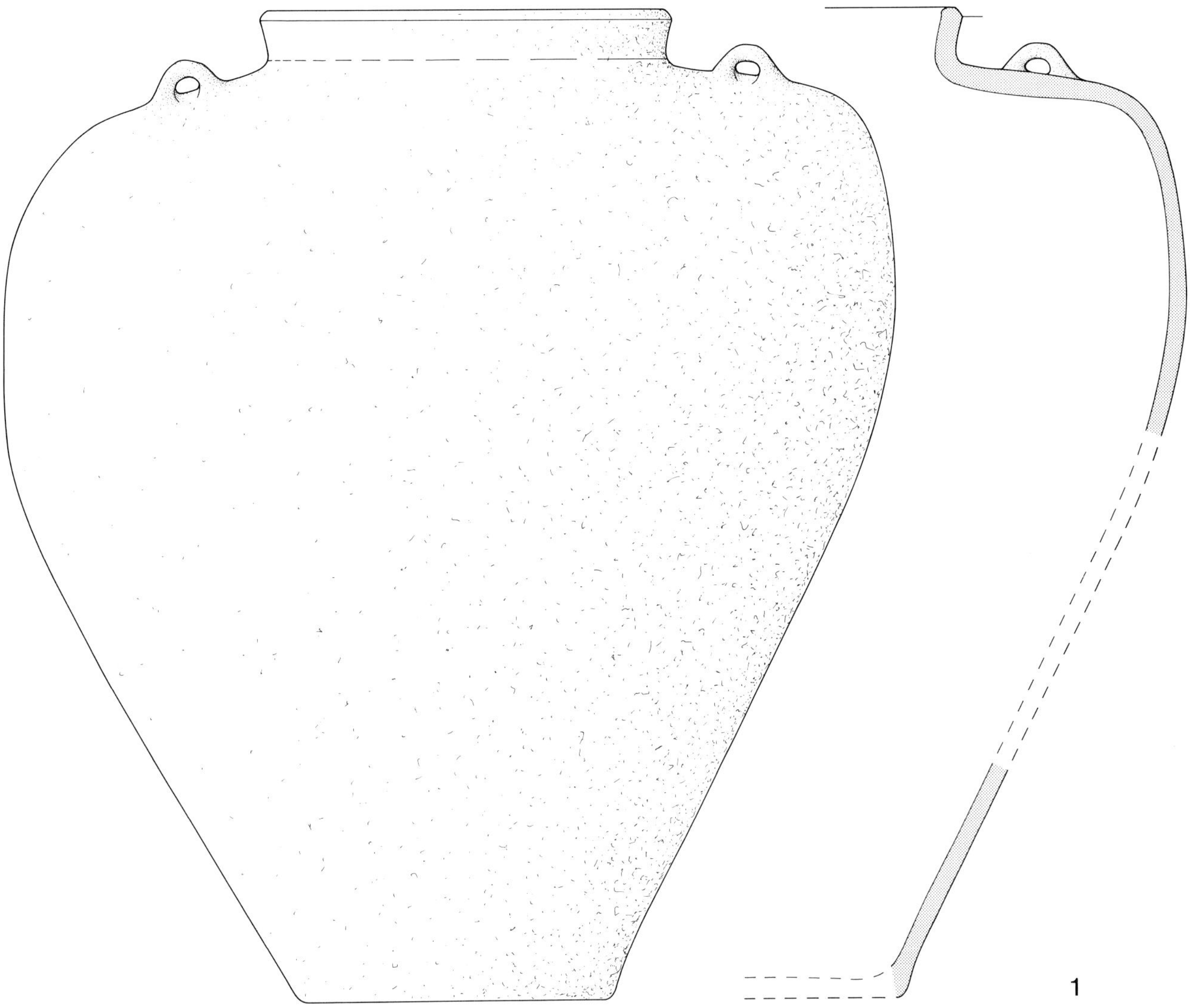

1

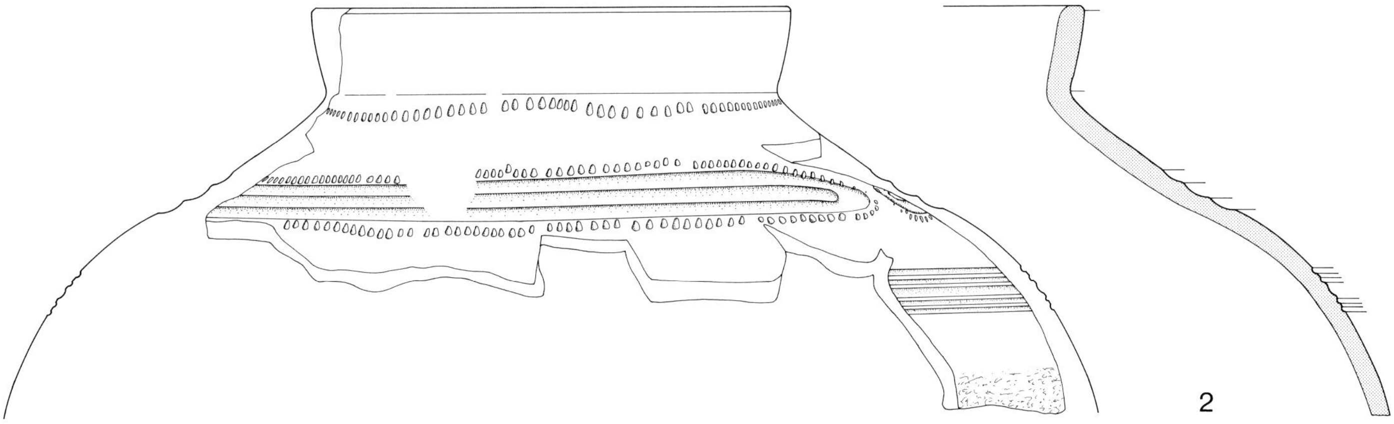

2

Abb. 108 Archsumburg, Keramik. V Engmundiger hoher Topf. b: 1 (316); VI Engmundiger Topf mit langgezogener Randlippe. b: 2 (73/32). – M. 1 : 3.

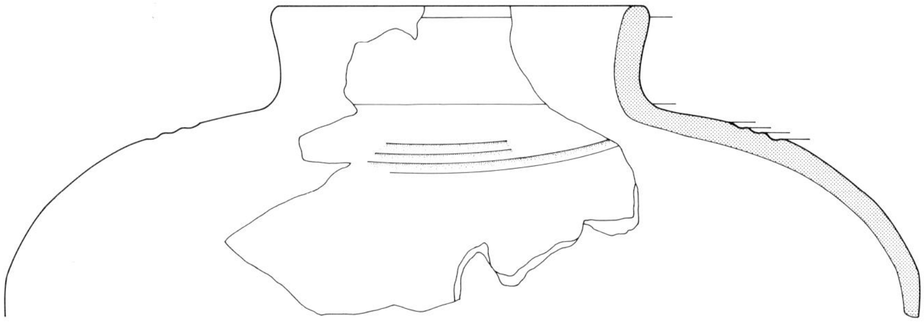

1

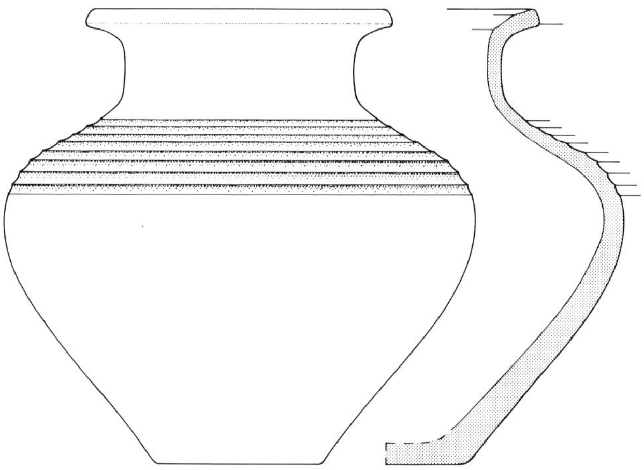

2

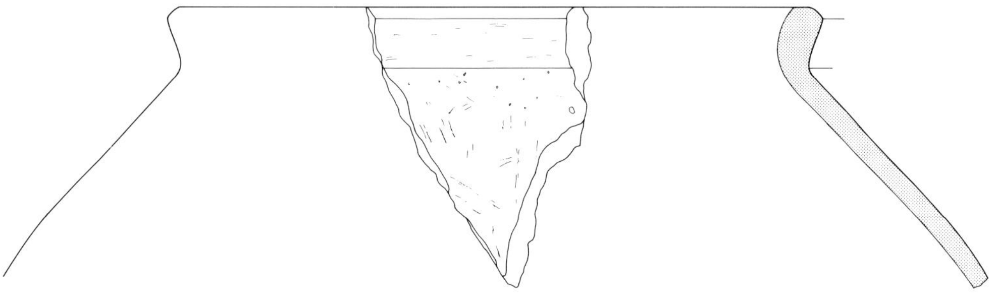

3

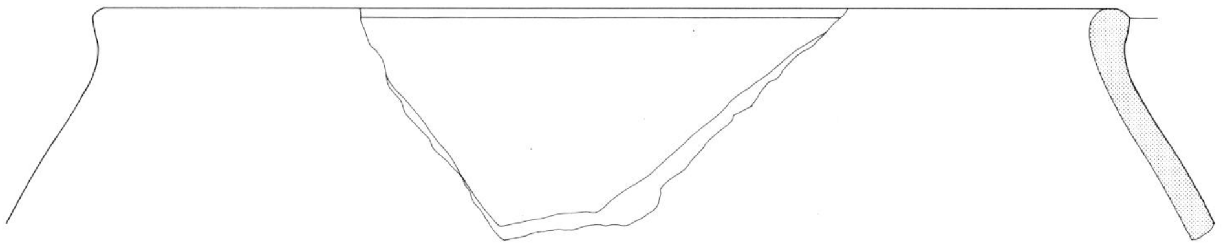

4

Abb. 109 Archsumburg, Keramik. VI Engmundiger Topf mit langgezogener Randlippe. b: 1 (73/225); a: 2 (301); VII Hoher Topf mit konischer Schulter. 3 (259), 4 (592). – M. 1 : 3.

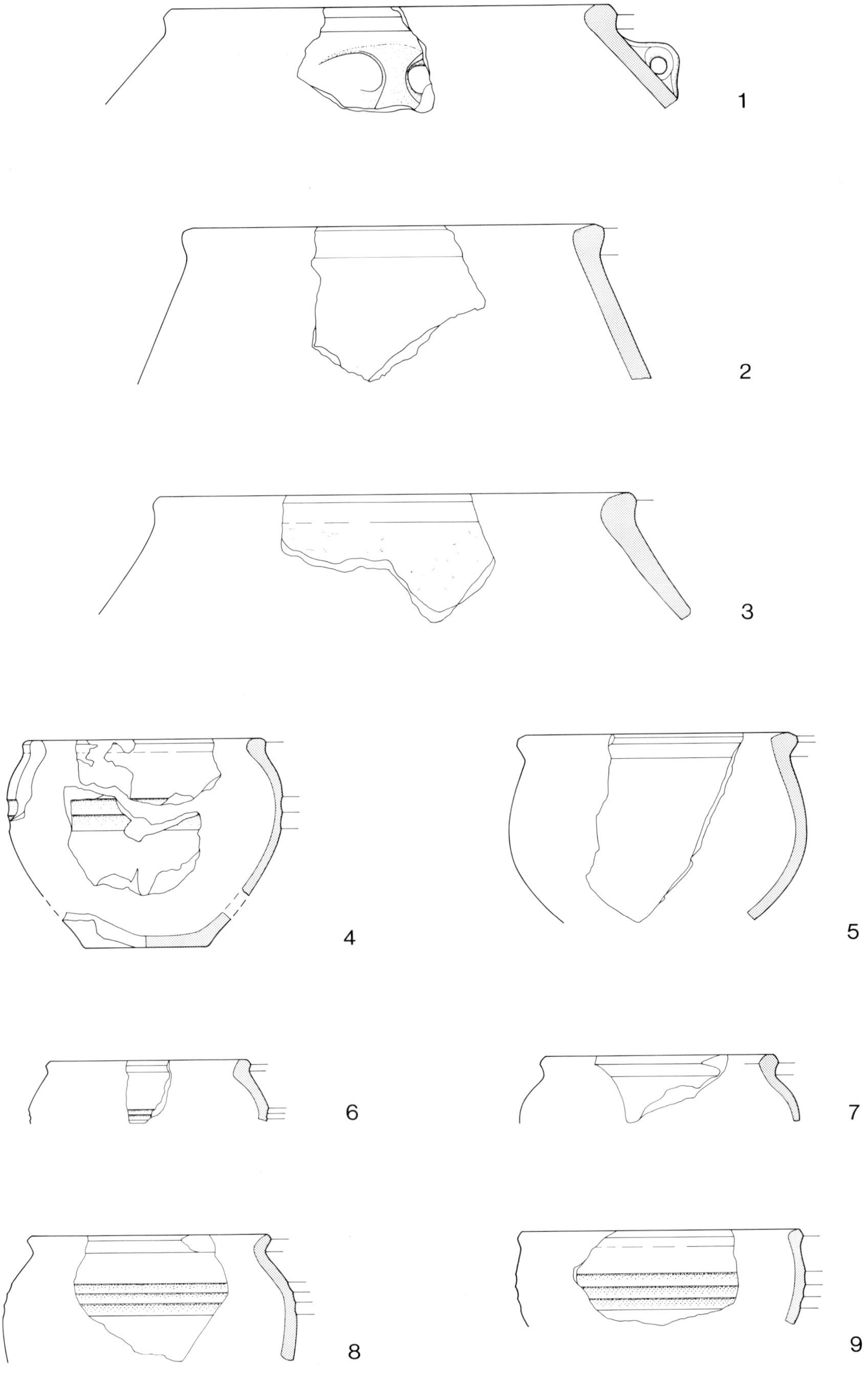

Abb. 110 Archsumburg, Keramik. VII Hoher Topf mit konischer Schulter. 1 (342), 2 (621), 3 (835); VIII Terrinen. a.1: 4 (739), 6 (73/45), 7 (854), 8 (72/48); a.2: 5 (690), 9 (72/88). – M. 1 : 3.

VII. Hoher Topf, Schulter konisch *(Abb. 109, 3.4; 110, 1–3)*
Unter zahlreichen Resten größerer Töpfe fanden sich einige wenige markante Randscherben von Gefäßen mit weiter oder enger Mündung und konischer Schulter. Der deutlich nach außen geknickte, verdickte Rand kann langgezogen oder sehr kurz sein. Er gehört Typ 1 (3) und 2 (2) an, die Mündungsweiten liegen zwischen 20 und 30 cm. Maße vom größten Bauchdurchmesser, des Bodens oder der Höhe fehlen. Verzierung ist nicht bekannt. Eine Scherbe trägt auf der Schulter oben einen X-förmigen, kleinen, funktionslosen Henkel *(Abb. 109, 3.4; 110, 1–3)*.
Herkunft: über Schicht VII: 3, in Schicht VII: 1, unter Schicht VII: 1.

VIII. Terrinen *(Abb. 110–117)*
Ein wichtiges Baumerkmal der Terrine ist die gegenüber der Gefäßhöhe größere Mündungsweite. Von insgesamt 93 Terrinen-Funden konnten neun vor allem kleinere Gefäße heil geborgen oder zeichnerisch vom Rand bis zur Standfläche rekonstruiert werden, und zwar mit Mündungsweiten zwischen 12 und 20 cm. Die Höhe schwankt zwischen 9 und 17 cm *(Abb. 111)*. Weitmundige Keramik dieser Form wird außerdem durch eine häufig stark gerundete Schulter- und Bauchpartie charakterisiert. Anhand der Gefäßform, der Verzierung und der Wandstärke lassen sich zwei Gruppen unterscheiden, Fein- und Grobware.

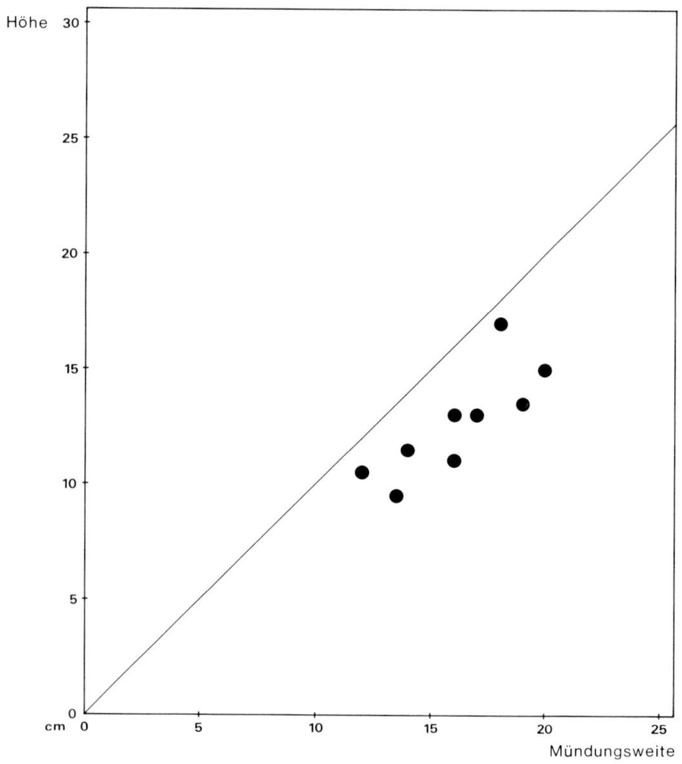

Abb. 111 Archsumburg, Keramik. Höhe-Breiten-Verhältnis bei Terrinen (Gefäßgruppe VIII) aus der Archsumburg.

Feinware
Bei Terrinen feinerer Machart, insgesamt 70 Funde, liegt der Randdurchmesser zwischen 10 und 32 cm (10: 1, 12: 4, 14: 12, 16: 13, 18: 16, 20: 18, 22: 5, 26: 4, 30: 1), 80% (59) haben Mündungsweiten zwischen 14 und 20 cm. Die gerundete, dünnwandige Schulterpartie ist häufig durch Riefen verziert und trägt gelegentlich einen Henkel. Verteilt auf die verschiedenen Gefäßgrößen, ergibt sich folgendes Bild:

Randdurchmesser bis 12 cm: 5 Funde. Randtyp 1: 2, 2: 2, 4: 1; Horizontalriefen: 4 *(Abb. 110, 4.6–8)*;
bis 14 cm: 12 Funde. Randtyp 1: 4, 2: 8; Horizontalriefen: 7, davon je einmal Enden nach oben gebogen oder durch senkrechte Kurzriefen unterbrochen; dicke Gefäßwandung in Schulterhöhe: 2 *(Abb. 110, 5.9; 112, 1–4)*;
bis 16 cm: 11 Funde. Randtyp 1: 3, 2: 7, 4: 1; Horizontalriefen: 8; Horizontalriefen mit Dreieckmuster: 1; randständiger Henkel: 1; dicke Gefäßwandung in Schulterhöhe: 1 *(Abb. 112, 5.6)*;
bis 18 cm: 16 Funde. Randtyp 1: 7, 2: 7, 4: 2; Horizontalriefen: 12, ein Gefäß mit Riefenmuster am Bauch, eine Scherbe mit symmetrisch nach oben gebogenen Riefenenden, ein ganz erhaltenes Gefäß mit Horizontalriefen, Rillenmuster aus Dreiecken auf der Schulter und senkrechten Riefen am Unterteil, ein Fund mit Zierhenkel oberhalb des Bauchumbruchs; dickwandige Schulter: 4 *(Abb. 112, 7.8; 113, 1–3.6; 114, 1)*;
bis 20 cm: 17 Funde. Randtyp 1: 9, 2: 7, 4: 1; Horizontalriefung: 9; Horizontalriefen, durch senkrechte Kurzriefen unterbrochen: 1; Riefenenden nach oben oder unten gebogen: 2; mit einfacher Unterbrechung: 1; Horizontalriefen mit Dreieckmusterung auf der Schulter: 3; Horizontalriefen mit Dreieckmusterung in Bauchhöhe: 1; Henkel oberhalb des Bauchumbruchs: 1; randständiger Henkel: 1; dickwandige Schulter: 4 *(Abb. 113, 4.5.7.8; 114, 2–5; 115, 1.2)*;
bis 22 cm: 5 Funde. Randtyp 1: 3, 2: 1, 3: 1; Horizontalriefung: 5; dickwandig in Schulterhöhe: 1 *(Abb. 115, 3–5)*;
bis 26 cm: 4 Funde. Randtyp 1: 3, 2: 1; Horizontalriefen: 3; Henkel am Bauchumbruch: 1; dicke Wandung in Schulterhöhe: 1 *(Abb. 115, 6.7; 116, 1.2)*;
bis etwa 30 cm: 1 Fund. Randtyp 2; Horizontalriefen.

Grobware
Der Randdurchmesser von 23 Gefäßen schwankt zwischen 14 und 28 cm, wobei Mündungsweiten zwischen 16 und 22 cm dominieren, sämtlich unverziert, Oberfläche mehrfach ungeglättet bis zur Mündung, Henkel am Rand oder oberhalb der Bauchrundung je einmal.
Randdurchmesser bis 14 cm: 2 Funde. Randtyp 1: 2; dicke Wandung in Schulterhöhe: 1 *(Abb. 116, 3)*;
bis 16 cm: 6 Funde. Randtyp 1: 1, 2: 5; dicke Gefäßwandung: 2 *(Abb. 116, 4–6.8)*;
bis 18 cm: 6 Funde. Randtyp 1: 3, 2: 3; dicke Wandung in Schulterhöhe: 1 *(Abb. 116,7)*;
bis 20 cm: 3 Funde. Randtyp 2: 3; dicke Wandung: 1, Henkel in Bauchhöhe: 1 *(Abb. 116,9)*;
bis 22 cm: 4 Funde. Randtyp 1: 2, 2: 2; dicke Wandung: 2, randständiger Henkel: 1 *(Abb. 117,1–4)*;

bis etwa 28 cm: 2 Funde. Randtyp 1: 2 *(Abb. 117, 5.6)*.

Die als »Terrine« bezeichnete Sorte enthält 93 Funde. 43,5% der Randformen gehören zu Typ 1, 50% zu 2, während die Typen 3 (1%) und 4 (5,5%) kaum ins Gewicht fallen. Horizontalriefung dominiert bei der Feinware (41 Belege bei 71 Funden: 58%), zusätzliche Ornamentdetails (gebogene Riefenenden, Dreieckmuster usw.) finden sich außerdem bei 12 Gefäßen (17%). Henkel am Rand (3) oder kurz oberhalb des Bauchumbruches (4) sind Ausnahmen. Eine verhältnismäßig dicke Wandung im Bereich der Schulter überwiegt bei der Grobware (34%) im Gegensatz zur feineren Keramik (18%).
Herkunft: a: Feinware über Schicht VII: 15 (20%), in Schicht VII: 14 (18,6%), unter Schicht VII: 46 (61,4%), b. Grobware über Schicht VII: 9 (40,9%), in Schicht VII: 6 (31,8%), unter Schicht VII: 6 (27,3%).

IX. Schalenterrinen *(Abb. 118)*
Zwei weitmundige, verzierte Gefäße gehören einer Sondergruppe der Terrinen feinerer Qualität an, die im Fundgut sonst keine Parallele finden:
Weitmundige flache Schale (Randdurchmesser 20, größere Bauchweite 24,5, Boden 13,5, Höhe ca. 15; Randtyp 1), Horizontalriefen in Bauchhöhe und geriefte Dreieckmuster auf der Schulter. Unterteil zur Standfläche eingezogen *(Abb. 118,5)*.
Weitmundige flache Schale, verziert durch schmale Horizontalrillen, kombiniert mit Schrägrillen (Randdurchmesser 18; Randtyp 4) *(Abb. 118,7)*.
Herkunft: über Schicht VII: –, in Schicht VII: 1, unter Schicht VII: 1.

X. Hoher Henkel(?)topf *(Abb. 118,1–4.6.8.9; 119,1–3)*
Der Randdurchmesser der hohen, schlanken Topfformen differiert zwischen 14 und 22 cm (14: 2, 16: 3, 17: 2, 18: 2, 22: 1); einmal fand sich ein randständiger Henkel, dreimal kam ein Henkel in Schulterhöhe vor, einer hatte X-Form. Als Verzierung ist Horizontalriefung belegt (3), zusätzlich gibt es geriefte Dreiecke (1) und flächendeckende Riefen (4). Einmal ließ sich eine Höhe von etwa 25 cm ermitteln (Randweite 14 cm). Randformen: Typ 3: 5 (kompakt) und 1: 3 (langgezogen) *(Abb. 118,1–4.6.8.9; 119,1–3)*.
Herkunft: unbestimmt: Streufund, über Schicht VII: 1, in Schicht VII: 5, unter Schicht VII: 3.

XI. Bauchiger Henkel(?)topf *(Abb. 119,4–7; 120,1.4–6)*
Diese eher gedrungene Variante der oben beschriebenen Topfform zeigt flache Schulter und stark gerundeten oder geknickten (8) Bauchumbruch, Henkel am Rand (3) oder auf der Schulter (3), Horizontalriefen (5), auch kombiniert mit nach unten geöffneten Hängebögen (2), Randdurchmesser zwischen 15 und 22 cm (15: 1, 18: 3, 19: 2, 20: 1, 22: 1), Randformentyp 1: 3, Typ 1 – langgezogene Variante: 3 und Typ 3: 2 *(Abb. 119,4–7; 120,1.4–6)*.
Herkunft: über Schicht VII: 3, in Schicht VII: 2, unter Schicht VII: 4.

XII. Hoher Henkel(?)topf, Randlippe langgezogen *(Abb. 120,2–3; 121; 122,1–3)*
Etliche Scherben gehören zu einem engmundigen hohen Topf, der sich durch Schulterverzierung und einen großen Henkel am Rand oder auf der Schulter von anderen Gefäßen dieser Form unterscheidet. Eine besonders engmundige, schlanke Variante weisen Gefäßreste aus 16 Fundstellen auf. Der Mündungsdurchmesser differiert zwischen 13 und 20 cm (13: 1, 14: 3, 15: 1, 16: 4, 17: 2, 18: 3, 20: 1, ?: 1), ein randständiger Henkel fand sich sechsmal. Als Verzierung kommen Horizontalriefen (4) und flächendeckende Dreieckriefen (1) vor. Ein Fund ließ sich zeichnerisch rekonstruieren (Höhe 26,5 cm, Randdurchmesser 14 cm, größte Bauchweite 30 cm, Bodendurchmesser 12,7 cm). Als Randform dominiert Typ 3 in einer langen, schmalen Variante (13), drei Funde zeigen länglich verdickte Ränder vom Typ 1 *(Abb. 120, 2–3; 121; 122, 1–3)*.
Herkunft: über Schicht VII: 3, in Schicht VII: 6, unter Schicht VII: 7.

XIII. Bauchiger engmundiger Henkel(?)topf, Randlippe langgezogen *(Abb. 122,4–9)*
Die Mündungsweite der bauchigen Topfform (7) liegt zwischen 14 und 20 cm (14: 2, 16: 3, 18: 1, 20: 1). Rand- und Schulterhenkel sind je einmal bekannt, auch Horizontalriefen (3). Sämtliche Ränder gehören zu Typ 3 *(Abb. 122,4–9)*.
Herkunft: über Schicht VII: –, in Schicht VII: 3, unter Schicht VII: 4, Vorwallbauzeit: 1.

Für die Gefäßformen X–XIII gilt, daß eine Trennung zwischen »hohen« (X–XI) und »hohen Töpfen mit langgezogener Randlippe« (XII–XIII) nicht immer möglich ist. Die Randform ist das zuverlässigste Kriterium.

XIV. Pokale/Standfußgefäße *(Abb. 123)*
Pokale mit markantem Knick unterhalb der größten Bauchweite und eingezogenem hohen Unterteil sind nur in wenigen Stücken vertreten. Sicherlich stammen zwei der unter »Kleinstkeramik« beschriebenen, sekundär verwendeten Gefäße von Unterteilen engfüßiger Pokale (Bodendurchmesser: 5,4 u. 5,6 cm) *(Abb. 135,2.4)*; ob sie hier allerdings schon in ursprünglicher Form und Funktion benutzt wurden, dafür gibt es keine Gewähr. Vergleichbare Funde vom benachbarten Wohnhügel Melenknop haben häufig ein Bodenmaß von rund 8 cm wie sechs Gefäße in der Archsumburg (Bodendurchmesser: 6,5 (1); 8 (4) u. 9 cm (1)) *(Abb. 123,3–5.8.9)*. Einmal trennen Fußriefe und Wulst Stand-

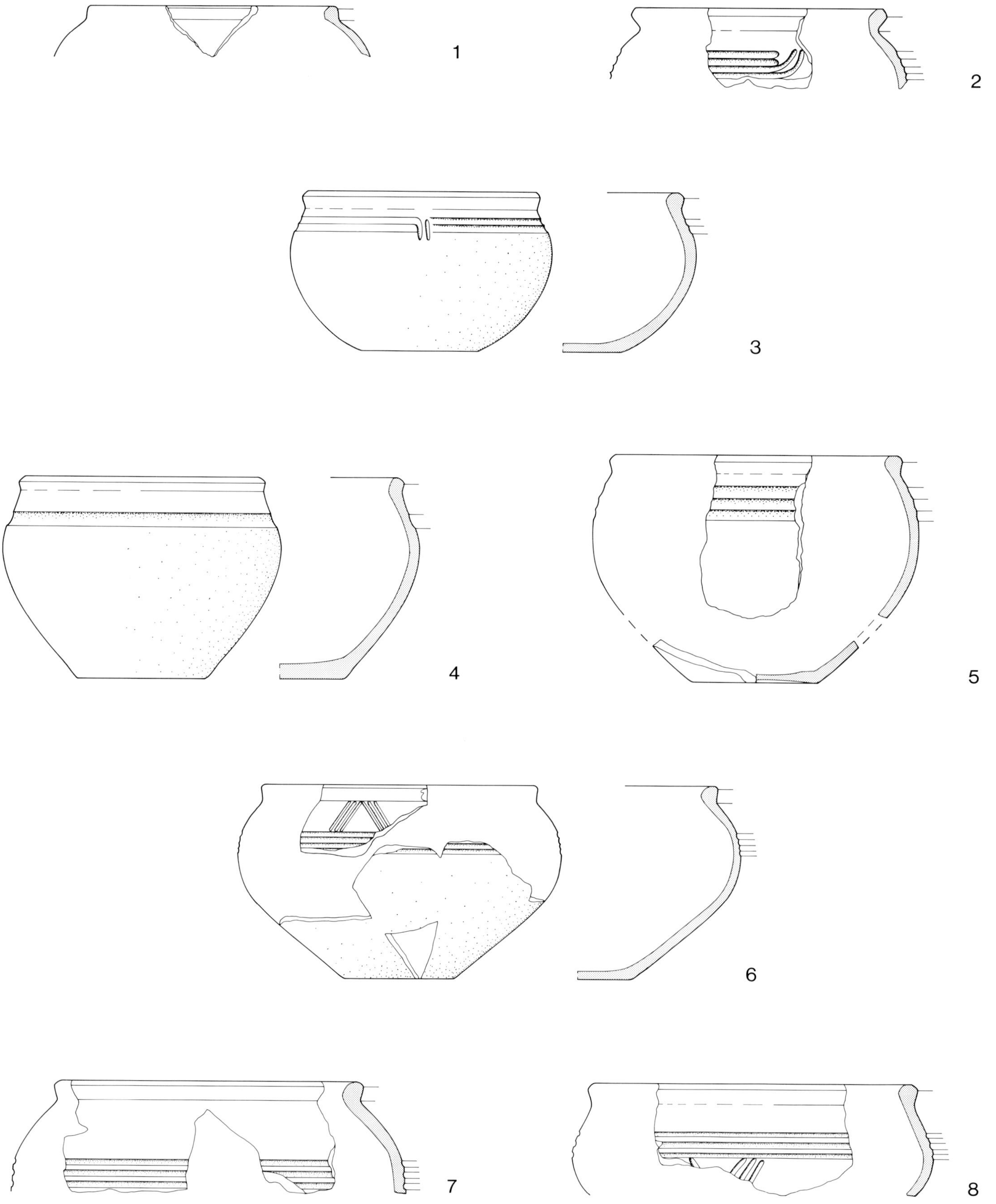

Abb. 112 Archsumburg, Keramik. VIII Terrinen. a.2: 1 (73/176), 2 (72/48), 3 (72/84), 4 (718); a.3: 5 (743), 6 (855); a.4: 7 (720), 8 (807). – M. 1 : 3.

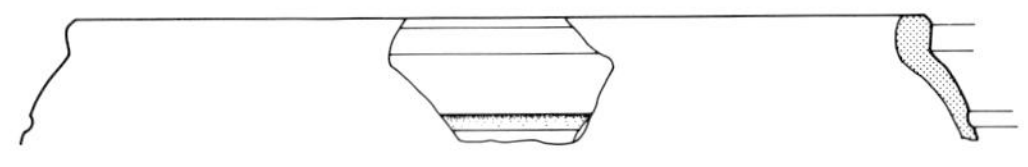
1

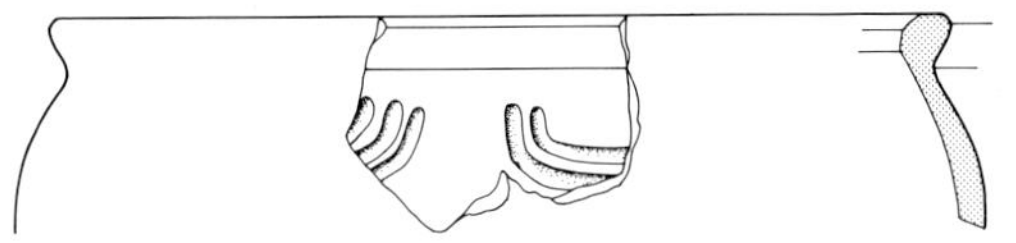
2

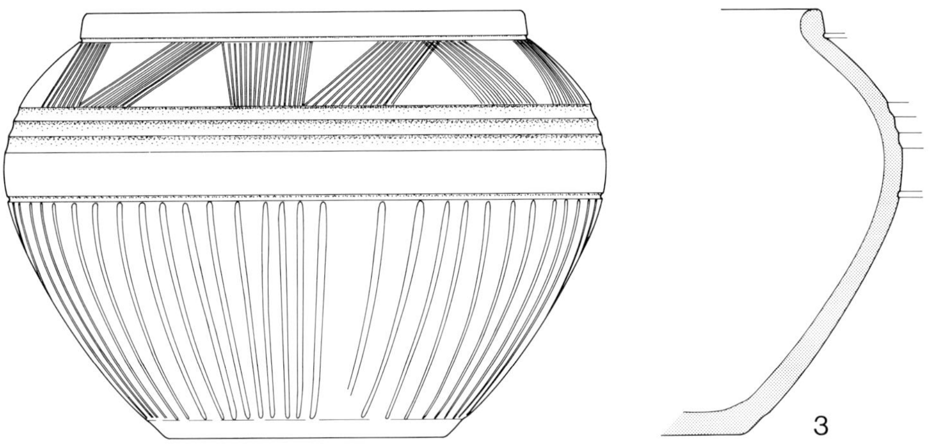
3

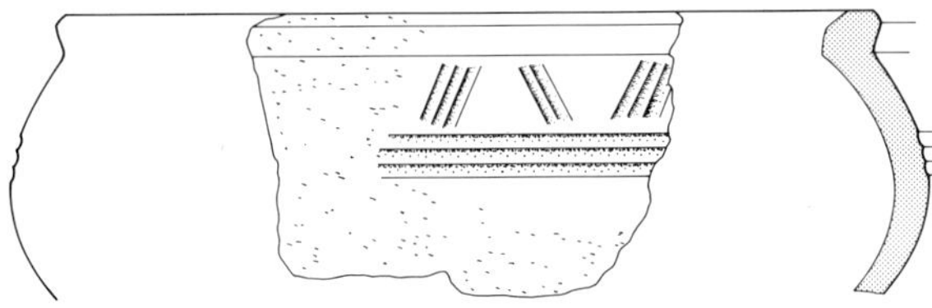
4

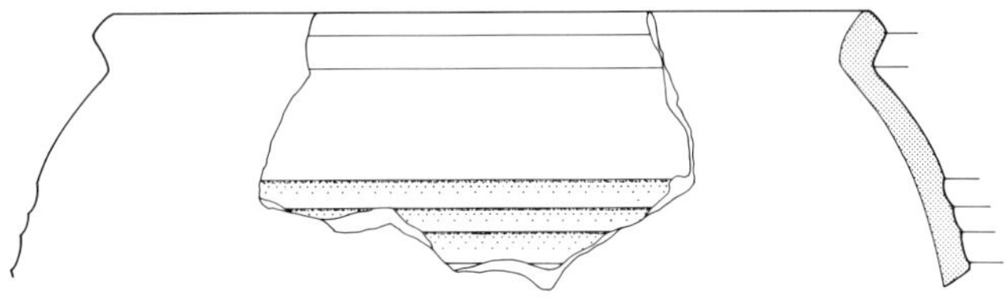
5

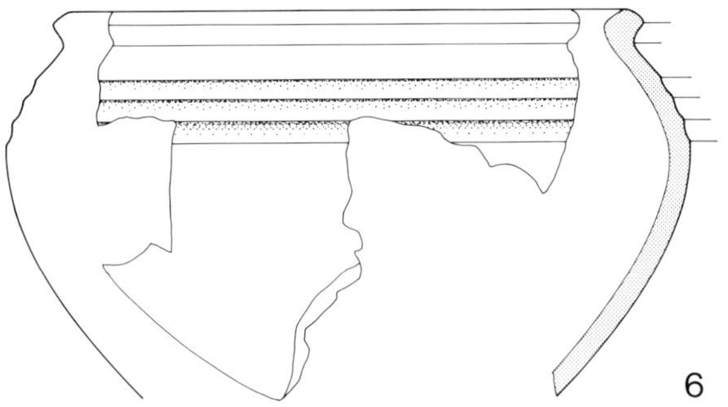
6

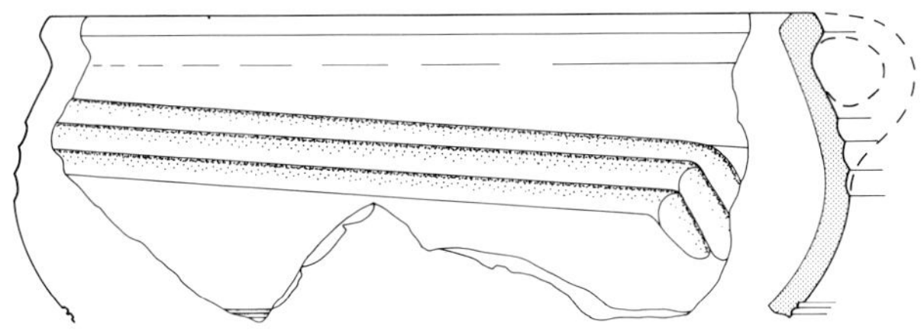
7

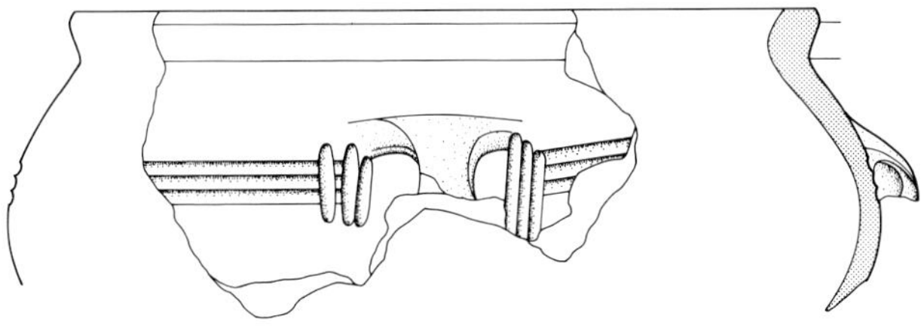
8

Abb. 113 Archsumburg, Keramik. VIII Terrinen. a.4: 1 (72/36), 2 (397), 3 (72/87), 6 (691); a.5: 4 (359), 5 (346), 7 (72/84), 8 (72/36). – M. 1:3.

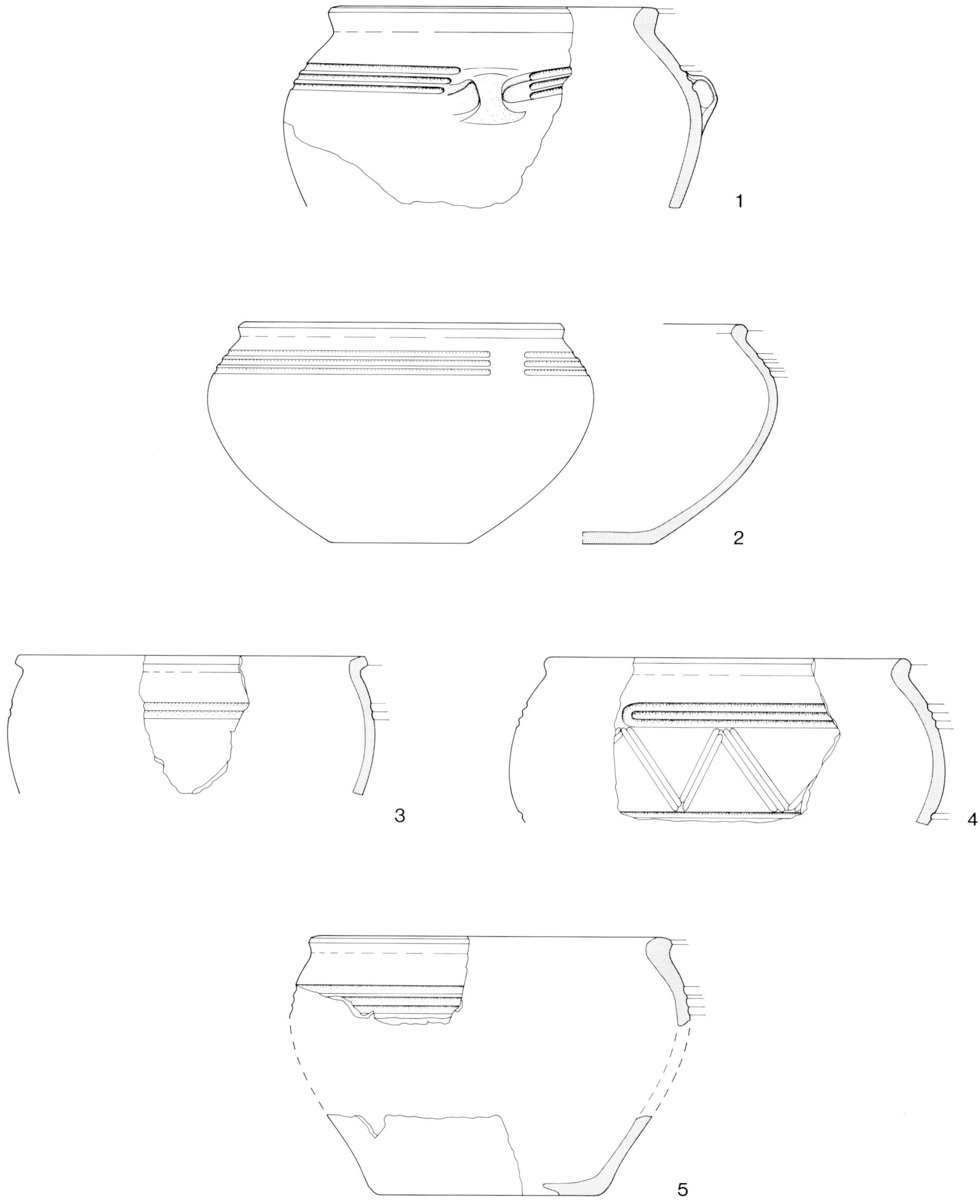

Abb. 114 Archsumburg, Keramik. VIII Terrinen. a.4: 1 (925); a.5: 2 (72/84), 3 (73/227), 4 (821), 5 (666). – M. 1 : 3.

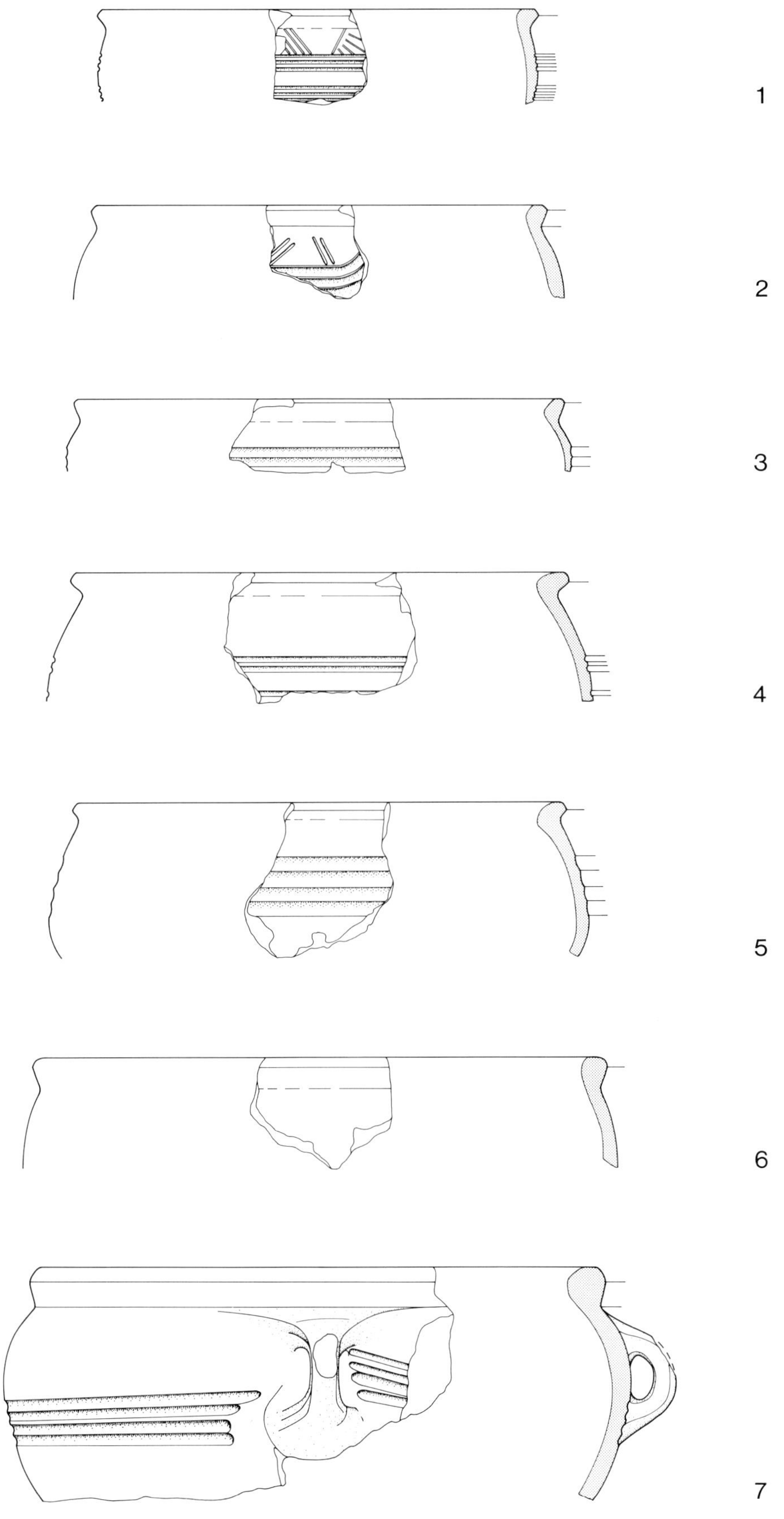

Abb. 115 Archsumburg, Keramik. VIII Terrinen. a.5: 1 (425), 2 (793); a.6: 3 (979), 4 (384), 5 (907); a.7: 6 (737), 7 (847). – M. 1 : 3.

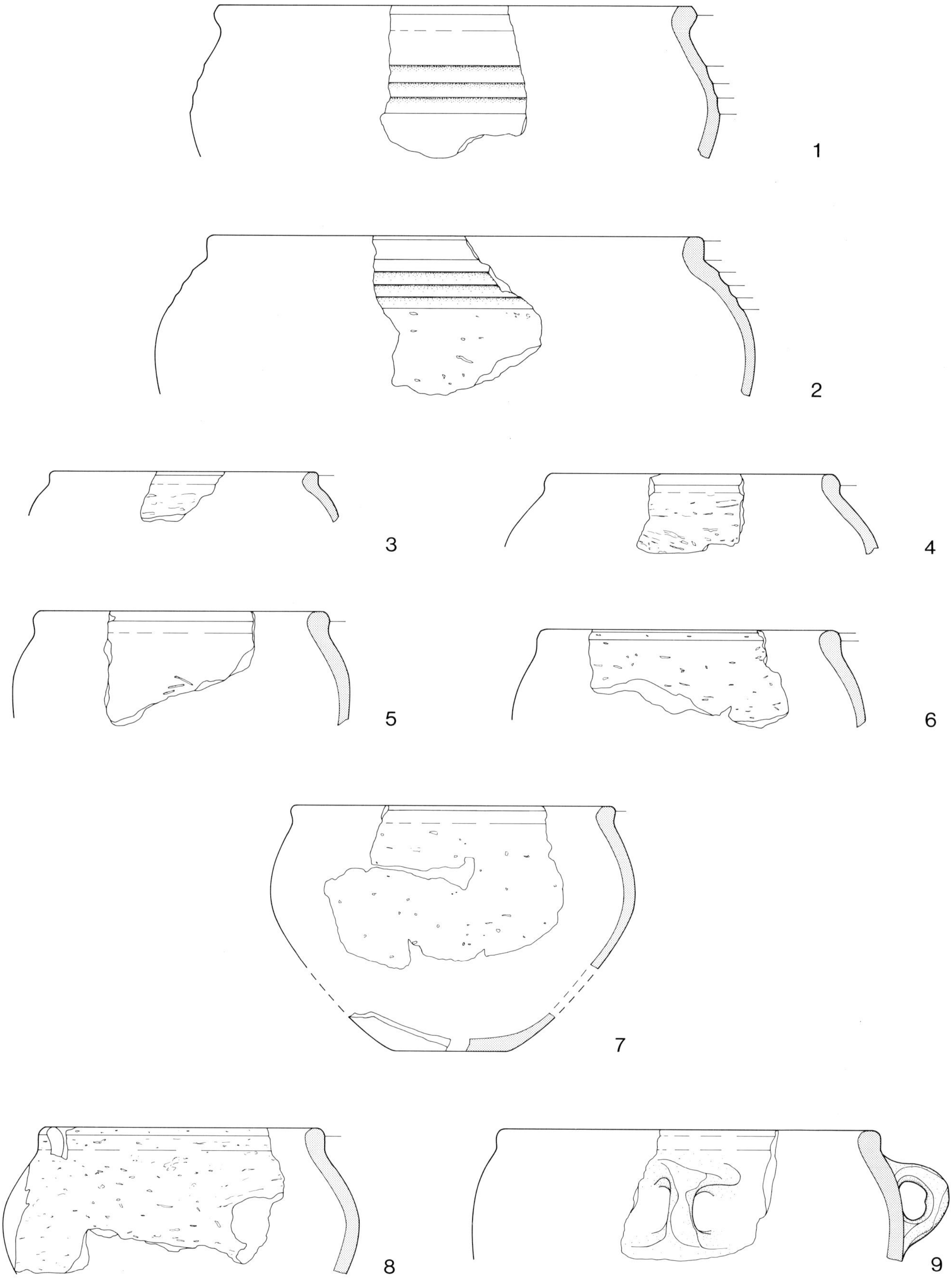

Abb. 116 Archsumburg, Keramik. VIII Terrinen. a.7: 1 (801), 2 (73/117); b.1: 3 (800); b.2: 4 (73/237), 5 (311), 6 (308), 8 (73/172); b.3: 7 (73/39); b.4: 9 (73/239). – M. 1 : 3.

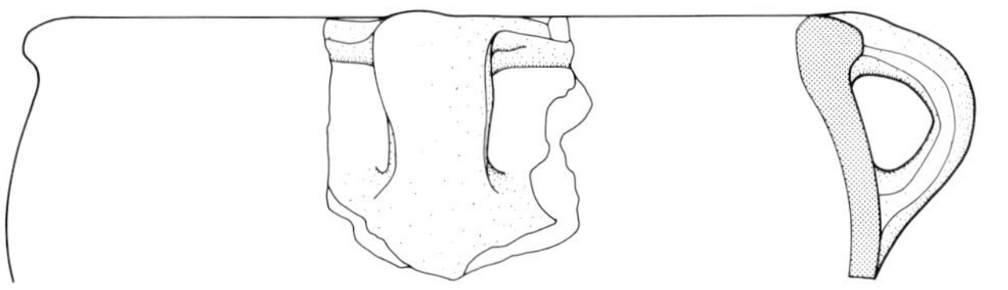

1

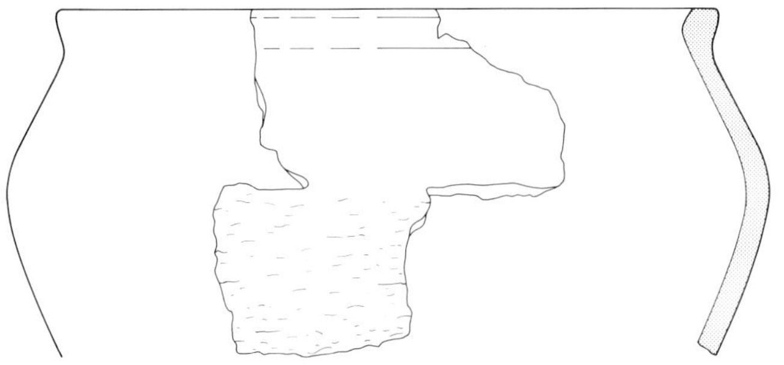

2

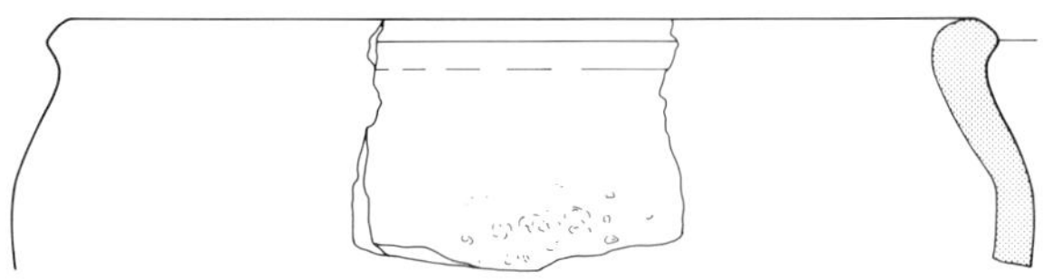

3

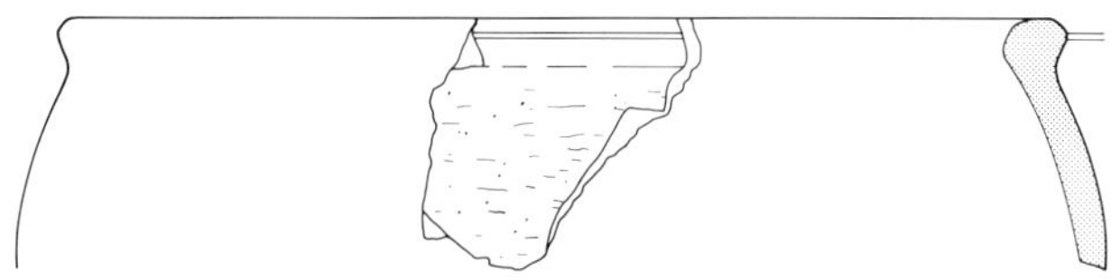

4

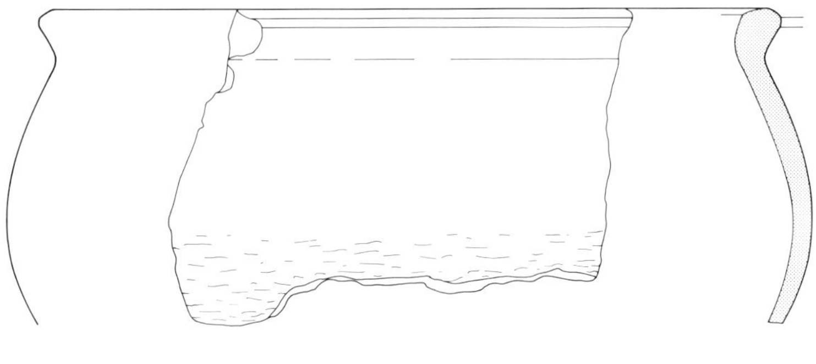

5

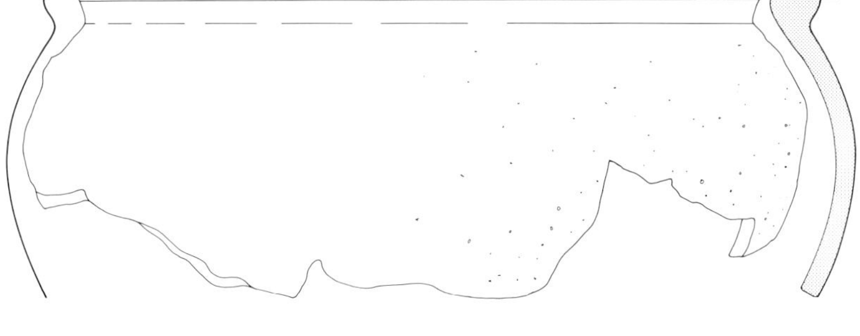

6

Abb. 117 Archsumburg, Keramik. VIII Terrinen. b.5: 1 (628), 2 (72/58), 3 (73/47), 4 (73/107); b.6: 5 (72/36), 6 (834). – M. 1:3.

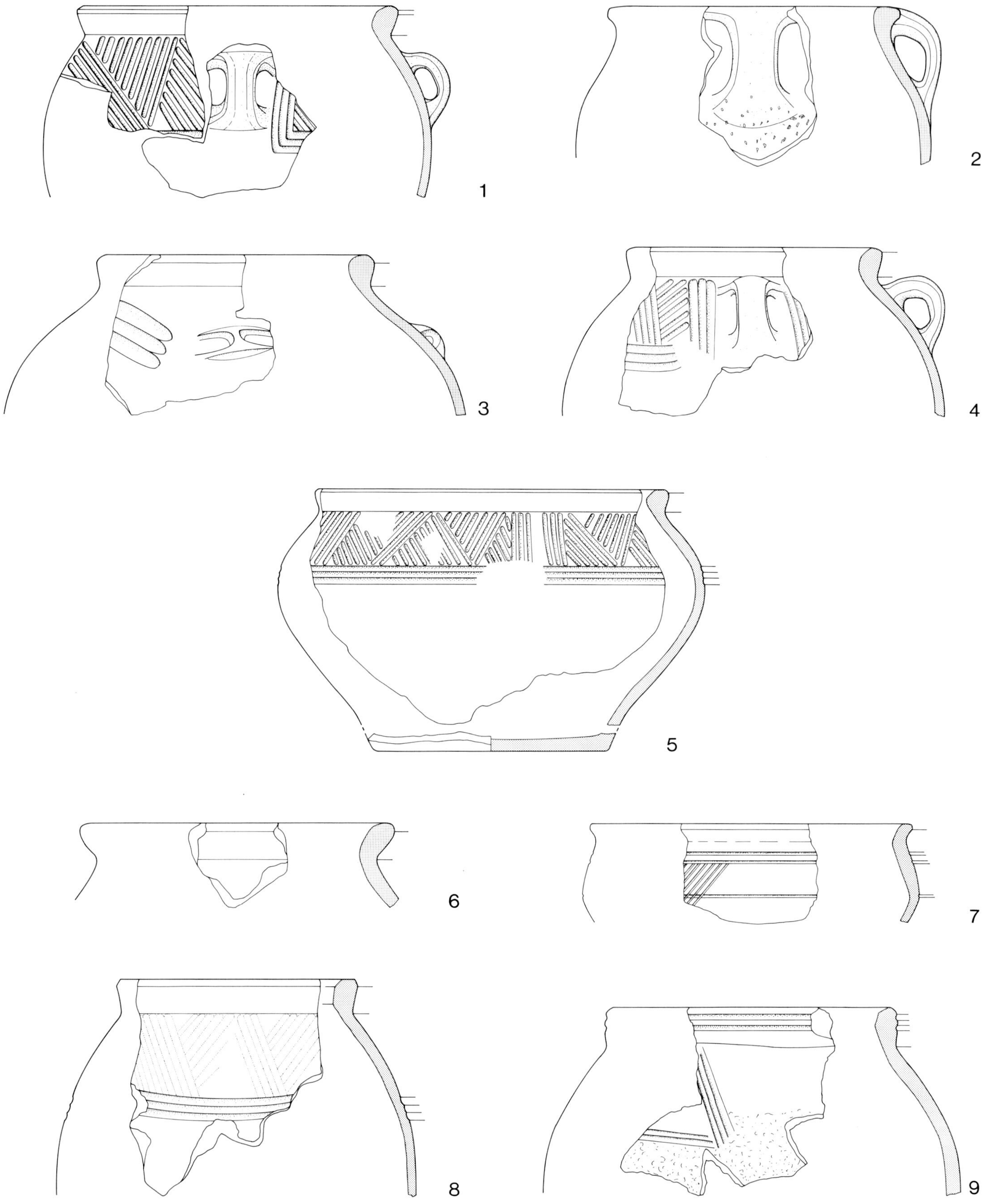

Abb. 118 Archsumburg, Keramik. IX Schalenterrinen. 5 (548), 7 (72/9); X Hoher Henkel(?)-Topf. 1 (845), 2 (73/346), 3 (887), 4 (832), 6 (812), 8 (837), 9 (Streufund). – M. 1 : 3.

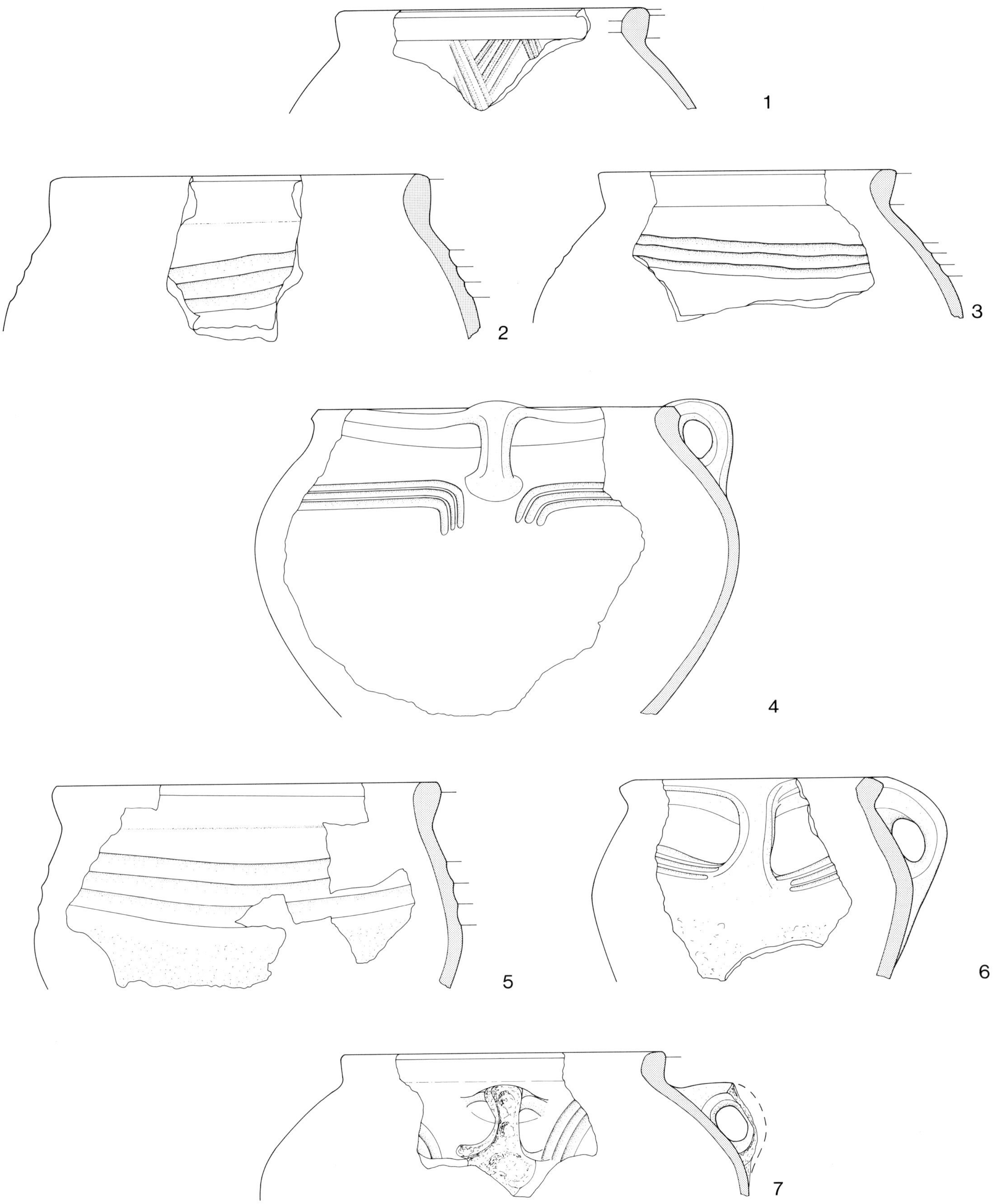

Abb. 119 Archsumburg, Keramik. X Hoher Henkel(?)-Topf. 1 (827), 2 (795), 3 (734); XI Bauchiger Henkel(?)-Topf. 4 (470), 5 (73/34), 6 (73/36), 7 (911). – M. 1 : 3.

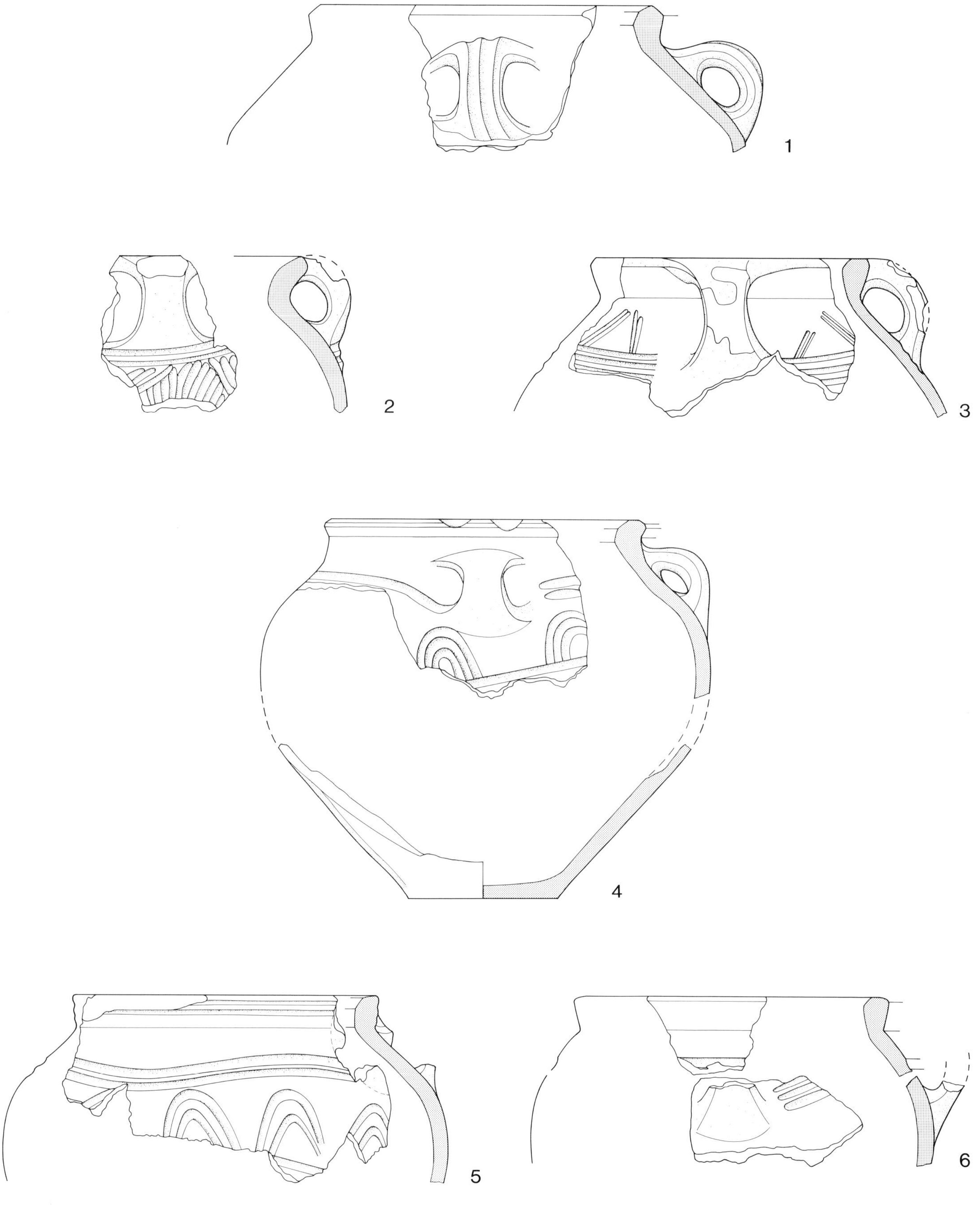

Abb. 120 Archsumburg, Keramik. XI Bauchiger Henkel(?)-Topf. 1 (368), 4 (309), 5 (73/180), 6 (73/50); XII Hoher Henkel(?)-Topf mit langgezogener Randlippe. 2 (73/144), 3 (73/120). – M. 1:3.

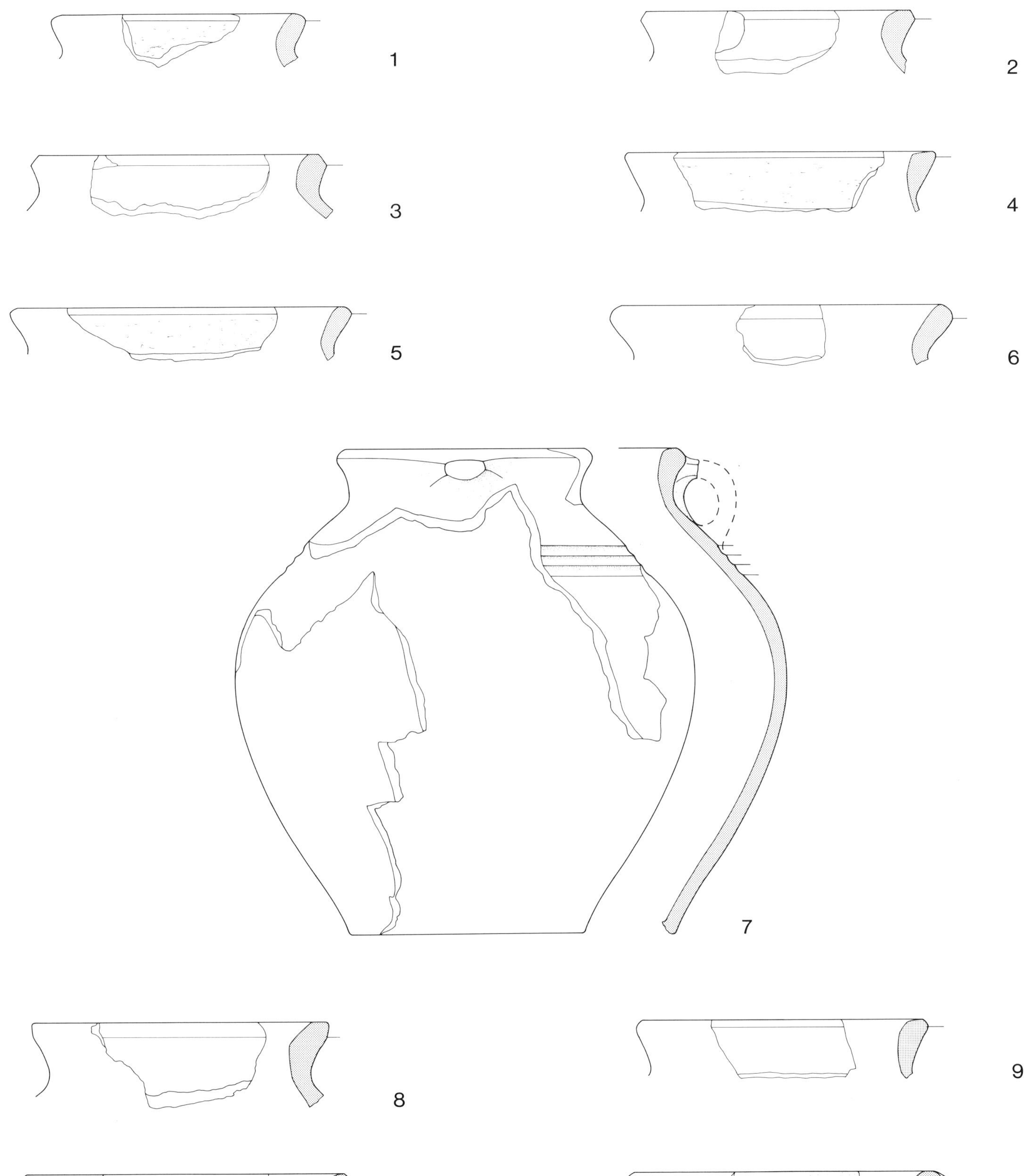

Abb. 121 Archsumburg, Keramik. XII Hoher Henkel(?)-Topf mit langgezogener Randlippe. 1 (815), 2 (359), 3 (357), 4 (73/46), 5 (73/231), 6 (704), 7 (73/237), 8 (73/49), 9 (390), 10 (561), 11 (73/89). – M. 1 : 3.

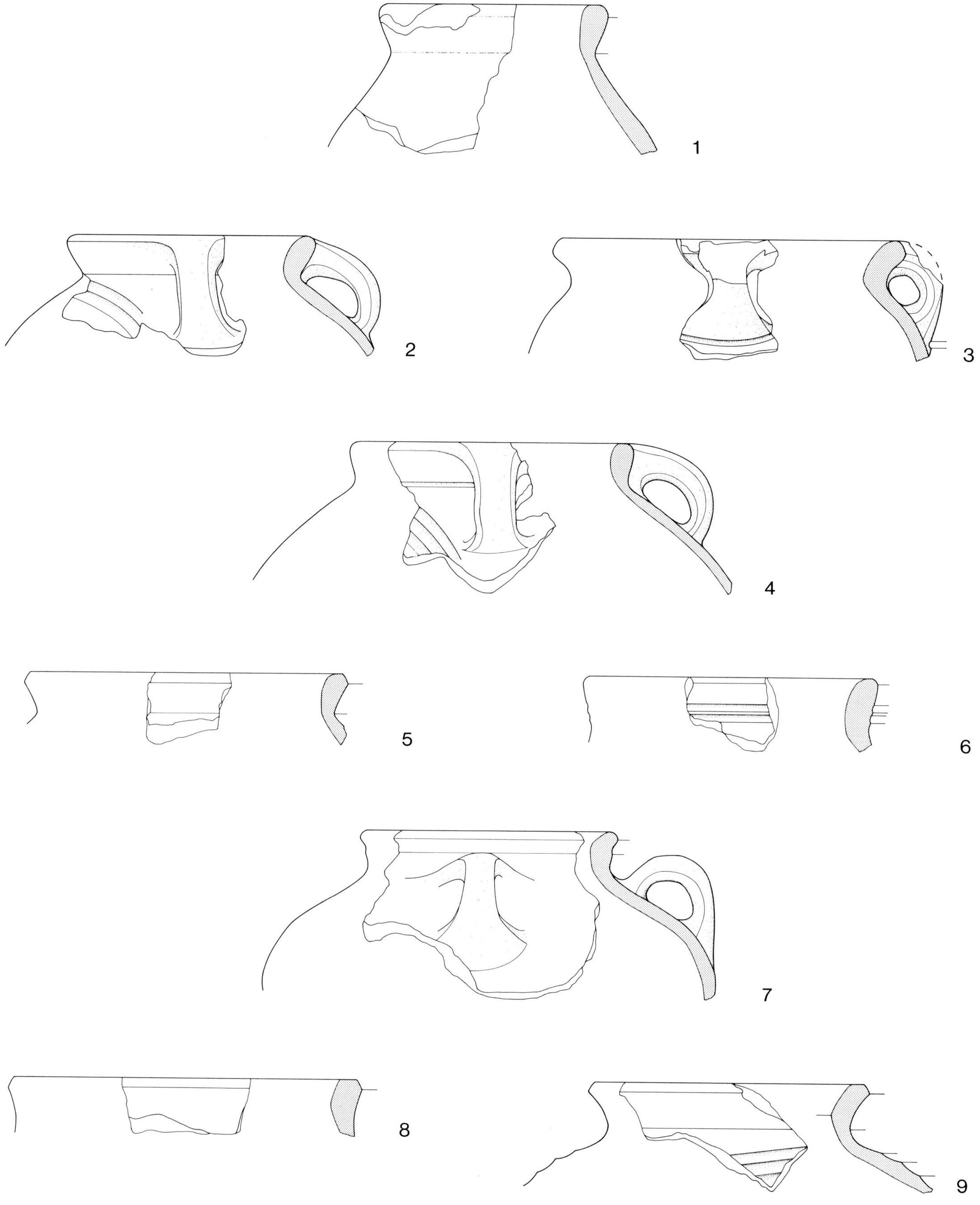

Abb. 122 Archsumburg, Keramik. XII Hoher Henkel(?)-Topf mit langgezogener Randlippe. 1 (72/86), 2 (308), 3 (799); XIII Bauchiger engmundiger Henkel(?)-Topf mit langgezogener Randlippe. 4 (73/172), 5 (?), 6 (73/172?), 7 (267), 8 (794), 9 (735). – M. 1 : 3.

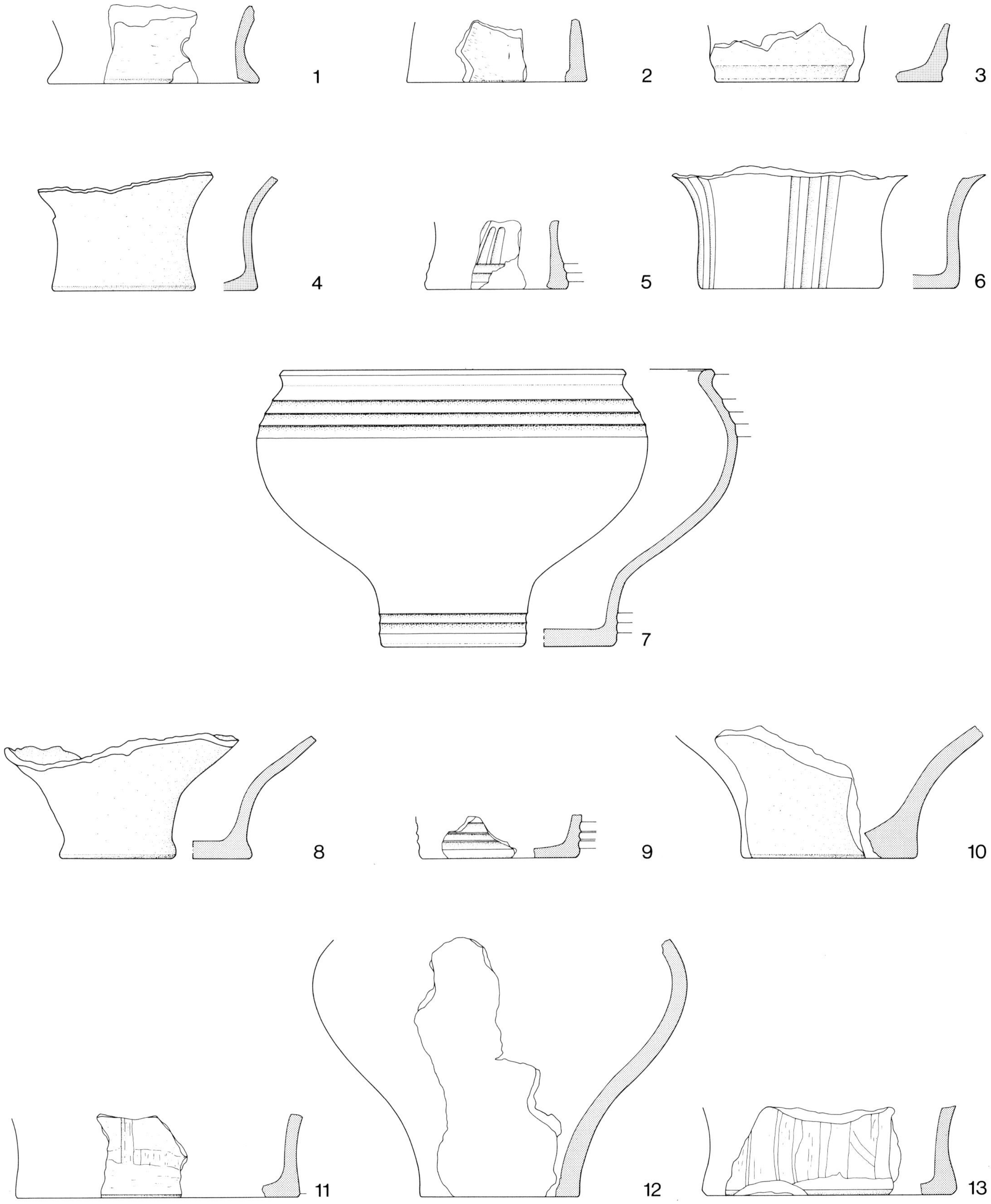

Abb. 123 Archsumburg, Keramik. XIV Pokale und Standfußgefäße. a.: 3 (835), 4 (73/111), 5 (567), 8 (254), 9 (752); b.: 7 (72/87); c.: 12 (550); d.: 1 (902), 2 (73/107), 10 (796); e.: 6 (73/54), 11 (808), 13 (72/101). – M. 1:3.

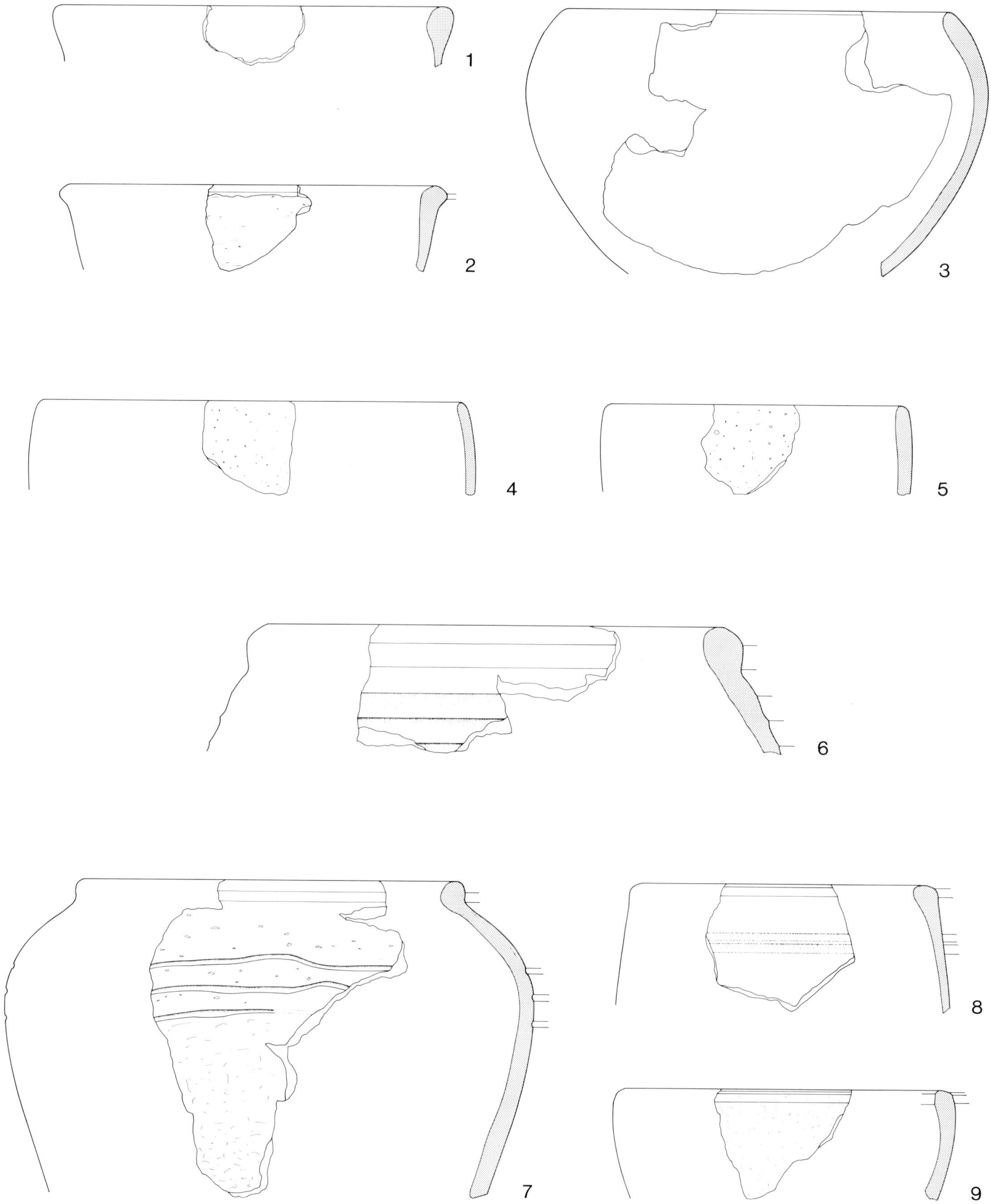

Abb. 124 Archsumburg, Keramik. XV Schüssel? 1 (73/232), 2 (847); XVI Kümpfe. 3 (805), 4 (72/67), 5 (Streufund), 8 (732), 9 (72/67); XVII Sonderformen. a.: 6 (974); b.: 7 (296). – M. 1 : 3.

fläche und Wandung *(Abb. 123,3)*, mehrfach sind es Bänder aus Horizontalriefen *(Abb. 123,5.9)*. Die dünne Wandstärke deutet Keramik feinerer Qualität an.
Herkunft: über Schicht VII: 3, in Schicht VII: 3, unter Schicht VII: –.

Leider fehlt immer der für Pokale charakteristische scharfe Knick von der gerundeten Schulter zum Unterteil, so daß sich die Grundform, nicht aber die Variante ermitteln läßt. Wie problematisch die Zuordnung ist, zeigt *Abb. 123,9*, ein Gefäß, dessen Profil ganz erhalten blieb, weitmundig, zur Standfläche stark eingezogen (Randdurchmesser 20 cm, Bodendurchmesser 8,5 cm, Höhe 15,6 cm), auch hier Horizontalriefen über der Standfläche, die Wandung dünn.
Herkunft: unter Schicht VII.

Problematisch erscheint ebenfalls eine andere Zuordnung: Gehört beispielsweise ein etwas höheres und schlankeres, ganz unverziertes Gefäß gleicher Form in diese Gruppe? *(Abb. 123,12)*, denn obwohl die Wandung dicker ist als gewöhnlich, liegt der Durchmesser des Bodens mit 9 cm noch innerhalb der Variationsbreite von den hier besprochenen Pokalen.
Herkunft: zwischen Steinen und Grubeneinfüllung aus der Zeit nach Schicht VII.

Andere Scherben sind wegen fragmentarischer Erhaltung, dicker Wandung und Böden zwischen 10–12 cm Durchmesser nur unter Vorbehalt bestimmbar *(Abb. 123,1.2.10)*. Nach dem Wandprofil und der Machart zählen sie zur Gruppe der Standfußgefäße.
Herkunft: über Schicht VII: 1, in Schicht VII: 1, unter Schicht VII: –.

Anders sind drei dickwandige, gerauhte, durch Glättstreifen verzierte Gefäßreste mit eingezogenem Unterteil zu beurteilen *(Abb. 123,6.11.13)*; ihr Bodendurchmesser liegt zwischen 10,5 und 16 cm.
Herkunft: über Schicht VII: 1, in Schicht VII: –, unter Schicht VII: 2.

XV. Schüssel? *(Abb. 124,1.2)*
Weitmundige, schulterlose Gefäße mit langgezogener, innen oder außen verdickter Randlippe und hoher, steiler Wandung sind selten (2). Der Mündungsdurchmesser der unverzierten Scherben beträgt 21 und 22 cm *Abb. 124,1.2)*.
Herkunft: über Schicht VII: –, in Schicht VII: 1, unter Schicht VII: 1.

XVI. Kümpfe *(Abb. 124,3–5.8.9)*
Fünf Gefäße mit einwärts gebogener Randlippe der Sonderform a können anhand ihrer Randform als kumpfartig bezeichnet werden. Drei zeigen ein schlichtes, am Mundsaum stark gerundetes, zwei weitere ein leicht verdicktes Randprofil. Nur ein Kumpf trägt schwache Riefen als Zier, drei unverzierte Gefäße sind grob gemagert, eines ist geglättet. Die Mündungsweiten variieren zwischen 16 und 24 cm. Die Gefäßhöhe ließ sich einmal mit 17 cm annähernd berechnen, sonst dürfte sie mehr als 10 cm betragen haben *(Abb. 124,3–5.8.9)*.
Herkunft: über Schicht VII: 2, in Schicht VII: –, unter Schicht VII: 2.

XVII. Sonderformen *(Abb. 124,6.7)*
Randscherbe eines konischen Topfes. Verdickter Rand kaum abgesetzt, auf der Schulter breite Riefen. Mündungsdurchmesser 26 cm. Randtyp 1 (?) *(Abb. 124,6)*.
Herkunft: unter Schicht VII.

Hoher Topf mit kurzem Rand (Typ 1, Durchmesser 22 cm), gerundeter Schulter und gerundetem Bauch mit drei Schmalriefen; Unterteil relativ steil, fast tonnenförmig. Das Ornament unterscheidet sich durch breiten Riefenabstand (1,5 cm) von der sonst üblichen Horizontalriefung. Die Gefäßform ist hier singulär *(Abb. 124,7)*.
Herkunft: Schicht VII.

XVIII. Unbestimmte Formen
Bei 12 Randscherben konnten der Mündungsdurchmesser gemessen und der Randtyp bestimmt, eine Zuweisung zu einer Gefäßform aber nicht begründet werden.

Schalen

Merkmale
Die Schalen stellen neben der Topfware den zweiten großen Keramikkomplex dar. Insgesamt fanden sich Mündungsscherben von 107 Gefäßen, Boden- und Henkelstücke, die mit Sicherheit zugeordnet werden können, dagegen in weitaus geringerer Zahl.

Randtypen *(Abb. 125)*

Typ I: Schlichter, unverdickter Rand mit gerundeter, gerader oder schräg abgestrichener Randlippe; gelegentlich äußere Facette. Mündungsprofil trichterförmig (8), wenig (5) oder kräftig nach innen gebogen (11) (24 Funde).

II. Randlippe nach außen geknickt oder außen verdickt (6 Funde).

III. Langgezogene, verdickte Randlippe, Innen- und Außenseite gerundet oder facettiert, Mundsaum gelegentlich abgestrichen. Randlippe trichterförmig (6), leicht (33) oder kräftig nach innen gewölbt (8) (47 Funde).

IV: Kurze, kräftig-verdickte Randlippe, gerundet oder facettiert. Mündungsbereich trichterförmig (1), leicht (24) oder kräftig (3) nach innen gebogen (28 Funde).

Hinzu kommen zwei Mündungsscherben ohne Zuordnung (V).

Die quantitative Verteilung schwankt erheblich: I: 22,4%, II: 4,6%, III: 43,9%, IV: 26,1%, V: 2,8%. Ihre Fundlage, bezogen auf Schicht VII, ergibt sich aus *Tab. 12*.

Die Aufstellung belegt gegenüber den Zahlen der Topfgruppe eine ausgewogene Verteilung der Schalenränder auf die Hauptschichten, wobei allerdings der Umfang der Funde

	I	II	III	IV	V	Gesamt
über Schicht VII:	7	1	14	7	—	29 = 29%
in Schicht VII:	9	2	14	12	1	38 = 38%
unter Schicht VII:	5	1	15	9	2	32 = 32%
Vorwallbauzeit:	—	—	1	—	—	1 = 1%

Tab. 12 Archsumburg. Stratigraphische Verteilung der Randtypen von Schalen.

aus dem Bereich über und in Schicht VII bemerkenswert scheint, weil die Topfränder in den unteren Straten dominieren. Das sollte jedoch nicht überbewertet werden; denn das Material ist insgesamt wenig umfangreich und die Stückzahl der Topfformen bleibt in allen Schichten bis auf quantitative Abweichungen um 10% die gleiche. Eine Konzentration bis beispielsweise 65–80% der Schalenränder auf ein und dieselbe Fundschicht würden das System verändert haben; die vorgelegten Zahlen bestätigen dagegen die Ergebnisse.

Henkel
Henkelbildung an Schalen ist insgesamt elfmal belegt, vier Funde ließen sich nicht im Detail bestimmen. Die Henkel waren randständig (5) oder wenig unterhalb der Mündung befestigt (2). Formen zwischen X-Henkel oder Ösenhenkel sind dreimal, bandförmige Henkel dagegen in zwei Funden vertreten. Bei den restlichen Scherben ist eine Zuordnung unmöglich.

Böden/Unterteile
Gesicherte Schalenprofile vom Rand bis zur Standfläche sind selten. Insgesamt gibt es vier ergänzbare Gefäße. Bei drei weiteren fanden sich die zugehörigen Bodenscherben, ohne ein Gesamtprofil zu sichern, während bei anderen der Ansatz der Wandung dafür ausreicht (2). Mehrere der bei der Topfware beschriebenen Bodenscherben mögen von Schalen stammen; sie der einen oder anderen Gruppe zuzuweisen, ist jedoch nicht möglich. Bei drei Schalenunterteilen ist die Standfläche von der Wandung abgesetzt, ein viertes ist gerundet, weitere sind unmittelbar über dem Boden eingezogen (2), einfach ausgebildet (2) oder als Standfuß (1) überliefert *(Abb. 133,3)*.

Verzierung
Die meisten Schalen sind unterschiedlich gut geglättet. Rauhung bis zur Randlippe ist zweimal belegt. Zahlreicher sind Scherben mit einer 3–4,5 cm breiten, geglätteten Randpartie und Rauhung unten (6), die mitunter senkrechte Glättstreifen unterbrechen (3). Eine dieser Schalen ist zentimeterbreit durchbohrt *(Abb. 126,5)*. Zehn Schalen tragen horizontale Riefen unmittelbar unter der Mündung (a), bei neun Gefäßen fand sich diese Ornamentik 1–3 cm unterhalb des Randes auf der »Schulter« oder auf der Rundung zum Unterteil (b). Die Riefenbreite differierte zwischen 3 und 10 mm. Die Funde der ersten Gruppen haben Ränder der Typen I (5) und III (5), die der zweiten Gruppe Typ I (1), II (1), III (5) und IV (2). Herkunft: a. über Schicht VII: 4, in Schicht VII: 4, unter Schicht VII: 2; b. über Schicht VII: 4, in Schicht VII: 2, unter Schicht VII: 2.

Formenkunde
Bei 71 Schalenresten konnten der Durchmesser im Mündungsbereich (64,8%) und bei 66 (61%) auch Einzelheiten der Gefäßform bestimmt werden. Nur neun Gefäße (5 mit einem trichterförmigen Profil [Form 6] und 4 markante Einzelstücke [Form 7–8]) unterschieden sich unmittelbar anhand formaler Merkmale von der großen Zahl weitmundiger, häufig schlichter Funde. Der folgende Versuch, auch die einfachen Schalen nach formenkundlichen Gesichtspunkten zu differenzieren, beruht auf einer Zusammenfassung übereinstimmender Merkmale des Gesamtprofils, der Randtypen, der Verzierung, der Wandstärke und der Bodengestalt.

Form 1:
20 flache Schalen, weite Mündung (30 cm: 1, 32 cm: 2, 34 cm: 1, 36 cm: 4, 38 cm: 1, 40 cm: 6, 41 cm: 1, 42 cm: 2, 48 cm: 1), Rand verdickt, Lippe gerundet: Typ III: 6, Typ IV: 12, Typ I (einfache Form): 1. Unterteil gerauht: 8, davon 2 mit senkrechten Glättstreifen. Boden einfach: 1, bei zwei anderen Stücken ist die Wandung über der Standfläche eingezogen *(Abb. 126–128)*.
Herkunft: über Schicht VII: –, in Schicht VII: 13, unter Schicht VII: 7.

Form 2:
Weitmundig, Rand gerade, abgestrichen, wenig verdickt (Typ III), setzt bei drei Funden nach Knick der Innenwandung an. Durchmesser 30 cm: 2, 40 cm: 2, 46 cm: 1, 48 cm: 1, »unbestimmt«: 1. Eine Schale mit Riefenzier auf der »Schulter« *(Abb. 129)*.
Herkunft: über Schicht VII: 5, in Schicht VII: 2, unter Schicht VII: 2, Vorwallbauzeit: 1.

Form 3:
Kleine Schalen, Mündung weit, leicht nach innen gebogen, Randlippe gerundet. Mehrere mit Horizontalriefung am Rand (6) oder wenig unterhalb der Randlippe (2). Randtyp I: 6, Randtyp III: 9, Randtyp IV: 2. Durchmesser 16 cm: 1, 18 cm: 2, 20 cm: 5, 22 cm: 3, 24 cm: 1, 26 cm: 1, 32 cm: 1 *(Abb. 130; 131,4.5)*.
Herkunft: über Schicht VII: 8, in Schicht VII: 5, unter Schicht VII: 4.

Abb. 125 Archsumburg, Keramik. Schalen. Randtypen I–IV. – M. 1:2. ▷

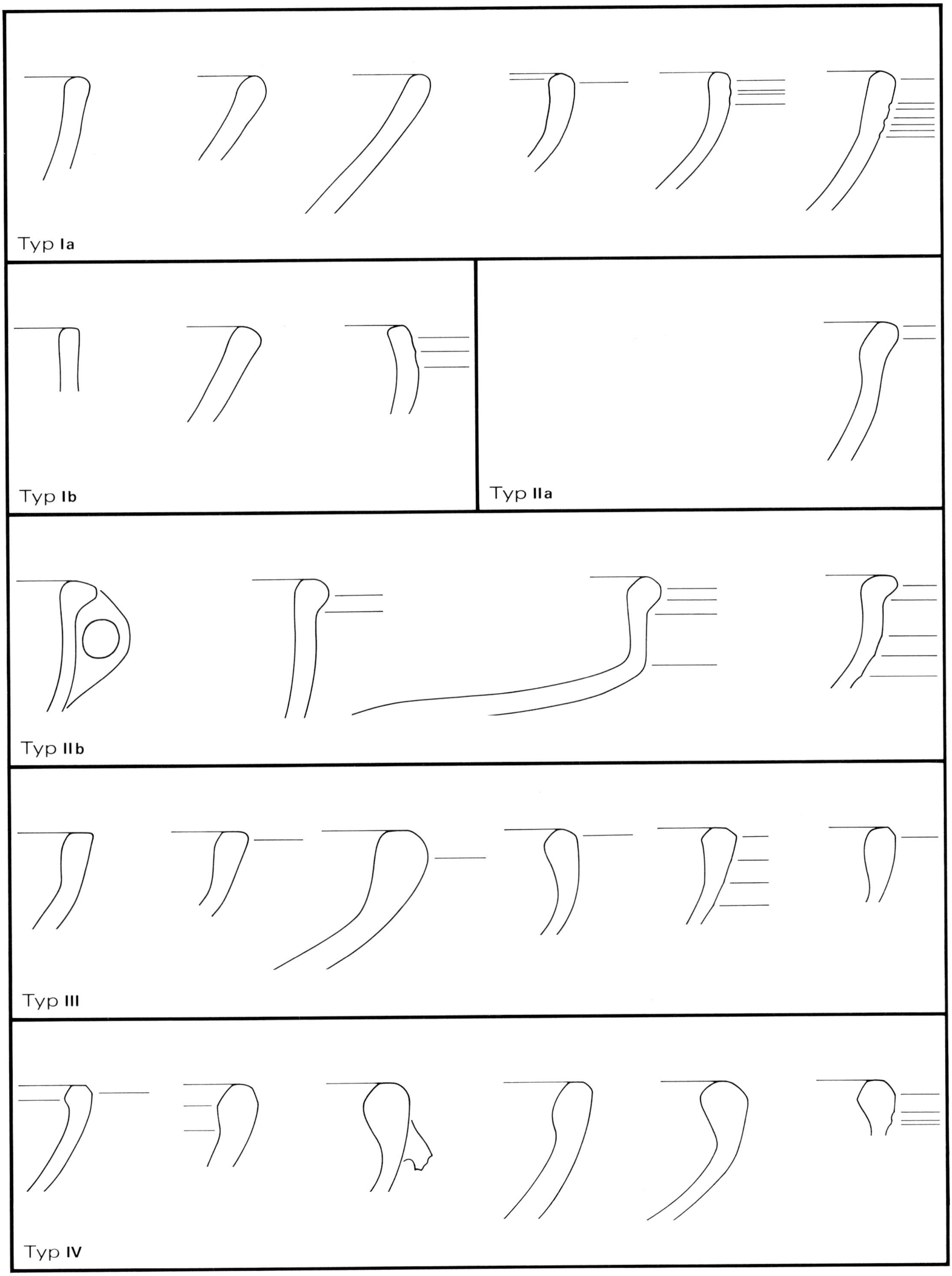
Typ Ia
Typ Ib
Typ IIa
Typ IIb
Typ III
Typ IV

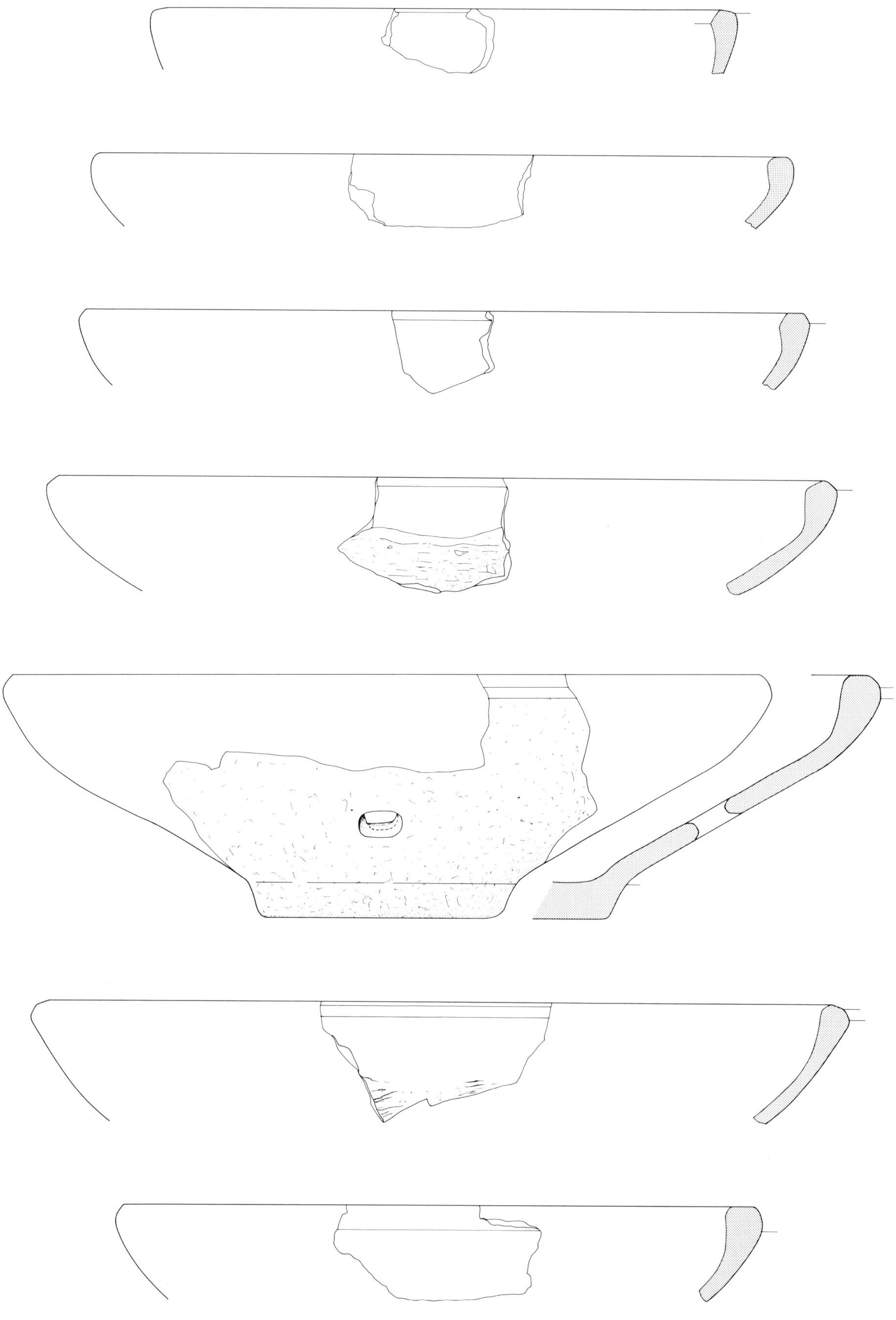

1

2

3

4

5

6

7

Abb. 126 Archsumburg, Keramik. Schalenform 1. 1 (737), 2 (783), 3 (73/107), 4 (738), 5 (72/93), 6 (499), 7 (72/92). – M. 1 : 3.

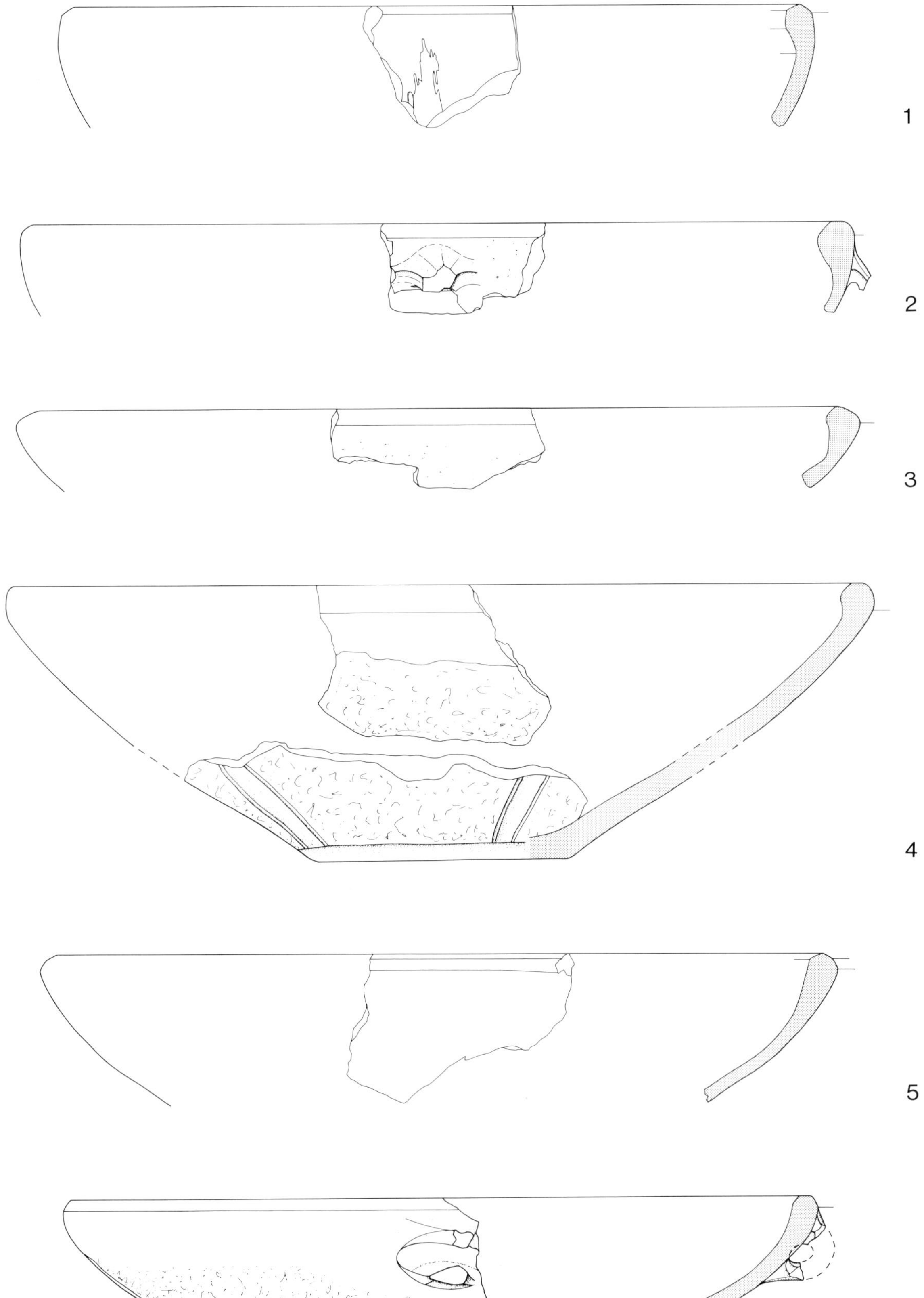

Abb. 127 Archsumburg, Keramik. Schalenform 1. 1 (73/119), 2 (736), 3 (852), 4 (409), 5 (362), 6 (457). – M. 1 : 3.

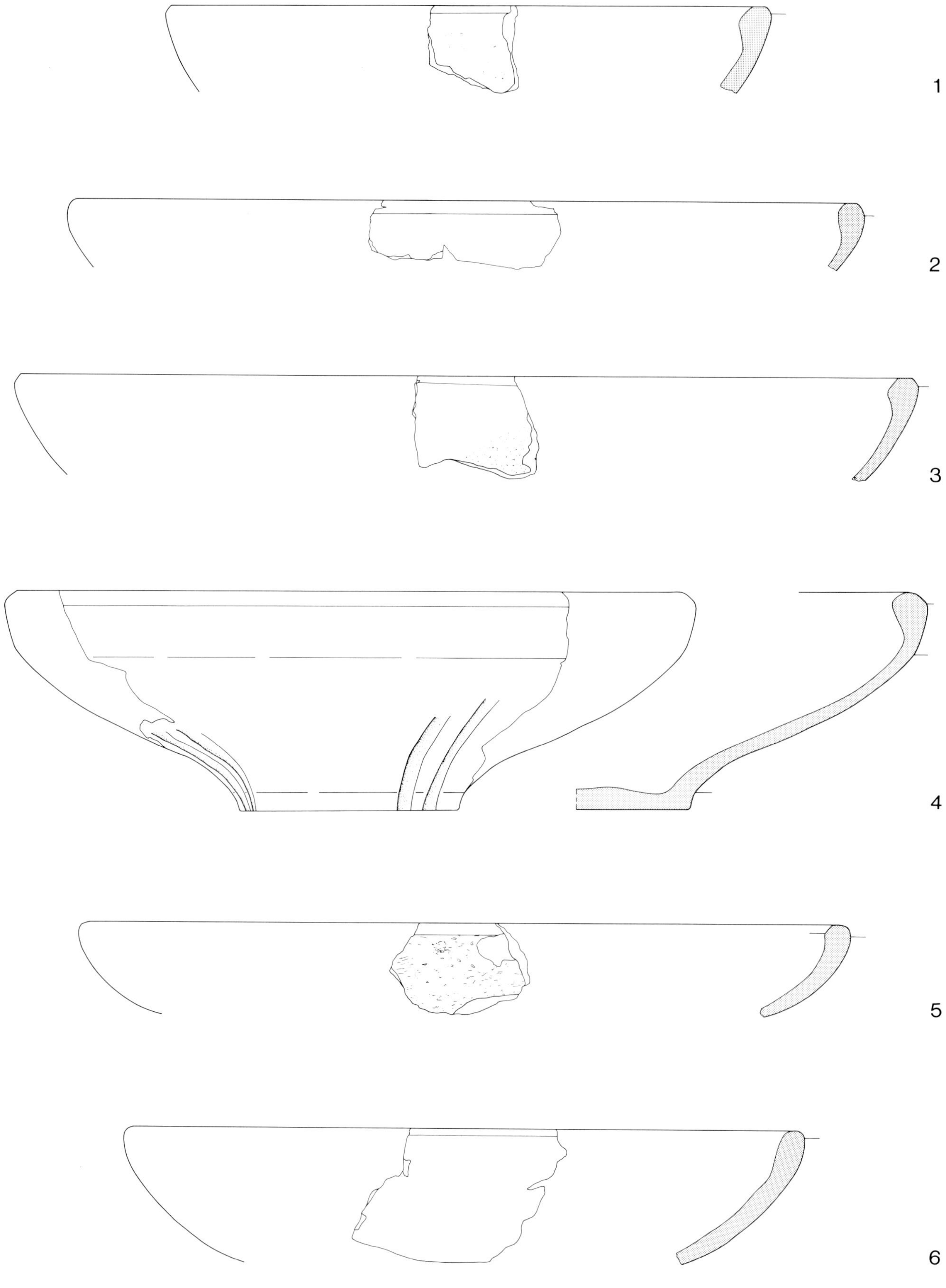

Abb. 128 Archsumburg, Keramik. Schalenform 1. 1 (808), 2 (782), 3 (976), 4 (787), 5 (73/141), 6 (73/122). – M. 1:3.

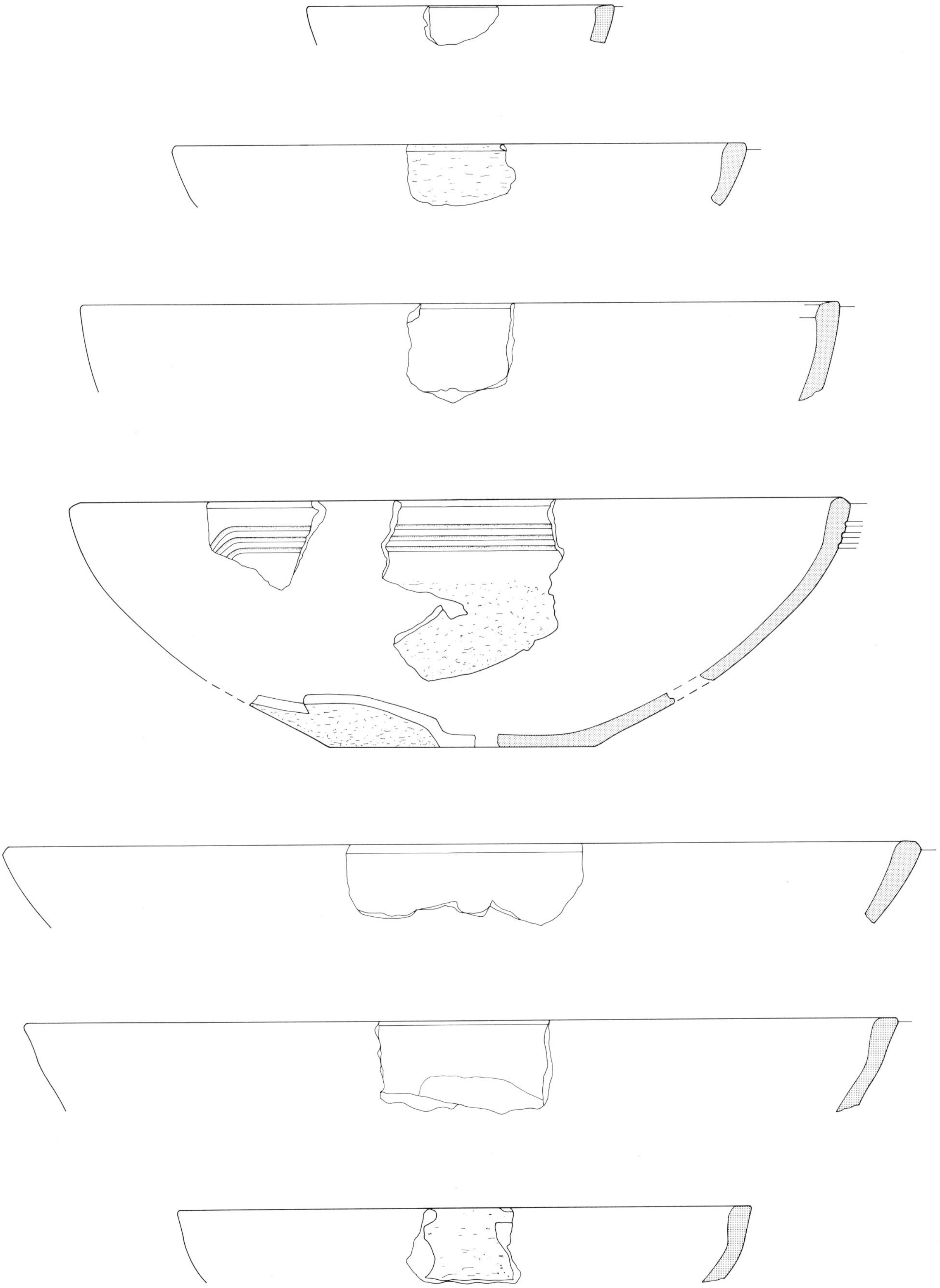

1

2

3

4

5

6

7

Abb. 129 Archsumburg, Keramik. Schalenform 2. 1 (458), 2 (73/115), 3 (73/117), 4 (639), 5 (947), 6 (?), 7 (73/63). – M. 1 : 3.

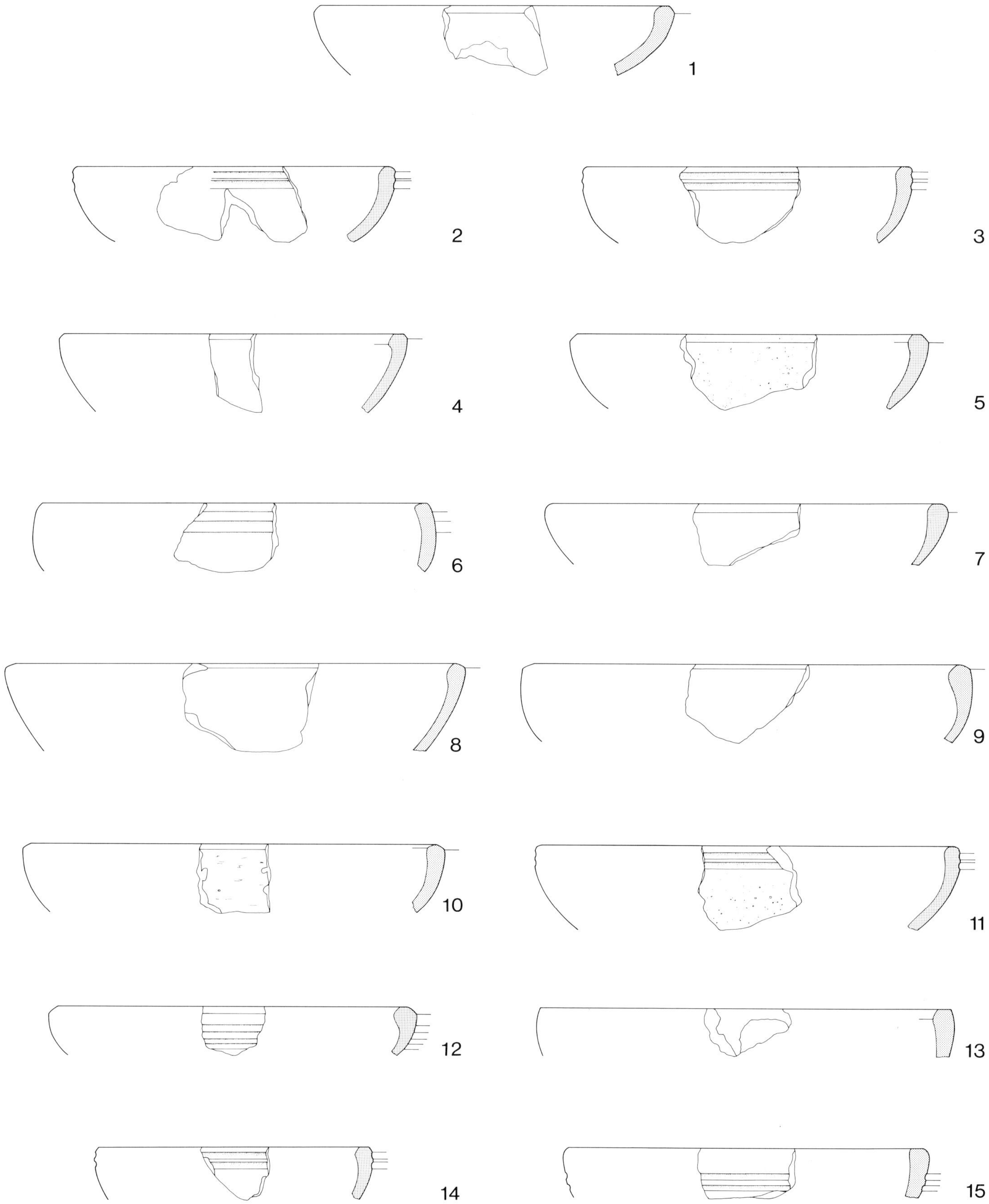

Abb. 130 Archsumburg, Keramik. Schalenform 3. 1 (72/73), 2 (73/247), 3 (73/197), 4 (737), 5 (73/62), 6 (73/161), 7 (367), 8 (269), 9 (944), 10 (806), 11 (73/175), 12 (72/11), 13 (714), 14 (73/209), 15 (72/22). – M. 1 : 3.

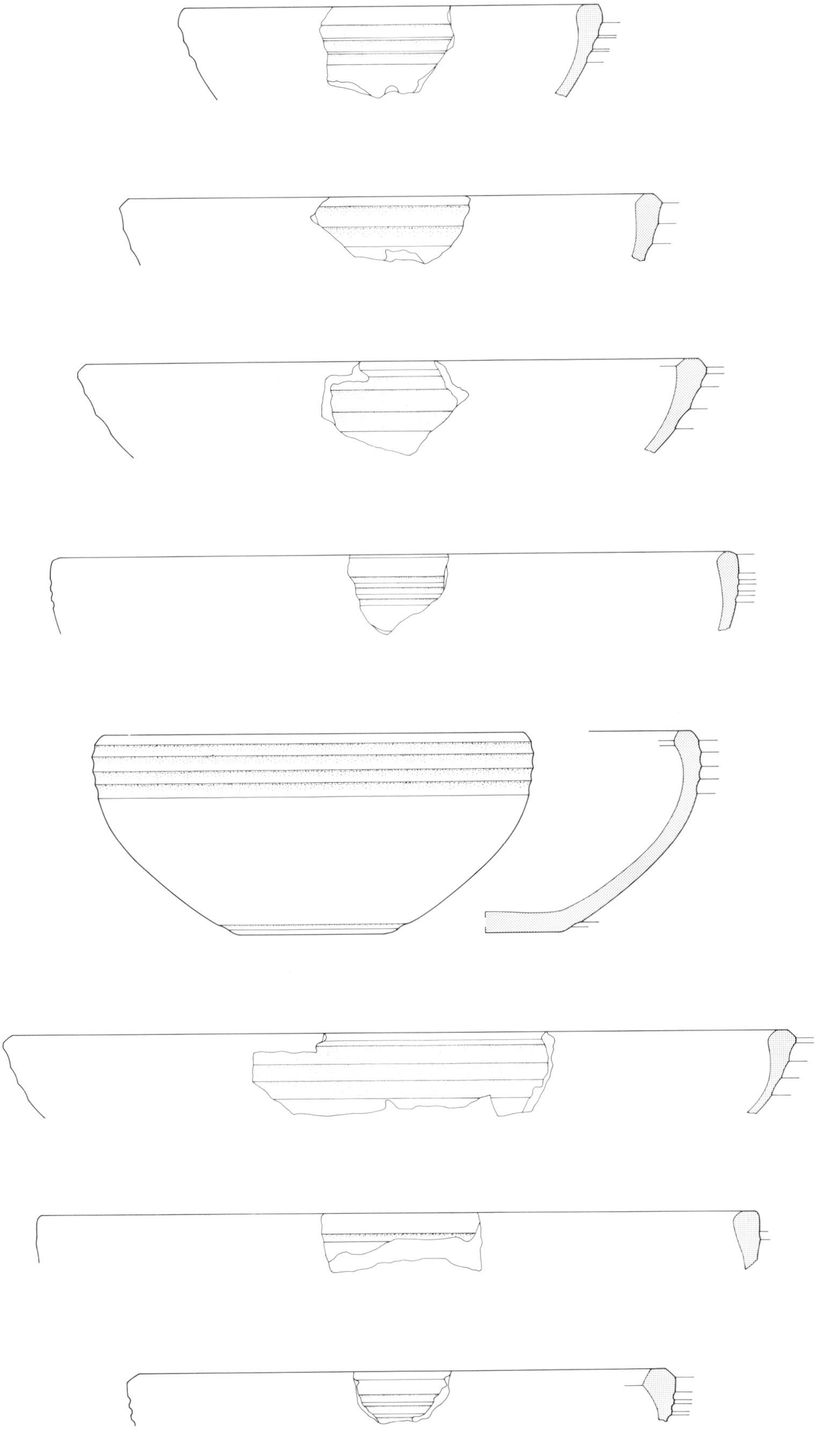

Abb. 131 Archsumburg, Keramik. Schalenform 3. 4 (641), 5 (315); Schalenform 4. 1 (73/183), 2 (755), 3 (756), 6 (767), 7 (305), 8 (835). – M. 1 : 3.

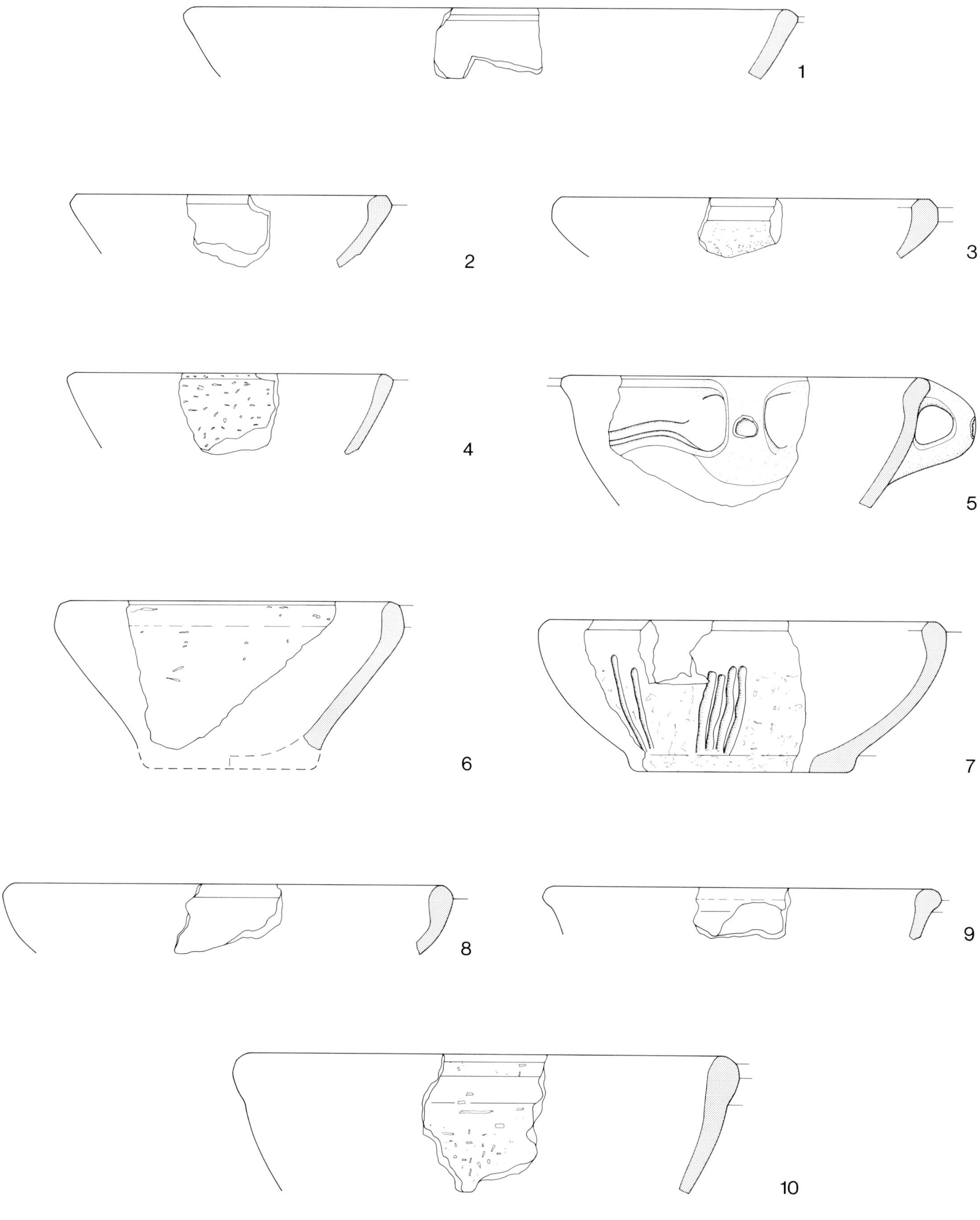

Abb. 132 Archsumburg, Keramik. Schalenform 5. 3 (894), 6 (393), 7 (73/122), 8 (759); Schalenform 6. 1 (755), 2 (911), 4 (73/Streufund), 10 (911); Schalenform 7. 5 (976), 9 (908). – M. 1 : 3.

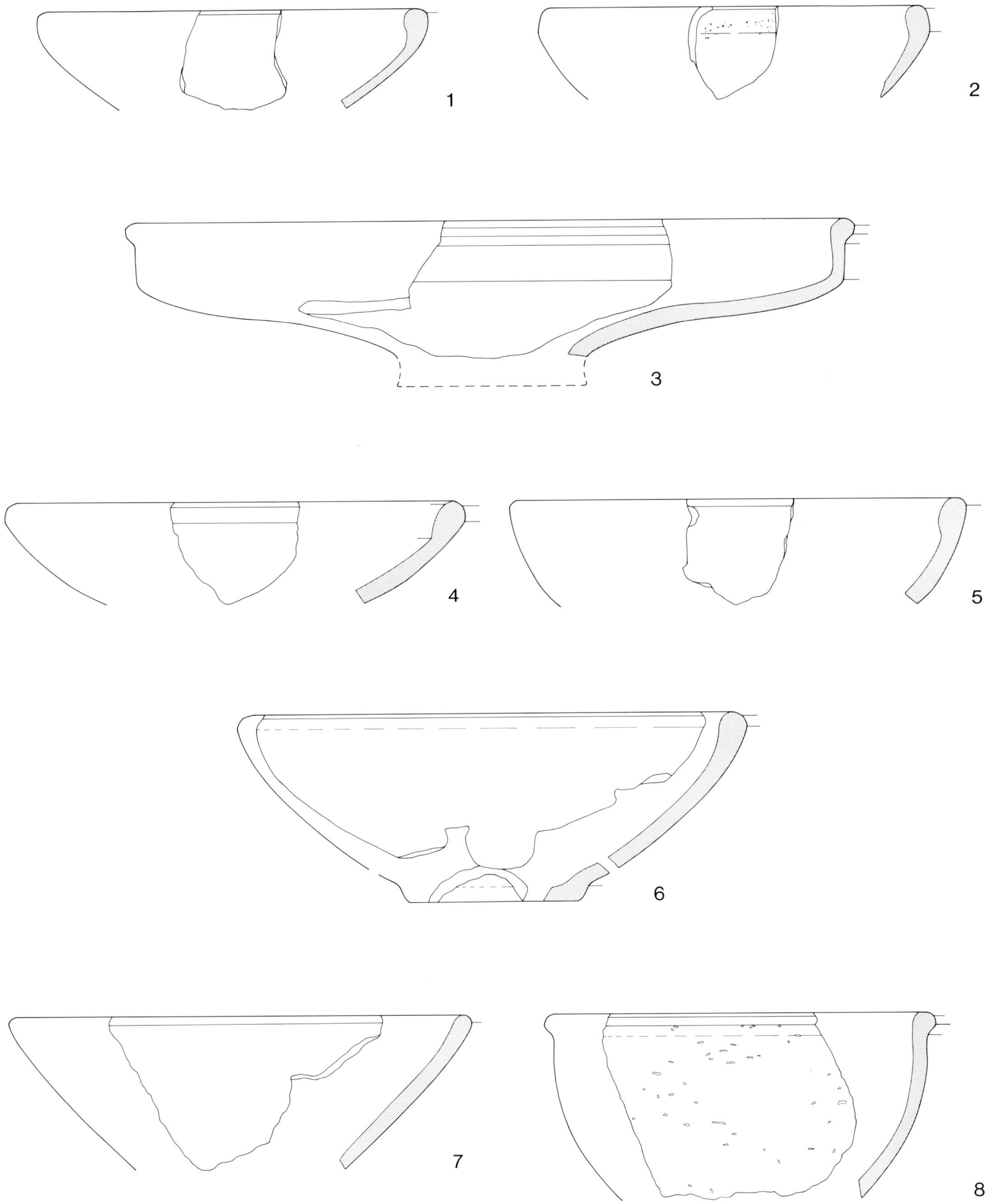

Abb. 133 Archsumburg, Keramik. Schalenform 5. 1 (946), 2 (819), 4 (72/59), 5 (72/84), 6 (72/84 + 85); Schalenform 6. 7 (73/24); Schalenform 7. 8 (742); Schalenform 8. 3 (981). – M. 1 : 3.

Form 4:
Sechs Schalen mit unterschiedlichem Randdurchmesser, Mündung trichterförmig, Horizontalriefen unterhalb der häufig facettierten Randlippe. Randtyp III: 5, Randtyp IV: 1. Durchmesser 20 cm: 1, 26 cm: 2, ca. 30 cm: 1, 34 cm: 1, 38 cm: 1 *(Abb. 131,1–3.6–8)*.
Herkunft: über Schicht VII: 3, in Schicht VII: 1, unter Schicht VII: 1, Vorwallbauzeit: 1.

Form 5:
Neun Schalen einfacher, grober Machart, Wandung teilweise dick, Rand gerundet, in zwei Fällen nach innen geknickt (Typ III: 5 oder IV: 4). Einmal gerauhtes, durch senkrechte Glättstreifen verziertes Unterteil. Durchmesser 20 cm: 1, 22 cm: 4, 26 cm: 2, 29 cm: 1, 24–30 cm: 1 *(Abb. 132,3.5.7.8; 133,1.2.4–6)*.
Herkunft: über Schicht VII: 3, in Schicht VII: 3, unter Schicht VII: 3.

Form 6:
Hohe, trichterförmige Schalen. Randlippe gerundet (3) oder abgestrichen (2). Randtyp I: 3, Randtyp III: 2. Durchmesser 18 cm: 2, 26 cm: 1, 28 cm: 1, 34 cm: 1 *(Abb. 132,1.2.4.10)*.
Herkunft: über Schicht VII: 1, in Schicht VII: 1, unter Schicht VII: 2.

Form 7:
Rand nach außen geknickt oder verdickt, Typ II. Durchmesser 20 cm: 1, 22 cm: 2. Ein Fund mit Henkel *(Abb. 132,6.9; 133,8)*.
Herkunft: über Schicht VII: –, in Schicht VII: 1, unter Schicht VII: 1.

Form 8:
Weitmundige flache Standfußschale, Rand nach außen geknickt, gerundet-verdickt (Typ II). Durchmesser 40 cm *(Abb. 133,3)*.
Herkunft: über Schicht VII: 1.

Bei den in der Archsumburg geborgenen Schalen sind vor allem vier Randtypen vertreten. Anhand dieser und weiterer Kriterien gelingt es, den Fundkomplex in acht Gruppen nach formalen Gesichtspunkten zu gliedern: Große Schalen (Form 1—2), kleine Schalen feinerer (Form 3—4) und gröberer Machart (Form 5–6) sowie wenige Einzelstücke (Form 7–8). Bei den großen Schalen dominieren die Randtypen III–IV, bei den kleineren kommt Typ I neunmal, Typ III zwanzigmal und Typ IV siebenmal vor. Der Durchmesser liegt bei den großen zwischen 30 und 48 cm, bei den kleineren feinerer Qualität zwischen 16 und 38 (?) cm, bei der gröberen Ware zwischen 20 und 37 cm. Form 1 überwiegt in Brandschicht VII und im Bereich darunter, Form 2 in höheren Lagen. Die flache, mehrfach mit Riefen verzierte Kleinschale 3 fand sich ebenfalls häufig über Schicht VII. Dies gilt auch für die zweite, profiliertere Form (4). Beide sind jedoch auch unterhalb der Brandschicht belegbar. Entsprechende Unterschiede in der Verteilung sind für die gröberen Formen 5–6 nicht erkennbar. Bei den übrigen Formen ist die Fundzahl für eine statistisch-chronologische Auswertung nicht ausreichend.

Tassen

Unter den zahlreichen Gefäßen aus der Archsumburg fallen Tassen aus Schichten oberhalb (1) und unterhalb (1) Brandschuttdecke VII auf, *Abb. 134,1* lag in Schacht 3. Die randständigen Henkel unterschiedlicher Größe überspannen eine Halskehle. Der Rand erscheint hierdurch leicht auswärts gebogen. Er ist einfach oder schwach verdickt. Der Mündungsdurchmesser schwankt zwischen 11 (2 x) und 15 cm, die Höhe zwischen 8,2 und 10,5 cm, die Bodenbreite zwischen 5,2 und 6 cm *(Abb. 134,1–3)*.

Näpfe

Vier trichterförmige Näpfe haben einen schlichten Rand und einen Mündungsdurchmesser zwischen 11 und 14 cm *(Abb. 134,4–7)*. Bei einem Exemplar biegt der Rand nach innen *(Abb. 134,7)*, bei zwei weiteren ließ sich eine Höhe von 5,6 und 6 cm mit abgesetzter Standfläche ermitteln. Drei Näpfe sind dünnwandig.

Der Napf *Abb. 134,7* lag in der Brandschicht VII, die einfachen Formen unterhalb *(Abb. 134,4.5)*, ein Fund in Grube 20 *(Abb. 134,6)*.

Kleinstkeramik

Zur Gruppe der Kleinstkeramik zählen *(Abb. 135,2–4)* ein grober, handgeformter Becher (Höhe 3,3 cm, Randdurchmesser 4,7 cm, Bodendurchmesser 4 cm) und zwei sekundär genutzte Pokalreste (Höhe 4 cm, Randdurchmesser 7 cm, Bodendurchmesser 5,7 cm; Höhe 1,9 cm, Randdurchmesser 4,5 cm, Bodendurchmesser 5,7 cm). Während der Becher ohne Verzierung blieb, tragen die anderen beiden Horizontalriefen über der Standfläche, *Abb. 135,2.4* hat als Bodenzeichen ein sternförmiges Riefenmuster. Bei den umgearbeiteten Stücken ist die Bruchkante nachträglich abgeschliffen und gerundet, eine Verwendung als Trinknapf wäre denkbar. Die beiden Pokalreste wurden in Brandschicht VII, der Miniaturbecher dagegen in einer höheren Kleilage gefunden.

5–7 cm hohe Tonbecher zählen zum Fundgut vieler Siedlungen der späten vorrömischen Eisenzeit und römischen Kaiserzeit in Niedersachsen, Nordholland und Jütland. Die Möglichkeit einer funktionalen Zordnung entfällt allerdings bei zahlreichen Kleinstgefäßen ohne Befundeinbindung; dies gilt auch für die drei Funde von der Archsumburg.

In Siedlungen auf Fünen und in Nordjütland gibt es vergleichbare, in situ geborgene Kleinstgefäße als Opferkeramik in Pfostenlöchern, unter Herden und Dielen[49]. Für sie

[49] J. A. Jacobsen u. A. Halling Lorentzen, Usynlige husfæller. Skalk 1986, H. 2, 8ff.; G. Hatt, Jernalders Bopladser i Himmerland. Årbøger 1938, 182 Abb. 50; 194 Abb. 67, 69; 247 Abb. 103, b; ders., An Early Roman Iron Age Dwelling Site in Holmsland, West Jutland. Acta Arch. 24, 1953, 7 Abb. 7; ders., Nørre Fjand (1957) 284ff. Abb. 235ff.

Abb. 134 Archsumburg, Keramik. Tassen. 1 (628), 2 (73/55), 3 (73/105); Näpfe. 4 (72/39), 5 (72/87), 6 (72/45), 7 (978); Schalenränder. 8 (770), 9 (894), 10 (910), 11 (73/245), 12 (291), 13 (72/68), 14 (835). – M. 1 : 3.

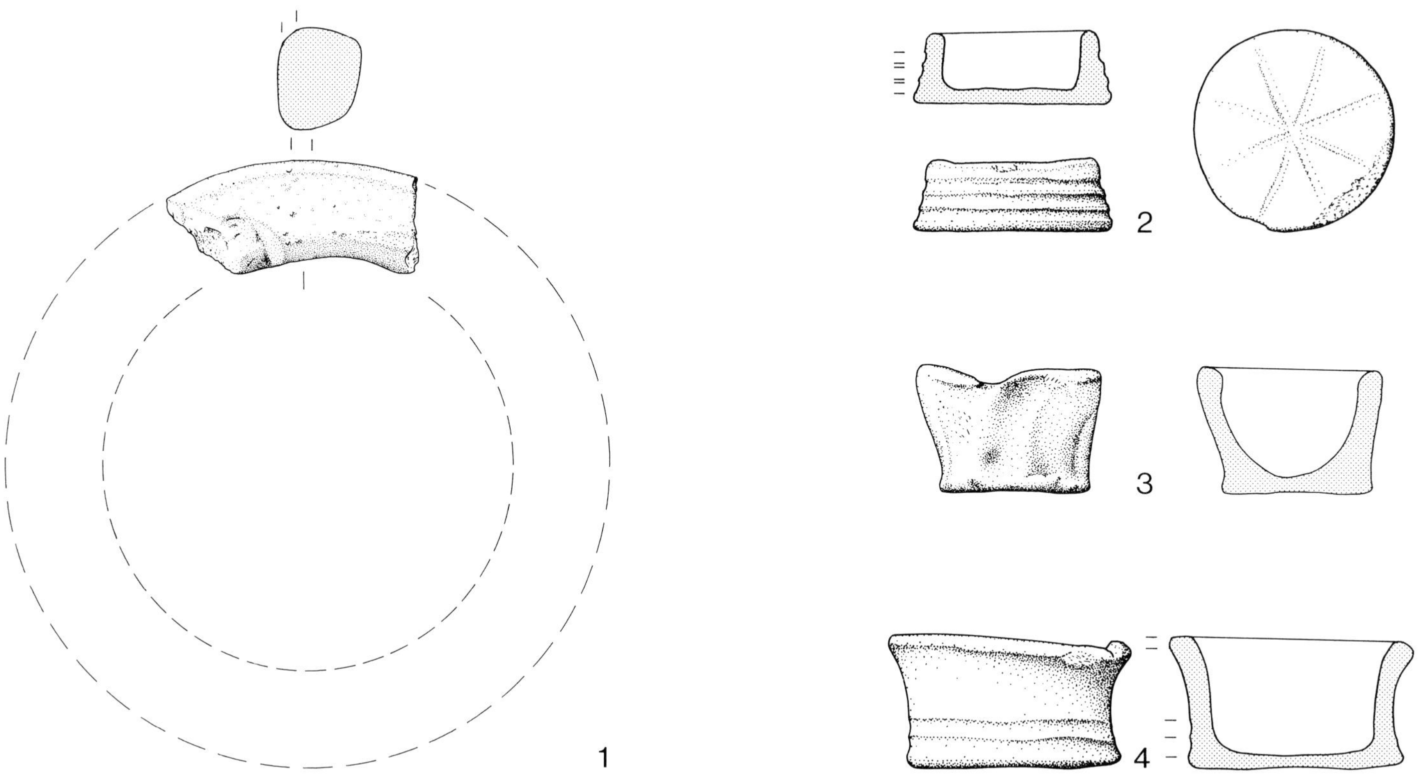

Abb. 135 Archsumburg, Keramik. Tonring. 1 (563); Kleinstgefäße. 2 (850), 3 (73/56), 4 (73/314). – M. 1:2.

gab es offensichtlich keinerlei praktische Verwendung, so daß der Verdacht auf eine besondere Herstellung unbrauchbarer Einzelstücke entsteht[50]. Ob sie jedoch allein rituell oder als Spielzeug benutzt wurden[51], bleibt unbekannt. Vergleichbares tritt jedoch auch als Grabbeigabe auf[52].

»Deckel« und »Teller«

Tonscheiben wechselnden Umfangs stellen eine besondere Fundgruppe dar. Massive Stücke werden durch einen häufig übergroßen, zentrierten Henkel und Riefenverzierung an der flachen Oberseite charakterisiert. Nach heutigem Gebrauch könnte man sie als »Deckel« bezeichnen, doch läßt sich diese Zweckbestimmung im Archsumburg-Material nicht verifizieren. Andere »tellerartige« Stücke sind dünnwandiger und tragen weder Verzierung noch Henkel. Beide Keramikformen dürften gleichzeitig benutzt worden sein.

a. »Deckel« *(Abb. 136; 137,1.3–4.6.8–9.12)*

Fünf komplett oder in wesentlichen Teilen erhaltene »Deckel« sind gehenkelt und mit einem kreuzförmig über den Henkel geführten Riefenband und einer randlich umlaufenden Breitriefe ausgestattet. Der Durchmesser schwankt zwischen 19 cm, 20 cm, 24 cm, 26 cm und 34 cm, die Dicke zwischen 1,7 cm und 2,2–2,3 cm. Bruchstücke können anhand ihrer Dicke (2), des Henkelansatzes mit Kreuzriefen (5), der Randriefe (1?) oder der Magerung (1?) zugeordnet werden.

Herkunft: über Schicht VII: 1, in Schicht VII: 6, unter Schicht VII: 6.

Die hier beschriebenen riefenverzierten Tonscheiben unterschiedlicher Größe und Dicke mit zentriertem Griff sind bisher nur unzureichend untersucht worden. Vor allem stellt sich die Frage nach dem Zweck, zumal Parallelen im Norden selten sind: In Dänemark wurde beispielsweise nur ein Gefäß mit einem vergleichbar gehenkelten Deckel aus einer eisenzeitlichen Siedlung geborgen[53]. Sowohl in der jüngeren Bronzezeit als auch in der vorrömischen Eisenzeit verwendete man im heute dänischen Gebiet zwar neben schlichten Schalen auch gehenkelte oder ungehenkelte »Kappen-« oder »Falzdeckel« zum Verschluß. Um Christi Geburt und in der

[50] Hatt 1938 (Anm. 49) 183 betont bei einem auf einer Hausdiele gelegenen Kleinstbecher, daß er als Trinkgefäß zu klein gewesen sei.

[51] J. Lund, Overbygård – landsbyen fra ældre romersk jernalder. Vendsyssel Nu og Da 1, 1977, 60 Abb. 5; O. J., Lillebitte Lerkar. Skalk 1967, H. 4, 32.

[52] Hatt 1938 (Anm. 49) 215 Abb. 89e.

[53] Hatt 1938 (Anm. 49) 180 Abb. 42.

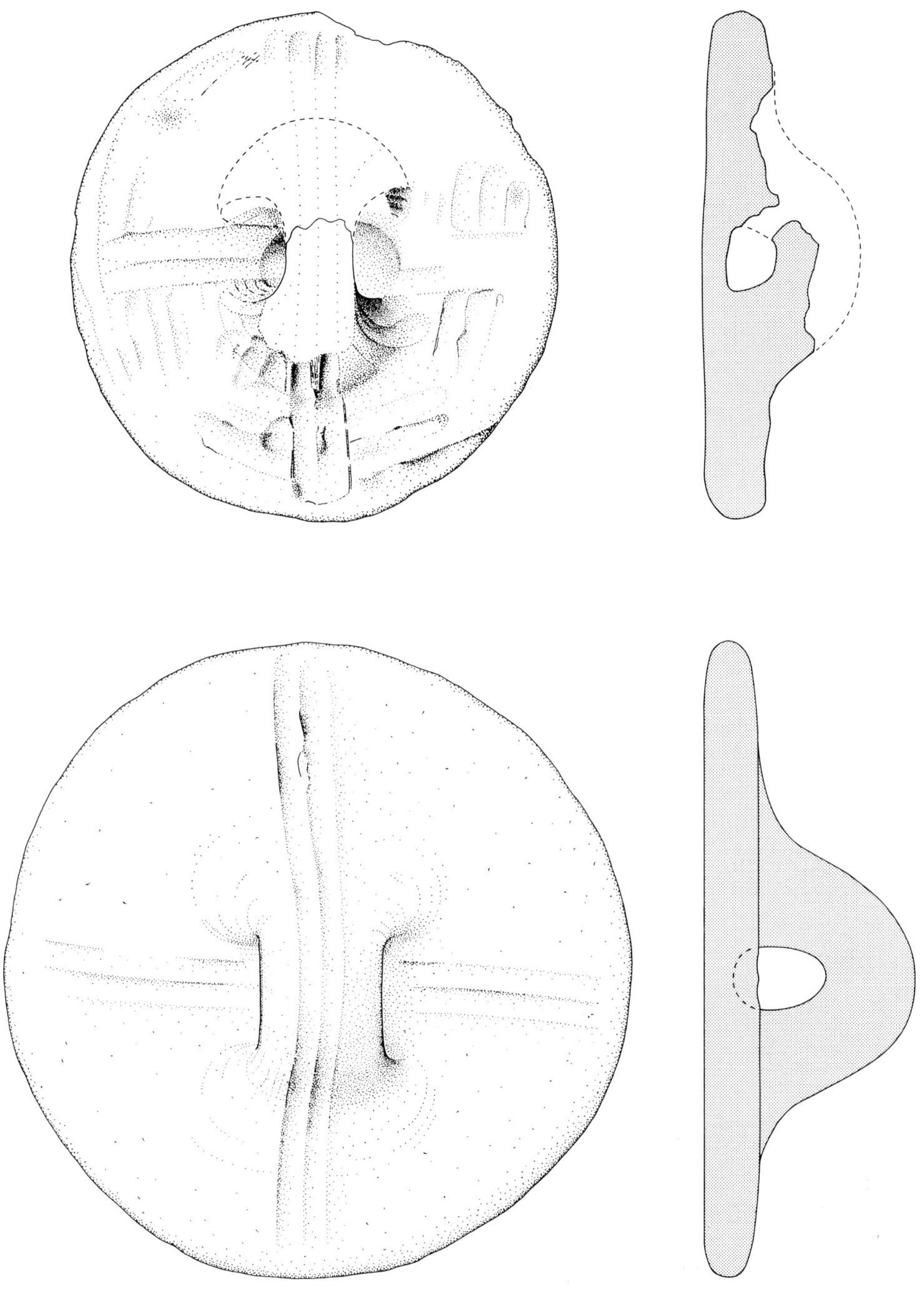

Abb. 136 Archsumburg, Keramik. Deckel. 1 (906), 2 (629). – M. 1 : 3.

Kaiserzeit zählen entsprechende Sonderanfertigungen aber zu den Ausnahmen[54]. Die zeitgleichen Erdgräber enthalten Schalen als Gefäßdeckel[55].

Der Kappendeckel wurde offenbar vor und um Christi Geburt sowie in der Kaiserzeit durch einen zentrierten einfachen oder gekreuzten Henkel ergänzt, gehenkelte Falz-

[54] H. Neumann, Olgerdiget – et bidrag til Danmarks tidligste historie (1982) Abb. 30; C. L. Vebæk, Petersminde – en sydjysk brandgravplads fra ældre romersk jernalder. Årbøger 1985, 38ff. Abb. 16; Raddatz (Anm. 42) 102; H. Norling-Christensen, Katalog over ældre romersk jærnalders grave i Århus amt (1954) Taf. 29, 2.

[55] Neumann (Anm. 54) Abb. 27; E. Lomborg, Myrthuegraven. Kuml 1964, 31ff. Abb. 3; 8; 10–11.

deckel sind aus Süddänemark und von Föhr sowohl aus Urnenbestattungen als auch aus Siedlungen publiziert[56]. Ein kreuzförmiger Henkel auf flacher Tonscheibe, der bislang aus der Archsumburg fehlt, kam allerdings nur einmal in Jütland zutage[57]. Eine Fundortangabe fehlt in der zugehörigen Textbeschreibung S. Müllers, die Abbildung zeigt eine flache Scheibe mit Randkante und einem Durchmesser von ca. 14 cm. Vergleichbare Tonscheiben mit zentriertem, einfachem Henkel oder mit Griffknubbe sind dafür aus verschiedenen Siedlungen Nord- und Mitteljütlands sowie von der Archsumburg und der benachbarten Siedlung Melenknop belegt[58], Deckel mit ähnlichem, jedoch asymmetrisch befestigtem Henkel gehören zu den Ausnahmen[59]. Die Schauseite der in Dänemark gefundenen Flachdeckel sind gelegentlich durch unterschiedlich dichte Fingertupfenornamente oder Einstiche verziert[60]. Hinweise auf Magerung und Brand fehlen. Hvass teilte jedoch auf Anfrage mit, daß die ihm bekannten Stücke eine »normale« Sandmagerung wie die gleichzeitige Keramik haben. Dies gilt auch für den unverzierten Fund vom Melenknop aus Bauperiode B 3[61]. Der Scheibenradius der genannten jütländischen Funde konnte nur in wenigen Beispielen ermittelt werden. Er differierte zwischen 14 und 24 cm, der Deckel vom Melenknop maß 30,5 cm.

Kleine Deckel mit flacher oder kalottenförmiger Scheibe und einem Durchmesser bis etwa 10 cm fanden sich bislang dreimal in Nordjütland[62], in Archsum kam ein vergleichbares Fundstück allein in einer mittel- bis jungkaiserzeitlichen Schicht auf dem Melenknop zum Vorschein (Durchmesser 5,2 cm), ein weiterer Beleg stammt aus Hodorf an der holsteinischen Westküste[63].

Aus Dithmarschen sind ebenfalls zwei größere Deckel bekannt: In Linden fand sich in einer Siedlungsgrube ein gehenkeltes unverziertes Stück (Durchmesser rund 20 cm), von Rickelshof liegt ein älterer Fund mit zentriertem Mittelknopf vor, von dem aus sich kreuzende Breitriefen zum Rand führen (Durchmesser 24–25 cm). Beide sind flach und mit Klei oder organischem Material gemagert[64] *(Abb. 138,1–2)*. Ein weiteres Bruchstück von einem Deckel mit Riefenzier stammt schließlich aus der Siedlung Meerum bei Nebel auf Amrum[65].

Obgleich die jütländischen Deckel formal mit dem Material aus der Archsumburg korrespondieren, gibt es einige bemerkenswerte Unterschiede: Die Funde aus der Umwallung zeichnen sich durch eine abweichende Magerung aus organischem Material oder Klei aus, sie tragen eine Breitriefe am Rand sowie ein Riefenpaar über und durch die Handhabe. Eine Randriefe könnte bei einem Deckelrest in Hodde, Ribe amt, vorliegen; der Ausgräber Hvass zweifelt an einer Zuordnung[66]. Beide Merkmale sind typisch für Deckel aus dem Bereich östlich der Ems: H. W. Löbert hebt beispielsweise bei Funden aus Hatzum/Boomborg, Kr. Leer, die organische Magerung als Kennzeichen hervor[67]; eine vergleichbare Magerung konnte Verf. an zahlreichen Deckelfunden in den Museen Groningen, Assen und Leeuwarden kennenlernen[68]. Auch die charakteristische Riefung am Rand und auf dem Henkel ist hier mehrfach belegt[69].

[56] Tolstrup/Års: Hatt, To Bopladsfund fra ældre Jernalder fra Mors og Himmerland. Årbøger 1928, 250 Abb. 21; Hurup/Thy: frdl. Mitt. K. Salewicz, Kopenhagen; Malle Hede: Hatt 1938 (Anm. 49) Abb. 103, d; Overbygård: Lund, Overbygård – en boplads med »underjordiske« huse. Hikuin 2, 1975, 97ff. Abb. 5; Hodde (?): Hvass (Anm. 46) Abb. 122; Nørhå: J. N. Nielsen, Byhøj fra Nørhå, Mus. Viborg amt 2, 1972, 68ff. Abb. 5; Petersminde: Vebæk (Anm. 54) Abb. 16; Dunsum/Föhr: Kersten u. La Baume (Anm. 3) Taf. 100,16.

[57] S. Müller, Ordning af Danmarks Oldsager II. Jernalderen (1888–1895) Taf. IX, Abb. 146.

[58] Nørhå: Nielsen (Anm. 56) Abb. 5; 11 mit Griffzapfen, profilierter Kante und kozentrischen Riefen; Hurup/Thy: frdl. Mitt. K. Salewicz, Kopenhagen; Hodde: Hvass (Anm. 46) Abb. 122; Melenknop/Archsum (Fund-Nr. 168, 16).

[59] Tolstrup/Års: Hatt (Anm. 56) Abb. 21; etwa vergleichbar Overbygård: Lund, Overbygård – en jernalderlandsby med neddybede huse. Kuml 1976, 129ff. Abb. 13.

[60] Verzierte Deckel in Tolstrup/Års, Hodde und Nørre Fjand: Hatt 1957 (Anm. 49) 320 Abb. 302; Hurup.

[61] Melenknop Fund-Nr. 168, 16.

[62] Østerbølle: Hatt 1938 (Anm. 49) 180 Abb. 42; Nørre Fjand: Hatt 1957 (Anm. 49) 320 Abb. 302; Kraghede: O. Klindt-Jensen, Foreign Influences in Denmark's Early Iron Age. Acta Arch. 20, 1949, 69 Abb. 38.

[63] Melenknop (Fund-Nr. 767, 1); W. Haarnagel, Die frühgeschichtlichen Siedlungen in der schleswig-holsteinischen Elb- und Störmarsch, insbesondere die Siedlung Hodorf. Offa 2, 1937, 31ff. Taf. 8, 14.15.

[64] Linden, Kr. Dithmarschen, Stelle 1 (Grube 1984), Mus. Heide; Lohe, Kr. Dithmarschen, LMS Inv. Nr. 7706. Herr Dr. V. Arnold hat Verf. auf beide Funde hingewiesen.

[65] A. Helbig, Eine kaiserzeitliche Siedlung auf Amrum. Das Fundmaterial (ungedr. Magisterarbeit Kiel 1989) Taf. 28, Nr. 123.

[66] Hvass (Anm. 46) 157.

[67] H. W. Löbert, Die Keramik der Vorrömischen Eisenzeit und der Römischen Kaiserzeit von Hatzum/Boomborg (Kr. Leer). Probleme Küstenforsch. 14, 1982, 59.

[68] Studienreise 1986.

[69] H. T. Waterbolk, Walled enclosures of the Iron Age in the North of the Netherlands. Palaeohistoria 19, 1977 (1978) 139 Abb. 42, 18; R. W. Brandt, De archeologie van de Zaanstreek. Westerheem 32, H. 2–3, 1983, 131 Abb. 10; W. A. van Es, Paddepoel, Excavations of frustrated Terps, 200 B. C.-250 A. D. Palaeohistoria 14, 1968 (1970) 336 Abb. 66.

Abb. 137 Archsumburg, Keramik. Deckel. 1 (865), 3 (865), 4 (828), 6 (255), 8 (364), 9 (911), 12 (894); Teller. 2 (72/20), 5 (72/147), 7 (72/112), 10 (72/109), 11 (869), 13 (72/20), 14 (543). – M. 1:3. ▷

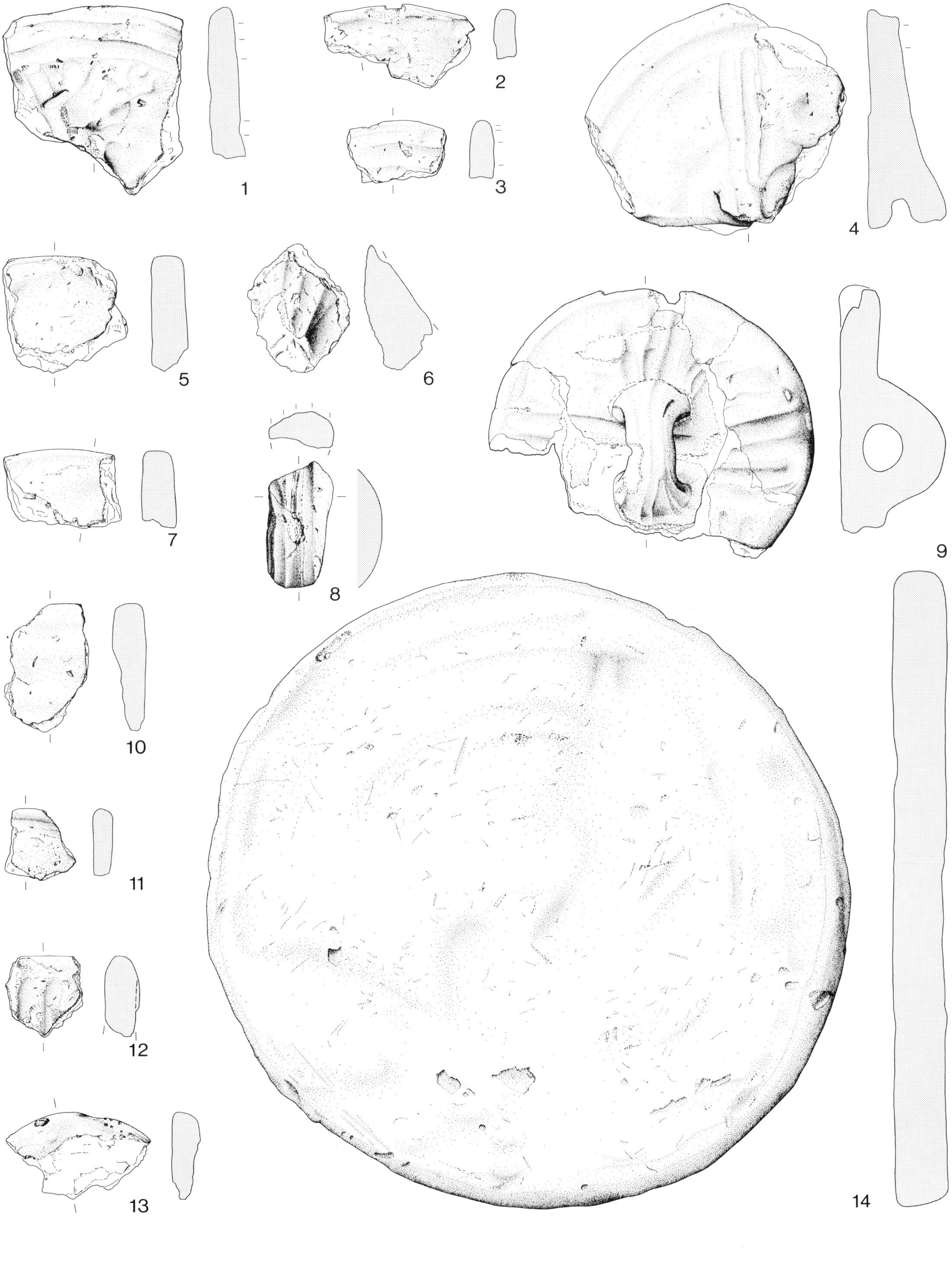
1
2
3
4
5
6
7
8
9
10
11
12
13
14

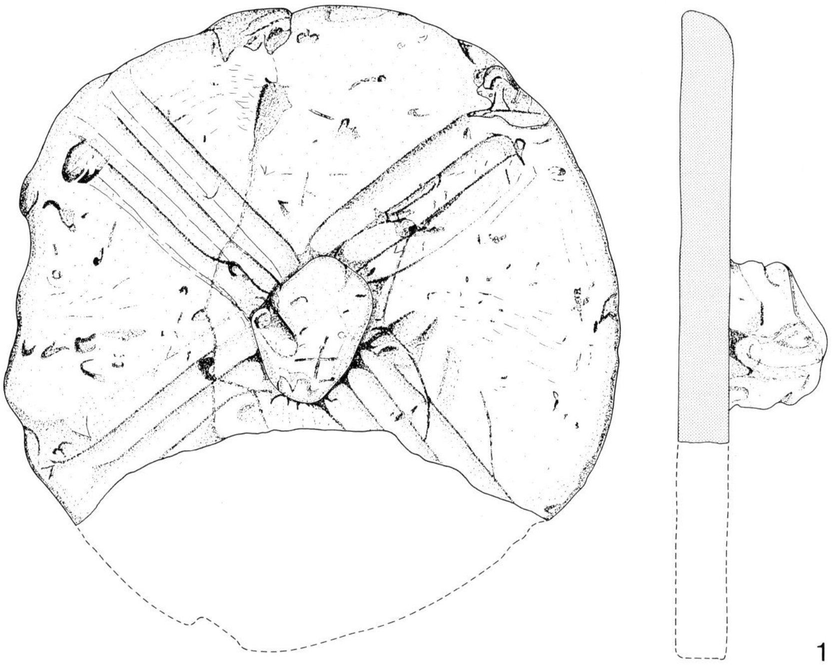

1

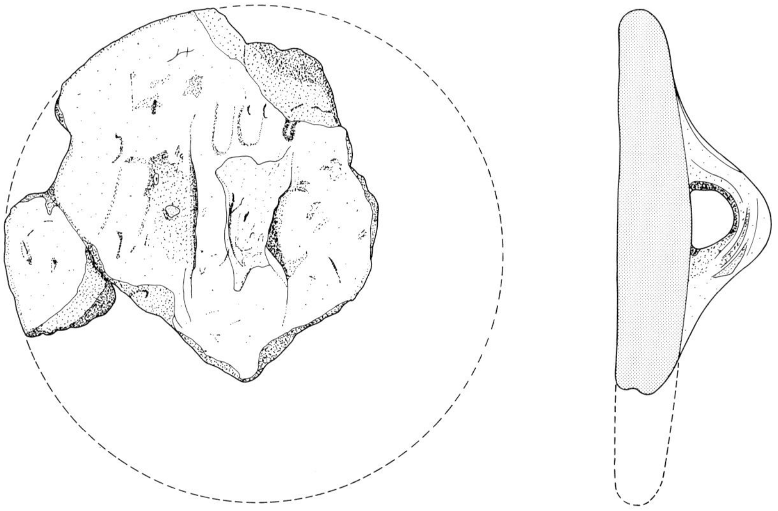

2

3

Die Aufteilung der Deckel in zwei sich offenbar in Nordfriesland überlappende Formenkreise erscheint bei der Gleichförmigkeit des Materials bemerkenswert. Kleine Deckel mit Ösen oder Griffknubben sind genauso an der niedersächsischen Küste und in Nordholland verbreitet wie größere Exemplare mit ähnlicher Handhabe[70]. Eine überzeugende Funktionsdeutung steht jedoch nach wie vor aus: In Hatzum/Boomborg stellt Löbert Rußreste an der Unter- und Oberseite oder am Rand fest[71]. Dies weist auf Feuernähe hin.

b. »Teller« *(Abb. 137,2.5.7.10–11.13–14)*
Runde flache Tonplatten ohne Henkel oder Riefenzier (6) werden im folgenden als »Teller« bezeichnet. Ihr Durchmesser liegt zwischen 14 cm und 37 cm, die Dicke variiert zwischen 1,3 cm, 1,4 cm, 1,8 cm, 1,9 cm, 2,0 cm und 3,2 cm. Bis auf eine große Platte mit der größten Wandstärke handelt es sich nur um Bruchstücke verschiedener Größe.
Herkunft: über Schicht VII: 1, in Schicht VII: 1?, unter Schicht VII: 3.

Tonscheiben sind im Norden seit dem Neolithikum bekannt[72]. Vergleichbar einfach geformte Scheiben aus norddeutschen Siedlungen der vorrömischen Eisenzeit unterrichten leider in keinem Fall über die Verwendungsart[73], auch nicht die etwas jüngeren (um Christi Geburt und römische Kaiserzeit) aus Norddeutschland und Holland, die außer schlichten Stücken[74] auch Varianten mit Randkante[75], randlich angesetztem Henkel[76] oder Flächenverzierung enthalten[77]. Solche Merkmale fehlen bei den Tellern der Archsumburg.

Feuerstülper

Rest eines gehenkelten Feuerstülpers. Bodendurchmesser etwa 14 cm *(Abb. 139,4)*.
Herkunft: unter Schicht VII.

Die dickwandige Scherbe mit Henkelansatz oberhalb des Bodenansatzes stammt von einem als Feuerstülper bezeichneten Gerät, das in dieser Form an mehreren Stellen des südlichen Nordseebereiches bekannt ist[78], bei vergleichbaren Funden aus dem nördlich angrenzenden Teil Jütlands setzt die Handhabe höher an[79].

Web- und Tongewichte

a. Kegelstumpfförmige Webgewichte mit runder Basis. Unterseite breit, Durchmesser 13 und 10,8 cm. Bei einem Webgewicht befindet sich auf der Oberseite ein Riefenkreuz mit der Achse parallel zur Durchbohrung. Höhe 9,4 und 10,7 cm *(Abb. 140,2.3)*.
Herkunft: unter Schicht VII.

b. Rest eines dreieckigen Tongewichtes. Durchbohrung ist erhalten, der Ansatz einer zweiten belegt, auf einer Seite runde Vertiefung *(Abb. 140,1)*.
Herkunft: oberhalb Schicht VII.

Während die in Westfriesland und in der niedersächsischen Küstenzone verbreiteten kegelstumpfförmigen Webgewichte bisher nicht im überregionalen Zusammenhang aufgearbeitet wurden und daher hier vorerst unberücksichtigt bleiben müssen[80], stellen die dreimal in Archsum gefundenen dreieckigen Tonwirtel die nördlichsten Belege eines bis-

[70] R. Eggers, Fundchronik Land Freie Hansestadt Bremen-Bremerhaven. Bremer Arch. Bl. 6, 1973, 56 Abb. 7, 7; Löbert (Anm. 67) Taf. 51–52; P. Stuurmann, Roman Period Pottery from the Zichtenburg Town Development Scheme, The Hague. Ber. Amersfoort 18, 1968, 169 Abb. 9; M. Miedema, Vijfentwintig eeuwen bewoning in het Terpenland ten Noordwesten van Groningen (ungedr. Diss. Amsterdam 1983) Abb. 56; van Es (Anm. 69) Abb. 66–67.

[71] Löbert (Anm. 67) 59.

[72] Kersten u. La Baume (Anm. 3) Taf. 14, 12; 15,14.16.

[73] z.B. B. Dieckmann, Ein früheisenzeitlicher Fundplatz bei Kapern, Kr. Lüchow-Dannenberg. Nachr. Niedersachs. Urgesch. 42, 1973, 250ff. Abb. 3, 1–2; B. Sielmann, Eine mehrphasige Grubenanlage der vorrömischen Eisenzeit aus Rade, Kr. Harburg. Hammaburg N. F. 1, 1974, 64 Abb. 5; Harck, Nordostniedersachsen vom Beginn der jüngeren Bronzezeit bis zum frühen Mittelalter (1972/73) Taf. 60, 1.17; Kersten u. La Baume (Anm. 3) Taf. 86,3.

[74] Löbert (Anm. 67) Taf. 51, 909–10; van Es u. Miedema, Leeuwarden: Small Terp under the Oldehove Cemetry. Ber. Amersfoort 20–21, 1970–71, 110 Abb. 26.

[75] Melenknop Fund-Nr. 255,24 und 776,23; F. Niquet, Probegrabung auf dem »Erbbrink« bei Seinstedt, Kreis Wolfenbüttel, einem Siedlungsplatz des ersten Jahrtausends nach Chr. Geb. Neue Ausgr. u. Forsch. Niedersachsen 3, 1966, 102ff. Abb. 8, 8; F. Westhusen, Eine Siedlung der römischen Kaiserzeit in Hamburg-Gr. Borstel. Hammaburg 5, H. 11, 1957, 55ff. Taf. 19, 9.11.14–15; R. Schindler, Eine germanische Siedlung des 1.–5. Jahrh. n. Chr. in Hamburg-Farmsen. Hammaburg 4, H. 9–10, 1953/55, 173ff. Taf. 67, 24; Nielsen (Anm. 56) 73 Abb. 9; 75 Abb. 11; Harck (Anm. 73) Taf. 45,3 (4).

[76] H. Hingst, Die Siedlungskeramik vom Püttkampsweg in Hamburg-Osdorf. Hammaburg 3, H. 7, 1951, 42ff. Taf. 5, 1.

[77] Westhusen (Anm. 75) Taf. 19, 9; Schindler (Anm. 75) Taf. 67, 24; Lund (Anm. 51) 60 Abb. 7.

[78] Archsum: Kossack u.a. 1974 (Anm. 31) 309 Abb. 13, 19; Bremerhaven: Eggers (Anm. 70) 56 Abb. 7, 1; Süderhastedt, Kr. Dithmarschen: K. W. Struve, Tönerne »Feuerböcke, Feuerkruken und -kästen« der vorrömischen Eisenzeit. Kölner Römer-Illustrierte 2, 1975, 101.

[79] Erritsø: Hvass (Anm. 46) 158ff. Abb. 124; Astrup banke, Sønderjyllands amt (unpubl.).

[80] z.B. Miedema (Anm. 70) Abb. 81; van Es (Anm. 69) Abb. 73; J. H. F. Bloemers, Rijswijk (Z. H.), »De Bult«. Eine Siedlung der Cananefaten (1978) Teil 2, 373ff.; Haarnagel (Anm. 38) Taf. 67–68.

◁ Abb. 138 Deckel und Webgewicht aus Dithmarschen. 1. Linden; 2. Rickelshof; 3. Eddelak. – M. 1 : 3.

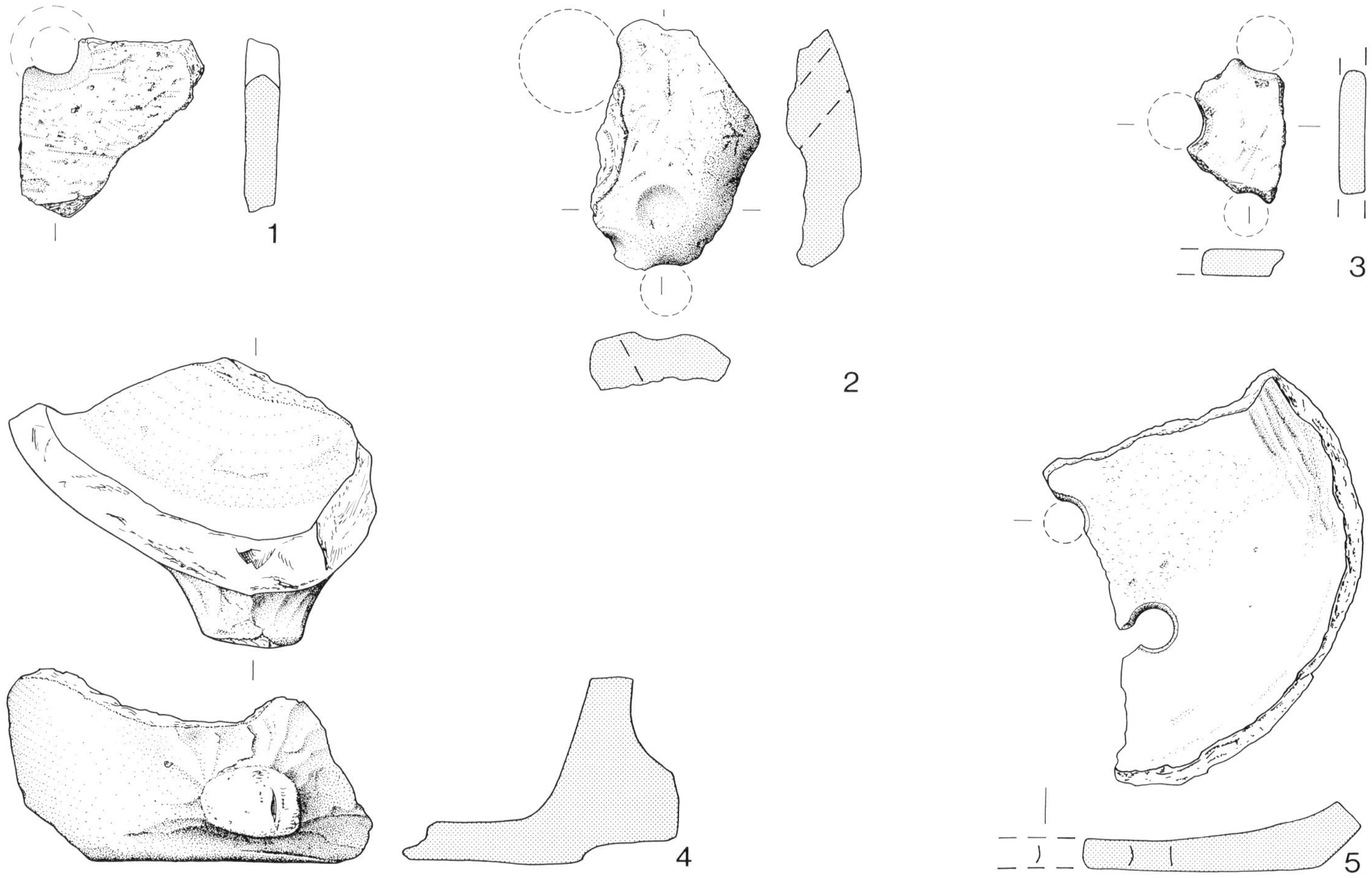

Abb. 139 Archsumburg, Keramik. Durchbohrte Bodenscherben. 1 (697), 3 (339), 5 (72/36); Feuerstülper. 4 (72/107); Verziertes Tonstück. 2 (73/45). – M. 1:2.

her nur in Nordwestdeutschland, Holland und England nachgewiesenen Gerätes dar[81]. Gemeinsam für den Fund aus der Archsumburg und die vergleichbaren Tongewichte vom Melenknop[82] und dem Wohnhügel Firstklent[83] sind Magerung aus Klei und organischer Substanz, rötlich-gelbliche Färbung und dreifache Durchbohrung der Flachseiten. Die Fundstücke von der Archsumburg und vom Melenknop sind außerdem zentral halb durchbohrt. Das Stück vom Firstklent hat eckige, die beiden anderen Gewichte gerundete Kanten; deutliche Abnutzungsspuren bei den Durchbohrungen fehlen. Aus Dithmarschen ist ein vergleichbarer, bislang aber unpublizierter Fund aus der bekannten Fundstelle in Eddelak überliefert. Das Bruchstück zeigt ebenfalls dreifache Durchbohrung der Flachseiten und organische Magerung *(Abb. 138,3)*[84].

Der überwiegende Teil der nordwestdeutschen, niederländischen und englischen Dreiecksgewichte ist an den Schmalseiten durchbohrt, die auf den Sylter Stücken vorgefundene Lochung auf den Flachseiten ist nur ausnahmsweise, vor allem entlang der niederländischen Küstenzone überliefert[85]. Die zentrierte Halb- oder Volldurchbohrung ist

[81] K. Wilhelmi, Die vorrömische Eisenzeit zwischen Sieg und Mittelweser. Kl. Schr. Vorgesch. Seminar Marburg 8 (1981) 45 Abb. 33; ders., Zur Besiedlungsgenese Englands und des nordwestlichen Kontinents von 1500 vor bis Christi Geburt. Acta Praehist. et Arch. 19, 1987, 71ff., bes. 82ff.

[82] Fund-Nr. 625, 24.

[83] Fund-Nr. 314, 10.

[84] LMS. KS. 14 500.

[85] z.B. P. C. J. A. Boels, Friesland tot de elfde Eeuw (1951) Taf. 29, 6; Bloemers (Anm. 80) 373ff. Abb. 180; van Es (Anm. 69) Abb. 73; Miedema (Anm. 70) Abb. 84, 1–2.

gleichfalls bei Tongewichten mit seitlichen Bohrlöchern bekannt[86].

Wozu Gewichte mit Durchbohrungen der Flachseite dienten, bleibt im Gegensatz zu den Stücken mit Lochung der Schmalseite eine offene Frage. Ein Bezug zur Textilherstellung oder zur Reepschlägerei gilt als wahrscheinlich. Dies trifft auch für ein vergleichbares unikes Tongebilde rechteckiger Form aus Ginderup in Nordwestjütland zu[87].

»Spinnwirtel/Spielsteine«

Profilierte Spinnwirtel fehlen in der Archsumburg. Dafür fanden sich aber elf aus Tonscherben gefertigte »Spinnwirtel« mit nahezu zentrierter, häufig sanduhrförmiger Durchbohrung *(Abb. 141)*, darunter zwei als Bruchstück, ein drittes ungleichmäßig gerundet, ein viertes nicht ganz durchlocht und zwei am Rand bearbeitet, aber ungelocht. Diese »Halbfabrikate« werden in der Literatur häufig als »Spielsteine« bezeichnet. Die ursprünglichen Scherben stammten zum überwiegenden Teil von geglätteter Keramik; Kammstrichmuster findet sich bei zwei Stücken, Riefenreste bei drei, bei einem eine von flachen Grübchen begleitete Riefe. Die vollständig erhaltenen »Wirtel« wiegen: 1 g, 5,7 g, 9,6 g, 18 g, 22,6 g, 24,9 g. An Gewichte ist unter diesen Umständen nicht zu denken. Bei einigen Funden überrascht die Art der Durchbohrung, nämlich schräg, ungleichmäßig und deshalb ungeeignet für eine Befestigung auf einem Stab. Es stellt sich die Frage, ob eine Deutung der Scherben als »Spinnwirtel« die einzig richtige sei. Verglichen mit »echten« profilierten und massiven Spinnwirteln sind sie zwar gleichgroß durchbohrt. Ein dauerhafter Halt am Spinnstab dürfte aber selbst dann nicht gewährleistet gewesen sein, wenn sie mit Harz oder Kitt befestigt worden wären. Hinweise auf eine Verwendung als Amulett oder als primitive, an einem Band befestigte Zier gibt es ebenfalls nicht.
Herkunft: über Schicht VII: 5, in Schicht VII: 3, unter Schicht VII: 3.

Aus Wandscherben gefertigte »Gewichte für Spinnwirtel«, zur Hälfte durchbohrte Keramikstücke oder ungelochte »Spielsteine« lassen sich vielerorts in der Küstenregion belegen. Eine Aufzählung beispielsweise von Funden aus der niederländischen Siedlung der Kaiserzeit Rijswijk ergab 9 Spielsteine aus römischer Ware, 17 aus einheimischer Keramik und einige wenige aus römischen Ziegeln, Glas, Kies oder Knochen[88], während 15 durchbohrte Scherben einheimischer Machart als Spinnwirtel bezeichnet werden[89]. Profilierte Spinnwirtel fanden sich zweimal. Das Material aus Hatzum/Boomborg erscheint aufschlußreicher: Löbert untersuchte 117 Spinnwirtel, davon 12 aus Scherben gefertigte, und 10 »Spielscherben«. Die westfriesischen Scherbenspinnwirtel wiegen zwischen 13 und 53 g, die typologisch geordneten profilierten Stücke zwischen 7 und 43 g. Bei vier Gewichtsklassen (1: 38–53 g; 2: 26–31 g; 3: 10–20 g;

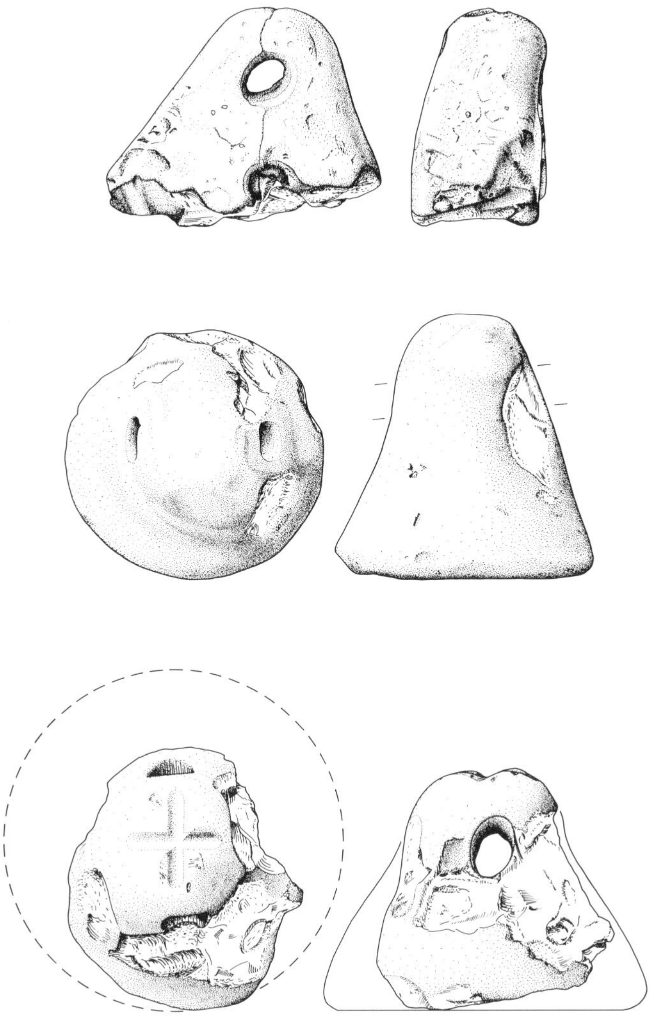

1

2

3

Abb. 140 Archsumburg, Keramik. Webgewichte. 1 (992), 2 (823), 3 (780). – M. 1 : 3.

4: 7 g) dominierten in Hatzum/Boomborg Gruppe 3 (125 Funde) gegenüber den leichteren (2) und schwereren Stücken (50)[90]. Die Funde aus der Archsumburg lassen sich in die-

[86] Wilhelmi, Zur Funktion und Verbreitung dreieckiger Tongewichte der Eisenzeit. Germania 55, 1977, 180ff. Taf. 30, 2; C. Wind, Een Nederzetting uit de Voor-Romeinse Ijzertijd te Rockanje. Westerheem 19, 1970, 256 Abb. 14; Miedema (Anm. 70) Abb. 84,2.

[87] H. Kjær, En ny Hustomt paa Oldtidsbopladsen ved Ginderup. Nationalmus. Arbejdsmark 1930, 19ff. Abb. 7a.

[88] Bloemers (Anm. 80) 324 Abb. 139.

[89] Ebd. 373 Abb. 179.

[90] Löbert (Anm. 67) 65ff.

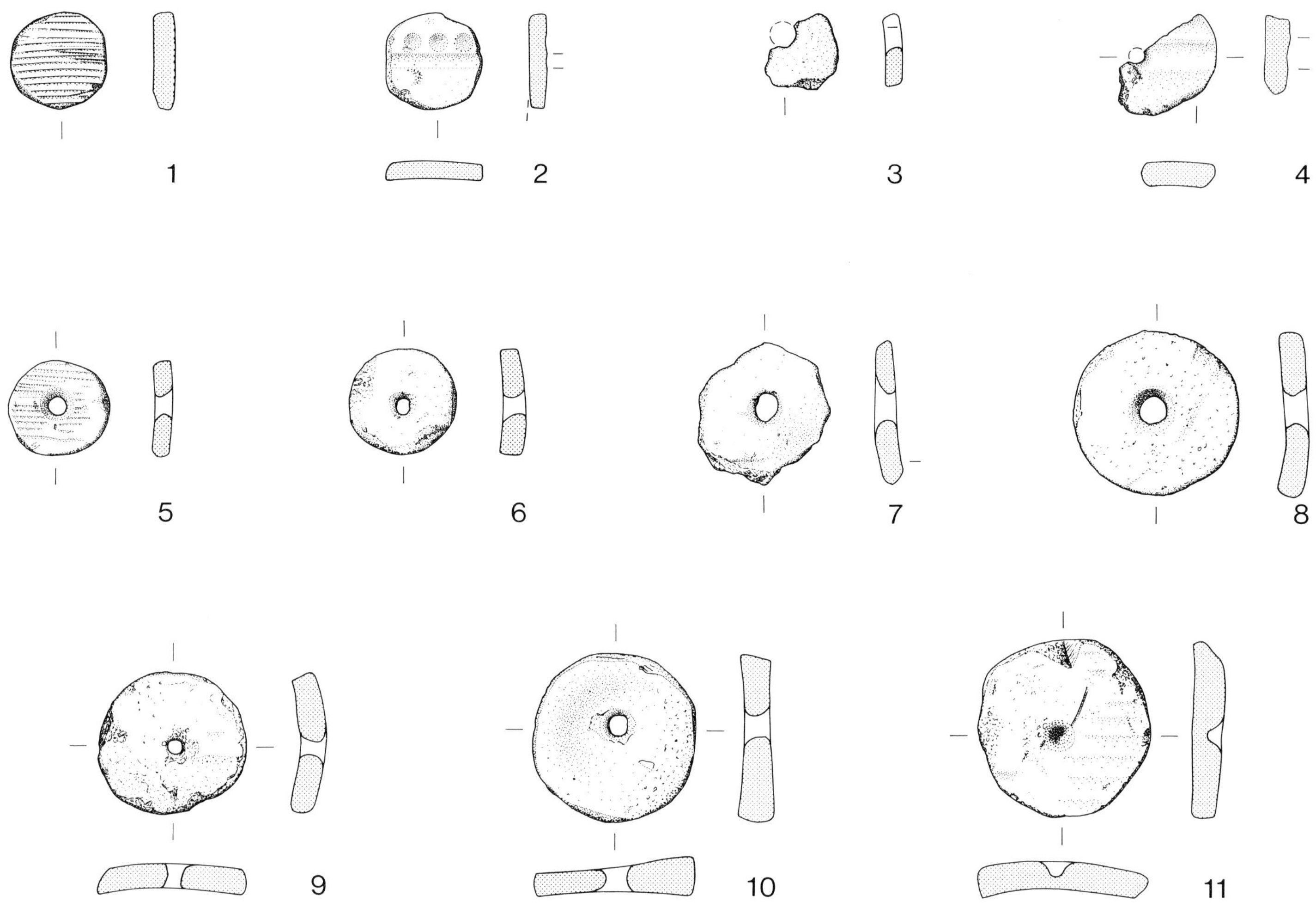

Abb. 141 Archsumburg, Keramik. Spinnwirtel/Spielsteine. 1 (275), 2 (902), 3 (750), 4 (392), 5 (766), 6 (73/57), 7 (73/66), 8 (914), 9 (73/229), 10 (854), 11 (818). – M. 1:2.

sen Zusammenhang einfügen, auch mit der Lochweite, die bei Scherbenspinnwirteln und profilierten Formen zwischen 4 und 9 mm variiert. Die für Hatzum/Boomborg typische organische Magerung der Spielsteinscherben fehlt in der Archsumburg.

Die sekundäre Nutzung von Scherben als Spinnwirtel oder Spielstein ist weder an die Küste gebunden noch auf Norddeutschland begrenzt. Es handelt sich um eine weitverbreitete, zweckgebundene Sitte der späten vorrömischen Eisenzeit und der Kaiserzeit[91].

Durchbohrte Bodenscherben *(Abb. 139,1.3.5)*

Drei Scherben sind ein- oder mehrmals gelocht und zwar mit größerem Durchmesser (1,1–1,5 cm) als die sogenannten Spinnwirtel. Bei einem Stück handelt es sich um eine mindestens zweimal sanduhrförmig durchbohrte Bodenplatte, die beiden anderen haben eine oder drei Durchlochungen auf einer flachen Seite (Bodenscherben?). Zu Siebgefäßen gehören sie keinesfalls, denn die vom benachbarten Wohnhügel Melenknop sind wesentlich dichter und enger durchlocht. Herkunft: über Schicht VII: 1, in Schicht VII: –, unter Schicht VII: 2.

[91] z.B. Hatt 1938 (Anm. 49) 247 Abb. 103, c; ders. 1957 (Anm. 49) 298 Abb. 251, a; Hvass (Anm. 46) Taf. 150, d–j; N. A. Boas, Kridtkælder. Skalk 1983, H. 6, 12; Kersten u. La Baume (Anm. 3) Taf. 103, 15–17; W. Wegewitz, Ein Rennfeuerofen aus einer Siedlung der älteren Römerzeit in Scharmbeck (Kreis Harburg). Nachr. Niedersachs. Urgesch. 26, 1957, 7 Abb. 3; Harck (Anm. 73) Taf. 51, 12.

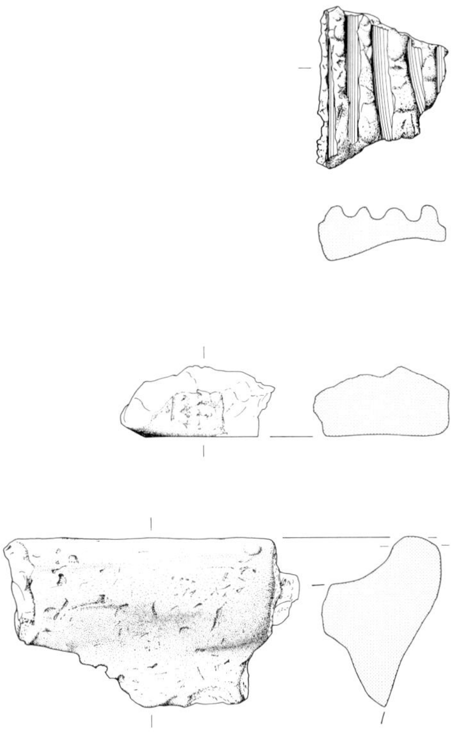

Abb. 142 Archsumburg, Hüttenlehm. 1 (423); Tonstück. 2 (73/236); Wannenrest? 3 (423). – M. 1 : 3.

»Keramikring«

Rest eines verbrannten Tonringes, Länge 6,5, Breite 2,5, Dicke 2,1 cm. Rekonstruierter Durchmesser 16 cm *(Abb. 135,1)*.
Herkunft: Streufund.

Bruchstücke von Keramikringen dieser Weite finden sich in der Siedlung La 60 in Archsum (Durchmesser etwa 18 cm) und in Paddepoel/Nordholland (Durchmesser unbekannt)[92].

Wanne?

Bruchstück einer größeren, rechteckigen oder leicht ovalen, flachen Wanne grober Machart aus dem Südprofil der Fläche 18 *(Abb. 142,3)*, mäßig geglättet, 7 cm hoch, Außenseite wenig gebogen, Mündungssaum gerundet, Sohle rund 3 cm unterhalb des Randes, Dicke mindestens 4 cm. Der mit organischem Material und Klei gemagerte Scherben könnte sekundär verziegelt sein.

Die »Wanne« gehört wegen prägender Einzelheiten (Wandkrümmung gering, randnaher Umbruch auf der Innenseite) nicht zur Gruppe sogenannter Töpferöfen wie in Archsum La 59, in Weddinghusen, Kr. Dithmarschen, auf der Feddersen Wierde und in Hatzum/Boomborg[93], sondern zu Wannen oder Pfannen aus kaiserzeitlichen Siedlungen östlich der Ems[94].

Sonstiges

a. Hüttenlehm: Aus stratigraphisch nicht einzuordnender Fundschicht stammt verziegelter Hüttenlehm mit tiefen Asteindrücken (5 x 6 cm) *(Abb. 142,1)*. Dicke zwischen 1,4 und 2,0 cm.

An keiner Stelle der Archsumburg gibt es Hinweise auf lehmbeschichtete Hüttenwände. Das Stück stammt daher wohl aus einer benachbarten Siedlung[95].

b. Rest einer größeren, mehrfach gegensätzlich durchbohrten Scherbe unbekannter Verwendung mit flachem Zier(?)-grübchen *(Abb. 139,2)*.
Herkunft: in Schicht VII.

c. Handgeformtes, napfähnliches Gebilde aus getrocknetem, organisch gemagertem, ungebranntem Klei: Rundboden?. Länge 11 cm, Breite 10 cm, Dicke von 0,5–1,9 cm. Streufund aus Fläche 2.

Vertikalstratigraphische Ordnung

Während der Profilaufnahme oder unmittelbar danach wurden die bis 2 m hohen Aufschlüsse mit dem Spachtel abgekratzt und die dabei gefundenen zahlreichen Keramikreste schichtbezogen eingemessen. Die Profilzeichnungen enthalten insgesamt 254 Eintragungen, 65 davon in Aufschlüssen durch mittelalterliche und neuzeitliche Anschüttungen im Westbereich der Anlage, 12 in Straten der »Vorwallbauzeit«, 13 im Wall, 21 in Schicht VII, 50 darunter und 18 darüber; 14 Fundstellen gibt es im auslaufenden, nicht differenzierbaren Bereich dieser drei Lagen innerhalb des Walles; aus den Schichten nach der ersten Wallverbreiterung am inneren Wallfuß stammen 23 Funde, aus den verbauten Ackersoden der Schicht XXVI eine nahezu identische Zahl (20), aus der folgenden Mergel-Lehm-Strate (XXVIII–XXIX) dagegen nur drei; die Kleilagen darüber sind mit acht, die neuzeitlichen Deckschichten und die Ackerkrume mit fünf bzw. mit drei Eintragungen vertreten.

92 van Es (Anm. 69) Abb. 70, 35.

93 Harck, Töpferei. In: G. Kossack, K.-E. Behre u. P. Schmid (Hrsg.), Archäologische und naturwissenschaftliche Untersuchungen in ländlichen und frühstädtischen Siedlungen im deutschen Küstengebiet vom 5. Jahrhundert v. Chr. bis zum 11. Jahrhundert n. Chr. 1: Ländliche Siedlungen (1984) 295ff. Abb. 104.

94 van Es (Anm. 69) Abb. 69–70.

95 van Es, Wijster, A native Village beyond the imperial Frontier 150–425 A. D. Palaeohistoria 11, 1967, 287 Abb. 173; E. Cosack, Zur Konstruktion einer Hüttenwand aus einer kaiserzeitlichen Siedlung bei Stolzenau, Kr. Nienburg (Weser). Nachr. Niedersachs. Urgesch. 46, 1977, 257 Abb. 3; Albrectsen, Fyns Bebyggelse i den ældre Jernalder. Årbøger 1946, 1ff. Abb. 26ff.; Hatt 1953 (Anm. 49) 11 Abb. 13.

Die Soden des Wallkörpers und der jüngeren Lage XXVI dürften ausschließlich sekundär verlagertes Material enthalten haben; woher es stammt, läßt sich mit archäologischen Mitteln nicht entscheiden. Der Auftragsboden unter dem Wall erbrachte demgegenüber sowohl primär als auch sekundär überlieferte Stücke.

In der oben beschriebenen Analyse wurde die Keramik nach Typen und Varianten gegliedert und die Ergebnisse auf die einzelnen Straten projiziert. Das Ergebnis: Eine zeitliche Differenzierung ließ sich nicht erreichen. Diesmal wird als Kontrolle umgekehrt versucht, vom Inhalt der Schichten auszugehen und die dabei formenkundlich gewonnenen Typen, vor allem Ränder von Töpfen, gleichsam stichprobenartig zu stratifizieren, soweit deren Lage im Profil gesichert ist.

Die vielen Scherben aus Schicht VII und aus den Lagen darunter oder darüber stellen in quantitativer Hinsicht mit 105 Eintragungen in den Profilen den umfangreichsten Komplex dar *(Abb. 143)*. Hiervon entfallen aber nur 41 Einmessungen auf auswertbare Stücke, die übrigen Nummern beziehen sich vor allem auf Atypisches oder Gefäßsplitter. Brandschicht VII hat die Bedeutung eines geschlossenen Fundes. Aus ihr stammen 14 Randscherben oder Reste von Gefäßoberteilen, davon 3 mit Henkel oder Knubben und 5 verzierte, 3 Henkel, 9 Bodenstücke, 2 atypische Wandscherben mit Riefen, eine mit Kammstrich und ein Deckel (Durchmesser 20 cm), grob und gehenkelt.

Bei den Randscherben von Töpfen überwiegt Typ 1 (8); Typ 3 (1) und Typ 6 (1) gehören zu den Ausnahmen. Die Ränder der ersten Gruppe sind einfach oder mehrfach facettiert, die verdickte Randlippe ist gerundet. Weitere Merkmale sind Horizontalriefung in Breiten zwischen 0,4 und 0,6 cm, ein breiter Henkel in X-Form sowie ein henkelähnlicher Knubben. Auf einer Scherbe trägt die Schulter schmale Dreieckriefen (0,2 cm). Die Schalenränder sind schlicht (Typ I und unbestimmbar), verdickt und schwach facettiert oder hochgezogen-verdickt (Typ III) und nur verdickt (Typ IV). Die Bodenstücke stammen von großen Gefäßen (Durchmesser zwischen 12 und 16 cm).

Aus den Auftragsstraten über Brandschicht VII, aus der Zeit vor der eigentlichen Erweiterung des Innenwalls, fanden sich an acht Stellen sieben Randscherben und eine Wandungsscherbe mit 0,9 cm breiten Riefen. Die Mündungsscherben topfähnlicher Ware gehören Typ 1 (4) oder Typ 2 (2) an. Eine Schale hat eine wulstartig verdickte Lippe (Typ IV). Als Verzierung ist Riefung zwischen 0,9 und 1 cm Breite bekannt, einmal mit einem Vier-Dellen-Muster kombiniert.

Ein entsprechendes Bild ergibt das Fundgut aus den Schichten I–VI unterhalb Brandstrate VII. Von 50 gemessenen Fundstellen enthielten 16 auswertbare Keramik unterschiedlicher Qualität, 5 Stücke mit verzierter Oberfläche (3: Riefen, zwischen 0,5 und 0,8 cm breit; 1: Kammstrich; 1: Riefen kombiniert mit Grübchenreihe; 2: einzelne Bodenscherben mit abgesetzter Standfläche). Mündungsscherben topfförmiger Gefäße können den Typen 1 (7) und 6 (1) zugewiesen werden, als Verzierung Riefen mit Breiten von 0,6 bis 1 cm und Kammstrich. Die Fundstrate enthält außerdem vier Schalen, die Ränder von Typ II (randständiger Bandhenkel), III und IV.

Wallferner, im Bereich der zusammenlaufenden Schichten I–IX, sind vier auswertbare Scherben anzuführen: ein »Teller« (Durchmesser 30 cm), ein verdickter Topfrand vom Typ 2 mit verzierter Schulter, eine länglich verdicktfacettierte Mündungsscherbe vom Typ 3 und ein kurzer, nach außen geknickter, unverdickter Rand vom Typ 4. Das Material wird wegen zu grober Stratifizierung in *Abb. 143* nicht aufgenommen.

Aus der Zeit der Verbreiterung des Innenwalls (X bis XXV) stammen zwei Bodenscherben, ein riefenverziertes Wandstück und ein länglich verdickter Rand vom Typ 1; sekundär gelagertes Material kam in Auftrag XXVI zum Vorschein: eine riefenverzierte Wandscherbe, ein atypisches Bodenstück und eine schlichte, unbestimmbare Randscherbe. Bemerkenswert erscheint demgegenüber eine Scherbe der »Sonderform e« aus der Kleidecke darüber. Auf der Schulter breit gerieft, biegt der Rand kaum nach außen, er ist unverdickt und abgestrichen.

Der Wall enthielt außer zwei Randscherben der Typen 1 und 6 einen mittelgrob gemagerten, kaum verdickten, wenig facettierten Trichterrand aus der späten vorrömischen Eisenzeit; der Auftragsboden, in die Zeit vor dem Wallbau datiert, eine verdickt-facettierte Scherbe eines Kleingefäßes mit einem nach außen geknickten Rand vom Typ 1, den schlichten Rand einer weitmundigen Schale (Typ I) und ein grob gemagertes bronzezeitliches Gefäß mit horizontalem, breitem Zapfenhenkel.

Die Scherben aus Profilen der Archsumburg stellen im Vergleich zum Fundgut insgesamt nur eine kleine Auswahl dar *(Abb. 143)*. Wie repräsentativ sie ist, bleibt unter diesen Umständen ungeklärt. Wichtig erscheint allein, daß Randscherben Typ 1 in allen Schichten dominieren und daß sich die anderen Randtypen in keiner Strate konzentrieren. Das verstärkt den Eindruck der bereits beschriebenen Gleichförmigkeit. Es stellt sich aber auch eine methodische Frage: Die Zahl der Randscherben von topfförmigen Gefäßen aus den Profilen steht in quantitativer Hinsicht in keinem Verhältnis zur Gesamtzahl vergleichbarer Topfränder aus der Archsumburg: Randtyp 1 überwiegt in den Profilen mit 21 Stücken, sie repräsentieren somit 6,6% aller Funde dieses Typs, Typ 2 ist zweimal (2%) vorhanden, die Typen 4 und 5 sind überhaupt nicht vertreten. Die allein aus den Profilen gewonnene Materialbasis hätte für eine chronologische Auswertung also niemals ausgereicht.

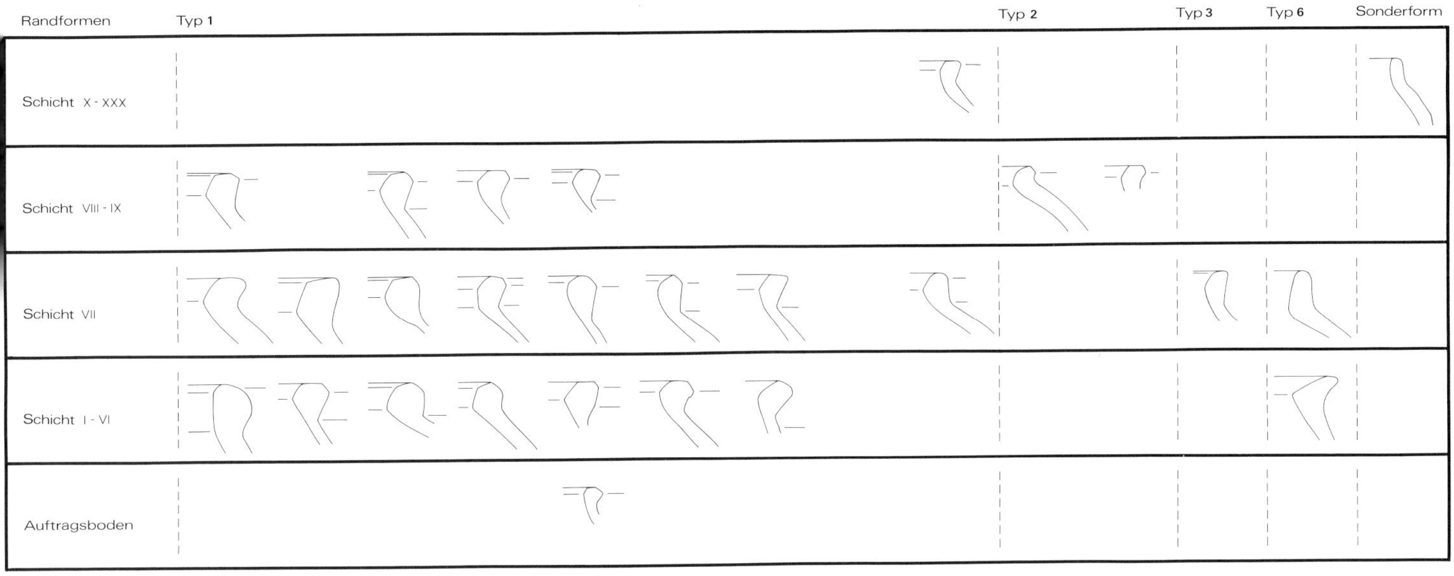

Abb. 143 Archsumburg, Verteilung der Randformen 1–6 in stratifizierten Schichten. – M. 1 : 4.

Horizontalstratigraphische Ordnung

Kartiert man Randtypen, Bodenbildungen, Verzierungsmerkmale und Formengruppen, fällt das Ergebnis negativ aus *(Taf. 21–31)*: Es unterrichtet nicht einmal über die Art der Verwendung innerhalb der Anlagen, so gleichmäßig scheint das Material verteilt zu sein. Der Verbreitung der vielen Randscherben Typ 1 läßt sich nur entnehmen, daß sie sich in einem bis zu 10 m breiten Streifen am inneren Wallfuß konzentrieren *(Taf. 21)*, während die Beringmitte nahezu fundleer bleibt. Ähnliches gilt für die übrigen Mündungsscherben der Töpfe, obgleich sich hier offenbar kleine Differenzen abzeichnen: Typ 2 findet sich besonders häufig in einem 3 m breiten Streifen vor dem Wallfuß, außerdem in wenigen Exemplaren im wallentfernteren Bereich *(Taf. 22)*. Bei den Schalenrändern gibt es Vergleichbares: Ränder Typ III aus Brandschicht VII und einem höheren Niveau liegen in den Flächen 1 und 18 vor allem bis 3–4 m vor dem Wallfuß, ältere Funde auch näher am Erdwerk *(Taf. 27)*. Bei den übrigen Grabungsfeldern ändert sich dieses Bild: Schalenränder Typ III sind in Fläche 4 unsystematisch verteilt, in Fläche 12 nur unmittelbar am Wallfuß selbst vertreten.

Als Beispiel für die räumliche Verteilung besonderer Verzierungsmuster wäre auf die mit Kammstrich gemusterten Scherben hinzuweisen *(Taf. 26)*. Sie sind in allen wichtigen Flächen vertreten. Eine Konzentration unter Schicht VII scheint aus den Flächen 1-Südhälfte, 2 und 14 hervorzugehen, eine Häufung in der Brandschicht aus der Nordhälfte von Fläche 1. Wir haben dafür keine Erklärung.

Die Verbreitung bestimmter Gefäßformen (Terrinen Gruppe VIII, Henkelgefäße der Gruppen X–XIII und Schalen) stützt das Ergebnis, das die Kartierung bestimmter Randtypen erbracht hat *(Taf. 28–30)*:

1. Weder für Randtypen noch für Ziermerkmale oder Gefäßformen gibt es Schwerpunkte in der Verteilung innerhalb des Beringes.
2. Die Funde konzentrieren sich gleichmäßig auf einen bis 10 m breiten Streifen am inneren Wallfuß in der »Hüttenzone«, die Beringmitte bleibt nahezu fundleer.
3. Hierdurch läßt sich ein deutlicher Bezug zwischen Befunden und Fundgut herstellen und
4. die Annahme einer raschen Bebauungsfolge begründen, weil es zwischen den Bauperioden zu keiner räumlichen Verteilung des Fundgutes gekommen ist.
5. Auf die Frage nach Funktion und Bedeutung des Beringzentrums gibt die Verteilung der Fundeinschlüsse keine Antwort.

»Geschlossene Funde«

Ob sämtliche Scherben aus Brandschicht VII als »geschlossener« Fund interpretierbar sind, bleibt ungeklärt. Stammen sie dagegen aus kleineren, deutlich umgrenzten Befundkomplexen, dürfen sie als gleichzeitig niedergelegt bezeichnet werden. Hierzu zählen außer wenigen Grubeninhalten vor allem die in *Tab. 13* aufgelisteten Funde. Weder von der Fundzahl noch vom Inhalt her lassen sich aus diesen Funden besondere Einsichten gewinnen. Daß Schalen fehlen, könnte zufällig sein. Ähnlich dürftig erscheint der Inhalt der Gruben und Schächte *(Tab. 14)*.

Der Inhalt des Auftragsbodens XXVI setzte sich aus abgerollten Wandscherben, hartgebrannten bis verziegelten Kera-

Fläche	Hüttenbefund	Datierung	Inv.-Nr.	Beschreibung
1	7	IVa	548	Scherben verschiedener Gefäße, u. a. reich verzierte Terrine (Form IX)
1	5/6	IVb	529, 610	Scherben mehrerer Gefäße (Ränder und Unterteile)
1	5/6	IVc	531, 611	ein Gefäß
1	8	IV (?)	538	Funde fehlen
7	XVIII, 1	XVIII	993	wenige Scherben von drei Gefäßen, darunter weitmundiger Topf
12	12	V	866	Einzelscherbe mit Henkel
12	27	XII	834	Topfreste größerer Gefäße, Scherben dünnwandiger Keramik
14	19	V	72:58	mehrere Gefäße: Terrinen, weitmundige Töpfe unterschiedlicher Größe
18	4	IV–V	138, 319, 339?	mehrere große weitmundige Töpfe, dünnwandige Scherben, Scherben mit Durchbohrung

Tab. 13 Archsumburg. Funde aus Herdstellen.

mikfragmenten der Eisenzeit, riefenverzierten Stücken und Mündungsscherben Typ 1 (Kaiserzeit) zusammen. Woher die Soden kamen, ist auf dieser dürftigen Grundlage nicht zu entscheiden. Die wenigen Gefäßreste aus der Lehm-Mergel-Auflage XXVIII–XXIX darüber erlauben gleichfalls keine Aussage zur Deutung des Befundes (Terrine mit Riefen; abgerollte Wandscherbe).

Der Versuch, anhand ausgewählter Befunde unsere Keramikanalyse zu prüfen, blieb ohne Erfolg; das Material ließ keine Abweichung vom Gesamtinventar erkennen. Dies gilt auch für die Verteilung der Gefäßformen auf einzelne Befunde. Allerdings fällt auf, daß die relativ seltenen Tassen oder Näpfe je einmal in Gruben vorkommen, Schalen als Herdpflaster und in Schächten aber fehlen.

Fläche	Hüttenbefund	Datierung	Inv.-Nr.	Beschreibung
STEINGEFÜLLTE GRUBEN				
1	4	IX–X	267, 279	Henkeltopf, Terrine?
1	5	IX–X	230	Wandscherbe
18	7	nach VII, vor XVIII	73:140, 149, 343	weitmundiger Topf
SCHÄCHTE				
1	2	vor XXVII	534, 535, 540, 550	Bodenscherben, Wandscherben, pokalähnliches Gefäß
13	1	nach XX	72:106 73:591-92* 620–21°	riefenverzierte Ware, weitmundige Töpfe
14	3	nach XX	576	Wandscherben
			623	Pickstein
			627	
			628°	Tasse, gehenkelte Terrine
BESONDERE GRUBEN				
14	20	Beringzeit	72:45-55	Terrinenreste, Napf, riefenverzierte, dünnwandige Terrinen (48.5–6), Topfteile (48.7, 43.1–2), zahlreiche Scherben von Topfware

* auf Holzlage; ° unter Holzlage

Tab. 14 Archsumburg. Funde aus Gruben und Schächten.

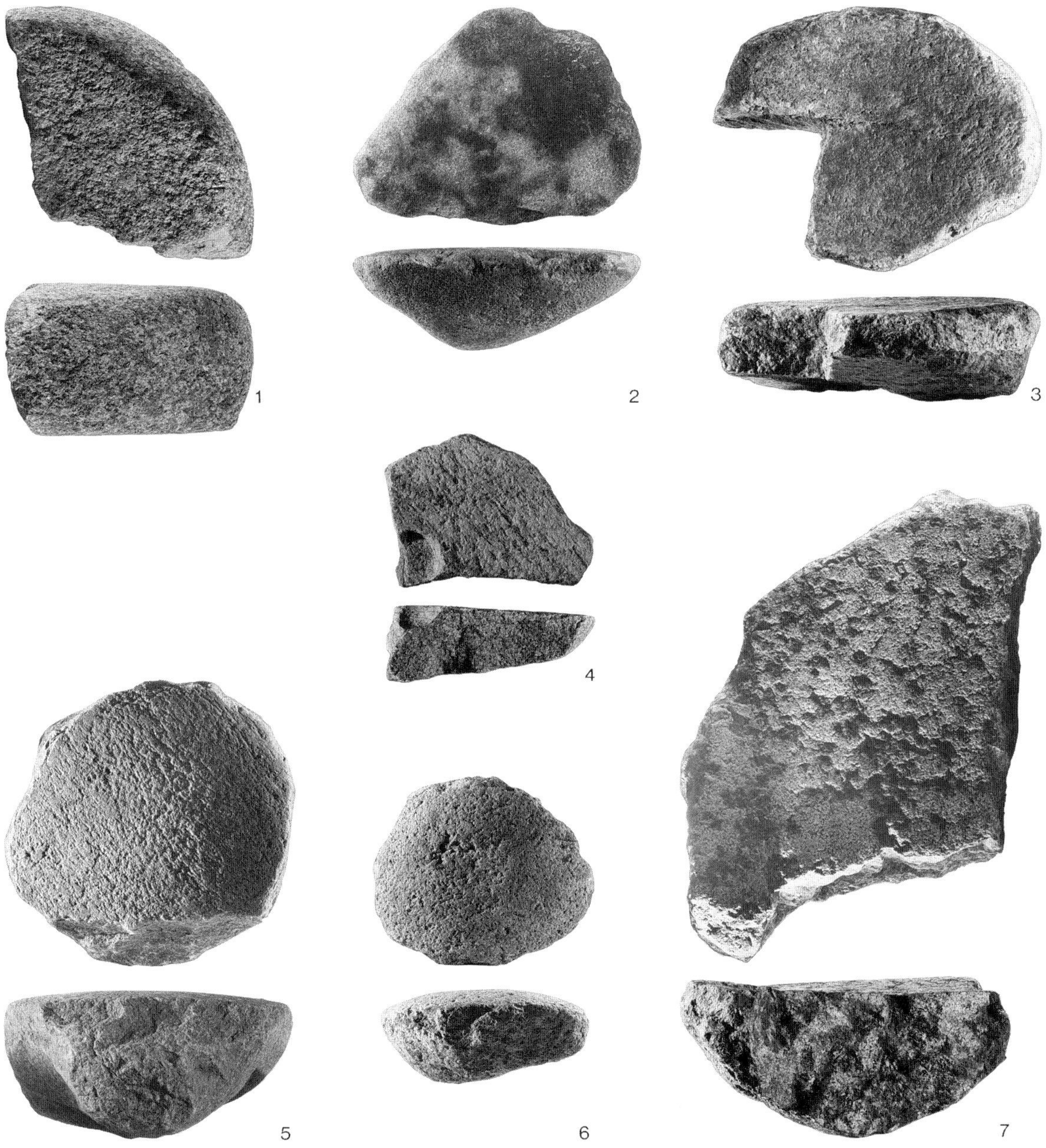

Abb. 144 Archsumburg, Mahlsteine. 1 (637), 2 (721), 3 (869), 4 (73/48), 5 (Fl. 4), 6 (868), 7 (ohne Nr.). – M. 1:6.

Steingerät (Abb. 144–146)

Felsgestein

Bei den Grabungen kamen Bruchstücke von 7 sekundär verbauten Mahlsteinen zutage *(Abb. 144)*, darunter sowohl von trogförmigen Reibe- oder Schiebemühlen (5) *(Abb. 144,2.3.5–7)* als auch von zentral gelochten Drehmühlen (2, Boden- und Läuferstein) *(Abb. 144,1.4)*, diese in Schichten aus der Zeit nach Beginn der Verstärkung des Innenwalls, also im Gegensatz zum Melenknop (II 129ff.) hier bereits für die ältere römische Kaiserzeit gesichert, jene als Fundament einer Herdstelle genutzt oder zufällig eingeschleppt.

Zu den typischen Funden einer kaiserzeitlichen Siedlung gehören ferner »Quetscher« (II 124 Abb. 54,3–5) als Schlag- oder Behausteine, rundlich-flach, gelegentlich facettiert auf der gürtelartig umlaufenden »Nutzfläche«. Daumenförmige Mulden zur Führung des Geräts oder nur kantig zugehauen und mit Schlagmarken versehen, wiegen sie zwischen 0,61 und 2,25 kg, durchschnittlich rund 1,1 kg. Längliche Stößel oder Schlägel, sonst als Stampfgeräte für Stein-

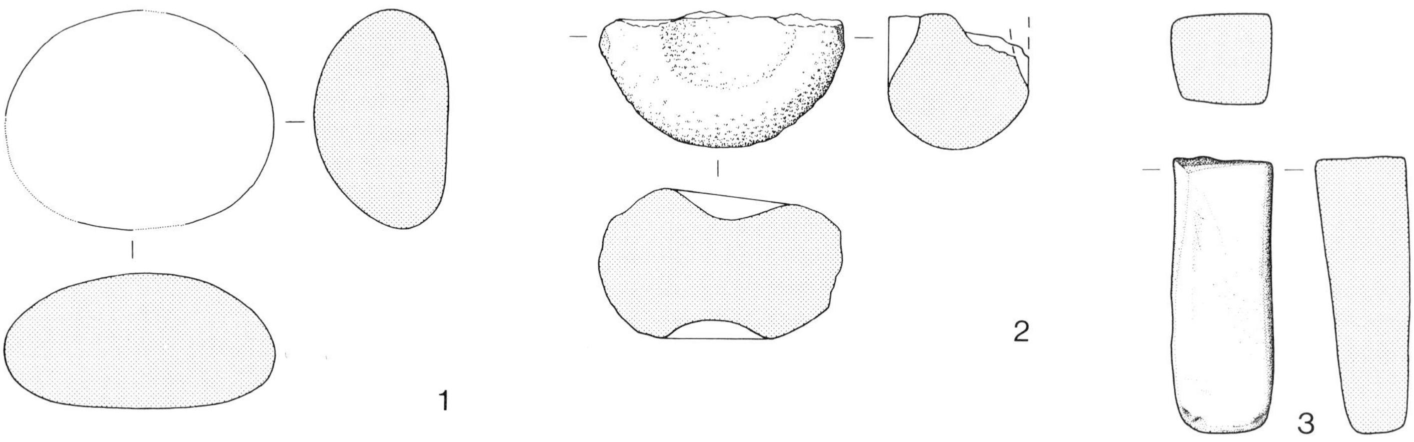

Abb. 145 Archsumburg, Steingerät. 1 (623), 2 (73/194), 3 (291). – M. 1:2.

mörser von vielen Siedlungen bekannt (II 124 Abb. 54,1.2), fehlen. Die »Quetscher« lagen im Auftrag aus der Zeit vor dem Wallbau (1), selten in Straten mit Hütten (etwa in Höhe der Brandschicht VII [1]; unter der Brandschicht [2], mehrfach im Klei der jüngeren Schichten [5]).

Ein länglich-kantiger Wetzstein aus feinem Sandstein mit quadratischem Querschnitt kam in Brandschicht VII zum Vorschein *(Abb. 145,3)*, das Fragment eines vermutlich ins Neolithikum datierten rundlichen Steingerätes aus Porphyr mit zentrierten markanten Mulden auf den Flachseiten im Klei der jüngeren Auftragsschichten (Durchmesser 6,5 cm, Höhe 4 cm)[96] *(Abb. 145,2)*, ein ovaler, abgerollter Quarzit mit pickmarkenähnlichen Nutzungsspuren an der Stirn- und Breitseite in Schacht 3 (Fläche 14) *(Abb. 145,1)*[97].

Feuerstein *(Abb. 146)*

Drei Klingen mit Abnutzungsspuren, fünf zum Teil rundliche Abschläge mit Schaberretusche, eine Schneide eines Feuersteinflachbeiles mit leichtem Hohlschliff und die Hälfte einer Flintsichel wurden als Streufunde (4), als sekundär verlagerte Stücke im Wall (1) oder direkt unter der Ackerkrume geborgen (1), andere aber auch den Kulturschichten am inneren Wallfuß entnommen (3). Eine Verbindung zum Befund des Erdwerkes erscheint eher zufällig.

Die Verteilung von Flintstücken grauer oder brauner Färbung bot keine Hinweise auf die Herkunft des Materials (vgl. I 52ff.). Von den Geräten sind neun grau-, zwei dagegen braungefärbt; bei den Abschlägen ist das Verhältnis weniger differenziert (5: 4).

Andere nichtkeramische Fundeinschlüsse

Eisen

Das Bruchstück eines eisernen Nagels oder einer Nadel stammt aus Brandschicht VII in Fläche 18, ein 3,3 kg schwerer Klumpen Raseneisenerz aus einer älteren Schicht der Innenerweiterung in Fläche 16.

Bronze

Drei winzige zusammengehörige Fragmente aus dem Auftragsboden der Zeit vor dem Wallbau sind die einzigen Belege für Bronze. Es handelt sich um eine Öse aus dünnem, rundem Bronzedraht, einen gestreckten Nadelrest runden Querschnitts und um das Fragment eines flachgegossenen Hakens; Funktionsbestimmung und Datierung sind nicht möglich.

Glas

Eine kleine hellgrüne Perle aus blasigem Glas (Durchmesser 1,7 cm) stammt aus dem unteren Kulturboden der ersten Besiedlungsphase in Fläche 12, sie lag im Übergangsbereich zu den Schichten aus der Zeit vor dem Wallbau.

[96] Kersten u. La Baume (Anm. 3) Taf. 21, 11.17; 22,11; 29, 22; H. Hinz, Vorgeschichte des nordfriesischen Festlandes (1954) Taf. 47; J. Röschmann, Vorgeschichte des Kreises Flensburg (1963) Taf. 77; P. V. Glob, Danske Oldsager II (1952) Nr. 634.

[97] Boas (Anm. 91) 12 Abb.; Kjær (Anm. 87) Abb. 7, b.

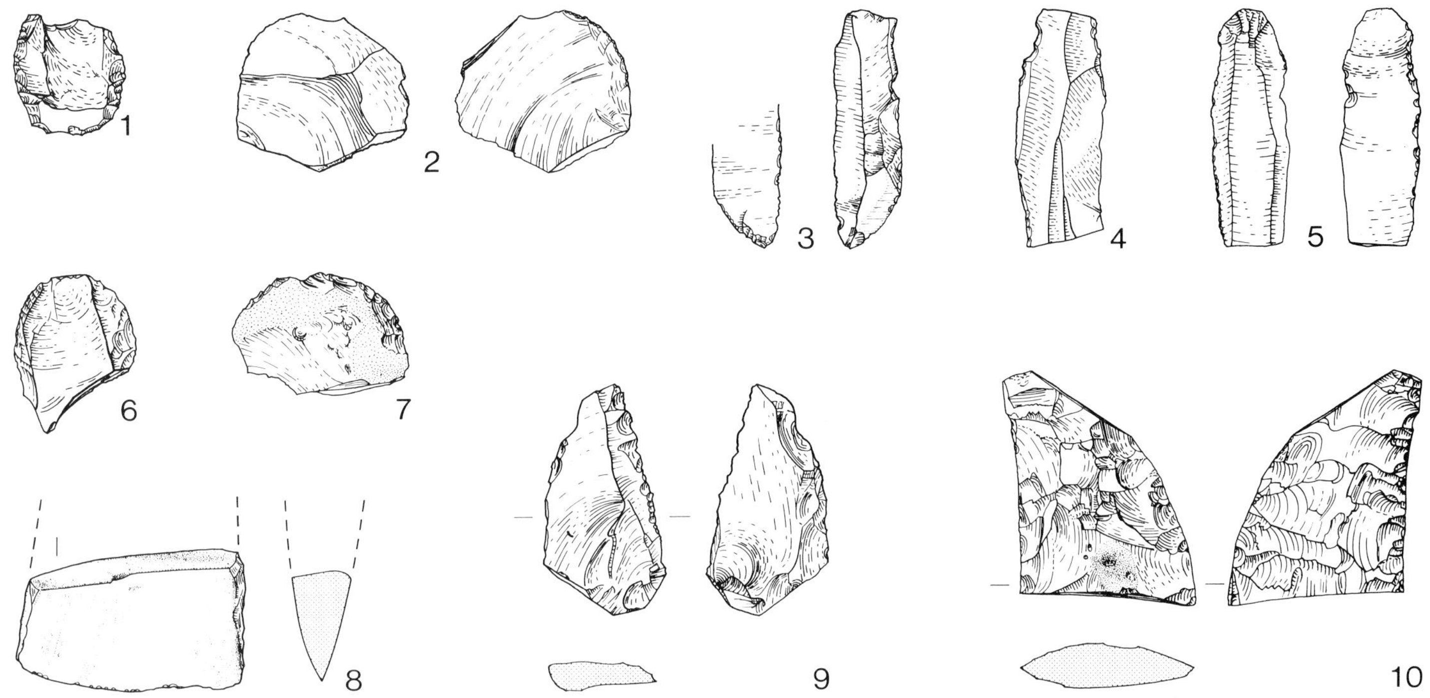

Abb. 146 Archsumburg, Flint. 1 (858), 2 (72/61), 3 (694), 4 (422), 5 (684), 6 (420), 7 (626), 8 (569), 9 (621), 10 (906). – M. 1:2.

Bernstein

Beim Abgraben der Wallsoden am Westrand der Fläche 1 fand sich ein Stück Rohbernstein. Der Fund könnte zufällig zwischen die Soden gelangt sein.

Knochen

Ein Rippenknochen hat erkennbare Abnutzungsspuren an der Innenseite, ein Wirbelknochen eine konische, anscheinend unvollendete Durchbohrung *(Abb. 147),* darin fand sich die abgebrochene Spitze eines Feuersteinbohrers. Beide Stücke stammen aus Schichten der älteren Besiedlungsphase. Das übrige Knochenmaterial wird durch Querbruch und Längsspaltung charakterisiert oder ist durch natürliche Verwitterung oder Feuer beschädigt. An Tierarten sind nach den Angaben von H. Reichstein, Kiel, Rind, Schaf/Ziege und Pferd vertreten, Schwein kommt nur einmal vor (s. S. 278ff.). Das Material ist zu wenig umfangreich, als daß sich aus dieser Verteilung erschließen ließe, welche Fleischteile man bevorzugt hatte und ob sie allein zum Verzehr bestimmt waren oder als Opfer.

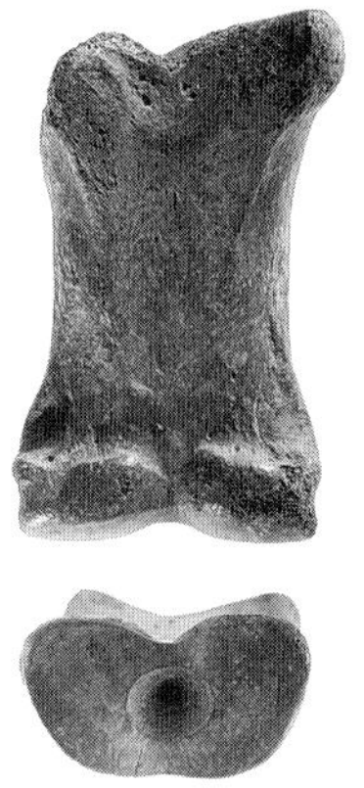

Abb. 147 Archsumburg. Angebohrter Wirbelknochen (842). – M. 1:2.

Schlacke

Teils poröse, teils blasige oder glasierte unförmige Konkretionen sind als Tonschlacke oder als Zusammenfluß von erhitztem Sand mit anhaftenden Tonmineralien und Sandkörnern bestimmbar. Obgleich Eisengehalt mit einfachen Mitteln (Magnet, Kompaß) nicht nachgewiesen werden konnte, haben etliche Stücke eine »Schlackenoberfläche« und sind rostig-braun gefärbt.

Sie stammen aus dem Wallkörper (5) und aus einer Schuttstrate oberhalb Schicht VII (1), oder es sind Streufunde (2). Einer davon ist bei 3,4 m NN geborgen, er lag also im jünge-

Abb. 148 Archsumburg. Bearbeitetes Holz. 1–6: Pfosten; 7: Spatengriff (72/75). – M. 1 : 5.

ren Auftrag nach Beginn der Innenwallerweiterung. Die Schlacke ist vermutlich von Siedlungen oder Werkplätzen anderwärts eingeschleppt worden.

Holzgerät

Von den zahlreich geborgenen Hölzern, angespitzten Pfahlstümpfen, Stakenenden, Flechtwandresten oder Knüppeln aus Schächten wurden nur wenige als Gerät oder Werkstück ausgeschieden *(Abb. 148)*. Ein angekohltes Holz (Länge 0,58 m, Breite 0,05 m), in Fläche 1 eingemessen, auf Hütte 19 gelegen, ist zweimal länglich durchlocht, ein Balken ovalen Querschnitts 5 cm tief rundlich durchbohrt, ein Stammholz, ein Holzklotz, mit abgebrochenem Astansatz (Länge 0,60 m, Dicke 0,20 m) aus Rotschuttstrate VII bearbeitet (Schlagkerben an den stumpfen Enden) und zylindrisch

Abb. 149 Archsumburg. Bearbeitetes Holzstück (72/78). – M. 1 : 5. ▷

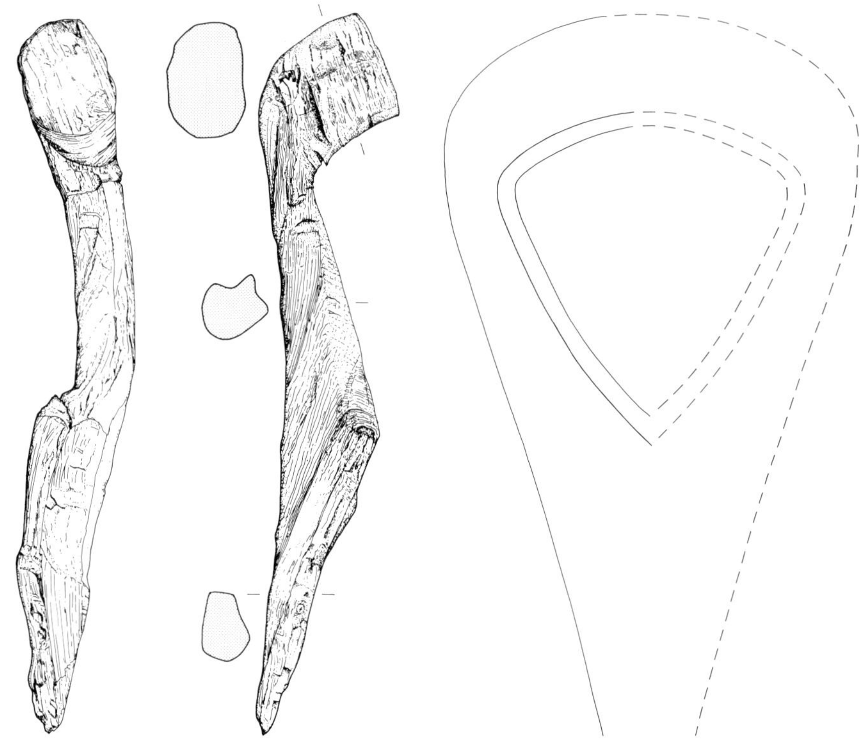

Abb. 150 Archsumburg, Spatengriff, Holz (72/75). – M. 1 : 3.

angebohrt *(Abb. 149)*. An Holzgerät fand sich nur die Hälfte eines Spatengriffes im Füllboden der Grube 20 *(Abb. 148,7; 150)*. Vergleichbares ist aus zeitgleichem und jüngerem Zusammenhang bekannt[98].

Vergleich mit Fundeinschlüssen in Siedlungen und Gräberfeldern im südöstlichen Nordseegebiet

In seiner Abhandlung über »Die Keramik des 1.–3. Jahrhunderts n. Chr. im Küstengebiet der südlichen Nordsee« betont P. Schmid 1965 einerseits die Einheitlichkeit der Keramik aus dem 1. Jahrhundert n. Chr. Geb. im Elb-Weser-Dreieck, auf den nordfriesischen Inseln und dem Gebiet des Ober-Jersdal-Kreises in Nordschleswig, andererseits die Bedeutung der Weser als Scheide zwischen einem östlichen und einem westlichen, mit Nordholland in Verbindung stehenden Formenkreis um und nach der Zeitenwende[99]. Mangels umfangreicher Materialpublikationen lassen sich derzeit detaillierte formenkundliche Analysen über diese offenbar zutreffende Einsicht hinaus nur in begrenztem Umfang verwirklichen[100]. Schmid weist u. a. auf die übereinstimmende Randgestalt und Riefenzier hin (abgeknickte Enden, Winkelband als Schulterornament), sieht diesen Formenkreis aber gegen Ende des 1. Jahrhunderts n. Chr. Geb. in eine Nordgruppe mit den nordfriesischen Inseln und dem Ober-Jersdal-Kreis und einer Südgruppe zwischen Eider und Weser zerfallen[101]. Die Funde aus der Archsumburg lassen sich problemlos in den noch zusammenhängenden Formenkreis der Frühzeit einordnen: Außer Gefäßen mit abgeknick-

98 Szabó, Grenander-Nyberg u. Myrdal (Anm. 38) 20ff. Taf. 7, 66.

99 Schmid, Die Keramik des 1. bis 3. Jahrh. n. Chr. im Küstengebiet der südlichen Nordsee. Probleme Küstenforsch. 8, 1965, 9ff.

100 Ebd. 16ff.

101 Ebd. 37ff.

102 z. B. Fünen, Süddänemark und Nordschleswig: Albrectsen (Anm. 47) 207 Abb. 53, a (Favrskov); Lomborg (Anm. 55) 33 Abb. 3 (Myrthue); Neumann, Årsberetning 1950–51. Haderslev amts mus. 4, 1950–51, 19 Abb. 6 (Stenderup); ders. (Anm. 54) 78 Abb. 31 (Byens mark); O. Voss u. M. Ørsnes-Christensen, Der Dollerupfund. Ein Doppelgrab aus der römischen Eisenzeit. Acta Arch. 19, 1948, 209ff. Abb. 11; K. Waller, Der Topf von Neu-Bachenbruch, Jahrb. Männer vom Morgenstern 40, 1959, 106ff. Abb. 1c (Emmerlev); Astrup banke (Nationalmus. Kopenhagen, unpubl.); P. Ethelberg, Hjemsted – en gravplads fra 4. og 5. årh. e. Kr. (1986) 132 Abb. 275; 133ff. Abb. 81 (Hjemsted); Tischler (Anm. 47) Taf. 6

ten Riefenenden[102] spricht die Kombination von Horizontalriefen und kurzen senkrechten Riefen[103] oder glatten Zonen dafür[104]. Begleitende Einstichreihen[105] sind lokal verbreitet, auch schulterdeckende Zickzackmuster[106]. Senkrechte Glättstreifen auf der Gefäßwandung unterhalb des Umbruchs[107] und senkrechte Schmalriefen[108] finden Parallelen im südwestlichen Nordseebereich, Horizontalriefung über der Standfläche von Pokalen weiter nördlich[109], horizontale, schmale Riefen, getrennt durch glatte Zonen, sind weiträumig bis in den elbgermanischen Bereich verbreitet und auch noch während der mittleren und jüngeren Kaiserzeit beliebt gewesen[110].

Dellen auf glatter Fläche und Pseudorädchenverzierung sind in der Archsumburg selten und dürfen als Fremderscheinung gelten. Dellenzier, bereits in der vorrömischen Eisenzeit geläufig, findet man an den Küsten bis nach Holland überall[111], Pseudorädchen vorwiegend in Südholstein[112].

Auch die Gefäßformen passen zur Keramik des Nordschleswig-Elb-Weser-Kreises: der weitmundige Topf mit seinen Varianten, die Terrine, der Henkeltopf, die Schale, die Schalenterrine (Gruppe IX) und der enghalsige Topf (Gruppe VIa). Dagegen deuten Deckel, dreieckige Tonwirtel, das Dellenornament und mehrere mit Klei gemagerte Scherben Verbindungen zur Emsmündung und nach Westfriesland an. Ob diese »Fremdeinflüsse« als Import zu werten sind, als Resultat eines Küstenhandels gelten können – wie Funde in Dithmarschen nahelegen – oder auf einen früh-»friesischen« Bevölkerungsteil hinweisen, bleibt zunächst ungeklärt. Daß die nordfriesischen Inseln für Austausch von Gütern und Ideen sorgten, veranschaulichen u.a. die Gefäß-

(Grab 17); Taf. 11 (Grab 33); Taf. 16 (Grab VIII) (Ober-Jersdal). – Schleswig-Holstein: Waller, Die Urne vom Löhberg. Die Kunde N. F. 9, 1958, 84ff. Taf. 40 (Segeberg); Brandt (Anm. 47) Taf. 29, 2 (Nordfriesische Inseln); Kossack u.a. (Anm. 31) Abb. 13, 1.7 (Archsum). – Niedersachsen: Waller, Chaukische Siedlungen an der Nordseeküste. Prähist. Zeitschr. 22, 1931, 145ff. Abb. 9; 16 (Oxstedt); ders., Der Topf von Neu-Bachenbruch. Jahrb. Männer vom Morgenstern 40, 1959, 106ff. (Duhnen); Schmid, Die vorrömische Eisenzeit im nordwestdeutschen Küstengebiet. Probleme Küstenforsch. 6, 1957, Taf. 22, 2.7 (Westerwanna); ders. (Anm. 99) Taf. 1, 2; 2, 5; 6, 2 (Westerwanna, Duhnen, Sahlenburg).

103 z.B. Süddänemark: Lomborg (Anm. 55) 33 Abb. 3; 42 Abb. 11 (Myrthue, Frøkær); N. Thomsen, Myrthue, et gårdanlæg fra jernalder. Kuml 1964 (1965) 15ff. Abb. 11 (Myrthue); J. L. Jakobsen, Kastrup: Offer eller gravplads? Nordslesvigske mus. 2, 1975, 30ff. (Kastrup); Neumann (Anm. 54) 76 Abb. 28 (Tirslund); Ethelberg (Anm. 102) 118 Abb. 150; 188 Abb. 1443 (Hjemsted). – Schleswig-Holstein: Haarnagel (Anm. 63) Taf. 9, 3 (Hodorf); Kossack u.a. (Anm. 31) Abb. 22,13 (Archsum); H. Saggau, Bordesholm. Der Urnenfriedhof am Brautberg bei Bordesholm in Holstein 2 (1981) Taf. 13, Grab 166; Raddatz, Husby. Ein Gräberfeld der Eisenzeit in Schleswig 2 (1974) Taf. 16, 48; 17, 44; 18, 58; 19, 61; 59, 273; 79, 379; 137, 711. – Niedersachsen: Schmid (Anm. 99) Taf. 9, 15 (Altenwalde).

104 Ethelberg (Anm. 102) 188 Abb. 1444 (Hjemsted); Kossack u.a. 1974 (Anm. 31) Abb. 20, 2 (Archsum); C. Ahrens, Vorgeschichte des Kreises Pinneberg und der Insel Helgoland (1966) Taf. 88, 6 (Appen).

105 Voss u. Ørsnes (Anm. 102) Abb. 10 (Dollerup); Kersten u. La Baume (Anm. 3) Taf. 93, 8 (Norddorf); A. Bantelmann, Ergebnisse der Marschenarchäologie in Schleswig-Holstein. Offa 8, 1949, 75ff. Abb. 5, 6 (Wennemannswisch).

106 Ethelberg (Anm. 102) 135 Abb. 83 (Hjemsted); Neumann, Fund og erhvervelser. Haderslev amts. mus. 5, 1955, 8ff. Abb. 5 (Grønnebæk); ders. (Anm. 54) 76 Abb. 29; 79 Abb. 35 (Tirslund, Over Lerte); Tischler (Anm. 47) Taf. 8 Grab 20 (Ober-Jersdal); Kossack u.a. (Anm. 31) Abb. 20, 12 (Archsum).

107 Tischler (Anm. 47) Taf. 6 Grab 16 (Ober-Jersdal); Ethelberg (Anm. 102) 118 Abb. 148 (Hjemsted); Neumann (Anm. 54) 80 Abb. 33 (Galsted); Vebæk (Anm. 54) 38ff. Abb. 1; 13 (Petersminde); Kossack u.a. (Anm. 31) Abb. 23, 18 (Archsum); Raddatz (Anm. 103) Taf. 17, 44; 24, 79; 60, 283 (Husby).

108 Tischler (Anm. 47) Taf. 15 (Grab 46 von Ober-Jersdal); Kossack u.a. 1974 (Anm. 31) Abb. 23, 17 (Archsum); Bantelmann, Tofting, eine vorgeschichtliche Warft an der Eidermündung (1955) Taf. 18, 1; 21, 23 (Tofting); van Es (Anm. 69) Abb. 74 (Paddepoel).

109 Thomsen (Anm. 103) 26 Ab. 11 (Myrthue); Hatt 1957 (Anm. 49) 324 Abb. 306 (Nørre Fjand); Klindt-Jensen (Anm. 62) 173 Abb. 114 (Vester Lundbygård).

110 Kossack u.a. 1974 (Anm. 31) Abb. 21, 10; 23, 6 (Archsum); Kersten u. La Baume (Anm. 3) Taf. 106, 17; 107, 16 (Nebel, Morsum); Hinz (Anm. 96) Taf. 61, 6 (Ladelund); Saggau (Anm. 103) Taf. 14 (Grab 170 u. 174 von Bordesholm); Tischler, Fuhlsbüttel, ein Beitrag zur Sachsenfrage (1937) 19 Abb. 19 (Fuhlsbüttel); Ahrens (Anm. 104) Taf. 88, 11 (Appen); Schindler (Anm. 75) Taf. 60, 3 (Hamburg-Farmsen); W. Thieme, Ein Urnenfriedhof der älteren römischen Eisenzeit in Garlstorf, Kreis Harburg. Hammaburg N. F. 6, 1981–83, 145ff. Abb. 2, 3 (Garlstorf); Schmid (Anm. 99) Taf. 3, 9; 6, 5 (Driefel, Gudendorf); Löbert (Anm. 67) Taf. 43, 711 (Hatzum/Boomborg).

111 Das Ornament ist in der Küstenzone der Nordsee (Holland, Niedersachsen, Schleswig-Holstein), in Süddänemark und auf Fünen von der vorrömischen Eisenzeit bis in die Kaiserzeit verbreitet, z.B. Albrectsen (Anm. 47) Taf. 27; ders., Fynske jernaldergrave III (1968) Taf. 3; Kersten u. La Baume (Anm. 3) Taf. 90, 14; Hingst, Die vorrömische Eisenzeit Westholsteins (1983) Taf. 10; 13; 28; 55; 56; H.-J. Häßler, Zur inneren Gliederung und Verbreitung der vorrömischen Eisenzeit im südlichen Niederelbegebiet III (1977) Taf. 83, 2; 84, 3.10; D. Zoller, Das Forschungsprogramm »Ammerland«. Ergebnisse und Probleme der Grabungen 1966–1972. Die Kunde N. F. 23, 1972, 196ff. Abb. 4–6; Schmid (Anm. 102) Taf. 12, 1; 16, 2.12; 17, 5; 22, 8; ders. (Anm. 99) Taf. 5, 1; Löbert (Anm. 67) Taf. 39, 640; 40, 660; E. Kramer, Finds from the Pre-Roman Iron Age near Kimswerd (Municipality Wonseradeel). Helinium 24, 1984, 121ff. Abb. 6, 4; Stuurmann (Anm. 70) 167 Abb. 6; Waterbolk (Anm. 69) 110 Abb. 12, 1; 138 Abb. 41, 1; 139 Abb. 42, 1; Miedema (Anm. 70) Abb. 27, 3; van Es (Anm. 69) Abb. 75; ders. u. Miedema (Anm. 74) Abb. 27.

112 Verbreitung des Rädchenmusters: B. Krüger (Hrsg.), Die Germanen. Geschichte und Kultur der gemanischen Stämme in Mitteleuropa (1976) 380 Abb. 105; Einzelbeiträge: Müller, Fremmede Lerkar fra romersk Tid. Årbøger 1900, 162ff.; Klindt-Jensen (Anm. 62) 181ff. Abb. 120–121; Probleme der Pseudorädchenmuster u.a.: Tischler (Anm. 110) 15.

deckel: Eigenprodukte, gekennzeichnet durch eine völlig abweichende Magerung und Verzierung, in die Zeit der Erbauung der Archsumburg datiert oder wenig älter, sind beispielsweise nur weiter nördlich verbreitet, wie auch der gehenkelte Kappen- oder Falzdeckel mit gekreuztem Griff bislang nur auf Föhr und in Jütland aus der späten vorrömischen Eisenzeit und älteren römischen Kaiserzeit belegt wird, soweit dies anhand der Publikationen prüfbar ist.

Es stellt sich die Frage, wie sich das Fundgut der Archsumburg sowohl qualitativ als auch quantitativ zum Inventar zeitgleicher Siedlungen aus der Region verhält. Zunächst gilt es, die Keramik aus der Archsumburg funktional zu gliedern und zu klären, wie sie innerhalb der Umwallung verwendet worden ist: Zu den beringzeitlichen Komplexen zählen Gefäße zahlreicher Form und verschiedener Größe, mehrere Deckel und Teller, vereinzelte Webgewichte, Tongewichte, Spinnwirtel, »Spielsteine«, Gefäßreste mit Bodenlochung, ein Keramikring, ein Feuerstülper und eine Tonwanne (?). Primäre Fundlage bezeugen wenige, vor allem atypische Flintstücke, drei »Quetscher«, ein Wetzstein und ein bearbeiteter Quarzit, während Mahlsteine, verschiedene »Quetscher« und Steinwerkzeuge in sekundärer Lagerung und als Baumaterial zutage kamen. Als verlorengegangenes Gut oder zufällig in die Umwallung gelangt, darf man schließlich die Glasperle, einen Raseneisenerzklumpen, ein Bernsteinfragment und eine Spatengriffhälfte bezeichnen. Werkzeug und Gerät für Güterproduktion oder für Verarbeitung von Getreide und anderen Nahrungsmitteln (Mahlsteine, Mörser, Reibsteine, Stößel) fehlen, Getreidevorräte und Kornstreuung, in den bäuerlich wirtschaftenden Gehöften des Geestkerns häufig nachweisbar, erst recht. Der geringe Durchmesser der Herdstellen, verglichen mit Befunden in zeitgleichen Siedlungen, dürfte kaum für ständige Nutzung sprechen. Ob die wenigen Webgewichte und die mäßig durchbohrten, für die Praxis vielfach ungeeigneten Spinnwirtel Hausfleiß belegen, bleibt ebenso zweifelhaft.

Die Gliederung der keramischen Erzeugnisse in »Funktionsgruppen« erbrachte bemerkenswerte Einsichten in die quantitative Verteilung der Sorten: 323 Mündungsscherben mit unterschiedlichem Durchmesser stammen von »weitmundigen Töpfen«, weniger häufig waren Henkeltöpfe (41), engmundige hohe Töpfe als Vorratsbehälter (12), Schüsseln (2), Tassen (3), Näpfe (4), Kleinstgefäße (3) und Kümpfe (5). Darüber hinaus gab es 63 Schalen, 11 Pokalreste (?) und 13 Deckel als keramische Erzeugnisse. Die Klassifizierung der weitmundigen Töpfe und Terrinen anhand ihrer Randdurchmesser in Klein-, Mittelgroß- und Großgefäße erfolgte am Beispiel weniger häufig gefundener Gefäße: der weitmundigen ungegliederten Töpfe (Gruppe II), der weitmundigen, hohen mit langgezogener Randlippe (Gruppe III), der weitmundigen bauchigen (Gruppe IV) und der hohen Töpfe mit konischer Schulter (Gruppe VII). Sie haben Mündungsweiten zwischen 18 und 34 cm, meist zwischen 20 und 30 cm. Im Unterschied zu Kleingefäßen (unter 20 cm) und Großbehältern (über 30 cm) stellen die »weitmundigen Gefäße« mittlerer Größe (20–30 cm) die variantenreichste, möglicherweise funktional bedingte Gruppe dar. Bei solcher Teilung der 323 Gefäße insgesamt lassen sich 123 Kleingefäße (38,1 %) (hiervon 38 Form I, 64 Form VIIIa, 17 Form VIIIb), 148 Töpfe mittlerer Größe (45,8 %) (124 Form I, 10 Form VIIIa, 4 Form VIIIb) und 52 Großbehälter (16,1 %) bestimmen. Geht man allein von sämtlichen Rändern (485) aus (zwei Drittel aller Randscherben ließen sich messen, s. S. 101ff.), ergeben sich 185 Kleingefäße (38,1 %), 222 mittelgroße Töpfe (45,8 %) und 78 Großbehälter (16,1 %). Die Schalen gliedern sich dagegen in zwei Gruppen: eine kleine Variante mit 16 bis 18/30 cm Durchmesser (Form 3,5,6,7 und 4 [bedingt]) und eine große mit über 30 cm im Quermaß (Form 1,2 und 8). 30 Schalen gehören zum ersten und 33 zum zweiten Komplex. Hochgerechnet nach dem Verhältnis zwischen Randscherbenzahl insgesamt und rekonstruierbaren Stücken, darf man mit 45 und 50 Schalen der jeweiligen Kategorie rechnen.

Vergleicht man die genannten Größenklassen und deren Mengenverhältnis mit dem Inventar vom Melenknop oder anderer Plätze gleicher Zeitstellung aus der Region, dann wiederholt sich das Formenspektrum – ausgenommen Teller und Deckel – weitgehend, ohne daß es vorerst möglich wäre, die quantitative Verteilung beurteilen zu können. Siedlungen wie Hodde (Ribe amt) und andere Fundstellen weiter nördlich fallen bei solchen Vergleichen aus, weil die Gefäßsorten hier anders zusammengesetzt sind. Ein Haus aus der Bauperiode A 2 auf dem Melenknop enthält alle wichtigen Formen der Archsumburg, abgesehen von Deckeln, Tellern und Näpfen, die allerdings aus der Folgezeit bekannt werden. Die Fundinhalte der späteren Bauperiode B 3, jünger als die Bauzeit der Archsumburg, weichen aber bereits wegen zahlreicher neuer Gefäßformen erheblich vom hier vorgelegten Fundgut ab[113]. Exemplarisch ausgewählte Scherben aus Siedlungen von den nordfriesischen Inseln veröffentlichten Kersten und La Baume[114]: Auch hier finden sich funktional erklärbare Übereinstimmungen mit dem Material aus der Archsumburg. Bei so hoher Vergleichbarkeit entfällt jede Möglichkeit, anhand der Keramik allein das Erdwerk anders zu interpretieren als die zeitgleichen bäuerlichen Gehöfte. Selbst die Geschirrsätze, wie sie für den Melenknop beschrieben wurden[115], scheinen sich zu gleichen: Vorratsgefäße verschiedener Größe und Form (weitmundige Töpfe von Mittelgröße, Großbehältnisse, engmundige Gefäße, Henkeltöpfe, große Schalen) und handliches Eßgeschirr

[113] Kossack u.a. 1974 (Anm. 31) 304ff.; 339ff.; 343ff.

[114] Kersten u. La Baume (Anm. 3) Taf. 99–103.

[115] Kossack u.a. 1974 (Anm. 31) 306ff.

(kleine Schalen, kleine weitmundige Töpfe) gehen auch hier zusammen. Besondere Bedeutung muß den »Deckeln« und »Tellern« aus der Archsumburg beigemessen werden, während alle anderen Formen einschließlich der wenigen Trinkgefäße (Pokale, Tassen) hier nicht zum »Standardinventar« zählen.

Zeitstellung

Als Zeitmaßstab benutzen wir die Keramikfolge im benachbarten Wohnhügel Melenknop[116]. Die Siedlungsware gehört hier drei Bauperioden an. Zwei der veröffentlichten Komplexe wurden Bauschichten in Hausruinen entnommen, dürfen also als »geschlossene« Inventare gelten. Ein in die jüngste Phase der älteren Bauperiode datiertes Wohnstallhaus (A 2) enthielt Töpfe, Schalen, Pokale, Tassen und Feuerstülper. Bei den Topfrändern sind folgende, auch in der Archsumburg gefundene Typen vertreten: Typ 1: 10 mal; Typ 2: 4; Typ 3: 1 ?; Sondertyp a: (doch mit Facettierung): 3; Sondertyp b: 3 und Schalenrand III: 3. Diese Aufzählung gilt allerdings nur unter Vorbehalt, eine neue Bearbeitung könnte die Zusammensetzung verändern. Zum Inventar gehören außerdem zwei nach außen ladende, wenig verdicktfacettierte Ränder aus später vorrömischer Eisenzeit[117].

Die Schalen haben, in der Archsumburg unbekannt, einen Standfuß mit einem nach innen gewölbten Boden. Die facettierten Henkel setzen übereinstimmend schräg an und sind X-förmig eingeschnürt. An Ziermustern finden sich parallele breite Horizontalriefen (4 mal vor dem Henkelansatz abgeknickt) und eine gekerbte plastische Halsrippe. Bei den Gefäßformen dominieren Töpfe verschiedener Größe; außerdem gibt es engmundige und krugähnliche Gefäße, wenige Terrinen, Henkelkümpfe, Pokale, Becher und Schalen sowie Feuerstülper.

Das Fundgut der nächstjüngeren Bauperiode, das dem ältesten Langhaus auf dem Wohnhügel zuzuordnen ist, blieb noch unveröffentlicht. 19 Mündungsscherben aus einem allerdings nur in Fetzen erhaltenen Hausboden B 1 verteilen sich wie folgt: Randtyp 1: 8; 2: 3 + (1?); 3: 4 (+ 1?); Sondertyp c (?): 1; späte vorrömische Eisenzeit: 1. Die Scherben-Palette aus dem folgenden Langhaus B 2, gut konserviert und schon in einem Vorbericht exemplarisch publiziert, weicht deutlich von den Fundeinschlüssen des A 2-zeitlichen Gebäudes ab: Von 36 Rändern gehören 7 Typ 1 an; 1 Typ 2; 9 Typ 3; 6 Typ 4; 4 Typ 5; 3 Sondertyp b; 4 Sondertyp c; 3 Schalenrand III: Zierelemente: außer Riefenzier in auffällig schmaler Variante auch Kammstrich, plastische Rippe mit Kerben, Dreiecksmuster über und unter Horizontalriefen und durch Streifen getrennte Schmalriefen. Es fanden sich zahlreiche Töpfe, teils eher mit »strengem« Aufbau, teils eher ungegliedert, mehrere Henkelgefäße, ein Pokal, einige Terrinen und wenige Schalen[118].

Aus der Brandschicht eines Nebengebäudes aus Bauperiode B 3 stammt ebenfalls umfangreiches Keramikmaterial, das allerdings noch weniger mit der bisher besprochenen Ware gemeinsam hat und sich auch von den Funden aus der Archsumburg durch die Dominanz anderer Gefäß- und Randformen, anderer Henkel (Querhenkel) und Bodenformen (Standring) sowie anderer Ziermuster unterscheidet. Dagegen stimmt die Verzierung unterhalb des Gefäßumbruchs überein: senkrechter Kammstrich, unterbrochen von Glättstreifen oder senkrechte Schmalriefen, sowie Kombination von waagerechten und senkrechten Schmalriefen[119].

Es ergeben sich hiernach als relative Zeitfolge für beide Fundstellen folgende Möglichkeiten:

Melenknop A 2	Melenknop A 2
Archsumburg	Archsumburg/Melenknop B 1
Melenknop B 1ff.	Melenknop B 2ff.

Die Keramik aus der Archsumburg enthält Merkmale wie in Schicht A 2, B 2 und B 3 des Melenknops. Dennoch fällt es schwer, Erdwerk und Bauperioden (A 2–B 3) zu korrelieren. Die Randtypen aus dem Haus A 2 verteilen sich quantitativ ähnlich wie in der »Burg«, obgleich etliches völlig fehlt (Typen 4–6) oder unterrepräsentiert ist (Typ 3). Hinzu kommen Übereinstimmungen bei der Verzierung und Henkelbildung. In B 2 hatte sich das Spektrum gegenüber dem Erdwerk dagegen bereits zugunsten der hier weniger häufig vertretenen Typen verschoben: Typ 3 dominiert, 4–5 und die Sonderformen b–c sind häufig vertreten; allerdings gibt es unter den Ziermustern einige, die an beiden Plätzen vertreten sind.

Gleichwohl bleibt offen, ob die Burg gleichzeitig mit Langhaus B 1 errichtet worden ist oder in der Zeit zwischen A und B, für die derzeit am Melenknop noch keine Funde bekannt sind und die deshalb als Hiatus-Phase gewertet wird; ein Konnex mit Bauperiode A 2 ist ausgeschlossen, B 2 scheint erst nach dem Bau des Erdwerks einzusetzen, B 3 noch um einiges später.

Es stellt sich außerdem folgende Frage: Ist eine absolute Datierung der Keramik aus der Burg und aus den älteren Siedelstraten des Melenknops über einen Vergleich mit

[116] Kossack u. a. 1974 (Anm. 31) 306ff.

[117] Ebd. Abb. 12: Typ 1: 1.2.4–6; Sondertyp b: 3; Randtyp III: 7–9; Abb. 13: Typ 1: 1.7–10; Typ 2: 11.15–17; Typ 3: 6 (?); Sondertyp b: 2.5; Sondertyp a (mit Facettierung): 12–14; vorrömische Eisenzeit: 3–4 (?).

[118] Ebd. Abb. 20: Typ 1: 3.6.8.11.14; Typ 2: 9; Typ 3: 4–5.10.16–18; Typ 5: 13.15; Sondertyp b: 1?.7.12; Sondertyp c: 2; Abb. 21: Typ 1: 1.10, Typ 3: 6.11.13; Typ 4: 14?.16.19.20?.21; Typ 5: 3.18; Sondertyp c: 12?.15.17.

[119] Ebd. Abb. 22–23.

Grabinhalten zu erreichen? Die geringe Zahl publizierter Grabinventare aus der späten vorrömischen Eisenzeit und der älteren Kaiserzeit auf den nordfriesischen Inseln und dem gegenüberliegenden Festland, insgesamt 31 mit Fibelbeigabe, reicht für eine abgesicherte absolut-chronologische Fixierung bei weitem noch nicht aus. Gleichwohl ordnete J. Brandt den Stoff 1951 in ihrer noch ungedruckten Kieler Dissertation in mehrere Zeitgruppen[120], von denen zunächst die als spätlatènezeitlich erkannte interessieren muß. Vier Gräber mit Fibeln vom Mittellatèneschema enthalten weitmundige, als Urne verwendete Gefäße mit länglichem, leicht verdicktem, gelegentlich facettiertem Trichterrand, der in einem Fall mit Typen der »späten vorrömischen Eisenzeit« in der Archsumburg korrespondiert *(Abb. 8,4.5)*[121]. Vergleichbares ist aber auch mit Fibeln vom Spätlatèneschema kombiniert[122]; stark verrostet oder fragmentarisch überliefert, gehören sie zur jüngeren Phase der späten vorrömischen Eisenzeit[123]. Bronzene oder eiserne Fibeln vom Spätlatèneschema aus weiteren zehn Gräbern (langgestreckte Formen mit Rahmenfuß, Bügel stufenförmig, gewölbt, geschweift oder geknickt, Typ Beltz R)[124], nach R. Hachmann über die gesamte späte vorrömische Eisenzeit verteilt[125], gehen mit weitmundigen Töpfen zusammen, deren Ränder gerundet oder facettiert sind und Typ 1 (achtmal), Typ 3 (einmal) und Typ 6 (einmal) entsprechen und deren Ornament aus schlichten (5) oder zusammengesetzten Riefenmustern besteht (horizontal geführt, Einglättband darüber, unterbrochen von Dreieckriefen).

Süddänische Grabfunde der späten vorrömischen Eisenzeit (Stufe Becker IIIb) ergänzen die Inventare qualitativ und quantitativ[126]. Soweit Fibeln vom Spätlatèneschema oder späte Latèneschwerter datieren, haben die Gefäße teils trichterförmige, leicht verdickte und facettierte[127], teils Ränder Typ 1[128] oder Typ 3[129]. Das Ornament weicht dagegen ab (Schmalriefen, geometrisch verzierte Felder).

Zweilappige Rollenkappenfibeln mit geschlossenem Fuß (Almgren II 28), knieförmig gebogene Fibeln mit rundlichem oder bandförmigem Bügel (Almgren V 138ff.) und kräftig profilierte Fibeln (Almgren IV 77) datieren zehn Gräber von den nordfriesischen Inseln in die Stufe B der älteren römischen Kaiserzeit, vor allem in ihre Spätphase (B 2)[130]. Diese jüngere Gräbergruppe enthält Terrinen (4), hohe Töpfe mit Trichterrand (3) oder unbestimmbare Ware (2). Sie weisen Randtyp 1 (2), Sonderform b (2) und c (3) auf, dazu einfache Horizontalriefung (viermal), geknickte oder unterbrochene Riefen (zweimal), senkrechte Kurzriefen (einmal) und Flächendekor aus Horizontalriefen und in Dreiecke gestellte Kurzriefen auf der Schulter sowie senkrechte Gabelzier am Unterteil (2).

Festländische Inventare mit Fibeln und in der Archsumburg belegbarer Keramik sind selten[131]. B 1-zeitliche Gräber enthalten Augenfibeln (Almgren III 45), Armbrustfibeln (Almgren I), Rollenkappenfibeln (Almgren II 28), Fibeln mit bandförmigem Bügel (Almgren V) oder kräftig profilierte Fibeln (Almgren IV) und als Urnen u.a. einen riefenverzierten Henkeltopf, mehrere Terrinen mit Horizontalriefung und gemustertem Unterteil, einen vasenförmigen, engmundigen Topf mit zylindrischem Hals und auslaufendem Rand (Sonderform d), Pokale mit geknicktem oder gerundetem Bauchumbruch sowie mehrere weite Schalen mit Riefung unterhalb des Randes. Ihre Ränder gehören Typ 1 an (5), seltener Typ 2 (1) und Sonderform d und e. Horizontalriefung dominiert, senkrechte Kurzriefen kommen vor.

In Gräbern der Stufe B 2 (Rollenkappenfibeln: Almgren II 24–25.28, Armbrustfibeln: Almgren I, kräftig profilierte Fibeln: Almgren IV) findet man außer den oben genannten Fibelformen Terrinen und einfache Schalen mit Horizontalriefen, Schalen mit Standfuß und senkrechten, zum Boden führende Riefengruppen sowie geschweifte Schalen mit Horizontalhenkeln. An Randformen gibt es: Typ 1 (5); Typ »1 verwaschen« (2); Typ 2 (3); Typ 3 (1), Sonderform d (?) (1) und hiervon eine langgezogene Variante.

Will man das keramische Inventar aus Gräbern der späten vorrömischen Eisenzeit und den Stufen B 1 und B 2 mit der Tonware aus Siedlungsstraten aus Archsum korrelieren, wird sich die ältere Gruppe trotz ungelöster Probleme der Fibelchronologie[132] mit dem Material der Bauperiode A 2 (Melenknop) in Zusammenhang bringen lassen, obwohl Pokalgefäße und Terrinen aus dem Südhaus vergleichbar in Zeitperiode B 1-Kontext belegt werden können[133]. Übereinstimmung besteht ferner in der Dominanz des Randtyps 1 und der Horizontalriefung. Bauperiode A 2 fällt danach wahrscheinlich an das Ende der späten vorrömischen Eisenzeit oder besser an die Wende zur frühen römischen Kaiserzeit.

[120] Brandt (Anm. 47) Taf. 10, 1–3; 11, 1.3–4; 13, 4; 14; 15, 1.4; 16, 1.5; 17, 1–3; 20, 1–2; 22, 2; 23, 1; 29, 2; 30, 3; 41; 42, 1–2; 43, 6.

[121] Ebd. Taf. 10, 2–3; 11, 1.3.

[122] Ebd. Taf. 15, 1; 16, 1.

[123] R. Hachmann, Die Chronologie der jüngeren vorrömischen Eisenzeit. Studien zum Stand der Forschung im nördlichen Mitteleuropa und in Skandinavien. Ber. RGK 41, 1960 (1961) Taf. 1.

[124] Brandt (Anm. 47) Taf. 14, 1–4; 15, 4; 16, 5; 17, 1–3; 43, 6.

[125] Vgl. Anm. 123.

[126] Becker (Anm. 45) 197ff.; 241ff. Taf. 120–122.

[127] Ebd. 198 Abb. 74–75; Taf. 120, 1a.b; 121, 1a.3a.

[128] Ebd. Taf. 120, 3a; 121, 2a; 122, 2a.3a.

[129] Ebd. Taf. 122, 1a.

[130] Brandt (Anm. 47) Taf. 20, 1.2; 22, 2; 29, 2; 30, 3; 41, 1–4; 42, 1.

[131] Tischler (Anm. 47) Taf. 6 Grab 16; 10 Grab 30–31; 15 Grab 50; Neumann (Anm. 54) Abb. 27ff.; Lomborg (Anm. 55) 31ff.; Ethelberg (Anm. 102) 185ff., Grab 1404.

[132] z.B. E. Cosack, Die Fibeln der Älteren Römischen Kaiserzeit in der Germania libera 1 (1979).

[133] Lomborg (Anm. 55) Abb. 5; Ethelberg (Anm. 102) 133ff.

Die zweite, in Zeitstufe B 2 (?) datierte Keramik auf den Inseln ist nach Randtyp, Gefäßform und Verzierung mit dem Inventar der Bauperioden B 2–3 am Melenknop verwandt. Festländische Gräber unterstützen diese Verknüpfung. Belegt sind Horizontalhenkel und langgezogene Ränder, beide in Bauperiode B 3 des Melenknops bekannt. Daraus folgt, daß Bauperiode B 1 am Melenknop in die frühe ältere Kaiserzeit datiert wird, in die erste Hälfte oder um die Mitte des 1. Jahrhunderts n. Chr. Geb. (B 1).

Die Übertragung dieser Korrelationsversuche zwischen Grabfunden und stratifiziertem Siedlungsmaterial vom Melenknop auf das Inventar der Archsumburg ergibt folgende Einsichten: Die wenigen Gefäßränder aus der späten vorrömischen Eisenzeit, die in sekundärem Fundzusammenhang geborgen wurden, belegen zunächst einen terminus post für den Bering *(Abb. 8,4.5)*. Die Keramik des A 2-Hauses auf dem Melenknop dagegen zeigt Übereinstimmung bei den Randformen, weniger deutliche Bezüge aber bei den Ziermustern. Die Funde des B 2-Hauses auf dem Melenknop deuten insgesamt eine Verlagerung in der Zusammensetzung des Randtypenspektrums zugunsten der »Sonderformen« und anderer seltener Varianten aus der Archsumburg an. Dennoch läßt sich gerade durch den Vergleich mit dem B 2-Haus-Inventar auf der einen und der oben beschriebenen Gräbergruppe mit Rollenkappenfibeln usw. auf der anderen Seite die Einordung der Funde aus der Archsumburg in die Zeit nach Bauperiode A 2 begründen. Zu den »jüngeren« Merkmalen zählen das Schulterornament aus Schmalriefen, getrennt durch breite Streifen (3)[134], Schalen mit geschweiftem Profil (?) (1)[135], weitmundige Töpfe mit verwaschenem Profil (1)[136] und Terrinen mit breiter, flächendeckender Musterung der Schulter und des Unterteils (2)[137]. Sie sind charakteristisch für die Archsumburg, Bauperiode B 2 (Melenknop) und die älterkaiserzeitliche Gräbergruppe mit Rollenkappenfibeln, fehlen aber in Bauperiode A 2 (Melenknop) sowie in den Gräbern der späten vorrömischen Eisenzeit und können außerdem bislang nicht für Gräber mit Fibeln der Stufe B 1 nach Eggers beansprucht werden. Die Fundlage der genannten Stücke belegt eine stratigraphische Einbindung oberhalb Brandschicht VII (4), in Aschelage VII (6) und in wenigen Fällen (3) unterhalb dieser Trennstrate oder in ungeklärtem Fundverband. Der Gesamtzusammenhang des Fundmaterials in der Archsumburg bleibt dabei allerdings erhalten.

Als Ergebnis ist eine Zeitstellung der Beringschichten vor und um die Mitte des 1. Jahrhunderts n. Chr. Geb. wahrscheinlich, wobei die Keramik nicht nur der Tradition folgt, sondern auch neuartige Züge erkennen läßt.

Ergebnisse

Baugeschichte

Die Ausgrabungen in der Westhälfte der Archsumburg erlauben, obwohl unter Termindruck durchgeführt, einen guten Einblick in den Aufbau des Beringes, in die Gliederung der Schichten innerhalb und außerhalb des Erdwerkes und in die Art der Bebauung innen. Wir beschreiben sie zusammenfassend in zeitlicher Folge.

Der auf verheidetem Areal angelegte erste Sodenwall mit einer vermutlich durch Sodenkeile markierten Durchlaßmulde im Norden blieb unbesiedelt. Keilförmiger Schuttauftrag (A) am Wallfuß außen dürfte bei Wallbegradigung entstanden sein *(Beil. 2,1)*, während die den inneren Wallfuß bedeckenden Auflagen I–II zur Zeit des Wallbaus oder später durch Rieselmaterial gebildet wurden. Die Schichten konservierten gemeinsam mit dem Primärwall den ehemaligen Boden aus der Zeit vor Beginn der Bauarbeiten *(Abb. 5)*. Außerhalb des Erdwerkes fanden sich, im Westen und im Norden zwischen 2,7 und 5 m vom Wallfuß entfernt, zwei Stakenreihen *(Taf. 6)*, die, aus stratigraphischen Gründen vermutlich zeitgleich mit dem Primärwall, als symbolische Außenbegrenzung einer frühen Bauperiode zu deuten sind.

Für die Bauart der Ringmauer wichtig erwies sich eine Trennfuge quer zur Laufrichtung in Fläche 19 *(Abb. 11)*; zusammen mit einem vergleichbaren, jedoch weniger deutlichen Einschnitt in Fläche 15 teilte sie das Erdwerk in vier Sektoren; eine fast gerade NS-Achse, die durch die Mitte der Tormulde und die Fuge in Fläche 15 am Südrand des Erdwerks führt, kreuzt eine OW-Achse durch die Fuge in Fläche 19. Der Schichtaufbau im Bereich dieser Trennungen des Walles belegen die Baufolge: Nord-West-Sektor und Süd-Ost-Sektor sind älter als der Süd-West-Sektor.

Lage 2 auf dem Primärwall hob den Beringscheitel auf rund 1 m über der vorwallbauzeitlichen Oberfläche und nivellierte ihn. Außerdem entstand dabei eine erste senkrechte Außenfront *(Beil. 2,1; 3,1; 4,1; 7,1.2)*; kaum fertiggestellt, bedeckte sie im Süd-West-Sektor eine rund 3 m breite erweiternde Anschüttung (3–7). Wallfront 7 böschte man mit vorgelagertem Sodenstapel (8), Lage 9 auf dem Primärwall

[134] Kossack u.a. 1974 (Anm. 31) Abb. 21, 10; 23, 6; Saggau (Anm. 103) 75 (Schulterverzierung [3]: Hauptvorkommen in der jüngeren Kaiserzeit; auch Anm. 110).

[135] Lomborg (Anm. 55) 41 Abb. 10; Norling-Christensen (Anm. 54) Taf. 35, 5; 38, 16.

[136] z.B. Kossack u.a. 1974 (Anm. 31) Abb. 20, 1.3; 21, 10.

[137] z.B. Raddatz (Anm. 103) Taf. 62, 178; Tischler (Anm. 47) Taf. A (Grab 45); Brandt (Anm. 47) Taf. 20 1.2; Astrup banke (unpubl.).

beendete offenbar diese Serie der Arbeiten am Erdwerk. Im Nord-West-Sektor stützte abweichend vom allgemeinen Befund ein zweiteiliger Sodenstapel (3–4) Wallfront 2; statt der Aufträge 5–8 folgten eine geringmächtige Kleilage bis rund 3 m vor der ersten Mauer *(Beil. 7,2)* und eine weit auseinanderstehende (?) Pfostenreihe in gleicher Entfernung zum Wallkörper als Markierung einer unfertigen Wallerweiterung *(Beil. 5,6; 6,5; 7,1)*. Hüttenbau (IV) an der Wallinnenseite begleitete die Arbeiten an Mauer 2; der Vorgang wiederholte sich (V/VI), während Schicht 9 aufgetragen wurde. Riesellage G auf 7 und 9 deutete im Standardprofil 15 einen temporären Stillstand im Baugeschehen an *(Beil. 2,1)*.

Die ältesten am Wall radial zur Mitte im wechselnden Abstand aus Flechtwerk errichteten 13 Hütten (Länge 4,8 bis ca. 8 m, Breite 2,7–ca. 4 m) *(Abb. 63; Taf. 9)* waren zweischiffig, hatten mitunter Querwände und Herde und standen anfänglich auf sandig-humosen Soden der Aufträge I–II *(Abb. 32; Beil. 3,2)*. Mehrfach erneuerte man sie, ohne den Platz zu wechseln (z. B. Hütten 5/6 u. 10*[Abb. 35; 42; Taf. 11]*), obwohl die Sodenerweiterung 2 am inneren Wallfuß Teile älterer Anlagen bedeckte *(Abb. 37; Beil. 5,1)*.

Die nächstjüngere Bebauung (V–VI) erfolgte aufgelockerter *(Taf. 12)*. Acht oder neun Hütten oder deren Reste waren wieder zweischiffig, 4–5,4 m lang und 2,7–3,3 m breit und hatten ebenso wie die älteren Herde und Innenwände *(Abb. 63)*. Mehrperiodigkeit innerhalb der Schicht ließ sich nicht erweisen, obgleich etliche Hausplätze direkt unterhalb Brandschicht VII einer Bauperiode »V-VI-jung« zugeordnet werden können wie Herd VII 1 in einer »Hüttenmulde«und Herd »c« in Hütte 4 *(Abb. 30–32; Beil. 3,2a)*.

Wie eng die Bauperioden IV und V–VI miteinander verbunden sind, zeigt die Platzkontinuität der Hütten 4 und 8a–b (einschließlich der Herde) und der Bauten 2 und 13. Auch das Holztor im Norden ist mit ihnen korrelierbar *(Abb. 20)*, und wenn die Trennfuge in der westlichen Fläche 19 *(Abb. 11)* beide Male Berücksichtigung findet, bestätigt das den Befund nur.

Als der Wall abermals hochgezogen und erweitert wurde (10–12; 13–17), folgte man dem vorangehenden Bauschema: Kaum hatte man am »mittleren Wallblock« (2–9) Humussoden (10–12) aufgetragen und eine Außenmauer errichtet, folgten andere Baumaßnahmen, die ihn bedeckten (13–14, 16–17). Sodenkeil 15 fand sich vor Mauerkante 13. Teile der Außenwand darüber dürften vorübergehend eine senkrechte Front von mindestens 1 m Höhe gebildet haben. Die Trennfuge im Westen blieb nur schemenhaft im Erweiterungsbereich erhalten, hervorragend dagegen in Verlängerung der Nord-Süd-Achse am Südrand der Anlage. Eine in Westfläche 18 durch Flächenbrand verursachte Aschendecke L bildete sich wohl gleichzeitig mit Brandschicht VII, die überall im Innenbereich verbreitet ist und eine kurzlebige Ruderalvegetation trug *(Taf. 8; Beil. 2,1)*. Sichere Baubefunde dieser Periode sind außer den beiden Hütten 22 (zweischiffig) und 23 (dreischiffig) sowie der Herdstelle VII 1 *(Beil. 2,1)* mehrere mit Brandschutt gefüllte »Hausmulden« (Nr. 20/21) ohne herkömmliche Wandstaken *(Abb. 48)* oder eine andere äußere Begrenzung *(Taf. 13)*. Der fragmentarische Zustand der meisten Hüttenplätze erlaubte es nicht, zu entscheiden, ob sie ebenso dicht aufeinander folgten wie die älteren, ob stets mit Platzkontinuität zu rechnen sei, ob die Hütten durch Mulden nur vorbereitet, aber der Brandkatastrophe wegen nicht fertiggestellt wurden und ob es schließlich statthaft sei, für die Periode »V/VI-jung« abermals Hüttenbau anzunehmen (s. S. 82; 196ff.). Platzkontinuität (Hauswand) zwischen Bauten der Periode V–VI und VII konnte bei den Hütten 14 (?) und 23 und zwischen 13 und 22 *(Abb. 44; 49)* nachgewiesen werden. Eine Identität von Hüttenmulden, gefüllt mit Brandschutt, und älteren Bauten begründen die Befunde bei den Hütten 5–8, 10, 19 und 21, nicht aber Brandschuttreste bei 3 *(Taf. 9)*. Wichtige Hinweise auf eine Bebauungsabsicht lieferte zahlreich geborgene Keramik in der Brandschuttdecke. Das Holztor im Norden gehörte mit hoher Wahrscheinlichkeit ebenfalls dieser Bauperiode an, eine von Steinen gesicherte Durchgangsmulde am inneren Wallfuß scheint nach stratigraphischen Kriterien in der Zeit nach dem Brand benutzt worden zu sein *(Abb. 20–21)*.

Ein in mehreren Profilen und Flächen nachweisbarer Hangrutsch bei der inneren Sodenmauer aus den Schichten 2 und 9–11 (?) hatte den Kontaktbereich zwischen Wall und Innenbebauung erheblich beschädigt *(Abb. 12; 18; Beil. 2,1; 6,1)*. Die Wucht des Vorgangs führte im Meterbereich vor den verlagerten Soden mehrfach zu einer Stauchung der Brandschuttdecke, die kaum Widerstand zu leisten vermochte *(Beil. 6,1)*. Vertritt und geringmächtige Bodenaufträge bildeten die Brandschutt enthaltende Auflage VIII, auf die die sandighumose Schicht IX folgte, die auch den Fuß der Rutschlage 18 bedeckte. Als Durchgang im Norden dürfte das bereits vorhandene Holztor gedient haben. Eine jüngste Füllschicht in der Durchlaßmulde am inneren Wallfuß enthielt mit Brandschutt durchsetzten Boden.

In vier jeweils nur durch wenige Soden dokumentierbaren Arbeitsschritten (19–22) verstärkte man anschließend den Wall, zog dabei den Wallfuß innen in die Höhe (X–XVIII), schuf damit die Basis für einen letzten Auftrag an der Erweiterung der Wallinnenseite (23a) in üblicher Stapeltechnik (Frontsodenmauer mit humos-kleiiger Hinterfüllung) *(Beil. 2,1.3.4; 5,1; 6,4)* und sicherte ihn nach umfangreicher Begradigung, Planierung und Abtrag älterer Straten durch einen vorgelagerten Kleisodenstapel (23b) *(Abb. 55; Beil. 2,1.3.4; 6,4)*.

Bevor dieser markante Ausbau beschrieben wird, müssen die Hütten der fünften Bauperiode (Wallschicht 19–22, Innenschichten X–XVIII) besprochen werden: Schicht X gehören zwei sichere an (24: *Abb. 52; Taf. 10,2;* 26: *Abb. 54*), ferner die einzige nicht am Wall gelegene (?) (25:

Abb. 53), eine nicht näher identifizierbare Flechtwand in Fläche 16, zwei Mulden (?) (*Beil. 2,3.4*) und ein Zaun *(Abb. 47)*. Zahlreiche mit Steinen gefüllte Gruben datieren ebenfalls in diese Schicht oder in die Zeit unmittelbar vor ihrer Entstehung *(Abb. 71; Taf. 19)*. Platzkontinuität wie bei den älteren Bauten liegt in keinem Fall vor.

Vermutlich fällt auch Schicht XII in die Zeit der Wallverstärkung 19. Das Standardprofil und die Profile der Fläche 16 lassen erkennen, daß der Wall nach Schicht XII begradigt wurde *(Beil. 2,1; 4,2.3)*; die Beringerweiterung 20/XIII überlagerte sie. Schicht XII werden mindestens sechs teilweise von Steinlagen umrandete Hütten *(Taf. 16)*, davon zwei Sodenwandhäuser (27/27a: *Abb. 56;* 28–30: *Abb. 57–58;* 31: *Abb. 59,a;* 32: *Taf. 16;* 33/34: *Abb. 60;* 35: *Abb. 61*), und Wandteile (30, 32) zugerechnet. Die Innenseiten bildeten eine auffällige, parallel zum Wall verlaufende Kante, im Inneren fanden sich Herdstellen. Platzkontinuität von X zu XII ist in einem Fall wahrscheinlich (24 und 29), die Sodenwandhütten 27 und 33 sind außerdem bis in die Phase der Beringerweiterung 21/XV benutzt worden *(Beil. 5,1.3; 6,1)*. In Bauperiode 22/XVIII (?) datieren eine Sodenwand (36) und eine Herdstelle (36) am Südrand des Beringes *(Abb. 62; Taf. 17)* sowie ein (zwei) Herd(e) im Norden (36: *Taf. 17; Beil. 8,5*).

Den Erweiterungen 19–22 (X–XVIII) sind Kleisodenwangen am Durchlaß im Norden gemeinsam; an der Wallinnenseite konnten tiefe, schmale, teilweise mit Steinen gepflasterte Gräben für die Zuwegung ausgesondert werden *(Abb. 22–23; Beil. 9)*. Nach stratigraphischem Befund fiel die Anschüttung des Außenwalles in die gleiche Zeit. Die Anschüttung spricht gegen eine Funktion des Beringes als Befestigung; sie korrespondierte nicht nur mit den Wallbauperioden 19–22, sondern auch mit der Erweiterung 23.

Die aufhöhende Strate 23a und die verbreiternde Mauer Schicht 23b stellen eine bemerkenswerte Zäsur dar: Es fehlen fortan Hütten und Herdstellen; statt ihrer beobachtet man mächtigen Kleiauftrag, Steindecken, Planierung der Innenfläche und drei Schachtanlagen besonderer Bauart *(Abb. 64–70; Taf. 18)*. Am Innenwall folgte auf mehrteiligem, 0,6 m hohem Kleiauftrag (XIX–XXI) eine 0,9 m breite Erweiterung aus Kleisoden (24). Eine Steinmauer (25), vor allem als Geröllhalde an der Beringinnenseite erhalten *(Abb. 13; 19; Taf. 5)*, bedeckte ihre geringmächtige, von den Schichten XXII–XXV begrenzte »Front« zum Innenraum. Bevor es zur Zerstörung dieser jüngsten Beringerweiterung, der Steinmauer, kam, hatte man bereits den gesamten Innenbereich mit Humussoden (XXVI) planiert, wonach das Niveau rund 0,7 m über dem aus der Zeit vor dem Wallbau lag *(Abb. 4,2; 6,2.3)*. Eine nach der Versturzschicht von Mauer 25 datierte Auflage aus mergelig-lehmigem Boden bedeckte die von einer älteren Ackerflur stammenden Humussoden, anschließend folgten mächtige Kleilagen *(Beil. 2,1)*.

Während Wallschicht 23 sowohl mit Anschüttungen am Außenwall, mit Torwangen aus Kleisoden und mit der Zuwegung an der Innenseite zeitgleich ist, datiert ein 9,2 m langer Kriechgang, aus Findlingen errichtet, nach innen fortgesetzt durch einen 9,6 m langen Graben, nach außen durch eine Außenmulde von wenigstens 2,4 m Länge, in Wallstrate 24 *(Abb. 24–26; Beil. 9)*. Eine schemenhafte Durchgangsmulde »D III« über den Decksteinen der Passage gehört zu einer jüngsten Bauphase *(Beil. 8,3)*; obwohl stratigraphisch nicht gesichert, scheint sie mit dem Steinwall zeitgleich gewesen zu sein.

Kontinuitätsfragen

Das Erdwerk hatte keinen Vorgänger; der Rest eines Grabhügels in Fläche 1 dürfte kaum als obertägiges Denkmal von besonderer Qualität gewertet worden sein. Die vom Wall konservierte Oberfläche, eine Rohhumusdecke auf Bleichsand, darunter älterer Humusauftrag mit Scherben u.a. der Bronzezeit, geben erst recht keinen Anhaltspunkt. Die Standortwahl läßt sich daher allein durch den Ödlandcharakter des Areals begründen.

Der Ausbau des Primärwalles in Höhe und Breite erfolgte anscheinend so zügig, daß es an keiner Stelle zur Bildung einer Vegetationsdecke während der Bauzeit kam. Allein eine einmal überlieferte Erosionsschicht zwischen den Straten 9 und 10 (Profil 15) bezeugt temporären Stillstand zwischen den Ausbauten *(Beil. 2,1)*. Wie eng die Erweiterungsmaßnahmen mit älteren Baustrukturen zusammenhängen, zeigt sich, wenn eine Mauerfront, die zufällig partiell nach außen gekippt war, in ihrem ursprünglichen Verlauf übernommen wurde, als man sie hochzog (Profil 15, *Beil. 2,1*). Auch die Trennfuge in den Flächen 19 (Baustraten 1–9, *Abb. 11; Beil. 6,3.6*) und 15 (Baustraten 1 oder 2 [?] und 10–11) blieb bei jüngeren Wallverstärkungen insgesamt erhalten (13–14 in Fläche 19-Westarm; Fläche 15; *Taf. 7*).

Die Bautradition reichte vom Primärwall bis zu den jüngsten Anschüttungen am Wallfuß außen. Wenn diese jüngsten Lagen auch auf der Innenseite fehlen, weil Hangrutsch (18) jeglichen Kontakt zwischen primärem Erdwerk und erweiternden Auflagen innen nach Brandschicht VII unterbrach, folgten die Schichten 10–11 und 19ff. anscheinend stetig aufeinander. Auch das Tor bestand während sämtlicher Bauabschnitte, obgleich es als normaler Zugang gar nicht hatte verwendet werden können *(Abb. 20; Beil. 9)*. Mehrmals umgebaut, erweitert, später durch Torwangen ergänzt und schließlich als megalithischer Kriechgang errichtet, verliefen alle diese Maßnahmen parallel zu den Bauarbeiten am Wall und im Inneren des Erdwerkes. Nutzungsspuren fehlen. Streifig gelagerter Sand in Durchlaßmulden an der Beringinnenseite stammt von witterungsbedingter Erosion. Als Entwässerungssediment kommt er jedenfalls nicht in Betracht.

Die Bebauung innerhalb des Erdwerks verlief periodenweise kontinuierlich *(Taf. 9; 12–13; 15–17)*. Hüttenplätze, Hauswände und Herde blieben zwischen IVa und V–VI kongruent, ob noch bis in jüngere Zeit (»V/VI-jung«), läßt sich nicht sagen, weil Brandschicht VII, die Hütten und Herde bedeckte, die Kette durchbrach: Weder die Bauten der Strate X noch die der Schicht XII (–XV) schließen an die ältere radiale Bebauung an. Nach Aufgabe der beiden Sodenwandhütten 27 und 33 (XII–XV) ließen sich lediglich eine Hütte im Süden (36) und eine Herdstelle im Norden (XVIII 1) in eine jüngere Phase (XVIII) verweisen *(Abb. 62; Taf. 17)*; die späteren Schichten 19ff. enthielten statt dessen Schächte *(Taf. 18)*, Steinpackungen und Einzelpfosten; sie gehen mit Baumaßnahmen am Wall (23b) und im Inneren des Erdwerkes zusammen. Anschließend ebnete man den Bering ein. Dieser Wechsel in der Befundsituation, Hüttenbau bis einschließlich XVIII, Schachtanlagen und Beringnivellierung in jüngeren Straten (XIXff.) gab dem Baugeschehen eine neue Richtung, die im Wallbau durch Sodenmauer 23b charakterisiert wird.

Funde

Die Fundeinschlüsse setzten sich aus 7500 Tongefäßscherben und Resten anderer keramischer Erzeugnisse zusammen *(Abb. 83–142)*; bearbeitete Knochen und Hölzer, Metallteile sowie Steingeräte sind Ausnahmen *(Abb. 144–150)*. Das Material erscheint formal, chronologisch und funktional weitgehend homogen. Unter den Gefäßrändern dominieren mit ca. 90% die Typen 1–3; Henkel- und Bodenformen sind ebenso arm an Varianten wie die Ornamentmuster (Horizontalriefen). Schon hier wird klar, wie gering die Möglichkeiten für eine chronologische Reihung sind; die Stratifizierung der Rand-und Bodenformen sowie der Verzierungsmuster innerhalb des Erdwerkes »über«, »in« oder »unter« der trennenden Brandschicht VII bestätigt es.

Nichts anderes ergibt die formenkundliche Untersuchung: 17 Gefäßtypen und acht Schalenformen, die funktional einen besonderen Komplex darstellen, verteilen sich gleichmäßig in den Hauptschichten, auch die eingemessenen Einzelscherben in den Profilen. Kartiert man Randtypen, Verzierungselemente und bestimmte Gefäßformen, konzentrieren sie sich in einer bis 5 m breiten Zone am Wallfuß *(Taf. 21–31)*. Die Homogenität des Materials, die Lage der Scherben im Hüttenbereich und die geringe Häufigkeit des Scherbenbruchs, gemessen an Funden aus bäuerlichen Siedlungen der Zeit, sprechen für eine rasche Folge der Baumaßnahmen am Wall und innerhalb des Beringes.

Geschirrsatzbildung bietet eine funktionale Analyse an. Vergleichbare Befunde sind aus Siedlungszusammenhang bekannt[138], enthalten aber auch »persönliche Habe« wie Tassen, Näpfe und Trinkpokale, während sich die Gefäßsätze des Erdwerks aus Terrinen und Schalen als Kleingefäße und aus weitmundigen Töpfen, Henkeltöpfen, engmundigen hohen Töpfen und weitmundigen Schalen als Vorratsbehälter zusammensetzen. Dafür sind Deckel, Webgewichte und Spielsteine eher die Ausnahme. Einzelstücke der keramischen Produktion, Metallgerät und Glasfunde sind zufällig beigemengt. Bemerkenswerterweise fehlen Tierknochen so gut wie ganz; die wenigen aus dem Bering stammenden sind vorzüglich erhalten und entsprechen nach der Zusammensetzung der Arten dem üblichen Bestand.

Datierung und Dauer

Die Einbindung der Scherben in die stratigraphisch gesicherte Abfolge auf dem benachbarten Wohnhügel Melenknop gestattete eine relative Datierung. Randprofile, Verzierungsmuster und Gefäßformen ließen sich ferner mit Hilfe fibeldatierter Grabinventare von den nordfriesischen Inseln und vom gegenüberliegenden Festland absolutchronologisch fixieren.

Die Keramik aus dem Bering stammt aus der Zeit zwischen der jüngsten Kleingehöftsiedlung (Bauperiode A 2) und der zweiten Langhausbebauung (Bauperiode B 2) auf dem Melenknop. Ob die Anlage zeitgleich mit dem ersten, lediglich fragmentarisch erhaltenen Langhaus (Bauperiode B 1) korrespondiert oder in eine Wüstungsphase zwischen den Bauperioden B 1 und A 2 fällt[139], ließ sich nicht klären. Dennoch besteht offenbar ein zeitlicher (und ursächlicher?) Zusammenhang zwischen dem Ende der älteren Gehöftsiedlung und dem Beginn der ihr folgenden Langhausbebauung auf dem Melenknop und der Errichtung des Erdwerks; beide sind nur wenige hundert Meter voneinander entfernt.

Die von den nordfriesischen Inseln stammenden Grabfunde mit Fibelbeigabe datieren das Inventar aus der Bauperiode A 2 in die Spätlatènezeit, die Keramik der Bauperiode B 2 in einen späteren Abschnitt der älteren römischen Kaiserzeit. Gräber vom Festland mit Fibeln der Zeitperiode B 1 (1. Jahrhundert n. Chr. Geb.) liefern derzeit das beste Vergleichsmaterial für die Tonware aus der Archsumburg.

Der Versuch, die Nutzungsdauer der Burg zu bestimmen, scheiterte an der engen Verwandtschaft der Tonware mit der Keramik der Bauperioden A 2 und B 2 auf dem Melenknop. Die Ausgangsfrage läßt sich daher nur indirekt durch andere

[138] Kossack u.a. 1974 (Anm. 31) 306ff.

[139] Ebd. 321 (Analyse Kroll).

Beobachtungen klären: Hätte sich zwischen den Baumaßnahmen Vegetation eingestellt, müßte man Humusbänder finden; wir suchten sie vergeblich; empfindliche Schichten wie die erosionsanfällige poröse Branddecke VII oder die noch in ihrer Struktur erkennbare Sodenlage XXVI erwiesen sich nicht als homogenisiert; der Wallkörper zeigte ebenfalls keine Spuren von Erosion, Vertritt und Verfall, wie sie bei längerem Stillstand im Baugeschehen zu erwarten wären. Rasche Baufolge spiegelt sich schließlich in den Fundeinschlüssen wider. Die Tonware muß in jeder Hinsicht als erstaunlich einheitlich bezeichnet werden; ihre Bruchfrequenz ist deutlich geringer als in bäuerlichen Siedlungen; die Scherben streuen nicht wie gewöhnlich innerhalb des Gesamtareals, sondern konzentrieren sich am inneren Wallfuß dort, wo die Hütten errichtet wurden. Die Analyse von Pflanzengroßresten unterstützt diesen Eindruck. Kroll (Kiel) fand zwar auf Siedlungsbefunde verweisende Böden im Bereich der Hütten (IV), aber auch kurzlebige Ruderalvegetation, die auf einem Areal ohne Vertritt wuchs (auf VII). Der Nachweis eines Flächenbrandes auf Wiesengelände vor dem Wall (Schicht L) überrascht daher, besonders weil eine Pflanzendecke ohne Dokumentation während der Befundaufnahme blieb *(Taf. 8)*. Umgekehrt könnte diese Divergenz der Befunde darauf hindeuten, daß die Begrünungsphase insgesamt nur von kurzer Dauer gewesen ist. Das würde ebenfalls die Annahme rascher Bebauungsfolge erhärten.

Die archäologische Datierung des Fundgutes um die Mitte des 1. Jahrhunderts n. Chr. wird durch ^{14}C-Analyse bestätigt. Während das Holz im Schacht 3 um Christi Geburt geschlagen wurde (mittlere dendrochronologische Korrektur: ca. 20 n. Chr.), stammt eine Probe aus Schacht 1 aus dem frühen 2. Jahrhundert (mittlere dendrochronologische Korrektur ca. 130 n. Chr.). Die Ergebnisse der Fundanalyse begründen eine wenige Jahrzehnte dauernde Nutzungs- und Bautätigkeit in der Archsumburg.

Tinnumburg

EINFÜHRUNG

Lage

Der größte Westerländer Geestkern der Insel Sylt (I topographische Karte) wird am Südwestrand durch schmale Niederungen gegliedert[140]. Parallel zur Küste, von dieser nur durch eine Dünenkette getrennt, verläuft eine 0,7 m lange, im Relief kaum erkennbare Senke, das Steideminge-Sil; eine zweite, wesentlich markantere, das Waadens-Sil, folgt 1 km weiter ostwärts, 2000 m lang, Nord-Süd orientiert und kurz vor der Mündung in die Marsch von einem Querarm unterbrochen, der eine Geländenase, auf der die Tinnumburg im Westen errichtet wurde, nördlich begrenzt und im nordwärts gerichteten Bogen einen kleineren Geesthorst umschließt (Länge 1 km, Breite 0,5 km) *(Taf. 32–33)*[141].

Karten des 18. und 19. Jahrhunderts zeigen die Niederung zwischen der Tinnumburg und dem Gelände, auf dem der Westerländer Bahnhof steht, als eine mehr oder weniger zusammenhängende, später verlandete Seefläche, die in ihrem südlichen Teil den Flurnamen Döplem trug[142]. Bis in unsere Zeit liegt dieses Terrain tiefer als die südlich anschließende Marsch. Ein schmaler Graben zum Wattenmeer sorgte für Entwässerung, aber bei Hochwasser auch für die schnellere Überflutung unbedeichter Areale. In den Karten Mejers (1648) (I 66 Abb. 36) und Camerers (1756) *(Abb. 1; Taf. 2)* ist die unmittelbar westlich der Tinnumburg eingetragene Rinne als einziges Prielsystem der Sylter Marsch mit Verbindung zum Tief zwischen Amrum, Föhr und Sylt dargestellt[143]. Die entsprechenden Bildungen südlich von Keitum (Kreuz- und Archswehle), Archsum (Tjülswehle) und Morsum (Katrevel) stellte Mejer lediglich im Bereich des Wattenmeeres, nicht aber im Marschengürtel dar. Camerer deutet zusätzlich durch eine unterschiedliche Signatur an, daß der südliche, tiefere Teil des mit dem Vortrapptief verbundenen Waadens-Siels wahrscheinlich ständig Wasser führte, während der nördliche, durch Marsch und Geest ziehende Abschnitt offensichtlich nur bei auflaufender Flut als Wassergraben in Erscheinung trat. Die Diskussion dieser Frage ist deshalb so wichtig, weil gelegentlich die Meinung vertreten wird, die Rinne sei bis zur Tinnumburg schiffbar gewesen[144]. Camerer hat zwar im Mündungsbereich des Waadens-Siels durch eine Schiffsignatur auf Seefahrt hingewiesen; sie ist aber nahezu vor jedem Ort der Insel in die Wattenfläche eingetragen, so daß dies kein Argument für die Nutzung des Wasserarms als schiffbare Meeresverbindung sein dürfte.

Die geologische Kartierung der Marsch (I Beil. 9) erschloß die Breite und den Aufbau der Senke von der Tinnumburg bis zum heutigen Deich. Hierbei wurde einerseits die Schichtfolge, andererseits aber auch die Grenze zwischen den holozänen Ablagerungen und dem pleistozänen Untergrund (I Beil. 3–5) bekannt[145]. Nach diesen Angaben zu urteilen, liegt die Sohle der Niederung im Norden bei rund 0,5 m unter NN, in Deichnähe dagegen bereits bei 2 m unter NN. Die tiefsten Teile waren mit Basistorf angefüllt, der allmählich in einen stark humosen Kleiboden überging.

140 C. Dietz und H.-L. Heck, Geologische Karte von Deutschland 1:25000, Land Schleswig-Holstein. Blätter Sylt-Nord- und Sylt-Süd (1952); Hoffmann (Anm. 1) 378ff. Abb. 32–33.

141 Kersten und La Baume (Anm. 3) 583ff.

142 O. Klose u. L. Martius, Ortsansichten und Stadtpläne der Herzogtümer Schleswig, Holstein und Lauenburg (1962) Taf. 152–153; Handelmann (Anm. 21) 65 (Karte).

143 Danckwerth (Anm. 2) Karte XI; J. F. Camerer, Sechs Schreiben von einigen Merkwürdigkeiten der hollsteinischen Gegenden (1756) Karte XI abgedruckt in Kersten und Le Baume (Anm. 3) Taf. 156.

144 Kersten u. La Baume (Anm. 3) 533; Kersten, Vorgeschichte der Insel Sylt. In: M. und N. Hansen (Hrsg.), Sylt, Geschichte und Gestalt einer Insel (1967) 31; ders., Die Tinnumburg auf Sylt. Führer zu vor- und frühgeschichtlichen Denkmälern 9 (1968) 232ff.

145 Hoffmann (Anm. 37), Übersichtskarte Profil I–VI; Harck, Hoffmann und G. Schäfer, Großsteingräber am Sylter Weststrand. Offa 31, 1974, 132 Abb. 5.

Abb. 151 Tinnumburg. Überflutung 1929.

Darüber folgten Lagen toniger Sedimente mit Resten eines älteren Bodenhorizontes, der als sogenanntes »schwarzes Band« in die Literatur eingeführt ist. Geringmächtige Flugsanddecken des 16. Jahrhunderts und jüngerer Klei bildeten den jüngsten Auftrag. Die Datierung der Bodenbildungen in die Zeit kurz vor oder um Christi Geburt gründet sich auf archäologische Befunde, z.B. Siedlungsschichten in der Marsch (I 106.108 u. Beil. 9; II 182)[146]. Die durch Bohrungen festgestellten Hinweise auf Vegetationshorizonte der römischen Kaiserzeit lagen südlich der Tinnumburg zwischen NN und + 1 m über NN. Diese Höhe korrespondiert ungefähr mit dem heutigen mittleren Tidehochwasser auf Sylt.

Die geologischen Profile enthalten keine Belege dafür, daß die schmale Rinne von der Tinnumburg bis zum Wattenmeer bereits in früherer Zeit als Graben oder als Priel vorhanden war. Es ist möglich, daß ein Wasserlauf dieser Art von den Bohrlöchern des Geologen nicht erfaßt oder in der verhältnismäßig einheitlich ausgebildeten Kleidecke nicht erkannt worden ist. Hiergegen spricht das Fehlen typischer Erosionsmerkmale und »Prielbegleitbildungen« wie lokaler Uferwälle als Begrenzung zwischen Wasserlauf und umliegender Niederung[147]. Derartige Befunde müßten in jedem Fall als zusätzlicher Hinweis auf einen breiteren Wasserlauf vorhanden sein. Wahrscheinlich hat der Priel am Wallfuß der Tinnumburg nur als Entwässerungsgraben wie die üblichen Rinnen in der Inselmarsch Bedeutung gehabt, weshalb Kerstens These, der ehemalige, unmittelbar westlich des Beringes gelegene See habe vielleicht als Hafen gedient, entfallen muß[148]. Geologisch ergibt sich aus dieser Feststellung, daß das in pleistozäne Schichten eingetiefte Tal später als Basis eine Torflage erhielt, die in der Vorkaiserzeit und im Mittelalter von einer Kleidecke überzogen wurde.

Während die älteren Kleischichten den Fuß der Tinnumburg nicht tangieren, lassen sich die jüngeren in einer breiten Zone um die inselgleiche Wallanlage durch Bohranalysen nachweisen[149]. Der mittelalterliche Klei bedeckt auch die unteren Teile des Grabenquerarms (s.o.). Das Niveau der begrünten Marsch liegt beim Denkmal zwischen 0,9 und 1,2 m über NN, die relativ sturmflutsichere 2,5 m-Isohypse auf dem Geländevorsprung weiter östlich dagegen 450 m entfernt. Die Tinnumburg glich vor der Eindeichung der March im Jahre 1938 bei jeder größeren Flut einer Hallig *(Abb. 151)*[150]. Die nächstgelegene neuzeitliche Bebauung liegt

[146] Kossack u.a. 1974 (Anm. 31) 319ff. Beil. 9.

[147] A. Bantelmann, Die Landschaftsentwicklung an der schleswig-holsteinischen Westküste (1967) 37 Abb. 17 oben.

[148] Kersten u. La Baume (Anm. 3) 583.

[149] Hoffmann (Anm. 1) Abb. 33,1.

[150] Hamburger Illustrierte, November 1928.

zum überwiegenden Teil oberhalb der 3 m-Isohypse, wodurch die exponierte Lage des Denkmals noch unterstrichen wird.

Beschreibung

Das Erdwerk, ein steilböschiger Bering, hat rundlich-ovalen Umriß (Nord-Süd 125 m, Ost-West 110 m, *Taf. 34*) und steht auf lehmigem Sand 1,7–1,8 m über NN. Den über 5 m hohen, durchschnittlich 25 m breiten Wall gliedern drei Senken. Eine dieser Senken, im Nordosten eingeschnitten und zwar dort, wo man die Burg vom festen Land am besten erreichen kann, nahm Kersten für das Tor in Anspruch[151]. Dafür spricht ein noch sichtbarer, rund 30 m langer Damm, von dem man allerdings nicht weiß, wie er entstanden ist, ob bewußt als Zuweg aufgeschüttet oder zusammengeschwemmt und planiert aus Material, das vom Einschnitt stammt[152].

An der nordwestlichen Peripherie der Tinnumburg zieht eine 0,20 bis 0,30 m hohe Terrassenkante vom Wallfuß rund 40 m in nördliche Richtung, um dann nach Osten abzuknicken und nach 30 m in der Wiese zu verlaufen. Ob dieser Bereich, der als »Vorplatz« gedeutet wurde, aus der Zeit der Umwallung stammt, ist unbekannt. Dies gilt auch für eine dreieckige, kliffähnlich abgesetzte Fläche südwestlich der Burg, wo man gar einen Stapelplatz annahm[153].

Besucht man das Erdwerk zur Winterzeit, wird auch ein jetzt nahezu verlandeter Priel unterhalb dieser Stelle sichtbar. Anscheinend hatte er das feste Vorgelände abgetragen und versteilt. Das gegenüberliegende westliche Ufer des Priels erscheint dagegen zwar nur leicht erhöht, sein Bett macht man dennoch aus.

Im dritten Einschnitt, dem sog. Südtor, wurde um die Mitte des letzten Jahrhunderts ein Entwässerungsgraben angelegt, um das innerhalb des Beringes gestaute Wasser abzuleiten[154]. Hierdurch entstanden markante Böschungen quer durch den Wall wie am »Nordosttor«.

Die oberen Schichten der Wallkrone waren bis vor kurzem in weiten, jetzt restaurierten Teilen modern zerstört: Im Zweiten Weltkrieg hatten Soldaten hier tiefe Schützengräben als Inselverteidigung ausgehoben.

Das Innere des Erdwerkes, 1,5–2 m höher als die Marsch, 80 m Nord-Süd, 65 m Ost-West, ist jetzt versumpft. Im Winter und im Frühjahr staut sich das Wasser flächenhaft. Nur im Sommer kann man das Zentrum betreten.

Überlieferung

Die ältesten, als Seekarten gedachten Darstellungen der Insel Sylt enthalten vor allem Einzelheiten, die für die Orientierung von See her Bedeutung hatten wie das Rote Kliff, die angrenzenden nord- und südwärts ziehenden Dünenketten sowie Ankerplätze im Bereich der Lister Nehrung[155]. Die erste kartographische Dokumentation der Tinnumburg findet sich im Kartenwerk C. Danckwerths aus dem Jahre 1652 (I 64ff. u. *Taf. 2*)[156]. In der zugehörigen Beschreibung fehlen jedoch Hinweise auf die Borg, wie die Anlage damals bezeichnet wurde. Die Karte Camerers aus dem Jahr 1756 verzeichnet den Ringwall ebenfalls, als zusätzliche Lokalität auch die naheliegende Landvogtey *(Abb. 1)*[157].

Was da erwähnt wird, läßt sich historisch nicht verwerten, auch nicht Notizen unbekannten Alters und Ursprungs, von denen der Bericht Kielholts aus der Mitte des 15. Jahrhunderts stammt[158]. In der »Nordfriesischen Chronik« Heimreichs, 1819 erstmalig von N. Falck veröffentlicht, findet sich ein Fragment dieser anscheinend von mehreren Autoren niedergeschriebenen Überlieferung. Hier heißt es bezüglich der Tinnumburg »*Tinseborg, da ein järlick ehre Schatt und tinse vorde gelecht*«. Anscheinend hat zur damaligen Zeit die Wallanlage keinen weiteren Eigennamen gehabt außer der heute noch benutzten Bezeichnung, die sich auch auf die nordöstlich des Ringwalles gelegene Besiedlung einschließlich der Vogtei beziehen könnte[159]. Der Ort Tinnum wird erstmalig 1642 als *Tynnum* genannt[160]. Die Forschung sieht eine mögliche Deutung als »Heim der Tinne« oder als Ableitung des gotischen *tains* (Zweig), das auch für »Zinn« Pate gestanden haben soll. Das mag zur etymologischen Verknüpfung von Wallanlage und Ortschaft geführt und zur Deutung als »Zinsort« verleitet haben, wobei man sich darauf berufen konnte, daß sich in Tinnum eine frühe Verwaltungszentrale befand, der Vorgänger der späteren (?), nach Hansen erst seit 1600 errichteten Landvogtei[161]. Jüngst hat sich H. Kuhn

[151] Kersten u. La Baume (Anm. 3) 583 Abb. 205, der angegebene Maßstab ist falsch.

[152] Die gelegentlich beobachtete Anhäufung weißen Sandes könnte allerdings auch den Verdacht auf Dünenbildung lenken.

[153] La Baume, Die Wikingerzeit auf den Nordfriesischen Inseln. Jahrb. Nordfries. Ver. Heimatkde. u. Heimatliebe 29, 1952/53, 138.

[154] Kersten u. La Baume (Anm. 3) 584; aber auch Hinweis Booysens (Anm. 18) 260.

[155] z.B. Seekarte von L. F. Waghenaer (1585), abgedruckt in: R. Spreckelsen, Sylter Leuchtfeuer und Seezeichen (1968), Umschlag und S. 18 Abb. 6.

[156] Danckwerth (Anm. 2) Karte XI.

[157] Camerer (Anm. 143).

[158] Falck (Anm. 15) 343; Schmidt-Eppendorf (Anm. 14).

[159] Booysen (Anm. 18) 261.

[160] Laur (Anm. 17) 201.

[161] Hansen, Die nordfriesische Insel Sylt, wie sie war und wie sie ist (1859) 24ff.

abermals mit dem Ortsnamen beschäftigt[162] und ihn als »frühgermanisierte Form des keltischen *dun*« (= Burg) bezeichnet. Camerer übernahm kommentarlos die Kielholt'schen Angaben[163]. Er schrieb u.a.: »Tinnumburg, bey dem Dorfe Tinnum, nannte man vormals Tins- oder Schatzungsburg, weil die Abgaben von den Einwohnern dahin geliefert werden mußten«.

In der Literatur wird das Erdwerk ferner als »Zwingburg« oder Zufluchtsstätte unbeliebter Landvögte gedeutet[164], als Kultplatz[165], als Bewachung für einen Handelsplatz[166] oder als Sitz von Klaus Limbeck, der gegen den König um 1370 rebellierte[167]. Wiederholt wird auf die nahe Vogtei verwiesen, genauso auf die Sage von einer Schlacht nördlich der Ortschaft auf dem sogenannten Königskamp, wo sich die Mannen eines Königs mit den Sylter Riesen geschlagen haben sollen *(Taf. 33)*[168]. Als weiteres Kriterium dient eine Thingstätte nördlich des Ortes[169].

Hansen und L. Christiansen meinten, ein festes Gebäude hätte wegen des unstabilen Untergrundes kaum errichtet werden können, deshalb habe sich Klaus Limbeck nur kurze Zeit innerhalb des Beringes aufhalten können[170].

Über Erhaltung, Erforschung und Zerstörung des Wallkörpers in den letzten Jahrhunderten liegen dafür konkretere Angaben vor: Um die Mitte des 18. Jahrhunderts hat der damalige Sylter Landvogt Matthies Matthiesen die Burg »ausgegraben« und den Wall von der Südseite her durchstechen lassen[171]. Man berichtet ferner, er habe auch die nordöstliche Seite öffnen wollen, um mit seinem Wagen ein- und ausfahren zu können[172]. Außerdem wurde ein Fischteich angelegt. Etwa 70 Jahre später benutzten die Bauern das Burgzentrum als Viehtränke, durchaus verständlich, aber vom Landvogt S. H. Jensen um 1850 unterbunden, weil er das Wasser ableitete und die Erde aus der Burg auf die Wiese fuhr[173]. Der Wassergraben durch die südliche Senke fiel allerdings später in sich zusammen. Kersten berichtet schließlich von Erdbewegungen am »Osttor« vor dem Zweiten Weltkrieg und von Zerstörungen in der Wallkrone durch die Anlage von Schützengräben im Jahre 1942; sie sind erst vor kurzem planiert worden[174].

Die erste Ausgrabung fand 1870 statt[175]. Handelmanns Hinweise auf den Schichtenaufbau sind aber so allgemein gehalten, daß sie ohne Bedeutung blieben. Erst 1948 zog K. H. Dittmann (Landesmuseum Schleswig) einen 25 m langen und 1 m breiten Suchgraben, in Wallnähe auf 3 m erweitert, im Nordteil des Innenbereichs[176]. Die Währungsreform beendete die Untersuchung kurzfristig. Am Wall fand er eine Brandschicht, weiter zur Burgmitte hin die Sodenlage einer Hauswand (?) und ein Steinpflaster von faustgroßen Steinen. Die Mächtigkeit der Kulturschicht wird mit 1,8 m angegeben. Das Fundgut bestand aus Knochen, Scherben, einigen Eisennieten und bearbeiteten Hölzern. La Baume datierte die Keramik in das 9.–10. Jahrhundert.

AUSGRABUNG 1976

BEFUNDE

Während der Ausgrabung in der Archsumburg lag die Frage nahe, ob auch die wikingerzeitliche Tinnumburg und die unbekannte, da verschwundene Rathsburg bei Rantum wenigstens in ihren Anfängen ebenfalls in die ältere römische Kaiserzeit gehören würden *(Taf. 2)*. Im Herbst 1976 gelang es, den Wallfuß der Tinnumburg innen und außen zur Klärung dieser Problematik anzuschneiden[177]. Da es aus Kosten- und Organisationsgründen nicht vertretbar erschien, Maschinen oder Förderbänder einzusetzen, mußte auf einen durchgehenden Wallschnitt verzichtet werden. Zwei Ziele standen im Vordergrund: Die Dokumentation der Befunde, um den Aufbau verstehen zu lernen, und die Gewinnung von Funden, um sie datieren zu können. Aus denkmalpflegerischer Rücksicht schnitten wir dort, wo Dittmann tätig gewesen war (Fläche 1: 9 m lang, 2,5 m breit) und legten in gleicher Flucht 15 m entfernt am Nordfuß des Walles einen

[162] H. Kuhn, Zu den alten Wallburgen Nordfrieslands. Nordfries. Jahrb. N. F. 20, 1984, 15ff., bes. 30.

[163] Camerer (Anm. 22) 671.

[164] Hansen (Anm. 13) 208ff.

[165] Kieler Zeitung vom 18. 3. 1934.

[166] La Baume (Anm. 153) 138.

[167] Hansen (Anm. 161) 24ff.

[168] Kersten u. La Baume (Anm. 3) 584; Hansen (Anm. 161) 24ff.

[169] Hansen (Anm. 13) 208ff.

[170] Ebd.; L. Christiansen, Chronik der Insel Sylt. Archiv der Söllring Foriining (Handschrift o. J.) 109ff.

[171] Ebd.

[172] Booysen (Anm. 18) 260.

[173] Brief von P. A. Dirksen, Tinnum, vom 11. 5. 1895 im Archiv des Archäologischen Landesmuseums der Christan-Albrechts-Universität in Schleswig.

[174] Kersten u. La Baume (Anm. 3) 583ff.

[175] Handelmann (Anm. 21) 54ff.

[176] La Baume (Anm. 153) 138 Taf. 30, 1–2; Kersten u. La Baume (Anm. 3) 584.

[177] Die Untersuchung wurde in Zusammenarbeit mit dem Landesamt für Vor- und Frühgeschichte, Schleswig, vertreten durch A. Schinkel, durchgeführt. Als Besucher und Diskussionspartner vor Ort begrüßten wir u.a. Prof. W. Wegewitz, Harburg, und Prof. H.-G. Peters, Hannover. Dr. F.-R. Averdieck, Kiel, barg die für die palynologische Bestimmung erforderlichen Proben (s. S. 269ff.).

Abb. 152 Tinnumburg. Westprofil in Fläche 1 durch die frühgeschichtlichen und kaiserzeitlichen Schichten. Das helle Band oberhalb der Wasseransammlung an der Sohle zeigt die Lage des natürlich sedimentierten Kleis.

zweiten Suchgraben an (Fläche 2: 4 m lang, 1,7 m breit) *(Taf. 35);* während in Fläche 1, nach Plana abgetragen, nur die Profilwände der Südwestecke dokumentiert wurden (Länge 2,7 m, Höhe 2,6 m im Norden, 3 m im Süden: *Abb. 152; Taf. 36–37*), war es in Fläche 2, als Ganzes ausgehoben, das Westprofil, das vollständig gezeichnet werden konnte (Höhe 1,3–3,6 m, *Abb. 153–154*).

In beiden Flächen wurde die pleistozäne Oberfläche erreicht. Im südlichen Aufschluß *(Taf. 36)* folgte zwischen 1,1 und 1,15 m NN auf weißem Sand (1) eine 0,05 m bis 0,1 m mächtige Bewuchsschicht (2), offenbar der Rest der alten Oberfläche. Sie war von einer Lage fetten Kleis (3) bedeckt (0,1–0,12 m), deren Oberkante Höhen zwischen 1,2 und 1,25 m über NN erreichte. Die beiden darüberliegenden Schichten (4–5 bis 1,5 m über NN) bestanden aus durchwurzeltem Kulturboden mit zahlreicher Keramik der älteren Kaiserzeit, die untere (4) war humoser als die folgende kleiig durchtretene (5), beide aber waren mit Holzkohle durchsetzt.

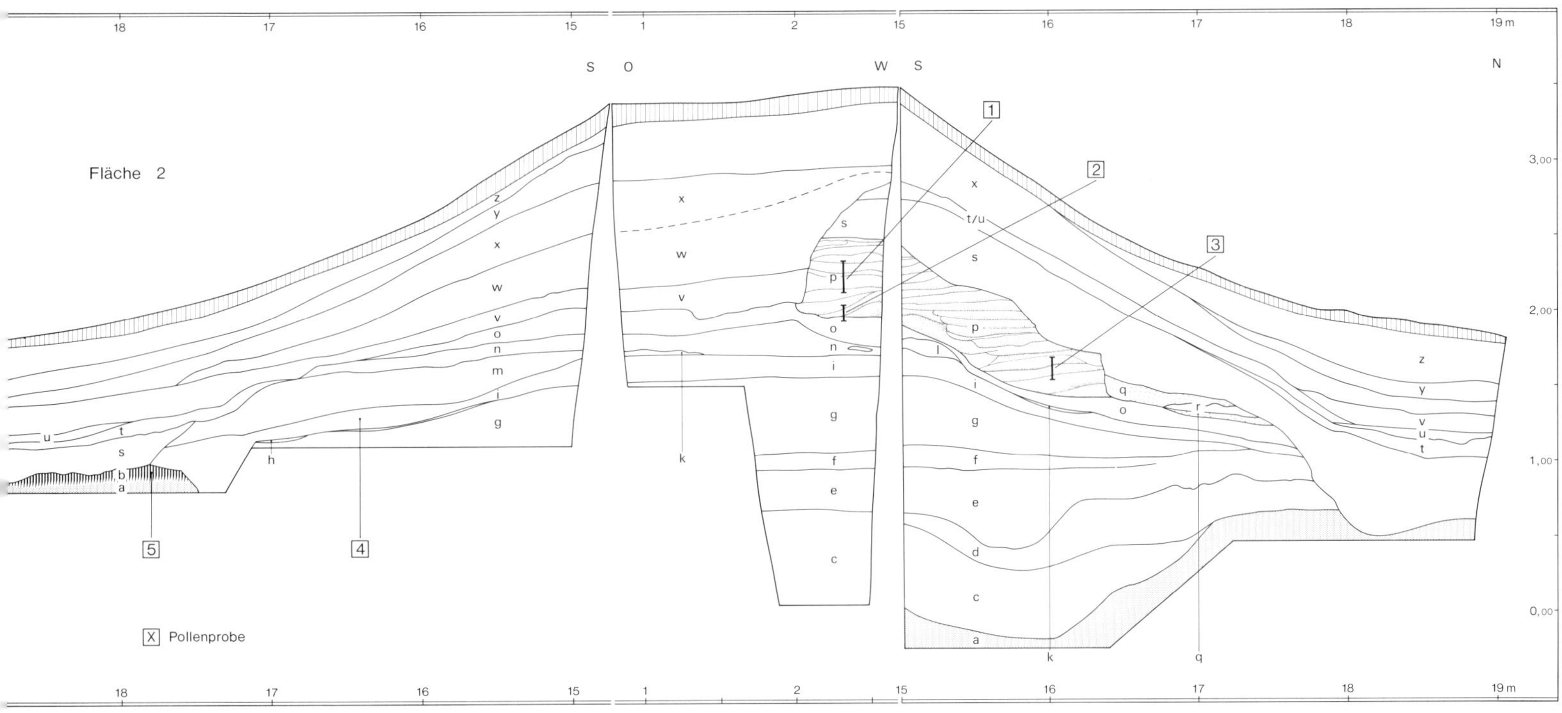

Abb. 153 Tinnumburg, Fläche 2. Profile an der Nordseite. – M. 1 : 50.

Das ist deshalb so wichtig, weil die Höhe der Fundschicht mit dem Nivellement einer Siedlung 1100 m südlich der Tinnumburg korrespondiert (Westerland 25: II 182: 1,30–1,50 m NN)[178]. In der weiter in den Innenbereich führenden Profilaufnahme Dittmanns fehlt diese Schicht.

Die im Innenbereich der Tinnumburg beobachtete, natürlich entstandene holozäne Schichtfolge ist somit typisch für die Sylter Marsch. Am äußeren Wallfuß (Fläche 2) erwies sich diese Gliederung als zerstört *(Abb. 153):* Im Westprofil reichten Gräben *(c* und *s)* bis in den gewachsenen Boden *(a)*, die Sohle des südlichen *(c)* lag 0,2 m unter NN, die des nördlichen *(s)* bei 0,5 m über NN. Zwischen beiden erreichte der gewachsene Boden noch eine Höhe von 0,65 m über NN, allerdings ohne Reste einer Bodenbildung *(a)*, wogegen sie im Ostprofil derselben Fläche zwischen 0,85 und 1,0 m über NN als mäßig ausgebildete Verfärbung erhalten war *(b)*. Die Analyse einer Pollenprobe aus diesem Boden stimmt mit der archäologischen Schichtinterpretation überein und datiert die schwachhumose Lage in die Voreisenzeit. Aus dem botanischen Befund geht auch hervor, daß die pleistozänen Oberflächen an der Innen- und Außenseite des Walles nicht synchronisierbar sind.

Die ältere, 2 m breite, an der Sohle wannenförmige Mulde (*Abb. 153,* Nr. *c*) füllte kleiig-humoses Erdreich (0,45 m), das eine Kleilage (0,3 m), durchsetzt mit Humusklumpen, bedeckte *(d)*. In der jüngsten humosen Planierschicht (*e*: 0,5 m), mit größeren und kleineren Kleibrocken durchsetzt, steckte ein bearbeitetes Holzstück. Die Füllung oben (0,15 m, Oberkante 1,1 m NN) war im Süden mit kiesigem Material *(f)* angereichert. Bodenbildungen mit Bewuchszone ließen sich hier nirgends beobachten. Die Herkunft des Materials und die Ursache der unterschiedlichen Schichtung ließen sich nicht aufklären. Nach Tiefe, Breite und Form könnte es sich bei der Eintiefung im Planum um einen Graben oder einen Priel handeln, wobei die Frage nach der Entstehung offenbleiben muß.

In Fläche 2 folgte auf Strate *f* ein mehrschichtiger, im ganzen trapezförmiger Keil abweichender Konsistenz (*g:* Basis im Südabschnitt des Westprofils bei 1–1,1 m NN, Kante oben bei 1,65 m, weiter nördlich bei 1,1 m NN). Den Kern bildete eine bis 0,45 m mächtige Strate unstrukturierten kleiigen Bodens aus größeren, waagerecht liegenden Kleistücken, Humus oder Sandbrocken, möglicherweise Reste ehemaliger Soden. Entsprechendes kam mehrfach vor aufgehenden Wallfronten in der Archsumburg und der Trælbanken zutage. Diesen Keil überlagerte eine mit Grausand durchsetzte Schicht *(i)*, die im Westprofil durch eine alte Ober-

[178] Kossack u.a. 1974 (Anm. 31) 319ff.

fläche *(k)* abgeschlossen und im Eckbereich zwischen West- und Südprofil bei 1,75 m NN von einer Brandschicht *(l)* bedeckt wurde. Im Ostprofil fehlt ein entsprechender Befund, aber zwischen Keil *(g)* und Sandlage *(i)* fand sich immerhin eine an Vegetationsbänder erinnernde Verfärbung *(h)*, die pollenanalytisch nach F.-R. Averdieck ein ungewöhnliches Ergebnis erbracht hat, das »eher der vorchristlichen Eisenzeit oder einer noch älteren Periode« zuzuordnen sei als der römischen Kaiserzeit. Im Nordostteil des Aufschlusses füllte Schicht *i* einen 0,6 m breiten und 0,4 m tiefen Graben *(j)*, der im Westprofil ausblieb.

Offensichtlich handelt es sich bei Keil *g* um die Ruine eines vermutlich begrünten Wallkörpers (Höhe mindestens 0,5 m). Später bedeckte ihn sandiger Boden *(i)*, Auflage oder Rieselmaterial, dessen Vegetationshorizont *(k)* temporären Stillstand der Baumaßnahmen anzudeuten scheint. Der Wall der Kaiserzeit wird sicherlich um einiges höher gewesen sein, wie sich indirekt am inneren Wallfuß zeigen läßt *(Taf. 36)*: Über den kaiserzeitlichen Siedlungsstraten hatte sich bis 0,25 m mächtiger Schilftorf bilden können (6), sicher nur in konstant nassem Areal. Da die Marsch ringsum nur Höhen zwischen 0,9 und 1,2 m NN erreicht, der Torf aber zwischen 1,5 und 1,75 m NN entstand, muß der Bering auf festem, wasserundurchlässigem Boden gestanden und über lange Zeit den mit Schilf bewachsenen Innenbereich umschlossen haben. Die Schilfwurzeln drangen bis in die kaiserzeitliche Fundschicht ein. Nach den Baumpollen und den »sonstigen Kulturbegleitern« zu urteilen, zählt der Schilftorf aber eher zur Wikingerzeit als zur Kaiserzeit; bei den Verheidungsanzeigern scheint sich das Verhältnis umzukehren, während die »sonstigen Kulturbegleiter« wieder für Wikingerzeit sprechen. Nach der Aufnahme Dittmanns zu urteilen, war die Schilfschicht bis etwa 25 m vor dem Wallfuß deutlich im Profil erkennbar.

In der Fläche 2 fand sich im Westprofil *(Abb. 153)* auf Keil *g* bedeckendem Grausand *i* mit Vegetations- und Brandschicht *k–l* zunächst die sandige Lage *n* (0,05–0,2 m). Sie enthielt zahlreiche Kleibrocken und Holzkohlestücke. Im Süd- und Ostprofil überlagerte diese Strate ein im Westaufschluß fehlendes Schichtpaket *m* aus hellem Sand, durchtretenem, mit Holzkohle angereichertem Klei, fettem Klei und streifig abgelagertem kleiigem Material. Erst hierauf baute die Basis eines Sodenwalles *o*, die im Südprofil bei etwa 1,9 m NN ihre höchste Lage erreichte *(Abb. 154)*.

Die jüngeren Schichten lassen sich in mehrere Abschnitte gliedern: Im gleichen Neigungswinkel wie *o* lagerte Sodenmauer *p* mit mindestens 20 waagerecht gepackten Plaggen aus sandigem Material und zum Teil noch anhaftender Bewuchsschicht *(Abb. 154)*, die nach palynologischer Auswertung in die Voreisenzeit gehört. Am Fuß der Sodenpackung fanden sich horizontal abgelagerte Schuttschichten aus sandigem Material *(q)*, unterbrochen von Kleistreifen *(r)* unterschiedlicher Mächtigkeit. Die Frage nach ihrer Herkunft, ob während des Wallbaus als Rieselsand abgelagert oder Planiermaterial, blieb ebenso offen wie ihr Verlauf nordwärts, weil sie alsbald von einem jüngeren Graben *s* abgeschnitten wurde, eine wichtige Zäsur nach Errichtung der Sodenpackung. Die Grabenfüllung aus Sand, Klei und Torf hatte sich ähnlich der Rieselschichtung streifighorizontal abgelagert. Der Befund wiederholte sich reduziert im Ostprofil. Noch jünger sind der Grabenfüllung aufliegende Schichten aus grauem *(t)* und weißem Sand *(u)*; beide bedeckten, 0,4 m mächtig, die Sodenpackung und den »Schutt« an ihrem Fuß.

Die Sodenlage *p* konnte im Südprofil lediglich in einer Länge von 0,5 m verfolgt werden. Hiernach wurde sie genauso wie die auf dem Wall liegenden und in den Graben ziehenden Schichten *s–u* durch einen nahezu senkrechten Einschnitt *(v–w)* unterbrochen. Die senkrecht zum Wall gezogene Wand erreichte eine Höhe von 0,85 bis 0,9 m zwischen 1,95 und 2,85 m über NN. Später ist der Einschnitt mit Boden verschiedener Konsistenz gefüllt worden: Im Ost- und Südprofil folgten zunächst eine bis 0,2 m mächtige sandig-humose, kleiige Schicht *v*, die von einem mächtigen, keilförmig auslaufenden Sand *w* bedeckt war. Hierauf legte sich ein 0,35 m dicker, streifig sedimentierter Grausand *x*, eine Schicht humosen Sandes *y*, Rieselmaterial verschiedener Konsistenz und schließlich 0,1 m Mutterboden mit Bewuchs. Der Einschnitt im Sodenwall war im rezenten Wallkörper in keiner Weise sichtbar und dürfte deshalb im Zuge der frühgeschichtlichen Bautätigkeit eingeebnet worden sein.

Die Sohlenhöhe *(o/v)* korrespondiert mit der Oberkante einer ehemaligen frühgeschichtlichen (?) Oberfläche im Wallinneren *(Taf. 36*, Nr. 8). Ob dieser Vergleich eine Datierung des Sodenwallauftrags *p* ff. oder lediglich des gesamten Einschnittes *v* ff. in die Wikingerzeit begründen kann, erscheint fraglich. Stratigraphisch liegen die Schichten *c–f* unterhalb und in Höhe der holozänen Oberfläche, wie aus Fläche 1, Schicht 1–3 *(Taf. 36)*, hervorgeht; Auftrag *g* und *h* erreichte die Höhe des zusammengepreßten, postkaiserzeitlichen Schilftorfes (6), dessen Entstehung einen Stauwall voraussetzt. Dieser bestand nicht allein aus Lockermaterial der Straten *i–o*, sondern muß vermutlich auch die Sodenwand *p–u* umschlossen haben. Die Soden in Schicht *p* bestanden aus wesentlich festerer Substanz als die Sand-Sodenpackungen des sicher frühgeschichtlichen Wallkörpers an der Beringinnenseite (Fläche 1), so daß von unzusammenhängenden Baumaßnahmen und von Baustoffen wechselnder Qualität ausgegangen werden kann. Dies begründet die Annahme, daß die Wallschichten *p–u* in die Zeit vor Ablagerung des Schilftorfes (6) datieren.

Die ältesten Schichten am inneren Wallfuß *(Taf. 36)* lassen sich durch Höhenvergleich unter dem oben beschriebenen Vorbehalt mit bestimmten Bauperioden im Außenbereich *(Abb. 153)* korrelieren. Auf Schilftorf (6) folgte eine 0,40 m mächtige Schicht aus horizontal gelagertem, kleiig-humosem Material, unterbrochen von Grausandlinsen (7) und abgeschlossen durch Bewuchsstrate 8, eine dunkle Verfärbung mit Fundeinschlüssen (Tonscherben). Auf 8 lagerte wieder Grausand (9: 0,1 m), der im Süden von einer jüngeren »alten Oberfläche« bedeckt war (10). Hierauf fand sich eine 0,35 m mächtige Schichtfolge unterschiedlicher Struktur, die ein Pfosten schnitt (13): eine linsenförmige, 0,6 m breite und 0,1 m dicke Sodenlage (11), vermutlich Rest einer Hauswand, und dünne Straten humosen Materials (Sand, Klei,

Abb. 154 Tinnumburg, Fläche 2. Südwestecke mit Sodenlagen einer frühen Wallperiode.

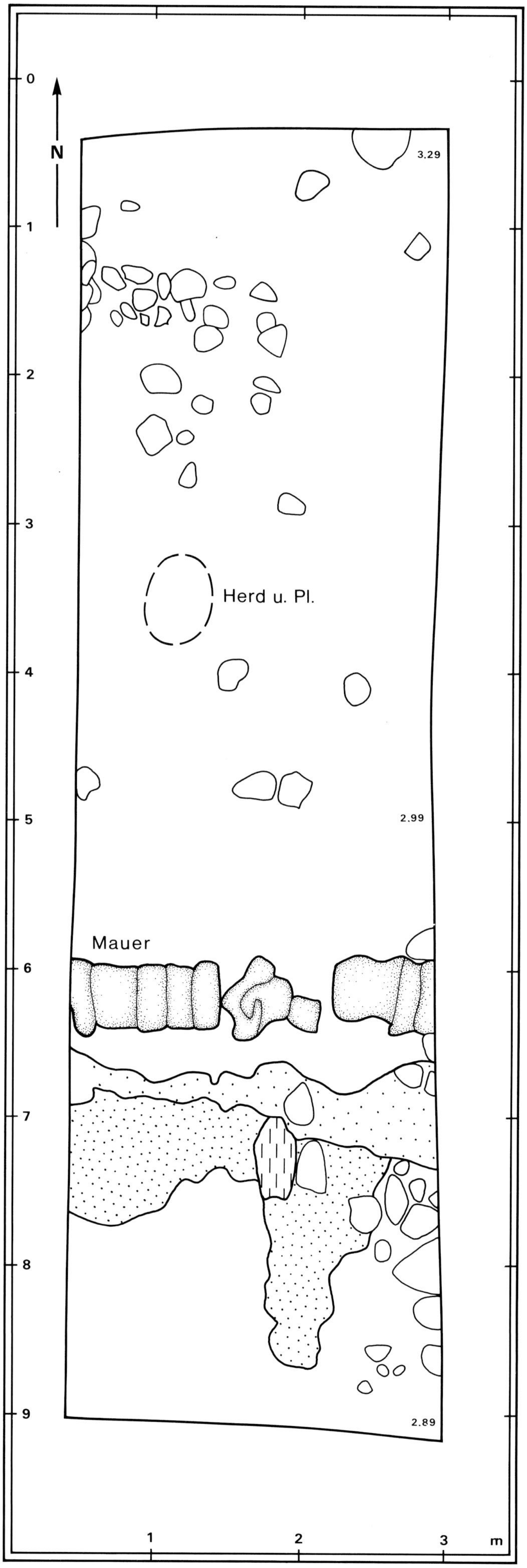

Brandschutt und Steine: 12). Den restlichen Teil des Profils (1,4 m bis zur Grasnarbe) charakterisiert ein regelmäßiger Schichtenaufbau (14): Auf torfig-humoser, vom Liegenden durch einen dünnen Sandstreifen getrennter Schicht folgte eine weitere Sandlage. Dieser Wechsel zwischen torfig-humosem und sandigem Material wiederholte sich insgesamt achtmal.

Stellenweise unterbrachen Sodenblöcke aus Grausand die sonst gleichmäßig verlaufenden Schichten. Im Planum zeigten sich zugehörige Mauerzüge, die in einem Fall von einem Steinpflaster begleitet wurden (stratigraphisch im Ostprofil gesichert). Kleifüllungen in der Fläche könnten von Pfosten stammen. Eine ovale Herdstelle ohne festen Unterbau *(Abb. 155)* zwischen Wallfuß und Hausmauer ließ sich ebensowenig zuordnen wie unregelmäßige Verfärbungen mit Brandschutt und Sodenstapel als Begrenzung der Wallfront innen. Eine weitergehende Würdigung des frühgeschichtlichen Baubefundes muß unterbleiben, weil noch keine Korrelation zwischen den verschiedenen Hausresten und dem Wall erfolgen kann.

Funde

Keramik

Der überwiegende Teil der kaiserzeitlichen Fundeinschlüsse besteht aus Scherben, die sich in einigen Fällen zu Gefäßen rekonstruieren ließen. Sie lagen überwiegend in den Kulturschichten zwischen Kleisediment und Schilftorf; nur drei Scherben fanden sich im höheren Bereich *(Abb. 156,1–2)*. Es handelt sich dabei um verschlepptes, abgerolltes und verwittertes Material, das zusammen mit zwei Rand- und 18 atypischen Wandscherben frühgeschichtlicher Zeitstellung in einer Schicht zutage kam. Bei den Scherben aus der kaiserzeitlichen Kulturschicht überwiegen verdickte Ränder (Typ 1–2) *(Abb. 156,1–4)*. Der Fußteil eines Pokals *(Abb. 156,10)* und Zierelemente wie Riefung – allerdings in schmaler Ausführung –, Kamm- und durch Rillen begrenzte Einstichmuster *(Abb. 156,2.8)* belegen überzeugend jene Phase der älteren römischen Kaiserzeit, die auch in der Archsumburg und in Trælbanken vertreten ist. Ein Topf (?) mit flachen Dreieckrillen *(Abb. 156,5)* ist wahrscheinlich das jüngste Fundstück. Ein Webgewicht mit verwaschenem, pyramidenförmigem Querschnitt *(Abb. 156,9)* hat Entsprechungen im

Abb. 155 Tinnumburg, Fläche 1. Frühgeschichtliche Befunde. – M. 1 : 40.

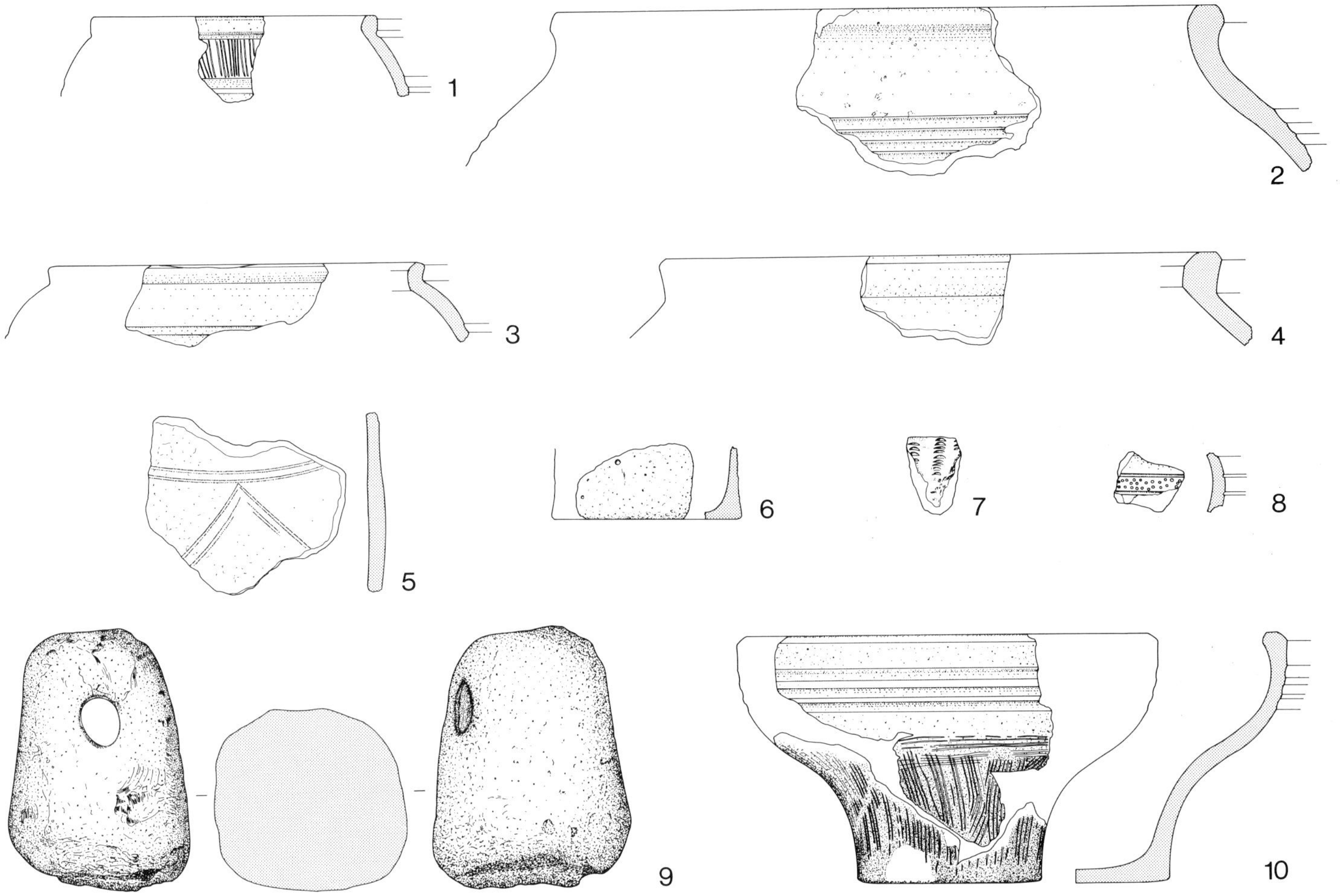

Abb. 156 Tinnumburg. Kaiserzeitliche Keramik. – M. 1 : 3.

Material des 2. Jahrhunderts von Tofting[179]; die Form kommt aber auch in Eddelak, in Westjütland und in der Feddersen Wierde vor[180]. Hier war sie in allen Perioden vertreten. Gegen eine zeitliche Einordnung des Fundes in die Zeit um und nach Christi Geburt gibt es von dieser Seite keine Einwände. Die aus der kaiserzeitlichen Fundschicht stammende »neolithische« Scherbe unterschied sich durch Brand, Magerung und Verzierung deutlich *(Abb. 156,7)*. Das Ornament begegnet u.a. auf Keramik aus Gräbern aus Keitum und Schwesing bei Husum[181].

Steingerät

Außer einer Mahlsteinhälfte, ein Streufund, fanden sich nur einige wenige, chronologisch und funktional kaum aussagefähige Steinartefakte. Die kaiserzeitliche Fundschicht enthielt beispielsweise lediglich vier Reibsteine, während die frühgeschichtlichen Fundstraten sowohl Reibsteine (2) als auch Wetzsteine unterschiedlicher Form (3) aufwiesen. Auffälligerweise fanden sich sieben Flintabschläge ausschließlich in den höheren Schichten. Vermutlich sind sie mit Füll- oder Baumaterial in den Wallbereich verschleppt worden. Hierauf deutet die Braunfärbung von Flintstücken.

Die Zusammensetzung der Keramik und das Webgewicht könnten aus einem beliebigen Probeschnitt gleicher Größe in einer kaiserzeitlichen Siedlung stammen. Zwar reicht die Auswahl für eine Datierung der Schichten auf dem Klei in die frühe nachchristliche Eisenzeit aus, sie trägt aber nicht zur Beantwortung der Frage nach der Funktion des Erdwerkes bei.

179 Bantelmann (Anm. 108) Taf. 36,7.
180 Ebd. 73; Haarnagel (Anm. 38) Taf. 68, 1–3.5–7.

ERGEBNISSE

Die Tinnumburg wurde auf der ältesten Kleischicht der Sylter Südermarsch in der Zeit um Christi Geburt errichtet. Der Primärwall ließ sich bei der Testgrabung nicht erfassen. Vielleicht stellt die ins Pleistozän eingetiefte Mulde *(c)* einen Graben vor dem Bering dar, wie er in Trælbanken belegt ist. Es gelang nur, keilförmig auslaufende, teilweise durch Bewuchs- und Brandschichten abgedeckte Wallteile nachzuweisen.

Auch von einer Bebauung am Wallfuß innen fehlt jeder Hinweis. Der dem Klei aufliegende, mit zahlreichen kaiserzeitlichen Scherben durchsetzte Boden (4–5) darf als zum Burgzentrum ausdünnende Kulturschicht gelten. Die Höhe des ehemaligen Wallkörpers ermittelten wir indirekt über das Niveau eines Schilftümpels, der das Erdwerk gegen Austrocknung schützte und sich über Marschhöhe gebildet hatte (6).

Der heute sichtbare Wall stammt aus der Wikingerzeit. Über die Art des Wallbaus im 8.–10. Jahrhundert erzielten wir keine Klarheit. Der Wallkörper wird aus Soden bestanden haben, die, schichtweise unterbrochen von Schutt- oder Sandlagen, aufgetragen worden sind. Eine frühgeschichtliche Innenbebauung ist sicher (Sodenwandzüge, Herdstelle, Brand- und Steinschicht, Pfosten), die Frage der Korrelation mit einer der Wallbauphasen blieb offen.

Der in der Marsch gelegene Ringwall gehört somit primär zu den in der frühen römischen Kaiserzeit errichteten Rundwällen. Man nutzte ihn im 8.–10. Jahrhundert nach einer Vermoorungsperiode erneut. Eine Kontinuität bis ins Mittelalter ließ sich nicht nachweisen, wodurch Spekulationen im Zusammenhang mit der späteren nahen Vogtei oder mit der Tätigkeit des Ritters Klaus Limbeck aus archäologischer Sicht entfallen.

Trælbanken

EINFÜHRUNG

Lage

Auf dem nordfriesischen Festland zwischen Eider und Wiedau gibt es nach Ausweis der archäologischen Landesaufnahme kein mit den Inselburgen vergleichbares Erdwerk[182]. Dagegen gelang es am Rande des nördlich anschließenden Marschengürtels bei Kærgaard in Nordschleswig, einen römerzeitlichen Bering durch einen Wallschnitt zu dokumentieren[183]. Er gleicht sowohl nach seinem äußeren Erscheinungsbild als auch nach seinem Aufbau dem Archsumer Ringwall; beide Anlagen sind 25 km voneinander entfernt.

Die nordfriesische Marsch zwischen der Pleistozänhöhe bei Emmerlev, die bis an das Watt reicht, und der 50 km entfernten, ebenfalls seenahen Schobüller Geest bei Husum bildet eine geschlossene Landschaft, im Osten begrenzt von der durch Talauen zerklüfteten Altmoräne, in Ost-West-Richtung durchschnitten von wasserreichen Flußsystemen und gekammert durch bewaldete Kuppen bis 40 m Höhe über NN. Am Nordrand der Festlandsmarsch erstreckt sich eine küstenparallele, über 1 km breite Talaue, die den kliffbildenden Pleistozänkern zwischen Emmerlev und Ballum von der östlichen Altmoräne trennt *(Taf. 38)*. In der Nordhälfte des etwa 13 km langen Tälchens speist ein größeres Moor (Sønder Skast Mose und Kogsbøl Mose) den gegen Norden fließenden Bach Hørmøls und das entgegengesetzt entwässernde Rinnsal Sejersbæk, das nach 11 km in die Wiedau mündet[184]. Aus älteren Karten wie der Mejers aus dem Jahre 1648 geht hervor, daß die Sejersbæk damals anders als heute direkt ins Wattenprielbett der Wiedau floß *(Taf. 2)*[185]. Die südlich angrenzenden Köge (Gammel und Ny Frederikskog) zwischen der Ortschaft Højer auf dem Geesthorst von Emmerlev und die mittelalterlichen Marschensiedlungen um Rodenäs weiter südlich bestanden damals noch nicht.

Anscheinend ist die nach Mejer trichterförmig in die Nordsee mündende Sejersbæk niemals schiffbar gewesen. Das heute geradlinig durch dräniertes Wiesenareal ziehende Gewässer führt in seinem mittleren Bereich keine nennenswerten Wassermengen. Für die Annahme, dies sei früher anders gewesen, gibt es keine Anhaltspunkte.

Wo die Talsenke zur eigentlichen Marsch übergeht, liegt wenige hundert Meter weiter nördlich, für das ungeschulte Auge kaum wahrnehmbar, eine Ringwallanlage im Wiesengelände. In den Karten und in der Literatur wechselt der Flurname zwischen Trælborg, Trælbanken, Troldeborg und Troldbanken[186]. Im folgenden soll allein die Bezeichnung Trælbanken Verwendung finden, um damit auszudrücken, daß die Endung -borg (burg) die einstige Funktion nicht wiedergibt.

Kleischichten in frisch ausgehobenen Entwässerungsgräben beiderseits der Umwallung deuten, obwohl 2 km vom Marschenrand entfernt, Meereseinfluß an. Die Kleigrenze, in einem Streifen bis 250 m nördlich und 400 m südlich der Anlage erschlossen, zeigt, daß das Erdwerk bei extremer Wetterlage als Insel in überschwemmtem Gebiet gelegen haben muß, denn auch in der Wiese zwischen Geest und Wallkörper wurden noch geringe Kleimengen festgestellt *(Abb. 157)*. Die Oberkante der Kleidecke schwankt im Nivellement erheblich: nördlich des Beringes zwischen 0,35 und

[181] Kersten u. La Baume (Anm. 3) Taf. 12, 10; Hinz (Anm. 96) Taf. 14,8.

[182] Hinz (Anm. 96).

[183] Harck, Trælbanken ved Kærgård – et voldsted fra oldtiden. Nordslesvigske mus. 6, 1979, 29ff.

[184] N. Kingo-Jacobsen, Træk af Tøndermarskens naturgeografi. Folia Geographica Danica 7, 1 (1964).

[185] Danckwerth (Anm. 2) Karte XI.

[186] Trælborg: Geodætisk Instituts kort Nr. 1111, Højer (1: 25000); Troldeborg: J. Iversen, Danmarks Natur 1 (1967) 420ff.; Troldbanke: Geodætisk Instituts generalstabskort 1: 100000[3] (1940) kort 37; Trælbanken: J. P. Trap, Danmark[5] 10, 2 (1966) 621ff.

10
KÆRGARD
Trælbanken
5
SEJERSBÆK
DALER
10
HOJER
5
5

Abb. 158 Trælbanken, von Osten gesehen (Foto: H. Stiesdal, Kopenhagen).

1,13 m über DNN, südlich 1,06 bis 1,53 m über DNN[187]. Unter dem Klei liegt eine anmoorige Schicht von einiger Mächtigkeit auf Talsand. Dieser geologische Befund ist auch von anderen Teilen der nordfriesischen Marsch bekannt: Es sind Ablagerungen des Mittelalters (nach 1362), für die eine Sedimentation über Geestrandmooren charakteristisch ist[188].

Die Lage der Trælbanken muß als ungewöhnlich gelten, vergleicht man sie mit der Topographie anderer Siedelplätze (vgl. *Abb. 157*). Ob der Bering in trockenem Ödland oder in einem Areal errichtet wurde, das von Ebbe und Flut abhängig war, diese Frage bleibt allerdings ohne Antwort.

Beschreibung

Die leicht ovale Umwallung läßt sich deutlich anhand einer Luftbildaufnahme und einem während unserer Grabung überprüften Feinnivellement beschreiben *(Abb. 158;*

[187] Das DNN liegt 0,11 m unter dem Normalnull (NN) der Bundesrepublik.

[188] W. Prange. Das Holozän und seine Datierung in den Marschen des Arlau-Gebietes, Nordfriesland. Meyniana 13, 1963, 47ff., bes. 58ff.; ders., Geologische Untersuchungen in den Marschen der alten Köge vor Bredstedt, Nordfriesland. Neues Jahrb. Geol., Mineralogie u. Paläontologie 10, 1968, 619ff., bes. 631ff.

◁ Abb. 157 Trælbanken, Sønderjyllands amt. Topographie. – M. 1 : 15000.

Abb. 159 Trælbanken zu Beginn der Ausgrabung 1978 (von West).

Taf. 39)[189]. Der Durchmesser Nordost-Südwest beträgt 110 m, Nordwest-Südost dagegen rund 85 m, gemessen an der nach den Isohypsen bestimmten »Wallkrone«. Entwässerungsgräben umfahren den nordöstlichen und südwestlichen Wallsektor und heben dessen Krümmung und Relief dadurch markant hervor. Im Westen und im Norden erreicht das Erdwerk die 3 m-Isohypse, in den übrigen Abschnitten nur Höhen zwischen 2,5 und 2,75 m, das Innere des Erdwerks 1,75 m, die Felder außerhalb durchweg 1,25 und 1,50 m, nur der Streifen zwischen Wallkörper im Westen und Geest zwischen 1,75 und 2,25 m DNN. Flurteilung böschte den Wallkörper im südöstlichen Abschnitt und zerstörte dabei den Wallfuß (vgl. *Taf. 39*).

Ob eine schwach ausgebildete, nur wenige Meter breite Senke im nördlichen Wallkörper von einem Tor stammt, kann nur Grabung klären. Die weitaus breitere Mulde in der südöstlichen Wallkrone dürfte demgegenüber durch Bodenabtrag entstanden sein. Hinweise auf einen Weg zwischen Geest und Bering fehlen *(Abb. 159)*.

Forschungsstand

Der Geestort Kærgaard wird erstmalig 1280 erwähnt[190], 100 Jahre später zum zweiten Mal 1378. In der Karte von Mejer aus dem Jahre 1648 ist *kiergard* eingetragen *(Taf. 2)*, aber ein Hinweis auf eine Umwallung wie auf Sylt und Föhr fehlt.

[189] Herr Architekt J. Hertz, Miljøministeriet, Fredningsstyrelsen, Kopenhagen, stellte den 1960 aufgenommenen Grundplan ohne Vorbehalte für die Veröffentlichung zur Verfügung.

[190] Angaben bei Trap (Anm. 186) 621.

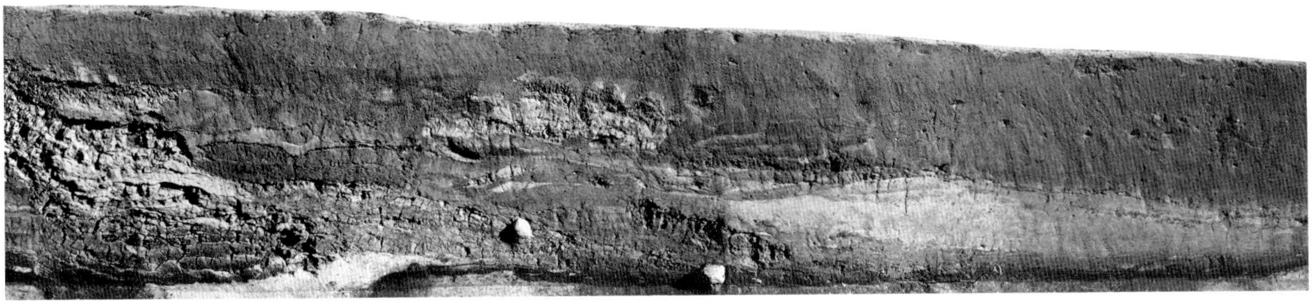

Abb. 160 Trælbanken. Fotomontage vom Nordprofil. – M. 1 : 40.

Das Archiv des Dänischen Nationalmuseums in Kopenhagen verzeichnet die älteste zuverlässige Nachricht über das Denkmal für das Jahr 1858: Nach der von Lehrer J. Hansen (Sønder Sejerslev) verfaßten Chronik der Gemeinde Emmerlev nannte man die Straße von der Ortschaft Kærgaard ostwärts Trælborgvejen, während das auch als Ackerland genutzte Burgareal Trælbanke hieß[191]. Über das Innere der Anlage wird mitgeteilt, es habe 20 Jahre zuvor (um 1840) so tief gelegen, daß ein aufrechtstehender Mann kaum die Schornsteine in Kærgaard habe sehen können. Später sei dieser Bereich allerdings durch Boden vom Wallkörper aufgewühlt worden, so daß das Niveau sowohl innerhalb des Wallkörpers um 1850 etwa die gleiche Höhe gehabt habe. An der Ostseite habe man außerdem einen Graben gezogen, um Stauwasser abzuleiten. Über den Wallkörper selbst berichtet Hansen, er bestehe aus humosem Material, der an einigen Stellen jedoch mit rötlichem Sand durchsetzt sei; im Nordwesten wären außerdem mehrere große Steine ausgegraben worden. An Funden kannte der Chronist nur einen Topf (»Urne«) mit einem verrosteten Schlüssel darin. Aus den nördlich anschließenden Wiesen stammten vermutlich einige Eichenpfähle.

Große Steine sind auch später noch beobachtet worden, auch Holzkohle, als man die Dränage durch den östlichen Wallabschnitt zog. Beim Pflügen 1964 kamen abermals mehrere Steine im Westbereich des Walles, verteilt auf 30 bis 40 m, zum Vorschein. Dieser Fund wurde schließlich nach Kopenhagen gemeldet. O. Olsen besuchte daraufhin den Platz und beschrieb ihn[192]. Der Tiefpflug hatte am Nordteil der Wallkrone einen 10 m langen dunklen Streifen aufgewühlt, den Olsen als Kleisodenrest diagnostizierte. Datierende Fundstücke blieben aus, doch hatten Mitarbeiter der damals durchgeführten Grabung in Drengsted außerhalb des Wallfußes prähistorische Keramik aufgelesen.

O. Voss (Kopenhagen) begann dort im folgenden Jahr zu graben. Ein 50 m langer und 1,50 m breiter Schnitt, durch Dauerregen alsbald zerstört, klärte den Aufbau: Während einer ersten Bauphase entstand ein 2 m breiter und 1 m hoher Wall aus Sand- und Humussoden, davor lagen ein 0,8 m tiefer und 2,5 m breiter Graben, 1 m entfernt ein zweiter, nach Voss vermutlich einem späteren Wallausbau zugehörig, der den älteren Graben planierte. Gleichzeitig hatte man den Wall innen erweitert und die Gesamtbreite des Erdwerkes schließlich auf 8 m verbreitert. Am Fuß des Innenwalles fand Voss unvermutet einen 2 m breiten und 0,8 m tiefen, trogförmigen Graben. Als datierbare Funde fanden sich einige wohl jungkaiserzeitliche Scherben an der »Oberfläche der verlassenen Anlage«, etwa 0,8 m unter der heutigen Vegetationsschicht[193].

[191] Bericht im Topographisch-Antiquarischen Archiv der 1. Abteilung des Nationalmuseums, Kopenhagen.

[192] Bericht von O. Olsen vom 17. 10. 1964 im Topographisch-Antiquarischen Archiv des Nationalmuseums Kopenhagen.

[193] Bericht O. Voss vom 2. 8. 1967.

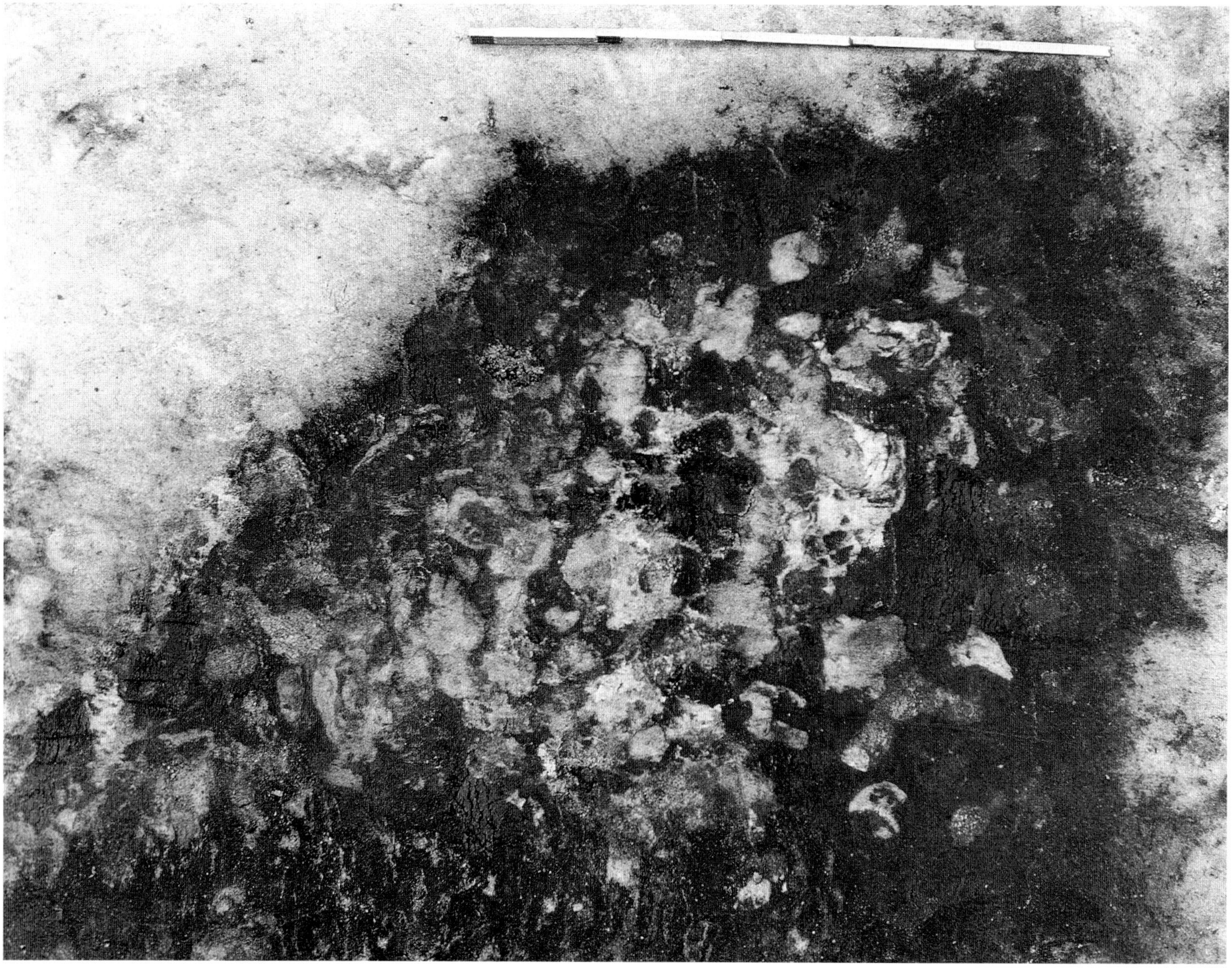

Abb. 161 Trælbanken. Trittsiegel unter dem kaiserzeitlichen Wall.

Während der Ausgrabung 1965 entnahm der Botaniker J. Iversen (Kopenhagen) Pollenproben aus der ehemaligen Oberfläche, die unter dem Primärwall noch erhalten war.

Der von Voss verfaßte Bericht, ein Profilaufriß im Maßstab 1 : 20 und eine Diaserie, die er uns dankenswerterweise zur Verfügung stellte, enthalten bereits, verglichen mit den Ergebnissen der Grabung 1978, gültige Einsichten in die Stratigraphie der Wallfront außen. Teileinsichten wurden 1966 in einer topographischen Landesbeschreibung publiziert: Der Wall, hieß es da, sei aus Grassoden errichtet, vermutlich mehrfach erweitert und mit mehreren Gräben umzogen worden; die Anlage dürfte nach Aussage der Keramik in die Eisenzeit gehören[194].

[194] Trap (Anm. 186) 621ff.

AUSGRABUNG 1978

Befunde

Bei der Suche nach Parallelen zur Archsumburg wies Voss bei Besuchen auf Sylt auf die Trælbanken hin. Nach Kenntnis der Befunde aus der Archsum- und der Tinnumburg und des ebenfalls aus der älteren Kaiserzeit stammenden Fundmaterials unterhalb der frühgeschichtlichen Lembecksburg auf Föhr stellte sich die Frage, ob solche Umwallungen allein für die Inselbevölkerung typisch gewesen seien. Mit finanzieller Unterstützung der Deutschen Forschungsgemeinschaft und tatkräftiger Hilfe des Museums in Haderslev (Steen Andersen) und der zuständigen Abteilung des Ministeriums für Umweltfragen in Kopenhagen (J. Hertz)[195] konnte im August 1978 in Trælbanken ein 40 m langer und 3 m breiter Schnitt angelegt werden, der aus arbeitstechnischen Gründen in zwei durch einen schmalen Quersteg getrennte Felder geteilt wurde. Die Dokumentation besteht aus der zeichnerischen Aufnahme des Flächenbefundes (sechs Plana im Außenbereich und sieben an der inneren Wallfront) und der Profile, die auch fotografiert wurden.

Oberfläche vor dem Bau des Walles

Der pleistozäne Untergrund und die in Resten erhaltene Oberfläche aus der Zeit vor Baubeginn *(Beil. 11)* erwies sich als ungleichmäßig reliefiert. Innerhalb des Walles lag das postglaziale Niveau bei 1,9 m, unter dem Primärwall bei 1,65 m, unweit des äußeren Grabens bei 1,55 m DNN. Demnach hatte man den Ringwall auf einer flachen, sandigen Kuppe aufgebaut, 0,75 m über Flur, zwischen Wall und Moränenrand jedoch erheblich weniger.

Die alte Oberfläche erschien unter dem Primärwall konserviert. Hier trat sie als eine zwischen 3 und 6 m breite, 0,15 m mächtige dunkle Humusschicht hervor und hob sich dabei markant vom weißen Sand des Untergrundes ab *(Abb. 160)*. Im Westen unterbrach sie ein Graben vor dem Wall, im Osten, am Innenfuß des Sodenwalles, schützte sie eine Rieselschicht vor Zerstörung. Im Nordprofil *(Beil. 11)* ließ sie sich um weitere 2–3 m ostwärts verfolgen.

Als der erste Sodenwall errichtet wurde, trug man die Vegetationsdecke außerhalb des Beringes offenbar völlig ab, innerhalb des Erdwerkes blieb sie dagegen vom Ostrand des Innengrabens bis zum Ende des Schnittes erhalten, hier lief sie aber zwischen 84 und 90 m OW mit jüngeren Schichten zusammen, so daß sie nicht mehr in situ verifizierbar war. Prähistorische Funde fehlen in der Vegetationsschicht; ein Befund ist allerdings erwähnenswert[196]: Östlich des Innengrabens fand sich im Planum und im Nordprofil zwischen 77 und 79 m OW eine 1,5 m breite, in das Pleistozän flach eingetiefte Mulde, gefüllt mit tiefschwarzem Humus in einer Stärke von 0,25 m. Beim Putzen des Planums kamen zahlreiche mit Gelbsand gefüllte Trittsiegel von größeren Huftieren, vermutlich von Rindern zum Vorschein *(Abb. 161)*. Stratigraphisch gehören sie in eine Zeit, als der Bering bereits bestand und mehrfach aus- und umgebaut worden war, die Verfärbung selbst könnte dagegen älter sein.

Iversen entnahm 1965 Pollenproben in der ehemaligen Oberfläche unter dem ältesten Wall am Innengraben etwa bei der Koordinate 78,3 m OW und in einer stratigraphisch vergleichbaren Strate bei 87,7 m OW (Nordprofil 1978, *Beil. 11*). Das Ergebnis deutet eine vierteilige Vegetationsfolge während des Neolithikums an (frühes Subboreal) *(Abb. 162):* Zunächst wuchs auf der Anhöhe aus spätglazialem Flugsand die Linde zusammen mit der Eiche. Der Wald wurde aber bald gelichtet; die ersten Gräser stellten sich ein, Weißklee belegt Weide. Einzelne Getreideanzeiger deuten Ackerbau im Umfeld an. Der Anteil der Kulturpflanzen ging jedoch später zugunsten der Linde zurück. In den oberen Straten stiegen die Kulturanzeiger dafür wieder deutlich an: Getreide und zugehörige Unkräuter erscheinen so häufig in den Spektren, daß Iversen während dieser jüngsten Phase sogar kleine Äcker nahebei für denkbar hält. Klee, Hahnenfuß und Anemone im gelichteten Wald sprechen außerdem für Tierhaltung auf der Trælbanken. Die Datierung der Schichtfolge beruht ausschließlich auf dem Pollenspektrum; in einem dem Ausgräber übergebenen Bericht hob Iversen hervor, daß die oberen Teile der primären Oberfläche fehlten, so daß die Analyse nur einen Ausschnitt der früheren Vegetationsgeschichte erfasse[197].

Aus der Zeit vor dem Wallbau stammen Erlenwurzeln aus nassem Sandboden in den Gräben vor dem Kernwall und einer späteren Wallerweiterung[198]. Im Vorbericht wird

[195] Bei der Untersuchung assistierten stud. phil. K.-H. Willroth, Kiel, und der Schüler M. Schirren, Kiel.

[196] Iversen (Anm. 186).

[197] Brief vom 12. 1. 1966.

[198] Holzartbestimmung durch Dr. H. Kroll, Institut für Ur- und Frühgeschichte, Kiel.

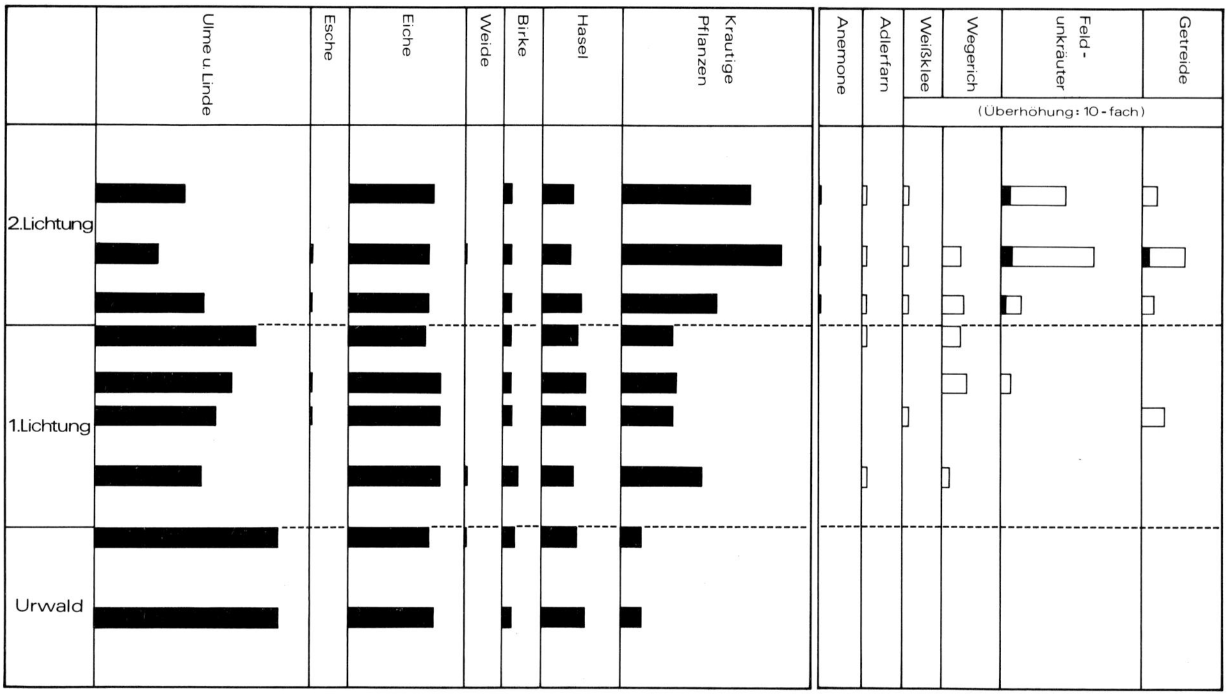

Abb. 162 Trælbanken. Pollendiagramm der vorwallbauzeitlichen Oberflächen (nach Vorlagen von Iversen).

hierzu die Vermutung geäußert, der Bewuchs könnte einer Verlandungsphase der Gräben angehören, in der die Anlage bereits verlassen war[199].

^{14}C-Messungen an Hölzern aus dem Füllmaterial ergaben weitgehend übereinstimmende Daten für die Zeit um Christi Geburt (zwischen 340 v. bis 70 n. Chr. Geb.). Sie stehen dabei im Gegensatz zum gemessenen Alter der aus dem Untergrund entnommenen Erlenproben (KI-1702: 2730 ± 65 BP; KI-1700: 4640 ± 90 BP)[200]. Daraus könnte man schließen, daß die Niederung der Sejersbæk vor Anlage des Erdwerkes Erlen trug, deren Wurzeln im nassen Sanduntergrund erhalten geblieben sind.

Der Widerspruch läßt sich archäologisch nicht entscheiden: An keiner Stelle konnten Besiedlungsanzeiger wie Flintgerät und neolithische Keramik geborgen werden. Nach Unterlagen des Museums Haderslev gibt es allerdings Hinweise auf Pfeilspitzen und Beile von einer Fundstelle unmittelbar südlich der Umwallung[201]. Die Frage, ob andere Verfärbungen im Untergrund die frühe Datierung der alten Oberfläche belegen könnten, wird schwer zu beantworten sein. Es fanden sich im Südprofil bei 84–85 m OW und bei 86–87 m OW flache, mit streifig geschichtetem, hellem und dunklem Boden gefüllte wannenförmige Gruben; die Vegetationsschicht zog jedoch deutlich über sie hinweg, so daß natürliche Entstehung wahrscheinlich ist. Hierbei sollte aber nicht übersehen werden, daß die neolithische Oberfläche und die jüngeren Kulturschichten im Zentrum der Anlage (84 und 90 m OW) weitgehend zusammenlaufen und deshalb nicht mehr differenzierbar sind.

Ein anderes Problem stellt die Podsolierung des Untergrundes dar. Während der gewachsene Boden unter dem jüngeren Teil des Wallkörpers und im Bereich der angrenzenden Gräben als hellgrau-gelblich gefärbter Sand ausgebildet war, gab sich die pleistozäne Oberfläche im östlichen Schnitteil (80 und 90 m OW) als weißer, allerdings mehrfach durch dunkle Schlieren unterbrochener Bleichsand zu erkennen. Mehrmals fand sich eine mächtige, rötlich-braune Ortsteindecke 0,15 m und 0,30 m unter der Strate, die sich zwischen Bleichsand und erster Vegetationsschicht gebildet hatte; die Podsolierung wird demnach in der Zeit nach dem Wallbau entstanden sein, zumal entsprechende Bildungen unter dem Wall fehlten.

[199] Harck (Anm. 183) 35.

[200] Die Ermittlung der ^{14}C-Werte wird Prof. Dr. H. Willkomm, Institut für Reine und Angewandte Kernphysik der Universität Kiel (^{14}C-Labor), verdankt.

[201] Mus. Haderslev Archivnr. 46.

Der Wall

Der primäre Wallkörper stand auf der schon beschriebenen, weit vor der römischen Kaiserzeit gebildeten Oberfläche. Der älteste Bauabschnitt (Ia/b) bestand aus einem 2,1 m breiten Sodenstapel und einem 1,8 m breiten vorgelagerten Graben (I). Bereits hier deutet sich die besondere technische Konzeption der Anlage insgesamt an: Im unteren, 7. Planum zeichnete sich der Graben, 0,65 m in lockeren Sandboden eingetieft, als gleichmäßig leicht gekrümmte, wannenförmige Zone ab, nur durch Tiergänge und Kanteneinbruch stellenweise leicht beschädigt, im Gegensatz zu den jüngeren, weitaus unregelmäßiger verlaufenden Gräben immerhin eine geplante Ingenieurarbeit. Ohne Berme setzte die Front des aufgehenden Wallkörpers unmittelbar an der Innenkante an. Der Wall selbst läßt sich in zwei Abschnitte gliedern: Auf der Humusschicht des Neolithikums waren zunächst länglich geschnittene Soden aus hellgrauem, sandigem Material mit der Schmalseite nach Westen als Reihe am Grabenrand gestapelt (Planum 5), eine 0,6–0,75 m hohe Packung, die später die Grundlage für die erste Wallfront bilden sollte. Dahinter schütteten die Erbauer weißen, aus dem Graben stammenden Sand bis zu einer Breite von 1,6–1,7 m und einer Höhe von 0,2–0,3 m *(Abb. 160)*, gegen das Berginnere von mäßig gestochenen, flach liegenden Soden als Kern einer mittleren »Wallfront« gesichert (Planum 5). Schließlich füllte man weiteren Sand bis zur Oberkante der Außenfront auf.

Abb. 163 Trælbanken. Profil des Primärwalles (von Süd).

Abb. 164 Trælbanken. Graben I vor dem Primärwall (von Süd).

In einem zweiten Schritt (Phase Ib) ist der Wall bis etwa 0,9 m über der alten Oberfläche erhöht und die Innenseite mit hellgrauen großen Sandsoden verfestigt worden. Der Aufbau zeichnete sich durch Regelhaftigkeit der Kopfsoden außen wie innen aus (Planum 3 und 4); da Unregelmäßigkeiten und Beschädigungen fehlen, macht er einen nahezu perfekten Eindruck. In Planum 3 erreichte der Wall eine Breite zwischen 1,6 und 1,7 m *(Abb. 163)*, 20 cm tiefer lag er bereits bei 2 m. Erst in Planum 5 0,3 m oberhalb des gewachsenen Bodens betrug die Basisbreite zwischen 2,15 und 2,4 m. Die aus Kopfsoden errichtete Außenfront krümmt sich in leichter, gleichmäßiger Kurve *(Abb. 160)*, nach innen fällt sie stetig ab und bedeckt im Südprofil eine nach 1,9 m auslaufende »Bauschuttschicht«, die mit abgerundeten oder linsenförmigen Sodenteilchen durchsetzt war und Rieselmaterial enthielt. Im gegenüberliegenden Nordprofil *(Beil. 11)* bestand sie aus größeren zusammenhängenden, offenbar wahllos verteilten Grausandsoden, die dünne Streifen Rieselsand trennten. Dieser »Schuttkegel«, wie er vergleichbar sowohl in der Archsumburg als auch in der Tinnumburg mehrfach belegt ist, bildete die Basis für die erste Wallerweiterung in Phase IIa.

Vegetationsbänder auf dem Wall ließen sich nirgends belegen. Natürliche Zerfallsprodukte wie dünne Rieselschichten mit holzdurchsetzten Humusstraten darüber in der Grabensohle (1) rechtfertigen die Annahme, daß zwischen der Errichtung des Kernwalles (Phase Ia/b) und der ersten Erweiterung des äußeren Wallkörpers (IIb) einige Zeit verstrich *(Abb. 164)*.

Torfhaltige Soden, bis zu 0,5 m hoch gestapelt, verstärken den Wall innen in einer ersten Ausbauphase (IIa) *(Abb. 160)* auf 2,2 m Breite und erweitern die Ringmauer insgesamt bei gleichbleibender Höhe (0,9 m) somit auf 4,2 m. In den Profilen erscheint die Innenseite (IIa) getreppt: Die erste, am Wallfuß gelegene Stufe (Breite 0,35 m, Höhe 0,3 m) ist aus Kopfsoden (Schmalseite nach außen) sorgfältig gepackt

(Planum 5), die zweite dagegen nur 0,1–0,2 m hoch. Die Füllung zwischen Mauer und Kernwall zeigte willkürlich verteilte, längliche Torfsoden (Planum 5).

Gleichzeitig oder kurz danach verlegte man Graben I um 4 m nach außen (II), verbreiterte den Wall außen und zog das Erdwerk in die Höhe (IIb–c). Die Abfolge dieser Arbeiten läßt sich stratigraphisch begründen, weil Sodenlagen innen und außen die Kuppe des Kernwalles bedecken.

Die neolithische Oberfläche blieb zwar unter dem Kernwall und dem Innenraum des Beringes erhalten, fehlte aber außerhalb. Vermutlich diente sie als Baumaterial. Dieser Befund ist aus mehreren Gründen wichtig: Vor Erweiterung der Außenfront mußte erst Graben I vor dem Kernwall eingeebnet werden, obgleich er bereits an der Sohle Rieselmaterial (1) aufgenommen hatte und bewachsen war (2) *(Abb. 164)*. Grabenschicht 2, humos, ja muddeartig, bedeckte zwischen primärer Wallfront und zweitem Graben diskordant pleistozänen Weißsand. Daraus geht hervor, daß die ursprüngliche Grasnarbe im Vorfeld der Umwallung abgetragen und verbaut worden war und daß zwischen der Anlage des ersten Grabens und dessen Planierung eine längere Zeit verstrich. Damals entstand im Vorgelände eine neue Vegetationsdecke, deren Humusband 3 zusammen mit der Humusfüllung im Graben (2) eine einzige Schicht bil-

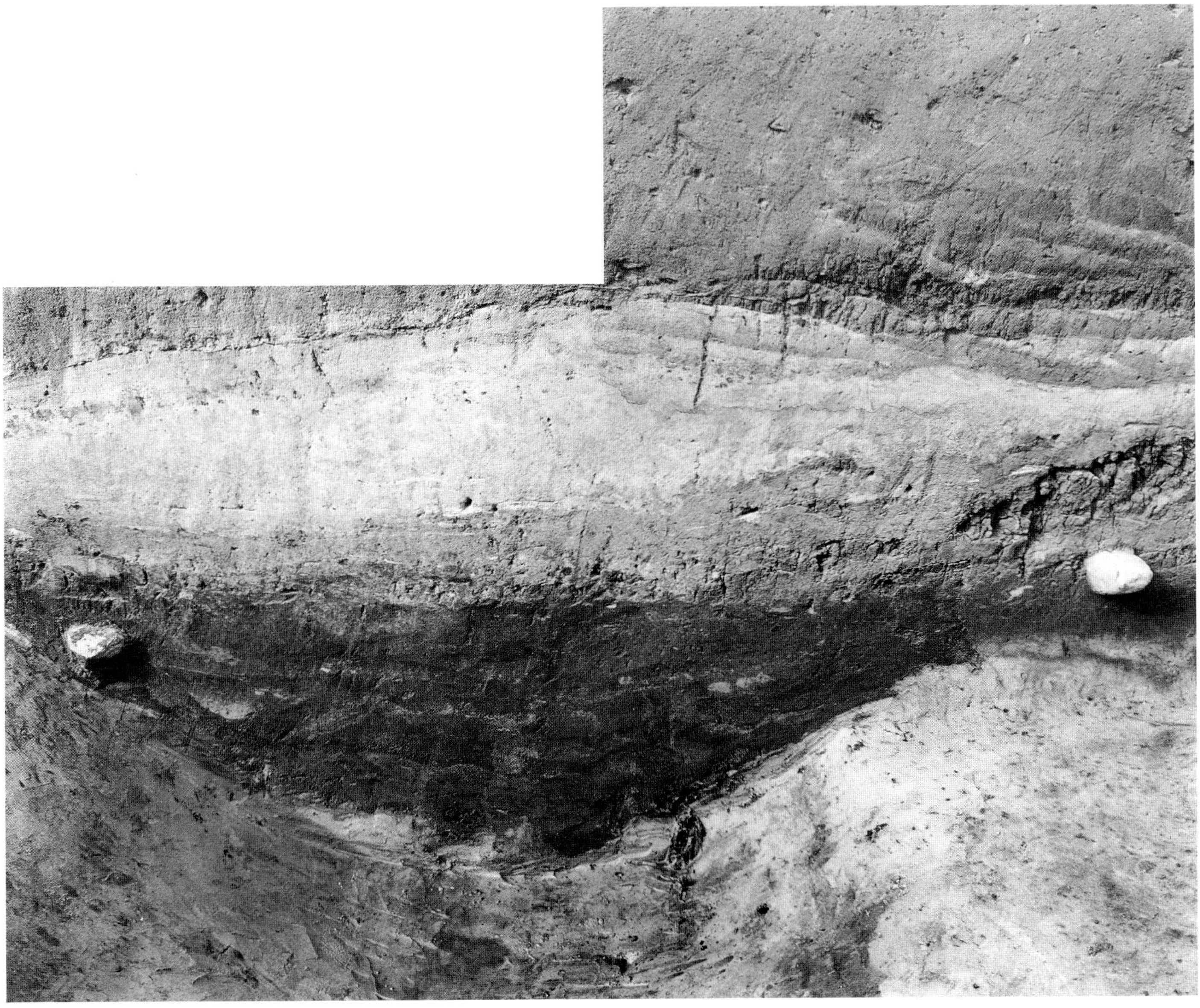

Abb. 165 Trælbanken. Graben II vor dem Primärwall (von Süd).

Abb. 166 Trælbanken. Übergang zu Graben II (von Nord).

dete. Im Nahbereich unmittelbar vor der Wallfront wuchs dieser neu entstandene Boden, durch zahlreiche, vom Wall und der Innenerweiterung stammende Sodenreste ergänzt, auf 0,20 m auf. Von dünnen sandigen Rieselschichten unterbrochen, erstreckte sich die Schicht jedoch nur bis 1,2 m vor den Wallfuß. Sowohl aus stratigraphischen als auch aus bautechnischen Gründen ist anzunehmen, daß der Verfall am äußeren Wallfuß nach der Fertigstellung des Kernwalles (Ia/b) und vor Beginn der ersten Erweiterung der Außenfront einsetzte.

Der zweite Graben (II), an der Oberfläche zwischen 1,9 und 2,1 m breit und 0,50–0,60 m tief, wurde 4 m vor dem ersten ausgehoben, gemessen jeweils am Sohlenscheitel, dessen 0,30 m tiefe Restmulde den Aushub (4), weißen Sand, des anderen aufnahm. Auf diesen Sand legte man bei der ersten Erweiterung der Außenfront (IIb) Kleisoden mit Längen bis zu 1,5 m. Deren Herkunft bleibt ungeklärt, weil vorkaiserzeitlicher Klei im Umfeld fehlt. Dagegen kommt er 1 km entfernt im Mündungsbereich des Sejersbæk-Tales vor[202]; daß er sich talaufwärts bis in die Gegend der Umwallung erstreckte, ist deshalb unwahrscheinlich, weil hier eine Torfschicht, die später von mittelalterlichem Klei überlagert wurde, als Ergebnis der Transgression entstanden war.

Als man den Kernwall in Phase IIb nach außen erweiterte, begann man mit einem 2,5–3 m breiten »Fundament«, einer Berme, vom Wallfuß Ia/b bis zum Grabenrand aus 0,5 m hoch gestapelten reinen Kleisoden und legte erst darauf dünne, von Sandstraten getrennte Kleisoden der Mauer IIb *(Abb. 160; 164; Beil. 11).* Der Wallfuß lag 1,1 m vor der Front des Primärwalles und 0,5 m über dem neolithischen Niveau. Die nur noch in wenigen Sodenlagen erhaltene Front IIb bildete in der Aufsicht (Planum 3) eine Gerade *(Abb. 163).* Die Sodenlagen über der Kuppe des Primärwalles und auf dessen Innenhang IIa bestanden aus kleiigen Soden geringerer Güte, unterbrochen von Sandauflagen und humosen Einschlüssen. Nach Abschluß dieses Ausbaus (IIb) hatte das gesamte Wallsystem eine Breite von 10,2 m (Wall 4,9 m, Berme 3 m, Graben 2,3 m) und eine Höhe von nicht mehr als 1,2 m über der ehemaligen Oberfläche.

Weil die Schichten der Phase IIb den Kernwall bedeckten, ließen sich die älteren Baumaßnahmen am äußeren und inneren Wallfuß stratigraphisch zusammenfassend darstellen. Die jüngeren Ausbauten sind demgegenüber nur in begrenztem Umfang korrelierbar, so daß im folgenden die Erweiterungen an der Außen (III/IV)- und Innenseite (A–I) getrennt beschrieben werden müssen *(Beil. 11).*

Graben II enthielt weniger Rieselmaterial als der ältere (I). Eine untere dünne Sandschicht stammt vom Wallkörper und wurde anscheinend rasch von einer kleiig-humosen Lage (5) bedeckt *(Abb. 166),* der Klei wohl Erosionsmaterial der Berme und des Walles IIb, der Humus Bodenbildung nach dieser Baumaßnahme, wobei sich allerdings ein stratigraphisches Problem ergibt: Sowohl im Nord- als auch im Südprofil füllt dieses Material nicht nur den unteren Teil des Grabens II, sondern zieht sich ähnlich wie der vergleichbare Humus in und vor dem älteren Graben (3) auch als humose Schicht auf Pleistozän ins Vorgelände (8).

Wie die Schichten am Ostrand des Grabens (II) verliefen, gibt das Nordprofil nur unsicher zu erkennen. Die untere Humusschicht 5 wird von Klei überlagert, der vermutlich erst während der allmählichen Einfüllung des Grabens von der Berme abgespült worden war und in den oberen Partien von torf- und kleidurchsetzter Füllung bedeckt ist, so daß seine sekundäre Entstehung begründet erscheint. Der Befund läßt sich noch deutlicher im Südprofil verfolgen *(Abb. 166):* Die untere, kleiig-humose Lage war bis zum östlichen Grabenrand erkennbar; der torfig-humose, sanddurchsetzte

[202] Kingo-Jacobsen (Anm. 184) Karte 9.

und mehrschichtige, möglicherweise hier in Soden aufgetragene Boden darüber ebnete den Graben völlig ein. Die Füllung gehörte stratigraphisch zu einem auf der Berme liegenden Grausand 6, der als Rieselmaterial am Fuß einer vor Kleimauer IIb errichteten Wallverstärkung aus Sandsoden (Breite 1,0 m, Höhe 0,3 m) ansetzte (Phase IIc). Das heißt: Bald nach Fertigstellung der Wallerweiterung IIb aus Kleisodenfront, Berme und zweitem Graben füllten sich Hang und Graben mit Sand, Klei und Humus auf (5), anschließend entstand darüber Sandsodenmauer IIc.

Westlich des Grabens II dünnten sämtliche Schichten aus oder liefen so zusammen, daß eine Differenzierung in Einzelstraten kaum noch möglich war. Dies gilt auch für die untere Humusbildung im Graben (5), die sich, wie erwähnt, ins westliche Vorgelände erstreckte. Rieselsand (7) aus einer auf der jüngeren, hier noch nicht beschriebenen Baumaßnahme III liegenden Schicht bedeckte den Humus. Aus beiden Lagen (5 u. 7) entstand später westlich von 57 m OW ein einziger humoser Boden 8, der zwischen 51 und 53 m OW Graben III planierte. Strate 8 wäre somit teilweise vor Wallphase III zu datieren, doch muß offen bleiben, ob Graben III in die Zeit des Kernwalles (Ia/b) oder in einer der Ausbauphasen (IIa–c) entstand. Sein Ostrand lag rund 10 m vom Wallfuß der Phase IIc entfernt *(Abb. 167)*. Im Planum schwankte die Breite des Grabens III zwischen 2,8 und 3,2 m, während die Tiefe unterhalb des ursprünglichen Niveaus etwa 0,5 m betrug. Im Unterschied zu den Gräben unmittelbar vor dem Wall, die jeweils einer bestimmten Bau-

Abb. 167 Trælbanken. Außengraben III (von Süd).

Abb. 168 Trælbanken. Außengraben III (von Nord).

phase zugeordnet werden konnten, ließen sich, wie schon Voss 1965 sah, zwei Nutzungsphasen unterscheiden, ohne sie allerdings mit Wallbauphasen korrelieren zu können. Zur älteren gehört der breite, flachgeböschte, trogförmige Graben selbst, auf dessen Sohle sich alsbald Schwemm- und Rieselmaterial ablagerte und sie verflachte, nachdem der Rand zertreten oder auf andere Weise beschädigt war. Im oberen, 0,15 m mächtigen Teil der Füllung aus humosem, mit vereinzelten größeren Steinen durchsetztem Boden fand sich eine jüngste Vegetations- oder Muddeschicht als Hinweis auf Vernässung des Bodens (9). Während einer zweiten Phase legte man am Innenrand ein schmales 0,25–0,30 m breites Gräbchen an (IV). Mit dem sandigen Aushub 10 wurde zunächst der ältere Graben planiert, wonach er nur noch als flache, 0,8 m breite und 0,15 m tiefe Mulde bedeutungslos wurde. Das zweite Gräbchen (IV) hob sich im Südprofil als eine streifige Füllung aus bröckeligem, weißgelbem Material deutlich ab *(Abb. 168)*. Beim Ausheben des humosen Bodens zeigte sich allerdings, daß Gräbchen IV lediglich vor dem Südprofil auf eine Länge von einem Meter 0,4 m tief in den Untergrund eingeschnitten war, während es weiter nördlich auf 0,15 m verflachte *(Abb. 167)*. An der Oberkante der Füllung fanden wir Reisig *(Abb. 169)*, unregelmäßig ineinander verkeilte Einzelhölzer bis zu Daumendicke. Humusschicht 8 bedeckte sowohl »Reisiggräbchen« IV als auch den hieraus stammenden, in den älteren Graben eingebrachten hellen Sand (10) und damit die »Restmulde«. Im Nordprofil *(Beil. 11)* zog sie sich bis wenig oberhalb der westlichen Grabenbegrenzung bei 50,5 m OW hin, während sie im Südprofil bis 49,5 m verfolgt werden konnte. Hier bedeckte sie eine im Planum rundlich erscheinende, mit Grausand gefüllte Verfärbung.

An der äußeren Wallfront dürfte die nur in Resten erhaltene Erweiterung IIc wegen ihres sandigen Baustoffes bald zerrieselt sein. Wie erwähnt, fand sich eine aus Grausand gebildete, vom Fuß der Sodenpackung bis zum Grabenrand geböscht gelagerte Abbruchschicht vergleichbarer Konsistenz (6). Sie ging in das humose Füllmaterial des Grabens über, das weiter westlich als Humusband (8) Außengraben III bedeckte. Auf Rieselschicht 6 und das Rudiment der jüngeren Wallfront IIc folgte als neue Baumaßnahme eine Packung aus Sandsoden *(Abb. 160; Beil. 11).* Sie bildete einen schräg geneigten Wallkorpus III, der sich vom Fuß der älteren Wallfront IIc auf Rieselschicht 6 erstreckte. Am Fuß der aus drei Soden bestehenden Frontpackung im Nordprofil setzte ein bis 0,2 m hoher, etwa 0,95 m breiter Keil aus fettem Klei ein (11) und überzog den Rand der Grabenfüllung II. Auf Planum 5 sind Sodenpackung und Kleikeil scharf und geradlinig voneinander getrennt; die im Profil bis 0,6 m langen Einzelsoden waren in der Fläche dagegen als schmale, bis 0,15 m breite Streifen mit Vegetationsauflage überliefert. Sie könnten schräg oder in der Art eines Fischgrätenmusters gestapelt worden sein, ohne daß sich dies im Detail nachweisen ließ. Front und Oberfläche der Packung waren stark zersetzt oder teilweise durch jüngere Baumaßnahmen zerstört. Eine Synchronisierung zwischen Wallbau III und Befunden am inneren Wallfuß ließ sich nicht erreichen.

Offenbar zerrannen Teile der Mauer III durch Erosion, wie sich der durch Kleistreifen zweigeteilten homogenen Rieselschicht (7 u. 12) entnehmen läßt (Länge 5,5 m, Mächtigkeit 0,2 m). Auf dieser Strate lagerte heller gefärbter, 0,2 m mächtiger Grausand (13) *(Abb. 160; Beil. 11),* der im Westen allmählich in sandig-kleiigen, humusdurchsetzten Boden überging; die Schicht wurde vermutlich durch Erosion zerstört.

Als nächste Lage folgte Strate IVa, sandige Soden mit dunklen Vegetationsbändern, die Basis des gesamten Schichtpaketes IV, im Nordprofil an Kleimauer IIb gelehnt, IIc und III aber überfahrend.

Die Erweiterung des Walles in Periode IV, durch Sodenstruktur teilbar in IVa und IVb, ist als Neuerung im Baugeschehen zu verstehen. Am Wallfuß lagerte sich alsbald sandiges, streifig strukturiertes Rieselmaterial ab (14), das sich weiter westlich in mehrere Straten wechselnder Färbung und Konsistenz differenzieren ließ. Es reicht als gelber Sand bis zum Außengraben.

Auf den sandigen, 0,20 m dicken Soden der Phase IVa fanden sich Reste eines jüngeren Bauabschnitts, Phase IVb, gegliedert in vier Zonen *(Beil. 11):* Torfige humose Soden von 1,2 m Breite bilden die Front im Westen, ein 1,1 m breites Kleisodenpaket und eine gleichgroße Packung aus sandig-humosem Material folgen *(Abb. 160; Beil. 11),* gegen Osten

Abb. 169 Trælbanken. Reste des Strauch-Verhaus bei Graben III, in einen schmalen Graben eingelassen.

legen sich schließlich Kleisoden auf die Mauer der Phase IIb.

Den Wallfuß außen verschüttete die mächtige, graugefärbte Sandschicht 15, hangabwärts stark verjüngt und von anderen sandigen Planierungsstraten noch jüngerer Bauphasen (?) überlagert. Das gesamte Sandpaket vor Wallfront IVb vereinigte sich in Höhe des Grabens III (?), blieb aber als zunehmend kleiig-humoses Band bis zum Profilende

Abb. 170 Trælbanken. Planum mit dunklen Gruben der Vorwallbauzeit und der grauen Füllung des Innengrabens.

erkennbar und wurde von einer dunkelgefärbten Humusschicht mit aufliegender Kleidecke abgeschlossen (16). Diese Strate bildete wahrscheinlich die Oberfläche des Erdwerkes vor der endgültigen Planierung im letzten Jahrhundert. Sie wiederholt sich an der Innenseite der Umwallung (s.u.). Im Grausand darüber fanden sich eine Scherbe von Bauernkeramik mit einfache Glasur und ein Ziegelsteinrest.

Wie bereits erwähnt (s. S. 218), hatten die Erbauer des Erdwerks die Innenseite des Kernwalles mit torfigem Material erweitert (Phase IIa) und den Auftrag durch Kleisoden in die Höhe gezogen (Phase IIb: *Abb. 160; Beil. 11*). Die untere Stufe der Innenerweiterung wurde nach Fertigstellung der Wallverbreiterung IIb durch eine dreieckige Kleisodenpackung IIc dem allgemeinen Wallprofil angeglichen und zwar anscheinend gleichzeitig mit Sodenpackung IIc am Außenwall.

So wie die markantesten Bauphasen an der Außenseite durch Rieselschichten voneinander getrennt werden konnten, bestand auch die Möglichkeit, die innere Wallfront anhand von Schutt- und Erosionsstraten in mehrere Stadien zu gliedern. Die Torfsoden der Phase IIa bedeckten einen Schuttkeil am Fuß des Primärwalles (in *Beil. 11* ohne Bezeichnung); vergleichbare »Trenner« gibt es innerhalb der Bauperiode II an keiner Stelle mehr, ausgenommen der Planierungsschutt im Graben I außen. Am Fuß der Torfsoden IIa fand sich eine 0,1 m mächtige, nur 0,7 m lange Lage aus durchtretenem Klei (Südprofil). Hierauf folgte ein 2 m langer und 0,5 m dicker Keil aus fettem, reinem Klei (A), der den Fuß von IIa und Packung IIc bedeckte und bis zur Mitte der Front IIb reichte. Er lag auf Resten der neolithischen Oberfläche und ging weiter östlich in eine Humusschicht auf Pleistozän über, wobei er die Planierung eines inneren Grabens bedeckte, dessen Zeitstellung deshalb vor A gesetzt werden muß.

Abb. 171 Trælbanken. Innengraben (von Südwest).

Der Innengraben deutete sich bereits in Planum 6 als eine 4–6 m breite, mit humosem und sandigem Material gefüllte Verfärbung an; 0,2 m tiefer war er wesentlich schmaler, aber auch deutlicher konturiert gegenüber dem weißen Sand des Anstehenden *(Abb. 170)*. Im Niveau der ehemaligen Oberfläche erreichte der flache, trogförmige Graben eine Breite zwischen 3 und 3,1 m, die größte Tiefe schwankte zwischen 0,6 und 0,7 m. Der Westrand war rund 6 m vom Fuß des Primärwalles entfernt, der Abstand zur Basis der Wallerweiterung II betrug etwa 4 m. Aus diesen Angaben lassen sich keinerlei Anhaltspunkte für eine Zuordnung des Befundes gewinnen. Die Grabensohle füllten außer Hölzern in Schlieren sedimentiertes, sandiges Rieselmaterial und humoser Boden *(Abb. 171–172)*, die oberen Partien grauer Sand, durchsetzt mit verschiedenfarbigen Einsprengslingen, und schließlich weißgelber und grauer Sand bis unterhalb des Kleikeils A (Südprofil). Der Füllung insgesamt lag Humusstrate 17 auf. Ungeklärt blieb die Frage, wohin der Aushub des Grabens gebracht worden sei, sicher nicht in unmittelbare Nähe, weil keine Strate, die dort in Frage käme, hellen Sand enthielt außer Schicht 18 ostwärts, eine 1,5 m breite, allerdings nur geringmächtige Weißsandlinse, die auch die Trittsiegel in der beschriebenen schwarzen Verfärbung aus der Zeit vor dem Wallbau füllte (s. S. 215). Humusband 17 überlagerte sie.

Kleikeil A folgen fünf über- und ineinander geschobene Sodenlagen, geringmächtig und farblich wie strukturell indifferent (B–F). Dieses eher als Konglomerat zu bezeichnende Schichtpaket konnte insbesondere anhand der sich trennenden Rieselschichten gegliedert werden: Unmittelbar auf der Böschung des Kleikeils A fand sich eine 1,8 m breite und 0,25 m starke Packung aus vielen Sand- und wenigen Kleisoden (B), während die östlich anschließende Schutt- und Erosionsschicht 19, Grausand, durchsetzt von kleiigen und torfigen Einsprengslingen, bis über 5 m weit in den Innenbereich der Anlage verlief. In Planum 3 stieß eine Lage Kopfsoden gegen die Innenwand des Walles IIb; Auftrag B endete im Steg zwischen Fläche 1 und 2. In dessen Westprofil

Abb. 172 Trælbanken. Innengraben (von Nordost).

setzte sich die Lage deutlich vom älteren Kleikeil A und von der jüngeren Decke D ab. Nach B folgte ein 2,2 m breiter und 0,2 m hoher Kleisodenauftrag C; er legte sich südwärts B auf Rieselschicht 19 und bildete eine stufenförmige, 5,5 m vom Fuß des Primärwalls entfernte »Wallfront«, die später durch Rieselstraten, Kleibänder und Humusmaterial (20) eingeebnet worden ist. In der Fläche erschien das Kleimaterial unstrukturiert (Planum 5), nur längliche Sandlinsen deuteten Sodenform an. Eine noch jüngere, dünne Auflage D (Kleisoden) überlagerte sowohl den Fuß der Packung B als auch Teile des Ausbaus C. Weniger die Hauptprofile als vielmehr noch die Schmalseitenprofile der Fläche 1 und 2 erlaubten hier eine sichere Diagnose, im Gegensatz zu Schicht E, die lediglich im Nordprofil erhalten war, während sich in der südlichen Längswand nur sandige Soden mit unklarer Begrenzung zeigten. Allerdings gelang es, E als Sodenpackung im Planum (3) nachzuweisen, Kopfsoden aus Klei begrenzten sie. E bedeckte die Planierschicht 20 (Grausand) im Anschluß an D und Teile der tieferen Kleipackung C. Der jüngste sandige Sodenauftrag F, 1,8 m breit, 0,35 m hoch und in Grätentechnik gestapelt, begann an den Frontsoden der Schicht IIb und überzog sie mit wenigen Soden ähnlich wie Schicht IV am Außenwall und lag den Straten A, B und D auf. Phase F bildete im Gegensatz zu den Schichten B, C, D und E keine gestufte Front. Eine im Südprofil erkennbare Mulde zwischen dem Fuß der Erweiterung F und den Soden der Phase E füllte Klei, der im Nordprofil lediglich als dünne Sandschicht 21 belegbar war und ebenfalls F überlagerte. Hierauf folgten Soden ohne sichere Begrenzung zum Wallinneren (G). An sie schloß sich eine zeitgleiche

Schutt-oder Planierstrate an, die wiederum von anderen bedeckt ist (H, I).

Die erste Wallanlage bestand aus dem in zwei Abschnitten aus Grausandsoden errichteten Primärwall und einem vorgelagerten, trogförmigen Graben. Beide erreichten eine Gesamtbreite von 4 m, eine Höhe von rund 0,9 m und eine Grabentiefe von 0,5 m. Ein fortifikatorisches Hindernis dürfte der erste Wallbau kaum dargestellt haben. Die Gliederung der Erweiterungsmaßnahmen an der Außen- und Innenseite des primären Wallkörpers erbrachte Einzelheiten für die Interpretation: Kurz nach Fertigstellung des Kernwalles setzte bereits eine Verlandung des vorgelagerten Grabens ein. Vermutlich ist das Aufgehende zur selben Zeit durch Auftragen torfiger Soden an der Innenfront (IIa) auf insgesamt 4 m verbreitert worden. Erst danach erfolgte die planmäßige Einebnung des älteren Grabens durch Aushub aus einem neuen, weiter westlich gelegenen Einschnitt II 3,7 m vor der primären Wallfront. Die planierte Fläche war Basis eines aus Kleisoden gebildeten Fundamentes für die erste Außenwallerweiterung IIb und eine vorgelagerte Berme, die sich vom Fuß der Kleisodenmauer leicht geneigt bis zum neu ausgehobenen Graben zog. Die Soden der Wallbauphase IIb bedeckten außerdem den Scheitel des Kernwalles und die erwähnte Torfsodenverstärkung (IIa) an der Innenseite. Wall und Graben waren in diesem Stadium 10,2 m breit, wobei der Graben 2,3 m und die Berme jeweils 3 m beanspruchte. Die Höhe des Walles wird kaum 1,2 m überschritten haben, zumal Material der jüngeren Bauperioden IVb und F auf Wall II b lag.

Sechs Meter vom Fuß des Innenwalles entfernt fand sich ein in Phase I oder II datierter 3 m breiter Graben. Eine sichere stratigraphische Zuordnung gelang hier genausowenig wie bei einer ähnlichen Eintiefung 12 m vor der Westfront des Kernwalles.

Abb. 173 Trælbanken. Vorwallbauzeitliche Gräben im Innenbereich (von Ost).

Abb. 174 Trælbanken. Geröllage einer jüngeren Bauperiode im Innenbereich (von Ost).

Auf Berme IIb wurde später, als der mittlere Graben bereits teilweise eingeebnet war, Sodenpackung IIc gelegt, während an der Innenseite des Walles eine gestufte Kante durch Kleisoden begradigt worden ist (IIc).

Die Wallerweiterungen der Phasen II, III und IV trennten jeweils markante Riesellagen. Zur Zeit der Phasen III und IV gab es weder an der Außen- noch an der Innenseite einen Graben. Das für diese Wallverstärkungen benutzte Baumaterial bestand zum überwiegenden Teil aus Grausandsoden, die nur gelegentlich von Kleibrocken oder Kleisodenpaketen unterbrochen wurden. Sämtliche Erweiterungen hatten die Verlegung der Außenfront bis 4,7 m westlich des Kernwallfußes zur Folge; die Basis der jüngsten Baumaßnahme IVb fand sich nur 0,45 m oberhalb des ursprünglichen Niveaus.

Zahlreiche Soden stammten offenbar aus dem Vorgelände der Umwallung, wie sich indirekt zeigen läßt: Dort fehlt eine primäre Vegetationsschicht. Die Bewuchszone ist hier vermutlich zweimal neu gebildet worden. Nach dem Profilbefund erreichten sämtliche Planierungsschichten rund 6 m vor der jüngsten Wallfront lediglich eine Gesamtmächtigkeit von 0,5 m, 10 m weiter westlich der IVb-Mauer nur noch 0,10 m.

Die Erweiterungen an der inneren Wallfront nach Phase II ließen sich nicht mehr mit der Entwicklung am Außenwall synchronisieren, es sei denn, IVb und F, deren Soden sich z.T. auf Wallerweiterung IIb legten, gehörten demselben Bauabschnitt an. Diese Frage kann nur bei ergänzenden Grabungen geklärt werden. Die auf Kleikeil A vielleicht nur symbolhaft gestapelten Sand-oder Kleisoden B–E hoben sich allein durch 0,25 m hohe Stufen ab, während F geböscht erschien. Die folgenden, sich teilweise bis in den Innenbereich erstreckenden Planierungsschichten G–I konnten keiner Bauperiode zugeordnet werden.

Der Wallkörper war im jüngsten Stadium (IVb–F) 9,8 m breit, die noch erhaltene Höhe betrug maximal 1 m. Der Kernwall wurde an der Außenseite sechsmal, an der Innenseite dagegen mindestens achtmal erweitert.

Der Innenbereich

Hier gelang es zwar, den geböschten Auftrag zwischen den Planierschichten des Innengrabens und der heutigen Grasnarbe stratigraphisch zu gliedern und einzelne Befunde wie zwei Gräbchen, einige mächtige Pfostengruben und zahlreiche kopfgroße Steine im Flächen- und Profilbefund zu dokumentieren, nicht aber Gebäudereste, Herdstellen, Dielen oder Siedlungsgruben zu entdecken.

Nach Wallerweiterung C bedeckte die humose, z.T. mit Torfbrocken durchsetzte Auflage 22 *(Beil. 11)* die in Wallnähe 1 m mächtigen Schutt- und Planierschichten des Innenbereiches; zunächst kräftiger geböscht als die heutige Oberfläche, verlief sie nach rund 3 m Gefälle aber nahezu horizontal. Sie trennte die auslaufenden, älteren Grausandstraten der Wallbauzeit, 7,5 m vor der östlichsten »Wallfront« nur 0,25 mächtig, von einem hier homogenen, 0,30 m dicken Sandband 23, dem die Ackerkrume folgte. Die bis 80 m OW erkennbare Torfschicht stellt vermutlich die ehemalige Oberfläche der Umwallung vor ihrer Planierung um die Mitte des letzten Jahrhunderts dar. Der höher gelegene Boden ist erst in neuerer Zeit aufgefüllt worden. Zwischen 78 und 90 m OW verjüngte sich der wallbauzeitliche Grausand (0,3 auf 0,1 m). Im Ostbereich der Fläche kamen zwei mit dem inneren Graben parallel verlaufende schmale Gräbchen zum Vorschein (81–82 m OW: 24; 83,5–84 m OW: 25) *(Abb. 173)*: die erste Verfärbung (24: 0,9 m breit, 0,25 m tief) im Südprofil eckig konturiert, in der gegenüber-

Abb. 175 Trælbanken. Pfostengrube mit Sodenabdeckung am Innenfuß des Walles (von Nord).

1 2

Abb. 176 Trælbanken. Holzfunde aus dem Graben vor dem Primärwall. M. 1 : 2.

liegenden Schnittwand kastenförmig umrissen *(Beil. 11)*, mit Sand gefüllt und stratigraphisch zum älteren Bauabschnitt (?) gehörig, das zweite Gräbchen (25) in beiden Profilen scharfkantig und in eine jüngere Phase datiert.

In der sieben Meter breiten Zone der Fläche 2 zwischen dem Fuß des Kleikeils A und dem Ostrand des Innengrabens fanden sich in den Profilen drei Pfostengruben mit Holzstücken und in Planum 4–5 eine lockere Steinansammlung *(Abb. 174)*. Sie datieren in die Zeit der jüngsten Erweiterung am inneren Wallfuß (B–I).

Eine runde Pfostengrube (Durchmesser 0,3 m) *(Abb. 175)* kam in der Südwestecke der Fläche 2 zum Vorschein; nur 0,5 m von Sodenpackung B entfernt, hatte man sie nach Kleipackung A und vor Schicht C ausgehoben. Der Eichenpfahl war alt (?) durchbohrt, sein unteres Ende stumpfwinklig; er dürfte sekundär verwendet worden sein. Die zweite Pfostengrube im Südprofil wurde nach Anschüttung der C-zeitlichen Soden, nur 1,1 m entfernt, eingetieft, mit dunklem Material eingefüllt und von der Schuttstrate 20 (hellgrauer Sand) bedeckt. Im Südprofil war auch die zweite, diesmal trichterförmige Pfostengrube als armdicke senkrechte Höhlung erkennbar. Sie datiert in Wallphase G, nur schwach konturierte Soden, auf Packung F im Profil schemenhaft angedeutet, und ist bereits durch zeitgleichen Schutt geschlossen worden. Das Nordprofil enthielt lediglich ein senkrecht durch die Planierung der Schichten B–F gerammtes Holzstück (26) *(Beil. 11)*, zu dessen stratigraphischer Einordnung vom Befund her keine Aussage möglich war.

In dem nach Phase C aufgetragenen Boden fanden sich zwischen 74 und 78 m OW unregelmäßig verteilte Steine von Faust- bis Kopfgröße *(Abb. 174)*. Es gibt nicht einmal eine Andeutung, fragt man, ob und wie sie zusammenhingen, ob sie von einem Mauerring stammten (vergleichbar in der Archsumburg) oder zu auseinander gerissenen Pfosten gehörten.

Funde

Bei der Grabung 1978 fanden sich außer kaiserzeitlichen Scherben, alle in die Schichten H und I eingebettet, wenige unbestimmbare Eisenfragmente, dazu neuzeitliche Keramik sowie bearbeitete Holzreste, Späne *(Abb. 176)*, Rundhölzer und angespitzte Holzkeile (?); bis auf einen durchbohrten, stumpf endenden Holzpfahl aus einem Pfostenloch (s. o.) handelt es sich ausschließlich um Abfall oder Atypisches. Allein die Bestimmung der Holzart, bei den Wurzeln Erle, weniger häufig Weide oder Pappel, bei den Spänen und bearbeiteten Resten Eiche, Erle als Ausnahme, und die aus ihnen gewonnenen ^{14}C-Daten erfordern eine Erwähnung: Die an der Sohle der Gräben geborgenen Wurzeln gehören in die Zeit vor dem Wallbau, während die Späne aus der Grabenfüllung in die Zeit um Christi Geburt datiert sind. Indirekt belegen sie Bautätigkeit innerhalb oder außerhalb der Umwallung. Archäologische Hinweise fanden sich allerdings an keiner Stelle; es konnten weder Palisaden auf oder vor dem Wall noch Reste von festen Gebäuden nachgewiesen werden. Die Pfosten im Innenbereich gehören stratigraphisch einer späteren Phase an.

Von den aufgelesenen Scherben gehört der überwiegende Teil zur Gruppe atypischer Wandungsstücke, dickwandige und extrem dünnwandige, geglättet oder gerauht. Unterschiede in der Färbung und Magerung sind selten. Bei einem Stück (Strate 22) besteht der Verdacht, es stamme von einem vorkaiserzeitlichen, vielleicht neolithischen Gefäß. Einige Scherben haben Rußbelag auf der Innenseite, andere waren gehenkelt; etliche sind verziert (Horizontalriefen verschiedener Breite, Kammstrich und feine Rillen).

Bei den formenkundlich bestimmbaren Fragmenten handelt es sich um Tonware mittlerer Größenordnung *(Abb. 177)*. Bei drei Stücken gelang es, den Durchmesser weitmundiger Gefäße mit 20–26 cm zu ermitteln. Einige Stücke hatten Henkel in Ansätzen, zwei Stabhenkel mit ovalem oder rundem Querschnitt und einen Bandhenkel in

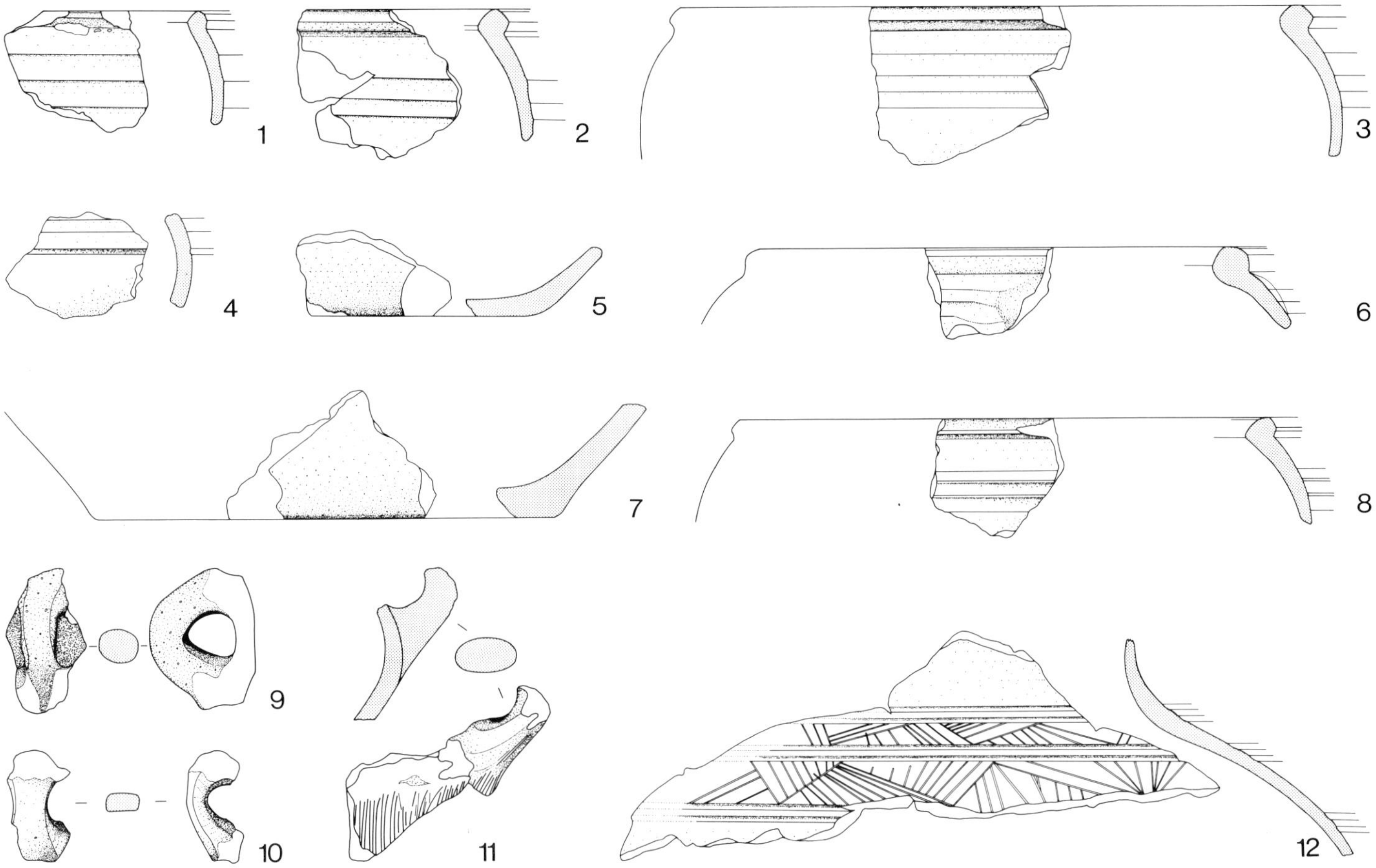

Abb. 177 Trælbanken. Kaiserzeitliche Keramik. – M. 1 : 3.

X-Form. Dieses Material läßt sich vorzüglich mit Funden der älteren Kaiserzeit vergleichen, auch ein engmundiger Topf mit verzierter Schulter (senkrechte Rillenpaare, Flachrillen in Fischgrätenart, geglättete Oberfläche), dessen Parallelen älterkaiserzeitlich in Nordschleswig (Ober-Jersdaler Kreis) und auf den nordfriesischen Inseln zu finden sind[203].

Die eingemessenen Scherben lagen überwiegend im Füllboden, der stratigraphisch erst nach dem jüngsten Ausbau F aufgetragen wurde. Andere Stücke kamen, vermutlich verlagert, im Grausand 23 oberhalb der Bewuchsschicht aus der Zeit um 1850 (?) zum Vorschein. Hier wurde auch der neolithisch anmutende Gefäßrest aufgelesen. Die Keramik gibt somit lediglich einen terminus ante quem.

^{14}C-Daten von Hölzern aus den Gräben differieren zwischen 190 v. bis 70 n. Chr. (Außengraben III) und 340 v. bis 50 n. Chr. Geb. (innerer Wallgraben). Sowohl die Hölzer als auch die Scherben datieren die Anlage in die Jahrzehnte um Christi Geb. (KI 1700–1704); jüngere Funde gibt es bisher nicht. Der Grabungsbefund deutete eine schnelle Folge der einzelnen Baumaßnahmen an; die Fundeinschlüsse besagen das gleiche.

[203] Ethelberg (Anm. 102) 118 Abb. 148; 133ff. Abb. 83 (?); Brandt (Anm. 47) Taf. 20, 1.2; 21,2; C. Neergaard, Sønderjyllands Jærnalder 1. Årbøger 1916, 274 Abb. 29.

ERGEBNISSE

Die rudimentär erhaltene Wallanlage »Trælbanken« bei Kærgaard unweit des Fleckens Højer (Nordschleswig) läßt sich mit der Archsumburg hervorragend vergleichen, wobei vor allem folgende Kriterien genannt werden sollen: die topographische Lage am Übergang von der Geest zur Marsch, die Kreisform des Wallkörpers, die Zeitstellung und die Kurzfristigkeit ihrer Benutzung. Die Trælbanken ist derzeit die einzige mit Sicherheit in die ältere römische Kaiserzeit datierte Wallanlage im westschleswigschen Festlandbereich. Obgleich sie seit mehr als hundert Jahren in den Akten der Denkmalpflegebehörde erfaßt ist, fand eine Probegrabung erst Mitte der sechziger Jahre durch Zufall statt.

Die zweite, im Jahre 1978 durchgeführte Untersuchung der flachen Wallreste und der Bereiche direkt außer- und innerhalb des Erdwerkes bestätigte die 1965 gewonnenen Einsichten, erweiterte den Kenntnisstand erheblich und gliederte den Wallbau in Arbeitsschritte und Phasen. Auf einer vermutlich im Neolithikum gebildeten Oberfläche wurden ein Kernwall aus Sandsoden errichtet und ein Graben davor ausgehoben. Das erste Erdwerk war vier Meter breit und 0,9 m hoch (I). Es wurde außen sechsmal erweitert. In Verbindung mit der ersten Wallverstärkung aus Kleisoden an der Außenfront stand ein zweiter Graben. Bei späteren Erweiterungen wurden vor allem Sandsoden als Baumaterial verwendet, die vielfach lediglich in wenigen Lagen erhalten waren. Die Stratigraphie ergab sich weitgehend aus verschieden mächtigen Schutt- und Erosionsschichten. Ein wahrscheinlich in die frühe Bauzeit datierter, weit vor der Wallfront gelegener flacher Außengraben diente vermutlich als symbolische Sperre. Nach seiner Planierung wurde er später nochmals als spatenbreites, mit Reisig gefülltes Gräbchen instandgesetzt.

Der Auftrag insgesamt einschließlich der Planierungs- und Rieselschichten erhöhte den Wallbereich mindestens um einen Meter über dem ursprünglichen Niveau; die Sohle des jüngsten Baubefundes lag allerdings nur 0,55 m höher als die pleistozäne Oberfläche. Die jüngsten im Profil erfaßten Schutt- und Planierungsschichten weisen auf weitere, heute abgetragene Wallteile hin. Der Scheitel des jüngsten Bauwerkes dürfte jedoch kaum höher als 1,5–2 m gewesen sein. Dabei sollte allerdings nicht unerwähnt bleiben, daß die Schuttrampen beiderseits des Walles in diesem theoretisch erschlossenen Endstadium auf rund 0,8–1 m Höhe angewachsen waren.

An der Innenseite des Kernwalles entstand durch Auftrag torfiger Soden und einer deckenden Sandsodenauflage eine neue Wallfront, die mit entsprechenden Baumaßnahmen an der Außenseite synchronisiert werden konnte. Einige Meter östlich dieser Begrenzung verlief ein breiter Innengraben, dessen Funktion und genaue Zeitstellung ungeklärt blieben. Nach Abschluß der Bauphase II war die Anlage zehn Meter breit. Die späteren Erweiterungen bestanden aus geringmächtigen Sand- oder Kleisoden, die z.T. jeweils nur eine gestufte »Front» bildeten. Anscheinend stellten die Phasen A bis F symbolische Erweiterungen an der Wallinnenseite dar. Die jüngsten, durch schemenhaft erhaltene Soden oder nur anhand von Schuttlagen nachweisbaren Aufhöhungen (Phasen G–I) konnten wie an der Außenseite für die Berechnung der maximalen Höhe des Wallkörpers herangezogen werden. Eine Möglichkeit, die Schichten beiderseits der Primäranlage zu synchronisieren, bestand nach Phase II nicht.

Abgesehen von einigen Pfostengruben erbrachte die Ausgrabung aus den jüngsten Bauperioden keine Anhaltspunkte für eine Bebauung der inneren Fläche. In Schichten der Phasen F–I fanden sich wenige Scherben der älteren Kaiserzeit, eine Datierung des Baubeginns ließ sich nur mit ^{14}C-Messungen von Hölzern aus den älteren Gräben erreichen. Hiernach ist das Erdwerk offenbar um Christi Geb. errichtet worden. Die letzte Erweiterung dürfte im 1. Jahrhundert n. Chr. erfolgt sein. Es gibt keine Hinweise auf eine jüngere Nutzung.

Die nordfriesischen Erdwerke aus der römischen Kaiserzeit. Ein Vergleich der Ausgrabungsergebnisse

TOPOGRAPHIE

Zu den Gemeinsamkeiten der drei untersuchten Anlagen zählt vor allem die Lage in der Zone zwischen einer nach heutigen Vorstellungen unbesiedelbaren Geestrandfläche und einer mit Sediment verschiedenster Qualität gefüllten Niederung oder im zeitweiligen Überflutungsgebiet vor einer kliffbildenden Flachmoräne. In keinem Fall handelt es sich dabei um Verstecke weit ab von bewirtschafteten Flächen, um strategisch günstiges, verteidigungsfähiges Gelände, das sowohl auf Sylt als auch bei Højer in der Nachbarschaft vorhanden gewesen wäre, oder um besondere sturmflutgeschützte Areale. Die Möglichkeit, die Beringe durch Schiffe und Boote von See her zu erreichen, dürfte nach der geographischen Gesamtsituation entfallen.

Die umwallten Flächen gehörten vor Baubeginn zum Ödland. In Archsum fand sich eine auf Bleichsand wachsende Heide unter dem Wall *(Abb. 4,1)*, in Tinnum trennte eine Kleischicht die mäßig ausgebildete Oberfläche auf pleistozänem Boden von den kaiserzeitlichen Fundstraten *(Taf. 36)*, während Trælbanken auf einer seit dem Neolithikum begangenen Flur lag *(Beil. 11)*. Das Vorgelände um Archsumburg und Trælbanken wurde bei der Sodengewinnung für den Wallbau beseitigt *(Abb. 4,3; Beil. 11)*. Die später neugebildete Oberfläche unterschied sich in ihrer Mächtigkeit und Struktur von der ursprünglichen Pflanzendecke, die unter den Primärwällen der Archsumburg und Trælbanken vollständig konserviert war.

An keiner Stelle hatte man, bevor man mit dem Bau begann, das Areal planiert, »rituell« gepflügt, durch Brand gerodet oder die Grasnarbe beseitigt. Das Relief des Baugeländes zeigt nirgends Merkmale, die den Bau eines größeren Erdwerkes begünstigt hätten. Allein der Brachlandcharakter der Baufläche stimmt überein, in Archsum Bleichsand mit Humus, in Tinnum Klei und in Trælbanken eine mäßig ausgebildete Humusdecke auf pleistozänem Sand.

WALL/GRABEN

Die Ausgrabungen zeigten bis ins Detail, wie man die Wallkörper der Archsumburg und auch der Trælbanken baute, wo auch Gräben erfaßt werden konnten, die in Archsum fehlten *(Abb. 164–169; Beil. 11)*. Die Tinnumburg blieb weit hinter solchen Einsichten zurück. Nur die topographische Lage, die Schilftorfschicht oberhalb der Marsch und keilförmige Schichtung ließen es vertretbar erscheinen, ein geschlossenes, wasserundurchlässiges Wallrund anzunehmen, das Scherbenfunde in die Kaiserzeit datierten *(Abb. 153)*. Deshalb bleibt die Tinnumburg in der folgenden Gegenüberstellung meist unberücksichtigt.

Die Breite des Primärwalles in der Archsumburg schwankte zwischen 3,5 und 6,6 m (mittleres Maß in Profil 15: 5 m, *Beil. 2,1*); die Höhe je nach Relief maß zwischen 0,5 und 1 m. Die Oberfläche war in der Westhälfte flach, fast waagerecht *(Beil. 2,1)*, im Süden *(Beil. 3,1; 4,1)* und im Norden *(Beil. 7,1.2)* dagegen gleichmäßig gewölbt. Demgegenüber fand sich in Trælbanken ein zweigeteilter Primärwall *(Abb. 160; Beil. 11)*: Vor dem 2,1 m breiten und 0,9 m hohen Sodenwall lagerte ein 1,8 m breiter und 0,5 m tiefer Graben, die Gesamtbreite aus Wall und Graben betrug 4,1 m. Die Höhen- und Tiefenmaße korrespondieren bei einer Zusammenfassung von Wall und Graben als Einheit durchaus mit den Werten der Archsumburg. Auch die Verwendung von Soden als Baumaterial und der Aufbau des Primärwalles aus zwei, miteinander verzahnten Packungen stimmt überein (Profil 7/8: *Beil. 4,1*).

Die einzelnen Sodenlagen, mit denen man die Wälle verbreiterte oder in die Höhe zog, haben beide Male weder Vegetationsbänder ausgebildet, noch sind sie in der Regel erodiert oder bei Vertritt zerstört worden. Die Straten 2–9 in der Archsumburg einschließlich des Sodenkeils außen (8), aufhöhende Lagen auf dem Primärwall (2 und 9) und erweiternde außen (3–7 [8]) lassen sich ähnlich in Trælbanken nachweisen (IIa–c), doch hatte man hier die Kleiberme (IIb) mit einem Graben umgeben. In der Archsumburg bildete Sodenkeil 8 vor Mauer 7 vermutlich eine vergleichbare Schräge. Beiden Erdwerken gemeinsam ist ferner die Verwendung von Kleisoden, wenn man den Wall außen verbreiterte, und von Humussoden sollte die Innenseite erweitert werden, z.B. in Trælbanken Schicht IIa. Als man hier den Wall mit Kleisoden in die Höhe zog, nahm man auf die primäre Front keine Rücksicht, obwohl die Mauerkante der Packung IIc (sandig-humose Soden) mit dem westlichen Grabenrand I auffällig übereinstimmt. Die mächtige Kleiauflage der Berme IIb zog über diese Stelle hinweg; darin unterscheidet sich diese Maßnahme vom Befund in Archsum.

Die erweiternden Lagen III mit »Kleiberme« (11) und IVb *(Beil. 11)* am Wall außen in Trælbanken haben wieder Parallelen in den Straten 13–17 der Archsumburg *(Beil. 2,1)*; beide Male sind sie als Einzelblöcke wechselnder Sodenart abgelegt.

Schließlich finden die Erweiterungen an der Innenseite der Trælbanken B–G (?), jeweils nur wenige Soden mit »Kantenabschluß«, wohl nur symbolische Maßnahmen, Vergleichbares in der Archsumburg (19–22), auch wenn sich die Lagen abweichend überlappen. Der Wall in Trælbanken erreichte in IV–E bis 11,5 m, die Archsumburg in der Endphase mit 10,6 m die größte Breite.

Ein schmales Gräbchen in Außengraben III, vom Wall zwischen 8 m (IV), 10 m (III) und 13 m (I) entfernt, enthielt eine »Sperre« aus Sträuchern und Ästen *(Abb. 168–169; Beil. 11)*. Die Bedeutung des älteren, 2 m breiten und 0,6 m tiefen Grabens ließ sich nicht klären, auch nicht die Funktion eines Grabens an der Innenseite des Erdwerkes *(Abb. 170 bis 172; Beil. 11)*, dessen Sohlenmitte zwischen 2,0 m (Bauperiode C) und 7,5 m (Bauperiode I) vor dem Wallfuß innen lag.

Der Vergleich zwischen Archsumburg und Trælbanken deckte sowohl übereinstimmende Baudetails als auch Abweichungen auf. Gleichartig war der Primärwall aus humosen Soden auf brachliegendem Areal gebaut, gleich die Weise, wie man ihn in die Höhe zog und verbreiterte (Archsumburg 1: 2–8; 2: 13–17; 3: 19ff.; Trælbanken 1: IIa–IIc; 2: III–IVb; 3: [A] B–G?), übereinstimmend die Verwendung von Kleisoden und einzelnen Sodenblöcken (Archsumburg: 17a–b; Trælbanken: IVb), auch die Art, wie man gegen Ende die Innenseite mit wenigen, markant abschließenden Soden nochmals verstärkt und eine Gesamtbreite von 11 m gewonnen hatte (Archsumburg: 19–22; Trælbanken: B–G[?]). Dagegen wich die äußere Form ab (Archsumburg: rund; Trælbanken: oval; Tinnumburg: unbekannt, vermutlich oval); nur Trælbanken hatte Grabenringe, aber es fehlt hier ein wichtiges Merkmal der Archsumburg: Man baute, ohne auf ältere Substanz Rücksicht zu nehmen. Einen Graben gab es vermutlich vor Sodenwall *p* in der Tinnumburg (s. *Abb. 153*). Hält man eine Datierung des Wallkeils in die Kaiserzeit für gerechtfertigt, käme der Graben als Parallele für die Kombination von Wall und Graben in Trælbanken tatsächlich in Betracht; geringe Tiefe und flache Sohle sind beide Male fortifikatorisch ohne Bedeutung.

TOR

Weder in Trælbanken noch in der Tinnumburg gibt es eine Toranlage oder nur Hinweise am Wallkörper oder im Relief des Umfelds, die eine Passage durch den Wall begründen könnten. In Fläche 2 (Südprofil: *Abb. 153–154*) fand sich eine senkrechte Schichtunterbrechung *(v–w)* vor der undatierten Sodenwallfront (*p* und *s*). Wäre sie kaiserzeitlich und der Schichtabschluß als westliche Torseite identifizierbar, ließe sich an ein Nordtor als Parallele zur Archsumer Anlage denken. Auch die Beobachtung, daß die Schichtlücke wie in der Archsumburg um 7° von der geographischen Achse durch den Mittelpunkt des Erdwerkes abweicht, richtet man sie auf den geographischen Nordpol aus (s. u.), stimmt überein. Da jedoch streifige Schuttbänder oder eine Erosionsschicht vor Sodenwall *p* fehlen *(Abb. 154)*, die in Archsum charakteristisch sind, bleibt die Deutung des Befundes als Tor ganz unsicher. Eine Klärung wäre jedoch durch Ausgrabung möglich.

Der Durchgang in Archsum entspricht nicht geläufigen Vorstellungen: Weder für die Breite des Einschnittes (1 m) noch für die Abstützung der Seiten durch Holz, Soden oder Steine gibt es Parallelen. Ungewöhnlich erscheint auch die Richtung der Anlage; sie weicht von der Achse, die vom

Zentrum des Erdwerkes bis zur Tormitte verläuft, gegenüber dem geographischen Nordpol um 7 ° nach Osten ab. Struktur und Richtung geringmächtiger Sedimentreste in den Durchlaßmulden *(Beil. 8,9)* sind nicht bei Entwässerung der umwallten Innenfläche entstanden, auch nicht im Kriechgang, dessen Sohle nach Norden neigt *(Beil. 5,2; 9)*. Denn an keiner Stelle wurde Spülsand entdeckt, weder in den schmalen, gräbchenähnlichen Zuwegungen innen noch im Bereich des Steinbaus oder außerhalb im Vorgelände. Warum hatte man dann Holztor und Kriechgang errichtet, wenn sie praktischer Nutzung entzogen waren? Auch vom Fundanfall her gesehen konnten keine erklärenden Gründe gewonnen werden.

INNENBEBAUUNG

Die Grabungen in der Trælbanken und der Tinnumburg erbrachten keinen Beleg für flächige Bebauung. Der schmale, bis in das kaiserzeitliche Niveau reichende Schnitt in der Tinnumburg (Fläche 1) lag nach Archsumer Erfahrungen vermutlich außerhalb der Bebauungszone *(Taf. 36)*. In Trælbanken fanden weder Voss (1965) noch wir typische Siedlungsreste wie Holzkohle, Asche und Schutt, dafür aber einige wenige Pfostenlöcher unbekannter Funktion. Dies magere Resultat erscheint deshalb so bemerkenswert, weil sich Hölzer im nassen Untergrund der Umwallung durchaus erhalten hatten, aber entweder nicht mehr zu Bauten zusammenzuführen sind oder als Abfall in den Boden gerieten. Nur die Archsumburg, in Teilflächen erschlossen, war randlich dicht bebaut, aber in einer Art und Weise, die in bäuerlichen Siedlungen auf den Inseln keine Parallele haben: Man hatte die Hütten radial geordnet, sie vielfach zweischiffig in Leichtbau konstruiert und mit Herden und Streu ausgestattet. Der überall zu erwartende Abfall, z.B. Asche, Tierknochen und Getreidereste, war dafür entweder sorgfältig beseitigt oder erst gar nicht hinterlassen worden. Die Bruchfrequenz der Keramik ist gering, verglichen mit dem Zustand der Tonscherben aus Siedlungen, und auch die Konzentration der Scherben in einer schmalen Zone am inneren Wallfuß weicht von Normalbefunden ab; denn gewöhnlich streuen sie wesentlich weitflächiger. Das Areal macht den Eindruck eines Geisterdorfes; nichts spricht für längeren Aufenthalt oder gar von wirtschaftlicher Tätigkeit in den Hütten *(Taf. 21–31)*.

FUNDE

Auf allen drei Fundplätzen kamen fast ausschließlich Tongefäße und andere keramische Erzeugnisse zum Vorschein. Das in der Tinnumburg und in Trælbanken geborgene Material unterscheidet sich dabei nur geringfügig von dem in Archsum. Nur je ein Gefäß aus der Tinnumburg und aus Trælbanken hat keine Gegenstücke in der Archsumburg *(Abb. 156,13; 177,12)*; für die hohe Fußschale mit geriefter Schulter und nach innen gebogenem, leicht verdicktem Rand gibt es Vergleichbares auf dem Festland, allerdings mit schwach nach außen gebogener Mündung[204], für den engmundigen schulterverzierten Topf aus Trælbanken Entsprechungen in Gräbern aus Nordschleswig[205]. Die Randtypen 1 und 2 waren in allen Erdwerken vertreten, auch weitmundige Töpfe der Form I und Terrinen, an Ziermustern Horizontalriefung.

[204] Vebæk (Anm. 54) Abb. 18; Lomborg (Anm. 55) Abb. 11, 1; Röschmann (Anm. 96) Taf. 108, 18.

[205] Ethelberg (Anm. 102) 118 Abb. 148; 135 Abb. 83; Mestorf (Anm. 47) Taf. 6, 4.

DATIERUNG

Die Keramik spricht für eine Datierung der Anlagen in das 1. Jahrhundert n. Chr. Geb.; ^{14}C-Daten aus Gräben der Trælbanken und aus Schächten der Archsumburg bestätigen es. Beide Anlagen sind nur kurze Zeit benutzt worden; für die Tinnumburg fehlen entsprechende Daten.

PLANIERUNG

Während die Archsumburg bereits in der Kaiserzeit angeschüttet und innen bis zur Wallkrone planiert worden ist, blieben solche Befunde in Trælbanken und in der Tinnumburg aus. Auf die homogenisierten oberen Erosionsschichten (?) (15, G–I) des festländischen Beringes *(Beil. 11)* folgte eine gekappte, offenbar begrünte Decke (Schicht 16 und 22), auf die sich neuzeitlicher (?) sandig-humoser Auftrag legte (23). Trælbanken war demnach bis in die jüngere Zeit als Erdwall sichtbar, ohne allerdings in älteren Kartenwerken zu erscheinen oder in der mündlichen Tradition Spuren zu hinterlassen. Den Innenbereich der Tinnumer Anlage bedeckte ein mit Baumpollen der Vorwikingerzeit (?) durchsetzter Schilftorf; erst während des 9. oder 10. Jahrhunderts kehrte man dorthin zurück und schuf den Ringwall, wie er heute steht. Die aufgetragenen Soden konservierten das ältere Bauwerk.

FUNKTION

Einleitung

Die Archsumburg, die ältere Tinnumburg und die Trælbanken bei Højer sind in verschiedener Hinsicht bemerkenswert: Römerzeitliche Umwallungen waren im Gegensatz zu Skandinavien, England und zum nordwestdeutsch-niederländischen Flachland bis zur Mittelgebirgszone *(Taf. 40)* an der Westküste Jütlands bisher unbekannt; ihr Aufbau weicht derart von zeitgleichen dörflichen Siedlungen ab, daß man nach dem Zweck solcher Gemeinschaftsleistungen fragt und die Art des Sozialverbandes kennenlernen will, der sie geprägt hat; die umfangreichen, chronologisch und funktional einheitlichen Fundeinschlüsse der Archsumburg fordern zum Vergleich mit Grab- und Siedlungsfunden an der schleswigschen Westküste heraus.

Wallanlagen *(Taf. 40)*

Jütland

Nördlich der Elbe gibt es außer den drei oben beschriebenen Ringwällen nur die Umwallung in der Niederung Borremose im nordjütischen Himmerland, die mit Sicherheit aus der Zeit vor Christi Geburt stammt. Anderen Erdwerken fehlen datierende Belege; setzt man sie in die Eisenzeit, dann häufig nur, weil ihre Form von mittelalterlichen Anlagen abweicht, sie eine besondere Lage haben oder es Scherben hieraus gibt, allerdings ohne einen stratigraphischen Bezug zur Umwallung. Die Gruppe möglicher oder mit geringer Wahrscheinlichkeit in die Eisenzeit datierter Plätze umfaßt einerseits Rundwälle, andererseits den Geländeverhältnissen angepaßte geschlossene Formen und außerdem mehrere Abschnitts- und Langwälle.

Als Beispiel einer vielleicht in die Eisenzeit datierten Anlage wäre die *Lembecksburg* auf Föhr anzuführen, weil hier unter dem wikingerzeitlichen Ringwall, der auf einem drei Meter hohen, von Marsch umgebenen Pleistozänhorst steht, während der Ausgrabung kaiserzeitliche Keramik geborgen wurde. La Baume erwähnte kurz nach Abschluß der Untersuchung, die Tonware sei unterhalb der 3–4 m mächtigen wikingerzeitlichen Kulturschichten in 40–60 cm starken Kleilagen gefunden worden und gehörte einer kaiserzeitlichen Siedlung an. In tieferen Lagen habe noch eine jungsteinzeitliche Siedlung mit Flintklingen, Schabern und Doppelschabern gelegen[206]. Die archäologische Landesaufnahme des Jahres 1958 enthält lediglich die Angabe, kaiserzeitliche Keramik »sei in den tieferen Schichten« angetroffen worden[207]; H. Jankuhn, der an der Grabung beteiligt war, meinte, die Scherben könnten von einer Siedlung an gleicher Stelle stammen[208]. Der Verdacht, die römerzeitlichen Scherben stammten aus einem Bering ähnlich der Tinnumburg, läßt sich nur durch Grabung erhärten oder widerlegen. Die Grabungsdokumentation des Jahres 1952 erlaubt kein abschließendes Urteil: Die Profile deuten zwar eine Verbindung zwischen einer Schicht mit kaiserzeitlichen Scherben rund zehn Meter vom heutigen Wallfuß entfernt und einem Sodenwall unter dem wikingerzeitlichen Erdwall an, eine letzte Sicherheit besteht aber nicht.

Weder für die Rantumburg auf Sylt noch für die Uetersumer Borrig auf Föhr oder die Boragh auf Amrum sind Zeitstellung und Form bekannt[209]. Ein weiteres undatiertes Erdwerk mit einem Durchmesser von 50 m beschrieb H. Hinz aus Dörpum (Kr. Nordfriesland) in seiner archäologischen Landesaufnahme des nordfriesischen Festlandes[210].

Prähistorische Scherben aus Erdwällen und Gräben gibt es in Sirksfelde (Kr. Herzogtum Lauenburg), in der Wittorfer Burg auf einer Sandinsel am Zusammenfluß von Stör und Schwale (Kr. Neumünster), im Ringwall Belau (Kr. Plön) und am Lübecker Burgtor[211]. Der Ringwall von Sirksfelde lieferte nach Kersten »ältereisenzeitliche« Funde, nach K. W. Struve wahrscheinlich Jastorfkeramik aus einer vorangehenden Siedlung[212]. Außer- und innerhalb der spätsächsischen Wittorfer Burg las man kaiserzeitliche Scherben auf, so daß H. Hingst eine Siedlung dieser Zeit auf dem später befestigten Areal vermuten durfte[213]; G. Mildenberger bezweifelte die frühgeschichtliche Datierung des Ringwalls nicht, stellte jedoch Fragen zur Datierung zweier dem Bering vorgelagerter Abschnittswälle, die seiner Meinung nach mit den älteren Scherben zusammengehören könnten[214], obgleich der Grabungsbericht von Hingst keine Hinweise enthält, auf die sich diese These stützen ließe. Die Zuordnung kaiserzeitlicher Funde aus der Belau-Burg ist gleichfalls problematisch[215]: Da Grabungen fehlen, läßt sich nicht entscheiden, ob der Abschnittswall in die ersten Jahrhunderte unserer Zeitrechnung oder in frühgeschichtliche Zeit datiert, wofür sich Struve ausspricht, weil er einen Zusammenhang zwischen Abschnittswall und slawischem Ringwall für wahrscheinlich hält.

Der Befund eines »römerzeitlichen Befestigungsgrabens« an der Landbrücke zum Lübecker Stadthügel gehört zu den überraschenden Grabungsergebnissen der letzten Jahre in der Travestadt. Nahe des ehemaligen Burgklosters kam der Rest eines U-förmigen, 3 m tiefen und 7 m breiten Einschnittes mit Scherben des 1.–3. Jahrhunderts »in den Sedimenten der Grabennutzung und der Verfüllung« zutage, frühslawische Ware fand sich dagegen nur im oberen Bereich des Planierbodens[216]. Zusätzliche Beobachtungen erlaubte die Breite des Aufschlusses nicht. Dies gilt sowohl hinsichtlich der Befundinterpretation (Graben oder Grube) als auch bezüglich der Funddeutung: Ob die Keramik beispielsweise einer angrenzenden, umwallten Siedlung zuzuordnen ist oder zusammen mit Auffüllboden aus einer naheliegenden eisenzeitlichen Siedlung in den Bodeneinschnitt gelangte, läßt sich nicht entscheiden. Die Möglichkeit, die Scherben als verschlepptes Material zu beurteilen, besteht nach den Angaben K. Laglers durchaus[217]: Von den Grabungsplätzen Burgkloster und Koberg stammen insgesamt 187 vorgeschichtliche (neolithische und kaiserzeitliche) Scherben aus slawischen und frühdeutschen Schichten; nach der Beschreibung und den Abbildungen zu urteilen, sind sie teilweise stark fragmentiert, also mehrfach umgelagert worden. Im Graben sollen dem Bericht Laglers zufolge außer indifferentem Fundgut nur wenige charakteristische, bisher nicht abgebildete Rand- und Wandscherben geborgen worden sein; über den Grad der Abrollung oder des Scherbengewichtes ist nichts bekannt.

206 La Baume (Anm. 153) 29, 152/53, 141.

207 Kersten u. La Baume (Anm. 3) 233.

208 H. Jankuhn, Die Eisenzeit. In: Kersten u. La Baume (Anm. 3) 91.

209 Ebd. 219; 333ff.; 532.

210 Hinz (Anm. 96) 122.

211 G. Mildenberger, Germanische Burgen (1978) 38.

212 Kersten, Vorgeschichte des Kreises Herzogtum Lauenburg (1951) 113 Abb. 78, 1–4; Struve, Die Burgen in Schleswig-Holstein 1 (1981) 107ff.

213 Hingst, Die Wittorfer Burg. Offa 10, 1952, 54ff.

214 Mildenberger (Anm. 211) 86.

215 Ebd.; Struve (Anm. 212) 59ff.

216 G. P. Fehring, Germanische, slawische sowie deutsch-dänische Burganlagen an der Landbrücke zum Lübecker Stadthügel. Arch. Korrbl. 12, 1982, 93ff.; ders., Grabungsbefunde zum slawischen Burgwall Bucu und zur landesherrlichen Burg mit zugehörigem Brunnen im Burgkloster zu Lübeck – Ein Zwischenbericht. Lübecker Schr. Arch. u. Kulturgesch. 6, 1982, 80f. Abb. 13–14.

217 K. Lagler, Einige vorgeschichtliche Keramikscherben aus der Lübecker Innenstadt. Ebd. 335ff.

Die Befunde aus Schleswig und Holstein bieten keine sicheren Belege für römerzeitliche Wälle, die als Parallelen zu den nordfriesischen Anlagen herangezogen werden könnten. Zweimal wurde versucht, kaiserzeitliche Keramik mit undatierten Abschnittswällen (Wittorfer- und Belau-Burg) zu verknüpfen; dies ist deshalb bemerkenswert, weil diese Kombination sicher datiert aus Süd- und Ostjütland überliefert ist.

Obgleich Forschungstradition und intensive Denkmalpflege im dänischen Teil Jütlands günstigere Voraussetzung bieten als in Schleswig-Holstein, ist die Kenntnis eisenzeitlicher Wallanlagen hier immer noch sehr gering. Direkte Parallelen für die Rundwälle Nordfrieslands und Westschleswigs liegen kaum vor. Sichere zeitgleiche Entsprechungen fehlen gänzlich, obwohl sie die Fachliteratur beschreibt, beispielsweise die »Trælborg« nordwestlich Kolding in flacher Hanglage am Jungmoränenrand. Eine ovale Fläche von 47 m Länge und 38 m Breite wird hier von einem flachen Wall mit vorgelagertem, 2–3 m langen Graben umzogen, der niemals Wasser geführt haben kann. Bei einer Probegrabung 1956/57 fand sich unter Wallresten ein abgebranntes Haus, das eine Fibel und zahlreiche Keramik in die Zeit nach 400 n. Chr. Geb. datieren[218]. Der Wall bestand an der Außenseite aus gelbem Lehmboden vom Aushub des Grabens, auf der Innenseite aus dunklem, mit Scherben durchsetzten Humus. Voss schließt als Ausgräber eine Datierung des Walles in die »jüngere Eisenzeit« nicht aus; er entstand aber erst nach Aufgabe der Siedlung.

Undatiert sind die fast runden Wallanlagen Trolborg südwestlich Jellinge in Vejle amt, Ridebanen bei Skive am Limfjord und ein neuentdeckter Ringwall mit Graben bei Vilslev, wenige Kilometer von Ribe entfernt. Trolborg, auf einem steilgeböschten Plateau oberhalb der Talaue der Vejle å gelegen und vorzüglich erhalten, hat einen Durchmesser von 50 m und eine Höhe von 2 m; eine vorgelagerte Senke deutet den Verlauf eines Außengrabens an[219]. Aus einem älteren Probeschnitt stammen wenige atypische Scherben der »Eisenzeit«; die Ergebnisse späterer Untersuchungen sind nicht veröffentlicht worden. Ridebanen, auf markanter Moränenkuppe hoch über Skive fjord[220], ist etwa ebenso groß (Durchmesser 47 m, Breite des stark zertretenen Walles zwischen 2,5 und 4 m); die noch sichtbaren Wallteile von wenigen Dezimetern Höhe enthalten humosen, leicht steinigen Boden. Um 1900 fand man bei einer Grabung zwischen Steinen unter dem Wall eine »Streitaxt« und einen »Steintrog«[221]. Hierbei handelt es sich um eine Einzelgrabaxt vom Typ I 1a und einen neolithischen Mahlstein[222].

Eine kreisförmige Anlage fand sich vor kurzem bei einer Luftbildauswertung der Gegend von Vilslev nördlich von Ribe[223]. Das heute beackerte Gelände liegt unmittelbar nördlich der in früherer Zeit schiffbaren Kongeå an der Stelle, wo dieser spätere Grenzfluß von der Moräne kommend die Marsch erreicht. Vorläufige kleinere Untersuchungen in der Anlage, Durchmesser ca. 40–45 m, ergaben Hinweise auf einen etwa 1,5 m breiten (Außen?)-Graben und einen parallel verlaufenden, rund 10 m entfernten schmaleren (Innen-)Graben. Funde atypischer Scherben aus dem Schnitt datieren in die Eisenzeit, sie haben mit einer unmittelbar anschließenden Siedlung der Wikingerzeit keine Verbindung.

Der letzte »vorgeschichtliche« Rundwall Volden bei Toften in Vendsyssel, in Hanglage oberhalb einer Talaue, aus Sand mit 6 m Breite und 2 m Höhe eher oval als kreisförmig errichtet (Innendurchmesser 43 x 37 m) und von einem Graben umzogen, ist gänzlich undatiert, weil Fundeinschlüsse bei einem Schnitt ausblieben[224].

Keine Anlage kommt als Parallele zu den nordfriesischen Erdwerken in Frage: Nirgends ist die Datierung in die Zeit um Chr. Geb. gesichert. Dimension und Wallaufbau gehören zu den Unbekannten, erst recht die Art, wie man das Innere gestaltet hatte. Nur in einem Detail scheint sich Übereinstimmung anzudeuten: Trælborg und Volden bei Toften stehen taktisch unmotiviert in leichter Hanglage; bei den Anlagen Ridebanen und Troldborg waren günstigere, aber keineswegs optimale Geländepositionen gewählt worden. Eine Lage ohne jeden militärischen Wert kennzeichnet im Gegensatz hierzu allein die nordfriesischen Burgen.

Wallanlagen, die den örtlichen Geländeverhältnissen angepaßt erscheinen, wurden in Jütland außer Borremose in Himmerland archäologisch nicht untersucht[225]. Als Kriterium für eine Datierung in die Eisenzeit gilt dabei auch die äußere Form, die von mittelalterlichen Erdwerken abweicht. Für Borremose trifft es zu, wie aus Grabungen der Vorkriegszeit und des Jahres 1945 hervorgeht: Östlich Års

218 J. Kvist, Trælborg i Veerst skov. Fra Ribe Amt 12, 1948–51, 213ff.; Voss, Trælborg. Skalk 1957, H. 4, 14ff.

219 K. V. Christensen, Middelalderbro i Vejleådalen og Trælborg voldsted. Vejle amts årbog 1959, 115ff; Med arkæologen Danmark rundt (1961) 339.

220 V. La Cour, Danske Borganlæg til midten af det trettende århundrede 1 (1972) 40ff.

221 Museumsarchiv in Skive.

222 Glob, Studier over den jyske Enkeltgravskultur. Årbøger 1944 (1945) 43; frdl. Mitt. Dr. E. Munksgård, Kopenhagen.

223 S. Jensen, Gårde fra vikingetiden ved Gl. Hviding og Vilslev. Mark og montre 1986/87, 17ff.

224 V. La Cour u. H. Stiesdal, Danske Voldsteder. Fra Oldtid og Middelalder, Hjørring amt (1963) 91ff.

225 J. Brøndsted, Nordische Vorzeit 3 (1963) 47ff.; 87ff.; 389ff.; Mildenberger (Anm. 211) 57ff.

(Westhimmerland) auf einem 150 m langen, 80–100 m breiten Holm inmitten eines Moores gleichen Namens als fünfseitiger, dem Gelände angepaßter Wall mit vorgelagertem Graben (5 m breit und 1,60 m tief) errichtet, zerfällt das Gesamtwerk in zwei Bauperioden. In die ältere gehören Befestigung, Wasserzisterne und Zuweg durch eine Furt. Das ganze ist nichts anderes als eine Fluchtburg im Moor. Das Beringinnere blieb dagegen frei. Dennoch spiegeln Gerätschaften und Keramik aus der Grabensohle Siedeltätigkeit im Umfeld wider. Palynologische Analysen belegen Weidewirtschaft und Ackerbau, nach Aufgabe der »Festung« auch Ruderalvegetation. Die Datierung der Funde ins 2. Jahrhundert v. Chr. Geb. ist unbestritten, auch die Zeitstellung einer jüngeren unbefestigten Siedlung an gleicher Stelle, der ein 70 m langer, 3 m breiter gepflasterter Weg, 20 orientierte Wohnstallhäuser mit Sodenwänden und Herdstellen und Nebengebäude zugeordnet werden. Die Abfälle des Dorfes, in das letzte Jahrhundert v. Chr. Geb. datiert, gelangten in den oberen Teil des verlandeten Grabens.

Außer Borremose, lange vor Errichtung der nordfriesischen Anlagen verlassen, gibt es noch etliche Plätze, die als Erdwerke aus prähistorischer Zeit bezeichnet werden, so in Vendsyssel Allerup Bakker, ein Wall mit Graben um eine weitläufige, verästelte Moränenhöhe; 1,7 ha groß, von V. La Cour in Anlehnung an englische Vorbilder »cattle enclosure« genannt, aber undatiert[226]. Dies gilt auch für einen fast dreieckigen, der Geländesituation angepaßten Wall Færgeborg auf einer kleinen Insel im verlandeten Sjørind sø (Thy). Das Erdwerk umzog ein 0,73 m ha großes Areal. Geräte und Keramik könnten wikingerzeitlich sein, aber diese Datierung gilt als umstritten[227]. Der Bering Lovns nordöstlich Skive in Himmerland (Durchmesser 17 m) mit 5–10 m breitem und 1–3 m tiefem Graben wird als »vermutlich prähistorisch« bezeichnet[228].

Bei keiner dieser Anlagen kennen wir die Wallkonstruktion, die Art der Innenbebauung und die Datierung. Als Parallelen nordfriesischer Erdwerke kommen sie deshalb nicht in Betracht. Daß der Befestigungsgedanke in Jütland gleichwohl geläufig war, zeigen demgegenüber Palisadenreihen mit vorgelagertem Graben aus der älteren bis mittleren Kaiserzeit: In Priorsløkke bei Horsens fand sich eine 121 m lange Palisade mit Wangentor und breitem Graben davor; sie schirmten eine dichtbesiedelte Moräneninsel in einer Talaue am Horsens fjord ab. Das zweiperiodige Dorf mit zahlreichen Wohnstallhäusern, Nebengebäuden und Töpferofen datiert in die ältere Kaiserzeit[229]. In Haderslev fjord wurde eine submarine Palisadensperre der jüngeren Kaiserzeit vermessen[230]. Fortifikatorische Aufgaben hatten auch Langwälle der Kaiserzeit und jüngerer Zeitstellung zu erfüllen: Der Langwall Olgerdiget bei Tinglev/Nordschleswig[231], aus einer Palisadenkette, einem Wall und einem vorgelagerten Graben gebildet, mehrere Kilometer lang, ^{14}C datiert (um 200 n. Chr. Geb.), wohl Grenzsperre eines Stammesgebietes; dazu möglicherweise auch ältere Erdwälle unter dem Danewerk bei Rothenkrug (Kr. Schleswig-Flensburg), die W. Kramer vor 737 datiert, das erste dendrochronologisch gesicherte Datum der Anlage[232]; schließlich außer zahlreichen undatierten Langwällen[233] die vermutlich eisenzeitliche, kilometerlange Palisadensperre mit Graben Trældiget in Vejle amt[234].

Es gibt zwischen Elbe und Limfjord nur wenige ausgebaute Befestigungen aus den Jahrhunderten vor und nach Errichtung der nordfriesischen Beringe (Borremose, Olgerdiget, Priorsløkke). Aber sie sind mit den hier untersuchten Anlagen nicht verwandt. Dies gilt mit Sicherheit für die Palisade von Priorsløkke, die eine Dorfgemeinschaft auf einer von Niederungen umgebenen Wiese schützen sollte, für Olgerdiget und die Sperre in Haderslev fjord, die vermutlich Stammesareale begrenzten oder Einfallswege gegen Angriffe von See her abriegelten. Borremose fiel aus anderen Gründen als Parallele aus: Weder die Lage noch die Dimension des breiten Grabens, der Aufbau des Walles oder seine Zeitstellung entsprachen den Befunden in Nordschleswig und auf Sylt. Nur in einem Punkt schien sich Übereinstimmung anzudeuten: Sowohl in Trælbanken als auch in Borremose fehlt jeglicher Hinweis auf Innenbebauung. Die Frage, ob Zelte, leichte, nicht im Untergrund verankerte Hütten oder andere Behausungsformen an ihrer Stelle denkbar sein könnten, ist niemals hinreichend durchdacht worden. Die eingangs gestellte Frage, ob die drei untersuchten Fundstellen auf Sylt und westlich von Tønder einer besonderen, nur hier verbreiteten Denkmälergruppe angehörten, wäre nach dieser Übersicht positiv zu entscheiden.

[226] La Cour (Anm. 220) 14ff.

[227] Ders. u. Stiesdal, Danske Voldsteder. Fra Oldtid og Middelalder, Tisted amt (1957) 155ff.

[228] H. Dehn-Nielsen, 348 oldtidsminder i Jylland (1976) 43.

[229] F. Kaul u. B. H. Nielsen, Fjendtlig jernalder. Skalk 1981, H. 5, 9ff.; dies., Den befæstede landsby. Ebd. 1984, H. 5, 10ff.; Kaul, Priorsløkke – en befæstet jernalderlandsby fra ældre romersk jernalder ved Horsens. Nationalmus. Arbejdsmark 1985, 172ff.

[230] O. Crumlin-Pedersen, »Æ Lei« og »Margrethes bro«. Nordslesvigske mus. 2, 1975, 9ff.

[231] Neumann (Anm. 54).

[232] W. Kramer, Die Datierung der Feldsteinmauer des Danewerks – Vorbericht einer neuen Ausgrabung am Hauptwall. Arch. Korrbl. 14, 1984, 343ff.; dagegen: H. H. Andersen, Zum neuen Schnitt am Hauptwall des Danewerks. Ebd. 15, 1985, 525ff.

[233] Jankuhn, Die Wehranlagen der Wikingerzeit zwischen Schlei und Treene (1937) 316ff.; Neumann (Anm. 54) 49ff.

[234] Hvass, Trældiget. Vejle amts årbog 1984, 89ff.

Dänische Inseln, Schweden und Norwegen

Am Anfang stehen zwei inseldänische Plätze: Auf der Insel Sejerø nordwestlich von Seeland untersuchte das Nationalmuseum in Kopenhagen 1978 eine bereits seit 1897–1898 bekannte Befestigung der späten vorrömischen Eisenzeit[235]. Auf einem hohen Moränenhügel fand man einerseits vermutlich natürlich entstandene Hangterrassen, andererseits als Teile einer nicht abgeschlossenen Fortifikationsmaßnahme Gräben am Fuß der Kuppe, in deren Bereich außer Keramik auch Waffenteile aus Eisen und Knochen. Geringmächtige Schichtung aus Schlamm oder Erosionssand an der Sohle eines 3,75 m breiten und 2,5 m tiefen Grabens deutet nach D. Liversage eine kurze Zeitspanne von nur wenigen Tagen oder Wochen zwischen Aushub und Füllung an; erst später wurde die Höhe besiedelt. Abfall dieser eisenzeitlichen Siedlung fand sich in den oberen noch nicht völlig planierten Partien der Gräben.

In Lellinge auf Seeland wurde bei Luftaufnahmen 1970 eine kreisförmige Umwallung mit einem Durchmesser von 140 m entdeckt. Grabungen erfaßten einen etwa 10 m breiten und 0,80 m hohen, stark beschädigten Sodenwall direkt an der nicht schiffbaren Køge å. Innerhalb des Beringes fehlten Siedlungsspuren außer Gruben mit Keramik des 1. Jahrhunderts n. Chr. Geb. Eine der Gruben soll das Skelett eines Lammes enthalten haben. Aus einer Profilzeichnung im Nachlaß des Ausgräbers Th. Ramskou (Kopenhagen) geht hervor, daß die alte Oberfläche erhalten war und daß der Wallfuß innen in eine graue Lehmschicht auf »Untergrundsand« überging. Sie wurde zwischen 13 und 15 m südlich vom Wallansatz von einer flachen Grube mit Keramik der älteren Kaiserzeit unterbrochen. Über der Lehmschicht, der Grubenfüllung und dem Wall folgte ein bis 0,5 m mächtiger lehmig-humoser Boden, dann der Pflughorizont, insgesamt eine Lage von 0,40 m Dicke.

Der Befund reicht bei weitem noch nicht aus, um Wall und Graben zeitlich zu korrelieren. Die Lage direkt an einem Wasserlauf, die Kreisform des Erdwerkes, der Aufbau des Walles aus Sodenpackungen, die fehlende Bebauung innerhalb und die Datierung der in Gruben gefundenen Scherben stellen, verglichen mit den nordfriesischen Anlagen, immerhin bemerkenswerte, weil übereinstimmende Erscheinungen dar[236].

Eine nahezu identische flußnahe Lage hat ein ovaler Doppelbering in der Strandzone bei Pile/Schonen auf der Køge gegenüberliegenden Seite des Øresunds. Datierende Funde fehlen außer einem »mittelalterlichen« Wetzstein. Der innere Wall ist 100 m lang und 75 m breit, während die Maße des parallel verlaufenden Außenwalles etwa 120 m und 110 m betragen. Ein Probeschnitt 1983 erbrachte Details der Wall-/Graben-Konstruktion und der Innenbebauung: Die etwa 3 m breiten, vor den Wällen gelegenen Gräben sind ca. 1 m tief; die flachen Wälle bestehen an ihrer Basis aus 0,4 m hohen Sodenlagen; darüber folgt Sand- und Kiesschichtung. Im kurzgefaßten Grabungsbericht wird außerdem erwähnt, daß das Vorgelände in älterer Zeit weitgehend abgeplaggt worden sei, um Soden zu gewinnen. Innerhalb des Walles kamen auf kleiner Fläche vier Pfostenlöcher zum Vorschein, eines zusammen mit einer »Anzahl« fluchtender Staken, die sich vermutlich als Teile einer Flechtwandkonstruktion interpretieren ließen[237].

Sowohl die vermutlich kaiserzeitliche Anlage bei Lellinge als auch der undatierte Bering bei Pile stimmen in etlichen Details (Lage, Aufbau) mit unseren Erdwerken überein, Merkmale, die bei anderen Wallanlagen auch Schwedens und Norwegens fehlen, wo man Steingerölle statt Soden verwendete, die Art des Mauerbaus abweicht, eine andere Geländelage gewählt wurde und auch die Zeitstellung eine andere ist (jüngere Kaiserzeit oder später)[238]. Zwar ordnete man auf Öland die Gebäude wie in der Archsumburg radial an, aber ihre Größe, ihre Konstruktion als dreischiffige Hallenhäuser und ihre räumliche Gliederung in Wohn- und Stallteil haben mit den Sylter Hütten nichts zu tun[239]. Als einzige, mit den drei nordfriesischen Erdwerken zeitgleiche kreisförmige Umwallung kommt auf Öland die Anlage bei Hässleby (Köpings sogn) in Betracht: Der innere Durchmesser des Steinwalles beträgt 68 m, die Breite der stark zerstörten Mauer 6–9 m[240]. Probegrabungen erbrachten Scherben am inneren Wallfuß, darunter ein Mündungsrest mit verdicktfacettiertem Rand. Ob er allerdings für die Datierung verwertbar ist, bleibt ungewiß, zumal nahebei auf älteren Kulturschichten Großhäuser der Völkerwanderungszeit standen[241]. Die Zeitstellung des Beringes gilt daher nach E. Wegraeus als fraglich[242].

[235] D. Liversage, An uncompleted Fortification on Sejerø. Journal Danish Arch. 1, 1982, 87ff.; Mildenberger (Anm. 211) 109.

[236] Lellinge, Højelse sogn, Københavns amt: Nationalmus. sognebeskrivelse nr. 18, journ. nr. 1130/75. Luftaufnahme: »NB« vom 1. 5. 1970; Mitteilung über Grube mit Lammskelett von Th. Ramskou am 13. 12. 1983.

[237] S. Rosborn, Hököpinge-Pile. Medeltida centralbygd i Sydväst-Skåne. Pugna Forensis? Arkeologiska undersökningar kring Foteviken, Skåne 1981–83 (1984) 69ff., bes. 80ff.

[238] Mildenberger (Anm. 211) 108ff.

[239] M. Stenberger, Öland under äldre järnåldern (1933) 213ff.; K. Borg, U. Näsman u. E. Wegraeus (Hrsg.), Eketorp. Fortification and Settlement on Öland/Sweden (1976; 1979).

[240] Stenberger (Anm. 239) 248ff.

[241] Mündl. Mitt. Dr. U. Näsman, Viborg.

[242] Borg u. a. (Anm. 239) 43 Abb. 21.

Abb. 178 Leksaren, Rogaland. Radialbebauung (Foto: Mus. Stavanger B. 799.c).

Von rund 70 Vorzeitburgen Gotlands ist allein die kreisförmige Umwallung bei Lilla Havor (Kirchspiel Hablingbo) gleichzeitig mit den Wällen an der schleswigschen Westküste[243]. Das auf ebener Fläche errichtete Erdwerk ist noch 1 m hoch und 9 m breit, sein Durchmesser beträgt zwischen 55 und 60 m. In der Nachbarschaft fanden sich außerdem Langbauten der älteren Eisenzeit. Eine Untersuchung deckte eine zweischalige, 2–2,5 m breite Steinmauer und einen vorgelagerten, mehrschichtigen, 4 m breiten Erdwall jüngerer (?) Zeitstellung auf. Nach dem Geröllumfang dürfte die Steinmauer ursprünglich 1 m hoch gewesen sein. Sie enthielt einen nachträglich eingegrabenen »Schatz« aus römischen Importgefäßen und einem kostbaren Goldring; er datierte das Bauwerk in die Zeit um 100 n. Chr. Geb. Ein 2,5 m breiter und 0,5 m tiefer Graben begleitete den Bering rund 3,5 m vor der Mauerfront. Im Osten der Anlage fanden sich Reste eines Tores mit 3,5–4 m breiter Öffnung, ein Graben fehlte hier. Vermutlich umgrenzte anfänglich eine Holzpalisade das Areal, wie P. Manneke aus zahlreichen Pfostenlöchern schließt. Zu den unpublizierten Funden gehören teils Gefäße, die in der lokalen Grabtradition um Chr. Geb. geläufig waren, teils aber auch zeitgleiche Parallelen an der Odermündung haben. Zu den besonderen Stücken zählen das Fragment eines Glasarmringes, ein Eisenmesser, ein Schleifstein, Teile eines Feuerbockes und ein Web(?)-Gewicht. Der 1966 gedruckte Vorbericht erwähnt außerdem mehrfach Tierknochen.

Keine der vielen Wallanlagen in Mittelschweden und Südnorwegen kann nach heutigem Forschungsstand als überzeugende Parallele für die nordfriesischen Erdwerke gelten. Allein eine südwestnorwegische Gruppe radial bebauter Anlagen ist näher in Betracht zu ziehen[244]. Sie wirken wie

243 P. Manneke, Die Havoruntersuchung. Vorläufige Mitteilungen. Tor 11, 1965/66, 137ff.; J. Engström, Torsburgen. Tolkning av en gotländsk fornborg (1984) 85ff.

244 Zusammenfassend: Mildenberger (Anm. 211) 121; die folgenden Angaben beruhen aber auf: O. Møllerop, De ringformede tunanlegg i Rogaland. Fra Haug ok Heidni 4, 1971, 3, 151ff.

Abb. 179 Klauhaugane, Rogaland. Radialbebauung, Hausruine.

Erdwerke, sind es aber nicht: Sodenwandhäuser sind mit gemeinsamen Längswänden so dicht gereiht, daß ihre äußeren Giebelwände einen Wall zu bilden scheinen. Detailpläne, die Verfasser in Stavanger einsehen durfte, zeigen ovalen Umriß der Anlagen, so in Leksaren (Außenmaße 60 x 17 m, Innenmaße 31 x 26 m, 15 Häuser) *(Abb. 178)*, in Klauhaugane (Außenmaße 80 x 55 m, Innenmaße 56 x 27 m, 17 Häuser in Radiallage) *(Abb. 179–181)* und in Dysjane (Außenmaße 60 x 35 m, etwa 20 Hausruinen). In Klauhaugane gab es abweichend von den beiden anderen Fundstellen ein quadratisches Bauwerk (5 x 5 m) ohne Herdstelle im Zentrum der Anlage. Es gehört nach der ^{14}C-Datierung in die Zeit zwischen Christi Geb. und etwa 360 danach[245]. Einen anderen Grundplan kennt man von Håvodl, halbkreisförmig, Durchmesser 22 m; fünf bis 10 m lange, rund 5 m breite Häuser, und von Øygarden (4. und 6. Jahrhundert), Durchmesser 25 m, 10 Häuser mit einer Länge bis 10 m und einer Breite bis etwa 4,5 m, Wandreste an der zum Zentrum weisenden Schmalseite. O. J. Møllerop erörterte ihre Funktion im Vergleich zu den aus benachbarten Bauernsiedlungen bekannten Langbauten; fortifikatorischen Charakter lehnte er ab, auch eine Interpretation als Versammlungsplatz (nahe Dysjane und Klauhaugane Thingstätten). Daß die Anlagen nach übereinstimmender Auffassung J. Petersens und Møllerops gegen deren Nutzung als bäuerliche Siedlung sprechen, geht aus den Fundeinschlüssen hervor: Außer Keramik gibt es nichts, was auf sie hinwiese. Møllerop hebt dabei hervor, daß eine zweihenkelige Schale aus Klauhaugane zu einer in Norwegen unbekannten, in Dänemark (Nordjütland) üblichen Form der älteren Kaiserzeit gehöre.

Niedersachsen, Niederlande

Keramik aus der Archsumburg belegt Gütertausch während des 1. Jahrhunderts n. Chr. Geb. zwischen Niedersachsen und Nordfriesland. Das rechtfertigt es, die kaiserzeitlichen Wallanlagen zwischen Elbe- und Rheinmündung in diese Übersicht einzubeziehen[246]. Sie gehören der äußeren Form nach zwei Gruppen an: Rechteckige bis quadratische Erdwerke fanden sich in Zeijen und Rhee (Drente)[247] und in

245 Direktor O. Møllerop, Stavanger Museum, gewährte Verf. Einblick in die z. T. unpublizierten Unterlagen.

246 Haarnagel, Die Grabung auf der Heidenschanze bei Wesermünde im Jahre 1958. In: R. v. Uslar (Hrsg.), Studien aus Alteuropa 2 (Festschr. K. Tackenberg) (1965) 142ff.; Waterbolk (Anm. 69) 97ff.; Mildenberger (Anm. 211) 36ff.; 75ff.

247 Waterbolk (Anm. 69) Abb. 8; 18; 57.

Abb. 180 Klauhaugane. Radialbebauung, Hausruinen.

Abb. 181 Klauhaugane. Radialbebauung, Hausruine.

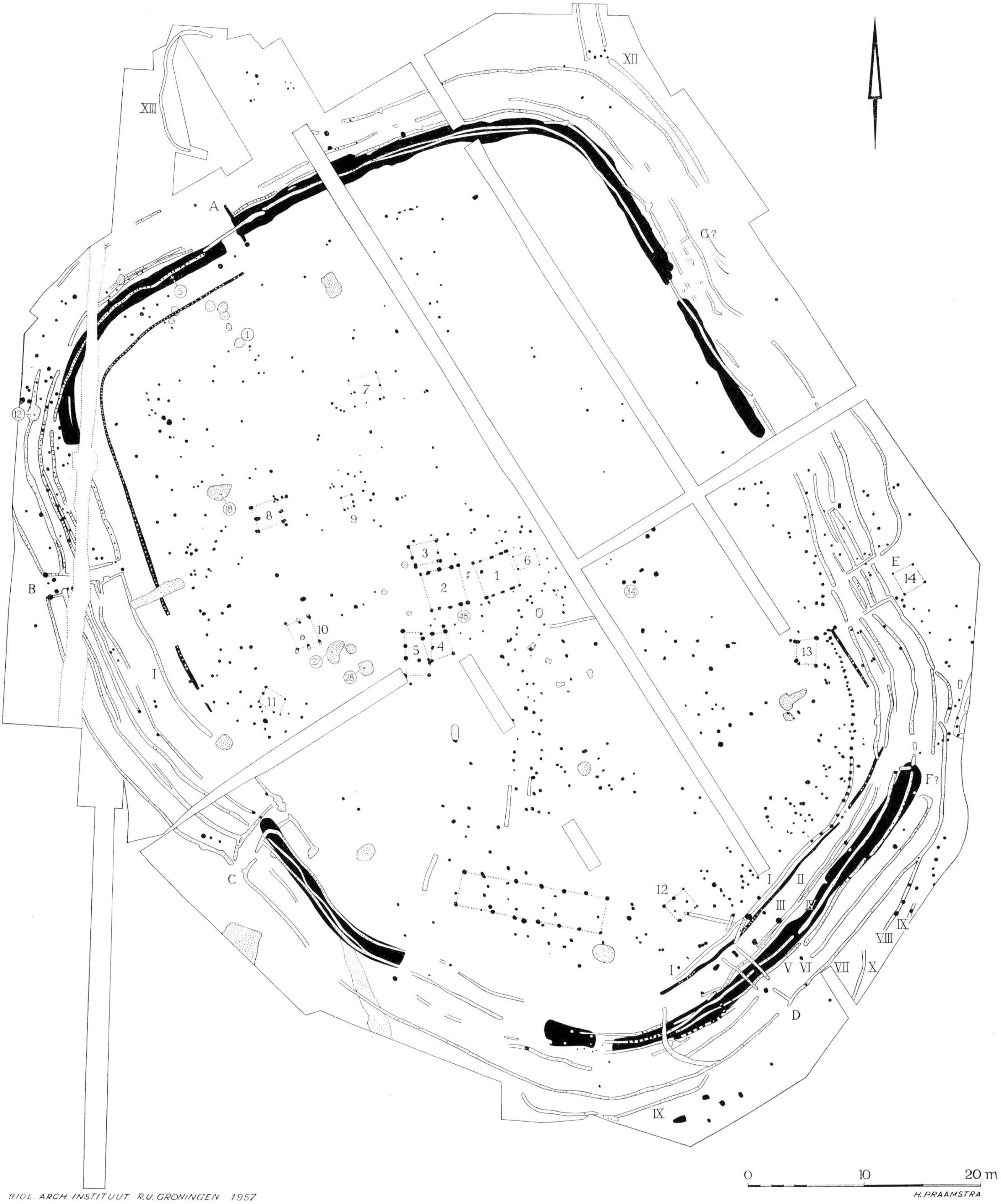

Abb. 182 Vries, Prov. Drenthe. Nach van Es. – M. etwa 1 : 500.

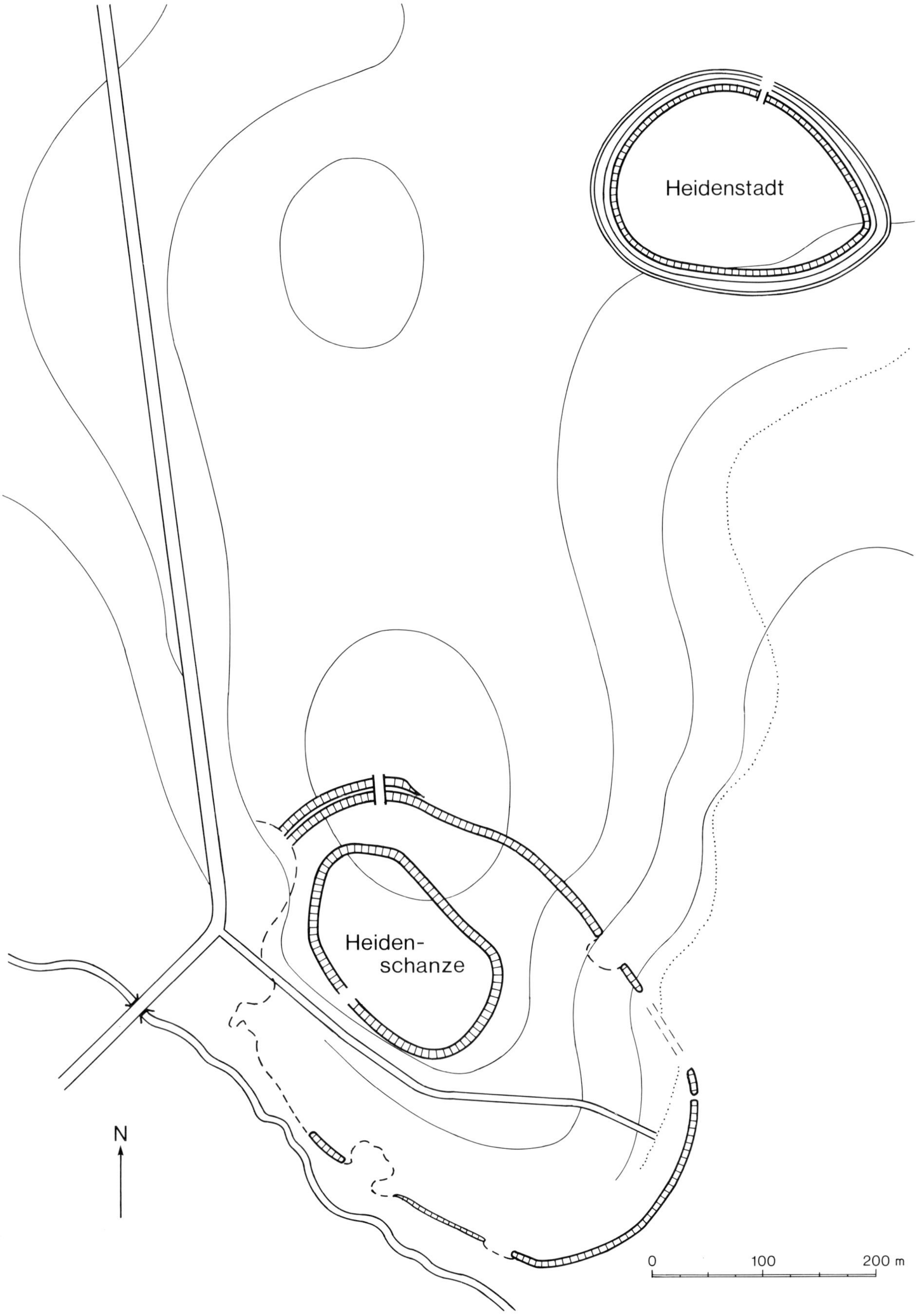

Abb. 183 Heidenstadt und Heidenschanze bei Sievern, Topographie. Nach v. Oppermann und Schuchhardt, ergänzt durch Haarnagel (Heidenschanze). – M. 1 : 10 000 (a) u. 1 : 25 000 (b).

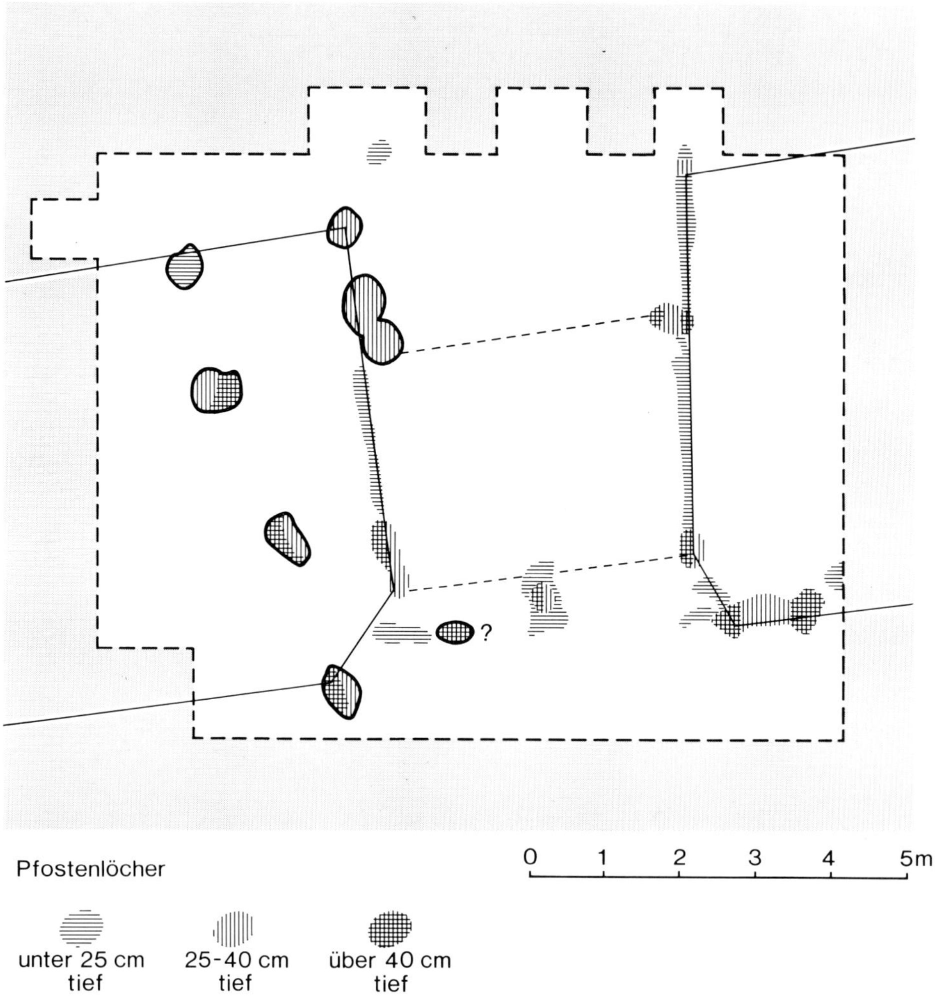

Abb. 184 Heidenschanze, Torbereich. Nach v. Oppermann und Schuchhardt. – M. 1 : 50.

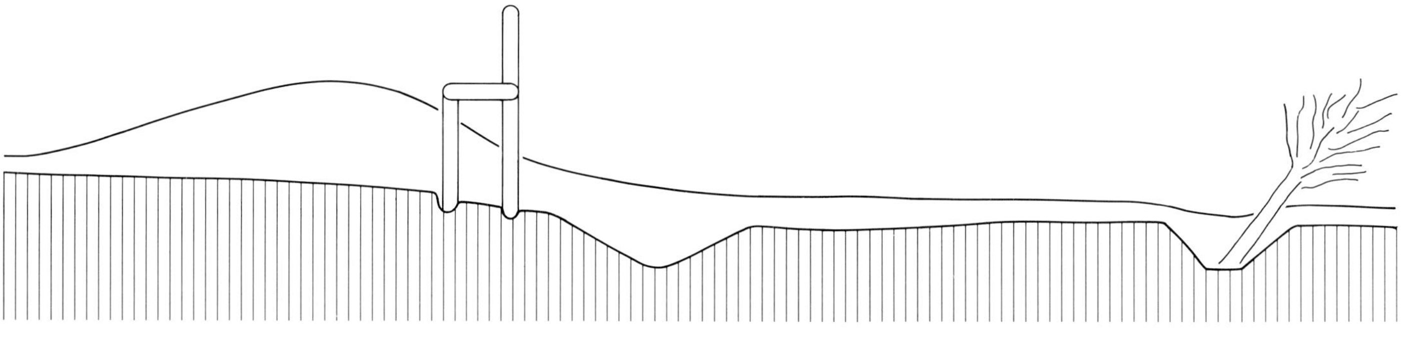

Abb. 185 Heidenstadt, Schnitt durch den Wall. Umgezeichnet nach v. Oppermann und Schuchhardt. – M. 1 : 125.

Altenwalde (Cuxhaven)[248], ovale dagegen bei Vries (Drente) *(Abb. 182)*[249] und bei Sievern (Kr. Wesermünde: Heidenschanze und Heidenstadt) *(Abb. 183)*[250]. Undatiert sind außerdem zwei ovale Erdwerke bei Holte-Spangen[251] und Gudendorf (Cuxhaven)[252].

Zeijen und Rhee, beide von Gräben und Palisaden umzogen, gehören sicher in die späte vorrömische Eisenzeit und frühe Kaiserzeit, Altenwalde dürfte später sein, wenn man nach der Silberschale des 4. Jahrhunderts urteilt[253]. Nach K. Waller[254] kam sie in sandigem Versturz 1,3 m unter der heutigen Grasnarbe zum Vorschein. Ein Schnitt des Jahres 1906 fixierte die Fundstelle in einer Schicht, die den Sodenwall und den vorgelagerten Graben bedeckte und die von einem aus Holzbohlen und Erde errichteten Ausbau überlagert war. Der 3 m breite »Primärwall« stand auf gewachsenem Boden, eine 0,8 m hohe Frontmauer aus Soden begrenzte den 2 m hohen, aus Sand geschütteten Wallkern, während die gestufte Sodenwand innen eine Höhe von 1,3 m erreichte. Vor dem Wall erstreckten sich eine 2,3 m breite Berme und ein 4 m breiter und 1 m tiefer Graben. Die Datierung in die Kaiserzeit stützt sich einerseits auf die Silberschale, andererseits auf zwei »voraugusteische« Terra-Sigillata-Scherben. Über die »sonstigen« Funde, vor allem die einheimische Keramik, gibt es keine publizierten Hinweise.

Verlauf der Begrenzung außen und Bebauung innen hingen bei etlichen niederländischen Anlagen eng zusammen. Die Bauten orientierten sich parallel oder quer zum Wall oder zur Palisade (Zeijen II, Phase 2; Zeijen I, Phase 2, 3a und 3b; Rhee, Phase 3–4); anders in Vries[255]: Außer einigen Hütten am Südwall (Bauperiode 2 nach H. T. Waterbolk) streuten zahlreiche Pfosten in breitem Ost-West-Streifen über das gesamte Grabungsgelände bis zu den äußeren Palisadengräben, ausgenommen der südliche und nördliche Bereich *(Abb. 182)*[256]. Die Pfosten, selten stratigraphisch einzubinden, könnten entweder zur Bebauung der umgrenzten Areale gehört haben oder zu einer älteren (?), offenen Siedlung, auf die dann erst später (?) ein mehrperiodiger ovaler Bering errichtet worden ist und zwar zusammen mit einigen wenigen Kleinbauten an der südlichen Umgrenzung (4 x 2,5 m). Die Längsachse des Ovals (80 m) verlief vom Süd-Ost- (Plan nach W. A. van Es: D: Breite weniger als 2 m) zum Nord-West-Tor (Plan van Es: A) und wich um 35° von der Nordrichtung ab. Die lotrecht konstruierte Achse hat mit den drei Durchlässen an der Ost- und Westseite nichts zu tun.

Die Anlage enthielt außer zahlreichen Scherben von Töpfen mittlerer Größe und mehreren Schalen auch einen riefenverzierten Deckel und verschiedene »Spielsteine«, während Kleingefäße als »persönliche Habe« weitgehend fehlten[257].

Die Bauweise der Zugänge, die zahlreichen, parallel verlaufenden Palisadengräben und die Abweichung der Nord-Süd-Achse nach Westen (35°) wiederholten sich in Zeijen I (Bauperiode II–(IIIa)); beide Erdwerke sind demnach nach Plan errichtet worden.

Waterbolk wies bereits auf den engen Zusammenhang zwischen diesen Plätzen und der Heidenschanze (210 mal 130 m) und der Heidenstadt (220 x 180 m) bei Sievern am östlichen Weserufer hin *(Abb. 183)*[258]. Beide datieren anscheinend in die Zeit zwischen 50 v. und dem 1. Jahrhundert n. Chr. Geb.[259]. Ausgrabungen in der Heidenschanze 1958 legten ein mehrteiliges ovales Erdwerk und parallel verlaufende Wall-/Graben-Systeme frei; hinzu kamen hier außerdem Palisadenbegrenzungen. Ein dreiperiodiges Nordtor war zwischen 3 und 6 m breit. Wandverfärbungen und Herdstellen fanden sich unmittelbar hinter der Innenseite des Walles[260]. C. Schuchhardt deckte um die Jahrhundertwende das Südtor am kleineren, inneren Bering der Heidenschanze auf *(Abb. 184)*[261], einerseits Gräben für Stützwände (?) am Fuß des Durchlasses, andererseits eine 6,5 m lange, teilweise vom Wall verdeckte Pfostenreihe. Parallel dazu – in einer Entfernung von 2,2 m – wiederholte sich der Befund, allerdings durch den Stützwandgraben erheblich ramponiert *(Abb. 184)*. Er ähnelte dem Archsumer Holztor.

Für die nordfriesischen Anlagen noch wichtiger sind Angaben Schuchhardts zur Heidenstadt[262]: Den ovalen Wall (220 x 180 m) umzogen ein Doppelgraben, am Wallfuß ein 3 m breiter und 0,6 m tiefer Spitzgraben und 12 m entfernt ein Gräbchen mit schmaler Sohle, das nach Ansicht des Ausgräbers nur eine Sperre aus Hölzern oder Strauchwerk (wie in Trælbanken) faßte *(Abb. 185)*.

248 E. Robra, Die Altenwalder Burg. Jahresber. Männer vom Morgenstern 9, 1907, 45ff.; K. Lohmeyer, Die Burg auf der Altenwalder Höhe und die Wälle in der Altenwalder Heide. Ebd. 27, 1936, 92ff.; Waller, Die Silberschale von Altenwalde. Ebd. 31, 1948, 58ff.

249 Waterbolk (Anm. 69) Abb. 35.

250 Haarnagel (Anm. 246); Schmid, Das Fundgebiet um Sievern. Führer zu vor- und frühgeschichtlichen Denkmälern 31 (1976) 30ff.; W. H. Zimmermann, Die Heidenstadt. Ebd. 31 (1976) 45ff.

251 Frdl. Mitt. Prof. Dr. P. Schmid u. Dr. W. H. Zimmermann, Wilhelmshaven.

252 Fundbericht und mündliche Ergänzungen von Dr. W. Tempel, Rothenburg/W.

253 Mildenberger (Anm. 211) 76.

254 Waller a. a. O. (Anm. 248); E. Künzl, Die Silberschale des 4. Jhs. n. Chr. aus Altenwalde. Führer zu vor-und frühgeschichtlichen Denkmälern 31 (1976) 73ff.

255 Waterbolk (Anm. 69) Abb. 35ff.

256 van Es, Een versterkte nederzetting te Vries. Voorlopig verslag. Nieuwe Drentse Volksalmanak 76, 1958, 50ff. Abb. 18; Waterbolk (Anm. 69) Abb. 35.

257 Mus. Assen; van Es (Anm. 256) Abb. 19; Waterbolk (Anm. 69) Abb. 39ff.

258 Ebd. 163.

259 Zimmermann (Anm. 250) 45ff.

260 S. Anm. 246.

261 A. v. Oppermann u. C. Schuchhardt, Atlas vorgeschichtlicher Befestigungen in Niedersachsen (1888–1916) Teil 11, 94ff. Abb. 96.

262 Ebd. 96.

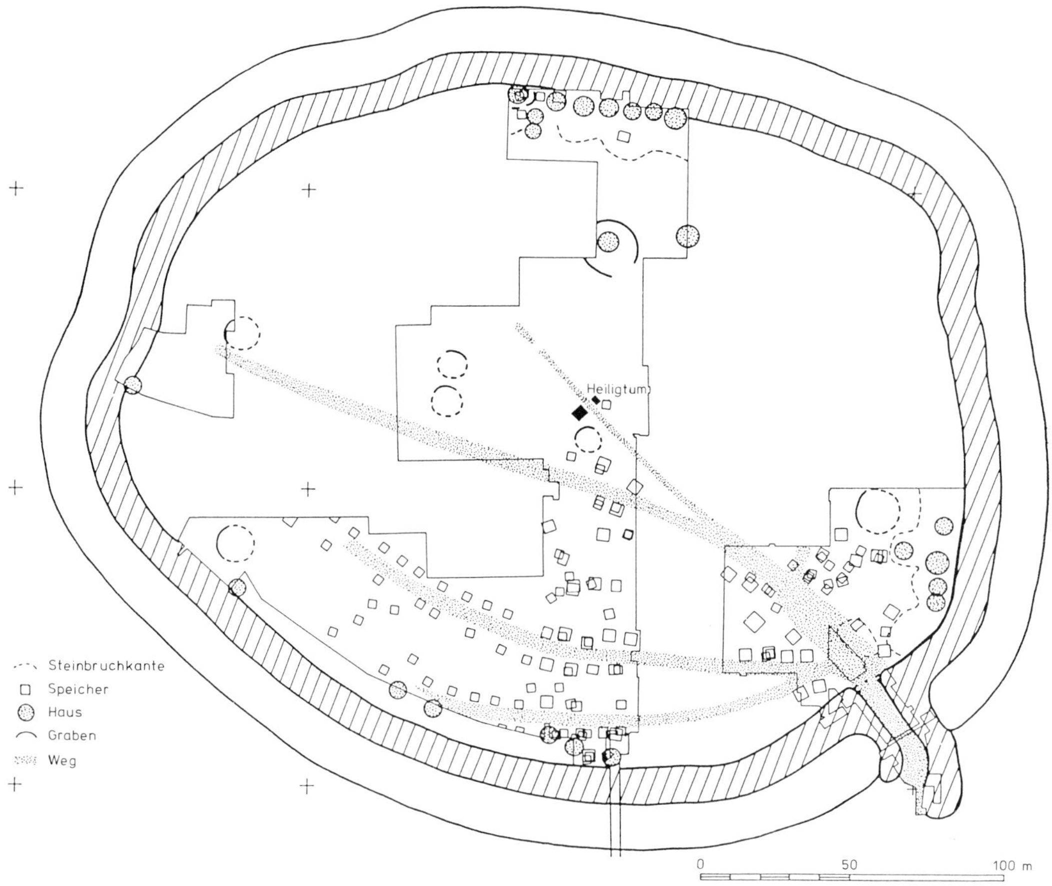

Abb. 186 Danebury, Gesamtplan. Nach Cunliffe. – M. 1 : 5000.

England

Waterbolk verwies ebenfalls als zeitgleiche Parallelen für die umgrenzten Plätze in der Küstezone zwischen der Elbe- und Rheinmündung auf englische Hillforts[263]. In der Spätlatènezeit und frühen römischen Kaiserzeit errichtet, bieten diese Erdwerke übereinstimmende Baumerkmale[264]. Für Danebury *(Abb. 186)* im südenglischen Hampshire sind nicht nur mehrere parallel verlaufende, rundlich-ovale Wälle charakteristisch, sondern auch andere Befunde: In einer 4,4 m breiten und 2 m tiefen Grube *(Abb. 187)*, stratigraphisch einem Schichtpaket des 4. und 3. Jahrhunderts v. Chr. Geb. zugeordnet, fand man ein Hundeskelett an der Sohle, darüber Haustierknochen und einen senkrecht gestellten, stumpf endenden Holzpfahl in den unteren Partien des Füllbodens[265], für »ritual acts« eingerichtet, meinte B. Cunliffe, der den Holzpfahl als »totem pole« interpretierte. Noch wichtiger als dieser Befund dürfte die Bauordnung an der Innenseite der Walles sein: Am nördlichen Wallfuß standen Rundhütten einer jüngeren Periode mit dem Eingang zur Anlagenmitte, so daß der Eindruck radialer Bebauung entstehen kann[266], im Zentrum Quadratbauten (4 x 4 m und 9 x 9 m), die der Ausgräber als Kulthäuser beschrieb, und ein Rechteckhaus mit offener südöstlicher Schmalseite (Länge 2,5 m, Breite 2 m)[267]. Die Baugruppe hat in England mehrfach Parallelen[268]. Die Quadratbauten sind weit entfernt verwandt mit einem Befund in Klauhaugane, der inmitten des Ovals errichtet war (5 x 5 m)[269], die Rechteckbauten mit

[263] Waterbolk (Anm. 69) 163ff. Zusammenfassend aus der Sicht keltischer Religionsgeschichte auf archäologischer Grundlage: G. A. Wait, Ritual and Religion in Iron Age Britain (1985).

[264] D. W. Harding (Hrsg.), Hillforts. Later Prehistoric Earthworks in Britain and Ireland (1976); B. Cunliffe, Iron Age Communities in Britain (1974); ders., Danebury. Anatomy of an Iron Age Hillfort (1983).

[265] Cunliffe 1983 (Anm. 264) 44ff. Abb. 16.

[266] Ebd. (1983) Abb. 31; 51 unten.

[267] Ebd. (1983) Abb. 60–63.

[268] Ebd. (1983) Abb. 63.

[269] Møllerop (Anm. 244).

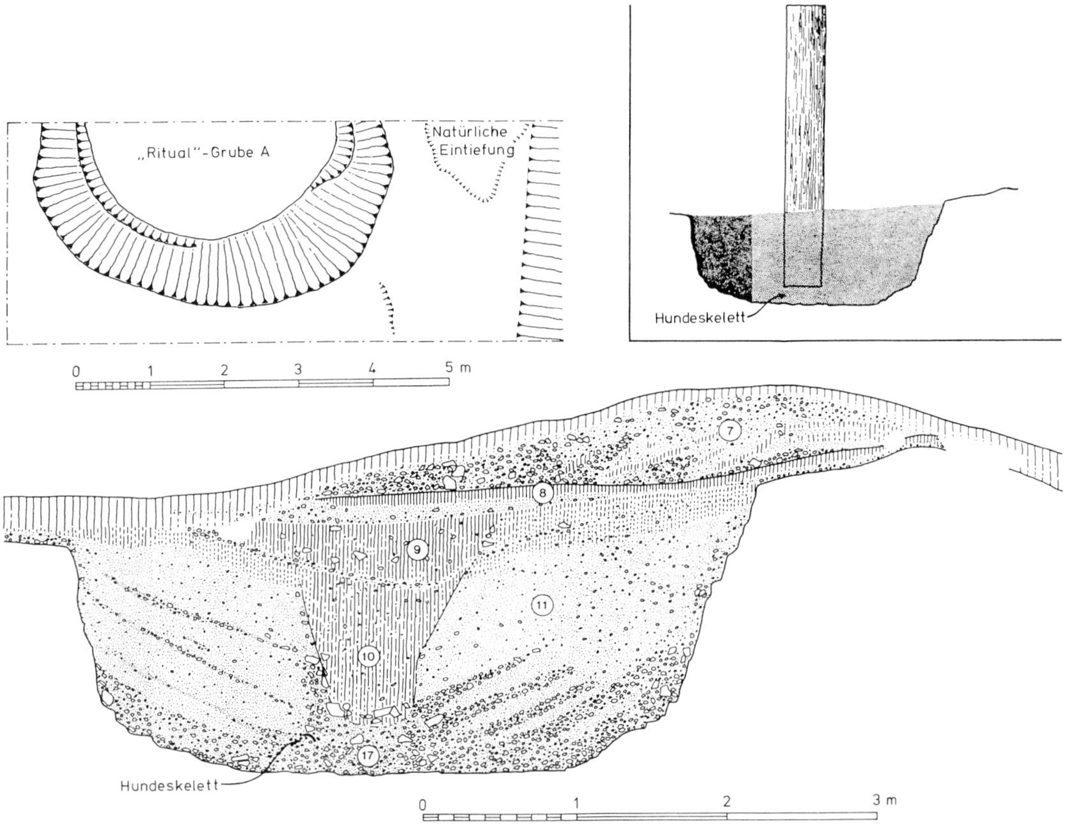

Abb. 187 Danebury, »Opfergrube mit Pfahl«. Umgezeichnet nach Cunliffe. – M. 1 : 200.

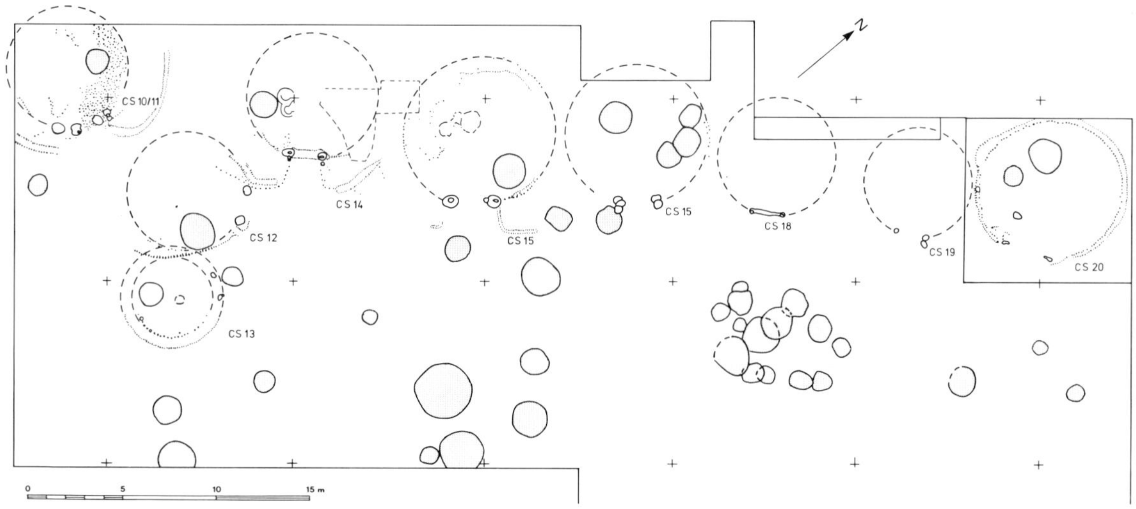

Abb. 188 Danebury, Ausschnitt aus dem Grabungsplan. Nach Cunliffe. – M. 1 : 400.

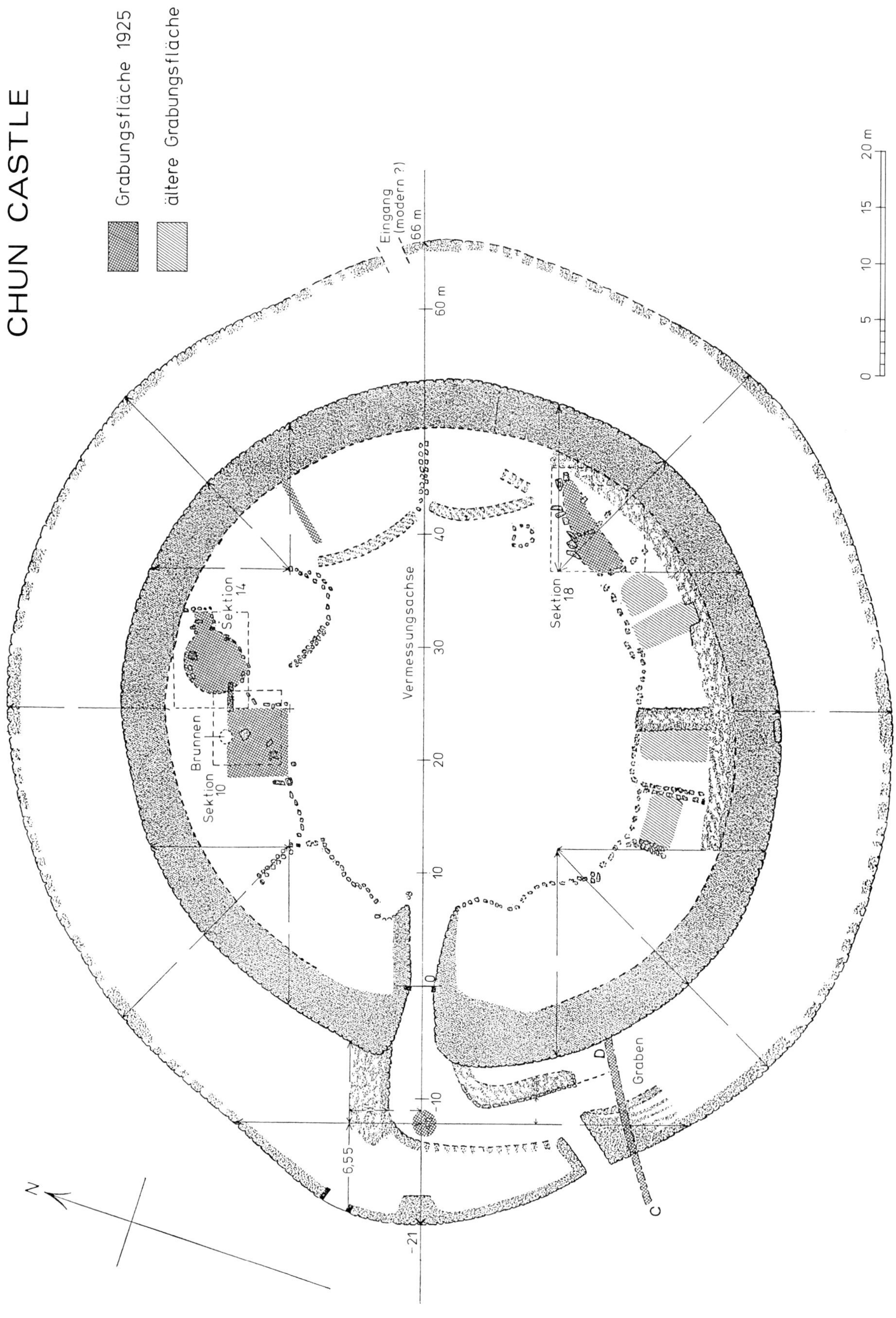

Abb. 189 Chun Castle, Cornwall. Umgezeichnet nach Leeds. – M. 1 : 500.

Hausresten in der kaiserzeitlichen Siedlung Flögeln östlich der Weser, wo sie als Nebengebäude ohne Herdstelle beschrieben wurden[270]. Es ist schon möglich, daß diese Bauformen, vor allem die länglichen mit geöffneter Schmalseite, auch den Archsumer Hütten als Vorbild dienten; in Nordfriesland selbst sind sie sonst unbekannt.

Runde Erdwerke wie in Danish Camp (Norfork)[271] mit mehreren Wällen und einem Innendurchmesser von 145 m und Chun Castle (Cornwall)[272] *(Abb. 189)* mit einem Durchmesser innen von 55 m, zwei konzentrischen Steinmauern und einer radialen Innenbebauung aus ca. 7,5 m langen und über 5 m breiten Häusern sind zwar nicht direkt mit den Wallanlagen in Westschleswig zu vergleichen, aber zusammen mit Danebury und anderen aus der Literatur bekannten Plätzen ermutigen sie dazu, die südliche Nordseeküste für die vorrömische Eisenzeit und die römische Kaiserzeit als Verkehrsraum zu begründen, der den Austausch von Gütern (Terpenkeramik, Deckel, Dreiecksgewichte, Keramikringe in Archsum) und Ideen (Erdwerke) intensiviert zu haben scheint.

Ergebnisse

1. Die nordfriesischen Wallanlagen Archsumburg, Tinnumburg und Trælbanken bilden auf der Jütischen Halbinsel eine besondere lokale Denkmälergruppe. Als zeitgleiche Fortifikationen sind bislang nur Langwälle oder langgestreckte Abschnittswälle bekannt *(Taf. 40)*.
2. Kreisförmige, der Archsumburg entsprechende Umwallungen der Zeit um Christi Geburt fanden sich auf Gotland (Lilla Havor) und auf den Britischen Inseln, zeitlich nicht exakt bestimmbare auf Seeland (Lellinge) und auf Öland (Hässleby), wo es auch Parallelen aus jüngerer Zeit gibt. Ovale Wallanlagen wie Trælbanken lassen sich in der Küstenzone Niedersachsens (Heidenstadt, Heidenschanze *[Abb. 183])* und der Niederlande (Vries *Abb. 182*) nachweisen.
3. Bauart und Baufolge bleiben vorerst auf Archsum und Trælbanken begrenzt; es fehlt noch an modernen Grabungen dort, wo die äußere Form Übereinstimmung vermuten läßt. Der Außengraben in Trælbanken kehrt zwar auf den Ostseeinseln und an der südlichen Nordseeküste wieder, für den Innengraben fehlt jedoch jede Parallele. Dagegen läßt sich die Palisade oder Strauchwerksperre in Trælbanken mit einem ähnlichen Befund in der Heidenstadt bei Sievern vergleichen.
4. Der Durchmesser der Anlage innen differierte extrem: Die Archsumburg (65 m), Lilla Havor (40 m), Hässleby (60 m), Chun Castle (55 m) und Eketorp I (60 m) sind kleinere, »Danish Camp« (145 m) und Lellinge (?) (140 m) größere Erdwerke.
5. Radiale Bauordnung beobachtet man außer in Archsum noch in Rogaland, in Vries (fraglich) und Danebury (Rundhütten). Die norwegischen Beispiele sind ebensowenig wie die Archsumer wirtschaftlich genutzt worden, sie weichen ihrer Bauart nach von Wohnstallhäusern benachbarter Siedlungen ab.
6. In Westschleswig, auf den Ostseeinseln, in Rogaland, an der niedersächsischen Küste und in den Niederlanden sind die Erdwerke bäuerlichen Gehöften benachbart (Wohnstallhäuser, Speicher, Nebengebäude). Deshalb glaubte man die Wallanlagen als Thingplätze, Märkte oder Herrensitze deuten zu können[273].

Tore

Bei der Beschreibung der Toranlage in der Archsumburg standen die Lagekonstanz, die Nordrichtung und die wechselnde Konstruktion im Mittelpunkt des Interesses (Humussoden im Muldenbereich des Primärwalls, seitliche Stützpfähle, Sodenwangen aus Klei, Kriechgang aus Findlingen). Bei der Planung des Erdwerkes muß das Tor eine entscheidende Rolle gespielt haben. Die Nord-Süd-Achse, 7 ° östlich vom geographischen Nordpol abweichend, führte von der Tormitte zur Trennfuge auf der gegenüberliegenden Seite, die lotrechte Mittellinie vom Zentrum zu einer Fuge in Fläche 19. Während Parallelen für den älteren Durchlaß fehlen, gibt es für die Holzkonstruktion verschiedene Vergleichsmöglichkeiten, obgleich entscheidende Konstruktionsdetails unpubliziert blieben: Sowohl in Vries *(Abb. 182)* als auch in Zeijen II und in der Heidenschanze bei Sievern fanden sich von Holzpfosten gesicherte Passagen. Die Breite betrug in Vries und Zeijen rund 1,5 m, im Südwall der Heidenschanze etwa 2 m, am Nordtor dagegen zwischen 3 und 7 m; die Längen differierten zwischen 6,5 m bis 24 m *(Abb. 184)*[274]. Von keiner zeitgleichen skandinavischen Anlage sind solche Tore bekannt; schmale Passagen im Meterbereich durch Steinmauern finden sich nur bei jüngeren Anlagen z.B. auf Öland[275].

[270] Schmid u. Zimmermann, Flögeln – zur Struktur einer Siedlung des 1. bis 5. Jhs. n. Chr. im Küstengebiet der südlichen Nordsee. Probleme Küstenforsch. 11, 1976, 37; 42 Abb. 30.

[271] H. St. George Gray, Trial-excavations in the socalled »Danish Camp« at Warham, near Wells, Norfork. Antiqu. Journal 13, 1933, 399ff.

[272] E. Leeds, Excavations at Chun Castle, in Penwith, Cornwall. Antiquity 26, 1927, 205ff.

[273] Møllerop (Anm. 244) 165; Waterbolk (Anm. 69); Haarnagel (Anm. 246) 176ff.

[274] Waterbolk (Anm. 69); v. Oppermann u. Schuchhardt (Anm. 261); Haarnagel (Anm. 246).

[275] Borg u.a. (Anm. 239) 112 Abb. 120 (Eketorp II); Stenberger (Anm. 239) 236 Abb. 158 (Ismantorp borg).

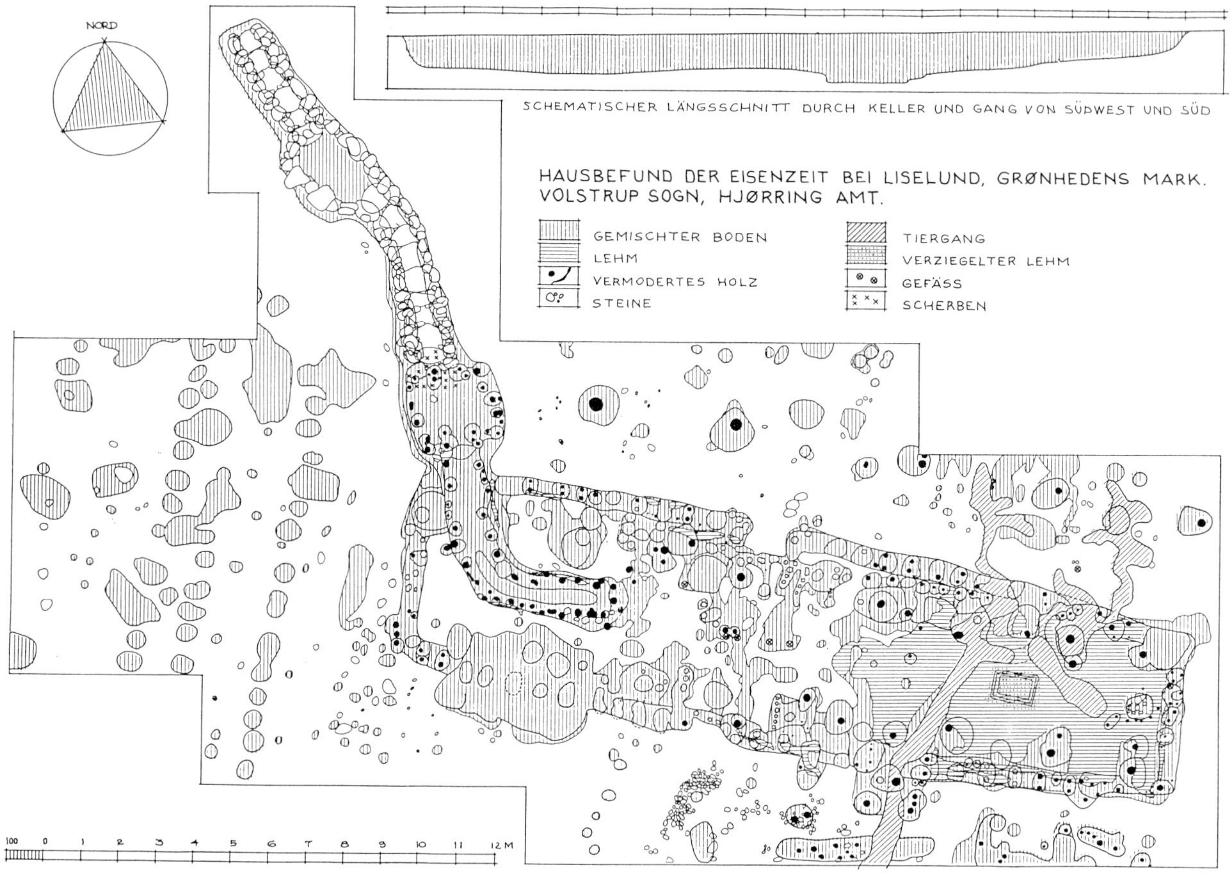

Abb. 190 Hausgrundriß mit »Steinkeller« von Grønhedens mark, Hjørring amt (umgezeichnet nach Friis und Lysdahl Jensen). – M. 1 : 200.

Auch für die ausbiegenden Torwangen aus Kleisoden fehlen Parallelen bei anderen Beringen der Region, erst recht für den Kriechgang aus Findlingen. Konstruktive Details kehren allein bei den »Steinkellern« aus der späten vorrömischen Eisenzeit und älteren Kaiserzeit in Nordjütland sowie auf Djursland wieder. J. Lund stellte sie kürzlich zusammen[276]: Im Querschnitt 1 m breit, die Seitenwände vereinzelt aus Holzpfählen errichtet, meist aber aus mehrschichtigen, von Findlingen bedeckten, leicht nach außen geneigten Steinmauern[277], haben Keller solcher Art eine Länge von über 10 m und sind doch wohl immer in Baulichkeiten der späten vorrömischen Eisenzeit, in Djursland auch der älteren Kaiserzeit integriert. In Bækmoien westlich von Frederikshavn führte die schmale, steinverkleidete Passage von der Nordwest-Ecke eines orientierten Wohnstallhauses[278] zum eigentlichen »Keller« ovaler Form, in Grønhedens mark ein Holzgang zu einem quadratischen, anschließend ein überdeckter Steinzuweg zu einem zweiten ovalen »Keller« inmitten derjenigen Haushälfte, die gewöhnlich als Stall genutzt wurde *(Abb. 190)*[279]; zwar deuten Estrich und Herd den Wohnraum an, aber Platz für Tiere hatte man offensichtlich nicht geschaffen; die Jauche wäre nach herkömmlicher Raumordnung in den Einstieg zum Keller geflossen. Die Ausgräber erörtern weder, ob das Bauwerk allein Wohnzwecken diente, noch erwägen sie eine rituelle Verwendung des Gebäudes.

Eine von Lund veröffentlichte Anlage bei Kragelund enthielt zwei fluchtende steinbedeckte Kriechgänge vom Typ Archsumburg und außerdem ein schmales, offenbar als Zuweg gedachtes tiefes Gräbchen parallel zum südlichen

276 Lund, Nedgravede huse og Kældre i ældre jernalder. Hikuin 10, 1984, 57ff.; P. Kjærum, Stensatte Jernalder-Kældre i Vendsyssel. Kuml 1960, 62ff.; P. Friis u. P. Lysdahl Jensen, En jernalderhustomt med kælder på Grønhedens mark. Ebd. 1966, 31ff.

277 Ebd.

278 Kjærum (Anm. 276).

279 Friis u. Lysdahl Jensen (Anm. 276).

Steingang *(Abb. 191)*[280]. Eine vergleichbare Kombination von Steingang und Gräbchen fand sich auch im Torbereich der Archsumburg *(Beil. 9)*. Ferner stimmt die Ausrichtung nach Norden für mehrere, vor allem langgestreckte Anlagen oder für Teile dieser Befunde überein. Dies ist besonders klar ersichtlich in Verbindung mit den Hausgrundrissen in Bækmoien und Grønhedens mark. Die Abweichung vom geographischen Nordpol beträgt zwar bis 30°, aber nicht mehr als 10° sind es bei den allermeisten[281].

Ob es auch noch auf anderen Sachgebieten Kontakte zwischen Vendsyssel und Nordfriesland während der frühen Kaiserzeit gab, ist nicht geklärt. Deckel mit Kreuzhenkel sind bei der Keramik vorerst der einzige Beleg[282]. Als wichtiges Bindeglied kommt aber der Wohnhügel in Betracht. In Thy und Westhimmerland sowie um den Ringkøbing fjord verbreitet, scheint dieser Siedlungstyp in Stufe III nach C. J. Becker eingesetzt zu haben[283], etwa zeitgleich mit Schicht A des Melenknop in Archsum. Sollte die jüngere Baufolge B den Beginn der Wohnhügelbebauung in Archsum markieren, dann reichten die dänischen Plätze in weitaus ältere Zeit zurück; die Bauform hätte sich erst während der älteren Kaiserzeit nach Süden ausgebreitet und mit ihr vermutlich dann auch die Technik, Kriechgänge aus Stein zu bauen. Ihre Ausbreitung nach Süden deutet sich womöglich in Hammelev (Djursland) an[284]. Lund datierte den Keller in den späten Abschnitt der älteren römischen Kaiserzeit. Die Fundstelle liegt etwa 100 km vom älteren Hauptverbreitungsgebiet entfernt. »Keller« mit Holzeinbauten, die Lund für Vendsyssel ebenfalls aus der späten vorrömischen Eisenzeit beschrieb, gibt es in Sjælborg bei Esbjerg aus der Zeit um 100 n. Chr. (250 km südwestlich von Frederikshavn)[285]. Beide Befunde dokumentieren einen langsamen »Transfer« der Bautechnik und Siedelweise von Vendsyssel südwärts. Ob sich hieraus ein historisch verwertbarer Bezug ermitteln läßt, ist unklar, solange es keine Feinchronologie zur Bestimmung von Zeitansätzen sowohl auf Sylt als auch in Nordjütland gibt.

Bei der Untersuchung der Archsumburg wurde nur die westliche Hälfte des Wallkörpers abgedeckt; deshalb bleibt die Frage nach einem zweiten Durchlaß im Osten offen. Wahrscheinlich hätte er dann aber im Westen ein Pendant gehabt, das hätte gefunden werden müssen wie das Gegenstück zum Norden. An deren Stelle kamen jedoch nur Trennfugen im Sodenwall zum Vorschein. In der Tat, der Plan des Erdwerks scheint mit seinem Achsenkreuz ganz auf das Nordtor konzipiert gewesen zu sein. Obwohl für die erste Bauperiode dort, wo es später stand, nur Spuren, Pfostengruben und Sodenfragmente Anhaltspunkte sind, kann an der Absicht, den Ringwall an dieser Stelle zu öffnen, kein Zweifel sein. Aber welchen Zweck hatte man dabei im Auge? Schwerlich die Absicht, sich hindurchzuzwängen oder das Beringinnere devot kriechend zu erreichen. Wie erklärt sich aber, daß man die »Durchlaßmulden« nicht mehr als 0,20 m eintiefte und später den steinernden Gang mit Klei verfüllte, ehe man ihn mit Findlingen bedeckte? Im Gegensatz hierzu enthielt einer der Steinkeller in Vendsyssel Rieselmaterial, das von der Oberfläche oder als Bauschutt von der Siedlung stammte[286], wodurch ein anderer Hintergrund dieser Fundstelle erkennbar wird.

Himmelsrichtung und Form des Archsumer »Kriechganges« könnten eine religionskundliche Erörterung auslösen; mögliche Argumente formulierte J. de Vries nach altnordischen Quellen, die vor allem auf Vorstellung norwegischer Bauern beruhen, kaum jedoch eine Tradition der Bewohner an der jütischen Westküste widerspiegeln[287]. Auch die Nachricht, der Norden sei die Welt der Toten, läßt sich, aus dem Kontext gerissen, nur gewaltsam auf den 1000 Jahre älteren Befund beziehen. Tacitus kennt allgemein heilige Haine bei den Germanen (Germania 9ff.) und bei den »Nerthus-Stämmen« auch ein Götterbild der Mutter Erde, das auf einem Wagen durch die Lande umhergezogen wurde. Das mag zwar zeitlich passen, hat aber für das »Tor« der Archsumburg keinerlei Bedeutung. Die Nordabweichung der Torachse (Archsumburg, Tinnumburg (?) und niederländische Anlagen) könnte mit der astronomischen Beobachtung des Himmels an einem bestimmten Datum im Jahr zusammenhängen. Das Gegenstück, wenn auch anders orientiert, bieten die spätkeltischen Viereckschanzen in Süddeutschland und Frankreich: In einem Bereich von 50° beiderseits des geographischen Nordpunkts fehlen Tore, man hatte sie vor allem im Osten und Süden angelegt[288].

280 Lund (Anm. 276) 68 Abb. 17–18. Die Grabungspläne konnte Vef. in Hjørring einsehen.

281 Ebd. 63ff.: Bækmoien (Abb. 14), Kragelund (Abb. 17); Kjærum (Anm. 276) 62ff.: Løgtens mark (Abb. 1) D, C (?), G (Abb. 8, a.b); Friis u. Lysdahl Jensen (Anm. 276): Grønhedens mark; Boas (Anm. 91) 9ff. (Seitengang).

282 Kartierungen wichtiger Einzelformen dieser Zeit weisen auf sich ausschließende Formenkreise in Vendsyssel und Nordhimmerland auf der einen und in Mittel- bis Südjütland auf der anderen Seite hin: E. Jørgensen, Sønder Vilstrup-fundet. En gravplads fra den ældre jernalder. Årbøger 1968, 32ff. Abb. 15–16.

283 J.-H. Bech, Heltborg – en ny byhøj fra Thylands ældre jernalder. Hikuin 10, 1984, 39ff.; ders. The Iron Age Village Mound at Heltborg, Thy. Journal Danish Arch. 4, 1985, 129ff.; S. Jensen, Byhøjene i Thy og aspekter af samfundsudviklingen i ældre jernalder. Mus. Viborg amt 6, 1976, 64ff.

284 Boas (Anm. 91).

285 Thomsen, Hus og kælder i romersk jernalder. Kuml 1959, 13ff.

286 Friis u. Lysdahl Jensen (Anm. 276) 42.

287 J. de Vries, Altgermanische Religionsgeschichte 2 (1937) 372ff.

288 K. Schwarz, Die Geschichte eines keltischen Temenos im nördlichen Alpenvorland. Ausgrabungen in Deutschland 1 (1975) 324ff. Abb. 19.

Abb. 191 Kragelund, Hjørring amt, »Steinkeller«. (Umgezeichnet nach Lund und nach Grabungsunterlagen in Hjørring museum). – M. 1 : 80. ▷

Bauten

Im Inneren der Archsumburg standen Hütten radial zur Mitte, man hatte ferner Schächte und Gruben ausgehoben und sie mit Lesesteinen gefüllt. Die Suche nach Parallelen hatte ein bescheidenes Ergebnis: Weder die norwegischen Rundsiedlungen noch die Bauten innerhalb niederländischer oder englischer (?) Beringe kommen als direkter Vergleich in Frage; Wohnstallhäuser wie in den jüngeren Wallanlagen auf Öland sind dort nicht sicher festgestellt, vielleicht waren es nur Wohn- und Werkräume. Doch welcher Unterschied zu den Hütten im Archsumer Bering! Ihre Konstruktion war nicht einmal den Wetterverhältnissen der Insel angepaßt. Mehrfach fehlte beispielsweise eine Giebelwand, immer eine Pfostenverstärkung der leichten Flechtwände im Eckverband und am Eingang; Wandbewurf konnte ebenfalls nicht nachgewiesen werden. Die kleinen Herdstellen sind offenbar nie benutzt worden, die den Estrich ersetzende Streu am Boden wurde kaum erneuert. War es ein »Geisterdorf«, ein umzäunter Hain, in dem die Gottheit wohnte?

Allein wenige bautechnische Details haben Parallelen andernorts. Kaiserzeitliche Hütten Archsumer Größe fanden sich in der nordniederländischen Wurt Ezinge: Ein 3,5 m langer und 2,1–2,5 m breiter Flechtwandbau hatte dachtragende (?) Außenpfosten; einen jüngeren Befund mit gleichen Maßen deutete B. Trier als Grubenhaus[289]. Kein Kleinbau innerhalb der Umwallungen in Vries oder Zeijen ähnelt den Archsumer Hütten konstruktiv. Sie haben dagegen feste Wandpfosten[290]. Die Dachpfosten, die bei den Archsumer Hütten 8 und 13 außerhalb der Giebelwand standen, kehren aber in Flögeln (Kr. Wesermünde) bei zwei Nebengebäuden wieder[291], deren Grundriß bereits im Zusammenhang mit rechteckigen und quadratischen Kleingebäuden in Danebury und in Rogaland besprochen wurde *(Abb. 192)*.

[289] B. Trier, Das Haus im Nordwesten der Germania Libera (1969) 41 Taf. 10, a.b.

[290] vgl. Waterbolk (Anm. 69).

[291] Schmid u. Zimmermann (Anm. 270) 37 Abb. 30, N1. N6.

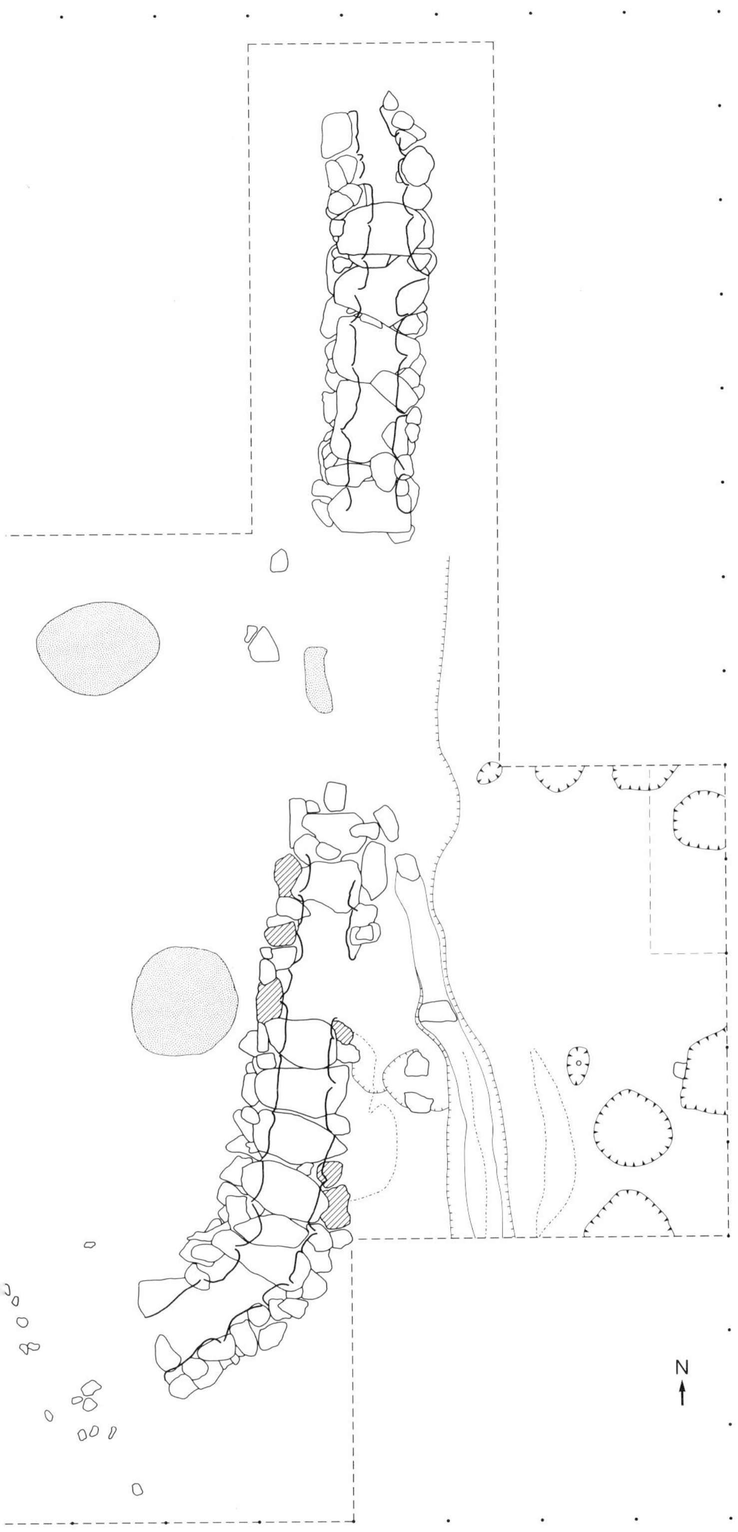

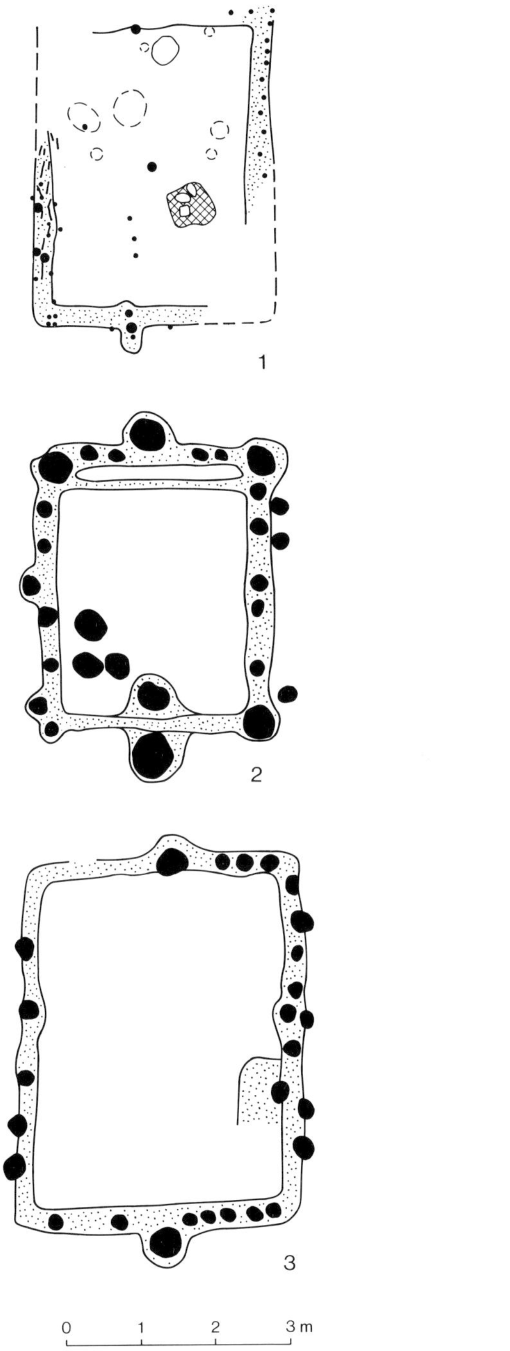

Abb. 192 Hausgrundriß mit Außenpfosten an der Schmalseitenwand. 1. Archsumburg (Hütte 13), 2.–3. Flögeln, Kr. Wesermünde (nach Schmid und Zimmermann). – M. 1 : 100.

Die meisten Archsumer Hütten sind zweischiffig (7.8.10c.12.13.16.22.25.34), wenige andere dreischiffig konstruiert (23.24.29). Dreischiffige Bauweise, an den Längsseiten geöffnet, war sowohl in der vorrömischen Eisenzeit als auch in der Kaiserzeit in Niedersachsen und Jütland verbreitet. Die Lage des Einganges an der Giebelseite erklärt sich in Archsum aus der radialen Bauordnung. Anders verhält es sich bei der zweischiffigen Raumteilung.

Nach Trier und G. J. Verwers fand sie sich außer in Gallien hauptsächlich zwischen Maas und Weser in bronze- und eisenzeitlichen Siedlungen[292]. Es waren Wohnstallhäuser mit längsseitigen, durch mehrere Pfosten markierten Eingängen oder Bauten mit ellipsenförmigem Wandgraben an den Längswänden und einer Schmalseite, während weit gestellte Pfosten den Giebel gegenüber andeuteten[293]. Ein zweischiffiges Gebäude in der kaiserzeitlichen Siedlung bei Lundsgård auf Fünen hatte außer dachtragenden Wandpfosten einen Eingang inmitten der Längswand[294]; es blieb Ausnahme in Skandinavien[295].

Die Art der Archsumer Hüttenkonstruktion weist auf Kontakte mit der Hauslandschaft zwischen Weser und Rhein hin, obgleich Neufunde dieses Bild durchaus verändern könnten. Die bemerkenswerte Übereinstimmung im Grundriß der rechteckigen Nebengebäude aus Flögeln, der »Kulthäuser« in England und eines Quadratbaus in der Rundsiedlung Klauhaugane/Rogaland[296] ist möglicherweise Zufall. Die Zahl der »Zufälligkeiten« summiert sich allerdings, wenn hier an die Auffassung Møllerops über die Sonderstellung der norwegischen Anlagen im Kreis zeitgleicher Bauernsiedlungen, an den Fund dänischer Keramik in Klauhaugane[297] und an hufeisenförmige Bauten in Niedersachsen mit zentrierten, durch Pfosten markierte Gruben erinnert wird[298]. Von englischer Seite teils als Häuser in bäuerlichen Siedlungen, teils als tempelähnliche Bauten gedeutet, belegen solche Befunde noch weitgehend unbekannte Beziehungen an den Küsten der Nordsee[299].

Schächte und Steingruben

Auch für die drei Schachtanlagen und die zahlreichen »Steingruben« der Archsumburg gibt es keine unmittelbaren Parallelen in Jütland oder in der Küstenzone zwischen Elbe und Rhein. Die Schächte waren als Brunnen gänzlich unbrauchbar, weil man ihre Wände durch Hölzer nicht befestigt und sie bald nach Aufgrabung wieder zugefüllt hatte[300]. Eine Grube mit zentriertem Holzpfahl aus Danebury in Hampshire wäre als Vergleich willkommen *(Abb. 187)*, datierte sie nicht um einige Jahrhunderte früher[301]. Als Vorbild akzeptabel wären keltische »Kultschächte« in Britannien, in Gallien und innerhalb der mitteleuropäischen Viereckschanzen, wichen sie nicht in Tiefe, Baubefund und Fundinhalt merklich ab[302]. Nur die Lage in Bezug zur Umwallung ähnelt sich: in Archsum nach der durch Steine konturierten Begradigungsmaßnahme Schicht XX in Nähe des Beringrandes, in den Viereckschanzen am Fuß der Palisade oder des Erdwalls[303].

Zwei Schächte hatte man mit einem Holzbau abgeschlossen (1 und 3), den jüngsten vermutlich mit Steinen bedeckt (2). Sie bieten außerdem Ansätze für eine Deutung[304]. Im prähistorischen Bauernglauben Norddeutschlands galt die Sitte, Keramik oder Holzgefäße in Gruben zu versenken, keineswegs als außergewöhnlich, weder auf festem Land noch in Mooren[305]. Die Gruben wurden mit Steinen oder Hölzern verdeckt. Vergleichbares gab es sogar in Bauerndörfern wie auf der Feddersen Wierde, hier ein Gefäß unter einem Holzrost, auf dem später ein Herd stand, und auf der Eiderstedter Wurt Tofting, wo ein entsprechend verdeckter Brunnen u.a. ein Kinderskelett enthielt[306]. Aber als Parallelen zu den Schächten in der Archsumburg taugen alle beide Baubefunde nicht. Auf Sylt fehlen Schmuck, Waffen, Keramik, Tierreste, Pflanzenteile oder Menschenteile in den Schächten. Nimmt man dagegen flüssige Opfer an, wird es unmöglich sein, sie archäologisch nachzuweisen. Als Hinweis auf solche Opfer könnten aber Trinkgefäße gelten, die überdurchschnittlich häufig oberhalb der Brandschicht in jüngerer Bauperiode zum Vorschein kamen, ohne an Hütten gebunden zu sein. Zu dieser Gruppe gehören zwei Tassen,

292 Trier (Anm. 289) Taf. 2; G. J. Verwers, Das Kamps Veld in Haps in Neolithikum, Bronzezeit und Eisenzeit. Analecta Praehist. Leidensia 5, 1972, 91ff. Abb. 58.

293 A. Stieren, Vorgeschichtliche Bauten in Westfalen. Bodenaltert. Westfalen 1, 1929, 118ff. Abb. 11.

294 Albrectsen (Anm. 95) 7 Abb. 2 Haus A.

295 M. Müller-Wille, Bäuerliche Siedlungen der Bronzezeit und Eisenzeit in den Nordseegebieten. In: Jankuhn, R. Schützeichel u. F. Schwind (Hrsg.), Das Dorf der Eisenzeit und des frühen Mittelalters (1977) 168 Abb. 9.

296 Schmid u. Zimmermann (Anm. 270) Abb. 30; Cunliffe (Anm. 264) (1983) Abb. 63; Møllerop (Anm. 244) Abb. 5.

297 Ebd. 165ff.

198 Schmid u. Zimmermann (Anm. 270) 44.

299 Wilhelmi 1981 (Anm. 81) 44 Abb. 33.

300 Kossack u.a. 1974 (Anm. 31) 261ff. Beil. 7, im Bereich von 78 bis 82 m; Bantelmann (Anm. 108) Abb. 3; Schmid u. Zimmermann (Anm. 270) Abb. 32–33; Albrectsen (Anm. 95) Abb. 10; Bloemers (Anm. 80) 208ff.

301 Cunliffe 1983 (Anm. 264) Abb. 16.

302 Wait (Anm. 263) 51ff.; A. Ross u. R. Feachem, Ritual Rubbish? The Newstead Pits. In: J. V. S. Megaw (Hrsg.), To illustrate the Monuments (Festschr. Stuart Piggott) (1976) 230ff.; Ross, Shafts, pits, wells – sanctuaries of the Belgic Britons? In: J. M. Coles u. D. D. A. Simpson (Hrsg.), Studies in Ancient Europe (Festschr. Stuart Piggott (1968) 255ff.; vgl. hierzu aber auch Wegewitz, Zum Problem der »Abfallgruben«. Nachr. Niedersachs. Urgesch. 24, 1955, 3ff.; Schwarz (Anm. 288).

303 Schwarz (Anm. 288) Abb. 5ff.

304 Harck, Gefäßopfer der Eisenzeit im nördlichen Mitteleuropa. Frühmittelalterl. Stud. 18, 1984, 102ff.

305 Wegewitz (Anm. 302) 3ff.; Becker, »Mosepotter« fra Danmarks jernalder. Årbøger 1971, 5ff.

306 Haarnagel (Anm. 38) 121ff. u. Taf. 173; Bantelmann (Anm. 108) 46ff. Taf. 14, 2.3.

eine dritte in Schacht 3 und kleine verzierte Schalen der Form 3 (über Schicht VII: 8, in Schicht VII: 5, unter Schicht VII: 4) mit Mündungsweiten zwischen 16 und 32 cm (Durchschnitt: 21,5 cm). Die als »Kleinstkeramik« und als »Napf« bezeichneten Gefäße lagen innerhalb und unterhalb der Brandschicht. Ähnlich verteilt ist die »kleine« Schalenform 4 mit Mündungsweiten zwischen 20 und 38 cm (Durchschnitt: 29 cm), während bestimmte Trinkpokalformen (Gruppe XIV) allein oberhalb und innerhalb der Aschenlage, aber niemals darunter geborgen wurden. Man wird diese auffällige Verteilung nicht überbewerten wollen, aber sie deutet vielleicht doch Trinkopfer an und zwar sowohl an Schächten als auch an steingefüllten Gruben. Daß sie, bis in den gewachsenen Boden reichend und vom inneren Wallfuß gleichmäßig entfernt, den Wallkörper drainieren sollten, woran man aus heutiger Sicht denken könnte, wäre schon insofern eine abwegige Vermutung, als man die Erdlöcher offenbar umgehend nach ihrer Fertigstellung mit Steinen einfüllte und anschließend mit Klei abgeschlossen hat.

Funde

Zu den vier entscheidenden Resultaten der Fundanalyse gehören folgende Einsichten: Das keramische Inventar ist einheitlich aus Vorratsbehältern und Kleingefäßen zusammengesetzt, es fehlen Gerätschaften des Haus- oder Handwerks und der Landwirtschaft; die Funde konzentrieren sich im bebauten Streifen parallel zur Wallinnenseite, Scherbenbruch ist weniger häufig als in bäuerlichen Gehöften; die keramischen Formen lassen sich in die Stratigraphie des Melenknop einbinden und mit der Ausstattung zeitgleicher Gräber der Region korrelieren; es gibt Importware aus dem Gebiet westlich der Ems, zwar nur eine Handvoll Scherben sogenannter »Terpenware«, ein dreieckiges Tongewicht, ein Keramikring und gehenkelte Deckelscheiben, aber sie bezeugen immerhin einen küstennahen Verkehr wie auch jüngere römische Keramik[307] oder Henkel niederländischer Art in Ostermoor (Kr. Steinburg)[308].

Die Datierung führte über ausgewählte Inventare aus stratifizierten Häusern auf dem Melenknop und geschlossene Grabfunde der Region zu einem brauchbaren Resultat. Sie gehören in die Zeit zwischen Aufgabe der Kleingehöfte auf dem Melenknop und dem Beginn der Langhäuser dort, nach Parallelen der Gräber in das 1. Jahrhundert n. Chr. Geb. Urteilt man nach dem ununterbrochenen Schichtwechsel im Wall, nach dem botanischen Befund und nach der stetigen Folge der Dielenstreu in den Hütten, kann die Dauer der Baumaßnahmen nur wenige Jahrzehnte betragen haben. Die Mitte oder die zweite Hälfte des 1. Jahrhunderts n. Chr. Geb. wird als Zeit der Nutzung in Betracht zu ziehen sein: Einzelne Gefäße weisen schon ins nächste Jahrhundert, viele andere folgen noch der Tradition.

Fragt man nach dem Sinn des Erdwerks, ist die gleichmäßige Gefäßausstattung im Hüttenbereich bedeutsam. Im Vergleich zu geschlossenen Hausinventaren auf dem Melenknop fällt auf, daß »persönliche« Habe wie Tasse, Napf und Pokal nur in wenigen Stücken vertreten ist, die Kleinterrine und die kleine Schale aber verhältnismäßig häufig in den Boden gerieten[309]. Dies steht im Gegensatz zur Verteilung vergleichbarer Gefäßgrößen in Grabinventaren Nordschleswigs und Südwestjütlands[310]: 13 Gräber enthielten zwölf Kleinterrinen, z. T. mit Bauchhenkel (Randdurchmesser: 9, 11 [2], 13, 14 [2] 3, 16 [2] und 19 cm), zwei Fußterrinen mit Bauchhenkel (Randdurchmesser: 10 und 17 cm), fünf Pokale (vier Funde mit scharfem, ein Fund mit gerundetem Bauchknick), einen Napf, eine Tasse, zwölf Schalen mit Mündungsweiten unter 30 cm (Randdurchmesser: 17, 18 [2], 19 [4], 20, 22 [2] und 27 cm, unbestimmt), zwei Schalen mit Mündungsweiten über 30 cm (Randdurchmesser: 45 und 52 cm), fünf Henkeltöpfe und drei Vasen (wie *Abb. 109,2:* Gruppe VIa). Stellt man die Auswahl den Funden aus der Archsumburg gegenüber, ergeben sich Unterschiede: Vorratsgefäße fehlen in Gräbern; Henkeltöpfe, vasenähnliche Töpfe oder Großschalen ersetzen sie gelegentlich, kommen aber niemals gemeinsam vor. Kleinterrine, Fußterrine, Pokal, kleine Schale oder Tasse und Napf stellen als »persönliche Ausstattung« eine geschlossene Funktionsgruppe dar; die Sorten, aus denen sie in den Gräbern zusammengesetzt sind, finden sich in der Archsumburg anders verteilt: 52 Terrinen mit Mündungen unter 20 cm, 31 mit größerem Randdurchmesser und zahlreiche kleine Schalen mit Mündungsweiten unter 30 cm; Pokale sind dafür ebenso selten wie Tassen und Näpfe. Daraus geht hervor, daß »persönliche Habe« (ohne Trinkgefäße wie Pokale und Tassen) im Hüttenbereich zusammen mit einer Vielzahl von Speichergefäßen vergesellschaftet war. Das Sortiment unterscheidet sich nur geringfügig von dem aus Siedlungen bekannten.

307 Harck, Hausrat, Trachtzubehör, Schmuck. In: Kossack, Behre u. Schmid (Anm. 93) 309ff. Abb. 116.

308 Bantelmann, Die kaiserzeitliche Marschensiedlung von Ostermoor bei Brunsbüttelkoog. Offa 16, 1957/58, 53ff. Abb. 11.

309 Kossack u. a. 1974 (Anm. 31) 306ff. Abb. 12–13.

310 Neumann (Anm. 54) Abb. 27; Lomborg (Anm. 55) 31ff. Abb. 3; 5; 8; 10–11; Ethelberg (Anm. 102) Grab 120, 218, 222, 1404, 1406; Neergaard, Nogle sønderjyske fund fra den ældre Jærnalder. Nationalmus. Arbejdsmark 1931, 63ff. Abb. 5.

ERGEBNISSE

Die erläuterten Befunde und Fundkomplexe aus der Archsumburg, Tinnumburg und Trælbanken kennzeichnen eine Denkmälergruppe an der westschleswigschen Küste, die in die frühe römische Kaiserzeit datiert. Ihr Gruppencharakter drückt sich in der äußeren Form und in der Art des Wallbaus aus, die Kombination von Wall und Graben (Trælbanken), die randliche Bebauung der Innenfläche und die Gestaltung des Tores (Archsumburg) bleiben als individuelle Maßnahmen an die einzelnen Plätze gebunden.

Das Hauptinteresse richtet sich auf die zwischen 1972 und 1978 untersuchte Archsumburg. Sie enthielt nicht nur zahlreiche auswertbare Fundeinschlüsse, sondern auch stratifizierbare Wallschichten und komplizierte Baustrukturen im Inneren. Obwohl mehrfach ausgebaut, hatte man den anfänglichen Plan, eine Ödlandfläche zu umgrenzen, nie aus den Augen verloren; den Bezirk zu befestigen, um ihn verteidigen zu können, kann unmöglich Ziel der Baumaßnahme gewesen sein; selbst im Endzustand war das Erdwerk mit geringen Kräften einnehmbar. Was man da an Ausbauten vornahm, festigte bestenfalls den ursprünglichen Gedanken, veränderte ihn aber nicht; es konservierte, hielt den Verfall auf, korrespondierte mit dem Baugeschehen innen, gestaltete das Erdwerk aber nicht zur Festung um: Man trug eine geböschte Berme auf, verstärkte die Front durch Sodenkeile und schüttete sie bis weit ins Vorgelände mit Boden an. Das Tor ist nach herkömmlicher Auffassung von Anfang an unbrauchbar gewesen, erst recht der »Kriechgang«, der anscheinend bereits beim Bau wieder eingefüllt worden war, ehe man ihn mit Findlingen bedeckte. So bleibt er denn ohne Parallelen anderwärts, will man nicht auf nordjütische Kellergänge rekurrieren. Praktischer Nutzung entzogen sich auch die Flechtwandhütten am Wallfuß innen; leicht gebaut, den zeitgleichen Bauernhäusern ganz unähnlich, hielten sie Dauerbelastung nicht stand. Auf längeren Gebrauch weist nicht die Spur hin. Mit dem Eingang zur Beringmitte gerichtet, also radial gestellt, stimmt die Bauordnung mit zeitgleichen und jüngeren skandinavischen Siedlungen überein, hing aber nicht von ihnen ab. Als man den Hüttenbau durch Steingruben und Schächte ersetzte, wird diese Entscheidung von einem Wechsel der Grundidee verursacht worden sein. Parallelen fehlen nach derzeitigem Wissen, wenn auch Versenkungsopfer bei den Nachbarn nicht ungewöhnlich waren; sind sie gemeint gewesen, hatte man dem Ritus eine neue Richtung gegeben.

Weder die Befunde noch die Fundeinschlüsse sprechen für Gemeinsamkeiten mit zeitgleichen Siedlungen. Botanische Analyse bestätigt es: Es fehlen Getreidereste im verbreiteten Hüttenschutt, nicht aber im unmittelbaren Herdbereich (Emmerspreu); Ruderalvegatation auf unbeschädigten Schichtoberflächen unterstreicht die außergewöhnliche Nutzung der Erdwerke. Noch einmal: Die Leichtbauweise der Hütten, die geringe Höhe des Walles, das »Pseudotor« im Norden, all das wendet sich gegen eine Bestimmung des Erdwerks als Fortifikation oder als Sitz für einen Herrn. Alles spricht dagegen für eine Deutung der Anlage als lokale Opferstätte. Die Argumente: Der nach Plan erbaute Wall; die Lage des »Pseudo-Tores« im Norden, der funktionslose »Kriechgang«; der rasche Ausbau durch erhöhende und erweiternde Auflagen geringer Stärke; das Anschütten der Front, noch bevor der Bering aufgegeben wurde; die instabile, ja hastige und sorglose Bauweise der radial aufgestellten Hütten (es fehlen Giebelwände und stabilisierende Eck- und Eingangspfosten); die weitgehend unbenutzten Herdstellen (Ausnahme eine jüngere Anlage der Bauperiode XVIII und Hütte 27 aus der Schichtfolge XII–XV) und die brennbare Streu statt Estrich; die Schächte als Brunnen ungeeignet und die Steingruben in dichter Folge; schließlich nichts, was Tierhaltung oder Wasserversorgung ermöglicht hätte. Die mit Inventaren aus Siedlungen durchaus vergleichbare Ausstattung mit Keramik mag der Deutung als Opferstätte widersprechen, aber die geringere Bruchfrequenz des Tongeschirrs, die Grabinventaren ähnlicher ist als Hausinventaren bäuerlicher Siedlungen, die Konzentration der Scherben im Bereich der Hütten (in Siedlungen streuen sie über weite Flächen) und gänzliche Fundleere im Zentrum des Erdwerkes (es wirkte wie leergefegt) erhöhen die Wahrscheinlichkeit unserer Hypothese. Hätte man sich längere Zeit dort aufgehalten oder wären sogar Haustiere eingesperrt gewesen, wie erklärte es sich dann, daß empfindliche Oberflächen (XXVI) erhalten blieben und in der Ruderalvegetation (VII) Trittpflanzen ausbleiben? Weniger klar, aber dennoch erwähnenswert erscheint die Möglichkeit eines Wechsels im Brauchtum: Während der älteren Phase in »Pseudobauten« aufbewahrte Opfer mit Gefäßen unterschiedlicher Größe und Funktion, später Trankopfer in überdachten (?) Schächten.

Von einem Wall oder einer Palisade umgrenzte Kultplätze sind bei der bäuerlichen Bevölkerung Jütlands während der späten vorrömischen Eisenzeit und älteren römischen Kaiserzeit unbekannt. Aus religionsgeschichtlicher Sicht kann ein heiliger Ort von der profanen Welt durch eine »Umfriedung« getrennt sein. Dies ist sowohl im mediterranen Gebiet als auch im Norden überliefert, wobei der germanische »Hain« nach de Vries eigentlich »umfriedeter Wald« bedeutet hat. Hiermit wäre der Sprung zu den bei Tacitus[311], Germania Kapitel 9 genannten »Hainen« nicht weit. Lokalkult drückt sich in Haus- und Herdopfern aus; man versenkte Keramik, Tiere, Pflanzen und Geräte in Moorgruben oder legte dort besonders qualitätsvolle Dinge nieder, z.B. den Wagen von Dejbjerg und den Kessel von Gundestrup oder römischen Import der älteren römischen Kaiserzeit[312]. Diese Bräuche haben bis auf einzelne Gefäßdeponierungen auf Föhr im Nahbereich unserer Erdwerke keinen Niederschlag gefunden[313]; nur der Opfergedanke selbst, ob in Mooren, Schächten oder Hütten realisiert, scheint der gleiche gewesen zu sein.

Der Mangel an Parallelen führt zwangsläufig zur Frage, ob der archäologisch faßbare Sachbefund in Einzelheiten Kontakte zum Umfeld herzustellen erlaube. Die Übereinstimmung zwischen dem älterkaiserzeitlichen »Kriechgang« in Archsum und den etwas älteren Steinkellern in Nordjütland sowohl in der Bauart als auch in der Ausrichtung ließe sich als Einfluß nordjütischer Verbände auf Sylt erklären. Auch der Typ des Wohnhügels scheint von dort zu stammen, und es könnte sogar sein, daß auch die Kenntnis, Rundwälle zu bauen, in Nordjütland früh beheimatet war, dort allerdings, wie Borremose zeigt, als Fortifikation gedacht. Die völlig anders zu beurteilenden Längswälle mit Palisaden und Gräben aus der älteren und mittleren römischen Kaiserzeit hatten ebenfalls Befestigungscharakter *(Taf. 40)*.

Enge Beziehungen bestanden zwischen Nordfriesland und der küstennahen Zone zwischen der Elbe und dem Rhein. Zu den sicheren Importgütern zählen Terpenware, Dreiecksgewichte, Deckel, organisch gemagert und riefenverziert, und Keramikringe; auch beim Bau gibt es Verwandtes: Zweischiffigkeit, Pfosten außerhalb der Giebelwand, Umwallungen mit schmalen, langen Eingängen (Nordholland), radiale Ausrichtung (Vries) und Sperren weit vor Wall und Graben (Trælbanken/Heidenstadt). Man versteht solche verwandten Züge in wesentlichen Merkmalen als Niederschlag eines Kulturaustausches im küstennahen Verkehrsraum, der auch das heimische Brauchtum beeinflußt zu haben scheint. Vermengt mit Ausdrucksformen nordjütischer Verbände, entstanden in Nordfriesland Bauwerke, die dem Kultus dienten und im Gedächtnis der Bewohner bis in die Neuzeit als Einrichtungen außergewöhnlicher Art bewahrt worden sind. Nach der von Kersten aufgeschriebenen Legende[314] achteten die Archsumer sorgfältig darauf, daß sich niemand innerhalb des Burgwalles ansiedelte – den Grund kannte man nicht –, während der eingangs zitierte erste »Historiker« Sylts, Kielholt, um die Mitte des 15. Jahrhunderts im Zusammenhang mit der Archsumburg, der Tinnumburg und der Rantumer Rathsburg schrieb: »In alten Zeiten gab es hier heidnische Völker, die einen so seltsamen Glauben hatten, daß man darüber gar nicht alles erzählen kann«[315].

311 de Vries (Anm. 287, Bd. 1, 1935) 265ff. Nr. 216.
312 Becker (Anm. 305); Harck (Anm. 304); Brøndsted (Anm. 225) 68ff.; 412ff.
313 Kersten u. La Baume (Anm. 3) 295; 341ff.
314 Ebd. 379.
315 Schmidt-Eppendorf (Anm. 14) 7.

Exkurse

FUNDE DES MITTELALTERS UND DER NEUZEIT IN DER ARCHSUMBURG

Ziegelbruch und zahlreiche Keramikreste unseres Jahrtausends datieren nacheisenzeitliche Störungen im antiken Befund und die jüngsten Planierschichten. Sie stammen aus Anschüttungsboden westlich des Beringes (A), aus der Füllung einer größeren Grube im Ostarm des Kreuzschnittes (Fläche 17) (B), aus einer mit Sand gefüllten Wühlstelle oberhalb der Decksteine im Torbereich (C) sowie aus der Ackerkrume und den oberen Schichten auf der ausgegrabenen Burgfläche (D).

A. Anschüttungen am Westrand des Erdwerkes

Westlich einer Linie zwischen 57 und 60 m OW in Fläche 18 sind römerzeitliche Fundschichten bis zum pleistozänen Untergrund völlig abgetragen worden (s. S. 26) *(Beil. 2,1)*. Später wurde diese Fläche wieder in mehreren Schüben bis zur Höhe der Wallruine angeschüttet (Schicht W, X u. NZ, s. S. 18). Im Relief des Geländes vor Beginn der Grabung gab es keine erkennbaren Hinweise auf unterschiedliche Substanz des Bodens. Die Auffüllungen im Westen dienten in historischer Zeit als sturmflutsichere Bauplätze für zwei Gehöfte, das südliche verfiel erst in diesem Jahrhundert (I 10 Abb. 8, links). Während der Ausgrabung wurde der Füllboden im westlichen Teil der Fläche 18 und in Fläche 20 mit Baggerhilfe ausgehoben. Allein die Lage einiger Brunnen, Steinsetzungen und Ziegelpflaster der Neuzeit in Fläche 20 sind als Flächenbefund dokumentiert worden; den stratigraphischen Aufbau der Anschüttungen sichern dagegen mehrere Profilzeichnungen und Fotoserien (Fläche 20: Profile 1–2; Fläche 18: Profile 12, 12/14 und 15/16) *(Beil. 2,1; 10)*.

Das zahlreich geborgene Fundgut aus heimischer oder auswärtiger Produktion in der neuzeitlichen Aufschüttung soll kurz erläutert werden; es wurde weitgehend unsystematisch und unstratifiziert geborgen oder während Baggerarbeiten gesammelt. Für die historische Interpretation der Archsumburg ist es von untergeordneter Bedeutung. Dies gilt sowohl für keramische Erzeugnisse wie Porzellan, bemalte Bauernkeramik und Steingut als auch für Eisenteile oder Buntmetallreste *(Abb. 193–194)*. Die in den Profilen eingemessenen Scherben dienen dagegen der Schichtdatierung. Sie werden deshalb im Detail beschrieben.

Profil 2 enthielt 48 Fundstellen, die kürzeren Profile 13 (drei nicht aufgenommene Knochen und Eisenreste), 14 (westlich 60 m OW: 9) und 16 (westlich 60 m OW: 10) viel weniger. Das Material verteilte sich stratigraphisch auf Schicht W (9 Eintragungen), X (Ziegelbruch und Glas zwischen 68 und 72 m OW) und NZ (zahlreiche Funde unterschiedlicher Qualität). Aus Schicht W stammen eine atypische Scherbe prähistorischer Zeitstellung und Wand- und Randstücke mittelalterlicher Keramik (7). Sie datieren ins 13. Jahrhundert, während ein Siegburger Steingutgefäß ins 14. Jahrhundert oder jünger einzuordnen ist[316]. Gegenüber dieser weitgehend homogenen Zusammensetzung fanden sich in den Aufträgen X und NZ in bunter Mischung eisenzeitliche Scherben (8), mittelalterliche Ware (8), »Bauernkeramik« mit Innenglasur (13), Steingut (8), Porzellan (5), Jütepötte (6), Tonpfeifen (3), Knochen (2), Eisenreste (1) und eine Glasflasche (1). Zum unstratifizierten Fundgut, das vor allem diesen Schichten zuzuordnen wäre, gehören Scherben von Porzellan, Steingut, Bauernkeramik und Jütepötten, Ziegel- und Fliesenbruch, Stücke von Eisenfenstern, eiserne Gerätschaften der bäuerlichen Welt und Hausgerät aus Eisen und Buntmetall.

Das Fundgut belegt, daß die Westseite der Wallruine spätestens vor dem 13.–14. Jahrhundert abgetragen wurde. Der Hintergrund bleibt unbekannt. Es wären Maßnahmen zur Gewinnung von Humus oder Mergel denkbar. Die erste, 0,7 m hohe Anschüttung aus Klei und Mergel datiert ins 13.–14. Jahrhundert (Schicht W). Ihre Oberfläche lag zwischen 2,5 m und 2,7 m NN, Schicht X könnte der Rest späterer Bodenbildung sein. In einem zweiten Arbeitsgang vor 1780 wurde umfangreiches Erdreich verschiedener Zusammensetzung und Herkunft auf zwei Kuppen westlich der Burgruine gefahren; diese Erhöhung ergab prähistorische, mittelalterliche und neuzeitliche Keramik.

B. Grube in Fläche 17

In Fläche 17 fand sich eine rund 8 m breite, bis 1,20 m tiefe Grube. Aus dem Füllboden stammen Ziegelbruch, der Griff eines Steertpottes mit Innenglasur (nach F. Laux Typ G: um 1750)[317], neu-

[316] Frdl. Mitt. Dr. E. Ring, Uelzen, und cand. phil. W. Wessel, Kiel.

[317] F. Laux, Der Lüneburger Schweinetopf. Ein Gefäß der bürgerlichen Küche des 17. Jahrhunderts. Aus dem Alltag der mittelalterlichen Stadt. Hefte des Focke Museums 62, 1982, 125, Abb. 3.

Abb. 193 Archsum. Neuzeitliche Keramik aus der Hügelaufschüttung westlich der Burg (Fläche 20). – M. 1 : 3.

zeitliches Steingut, Wandungsscherben bemalter Bauernkeramik, Glasflaschenstücke, weißer Porzellanbruch, Reste von Jütepötten, Fliesenbruch und schließlich ein flacher Bronzeknopf mit Öse. Hinzu kommen aber auch eisenzeitliche Keramikstücke, beispielsweise der an anderer Stelle beschriebene Ring aus verbranntem Ton (s. S. 179). Eine Datierung der Einfüllung in die Zeit nach 1800 ist wahrscheinlich. Ob die Grube mit einer in der historischen Überlieferung genannten, in der Mitte des Beringes gelegenen »Wasserkuhle« identisch ist, bleibt ungeklärt[318].

c. Störungen im Torbereich

Während wir die Profile im Kriechgangbereich putzten und die Kleifüllung zu beiden Seiten des Steintores abtrugen, fanden sich Scherben jüngerer Zeitstellung, beim Freilegen der Steine außer einigen Wandscherben der römischen Kaiserzeit ein verziegelter Stabhenkel mit Glasurüberzug. Seine Lage im Verhältnis zum prähistorischen Fundgut erschien ungesichert (Verschleppung, Versturz während der Grabung). Zu den stratifizierten Funden zählen folgende Scherben: in einer mit Sand und Kies gefüllten

[318] Camerer (Anm. 22) 671.

Abb. 194 Archsum. Funde aus dem neuzeitlichen Wohnhügel westlich der Burg (Fläche 20). – M. 1 : 3.

flachen Mulde über dem Steingang (Profil 51, *Beil. 2,1*), die zum Teil bis zu den Decksteinen reichte, kam eine dünnwandige Scherbe mittelalterlicher Zeitstellung zutage. Vergleichbare Befunde und Funde wurden in Profil 50 dokumentiert (Scherben mit Ansatz von Halsumbruch und Riefenzier in Hals- und Schulterhöhe, *Beil. 5,4*). In einer höheren Schicht des Profils 48 lag eine verziegelte, innen glasierte Wandungsscherbe *(Beil. 8,2)*, in einer korrespondierenden Strate des Profils 43 außerdem ein verziegelter Lehmrest unbestimmter Funktion und Zeitstellung. Die mit Sand- und Kiesboden gefüllte, muldenförmige Eintiefung aus dem Mittelalter oder der Neuzeit entstand vermutlich, als man die bei der Ausgrabung fehlenden Decksteine des Kriechganges herausbrach. Die Störung erstreckte sich bis in Fläche 6: Dort enthielt die Schicht u.a. eine neuzeitliche Scherbe mit randständigem Stabhenkel und Innenglasur.

D. Ackerkrume und obere Schicht

Neuzeitliche Funde aus den oberen Schichten in der Archsumburg datieren die Ackerkrume und eine humose Lage darunter. Aus beiden stammen u.a. ein neuzeitliches Kartoffelschälmesser (»Solingen«), Scherben von Steingutware, blaugrauer Keramik, Porzellan, Jütepötten und Bauernkeramik sowie Glasbruch. In einigen Profilen fanden sich flache, bis in die oberen Lagen des Walles eingetiefte Mulden mit einer lockeren, durch Ziegelbruch datierten Füllung. Sie entstanden offenbar bei Humusgewinnung durch Wallabtrag.

FRÜHGESCHICHTLICHE FUNDE AUS DER TINNUMBURG

Zum frühgeschichtlichen Material *(Abb. 195)* gehören kleine Näpfe mit Rund- oder Wackelboden, mittlere und große Gefäße mit Kumpfrand oder nach außen geknickter Randlippe. Anhand der Machart läßt sich die Keramik vorzüglich mit Siedlungsware aus Alt-Archsum, Tofting, Elisenhof und Haithabu und mit wikingerzeitlichen Urnen aus Gräberfeldern der Nordfriesischen Inseln vergleichen[319]. Es liegt deshalb nahe, sie in das 8.–10. Jahrhundert zu datieren. Da wir in Tinnum nur wenige Scherben gewannen, muß eine formenkundliche und zeitliche Gliederung unterbleiben. Auch der stratigraphische Befund erlaubt sie nicht.

Eine zweite Fundgruppe besteht aus Specksteingefäßen. Sie kamen sämtlich in Planum 7–8 wenige cm oberhalb der Schilftorfschicht zum Vorschein *(Abb. 195,2.3)*. Es sind zwei Randstücke und ein Wandfragment. Die Wandung ist durchbohrt, die Oberfläche innen wie außen geglättet, Ruß spricht für Verwendung als

[319] Kossack u.a. (Anm. 31) Abb. 29; Bantelmann (Anm. 108) Taf. 26–27; H. Steuer, Die Keramik aus der frühgeschichtlichen Wurt Elisenhof. Stud. Küstenarch. Schleswig-Holsteins Serie A, 3 (1970); K.-D. Hahn, Die einheimische Keramik von Haithabu (ungedr. Diss. Kiel 1977).

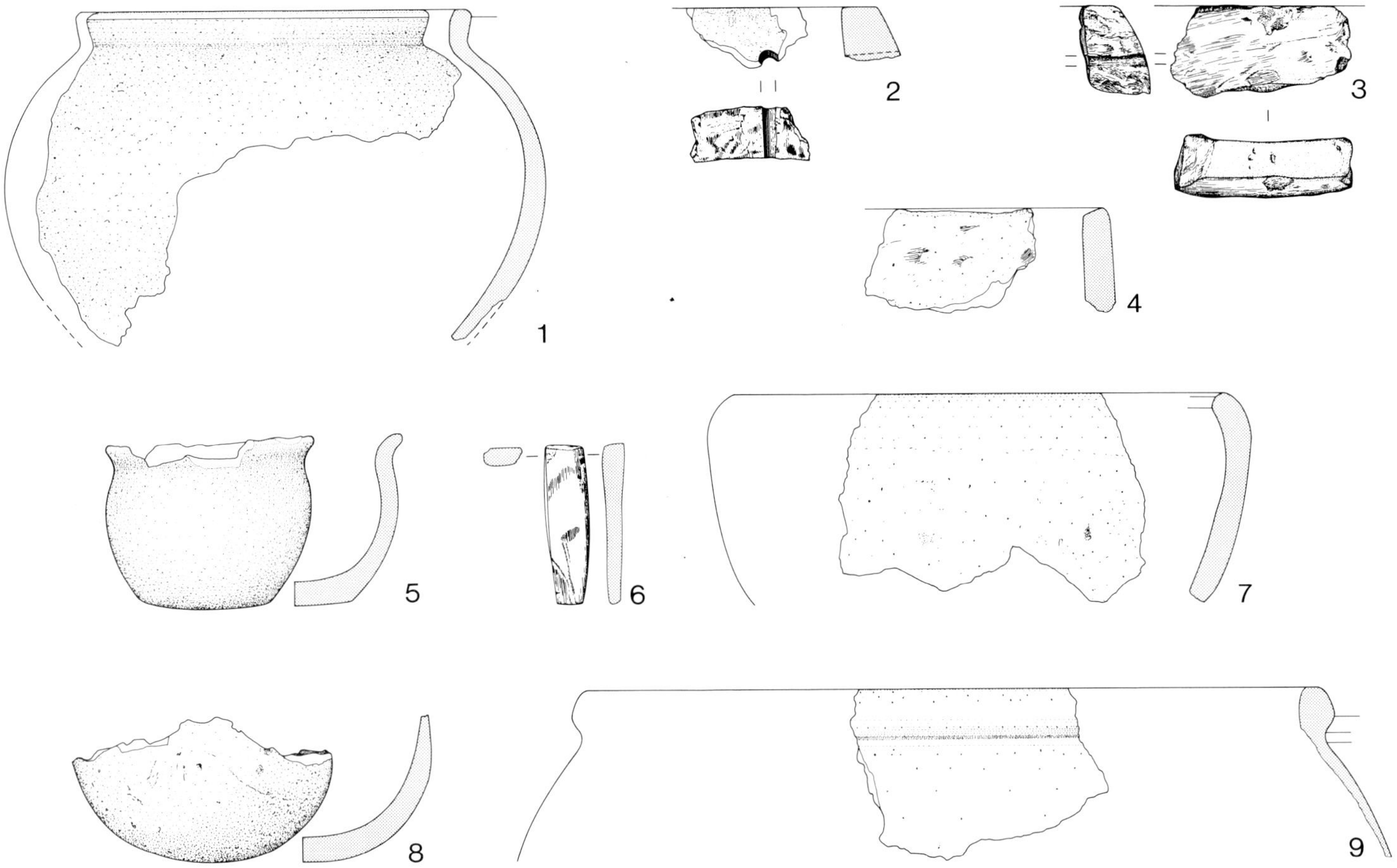

Abb. 195 Tinnumburg. Tongefäßreste, Specksteingefäßreste (2,3) und ein Wetzsteinfragment aus frühgeschichtlichen Fundschichten. – M. 1 : 3.

Kochtopf. Eine Feindatierung war auch H. G. Resi noch nicht möglich[320].

Außer einem seinem Zweck nach unbestimmbaren, gitterartig zusammengerosteten Eisenstück sind es vor allem Hölzer, die für wikingerzeitliche Anlagen typisch sind: Breite Späne, angespitzte, stakendicke Rundhölzer, deren Rinde zum Teil noch erhalten war *(Abb. 197,4),* Bohlen und Bretter rechteckigen oder dreikantigen Querschnitts, dünne, abgeschälte und geglättete Rundhölzer, Stäbchen, das Ende gerundet oder meißelartig *(Abb. 197,2),* Brettchen, gelegentlich durchbohrt *(Abb. 198,5),* vor allem Balken oder Bohlen als Bauhölzer, sechsmal vertreten, durchbohrt oder gegenständig länglich durchlocht *(Abb. 197, 1–3.5.7; 198,4),* an den Enden teils gerundet, teils schräg abgeschlagen oder sekundär angespitzt. Auch Gerät fehlt nicht: eine Latte, endständig gelocht *(Abb. 196,6),* ein Griff (Messer?), der Abschluß verdickt und gerundet *(Abb. 196,4)*[321], ein Holzteller, flach reliefiert, der Rand breit *(Abb. 196,7),* ein Griffbrett und der Boden eines Daubenbottichs *(Abb. 196,1; 198,3).* Vergleichsstücke lassen sich mühelos beibringen. Daubenbottiche kennt man, allerdings mit abweichender Grifföse, von der Wurt Elisenhof auf Eiderstedt und aus den mittelalterlichen Städten Lund und Lübeck, technisch näher aus Haithabu[322], wo ferner Verwandtes zum Tinnumer »Dübel« zu finden ist *(Abb. 196,5)*[323], während seine besten Parallelen aus römerzeitlichen Wurten stammen wie Feddersen Wierde und Tofting[324]. Latten mit endständigen Löchern sind wieder vom Elisenhof und von anderen frühmittelalterlichen Plätzen bekannt geworden[325]. Holzteller kehren in Haithabu und Alt-Lübeck wieder[326].

320 H. G. Resi, Die Specksteinfunde aus Haithabu. Ausgr. Haithabu 14 (1979).

321 Haarnagel (Anm. 38) Taf. 41,5.

322 Szabó, Grenander-Nyberg u. Myrdal (Anm. 38) Taf. 12,111; 14,125.127; 15,128.129; Jankuhn, Die Ausgrabungen in Haithabu (1937–1939) (1943) 47 Abb. 18; T. Capelle, Holzgefäße vom Neolithikum bis zum späten Mittelalter (1976) Taf. 47A.

323 K. Schietzel, Hölzerne Kleinfunde aus Haithabu (Ausgrabung 1963–1984). Ausgr. Haithabu 4, 1970, 77ff. Abb. 9,1–53.

324 Haarnagel (Anm. 38) Taf. 19; Bantelmann (Anm. 108) Taf. 35,2–4.6.7.

325 Haarnagel (Anm. 38) Taf. 1–2; Szabó, Grenander-Nyberg u. Myrdal (Anm. 38) 160ff. Taf. 38, 344–345; 39, 346–352.

326 W. Neugebauer, Alt-Lübeck. Ein Forschungsbericht. Offa 21/22, 1964/65, 127ff. Abb. 35,2.4; Schietzel, Hausrat in Haithabu. In: Jankuhn, Schietzel u. H. Reichstein, Archäologische und naturwissenschaftliche Untersuchungen an ländlichen und frühstädtischen Siedlungen im deutschen Küstengebiet vom 5. Jahrhundert v. Chr. bis zum 11. Jahrhundert n. Chr. 2: Handelsplätze des frühen und hohen Mittelalters (1984) 304ff. Abb. 146.

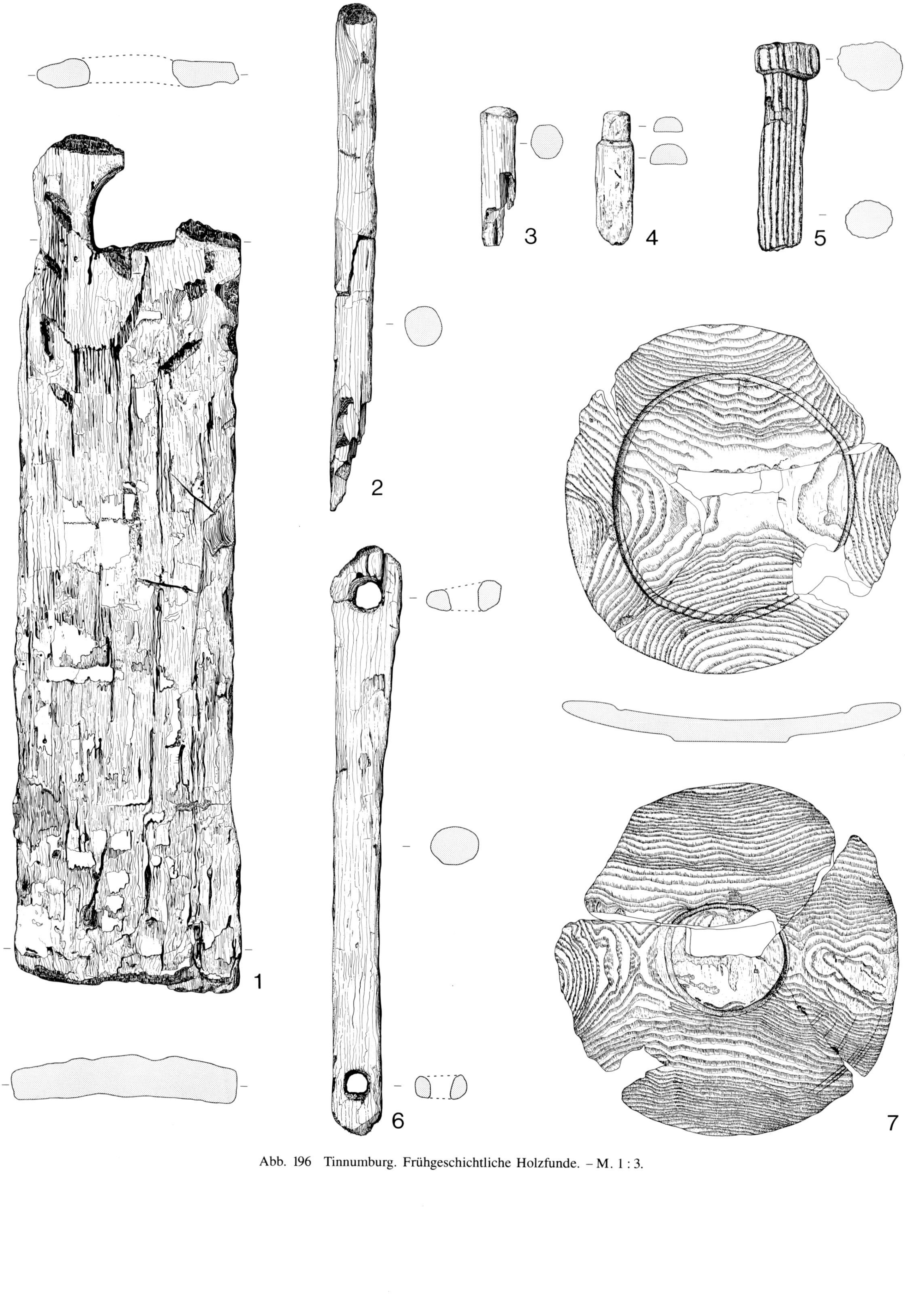

Abb. 196 Tinnumburg. Frühgeschichtliche Holzfunde. – M. 1 : 3.

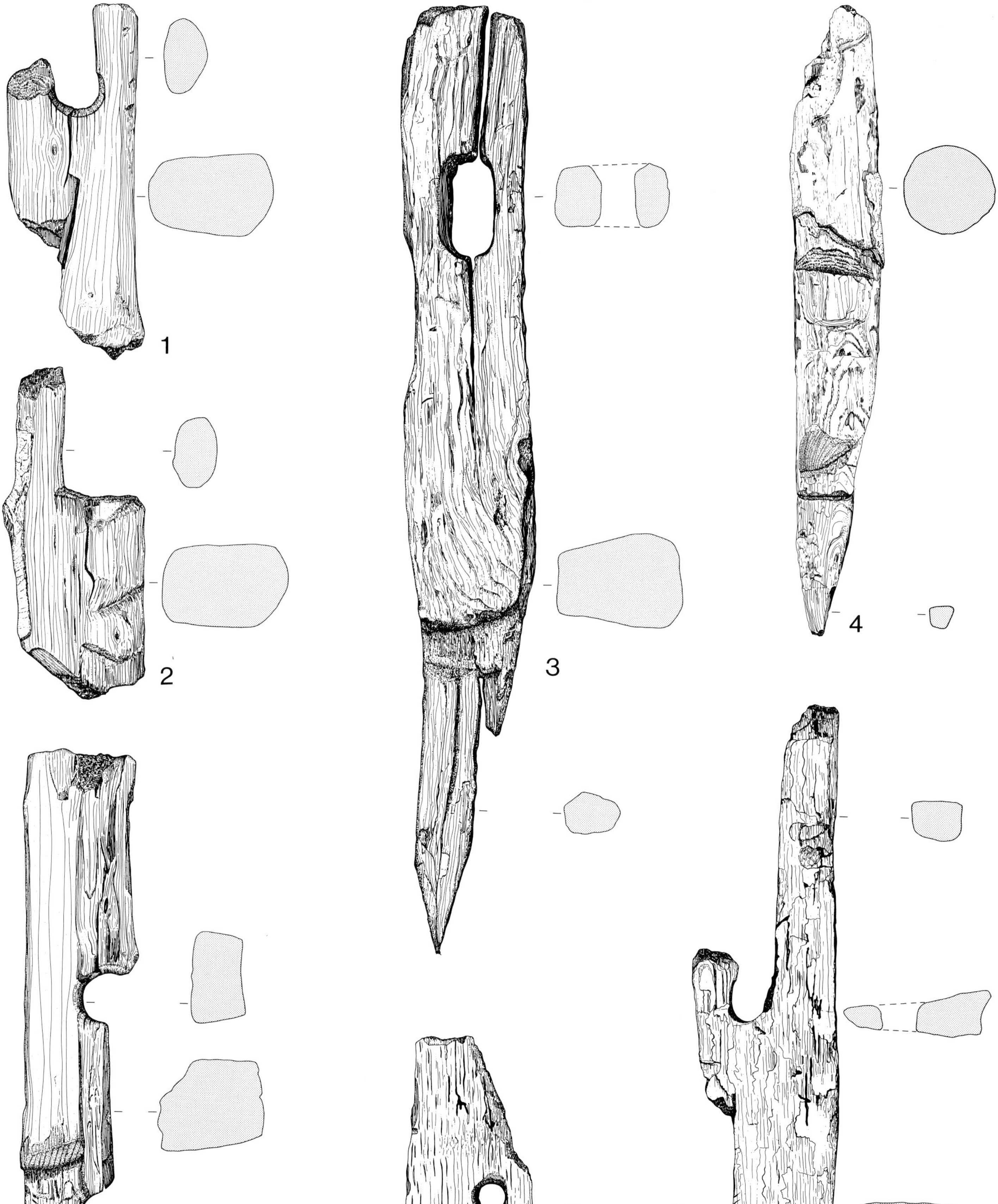

Abb. 197 Tinnumburg. Frühgeschichtliche Holzfunde. – M. 1 : 3.

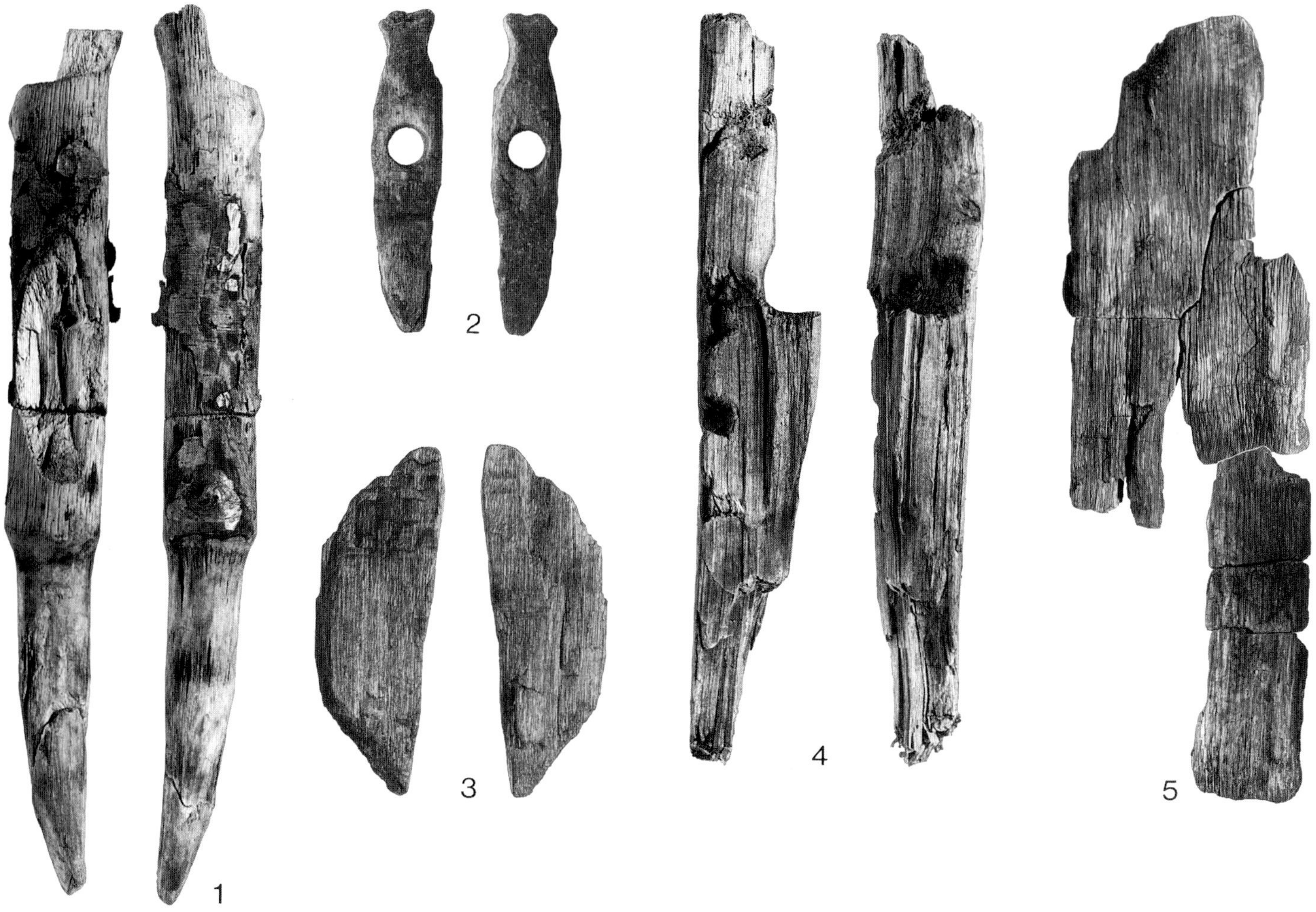

Abb. 198 Tinnumburg. Frühgeschichtliche Holzfunde. – M. 1 : 3.

UNTERSUCHUNGSBERICHT ÜBER PFLANZLICHE GROSSRESTE AUS ROTEN ASCHEN, SCHWARZSCHICHTEN UND HERDNAHEN KULTURSCHICHTEN

von
Helmut Kroll, Kiel

Die sogenannten roten Aschen innerhalb des Walles enthalten unverkohlte organische Reste in großen Mengen, wenn auch zarte Pflanzenreste, durch eine Erhaltungsauslese bedingt, fehlen. Die erhaltenen Samen und Früchte stammen wohl von der Vegetation, die diese Rotaschen begrünten. Die Pionierarten Rutenmelde *Atriplex patula,* Weißer Gänsefuß *Chenopodium album* und Geruchlose Kamille *Matricaria inodora* kennzeichnen durch massenhaftes Vorkommen den Standort als nachhaltig anthropogen gestört, aber dennoch als wenig genutzt und unbeweidet. Denn Vertrittarten fehlen oder sind sehr selten wie Vogelknöterich *Polygonum aviculare,* der in geringer Zahl vorkommt. Ampferknöterich *Polygonum lapathifolium,* Vogelmiere *Stellaria media* und Rauhe Gänsedistel *Sonchus asper* als häufige weitere Arten bestätigen den ruderalen, nährstoffreichen Eindruck, den die erstgenannten erwecken. Gifthahnenfuß *Ranunculus sceleratus,* Bilsenkraut *Hyoscyamus niger* und Kratzdistel *Cirsium,* deren Samen und Früchte regelmäßig in den roten Aschen enthalten sind, haben ebenfalls Pioniercharakter. Als einzige Kulturpflanze ist Spelzgerste mit einem verkohlten Korn nachgewiesen, aber das Bilsenkraut kann ebenfalls als gern verwildernde Drogenpflanze mit langer Kulturtradition gelten. Sumpfbinse *Eleocharis* und Seggen, Carices, können als Hinweise auf benachbarte Feuchtgebiete gewertet werden.

Das dunkle, verkohlte Material unter der Rotasche außerhalb des Walls enthält dagegen kaum Ruderalpflanzenreste, wenn man von einigen wenigen Gänsefußsamen absieht. Hier findet man zahllose kleine Grasfrüchte vom *Poa*-Typ, die mangels guter Erhaltung nicht näher bestimmbar sind, daneben in merklicher Zahl Früchte der Meerbinse *Bolboschoenus maritimus* sowie Seggen, Carices. Diese Funde lassen an einen Flächenbrand von Grasland und anschließenden Rieden der Meerbinse denken.

Die Schwarzschicht innerhalb des Walls unter der Rotschicht enthält die gewöhnliche Ruderalflora der eisenzeitlichen Siedlungen von Archsum mit Einmischungen externer Art. *Atriplex*- und *Chenopodium*- Arten, *Polygonum lapathifolium, P. persicaria* und *Rumex crispus,* Brennessel *Urtica dioica* und Vogelmiere *Stellaria media* sind vergesellschaftet mit Heidearten, zum Beispiel mit *Potentilla erecta,* der Blutwurz, und mit Sumpfpflanzen wie Sumpfbinse *Eleocharis,* Seggen, Carices, und mit der Kuckuckslichtnelke *Lychnis flos-cuculi,* wie dies auch für den Melenknop gilt (Kroll 1987, 104ff.). Als gelegentliche Beifunde kommen Gerstenkörner vor, wenn auch selten.

Ähnliches gilt für die herdnahen Kulturschichten unterhalb der vorgenannten Schichten. Hier sind die üblichen Ruderalarten wiederum aspektprägend wie auch sonst im eisenzeitlichen Archsum: Man findet Weißen und Graugrünen/Roten Gänsefuß *Chenopodium album, Ch. glaucum/rubrum,* Spieß- und Rutenmelde *Atriplex hastata, A. patula,* Ampfer-, Floh- und Vogelknöterich *Polygonum lapathifolium, P. persicaria* und *P. aviculare,* Kriechenden und Gifthahnenfuß *Ranunculus repens, R. sceleratus,* Vogelmiere *Stellaria media,* Bilsenkraut *Hyoscyamus niger,* Schwarzer Nachtschatten *Solanum nigrum,* Kratzdistel *Cirsium,* Hohlzahn *Galeopsis tetrahit/G. bifida,* Gänsefingerkraut *Potentilla anserina,* Große Brennessel *Urtica dioica* und, neu für Archsum, die Hagebuttenfrüchtchen der Rose *(Rosa).* Beigemischt sind Heidearten, so Besenheide *Calluna vulgaris,* Krähenbeere *Empetrum nigrum* und Blutwurz *Potentilla erecta.* Aus feuchten bis nassen Bereichen stammen Sumpfbinse, *Eleocharis,* Seggen, Carices, Sumpflabkraut *Galium palustre,* Seebinse *Schoenoplectus lacustris,* Wasserfenchel *Oenanthe,* Wolfstrapp *Lycopus europaeus* und Sumpfsternmiere *Stellaria palustris.* Salzeinfluß verrät das wiederholte Auftreten der Chenopodiacee *Suaeda maritima.* Üblich sind spärliche, aber stetige Funde der Kulturpflanzen Lein und Gerste. – Eine wichtige Besonderheit einer der herdnahen Kulturschichten sind massenhafte Funde von Spelzbasen des Emmers *Triticum dicoccum.* In diesen Mengen dokumentieren sie, daß Emmer in den Jahrhunderten um Christi Geburt wohl doch eine eigenständig angebaute Kulturpflanze war und nicht, wie anhand der verkohlten Vorratsfunde geschlossen, als ein seltenes Beigetreide zur Gerste zu bewerten ist (Kroll 1987, 96; Körber-Grohne u. Kroll 1984, 267).

Miteinander verglichen, entsprechen die hier herdnahe Kulturschichten genannten Probenherkünfte gut den üblichen Siedlungsschichten vom Melenknop. Die Schwarzschichten unter den Rotaschen innerhalb des Walls können auch in dieselben Bereiche eingereiht werden. Anders die Rotaschen selbst: Sie erwecken den Eindruck des lange Zeit ungestörten Wachsens ohne Vertritt durch Mensch und Vieh und ohne Weideverbiß, etwa so, wie sich die abseits liegenden Halden des Abraums während der Ausgrabungszeit von Archsum üppig und hoch begrünten, wiederholte tiefgreifende Störungen aber die Ausbildung einer geschlossenen, beständigen Vegetationsdecke verhinderten.

LITERATURVERZEICHNIS

Kroll, H. 1987: Vor- und frühgeschichtlicher Ackerbau in Archsum auf Sylt. Eine botanische Großrestanalyse. – G. Kossack u.a., Archsum auf Sylt. Teil 2. Landwirtschaft und Umwelt in vor- und frühgeschichtlicher Zeit (Röm.-Germ. Forsch. 44) 51–158; bes. 104ff.

Körber-Grohne, U., u. Kroll, H., 1984: Getreidearten. – G. Kossack, K.-E. Behre u. P. Schmid (Hrsg.), Archäologische und naturwissenschaftliche Untersuchungen an ländlichen und frühstädtischen Siedlungen im deutschen Küstengebiet vom 5. Jahrhundert v. Chr. bis zum 11. Jahrhundert n. Chr. Bd. 1: Ländliche Siedlungen, S. 267.

PALYNOLOGISCHE UNTERSUCHUNGEN AN DER TINNUMBURG AUF DER INSEL SYLT

von
Fritz-Rudolf Averdieck

Einleitung

Die ur- und frühgeschichtlichen Siedlungsfunde auf der Insel Sylt stellen an die Altertumsforschung eine Reihe von Fragen, deren Beantwortung nur durch enge Zusammenarbeit mit Paläobotanik zu erreichen ist. In manchen Fällen beginnt es schon mit der Datierung. Wesentlicher sind indessen die ökologischen Aspekte, die sowohl die natürliche Umwelt als auch die vielfältigen Erscheinungen des Siedlungsgeschehens betreffen. Maßgeblicher Gesichtspunkt für die Umwelt ist die Vegetationsentwicklung im Zusammenhang mit der Küstenveränderung. Beim Siedelgeschehen steht die Wechselwirkung zwischen menschlicher Wirtschaftsweise und der Umwelt (Vegetation und Meeresnähe) im Vordergrund des Interesses.

Auf vegetationskundlicher Basis ist die natürliche Umweltentwicklung vorwiegend mit Hilfe der Pollenanalyse erforschbar, die Siedlungsgeschichte ganz wesentlich auch anhand pflanzlicher Großreste. Die palynologischen Möglichkeiten erfahren auf Sylt allerdings Einschränkungen. Wie schon anläßlich früherer Sondierungen festgestellt (Averdieck 1980, 1987), fehlen der Insel mangels rezenter Moore die Voraussetzungen zum Verfolg der jungholozänen Vegetationsgeschichte. Von der einstigen großflächigen Vermoorung der heutigen Marschen und Watten sind nur noch Reste erhalten (Hoffmann 1974, 1980), und das ungestörte Moorwachstum bricht spätestens zu Beginn des Subatlantikums ab. Die kleinen Geestkerne tragen keine verwendbaren Ablagerungen, die Dünentäler bestenfalls rezente Anmoore.

So stehen für die Palynologie des Jungholozäns etwa seit der römischen Kaiserzeit nur Bodenhorizonte und wenige geringmächtige brackische Torflager (Darge) im jüngeren Klei zur Verfügung. Die Problematik der hieraus gewinnbaren isolierten Pollenspektren ist bekannt. Umso wertvoller sind daher solche Schichten, die sich in stratigraphisch gesicherter Lage befinden. Derart günstige Voraussetzungen bieten die wenigen Fundstellen überschlickter Siedlungshorizonte in der Marsch, vor allem aber die verschiedenen Erdbauten. In und unter Siedlungshügeln, Burgwällen, Grabhügeln und Deichen finden wir pollenführende Schichten, die als Baumaterial, als Siedlungshinterlassenschaft oder als alte Oberflächen erhalten geblieben sind. Ihr Mindestalter wird durch das Datum der Anlage garantiert. Zu Bauzwecken verwandtes humoses Material kann aus älteren Zeiten stammen, was auch am sauberen Profil kaum zu beurteilen ist. Auch hierüber gibt das Pollenspektrum die sicherste Auskunft.

Die Grabungen an der Tinnumburg legten unterschiedliche Straten frei, für die geobotanische Untersuchungen heranzuziehen waren. Hierbei spielte auch die Datierung eine Rolle, da nicht immer eindeutige Funde vorlagen und infolge räumlicher Beschränkung der Grabungsflächen die Schichtenkonnektierung auf Schwierigkeiten stieß. Andersherum stellten sich dem Palynologen folgende Fragen:

Unterscheiden sich die Spektren der beiden archäologisch definierten Siedlungsschichten vegetationsgeschichtlich?

Sind Aussagen über Dauer und Art der Bewirtschaftung möglich?

Läßt sich Meerstrandnähe nachweisen?

Ablagerungen im Umfeld

Schmale Rinnen umfassen als Ausläufer der im Süden breit angrenzenden Marsch die Tinnumburg im Westen und Norden. In ihnen kam es zur Vermoorung und Ablagerung geringmächtigen, brackischen Schilftorfes, unterbrochen und überlagert von dünnen Kleischichten. Wegen der verhältnismäßig hohen Lage waren für Vernässung und Vermoorung hier jüngere Daten zu erwarten als in den tiefer gelegenen südlicheren Marschen. Außerdem waren sie weitgehend vor Abtragung geschützt, so daß die Torfschichten bis zu 80 cm akkumulieren konnten (vgl. *Abb. 199*) und stellenweise sogar zur Torfgewinnung Anlaß gegeben haben. Noch bis in die jüngste Zeit drangen Strumfluten gelegentlich hier entlang bis Westerland vor, so daß man einen kurzen Deich quer durch die Rinnen zum Schutz des Bahnhofgeländes aufführen mußte (Dietz u. Heck 1952). Am günstigsten Kartierpunkt haben wir 1969 ein Torfprofil entnommen, dessen Pollendiagramm bei der Bearbeitung des Sylter Marschenholozäns abgehandelt worden ist (Averdieck 1980).

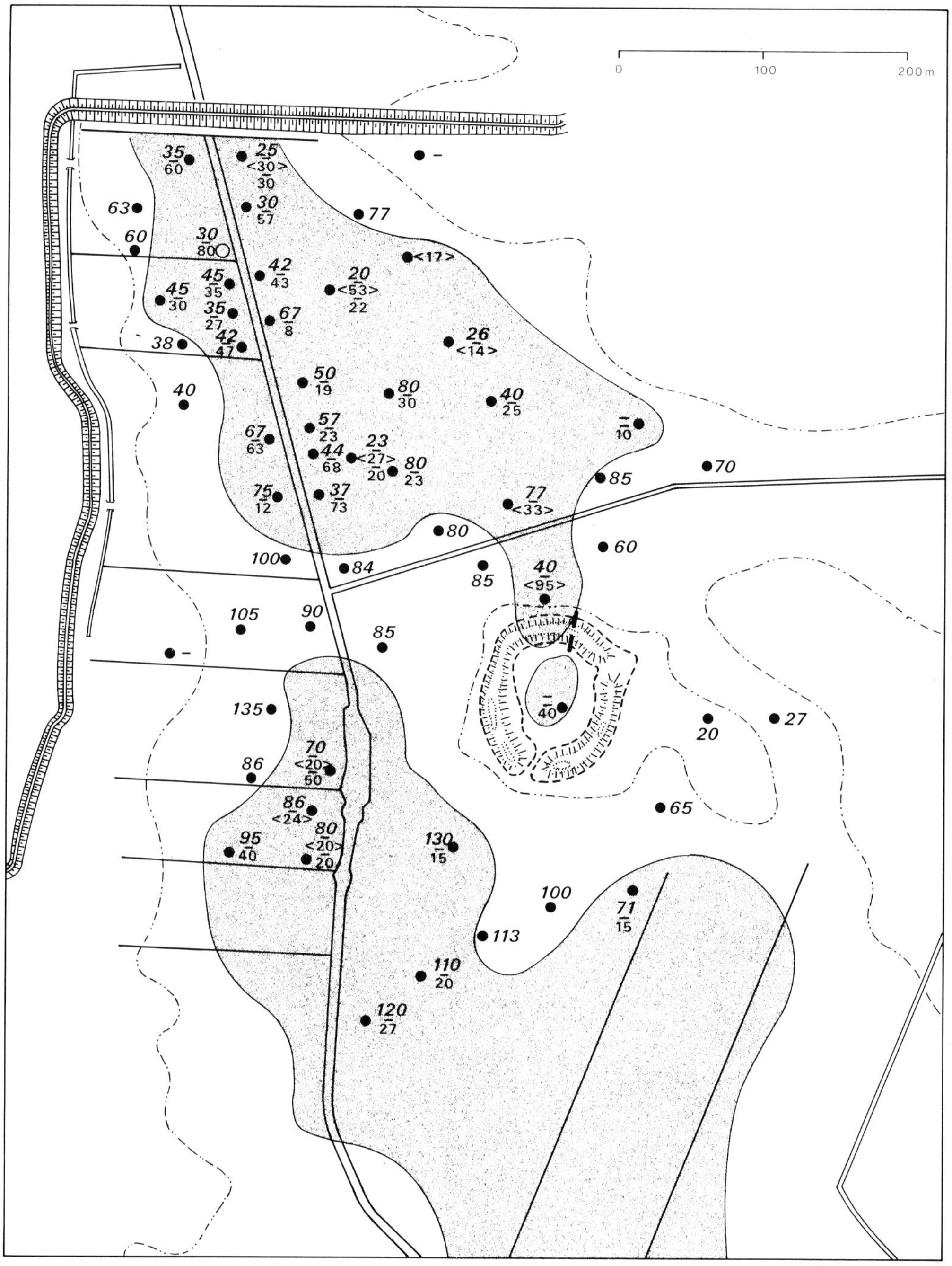

Abb. 199 Tinnumburg. Lage des Ringwalles in einer von Moorschichten (dunkel) gefüllten Niederung. Punkte: Bohrungen. – M. 1 : 5000.

Der Ringwall der Tinnumburg umschließt heute ebenfalls ein Schilfmoor. Wie die von starker Vernässung behinderten, nachträglich im Spätherbst 1988 vorgenommenen Sondierungen ergaben, haben sich in dem abflußlosen Gelände Mudde und Torf mit fast einem halben Meter Mächtigkeit gebildet. Die Analyse einer Probe nahe dem Zentralbereich erwies Feindetritus-Gyttja mit Übergängen zu Ton-/Sand-Gyttja mit hohem Humusgehalt. Strukturierte Pflanzenreste wie Wurzeln, Schilfepidermen, *Juncus*-Samen, Diatomeen und Sporen verschiedener Herkunft waren nur in geringem Maße enthalten. Eine Pollenanalyse dieser jungen Mudde wäre sicher nicht uninteressant gewesen, ist aber im Zuge der Grabung leider versäumt worden.

Das Untersuchungsmaterial

Die Proben entstammen verschiedenen Grabungsprofilen der Wallgrabungen 1976 *(Abb. 153; Taf. 36)*. Aus der Grabungsfläche 1 an der Wallinnenseite wurden vom Westprofil folgende Proben untersucht (Beschreibung in Reihenfolge von unten nach oben):

Probe Nr. 1/36. 1–3, 284–295 cm unter Oberfläche (u.O.), »Vorkaiserzeitlicher Oberboden«. – Feinsand, tonig, humos, nach unten hin etwas grobkörniger, fossil durchwurzelt, Holzkohleflitter. – Der Boden liegt über braunem Unterboden im pleistozänen Untergrund und unter »altem« (vorkaiserzeitlichem) Klei.

Probe Nr. 8, 125–140 cm u.O., »Kaiserzeitliche Kulturschicht«. – Schluff und überwiegend feiner Sand, fossil durchwurzelt, reichlich Holzkohle, einzelne undefinierte Pflanzenreste. – Die Kulturschicht liegt über »altem« Klei und unter einem kleihaltigen Torf.

Probe Nr. 7, 140–150 cm u.O., »Kaiserzeitlicher Schilftorf«. – Mudde oder Torf, stark zersetzt, unterschiedlich, z.T. stark schluffig und fein bis grobsandig, stark gepreßt und blättrig, nesterweise gebleichter Fein- bis Mittelsand. Schwach zersetzte Schilfrhizome und -wurzeln, *Potamogeton*-Steinkerne und *Ranunculus-sceleratus*-Früchte. – Die Schicht liegt über der kaiserzeitlichen Kulturschicht und unter jüngerem Schilftorf.

Probe Nr. 6, 230–250 cm u.O., »Nachkaiserzeitlicher Schilftorf«. – Torf, unterschiedlich, aber meist stark zersetzt, etwas feinsandig, mit reichlich schwach zersetzten Schilfrhizomen und -wurzeln, gepreßt und blättrig. Mehrere *Potamogeton*-Steinkerne und *Hydrocotyle*-Früchte, Samen von *Juncus* cf. *gerardi* und cf. *effusus*. – Der Torf liegt über schluffigem (kaiserzeitlichem) Schilftorf und unter Sand mit Kulturschichten.

Probe Nr. 5, 220–230 cm u.O., »Frühgeschichtliche Kulturschicht«. – Torf, muddig, schwach sandig, mit kurzen grasartigen Pflanzenresten, das Ganze an eine Mistschicht erinnernd. Eine cf. *Cirsium*-Achäne und *Juncus*-cf.-*gerardi*-Samen.

Probe Nr. 3, 190–200 cm u.O., »Frühgeschichtliche Kulturschicht«. – Dünne, torfige Lage, stark zersetzt. Einzelne Früchte bzw. Samen von *Rumex acetosella, Polygonum aviculare, Chenopodium album,* cf. *Stellaria media,* cf. *Sinapis, Hydrocotyle, Carex* Sekt. Vignea, *Juncus* und weitere korrodierte Unbestimmte. – Die Kulturschicht liegt innerhalb stark humosem, bleichkörnigem Mittelsand.

Probe Nr. 2, 155–180 cm u.O., »Frühgeschichtliche Kulturschicht«. – Torf, etwas sandig, schwarz, sehr blättrig, überwiegend krautige Stengel, lagenweise Reiser. Einige Früchte bzw. Samen von *Rumex* cf. *acetosa,* cf. *Ranunculus acer* und *Eleocharis palustris.*

Probe Nr. 1, 130–140 u.O., »Vermutlich frühgeschichtliche Kulturschicht«. – Torf, etwas sandig, reichlich Reiser, Holzstückchen und Holzkohle, schichtig gelagert.

Probe Nr. 9, 40–58 cm u.O., »Neuzeitlicher Boden«. – Torf, stark zersetzt und locker, reichlich gebleichter Fein- und Mittelsand, subrezent durchwurzelt. *Scirpus*-cf.-*tabernaemontanus*-Frucht. – Der Boden liegt schräg über Dünensand und unter kolluvialem humosem Sand des wikingerzeitlichen Walles.

Fläche 2 an der Wallaußenseite lieferte Proben aus drei verschiedenen Profilwänden. Sie waren nicht in übereinandergelagerter Folge zu entnehmen und werden hier deshalb in ihrer vermuteten zeitlichen Folge aufgeführt.
Ostprofil, »Ehemalige Oberflächen«:

Probe Nr. 5, 90–105 cm u.O., »Vorkaiserzeitlicher Boden auf pleistozäner Oberfläche auf pleistozänem Untergrund«. – Sand, heterogen, z.T. anmoorig, reichlich bleichkörnig, mit Toneinschlüssen, holzkohlereich, subrenzent durchwurzelt. Einige schlecht erhaltene *Juncus*-cf.- *gerardi*-Samen im unteren Teil. Der ziemlich mächtige Bodenhorizont liegt über dunkelbraunem pleistozänen Sand und unter »altem« (vorkaiserzeitlichen) sandigem Klei.

Probe Nr. 4, 130–140 cm u.O., »Oberfläche des kaiserzeitlichen Walles oder Siedlungsschicht«. – Sand, schwach humos, sehr heterogen mit Klei- und undefinierten schwarzen Einschlüssen, reichlich Holzkohle. – Der Boden ist von grauem Sand überlagert (vermutlich spätere Aufschüttung). – Nr. 4.1, »Schwarzer Einschluß«. Gemischter Sand, holzkohlereich. – Nr. 4.2, »Fein- bis Mittelsand«. – Zahlreiche *Juncus*-Samen, überwiegend von *J. gerardi,* daneben von *J. bufonius,* sowie von *J. effusus*- und *J. articulatus*-Typen, *Coenococcum-geophilum*-Sklerotien.

Westprofil, »Soden des frühgeschichtlichen Walles«:
Probe Nr. 3, 105–125 cm u.O. Zwei stark humose Sandschichten mit reichlichem Grobsandanteil, durch grauen roststreifigen Feinsand getrennt, eventuell zwei Soden. Ursprüngliche Lage nicht feststellbar. – Einzelne *Phragmites*-Epidermen und Radizellen. Zahlreiche Samen vom *Juncus-effusus*-Typ, weniger von *J. bufonius.*

Südprofil, »Sodenaufbau des frühgeschichtlichen (Heidesoden-)Walles«:
Probe Nr. 2, 135–150 cm u.O., »Boden in vermutlich natürlicher Lagerung«. – Nr. 2.1, oberer Teil, Fein- bis Mittelsand, stark humos, holzkohlereich. Wenige Samen von *Juncus-effusus*-Typ. – Nr. 2.2, unterer Teil, Sand, torfig, mit Radizellen.

Probe Nr. 1, 105–120 cm u.O., »umgelegte Sode« (morphologische Oberseite = Nr. 1.2, morph. Unterseite = Nr. 1.1). – Feinsand, stark humos und holzkohlehaltig, mit Bleichsand, Steinchen, dünnen Tonschmitzen und Rostbändern, rezent durchwurzelt, tierische Lebensspuren. – Sehr viele *Juncus*-Samen, überwiegend von *J. gerardi,* weniger von *J. bufonius* und vom *J. effusus*-Typ.

Die Pollendiagramme

Gemäß der archäologischen Situation muß ein Teil der Tinnumburg-Pollenspektren zu den jüngsten der auf Sylt zu erlangenden zählen. Insgesamt umspannen sie einen großen Zeitraum, der etwa vom Neolithikum bis ins frühe Mittelalter reichen dürfte. Wie meist bei Bodenproben dominiert die lokale Komponente, so daß die vegetationsgeschichtliche Datierung mitunter auf Schwierigkeiten stößt.

Die Einzelspektren und Diagramme sind in *Beil. 12* in ihrer wahrscheinlichen chronologischen Abfolge angeordnet. Der Übersichtlichkeit halber sind jedoch nur die stratigraphisch und ökologisch bedeutendsten Pollenfunde dargestellt. Dazu zählen als Holzpflanzen die Bäume, einige Sträucher (Hasel, Gagelstrauch) und Zwergsträucher (Heidekraut), als Krautpflanzen die sicheren und möglichen Kulturanzeiger, die salztoleranten Küstenpflanzen, Gräser und Sauergräser, einige häufig vertretene Sumpf- und Wasserpflanzen sowie Farne und das Bleichmoos. Leider sind ganze stark vertretene Familien wie die Gräser (Gramineen mit Ausnahme der Getreide) und die Sauer-und Riedgräser (Cyperaceen) mangels sicherer Artendiagnostizierbarkeit schwerlich einer ökologischen Gruppe zuzuordnen. In gewissem Grade gilt dies sogar auch für fast alle anderen aufgeführten Familien. Wenn auch als Herkunft in den meisten Fällen Naßstandorte wahrscheinlich sind, so können doch bei Bodenproben ganz andere Verhältnisse vorliegen. Alle geringer vorkommenden Sippen sind in Summenkurven zusammengefaßt, wobei sichere Sumpf- und Wasserpflanzen von den restlichen, als »möglichen Landpflanzen« Bezeichneten, abgetrennt wurden.

In *Beil. 13* sind die einzelnen Komponenten dieser Summenkurven aufgeführt. Als wahrscheinliche Kulturanzeiger pauschal betrachtet sind die rechts von den Cerealia stehenden Taxa bis zu den Compositae. Von den »sonstigen möglichen Landpflanzen« in der Tabelle bilden die mit Stern versehenen Gattungen oder Arten die Summe der »möglichen Kulturanzeiger« im Diagramm.

Die prozentuale Berechnung der Pollenfrequenzen basiert auf der Baumpollensumme. Da diese bei häufig zugleich dominierender Erle und Birke, zusammen öfter bis zu 80% und mehr, eine erheblich lokale Verzerrung unberücksichtigt läßt, wäre vielleicht eine andere Bezugsumme vorteilhafter. Die Einbeziehung von Nichtbaumpollen ist allerdings aus den gleichen Gründen örtlicher Überrepräsentation bei den Bodenproben unangebracht. Bei der Untersuchung vergleichbaren Materials in den Niederlanden fand van Zeist (1967) als am meisten zufriedenstellend heraus die Berechnung auf die Baumpollensumme inklusive Hasel, aber exklusive Birke. Daß es für die unterschiedlichen Substrate und Lokalitäten keine einheitliche befriedigende Darstellungsmethode gibt, braucht hier nicht begründet zu werden. Die für Tinnumburg gewählte Berechnungsart schließt an die der früheren Sylter Bearbeitungen an.

Diskussion der Ergebnisse

1. Datierung

Von den botanischen Untersuchungen sind zunächst die Ergebnisse der Pollenanalyse von Bedeutung für die Datierung der Straten, wie andererseits die Datierung wichtig für die weitere Auswertung der botanischen Befunde ist. Die Möglichkeiten werden jedoch eingeschränkt durch starke Lokalprägung, die bei Substraten der vorliegenden Art üblich ist, und durch das Fehlen einer verfolgbaren Entwicklung im Pollendiagramm. Für einen Teil der Horizonte kommt hinzu, daß ihr Alter archäologisch nicht abzusichern ist.

Als lokale Eigenart ist für die Sylter Spektren der starke Birkenpollenanteil zu betrachten. Zusammen mit dem meist ebenfalls hohen Erlenpollenanteil wirkt er sich mitunter abnorm auf die Prozente der übrigen Pollenarten aus (vgl. van Zeist 1967).

Die ältesten Schichten stellen die Böden auf dem pleistozänen Untergrund dar (Proben Fläche 1:1.36 und Fläche 2:5). Ihre Pollenspektren stimmen in mancher Beziehung miteinander überein, so in dem nur sporadischen Vorkommen oder gänzlichen Fehlen von *Fagus, Carpinus* und Kulturanzeigern sowie Krautpollen allgemein. Gemeinsam haben sie auch die Überprägung durch *Pinus* und *Betula,* wobei die Ursache für erstere in den Besonderheiten der Bodenproben zu sehen ist. Der für die Datierung maßgebende Eichenmischwald ist infolge des schwachen Anteils kaum aussagekräftig. Spekulativ bleibt daher, ob man aus der gegenüber *Quercus* starken *Ulmus*-Vertretung auf atlantisches Alter schließen kann. Subboreales (neolithisches) Alter ist wahrscheinlich, wie es nach den spurenhaften Funden von *Plantago lanceolata* für Probe Fläche 2:5.1 angedeutet wird.

Möglich wäre demnach, daß der Boden in Fläche 2 jünger als der in Fläche 1 ist. Für eine gewisse Ungleichzeitigkeit sprechen angesichts der geringen Entfernung zwischen den beiden Probeentnahmestellen einige Pollen und Sporen des lokalen Bewuchses (insbesondere *Myrica*).

Als nächstjüngere Horizonte liegen verschiedene Bildungen aus der Kaiserzeit vor. Wiederum vorwiegend auf Grund der Pollenwerte von *Fagus* und *Carpinus* weisen sich die

Kulturschicht von Fläche 1:8 und der Boden von Fläche 2:4.1 und 4:2 als die ältesten Straten aus. Die spärlichen Funde von *Fagus* und *Carpinus* und mehr noch ihre partielle Abwesenheit (in Probe Fläche 2:4.1 sogar von beiden) sind für die Kaiserzeit nach unseren bisherigen Erfahrungen auch für Sylter Verhältnisse ungewöhnlich, so daß man sie eher der vorchristlichen Eisenzeit oder einer noch älteren Periode zuordnen könnte. Immerhin aber heben sich diese Proben als eindeutig jünger von den Böden auf dem Pleistozän ab durch die viel niedrigeren *Ulmus*-Anteile und die signifikanten Kulturanzeigerwerte.

Der kaiserzeitliche Schilftorf, Probe Fläche 1:7, läßt hinsichtlich seiner Datierung durch die genannten Indikatoren keine Zweifel zu. Das jüngere Alter gegenüber der Kulturschicht, Fläche 1:8, ergibt sich auch aus den Lagerungsverhältnissen innerhalb des Profils.

Der Übergang in frühgeschichtliche Abschnitte ist in dem kurzen Profilstück des Schilftorfes (Probe Fläche 1:6) fließend. *Fagus* und *Carpinus* erreichen maximale Werte bei gleichzeitigen kräftigen Kulturanzeichen. Diese Merkmale setzen sich auch in den überlagernden torfigen Kulturschichten der Fläche 1:1 bis 5, die ebenfalls frühgeschichtlich sind, fort. Grundsätzliche Veränderungen in den Pollenspektren, die Anlaß zu veränderter Alterseinstufung geben könnten, fehlen jedenfalls. Lediglich einige Eichenmischwaldglieder *(Ulmus, Fraxinus, Acer)* treten stärker zurück. In der lockeren Probenfolge dieses Zeitabschnitts wären Wandlungen ohnehin schwer auszumachen, wie schließlich das Spektrum des neuzeitlichen Bodens zeigt (Probe Fläche 1:9). In diesem finden nur wenige Veränderungen gegenüber den mittelalterlichen Spektren ihren Ausdruck, vor allem solche, die sich mit stärkerer Landnutzung oder veränderter Wirtschaftsform erklären lassen. Eine nähere Fixierung dieses Spektrums über »neuzeitlich« hinaus ist nicht möglich.

Ein abweichendes Bild zeigen die Sodenspektren aus dem frühgeschichtlichen Wall der Fläche 2:1,2 und 3. Als lokale Eigentümlichkeiten können die ausgeprägten *Alnus*- und *Betula*-Dominanzen gelten. Aber auch unter Berücksichtigung der hierdurch bewirkten Verzerrung sind die Pollenfunde von *Fagus, Carpinus* und den Kulturanzeigern derart spärlich, fehlen sogar manchmal völlig, daß eine Korrelierung mit den als zeitgleich erachteten Proben der Fläche 1 unmöglich ist. Hingegen besteht Ähnlichkeit, wenn auch bei den einzelnen Spektren in unterschiedlichem Maße, mit dem Spektrum der »kaiserzeitlichen Walloberfläche«, Probe Fläche 2:4. Damit geben aber auch diese Sodenspektren ein eher vorkaiserzeitliches Bild ab, das in die Spanne zwischen neolithischer Landaufnahme und Römischer Kaiserzeit paßt, vielleicht mit Ausnahme der Probe Fläche 2:2 aufgrund ihrer etwas höheren *Fagus-Carpinus*- und Kulturanzeigerwerte. Vorausgesetzt, daß an dem Alter der Wallphase kein Zweifel besteht, muß die Frage, ob hier älteres humoses Material verbaut wurde oder ob nicht erkennbare Umstände des »frühgeschichtlichen« Bewuchses für die abnormen Pollenspektren verantwortlich sind, zunächst offenbleiben. Diese Feststellung könnte übrigens auch die »Oberfläche des kaiserzeitlichen Walles« (Probe Fläche 2:4) mit einschließen. Nach unseren bisherigen, allerdings nicht sehr umfangreichen Erfahrungen an stratigraphisch gesichertem Material aus Archsum wäre ein wesentlich modernerer Aspekt zu erwarten.

Zu einem Vergleich bietet sich das Diagramm der jungen Torfschicht aus der zunächst gelegenen Marschenrinne an (bezeichnet als »Westerland 3«, Averdieck 1980, Beil. 20). In erster Linie müßte der Schilftorf der Proben Fläche 1:6 und 7 zum Vergleich geeignet sein. Eine Konnektierung ist jedoch nur sehr ungefähr möglich. Schon die lokalen Erlen- und Birkenpollen dominieren im Rinnendiagramm weit stärker (weshalb *Alnus* auch aus der Berechnungssumme herausgenommen ist und der Diagrammvergleich daher Umrechnung erfordert). Zweifelsfrei beginnt der Schilftorf der Rinne viel früher als der aus der Grabung. Auf Grund der im Verhältnis zum Eichenmischwald günstigeren *Fagus*- und *Carpinus*-Werte ist es sogar wahrscheinlich, daß sich letzterer erst nach dem (noch?) vorliegenden Rinnentorf gebildet hat. Die Strauch- und Krautpollenwerte entsprechen sich hingegen gut, von einigen herausfallenden Maxima und den hier nicht viel besagenden Wildgräsern abgesehen. Alles in allem ist die Anzahl verläßlicher Indikatoren in diesen kurzzeitigen Torfen zu gering für weitergehende Aussagen.

Ähnlich fallen die Vergleiche mit den andersartigen Substraten von Melenknop, Archsumburg und Alt-Archsum aus (Averdieck 1987, Beil. 16 u. 17). Immerhin bestärkt der Vergleich mit diesen unsere Deutung, daß die Wallsodenspektren der Fläche 2 zu alt erscheinen. Ferner fügen sich besonders die Buchen- und Hainbuchen-Pollenwerte in die archäologisch begründete Schichtendatierung ein: In den wikingerzeitlichen Schichten der Tinnumburg und von Alt-Archsum erreichen sie gleichermaßen die höchsten Prozente. In den kaiserzeitlichen Schichten der Tinnumburg, auch der Fläche 1, liegen sie jedoch durchweg niedriger als in den vergleichbaren Straten von Archsumburg und Melenknop. Kulturanzeiger sind der Zeitstellung entsprechend überall kräftig vorhanden, lokal bedingt aber in sehr unterschiedlichen Frequenzen. Von der nicht sehr weit entfernten ähnlichen und ähnlich alten Anlage Trælbanken nördlich Tondern wurde von Iversen (1967) die ehemalige Oberfläche unter dem ältesten Wall pollenanalytisch untersucht. Die von Iversen deklarierten vier Vegetationsphasen beginnen offenbar mit der Wende Atlantikum/Subboreal und zeigen die frühneolithische Besiedlung an. Unter der Berücksichtigung der unterschiedlichen Berechnungsweise und der unterschiedlichen Lokalfaktoren, in erster Linie wohl der Bodenqualität (angezeigt z.B. durch die Eichenmischwald- und Birkenkurven), weisen die Bodenspektren auf etwa die gleiche Bildungszeit, wie wir sie für die Böden der pleistozänen Oberflächen von

Tinnumburg veranschlagt haben. Die Parallelität zu eigentlich jüngeren Spektren der Fläche 2 wurde bereits angemerkt.

2. *Ökologie*

Aus den Analysenergebnissen lassen sich einige Rückschlüsse paläoökologischer Art ziehen. Hier geben besonders die lokalen Pollen- und Makrorestfunde Aufschluß über die damaligen Verhältnisse vor Ort. Vor allem interessieren die Fragen der Waldverbreitung, Kulturflächen, Verheidung und Meeresnähe.

Über die Waldzusammensetzung ist das wichtigste schon anläßlich der Datierung gesagt worden. Von der Unsicherheit der Birkenstandorte abgesehen, ist an der Eichendominanz auf den Waldflächen der Geest für die vorliegenden Zeitabschnitte nicht zu zweifeln. Die übrigen Eichenmischwaldkomponenten treten stark zurück, vielleicht mit Ausnahme der Ulme auf den alten Oberflächen. Kräftig war hingegen während der frühgeschichtlichen und neueren Zeit die Buche vertreten, erstaunlich rege daneben auch die Hainbuche. Die Spektren in Fläche 1:1, 2, 3, 5, 6 und 9 zählen zu den buchenreichsten, die die Insel bisher geliefert hat. In mancher Beziehung ähneln sie den Spektren des »Heidsandes« vom Roten Kliff (Averdieck und Hummel 1973 Abb. 4), würden damit auch ganz gut zu deren Zeitansatz am Ende des 1. Jahrtausends passen.

Die Spektren der pleistozänen Oberfläche und sämtlicher Proben der Fläche 2 mit Ausnahme der Probe 2.2 sprechen für einigermaßen Waldbedeckung. Das Verhältnis Gehölzpollen (Bäume und Sträucher) zu Pollen krautiger Pflanzen ausschließlich Wasser- und Sumpfpflanzen liegt zwischen 2,5% und 5,0%, im Durchschnitt bei 3,11% *(Beil. 14)*. Das Pollendiagramm zeigt aber, daß hierfür die Erlen- und Birkendominanzen und die zeitweilig hohen Haselwerte verantwortlich sind. Man kann also auf überwiegende Lichtholzarten schließen, die zeit- oder stellenweise reichlich Raum für Heide ließen.

Mit der Lichtungsfrage hängt die Frage der Kulturflächen eng zusammen. Für die Anwesenheit von Acker- und Getreideanbauflächen finden sich wenigstens bei einigen zur Kaiserzeit gestellten Proben zahlreiche Indizien. Getreidepollen selbst und eindeutige Halmfruchtunkräuter fehlen nur in den alten Oberflächen. Über die Bewertung der Kulturpflanzen- und Kulturbegleiterfunde auf Sylt wurde kürzlich anläßlich eines weit größeren Fundmaterials botanischerseits ausführlich diskutiert (Averdieck 1987; Kroll 1987). Hier liegen nur wenige Frucht- und Samenfunde vor, die bei der Aufbereitung für die Pollenanalyse anfielen (aufgeführt im Abschnitt über das Untersuchungsmaterial). Proben für Makrofossiluntersuchungen wurden leider nicht entnommen. Die Pollendetermination aber führt meist nicht bis zur Art, so daß den ökologischen oder soziologischen Rekonstruktionen Hypothetisches anhaftet. An wichtigen Indikatoren sind durch Pollenfunde belegt: *Secale,* spätestens seit der Kaiserzeit nachweisbar, wenn zunächst auch nur in vereinzelten Funden in Fläche 2:4.2 (kaiserzeitliche Oberfläche) und in Fläche 1:7 (kaiserzeitlicher Schilftorf), *Centaurea cyanus* einmal in Fläche 2:3.2 (frühgeschichtliche Sode), häufiger aber in den meisten nachkaiserzeitlichen Proben der Fläche 1:6, 5 und 3.

Die meisten als Kulturbegleiter aufgefaßten Taxa unserer Spektren lassen sich zwangslos zu den Hackfrucht- und Ruderalpflanzengesellschaften in weiterem Sinne stellen, wobei die Unsicherheitsmomente der Pollenbestimmung einerseits und der Gesellschaftsfassung andererseits berücksichtigt sind (vgl. Behre 1976; Willerding 1980). Bei einer Anzahl von Pollentypen, die Gattungen oder Familien umfassen, muß mit Fehldeutungen ganz oder teilweise gerechnet werden. In unserer Lage sind vor allem die Chenopodiaceen, aber auch andere Familien bzw. Gattungen (z.B. *Apiaceae, Asteraceae, Gramineae, Artemisia, Spergularia)* unsicher, da sie sowohl auf Kulturbegleiter als auch auf Strandwiesen zurückzuführen sind. Das gleiche Problem betrifft übrigens auch die Zuordnung mancher Taxa zu anderen, mitunter sehr gegensätzlichen Biotopen, z.B. zu feuchten oder trockenen (vgl. Vuorela 1970, 17ff.). Bei der gelegentlich zu beobachtenden, widersinnig erscheinenden Gleichläufigkeit von sicheren Kulturanzeigern, sicheren Salzwiesen- und sicheren Sumpfpflanzen handelt es sich bei der angewandten Berechnungsart in erster Linie um ein Phänomen der wechselnden Baumpollendichte. Immerhin sind Schlüsse auf das Vorhandensein und auf den Umfang oder die Nähe der angezeigten Biotope möglich. Daß die Vermehrung solcher Biotope die direkte oder indirekte Folge menschlicher Aktivität sein kann, liegt in unserem Fall sehr nahe.

Eine andere Frage betrifft die Möglichkeit des Eintrages von Erntegut oder von Mist durch das Weidevieh (Welten 1967). Für die meisten Straten entfällt dieser Verdacht, teils aufgrund der gewachsenen Substanz (z.B. Schilftorf), teils aufgrund der spärlichen Krautpollenflora. In Frage aber kämen die Proben Fläche 1:9 (lockerer Torf, neuzeitliche Oberfläche), 5 (muddig-torfige frühgeschichtliche Kulturschicht) und 8 (torfiger Sand, kaiserzeitliche Kulturschicht), evtl. auch von Fläche 2 die Proben 2.2. (sandiger Torf, frühgeschichtliche Sode) und 4.2 (sandige kaiserzeitliche Oberfläche). Sie alle zeichnen sich jedenfalls durch Extremwerte einzelner oder mehrerer Krautpollentypen und meist auch durch auffällige Mannigfaltigkeit der unterschiedenen Krautpollen-Taxa aus. Die Probe Fläche 1:5, deren Substrat an Mist erinnerte, weist gegenüber den Torfproben keine höheren Maximalwerte von Krautpollen auf, außer von Cyperaceen. In *Beil. 14* ist zur Gehölzpollen : Krautpollenrelation die »Mannigfaltigkeit« hinzugefügt. Es zeigt sich, daß die Werte der Kulturanzeiger, der Nichtbaumpollen insgesamt und die Anzahl der identifizierten krautigen Taxa recht konform gehen, so daß die Unterschiede der aus den Spektren abzuleitenden Landschaftsformen gut zum Ausdruck gebracht werden. In ähnlicher Weise konnte Berglund (1986, unter Bezug auf eine noch unveröffentlichte Kalkulation von Birks und Line) Korrelationen demonstrieren zwischen Kulturanzeigern und der »relative (pollen) diversity« (vgl. auch Núñez und Vuorela 1979, 17ff.). Die Pollenerhaltung ist natürlich für die Pollenbestimmung von Bedeutung, sie hat hier aber offenbar nur einen geringen Einfluß auf die genannte Koinzidenz.

Im übrigen ist aus den Diagrammen schwer herauszulesen, welche Nutzungsart sich am Ort oder seiner nächsten Umgebung abspielte. In den meisten Spektren verfolgen die (möglichen) Indikatoren für die verschiedenen Wirtschaftsformen (Halmfrucht, Hackfrucht, Weide) eine gleichsinnige Tendenz. Bei den Bodenproben wäre eine aktive Vermischung gleichalter verschiedener Herkünfte durch die Siedler oder die natürliche Vermischung ortsansässiger Vegetationsfolgen eines größeren Zeitraumes denkbar. Die erstaunlich hohen *Pteridium*-Werte in mehreren Spektren der Fläche 2, besonders in ihrer Probe 1 können als Siedlungszeiger gewertet werden. Nach Troels-Smith (1960) und Jørgensen (1963) deuten sie auf frische Rodungsflächen, insbesondere durch Brandrodung (Oberdorfer 1979). In der Tat sind die an *Pteridium* reichsten Proben sämtlich stark holzkohlehaltig, allerdings auch einige andere.

Eindeutig steht es mit den Aussagen über die Verheidung. Nur sehr hohe *Calluna*-Werte führt man auf Bestände am Ort zurück. Für unsere Proben dürfte örtlicher Bewuchs daher kaum zutreffen. Andererseits weisen nur wenige Spektren niedrige Werte auf. Die zeitweilig kräftige Beteiligung von *Calluna* in den Torfschichten muß, da es sich nicht um Hochmoortorf handelt, auf Heideflächen in naher Umgebung deuten. Die gleiche Feststellung war auch in dem nachwärmezeitlichen Schilftorf der nahen Marschenrinne zu treffen. Auch in den Soden- und sonstigen Bodenproben nimmt *Calluna* zuweilen eine überragende Stellung im Nichtbaumpollenteil ein, so in den Proben Fläche 1: 1.36 und Fläche 2: 1 und 5.

Die Vermoorungsphasen sind eindeutig, petrographisch angezeigt durch die kaiser- und nachkaiserzeitlichen Schilftorfe, pollenanalytisch durch die hohen Frequenzen von Sumpf- und Wasserpflanzen. Während die Proben der Fläche 2 nur wenig Moorpflanzen aufweisen, führen die Spektren der Fläche 1 mit Ausnahme der basalen Oberflächen einen hohen Anteil. Diese Erscheinung beginnt mit der kaiserzeitlichen Kulturschicht und setzt sich bis in die Neuzeit fort. Die Spektren der Schilftorfschicht, Proben Fläche 1:6 und 7, zeigen ein wesentlich differenzierteres Bild der Moorgenese, als der Torf nach äußerlicher Betrachtung vermuten ließ. Die Frequenzwechsel der sicheren und wahrscheinlichen Moorpflanzen im Pollendiagramm zeigen sehr schön den Fazieswechsel: Über ein sehr nasses, vielleicht brackisches Stadium (*Potamogeton/Triglochin, Lemna, Sparganium,* salztolerante Pflanzen) kam es zur Seggen- und Schilfmoorbildung, die wieder von einem vielleicht nasseren Seggenried (Umbelliferen, *Potamogeton/Triglochin*) abgelöst wurde. Hieran schloß sich ein wiesenartiger Moortyp mit *Hydrocotyle* und *Sphagnum* an, der kurzzeitig von einer Schilf-Seggen-Dominanz unterbrochen wurde. In diesem Moor hat offenbar auch *Myrica* seinen Platz gehabt. Zeitweilig hat dieser Strauch in älteren wie in jüngeren Zeiten eine Rolle in der Nähe der Untersuchungsstelle gespielt.

Eine moorwiesenartige Fazies hat offenbar auch den Proben Fläche 1:5 und 9 vorgelegen, vielleicht aber nur in »eingebrachter« Form.

Eine Frage zentraler Bedeutung betrifft den Meereseinfluß im Siedlungsraum. Für die Tinnumburg hat er seit Anbeginn bestanden, wie aus den unterlagernden Kleilagen und aus den Kleibeimengungen in Soden und Kulturschichten hervorgeht. Gleiches besagt die Stratigraphie des Marschengeländes. Samen und Pollen salztoleranter Taxa, oft in erheblicher Fundmenge, sprechen für die Nähe des Meeresstrandes. Beweiskraft kommt namentlich den zeitweilig hohen Pollenwerten in dem gewachsenen Schilftorf zu, da man in ihm nicht mit Eintrag rechnen muß. Die Frequenzen der Chenopodiaceen, in welcher Familie zahlreiche Halophyten zu finden sind, darf man in diesem Zusammenhang getrost größtenteils den Strand- und Salzwiesen zurechnen. Die Rechtfertigung bilden die ungewöhnlich hohen Pollenwerte und die Gleichläufigkeit mit den anderen Salzanzeigern. Die Möglichkeit der Unkraut- oder Ruderalherkunft eines Teiles bleibt davon unberührt.

Schwierig ist im Zusammenhang mit der Salinitätsfrage die nicht unbedeutende Menge der *Potamogeton/Triglochin*-Pollen zu beurteilen. Beide Gattungen, deren Pollen kaum sicher voneinander zu trennen sind, enthalten salztolerante Arten, insbesondere aber *Triglochin* (Ellenberg 1979). Hier ist das Fehlen gezielter Makrofossilanalysen zu bedauern. Aus Probe Fläche 1:6 liegt lediglich ein nicht näher bestimmter *Potamogeton*-Steinkernfund vor. Im ähnlichen Torf aus der nahen Marschenrinne (Bohrpunkt »Westerland 3«) konnte *Potamogeton gramineus* wahrscheinlich gemacht werden. Wegen der unterschiedlichen Erhaltungsfähigkeit kann aber damit *Triglochin* keineswegs ausgeschlossen werden. Die Pollenmaxima von *Potamogeton/Triglochin* zeigen Beziehungen einmal zu Sumpfpflanzen, ein andermal zu salztoleranten, wobei, wie schon erwähnt, auch deren Abgrenzung nicht immer überzeugend wirkt.

Keine oder nur sporadische Salinitätsanzeiger findet man in den Proben der pleistozänen Oberfläche. Dieser Befund steht im Einklang mit der Mehrzahl unserer früheren Untersuchungen an vor- und frühgeschichtlichen Torfen und Böden. Die geringen Vorkommen von *Plantago-maritima-*

Pollen können auf »noch Meeresferne« hinweisen, aber angesichts der überlagernden Schichten sehr wohl Infiltrierungsverunreinigungen darstellen. Sinngemäß gilt dieses für einige der frühgeschichtlichen Soden der Fläche 2.

Zusammenfassung

Vegetationsgeschichtliche Untersuchungen anläßlich der Grabung Tinnumburg betrafen ehemalige Bodenhorizonte in situ, Wallsoden, humose Kulturschichten und am Ort gewachsenen Schilftorf. Die alten Oberflächen entstammen dem Subboreal, evtl. sogar noch dem Atlantikum. Kulturschichten und Soden aus der Kaiser- und frühgeschichtlichen Zeit zeigen vielfach ein unerwartet altes Pollenbild. Frühgeschichtlicher Schilftorf und darüberliegende Kulturschichten hingegen zeichnen sich durch kräftige Buchen- und Hainbuchenbeteiligung unter den Baumpollen aus, so daß diesen Bäumen ein erheblicher Anteil am natürlichen Wald auf Sylt zukam. Spätestens seit der Kaiserzeit nahm der Landbau (mit Roggennachweis) bedeutenden Umfang ein. Allerdings sind Überhöhungen in den Pollenspektren durch Eintrag (Ernte, Mist) in der Tinnumburg wahrscheinlich. Verheidung ist seit dem Neolithikum, Meereseinfluß erst später nachzuweisen. Zusammen mit gleichalten und älteren Torfen in der benachbarten Marsch erweckt der Schilftorf von Tinnumburg den Eindruck, daß die Möglichkeit zur Torfbildung seit der Eisenzeit fast fortlaufend bestanden hat, zu erklären durch Überflutungspausen für große Flächen.

Literaturverzeichnis

Averdieck, F.-R., 1980: Geobotanik des Sylter Holozäns. – G. Kossack u. a., Archsum auf Sylt, Teil 1. Röm.-Germ. Forsch. 39, 147–172.

Averdieck, F.-R., 1987: Pollenanalytische Untersuchungen an Siedlungsstraten und Böden in Archsum auf Sylt. – G. Kossack u. a., Archsum auf Sylt, Teil 2. Röm.-Germ. Forsch. 44, 159–176.

Averdieck, F.-R., u. Hummel, P., 1974: Zum Alter und Aufbau des Haidsandes auf Sylt. – Meyniana 24, 9–25.

Behre, K.-E., 1976: Die Pflanzenreste aus der frühgeschichtlichen Wurt Elisenhof. – Stud. Küstenarch. Schleswig-Holstein Ser. A: Elisenhof 2. Frankfurt/M. u. Bern.

Berglund, B. E., 1986: The Cultural Landscape in a Long-Term Perspective. Methods and Theories Behind the Research on Land-Use and Landscape Dynamics. – Striae 24, 79–87. Uppsala.

Dietz, C., u. Heck, H.-L., 1952: Erläuterungen geol. Karte Deutschland 1 : 25 000, Bl. Sylt-Nord u. Sylt-Süd. Kiel.

Ellenberg, H., 1979: Zeigerwerte der Gefäßpflanzen Mitteleuropas. 2. Aufl. Scripta Geobotanica 9. Göttingen.

Hoffmann, D., 1974: Alter und Aufbau der Marsch im Kern von Sylt. Ber. RGK 55, 378–385.

Hoffmann, D., 1980: Küstenholozän zwischen Sylt und Föhr. – G. Kossack u. a., Archsum auf Sylt, Teil 1. Röm.-Germ. Forsch. 39, 85–130.

Iversen, J., 1967: Naturens udvikling Primitivt landbrug på Troldebanken nord for Tønder. – Danm. Natur 1, 1967, 420 ff.

Jørgensen, S., 1963: Early Postglacial in Aamosen. – Danm. Geol. Unders. II. R., 87. Kopenhagen.

Kroll, H., 1987: Vor- und frühgeschichtlicher Ackerbau in Archsum auf Sylt. – G. Kossack u. a., Archsum auf Sylt, Teil 2. Röm.-Germ. Forsch. 44, 51–158.

Núnèz, M. G., u. Vuorela, I., 1979: A Tentative Evaluation of Cultural Pollen Data in Early Agrarian Development research. – Suomen Museo 1978, 5–36. Helsinki.

Troels-Smith, J., 1960: The Muldbjerg Dwelling Place: An Early Neolithic Archeological Site in Aamosen Bog, West-Zealand, Denmark. – The Smithsonian Report 1959, 577–601. Washington.

Vuorela, I., 1970: The Indication of Farming in Pollen Diagrams from Southern Finland. – Acta Bot. Fennica 87. Helsinki.

Welten, M., 1967: Bemerkungen zur paläobotanischen Untersuchung von vorgeschichtlichen Feuchtbodenwohnplätzen und Ergänzungen zur pollenanalytischen Untersuchung von Burgäschisee-Süd. – In: Seeberg: Burgäschisee-Süd 4: Chronologie und Umwelt. – Acta Bernensia 2, 9–20. Bern.

Willerding, U., 1980: Anbaufrüchte der Eisenzeit und des frühen Mittelalters, ihre Anbauformen, Standortverhältnisse und Erntemethoden. – In: H. Beck, D. Dennecke u. H. Jankuhn (Hrsg.), Untersuchungen zur eisenzeitlichen und mittelalterlichen Flur in Mitteleuropa und ihrer Nutzung 2. – Abhandl. Wiss. Akad. Wiss. Göttingen, Phil. Hist. Kl. 3, Folge 116, 126–196.

Zeist, W. van, 1967: Archaeology and Palynology in the Netherlands. – Rev. Palaebotan. Palynol. 4, 45–65. Amsterdam.

ANMERKUNGEN ZU KAISERZEITLICHEN TIERKNOCHEN VON DER ARCHSUMBURG AUF SYLT

von
Hans Reichstein

Bei Ausgrabungen einer umwallten Anlage bei Archsum/Sylt durch O. Harck, Institut für Ur- und Frühgeschichte der Universität Kiel, wurden neben Scherben und anderen materiellen Hinterlassenschaften des Menschen auch einige Tierknochen geborgen, über die im folgenden kurz berichtet werden soll.

Von den 257 freigelegten Knochen, die mir zur Bearbeitung übergeben wurden, konnten 172 (= 67%) taxonomisch bestimmt werden. Die verschiedenen Skelettelemente sind unterschiedlich stark zerbrochen (zerschlagen, zerstückelt, zerlegt), die Knochen der großen Tiere stärker als die der kleinen, die fleischtragenden Skeletteile wie Oberarm- oder Oberschenkelknochen, Wirbel und Rippen in höherem Maße als die Knochen der unteren Beinabschnitte. Manche Knochen sind von fester, andere wiederum von eher brüchig-poröser Konsistenz.

Sieht man vom Seeadler *(Haliaeëtus albicilla)* ab, der durch einen unvollständigen linken Tarsometatarsus nachgewiesen ist (Fund-Nr. AB 77/910), und von einem nicht näher bestimmbaren Gänse-Humerus (Fund-Nr. AB 786), sind im Fundgut ausschließlich Haussäugetiere vertreten. Die Hälfte dieser Knochen (n = 85) stellt das Rind (49,7%), an zweiter Stelle rangieren die kleinen Wiederkäuer Schaf/Ziege (32%), den dritten Rang nimmt das Pferd ein (17%). Auch das Schwein ist bezeugt, wenngleich nur durch die Darmbeinschaufel eines linken Hüftbeines. Unter den Funden, die vermutlich Schlachtrückstände und Speiseabfall darstellen, sind Hunde nicht vertreten. Überreste von Katzen waren von vornherein nicht zu erwarten, da diese Haustiere, begünstigt durch Handels- und Wirtschaftsverbindungen mit Rom, erst während und nach der römischen Kaiserzeit allmählich im nördlichen Mitteleuropa Fuß faßten. Die Fundkonstellation in Archsum, also der an der Knochenzahl gemessene Mengenanteil der einzelnen Haustierarten, stellt für einen an der Nordseeküste gelegenen Siedlungsplatz nichts Ungewöhnliches dar, sieht man einmal davon ab, daß Schweine praktisch fehlen. In vor- und frühgeschichtlichen Siedlungen der Küstenmarsch stellen sie ansonsten Anteile von immerhin etwa 5–15% (Nobis 1955, 116; Reichstein 1984, 280), bleiben aber stets deutlich hinter den Rindern und Schafen zurück, auf die zusammen zwischen 75 und 90% der Knochenzahlen entfallen. Man wird der geringen Repräsentanz von Schweineknochen in den Kulturschichten der Wallanlage auf Sylt keine besondere Bedeutung beimessen dürfen, sie eher (wegen der geringen Fundmenge) als zufällig anzusehen haben. Der hohe Pferdeanteil mag auf den ersten Blick überraschen. Er entspricht indessen den Erwartungen, da das Hauspferd in Siedlungen an der Nordseeküste noch während der Jahrhunderte n. Chr. Geb. einen hohen Stellenwert auch als Schlachttier besaß (Reichstein 1972).

Der Fundkomplex läßt kein bestimmtes Auswahlprinzip erkennen *(Tab. 15)*. Überreste von Schädeln, Wirbeln und Rippen sind unter den Knochen und Knochenfragmenten ebenso vertreten wie Skelettelemente der Vorder- und Hinterextremität; neben reichlich fleischtragenden Knochen wie Oberarm- und Oberschenkel finden sich auch solche, die nicht dem eigentlichen Nahrungsabfall zugerechnet werden können (z.B. Zehenglieder).

Hausrind

Vom Hausrind liegen 85 Überreste vor, die von mindestens sieben Individuen stammen. Über die Größe dieser Tiere lassen sich wegen starker Fragmentierung nur wenige Angaben machen. Der einzig vollständig erhaltene Mittelhandknochen eines ausgewachsenen Tieres hat eine größte Länge von etwa 174 mm (Fund-Nr. AB 74/505). Das liegt geringfügig unter der mittleren Metacarpus-Länge der Rinder von Haithabu ($\bar{x}$ = 177,8 mm), die im Schnitt eine Schulterhöhe von nur 110 cm besaßen. Auch ein der Länge nach gespaltener Mittelfußknochen (Fund-Nr. AB 786) bleibt mit etwa 192 mm größter Länge unter dem Haithabu-Durchschnitt ($\bar{x}$ = 203,5 ± 0,4 mm). Auf die geringe Körpergröße der in Archsum gefundenen Rinder verweist auch ein Radius (Fund-Nr. AB 74/550), der nur 233,5 mm lang ist (Haithabu $\bar{x}$ = 248,7 ± 1,5 mm). Für zwerghaft kleine Rinder spricht auch die Größe der ersten Zehenglieder, die folgende Abmessungen haben: »größte Länge der peripheren Hälfte« 49,3 mm, 50,4 mm, 55,3 mm (Haithabu $\bar{x}$ = 53,9 ± 0,2 mm). Geringfügig breiter als der Druchschnittswert von Haithabu ($\bar{x}$ = 82,5 ± 0,3 mm) ist das einzige Tibiafragment, das eine proximale Breite von 84,9 mm aufweist. Stärker aus dem Rahmen fällt dagegen ein distales Oberarmfragment, dessen

Skelettelement	Rind	Schaf/ Ziege	Schwein	Pferd	Gans	See-adler
Schädel	5			1		
Unterkiefer	1	1		3		
isolierte Zähne	15			7		
Zungenbein	1					
2. Halswirbel		1				
übrige Halswirbel	1	3				
Brustwirbel	1	1				
Lendenwirbel		3				
Wirbel	2					
Rippen	14	5		1		
Schulterblatt	2	2		1		
Oberarmbein	6	8			1	
Speiche	7	7		2		
Elle	2	2				
Handwurzel	1					
Mittelhand	7	5		2		
Becken		1	1			
Oberschenkelbein	3	6				
Schienbein	1	4		1		
Rollbein	5					
Fersenbein		2				
übrige Fußwurzel				1		
Mittelfuß	5	4		1		1
Griffelbein				4		
1. Zehenglied	4			3		
2. Zehenglied	2			1		
3. Zehenglied				1		
Summe	85	55	1	29	1	1

Tab. 15 Aufschlüsselung der Funde nach Tierarten und Skelettelementen aus der Archsumburg.

leicht beschädigte Gelenkrolle 72 mm breit ist (Haithabu $\bar{x}$ = 65,4 ± 0,2 mm, alle Angaben für Haithabu aus Johansson 1982).

Über das Alter der Rinder zum Zeitpunkt der Tötung (Schlachtung) lassen sich folgende Angaben machen. Es sind vier unterschiedliche Altersgruppen vertreten. Einige Überreste (z. B. Mittelhand- und Mittelfußknochen) verweisen auf ein ganz jung geschlachtetes Kalb, vielleicht sogar auf einen Fötus (3. u. 4. Strahl eines Mittelfußknochens sind noch nicht verwachsen). Ein erstes Zehenglied stammt von einem Tier, das allenfalls anderthalb Jahre alt wurde, da die proximale Epiphyse noch fehlt. Ein weiteres Rind stand zum Zeitpunkt der Schlachtung im dritten, höchstens aber im vierten Lebensjahr: Der Gelenkkopf des Oberarmknochens ist mit dem Schaftknochen nicht fest verbunden. Vier Unterarmknochen (Radien) mit distal verwachsener Epiphyse verweisen auf vier Rinder, die das fünfte Lebensjahr wohl bereits erreicht hatten.

Hausschaf/Hausziege

Von den kleinen Wiederkäuern liegen 55 Knochen und Knochenfragmente vor, die von mindestens fünf Individuen stammen. In der Mehrzahl aller Fälle dürfte es sich um Überreste von Schafen handeln, die in vor- und frühgeschichtlichen Siedlungen der Küstenmarsch die Ziegen zahlenmäßig weit übertrafen (Reichstein 1984). Die meisten Knochen liegen als Fragment vor oder sind halbwüchsigen Tieren zuzurechnen, so daß nur wenige Maßangaben gemacht werden können. Ein in ganzer Länge erhaltener Mittelhandknochen eines Schafes (Fund-Nr. AB 74/489) mißt 126,2 mm, bezeugt also ein kleines Tier von weniger als 62 cm Schulterhöhe. Die etwa 65 cm großen Schafe aus Haithabu haben eine mittlere Metacarpus-Länge von immerhin 133,4 ± 0,3 mm (Klein u. Reichstein 1977, 21). Auch die Abmessungen an drei Oberarmknochen lassen auf kleine Schafe schließen: Die distale Breite dieser Skeletteile beträgt 25,5, 26,5 und 26,9 mm, die durchschnittliche entsprechende Breite bei den Funden aus Haithabu beläuft sich dagegen auf 29,8 ± 0,2 mm (Spahn 1978, 30). Einen weiteren Hinweis für die Kleinheit dieser Haustiere liefern die Abmessungen an einem gut erhaltenen linken Unterkiefer eines älteren Tieres (Fund-Nr. AB 76/806): Länge der Backenzahnreihe 69,0 mm (Mittelwert Haithabu $\bar{x}$ = 77,3 ± 0,1 mm), Länge der Molarreihe 47,3 mm (Haithabu $\bar{x}$ = 49,4 ± 0,1 mm), Länge des M_3 20,1 mm (Haithabu $\bar{x}$ = 22,0 ± 0,03 mm, alle Angaben für Haithabu aus Pollok 1976, 110).

Unter den Knochen der kleinen Wiederkäuer finden sich Reste eines Lammes (Radius). Von erwachsenen Tieren (viertes Lebensjahr und älter) stammen ein Radius und der Unterkiefer. Die übrigen Knochen sind allenfalls zwei- bis dreijährigen Schafen zuzurechnen. Zwei rechten Schienbeinen und fünf Mittelhand- bzw. Mittelfußknochen fehlen noch die unteren Gelenke, es handelt sich also um höchstens anderthalbjährige Tiere.

Hauspferd

29 Knochen, Knochenfragmente und Zähne bezeugen Pferde. Entsprechend dreier unterschiedlich großer erster Zehenglieder sind unter den Funden mindestens drei Individuen vertreten. Aus der Länge eines vollständig erhaltenen Radius (Fund-Nr. AB 76/830, größte Länge 309,5 mm) läßt sich abschätzen (von den Driesch u. Boessneck 1974, 331), daß dieses Tier eine Schulterhöhe von nur etwa 128 cm besaß; das ist wenig mehr als Boessneck et al. (1971, 29) für die kleinen Keltenpferde aus Manching angeben (125 cm). Die wikingerzeitlichen Pferde aus Haithabu hatten eine durchschnittliche Widerristhöhe von immerhin 134 cm

(Hüster 1986, 26). Von offensichtlich ein und demselben Individuum stammen eine hintere erste, zweite und dritte Phalanx (Fund-Nr. 76/842). Über die Größe dieses Pferdes lassen sich Vorstellungen aus der Länge dieser Knochen gewinnen. Das erste Zehenglied ist 77,8 mm lang (Manching $\bar{x}$ = 71,8 mm), das zweite Zehenglied 46,8 mm (Manching $\bar{x}$ = 43,0 mm); die Breite der Gelenkfläche des dritten Zehengliedes beträgt 44,0 mm (Manching $\bar{x}$ = 40,1 mm, Boessneck et al. 1971, 193ff.). Das bedeutet, daß dieses Tier größer war als das »Durchschnittspferd« von Manching; es besaß wohl die Schulterhöhe der kaiserzeitlichen Pferde der Warft Feddersen Wierde (130 cm), deren erstes Zehenglied im Durchschnitt 77,5 mm lang ist (Reichstein 1990). Auf ein besonders kleines Individuum verweist ein Metacarpus-Fragment: Die proximale Breite beträgt nur 40,5 mm, die proximale Tiefe nur 26,3 mm. Das liegt in beiden Fällen unterhalb der Variationsbreite der Funde von Haithabu, die nach Hüster (1986, 63) 42 mm bzw. 29 mm beträgt. Ein unteres Metacarpus-Bruchstück bezeugt mit einer distalen Breite von 43,5 mm ein etwas größeres Individuum. Als untere Grenze werden für die Haithabu-Pferde 37 mm angegeben, der Mittelwert beträgt 45,2 ± 0,6 mm (Hüster 1986, 63). Insgesamt gesehen verkörpern die Hauspferde von Archsum einen kleinen Typ, wie er für weite Teile des germanischen Siedelgebietes im nördlichen Mitteleuropa kennzeichnend ist. Soweit die wenigen Fundstücke ein Urteil erlauben, handelt es sich bei den Pferden von Archsum um ausgewachsene Tiere. Lediglich eine proximale Radius-Epiphyse und eine erste Phalanx mit fehlendem proximalen Gelenk verweisen auf höchstens knapp einjährige Individuen.

Hausschwein

Das einzige Fundstück, das ein Hausschwein bezeugt, ist eine mit dem Os pubis und Os ischium noch nicht verwachsene Darmbeinschaufel.

Besonderheiten

Zwei Pferdeknochen weisen pathologische Veränderungen auf. Am oberen Ende eines Mittelfußknochens (Fund-Nr. AB 76/870) wie auch am dazu gehörenden Fußwurzelknochen (Os tarsale 3, Fund-Nr. AB 858) befinden sich Knochenwucherungen (Exostosen), die im Extremfall zu einer Versteifung des Gelenkes führen können (Spat, von den Driesch 1975, 415). Ursache dieses chronischen Gelenkleidens sind statisch-mechanische Einflüsse, wie sie etwa beim Reiten und Ziehen von schweren Lasten ständig erfolgen.

Feuereinwirkung lassen vier Knochen erkennen: zwei Rollbeine des Rindes, die an einigen Stellen bis in die Spongiosa hinein verkohlt sind (Fund-Nr. AB 93), ein Rinderrollbein mit Brandspuren und weißlicher Verfärbung (Fund-Nr. AB 846) und ein Schaf-Femur (Fund-Nr. AB 74/527), das ebenfalls mit Feuer in Berührung gekommen ist.

Sieht man von den mechanischen Einwirkungen auf die Knochen ab, die zwangsläufig beim Zerlegen des Tierkörpers eintreten und manche Schlag-, Schnitt- und Sägespur hinterlassen, sind sonstige Spuren, die mit der Schlachtkörperzerlegung nichts zu tun haben, an nur vier Knochen feststellbar: 1. Am Mittelfußknochen eines Rindes (Fund-Nr. AB 786) finden sich vorn im unteren Drittel ganz feine, quer verlaufende Schnittspuren. 2. Am ersten Zehenglied eines Rindes (Fund-Nr. AB 74/501) sind am Rande der dorsalen Gelenkfläche feine Einkerbungen erkennbar, auf der Vorderseite dieses Knochens außerdem gröbere Hackspuren. 3. Der vorderste Schädelknochen (Prämaxillare, Fund-Nr. AB 74/537) weist eine Reihe quer verlaufender Einkerbungen auf. 4. Das erste Zehenglied eines Pferdes (ohne Fund-Nr.) ist inmitten des distalen Gelenkes mit einer konisch sich verjüngenden Bohrung versehen.

Zusammenfassung

Bei den in Archsum auf Sylt geborgenen Tierknochen, Knochenfragmenten und Zähnen eines kaiserzeitlichen Fundkomplexes handelt es sich ganz offensichtlich um Schlacht- und Nahrungsabfall. Nachweisbar waren Überreste von Haustieren und zwar von Rindern, Schafen (u. Ziegen), Pferden und einem Schwein, außerdem ein Knochen einer nicht näher zu bestimmenden Gans sowie der Laufknochen eines Seeadlers. Die Mengenanteile, in denen die einzelnen Haustiere vertreten sind, entsprechen den für vor- und frühgeschichtliche Westküstensiedlungen charakteristischen Konstellationen mit sehr hohen Rind/Schaf-Anteilen.

Literaturverzeichnis

Boessneck, J., von den Driesch, A., Meyer-Lemppenau, U., u. Wechsler-v. Ohlen, E., 1971: Die Tierknochenfunde aus dem Oppidum von Manching. In: W. Krämer (Hrsg.): Die Ausgrabungen in Manching 6. Wiesbaden.

Driesch, A. von den, 1975: Die Bewertung pathologisch-anatomischer Veränderungen an vor- und frühgeschichtlichen Tierknochen. A. T. Clason (Ed.): Archaeozoological studies, 413–425. North-Holland Publishing Company, Amsterdam/Oxford/New York.

Driesch, A. von den, u. Boessneck, J., 1974: Kritische Anmerkungen zur Widerristhöhenberechnung aus Längenmaßen vor- und frühgeschichtlicher Tierknochen. Säugetierk. Mitt. 22, 325–348.

Hüster, H., 1986: Untersuchungen an Skelettresten von Pferden aus Haithabu (Ausgrabung 1966 bis 1969). Ber. Ausgrabungen in Haithabu 23. Neumünster.

Johannson, F., 1982: Untersuchungen an Skelettresten von Rindern aus Haithabu (Ausgrabung 1966 bis 1969). Ber. Ausgrabungen in Haithabu 17. Neumünster.

Klein, P., u. Reichstein, H., 1977: Metrische Untersuchungen an den Metapodien von Ziegen und Schafen aus der frühmittelalterlichen Siedlung Haithabu. Schr. Archäol.-Zoolog. Arbeitsgruppe Schleswig-Kiel. H. 2. Kiel.

Nobis, G., 1955: Die Haustiere von Tofting. Offa-Bücher 12, 114–134. Neumünster.

Pollok, K., 1976: Untersuchungen an Schädeln von Schafen und Ziegen aus der frühmittelalterlichen Siedlung Haithabu. Schr. Archäol.-Zoolog. Arbeitsgruppe Schleswig-Kiel, H. 1. Kiel.

Reichstein, H. 1972: Einige Bemerkungen zu den Haustierfunden auf der Feddersen Wierde und vergleichbarer Siedlungen in Nordwestdeutschland. Die Kunde N. F. 23, 142–155.

Reichstein, H., 1984: Haustiere. In: G. Kossack, G., K.-E. Behre u. P. Schmid (Hrsg.), Archäologische und naturwissenschaftliche Untersuchungen an Siedlungen im deutschen Küstengebiet. Bd. 1, 277–284. Weinheim.

Reichstein, H., 1990: Die Fauna des germanischen Dorfes Feddersen Wierde. Mit einem Beitrag von D. Heinrich. Feddersen Wierde 4. Stuttgart.

Spahn, N., 1978: Untersuchungen an großen Röhrenknochen von Schaf und Ziege aus der frühmittelalterlichen Siedlung Haithabu. Schr. Archäol.-Zoolog. Arbeitsgruppe Schleswig-Kiel, H. 3. Kiel.

Kataloge

BEFUNDE UND FUNDE UNTER DER ARCHSUMBURG

Befunde

Eine vollständige Erfassung aller in den Auftragsboden eingetieften Verfärbungen ohne Anschluß an Befunde in höheren Lagen oder ohne Füllboden, der eine Herkunft aus höheren Schichten nahe legt (Klei, Brandschutt), ist ausgeschlossen. Für Flächen mit Planumbefunden werden in der Beschreibung Angaben zur Lage der Verfärbung und zum Niveau der präberingzeitlichen Oberfläche gegeben, bei Fundstellen in Profilen auch Hinweise auf den Schichtbezug *(Abb. 7).*

Fläche 1

Im Norden und Westen der Fläche keine Profildokumentation, in Südprofil 18 lag die Oberkante des humosen Auftragsbodens unter der Innenbebauung zwischen 2,40 und 2,50 m NN, unter dem Wall dagegen zwischen 2,50 und 2,60 m NN einschließlich eines bis 0,05 m mächtigen Bleichsandes *(Beil. 5,1).* Die Oberkante in Profil 19 differierte zwischen 2,75 m (48 m NS), 2,50 m (45 m NS) und 2,40 m (61 m NS). Die Rückseite des Nordprofiles (Profil 12 in Fläche 18) ergab folgende Höhen: 2,65 m (31 m OW), 2,80 m (38 m OW) und 2,75 m (43 m OW). Diese Werte wären auf die Nordwand der Fläche 1 zu übertragen. Innerhalb des Walles Hilfsprofile 20a–c *(Beil. 3,2):* Ihre Schichtfolge unter den kaiserzeitlichen Aufträgen wurde im Text erläutert (s. S. 16, »Grabhügel«; *Abb. 7,* Nr. 1–2).

Abb. 7, Nr. 3: Ardspuren. Zwischen 47,90 und 50,80 m NS sowie 36,20 m und 37,60 m OW schachbrettähnlich gekreuzte Ardspuren in NS- und OW-Richtung mit Längen zwischen 0,35 m und 2,20 m, Abstand 0,10 m–0,30 m, Höhe 2,36 m NN. Der Befund dürfte im Übergangsbereich zwischen Humus und Pleistozän gelegen haben.

Abb. 7, Nr. 7: Grubenartige Verfärbung. Zwischen 38,70 m und 39,20 m OW in Profil 18 unter der primären Humuslage schwachkonturierte, 0,15 m tiefe, wannenförmige Grube im Mischboden. Oberkante der Eintiefung bei 2,30 m NN.

Pfosten und Verfärbungen:

Ovale Verfärbung, Füllboden humos, Durchmesser 0,16 m (55,40 m NS, 31,05 m OW, Planumhöhe 2,23 m NN).

Rundliche Verfärbung, Füllboden humos. Durchmesser 0,10 m (51,85 m NS, 32 m OW).

Dreieckige Verfärbung, Füllboden humos. Durchmesser 0,20 m (51 m NS, 32,50 m OW). Möglicherweise Schnittloch.

Längliche Verfärbung, Füllboden humos. Länge 0,30 m, Breite 0,15 m (50,65 m NS, 32,70 m OW).

Runde Verfärbung, Füllboden humos. Durchmesser 0,20 m (52 m NS, 34,10 m OW, Planumhöhe 2,36 m NN).

Dreieckige Verfärbung, Füllboden humos. Durchmesser 0,30 m (55 m NS, 34 m OW).

Rundliche Verfärbung, Füllboden humos. Durchmesser 0,15 m (55 m NS, 34,80 m OW).

Dreieckige Verfärbung, Füllboden humos. Durchmesser 0,20 m (52,45 m NS, 36,40 m OW). Möglicherweise eingefüllter Schnittgraben.

Rundliche Verfärbung, Füllboden humos. Durchmesser 0,30 m (48,85 m NS, 36,35 m OW). Wird von Ardspur im Westen begrenzt.

Runde Verfärbung, Füllboden rötlich. Durchmesser 0,15 m (47,95 m NS, 37,25 m OW).

Rundliche Verfärbung, Füllboden humos. Durchmesser 0,20 m (53,25 m NS, 32,40 m OW).

Fläche 2

In Planum 15 zwischen 2,25–2,35 m NN zahlreiche Verfärbungen von Pfosten aus jüngeren Schichten, nur wenige alte Befunde. In Profil 34 Oberkante der 0,20 m mächtigen vorwallbauzeitlichen Humusschicht unter dem Wall bei 39 m OW etwa 2,55 m NN, zwischen 34–31,50 m OW 2,45–2,50 m NN *(Beil. 5,3).* In Profil 35 entsprechende Höhen bei 2,47 m NN (65 m NS) und 2,40 m NN (70 m NS) *(Beil. 5,5).*

Abb. 7, Nr. 8: Verfärbung in Profil 34. Zwischen 33 und 34,60 m OW in der fotografischen Dokumentation der Profilwand eine mindestens 0,40 m tiefe Grube. Graubrauner, schwach konturierter Füllboden im Mischboden und pleistozänen Untergrund. Natürliche Bildung nicht ausgeschlossen.

Pfosten und kleinere Verfärbungen:

Rundliche Verfärbung, humose Füllung. Durchmesser 0,15 m, Tiefe 0,20 m unter Planum (66,10 m NS, 34,40 m OW, Planumhöhe 2,27 m).

Ovale Verfärbung. Durchmesser 0,20 x 0,15 m, Tiefe im Schnitt 0,15 m (63,95 m NS, 34,60 m OW, Planumhöhe etwa 2,29 m NN).

Langovale Verfärbung mit humosem Füllboden. Tiefe 0,08 m (64,10 m NS, 30,90 m OW, Planumhöhe 2,24 m NN).

Fläche 4:

Oberkante des durchschnittlich 0,20 m mächtigen Humusauftrages und der in Wallnähe bis 0,07 m messenden Bleichsandlage differierte in den Profilen 30–33 zwischen 2,50 und 2,60 m NN *(Beil. 2,2.3)*. Planum 11 enthielt folgende Verfärbungen zwischen 2,20–2,32 m NN:

Abb. 6, Nr. 5: Rest eines bogenförmigen Gräbchens. Länge rund 3,80 m, Breite durchschnittlich 0,15 m. Füllboden grauschwarz. In Profil 32 nicht erkennbar (34,50 m NS, 43,10 m OW und 36,50 m NS, 40,40 m OW, Höhe rund 2,30 m NN).

Pfosten und Verfärbungen:

Pfostengrube mit spitzer Pfostenfärbung, Durchmesser 0,20 m. Wallbauzeitliche Datierung nicht ausgeschlossen (35,20 m NS, 41,40 m OW, Planumhöhe 2,24 m NN).

Rundliche Verfärbung. Durchmesser 0,10 m bis 0,15 m Tiefe (36 m NS, 39,25 m OW, Planumhöhe 2,22 m NN).

Dreieckige Verfärbung. Durchmesser 0,22 x 0,12 m, Tiefe 0,10 m (40,50 m NS, 39,70 m OW, Planumhöhe 2,23 m NN).

Pfosten? Humose Füllung. Durchmesser 0,10 m, Tiefe 0,10 m. Deutung: verfaulter Holzpfosten in eng ausgehobener Grube (37,10 m NS, 44,40 m OW, Planumhöhe 2,34 m NN).

Ovale Verfärbung. Länge 0,25 m, Breite 0,10 m, Tiefe 0,10 m. Deutung: unterer Teil eines angespitzten Pfostens (35 m NS, 42,10 m OW).

Längliche Verfärbung, 0,40 x 0,20 m mit zwei getrennten Befunden: a. Pföstchen (oberer Durchmesser 0,06 m, Tiefe 0,04 m); b. pfostenähnliche Eintiefung mit gerundetem Ende (oberer Durchmesser 0,20 m, Tiefe 0,17 m) (36–36,20 m NS, 39,80–40,20 m OW, Planumhöhe 2,23 m NN).

Humose Verfärbung. Durchmesser 0,30 m x 0,25 m, Tiefe 0,15 m (40,75 m–41 m NS, 40,30–40,60 m OW, Planumhöhe 2,24 m NN).

Rundliche Verfärbung. Durchmesser 0,15 m, Tiefe 0,08 m (40,40 m NS, 43,05 m OW, Planumhöhe 2,28 m NN).

Ovale Verfärbung, humoser Füllboden. Durchmesser 0,20 mal 0,15 m, Tiefe 0,20 m (38,20 m NS, 43,20 m OW, Planumhöhe 2,28 m NN).

Zweiteilige Pfostengrube (?), humose Füllung. Durchmesser etwa 0,25 m, Tiefe 0,25 m (40,50–40,75 m NS, 37,65–37,85 m OW, Planumhöhe 2,21 m NN).

Fläche 13:

In den Profilen 3 und 6 außerhalb des Walles Bodenabtrag, unter dem Wall und den ältesten Innenstraten (I–II) dagegen Bleichsanddecke erhalten, weiter südlich bildete sie mit kaiserzeitlichem Auftrag einen sandig-humosen Mischboden. Oberkante der vorwallbauzeitlichen Schichtfolge zwischen 2,30–2,50 m NN *(Beil. 7,1.2)*.

Abb. 7, Nr. 9: In Profil 6 zwischen 6,40 und 7,10 m NS schwachkonturierte, 0,45 m tiefe Grube (?) mit grauem Füllboden im pleistozänen Untergrund *(Beil. 7,2);* von humosem Auftragsboden bedeckt. Sohle bei rund 1,60 m NN. Kein Befund im Planum.

Fläche 14:

Bodenabtrag außerhalb des Wallkörpers in den Profilen 4–5 und 7–8 an anderer Stelle beschrieben (s. S. 16). Oberfläche unter dem Wall und im Innenbereich weitgehend erhalten (Mischboden, teilweise zweigeteilter Humusauftrag, Bleichsand). Höhe zwischen 2,35 und 2,60 m NN *(Beil. 3,1; 4,1)*.

Abb. 7, Nr. 10: In Profil 4 zwischen 48,30 und 48,60 m NS pfostenähnliche Verfärbung unter dem Auftragsboden zwischen 1,94 m und 2,26 m NN. Im unteren Teil dunkle Konkretionen. Kein Planumbefund.

Abb. 7, Nr. 11: Grubenähnliche Verfärbung in Fotodokumentation von Profil 4. Zwischen 49,50 und 50,50 m NS 0,20 m tiefe Grube mit abgesetzten Seiten im Mischboden, von primärer Oberfläche überlagert. Füllung dunkelbraun bis grau. Ausdehnung im Planum unbekannt.

Fläche 17:

Oberkante des Auftragsbodens zwischen 2,55 m–2,75 m im Westen, 2,45 m–2,60 m NN in der Mitte und 2,50 m–2,60 m NN im Osten. In Planum 5 (etwa 2,35 m NN) Befunde der Zeit des Auftragsbodens oder früher. Hier Bronzereste und bronzezeitliche Scherbe.

Abb. 7, Nr. 6: Teile eines von NNO–SSW ziehenden Grabens. Füllboden humos. 1: Länge 2,60 m, Breite 0,40 m, Tiefe 0,11 m. 2: Länge 0,70 m, Breite 0,20 m, Tiefe unbekannt (1: 47,10 m NS, 17,20 OW; 44,80 m NS, 16 m OW; 2: 44,40 m NS, 16 m OW; 43,75 m NS, 15,70 m OW, Planumhöhe 2,32 m).

Pfosten und Verfärbungen:

Rundliche Verfärbung, Füllboden dunkel-humos. Durchmesser 0,60 m, Tiefe 0,10 m (46,66 m NS, 9,85 m OW, Planumhöhe 2,35 m NN).

Längliche schmale Verfärbung (Graben?), Füllboden dunkelhumos. Länge 1,05 m, Breite 0,20 m, Tiefe unbekannt (46,20 bis 47,20 m NS, 8,35–8,45 m OW).

Pfosten? Füllung dunkel. Durchmesser 0,15 m, Tiefe 0,15 m (43,30 m NS, 10,15 m OW, Planumhöhe 2,34 m NN).

Pfosten? Füllboden braun-humos. Durchmesser 0,20 m, Tiefe 0,12 m (43,90 m NS, 13,45 m OW, Planumhöhe 2,34 m NN).

Grube. Ovale Verfärbung 0,50–0,40 m. Füllboden humos. Tiefe 0,08 m (43,70 m NS, 14,50 m OW, Planumhöhe 2,30 m NN).

Ovale Verfärbung (Grube?). Füllboden dunkel-humos. Länge 0,40 m, Breite 0,30 m, Tiefe 0,18 m (43,70 m NS, 15,50 m OW, Planumhöhe 2,32 m NN). Berührte vermutlich Graben Nr. 6.

Pfostenähnliche Verfärbung. Füllboden dunkel-humos. Durchmesser 0,20 m, Tiefe 0,15 m (42,90 m NS, 18,20 m OW, Planumhöhe 2,34 m NN).

Fläche 18:

Im Südprofil 12 Oberkante des Humus- und Auftragsbodens bei etwa 2,60 m NN, Unterkante bei 2,35 m NN, im Nordprofil 15 bei 2,55 m bzw. 2,30 m NN *(Beil. 2,1)*. In Planum 21 bei 2,13 m NN folgende Befunde:

Rundliche Verfärbung mit humoser Füllung. Durchmesser 0,25 m (42,50 m NS, 35,70 m OW, Planumhöhe 2,10 m NN).

Rechteckige Verfärbung. Durchmesser 0,40–0,30 m (46 m NS, 34,20 m OW, Planumhöhe 2,10 m NN).

Fläche 19:

Oberkante des primären Bodens einschließlich des Bleichsandes in den Profilen 24, 26 und 29 zwischen 2,50 m und 2,55 m NN *(Beil. 6,3.6)*, Mächtigkeit des Humusauftrags zwischen 0,20 und 0,25 m. Zwischen 34 und 36 m NS in Planum 6 sechs zwischen 0,40 und 1,60 m lange, parallele Ardfurchen in Nord-Süd-Richtung zwischen 2,26 und 2,30 m NN (*Abb. 7,* Nr. 4).

Funde

Im Auftragsboden unter dem Wall, den vorgelagerten Planierschichten und der Innenbebauung fanden sich Scherben aus der Zeit vor Beginn des Wallbaus und Gefäßreste der älteren Kaiserzeit, die während der Erbauung oder der Nutzung des Beringes in den älteren Schichtauftrag gelangt waren. Hierzu zählen außer Keramikresten mit typischen Merkmalen der Bronzezeit und der vorrömischen Eisenzeit auch einige atypische Wandscherben; Magerung, Brand und besondere Färbung lassen nach Durchsicht datierten Materials vom Melenknop eher an diese Perioden denken als an die römische Kaiserzeit.

Eine zweite Gruppe ausschließlich unbestimmbarer Scherben umfaßt wenige Funde aus wallbauzeitlichen Schichten, die wegen des abweichenden Brandes oder der Magerung ebenfalls nicht der kaiserzeitlichen Tonware zugeordnet werden können. Zwei einfache Wandscherben grober Machart stammen schließlich von sekundär verbauten Soden aus der Archsumburg: Ein Gefäßfragment kam im Planierboden Schicht XXVI, eine zweite Scherbe zwischen Wallsoden zutage.

Keramik der Bronzezeit

Aus dem Auftragsboden stammen folgende Gefäßreste:

1. Scherbe vom Rand eines weitmundigen Topfes mit schlichter, schwach nach außen geknickter Mündungslippe, Durchmesser 30 cm. Sie hebt sich insbesondere durch mäßigen Brand, grobe Magerung und Oberflächenrauhung bis zur Mündung von der sonst in der Archsumburg gefundenen Tonware ab *(Abb. 8,1)*.
2. Grobgemagerte Scherbe vom Umbruch eines weitmundigen Gefäßes mit Zapfenhenkel im Bauchknick *(Abb. 8,2)*.
3. Grobgemagerte, mäßig gebrannte Teile eines zweiten Zapfenhenkels (?) ohne Ansatz der zugehörigen Wandscherbe *(Abb. 8,3)*.

Die drei Scherben lassen sich aufgrund der Magerung, der Rand- und der Henkelgestaltung in die mittlere Bronzezeit datieren (auf Sylt vergleichbare Siedlungs- und Grabkeramik).

Gefäßreste der mittleren bis späten vorrömischen Eisenzeit:

Zwischen Soden des Wallkörpers fand sich eine abgegriffene, fast verziegelte Scherbe vom Trichterrand eines Gefäßes mit nach außen geknickter, facettierter Lippe *(Abb. 8,4)*. Ein weiterer Gefäßrest wurde als Streufund in Fläche 14 geborgen. Er gehört zu einem Topf mit wenig verdicktem, ausladendem Rand *(Abb. 8,5)*. Im Inventar aus einem abgebrannten Wohnstallhaus der Fundschicht A 2 auf dem Melenknop gibt es Parallelen.

FUNDKATALOG ARCHSUMBURG (ABGEBILDETE FUNDE)

Grabung 1972

7\. Fläche 14; OW 27,5–28,8 m; Tiefe: humose Schicht *(Abb. 8,4)*.
9\. Fläche 14; OW 27,5–27,9 m; NS 69,6 m; Tiefe 2,97–3,02 m NN *(Abb. 118,7)*.
11\. Fläche 14; OW 27,3–27,5 m; NS 71 m; Tiefe 2,97–3,02 m NN *(Abb. 130,12)*.
20\. Fläche 14; OW 26,5–27,8 m; NS 69,1 m; Tiefe 2,97–3,02 m NN *(Abb. 137,2.13)*.
22\. Fläche 14; NS 58–59 m; südliche Rotschicht und darunter *(Abb. 130,15)*.
26\. Fläche 20, südlicher Teil; Streufund beim Baggern *(Abb. 8,5)*.
32\. Fläche 20; im Bereich des Ziegelbrunnens am Westprofil *(Abb. 193,6)*.
36\. Fläche 14; OW 25–28 m; NS 66–72 m; Tiefe 2,67– 2,97 m NN *(Abb. 97,1; 113,1.8; 117,5; 139,5)*.
39\. Fläche 14; OW 27,7 m; NS 69,8 m; Tiefe 2,92 m NN *(Abb. 86,1; 94,4; 106,2; 134,4)*.
45\. Fläche 14; OW 26,7 m; NS 59,8 m; Tiefe 1,36 m NN *(Abb. 134,6)*.
48\. Fläche 14; OW 26,7 m; NS 59,8 m; Tiefe 1,37–1,97 m NN *(Abb. 94,1; 110,8; 112,2)*.
53\. Fläche 14; OW 26,7 m; NS 59,8 m; Tiefe 1,97–2,40 m NN *(Abb. 100,3)*.
56\. Fläche 14; OW 27,7 m; NS 68,8 m; Tiefe 2,82 m NN *(Abb. 106.1)*.
58\. Fläche 13; OW 69,8 m; NS 26,8 m; Tiefe 2,76 m NN *(Abb. 117,2)*.
59\. Fläche 14; OW 26–28,8 m; NS 66–71,6 m; Tiefe 2,67–2,87 m NN *(Abb. 133,4)*.
61\. Fläche 13; OW 27,9 m; NS 11,8 m; Tiefe 2,53 m NN *(Abb. 146,2)*.
62\. Fläche 13; OW 27,5 m; NS 11,8 m; Tiefe 2,55 m NN *(Abb. 91,3)*.
63\. Fläche 13; OW 27 m; NS 12,6 m; Tiefe 2,57 m NN *(Abb. 94,3)*.
67\. Fläche 13; OW 27,7 m; NS 14,6 m; Tiefe 2,79 m NN *(Abb. 124,4.9)*.
68\. Fläche 13; OW 27,6 m; NS 14,4 m; Tiefe 2,84 m NN *(Abb. 134,13)*.
73\. Fläche 13; OW 26,3 m; NS 17,8 m; Tiefe 2,82 m NN *(Abb. 130,1)*.
75\. Fläche 14; OW 26,7 m; NS 59,8 m; Tiefe 1,36 m NN *(Abb. 148,7; 150)*.
78\. Fläche 14; OW 27,5 m; NS 70 m; Tiefe 2,82 m NN *(Abb. 149)*.
84.–85. Fläche 14; OW 27,8 m; NS 70,7 m; Tiefe 2,62 m NN *(Abb. 87,3; 112,3; 113,7; 114,2; 133,5.6)*.

86. Fläche 14; OW 26–29 m; NS 66–72 m; Tiefe 2,62–2,77 m NN *(Abb. 122,1)*.
87. Fläche 14; OW 26–27,5 m; NS 66–68 m; Tiefe 2,41–2,71 m NN *(Abb. 98,1; 113,3; 123,7; 134,5)*.
88. Fläche 14; OW 26,5 m; NS 66–68 m; Tiefe 2,41–2,71 m NN *(Abb. 87,1; 110,9)*.
92. Fläche 13; OW 26,4 m; NS 15 m; Tiefe 2,48 m NN *(Abb. 97,2; 102,2; 126,7)*.
93. Fläche 13; OW 27 m; NS 14,5 m; Tiefe 2,69 m NN *(Abb. 126,5)*.
97. Fläche 13; OW 25 m; NS 13,8 m; Tiefe 2,97 m NN *(Abb. 92,2)*.
98. Fläche 13; OW 26–29 m; NS 14–18 m; Tiefe 2,67–2,71 m NN *(Abb. 85,1)*.
101. Fläche 14; OW 25,7 m; NS 71 m *(Abb. 123,13)*.
105. Fläche 14; OW 25,5 m; NS 65,6 m; Tiefe 2,37–2,47 m NN *(Abb. 134,3)*.
107. Fläche 13; OW 26,6 m; NS 14 m; Tiefe 2,52 m NN *(Abb. 139,4)*.
109. Fläche 13; OW 26,2 m; NS 14,3 m; Tiefe 2,52 m NN *(Abb. 137,10)*.
112. Fläche 13; OW 27 m; NS 12,4 m; Tiefe 2,57 m NN *(Abb. 137,7)*.
147. Fläche 13; OW 24,8 m; NS 14,6 m; Tiefe 2,56 m NN *(Abb. 137,5)*.
155. Fläche 13; OW 24,8 m; NS 34,55 m; Tiefe 2,5 m NN *(Abb. 8,2)*.

Grabungen seit 1973

24. Fläche 18; OW 42,3 m; NS 42 m; Tiefe 3,3 m NN *(Abb. 91,4; 133,7)*.
32. Fläche 18; OW 42 m; NS 44 m; Tiefe 3,21 m NN *(Abb. 108,2)*.
34. Fläche 18; OW 54,3 m; NS 43,7 m; Tiefe 3,04 m NN *(Abb. 119,5)*.
36. Fläche 18; OW 44,7 m; NS 43,5 m; Tiefe 3,14 m NN *(Abb. 119,6)*.
39. Fläche 18; OW 43 m; NS 44 m; Tiefe 2,92 m NN *(Abb. 116,7)*.
43. Fläche 18; OW 41,4 m; NS 45,4 m; Tiefe 3,15 m NN *(Abb. 102,1)*.
44. Fläche 18; OW 44,5 m; NS 43,4 m; Tiefe 3,12 m NN *(Abb. 107,5)*.
45. Fläche 18; OW 43,7 m; NS 45,5 m; Tiefe 3,12 m NN *(Abb. 84,4; 110,6; 139,2)*.
46. Fläche 18; OW 43,7 m; NS 45,5 m; Tiefe 3,12 m NN *(Abb. 83,12; 121,4)*.
47. Fläche 18; OW 42 m; NS 43,1 m; Tiefe 3,14 m NN *(Abb. 117,3)*.
48. Fläche 18; OW 43,2 m; NS 42,3 m; Tiefe 3,02 m NN *(Abb. 144,4)*.
49. Fläche 18; OW 45,4 m; NS 43,9 m; Tiefe 3,04 m NN *(Abb. 121,8)*.
50. Fläche 18; OW 54,1 m; NS 43,5 m; Tiefe 3,02 m NN *(Abb. 120,6)*.
54. Fläche 18; OW 45,4 m; NS 43,3 m; Tiefe 3,3 m NN *(Abb. 123,6)*.
55. Fläche 18; OW 43,3 m; NS 43,7 m; Tiefe 3,3 m NN *(Abb. 83,1; 134,2)*.
56. Fläche 18; OW 40–42 m; NS 42–44 m; Tiefe 3,3 m NN *(Abb. 135,3)*.
57. Fläche 18; OW 42,3 m; NS 42,9 m; Tiefe 3,3 m NN *(Abb. 141,6)*.
62. Fläche 18; OW 44,4 m; NS 42,6 m; Tiefe 3,3 m NN *(Abb. 82,1; 130,5)*.
63. Fläche 18; OW 40,8 m; NS 44,9 m; Tiefe 2,97 m NN *(Abb. 129,7)*.
66. Fläche 18; OW 41,2 m; NS 46 m; Tiefe 2,95 m NN *(Abb. 141,7)*.
69. Fläche 18; OW 40 m; NS 42,6 m; Tiefe 2,95 m NN *(Abb. 102,3)*.
79. Fläche 18; OW 37,5 m; NS 46 m; Tiefe 2,73 m NN *(Abb. 100,1)*.
89. Fläche 18; OW 34,9 m; NS 43,4 m; Tiefe 2,58 m NN *(Abb. 121,11)*.
91. Fläche 18; OW 44,9 m; NS 45,5 m; Tiefe 3 m NN *(Abb. 86,3)*.
100. Fläche 18; OW 45,4 m; NS 42,5 m; Tiefe 2,86 m NN *(Abb. 94,2)*.
107. Fläche 18; OW 40,1 m; NS 45,9 m; Tiefe 2,71 m NN *(Abb. 117,4; 121,2; 126,3)*.
108. Fläche 18; OW 43,5 m; NS 42,6 m; Tiefe 2,74 m NN *(Abb. 107,8)*.
111. Fläche 18; OW 45,8 m; NS 43,5 m; Tiefe 2,91 m NN *(Abb. 123,4)*.
114. Fläche 18; OW 42,1 m; NS 45,5 m; Tiefe 2,76 m NN *(Abb. 83,6; 90,4)*.
115. Fläche 18; OW 39 m; NS 45,5 m; Tiefe 2,72 m NN *(Abb. 129,2)*.
117. Fläche 18; OW 42,5 m; NS 44 m; Tiefe 2,73 m NN *(Abb. 116,2; 129,3)*.
119. Fläche 18; OW 41,7 m; NS 45 m *(Abb. 85,4; 127,1)*.
120. Fläche 18; OW 40,7 m; NS 45,1 m; Tiefe 2,67 m NN *(Abb. 120,3)*.
122. Fläche 18; OW 55,3 m; NS 45,5 m *(Abb. 128,6; 132,7)*.
141. Fläche 18; OW 38,1 m; NS 46,4 m; Tiefe 2,69 m NN *(Abb. 128,5)*.
144. Fläche 18; OW 40,2 m; NS 45,8 m; Tiefe 2,66 m NN *(Abb. 120,2)*.
147. Fläche 18; OW 42,5 m; NS 46,1 m; Tiefe 2,74 m NN *(Abb. 95,2)*.
161. Fläche 1; OW 43,3 m; NS 52,1 m; Tiefe 3,5 m NN *(Abb. 130,6)*.
172. Fläche 1; OW 43,4 m; NS 49 m; Tiefe 3,02 m NN *(Abb. 82,2; 116,8; 122,4.6?)*.
175. Fläche 1; OW 41 m; NS 48 m; Tiefe 3,02 m NN *(Abb. 130,11)*.
176. Fläche 1; OW 44 m; NS 48,9 m; Tiefe 2,81 m NN *(Abb. 112,1)*.
180. Fläche 1; OW 43 m; NS 54,4 m; Tiefe 3,23 m NN *(Abb. 120,5)*.
183. Fläche 1; OW 42,7 m; NS 53,2 m; Tiefe 3,15 m NN *(Abb. 100,4; 131,1)*.
194. Fläche 1; OW 38,6 m; NS 55,1 m; Tiefe 3,3–3,5 m NN *(Abb. 145,2)*.
197. Fläche 1; OW 39,7 m; NS 50 m; Tiefe 3,2 m NN *(Abb. 130,3)*.
207. Fläche 1; OW 39,3 m; NS 49,6 m; Tiefe 2,97 m NN *(Abb. 84,6)*.
209. Fläche 1; OW 39 m; NS 54,4 m; Tiefe 3,07 m NN *(Abb. 130,14)*.

225. Fläche 1; OW 37,5 m; NS 54,9 m *(Abb. 109,1)*.
227. Fläche 1; OW 43 m; NS 48 m; Tiefe 2,96 m NN *(Abb. 114,3)*.
229. Fläche 1; OW 44,6 m; NS 48 m; Tiefe 3 m NN *(Abb. 141,9)*.
231. Fläche 1; OW 39,9 m; NS 52 m; Tiefe 2,93 m NN *(Abb. 121,5)*.
232. Fläche 1; OW 38 m; NS 56,3 m; Tiefe 2,69 m NN *(Abb. 124,1)*.
236. Fläche 1; OW 39,8 m; NS 48,5 m; Tiefe 2,89 m NN *(Abb. 142,2)*.
237. Fläche 1; OW 39,2 m; NS 54,1 m; Tiefe 2,88 m NN *(Abb. 116,4; 121,7)*.
239. Fläche 1; OW 40,6 m; NS 50,7 m; Tiefe 2,99 m NN *(Abb. 116,9)*.
245. Fläche 1; OW 44 m; NS 50,1 m; Tiefe 3,21 m NN *(Abb. 134,11)*.
247. Fläche 1; OW 35,5 m; NS 54,4 m; Tiefe 2,7 m NN *(Abb. 83,4; 130,2)*.
254. Fläche 1; OW 41 m; NS 55,5 m; Tiefe 3 m NN *(Abb. 123,8)*.
255. Fläche 1; OW 43 m; NS 51,2 m; Tiefe 3 m NN *(Abb. 137,6)*.
259. Fläche 1; OW 42,7 m; NS 53 m; Tiefe 3,07 m NN *(Abb. 109,3)*.
267. Fläche 1; OW 38,4 m; NS 51,3 m; Tiefe 2,77 m NN *(Abb. 122,7)*.
269. Fläche 1; OW 35 m; NS 49,1 m; Tiefe 2,79 m NN *(Abb. 130,8)*.
275. Fläche 1; OW 36,2 m; NS 48 m; Tiefe 2,79 m NN *(Abb. 141,1)*.
283/84. Fläche 1; OW 37,9 m; NS 54,5 m; Tiefe 2,78 m NN *(Abb. 95,1)*.
289. Fläche 1; OW 38,4 m; NS 55,5 m; Tiefe 2,68 m NN *(Abb. 92,3)*.
290. Fläche 1; OW 39 m; NS 55 m; Tiefe 2,92 m NN *(Abb. 103,4)*.
291. Fläche 1; OW 41,5 m; NS 50 m; Tiefe 3,01 m NN *(Abb. 134,12; 145,3)*.
296. Fläche 1; OW 38,2 m; NS 54,5 m; Tiefe 2,79 m NN *(Abb. 124,7)*.
298. Fläche 1; OW 36 m; NS 58 m; Tiefe 2,8 m NN *(Abb. 107,6)*.
301. Fläche 1; OW 36,3 m; NS 53,5 m; Tiefe 2,55 m NN *(Abb. 109,2)*.
302. Fläche 1; OW 40,2 m; NS 55 m; Tiefe 2,91 m NN *(Abb. 103,3)*.
305. Fläche 1; OW 38,5 m; NS 49,5 m; Tiefe 2,88 m NN *(Abb. 85,2; 131,7)*.
308. Fläche 1; OW 43,2 m; NS 49 m; Tiefe 3,01 m NN *(Abb. 116,6; 122,2)*.
309. Fläche 1; OW 42 m; NS 53 m; Tiefe 3,15 m NN *(Abb. 120,4)*.
311. Fläche 1; OW 40,8 m; NS 49 m; Tiefe 2,93 m NN *(Abb. 84,5; 116,5)*.
312. Fläche 1; OW 41 m; NS 51,5 m; Tiefe 2,98 m NN *(Abb. 86,4)*.
313. Fläche 1; OW 38 m; NS 54,5 m; Tiefe 2,74 m NN *(Abb. 83,8)*.
314. Fläche 1; OW 41 m; NS 52 m; Tiefe 2,99 m NN *(Abb. 135,4)*.
315. Fläche 1; OW 41,9 m; NS 53 m; Tiefe 3,1 m NN *(Abb. 131,5)*.
316. Fläche 1; OW 39 m; NS 54 m; Tiefe 2,82 m NN *(Abb. 108,1)*.
319. Fläche 18; OW 43,5 m; NS 46 m; Tiefe 2,8 m NN *(Abb. 93,2; 101,2)*.
321. Fläche 18; OW 57,8 m; NS 49 m *(Abb. 104,3)*.
325. Fläche 18; OW 44,8 m; NS 44,6 m; Tiefe 2,68 m NN *(Abb. 96,1)*.
334. Fläche 18; OW 58,1 m; NS 46 m; Tiefe 2,3 m NN *(Abb. 8,3)*.
339. Fläche 18; OW 43 m; NS 45,5 m; Tiefe 2,75 m NN *(Abb. 139,3)*.
342. Fläche 18; OW 45,9 m; NS 43,4 m; Tiefe 3,12 m NN *(Abb. 110,1)*.
346. Fläche 1; OW 38,5 m; NS 50 m; Tiefe 2,82 m NN *(Abb. 89,2; 113,5; 118,2)*.
356. Fläche 1; OW 37,3 m; NS 49 m; Tiefe 2,79 m NN *(Abb. 106,4)*.
357. Fläche 1; OW 41,1 m; NS 53,4 m; Tiefe 2,95 m NN *(Abb. 121,3)*.
359. Fläche 1; OW 38,8 m; NS 58,4 m; Tiefe 3,17 m NN *(Abb. 89,1; 113,4; 121,2)*.
362. Fläche 1; OW 42,1 m; NS 56,3 m; Tiefe 2,71 m NN *(Abb. 127,5)*.
363. Fläche 1; OW 38,9 m; NS 61 m; Tiefe 2,99 m NN *(Abb. 105,5)*.
364. Fläche 1; OW 38,4 m; NS 59,3 m; Tiefe 2,96 m NN *(Abb. 137,8)*.
367. Fläche 1; OW 40,8 m; NS 49,6 m; Tiefe 2,78 m NN *(Abb. 130,7)*.
368. Fläche 1; OW 36,8 m; NS 52,9 m; Tiefe 2,53 m NN *(Abb. 120,1)*.
371. Fläche 1; OW 35,4 m; NS 53 m; Tiefe 2,63 m NN *(Abb. 82,1)*.
374. Fläche 1; OW 34 m; NS 50,5 m; Tiefe 2,65 m NN *(Abb. 83,13)*.
376. Fläche 1; OW 38,2 m; NS 58,2 m; Tiefe 2,73 m NN *(Abb. 83,11)*.
384. Fläche 1; OW 35,1 m; NS 55 m; Tiefe 2,53 m NN *(Abb. 115,4)*.
385. Fläche 1; OW 42 m; NS 50,4 m; Tiefe 2,82 m NN *(Abb. 91,1)*.
386. Fläche 1; OW 37,7 m; NS 53 m; Tiefe 2,63 m NN *(Abb. 100,2)*.
390. Fläche 1; OW 35,5 m; NS 60,6 m; Tiefe 2,9 m NN *(Abb. 121,9)*.
391. Fläche 1; OW 35,4 m; NS 61 m; Tiefe 2,9 m NN *(Abb. 106,5)*.
392. Fläche 1; OW 36,4 m; NS 56,7 m; Tiefe 2,94 m NN *(Abb. 141,4)*.
393. Fläche 1; OW 36,6 m; NS 58,4 m; Tiefe 2,7 m NN *(Abb. 132,6)*.
397. Fläche 1; OW 38,8 m; NS 55,8 m; Tiefe 2,76 m NN *(Abb. 113,2)*.
404. Fläche 1; OW 39 m; NS 57 m; Tiefe 2,7 m NN *(Abb. 107,7)*.
409. Fläche 1; OW 38,2 m; NS 58,5 m; Tiefe 2,69 m NN *(Abb. 127,4)*.
420. Fläche 19; Tiefe 3,04 m NN *(Abb. 146,6)*.
422. Fläche 2; OW 44 m; NS 64 m *(Abb. 146,4)*.
423. Fläche 18 Südprofil; Tiefe 2,35 m NN *(Abb. 142,1.3)*.
425. Fläche 1; OW 38 m; NS 56,5 m; Tiefe 2,71 m NN *(Abb. 115,1)*.
456. Fläche 1; OW 39,5 m; NS 57 m; Tiefe 2,68 m NN *(Abb. 101,3)*.
457. Fläche 1; OW 41,5 m; NS 57,3 m; Tiefe 3,07 m NN *(Abb. 127,6)*.
458. Fläche 1; OW 39,5 m; NS 57 m; Tiefe 2,7 m NN *(Abb. 129,1)*.
463. Fläche 1; OW 37,9 m; NS 60,9 m; Tiefe 2,92 m NN *(Abb. 106,3)*.
470. Fläche 1; OW 41,4 m; NS 52,5 m; Tiefe 2,85 m NN *(Abb. 119,4)*.
481. Fläche 1; OW 44,9 m; NS 49,3 m; Tiefe 3,04 m NN *(Abb. 83,3)*.

499. Fläche 1; OW 41,3 m; NS 55,6 m; Tiefe 2,74 m NN *(Abb. 126,6)*.
510. Fläche 18; OW 43,5–44 m; Nordprofil; Tiefe 2,8 m NN *(Abb. 91,2)*.
543. Fläche 1; OW 37,9 m; NS 57,85 m; *(Abb. 137,14)*.
548. Fläche 1; OW 39,5 m; NS 54,9 m *(Abb. 118,5)*.
549. Fläche 1; OW 38,7 m; NS 57 m; Tiefe 2,7 m NN *(Abb. 105,4)*.
550. Fläche 1; OW 34 m; NS 56,6 m; Tiefe 1,92 m NN *(Abb. 123,12)*.
552. Fläche 1; OW 38,4 m; NS 58,6 m; Tiefe 2,56 m NN *(Abb. 107,2)*.
561. Fläche 1; OW 40,5 m; NS 72,2 m *(Abb. 121,10)*.
562. Fläche 1; Tiefe 2,5 m NN *(Abb. 101,4)*.
563. Fläche 17; OW 15 m; NS 45 m; Tiefe 2,9 m NN *(Abb. 135,1)*.
567. Fläche 17; OW 18,8 m; NS 46,2 m; Tiefe 2,65 m NN *(Abb. 123,5)*.
569. Fläche 1; Ostprofil, Streufund *(Abb. 146,8)*.
591. Fläche 13? *(Abb. 96,2)*.
592. Fläche 13; auf Holzschicht in Schacht 1 *(Abb. 109,4)*.
593. Fläche 1; OW 38 m; Südprofil *(Abb. 93,3)*.
610. Fläche 1; kleines Westprofil; Tiefe 2,85 m NN *(Abb. 98,5)*.
619. Fläche 1 *(Abb. 8,1)*.
621. Fläche 13? *(Abb. 101,1; 110,2; 146,9)*.
623. Fläche 14? *(Abb. 145,1)*.
626. Fläche 1; Streufunde aus dem eingestützten Nordprofil *(Abb. 144,7)*.
628. Fläche 14? *(Abb. 117,1; 134,1)*.
629. Fläche 1; OW 39,2 m; NS 59,1 m; Tiefe 2,7 m NN *(Abb. 136,2)*.
637. Fläche 2; OW 35,5 m; NS 63,1 m; Tiefe 3,5 m NN *(Abb. 144,1)*.
639. Fläche 2; OW 36,1 m; NS 63,9 m; Tiefe 3,4 m NN *(Abb. 129,4)*.
641. Fläche 2; OW 32,7 m; NS 64,1 m; Tiefe 3,3 m NN *(Abb. 131,4)*.
666. Fläche 4; OW 44,5 m; NS 37,2 m; Tiefe 3,13 m NN *(Abb. 104,5)*.
668. Fläche 4; OW 44,2 m; NS 38,5 m; Tiefe 3,02 m NN *(Abb. 90,1)*.
669–670. Fläche 4; OW 44,2 m; NS 38,5 m; Tiefe 3,02 m NN *(Abb. 90,2)*.
677. Fläche 2; OW 34,2 m; NS 64,3 m; Tiefe 3,07 m NN *(Abb. 107,1)*.
684. Fläche 2; OW 33,5 m; NS 67,25 m; Tiefe 2,97 m NN *(Abb. 146,5)*.
689. Fläche 2; OW 36 m; NS 62,4 m; Tiefe 3,04 m NN *(Abb. 105,6)*.
690. Fläche 2; OW 32,8 m; NS 62,4 m; Tiefe 2,97 m NN *(Abb. 110,5)*.
691. Fläche 2; OW 35,5 m; NS 64,4 m; Tiefe 2,99 m NN *(Abb. 113,6)*.
694. Fläche 4; Streufund *(Abb. 146,3)*.
697. Fläche 4; OW 42 m; NS 34,4 m; Tiefe 2,92 m NN *(Abb. 139,1)*.
704. Fläche 4; OW 38 m; NS 35,3 m; Tiefe 2,7 m NN *(Abb. 121,6)*.
705. Fläche 4; OW 42 m; NS 41 m; Tiefe 2,84 m NN *(Abb. 92,4)*.
707. Fläche 4; OW 38,5 m; NS 41,7 m; Tiefe 2,69 m NN *(Abb. 102,4)*.
714. Fläche 2; OW 31,2 m; NS 63,7 m; Tiefe 2,85 m NN *(Abb. 130,13)*.
717. Fläche 4; OW 43 m; NS 38,7 m; Tiefe 2,86 m NN *(Abb. 84,7)*.
718. Fläche 2; OW 33,8 m; NS 63 m; Tiefe 2,88 m NN *(Abb. 112,4)*.
720. Fläche 2; OW 30,4 m; NS 69,2 m; Tiefe 3,06 m NN *(Abb. 85,3.5; 112,7)*.
721. Fläche 2; OW 34,3 m; NS 63,5 m; Tiefe 3 m NN *(Abb. 144,2)*.
723. Fläche 2; OW 37 m; NS 62,6 m; Tiefe 2,93 m NN *(Abb. 104,4)*.
732. Fläche 4; OW 39 m; NS 37,7 m; Tiefe 2,65 m NN *(Abb. 124,8)*.
734. Fläche 4; OW 43,5 m; NS 35 m; Tiefe 2,76 m NN *(Abb. 119,3)*.
735. Fläche 4; OW 44,7 m; NS 41,6 m; Tiefe 2,84 m NN *(Abb. 122,9)*.
736. Fläche 4; OW 42 m; NS 41,2 m; Tiefe 2,84 m NN *(Abb. 83,2; 127,2)*.
737. Fläche 4; OW 41,2 m; NS 39,8 m; Tiefe 2,73 m NN *(Abb. 115,6; 126,1; 130,4)*.
738. Fläche 4; OW 42,7 m; NS 40 m; Tiefe 2,75 m NN *(Abb. 126,4)*.
739. Fläche 4; OW 42,5 m; NS 36,8 m; Tiefe 2,77 m NN *(Abb. 110,4)*.
740. Fläche 4; OW 44 m; NS 37,5 m; Tiefe 2,82 m NN *(Abb. 99,3)*.
742. Fläche 4; OW 42 m; NS 34,4 m; Tiefe 2,75 m NN *(Abb. 133,8)*.
743. Fläche 4; OW 41,3 m; NS 39 m; Tiefe 2,71 m NN *(Abb. 86,2; 112,5)*.
746. Fläche 4; OW 41,6 m; NS 35,7 m; Tiefe 2,73 m NN *(Abb. 97,3)*.
750. Fläche 4; OW 39,8 m; NS 38,2 m; Tiefe 2,61 m NN *(Abb. 141,3)*.
752. Fläche 4; OW 40,5 m; NS 39,7 m; Tiefe 2,67 m NN *(Abb. 93,1; 123,9)*.
755. Fläche 2; OW 32,3 m; NS 63 m; Tiefe 2,65 m NN *(Abb. 131,2; 132,1)*.
756. Fläche 2; OW 34 m; NS 64 m; Tiefe 2,72 m NN *(Abb. 131,3)*.
759. Fläche 4; OW 38,5 m; NS 41,1 m; Tiefe 2,61 m NN *(Abb. 132,8)*.
766. Fläche 2; OW 34,5 m; NS 63,6 m; Tiefe 2,73 m NN *(Abb. 141,5)*.
767. Fläche 2; OW 31,8 m; NS 62,8 m; Tiefe 2,6–2,76 m NN *(Abb. 93,4; 131,6)*.
770. Fläche 4; OW 44,2 m; NS 41,5 m; Tiefe 2,73 m NN *(Abb. 134,8)*.
778. Fläche 2; OW 35,9 m; NS 62,5 m; Tiefe 2,9 m NN *(Abb. 103,1)*.
779. Fläche 2; OW 33,6 m; NS 63 m; Tiefe 2,66 m NN *(Abb. 87,5; 98,2)*.
780. Fläche 4; OW 40 m; NS 38 m; Tiefe 2,63 m NN *(Abb. 140,3)*.
782. Fläche 4; OW 40,8 m; NS 39 m; Tiefe 2,7 m NN *(Abb. 103,2; 128,2)*.
783. Fläche 4; OW 37,6 m; NS 41,7 m; Tiefe 2,61 m NN *(Abb. 126,2)*.
786. Fläche 4; OW 44 m; NS 39 m; Tiefe 2,72 m NN *(Abb. 88,2)*.
787. Fläche 4; OW 42 m; NS 35 m; Tiefe 2,64 m NN *(Abb. 107,4; 128,4)*.
790. Fläche 4; OW 38 m; NS 35 m; Tiefe 2,57 m NN *(Abb. 88,1)*.
793. Fläche 2; OW 33 m; NS 66,5 m; Tiefe 2,74 m NN *(Abb. 115,2)*.
794. Fläche 2; OW 35,4 m; NS 64 m; Tiefe 2,73 m NN *(Abb. 122,8)*.

795. Fläche 2; OW 33,5 m; NS 63 m; Tiefe 2,64 m NN *(Abb. 89,5; 99,1; 119,2).*
796. Fläche 4; Streufund *(Abb. 123,10).*
799. Fläche 4; OW 42 m; NS 35,6 m; Tiefe 2,57 m NN *(Abb. 122,3).*
800. Fläche 4; OW 42 m; NS 35,7 m; Tiefe 2,46 m NN *(Abb. 116,3).*
801. Fläche 4; OW 44,7 m; NS 35,4 m; Tiefe 2,69 m NN *(Abb. 107,3; 116,1).*
805. Fläche 4; OW 43,3 m; NS 40,1 m; Tiefe 2,59 m NN *(Abb. 124,3).*
806. Fläche 4; OW 44 m; NS 37,5 m; Tiefe 2,61 m NN *(Abb. 130,10).*
807. Fläche 4; OW 44,3 m; NS 41,4 m; Tiefe 2,6 m NN *(Abb. 112,8).*
808. Fläche 2; OW 32,8 m; NS 66,3 m; Tiefe 2,61 m NN *(Abb. 123,11; 128,1).*
810. Fläche 2; OW 33,7 m; NS 62,4 m; Tiefe 2,5 m NN *(Abb. 98,4).*
812. Fläche 2; OW 37 m; NS 63,7 m; Tiefe 2,74 m NN *(Abb. 118,6).*
815. Fläche 4; OW 42 m; NS 35,5 m; Tiefe 2,53 m NN *(Abb. 121,1).*
818. Fläche 12; OW 4 m; NS 14,9 m; Tiefe 3,04 m NN *(Abb. 141,11).*
819. Fläche 12; OW 3,9 m; NS 17 m; Tiefe 2,9 m NN *(Abb. 133,2).*
820. Fläche 12; OW 3,4 m; NS 19,5 m; Tiefe 2,85 m NN *(Abb. 104,2).*
821. Fläche 4; OW 42 m; NS 37,15 m; Tiefe 2,44 m NN *(Abb. 114,4).*
822. Fläche 12; OW 4,6 m; NS 18,6 m; Tiefe 2,85 m NN *(Abb. 105,2).*
823. Fläche 4; OW 43 m; NS 34,6 m; Tiefe 2,4–2,47 m NN *(Abb. 140,2).*
827. Fläche 12; OW 3,8 m; NS 13,7 m; Tiefe 2,82 m NN *(Abb. 119,1).*
828. Fläche 12; OW 5,4 m; NS 18,5 m; Tiefe 2,6–2,7 m NN *(Abb. 137,4).*
832. Fläche 12; OW 3,9 m; NS 13,6 m; Tiefe 2,88 m NN *(Abb. 118,4).*
834. Fläche 12; OW 2,7 m; NS 16,4 m; Tiefe 2,9 m NN *(Abb. 117,6).*
835. Fläche 12; OW 5,5 m; NS 14,8 m; Tiefe 2,77 m NN *(Abb. 87,4; 88,3; 110,3; 123,3; 131,8; 134,14).*
837. Fläche 12; OW 4,2 m; NS 14,1 m *(Abb. 118,8).*
840. Fläche 12; OW 5,5 m; NS 17 m; Tiefe 2,6 m NN *(Abb. 99,2).*
842. Fläche 2; OW 35,7 m; NS 62,5 m; Tiefe 2,55 m NN *(Abb. 147).*
845. Fläche 12; OW 4 m; NS 13,5 m; Tiefe 2,85 m NN *(Abb. 118,1).*
847. Fläche 12; OW 5,5 m; NS 13,5 m; Tiefe 2,75 m NN *(Abb. 94,3; 100,5; 104,1; 105,1.3; 115,7; 124,2).*
850. Fläche 12; OW 4,1 m; NS 14,75 m; Tiefe 2,8 m NN *(Abb. 135,2).*
852. Fläche 12; OW 3,8 m; NS 16,2 m; Tiefe 2,68 m NN *(Abb. 89,4; 127,3).*
853. Fläche 12; OW 5,5 m; NS 15,6 m; Tiefe 2,76 m NN *(Abb. 83,5).*
854. Fläche 12; OW 5,3 m; NS 15,2 m; Tiefe 2,63–2,7 m NN *(Abb. 83,9; 110,7; 141,10).*
855. Fläche 12; OW 3,5 m; NS 17,4 m; Tiefe 2,58–2,7 m NN *(Abb. 112,6).*
858. Fläche 2; OW 32,7 m; NS 65,75 m; Tiefe 2,48 m NN *(Abb. 146,1).*
865. Fläche 12; OW 2,4 m; NS 14,4 m; Tiefe 2,68–2,7 m NN *(Abb. 137,1.3).*
868. Fläche 12; OW 4 m; NS 15,5 m; Tiefe 2,72 m NN *(Abb. 144,6).*
869. Fläche 12; OW 4,3 m; NS 15,8 m; Tiefe 2,7 m NN *(Abb. 144,3).*
887. Fläche 12; OW 5 m; NS 14 m; Tiefe 2,46 m NN *(Abb. 118,3).*
894. Fläche 16; OW 13,8 m; NS 64,5 m; Tiefe 2,55 m NN *(Abb. 132,3; 134,9; 137,12).*
896. Fläche 16; OW 14,7 m; NS 70,6 m; Tiefe 2,8 m NN *(Abb. 137,11).*
902. Fläche 16; OW 14,4 m; NS 71,3 m; Tiefe 2,8 m NN *(Abb. 123,1; 141,2).*
906. Fläche 16; OW 15,5 m; NS 74,1 m; Tiefe 2,75 m NN *(Abb. 136,1; 146,10).*
907. Fläche 12; Westprofil, OW 6,3 m; NS 20,3 m; Tiefe 2,73 m NN *(Abb. 87,2; 88,4; 115,5).*
908. Streufunde *(Abb. 132,9).*
909. Fläche 4; Streufunde *(Abb. 88,5).*
910. Fläche 2; Ostprofil, OW 30 m; NS 67 m; Tiefe 2,78 m NN *(Abb. 84,1; 90,3; 134,10).*
911. Fläche 4; OW 42 m; Nordprofil, NS 38,5 m; Tiefe 2,73 m NN *(Abb. 119,7; 132,2.10; 137,9).*
914. Fläche 2; OW 33,5 m; NS 62,2 m; Tiefe 2,6 m NN *(Abb. 141,8).*
915. Fläche 4; OW 39,8 m; NS 33,7 m; Tiefe 3,4 m NN *(Abb. 101,5).*
925. Fläche 4; Nordprofil *(Abb. 83,10; 114,1).*
944. Fläche 12; Westprofil *(Abb. 130,9).*
946. Fläche 12; Westprofil *(Abb. 133,1).*
947. Fläche 12; Westprofil *(Abb. 129,5).*
953. Fläche 12; Ostprofil *(Abb. 98,3).*
974. Fläche 2; Ostprofil *(Abb. 124,6).*
976. Fläche 2; Ostprofil *(Abb. 84,3; 128,3; 132,5).*
978. Fläche 5 *(Abb. 134,7).*
979. Fläche 5 *(Abb. 83,7; 115,3).*
980. Fläche 5 *(Abb. 95,3).*
981. Fläche 5 *(Abb. 133,8).*
992. Fläche 7 *(Abb. 140,1).*
1007. Fläche; Tiefe 3,01 m NN *(Abb. 89,3).*

ohne Nr.: Streufunde *(Abb. 118,9; 124,5; 132,4).*
Fläche 4: Streufund (ohne Nr.) *(Abb. 144,5).*
Fläche 12: Herdunterlage (ohne Nr.) *(Abb. 144,7).*
Vertauschte Fundnummern: *(Abb. 84,2; 122,5; 129,6).*

FUNDKATALOG TINNUMBURG

Alle Funde außer einem Holzstück und einigen Erdproben stammen aus Fläche 1. Zur Unterscheidung des Materials vom Fundgut aus der Archsumburg (AB) und Trælbanken (KG) werden hier den einzelnen Fundnummern die Buchstaben TB (Tinnumburg) zugeordnet. – Pl. 1–3 sind im Profil nicht eingetragen; Pl. 1 v. 0,0 bis 4,6 m NS, Tiefe 3,39–3,51 m NN; Pl. 2 v. 0,2 bis 4,8 m NS, Tiefe 3,24 bis 3,49 m NN; Pl. 3 v. 0,3 bis 9,1 m NS, Tiefe 2,85 m Süden) bis 3,28 m NN (Norden).

TB 3: aus dem Füllboden des Schnittes 1948 oder den oberen humosen Schichten bis Pl. 1. Schmaler Wetzstein aus dunklem Schiefer, Länge 6,2 cm *(Abb. 195,6)*.

TB 6: Beim Abgraben der oberen Humuslage bis Pl. 1. Gefäßunterteil mit Wackelboden, Randdurchmesser 10,8 cm, erhaltene Höhe 5 cm. Grobe Magerung, schlechter Brand. Außen graubraun, innen schwarz gefärbt *(Abb. 195,8)*.

TB 7: Beim Abgraben von Pl. 1–2, in Wallnähe. Kumpfartiges Gefäß, Rand leicht eingebogen. Magerung grob, Oberflächenglättung mäßig, Brand dürftig. Randdurchmesser ca. 20 cm *(Abb. 195,7)*; rotbrauner Becher, verjüngende Randlippe nach außen geknickt. Standfläche kaum abgesetzt. Oberfläche ungleichmäßig geglättet. Magerung grob, Brand mäßig. Höhe 6,4 cm, Randdurchmesser 7,9 cm *(Abb. 195,5)*.

TB 10: Beim Abtragen von Pl. 2 auf Pl. 3, in Wallnähe. Mündungsscherbe vom Kumpf (?). Magerung grob, Brand mäßig. Rand rußgeschwärzt. Randdurchmesser um 26 cm *(Abb. 195,4)*.

TB 13: Beim Putzen des Pl. 3, aus torfiger Schicht. Schmales, randlich beschädigtes oder abgenutztes Teil eines Holzbrettes (?) mit senkrechter Durchbohrung. Länge 14,2 cm, Breite 2,4 cm, Dicke 1,3 cm, Durchmesser der Bohrung 1,5 cm *(Abb. 198,2)*.

TB 16: Beim Abtragen der Fläche von Pl. 3 auf Pl. 4, in Wallnähe. Seitenbrett eines Daubengefäßes. Länge 53,5 cm, Breite 14,2 cm, Dicke 2,6 cm. Am oberen Ende halbbogenförmig ausgearbeitete Grifföffnung, innerer Durchmesser des tonnenförmigen Behälters 85–90 cm *(Abb. 196,1)*.

TB 17: Beim Abtragen der Fläche von Pl. 4 auf Pl. 5. Teil eines Holzbrettes oder Daubengefäßbodens mit angekohltem Ende. Erhaltene Länge 15,3 cm, Breite 4,9 cm, Dicke 1,5 cm *(Abb. 198,3)*; Messergriff oder Holzpflock. Erhaltene Länge 8,8 cm, Durchmesser 2,1 cm. Im Bereich der »Griffangel« ausgebrochen. Unbeschädigtes Ende leicht profiliert Querschnitt rund *(Abb. 196,3)*.

TB 21: Beim Putzen von Pl. 3. Zerbrochenes Holzbrett. Erhaltene Länge 34,2 cm, Breite bis 11 cm; seitlich Spuren von Bearbeitung *(Abb. 198,5)*.

TB 22: Beim Abtragen des Pl. 5 auf Pl. 6. Dübelförmiges Holzstück. Unbeschädigtes Ende profiliert. Querschnitt oval, Durchmesser am Ende 4,3 x 3 cm. Schaft oval, Durchmesser 2,9 mal 2,4 cm. Erhaltene Länge 13 cm *(Abb. 196,5)*; Stück vom Holzbrett mit senkrechter Durchbohrung. Ein Ende durch glatten Schnitt abgetrennt. Länge 12,5 cm, Breite 7,5 cm, Dicke 1,6 cm. Durchmesser des Bohrloches 1,5 cm *(Abb. 197,6)*; flache Holzbohle mit Durchbohrung oder länglicher Durchlochung und abgerundetem Ende 13 cm oberhalb des Bohransatzes. Erhaltene Länge 31,6 cm, Breite bis 8,4 cm, Dicke 2,2 cm. Durchmesser der Durchbohrung etwa 2 cm *(Abb. 197,7)*.

TB 24: Beim Abtragen der Fläche von Pl. 6 auf Pl. 7. Gedrechselter flacher Holzteller. Außenseite mit abgesetztem Fuß (Durchmesser 7,6 cm), innen mit hervorgehobenem, 3,2 cm breitem Rand. Spuren von rotierender Verarbeitung. Durchmesser 22,3 cm *(Abb. 196,7)*.

TB 25: Beim Abgraben der Fläche von Pl. 6 auf Pl. 7. Randscherbe, wenig verdickt. Auf der Schulter vier schmale Riefen. Oberfläche ehemals geglättet, später stark verwittert. Mündungsdurchmesser 28 cm *(Abb. 156,2)*; Mündungsscherbe, verdickt. Schulter mit schmalen Riefen. Zwischen Randumbruch und Riefe schmale, senkrechte Rillen. Fein gemagert; hartgebrannt, Oberfläche gut geglättet. Randdurchmesser 12 cm *(Abb. 157,1)*.

TB 26: Beim Abtragen der Fläche von Pl. 6 auf Pl. 7. Bauchiges Gefäß, 1,5 cm hoher Rand, nach außen geknickt, unverdickt, Durchmesser 16 cm. Schulter gerundet, Magerung grob, Glättung mäßig, Brand dürftig. Außen und innen durch Ruß geschwärzt *(Abb. 195,1)*; Randscherben, Profil auswärts geknickt, Durchmesser ca. 30 cm. Magerung grob, Brand schlecht, Glättung mäßig. Außen Rußschwärzung. Magerung mit wenigen Einschlüssen von Getreidekörnern und Halmen *(Abb. 195,9)*; angespitzter Rundholzpfahl. Rinde noch stellenweise erhalten. Erhaltene Länge 35,5 cm, oberer Durchmesser 5 cm *(Abb. 197,4)*; Bohlenteil mit abgerundeten Seiten. Breitseite mit länglicher Durchlochung. Erhaltene Länge 20 cm, Breite 7,1 cm, Dicke bis 4,6 cm. Breite der Durchlochung 2,5 cm *(Abb. 197,1)*; Holzbohlenstück, rechteckig durchlocht. Seiten teils gerundet, teils mit erhaltener Rinde. Ende schräg abgeschnitten. Erhaltene Länge 18,5 cm, Breite bis 8 cm, Dicke 4,5 cm *(Abb. 197,2)*; Balkenstück. Querschnitt quadratisch, Durchbohrung 13,5 cm. Balkenende rechteckig. Erhaltene Länge 29 cm, Breite 6,5 cm, Dicke 5,5 cm. Durchmesser der Durchbohrung 2,8 cm *(Abb. 197,5)*; Balkenteil, senkrecht durchbohrt. Erhaltene Länge 31,5 cm, Breite 5 cm, Dicke 3,2 cm *(Abb. 198,4)*; bearbeitetes Rundholz, Ende kalottenförmig. Erhaltene Länge 32,1 cm, Durchmesser 2,5 cm *(Abb. 196,2)*; Latte mit endständigen Löchern. Länge 37,2 cm, Mittelteil mit ovalem Querschnitt, Durchmesser 3 cm. An beiden verdickten Enden Durchbohrungen: Durchmesser 1,5 cm und 1,8 cm *(Abb. 196,6)*; kantiger Holzbalken mit zwei länglichen Durchlochungen. Sekundär als angespitzter Holzpfahl verwendet. Querschnitt nahezu rechteckig. Oberes Ende senkrecht abgeschnitten. Erhaltene Länge 53,6 cm, Breite bis 7,3 cm. Beginn der Durchlochungen 9 cm und 35 cm unter dem Ende. Länge der Durchlochung 5,6 cm und 3,5? cm *(Abb. 197,3)*.

TB 27: Aus kaiserzeitlicher Fundschicht. Weitmundiges Standfußgefäß. Rand leicht verdickt. 1,2 cm unter Mündung drei Schmalriefen. Unter Fußansatz zunächst Band mit horizontalem, bis 1 cm oberhalb Standfläche senkrechtem Kammstrich. Färbung graubraun, Oberfläche gut geglättet, Magerung feinkörnig. Harter

Brand. Höhe etwa 10,5 cm, Randdurchmesser 18 cm. Standfläche 7,8 cm *(Abb. 157,10)*; Wandscherbe eines Topfes, auf dem Hals Rillenpaar, darunter Dreiecke aus Rillen. Oberfläche braungrau, gut geglättet, Magerung feinkörnig, Brand hart (2 Scherben) *(Abb. 157,5)*.

TB 29a: Aus kaiserzeitlicher Fundschicht. Wandscherbe mit Reihen halbbogenförmiger Einstiche. Grob gemagert, mäßig gebrannt (neolithisch?) *(Abb. 157,7)*; stufenförmig bearbeitetes Holzstück (Griff?). Querschnitt halbrund. Erhaltene Länge 8,5 cm, Breite 2.3 cm, Dicke 1,3 cm *(Abb. 196,4)*.

TB 31: Beim Abtragen von Pl. 7 auf Pl. 8 (ca. 2,05–1,85 cm über NN). Rand eines Specksteingefäßes. Außenseite durch Ruß geschwärzt. Wandstärke zwischen 1,5 cm und 2 cm. 1,9 cm unter Mündung Reste einer Durchbohrung *(Abb. 195,2)*; Rundholz, teilweise Rinde erhalten. Spitze abgesetzt und herausgearbeitet. Oberes Ende abgebrochen. Erhaltene Länge 39 cm, Durchmesser des Schaftes 3,9 cm *(Abb. 198,1)*.

TB 32a: Unterhalb des Schilftorfes, oberhalb der kaiserzeitlichen Fundschicht. Scherben eines dünnwandigen, schwarzen Gefäßes, Oberfläche poliert. Rand verdickt-facettiert, abgesetzt. Durchmesser ca. 16 cm. Schulter mit drei schmalen Riefen. Feinkörniger, hartgebrannter Ton *(Abb. 157,3)*; Rand, verdickt-facettiert. Durchmesser etwa 24 cm. Oberfläche gut geglättet, Magerung mittelfein, Brand hart *(Abb. 157,4)*; Fußansatz eines Pokalgefäßes. Stark abgeplatzte Oberfläche, Durchmesser ca. 8 cm *(Abb. 157,6)*; Wandscherbe, Oberfläche gut geglättet. Verzierung aus feinen runden Einstichen, begrenzt von tiefen Rillen *(Abb. 157,8)*.

TB 32b: Aus Schicht unterhalb des Schilftorfes, oberhalb der kaiserzeitlichen Fundstrate. Kegelstumpfförmiges Webgewicht aus porösem Material (Häcksel?). Höhe 10,6 cm, Bodenbreite 8,5 mal 8,2 cm, Oberseite 5 x 5 cm. Durchbohrung 4 cm unter der Oberkante. Rötlichgrau, grob geglättet *(Abb. 157,9)*.

TB 37: Streufund: Mahlsteinhälfte mit abgeschlagenen Kanten(?). Durchmesser 27 cm, Dicke 9,6 cm. Im Zentrum der fast planen Arbeitsfläche flache Mulde. Durchmesser 6 cm. Widerlager für Drehmühle (?).

TB – ohne Nr.: Beim Abtragen von Pl. 7 auf Pl. 8. Randteil eines Specksteingefäßes. Außenseite rußgeschwärzt, Wandstärke zwischen 1,4 cm und 2,3 cm. 2,3 cm unter der Mündung Reste einer senkrechten Durchbohrung *(Abb. 195,3)*.

FUNDKATALOG TRÆLBANKEN

Die Funde stammen, abgesehen von einigen Holzproben, ausschließlich von der Fläche innerhalb des Walles. Die folgende Beschreibung enthält nur jene Stücke, die *Abb. 177* darstellt, das weniger bedeutsame Material konnte allein in der Auswertung Berücksichtigung finden. Zur Unterscheidung des Materials vom Fundgut aus der Archsumburg (AB) und der Tinnumburg (TB) werden hier den einzelnen Fundnummern die Buchstaben KG (für Kærgård) vorangestellt.

Die Tiefen der Einzelplana ergeben sich aus folgender Aufstellung:

Plana	Fläche West (1)	Fläche Ost (2)
1	Nur Abtrag der Ackerkrume	
2	----	255 m DNN
3	v.W.n.O.: 236–243 m DNN	v.W.n.O.: 231–230 m DNN
4	v.W.n.O.: 218–222 m DNN	v.W.n.O.: 219 m DNN
5	v.W.n.O.: 194–198 m DNN	v.W.n.O.: 195–198 m DNN
6	v.W.n.O.: 177–182 m DNN	v.W.n.O.: 176–180 m DNN
7	v.W.n.O.: 150–160 m DNN (weißer Sand)	v.W.n.O.: 160–164 m DNN (weißer Sand)

DNN: Dänisches Höhenmaß, 0,11 m unter dem Normalnull der Bundesrepublik.

KG 12: Etwa 5 cm unter Pl. 4 (7,3 m NS, 75,5 m OW). 38 Scherben eines grauschwarzen, feingemagerten engmundigen Topfes mit dünner Wandung und verzierter Schulter. Oberfläche nahezu poliert. Rand fehlt. Verzierung unter Halsumbruch: drei Paare horizontaler, schmaler Riefen im Abstand von 2,5 und 4 cm, dazwischen Felder mit schwach ausgebildeten Rillengruppen in Dreiecken. Harck 1979, Abb. 10,7 *(Abb. 177,12)*.

KG 14: (6,4 m NS; 75,2 m OW) Höhe 2,13 über DNN. Braungraue Mündungsscherbe mit Henkelansatz. Rand nach außen geknickt, verdickt-facettiert. Wandung dünn, Magerung mittelfein. Riefenornament auf der Schulter. Randdurchmesser 21 cm. Harck 1979, Abb. 10,3 *(Abb. 177,6)*.

KG 17: (6,7 m NS; 75,1 m OW) Höhe 2,13 m über DNN. Rand dreifach facettiert, verdickt, nach außen geknickt. Oberfläche glatt, rotbraun. Schulter mit drei flachen breiten Riefen. Mittelgrobe Magerung. Harck 1979, Abb. 10,4 *(Abb. 177,2)*.

KG 18: (7,4 m NS; 74,9 m OW) ca. 15 cm unter Pl. 4. Bandhenkelrest in X-Form. Oberfläche geglättet, Magerung mittelgrob. Harck 1979, Abb. 10,11 *(Abb. 177,10)*.

KG 21: (7,45 m NS; 81,25 m OW) ca. 10 cm unter Pl. 4. Braungraue Bodenscherbe. Unterteil geglättet, Standfläche mit Quarzkörnern angerauht. Durchmesser 16 cm. Harck 1979, Abb. 10,12 *(Abb. 177,7)*.

KG 26: (7,2 m NS; 75,6 m OW) im Abtrag zu Pl. 5. Randscherbe, verdickt-facettiert, nach außen geknickt. Oberfläche braun, gut geglättet, nahezu poliert. Schulter mit drei schwach erkennbaren horizontalen, schmalen Riefen. Wandung dünn, Magerung mittelgrob. Durchmesser 22,5 cm. Harck 1979, Abb. 10,2 *(Abb. 177,8)*.

KG 28: Aus Abtrag von Pl. 4 bis 5 und im Nordprofil bei 77,10 m OW, 2,07 m über DNN. Scherben eines außen braungrauen Gefäßes mit kräftigem Bauchumbruch und X-förmigem Bandhenkel. Unterteil mit senkrechtem Kammstrich, oberhalb des Umbruchs glatt. Magerung mittelfein. Harck 1979, Abb. 10,8 *(Abb. 177,11)*.

KG 32: (6,0 m NS; 79,0 m OW) aus Abtrag von Pl. 4 auf 5. Braune Randscherbe, kaum verdickt, nach außen geknickt und facettiert. Schulter mit drei breiten Riefen. Wandung dünn, Magerung mittelfein. Harck 1979, Abb. 10,6 *(Abb. 177,1)*.

KG 34: (5,8 m NS; 78,0 m OW) beim Abgraben von Pl. 4 auf 5. Bodenscherbe eines graubraunen Gefäßes, Wandung glatt, Magerung mittelfein. Harck 1979, Abb. 10,10 *Abb. 177,5).*

KG 36: (6,8 m NS; 78,8 m OW) beim Abgraben von Pl. 4 auf 5. Braungrauer Stabhenkel mit rundlichem Querschnitt. Magerung mittelfein. Harck 1979, Abb. 10,9 *(Abb. 177,9).*

KG 38: Im Nordprofil bei 75,05 m OW, Höhe 2,06 m DNN. Dünnwandige, graubraune Randscherbe, verdickt-facettiert. Oberfläche poliert. Schulter mit drei horizontalen Riefen. Magerung mittelgrob *(Abb. 177,3).*

KG 41: Streufund. Geglättete braune Scherbe mit tiefer horizontaler Rille und zwei breiten, flachen Riefen. Harck 1979, Abb. 10,4 *(Abb. 177,4).*

Aus dem Graben vor dem Primärwall zwischen 63–65 m OW: o. Nr.: Holzspan, Länge 16 cm *(Abb. 176).*

Aus dem Graben am inneren Wallfuß: KG 67: Rechteckiger Eichenspan mit schräger Schlagfläche. Länge 20,5 cm, Breite 9,1 cm, Dicke 3,5 cm *(Abb. 176).*

Literaturverzeichnis zum archäologischen Teil

I Georg Kossack, Ole Harck, Jürgen Newig, Dietrich Hoffmann, Horst Willkomm, Fritz-Rudolf Averdieck u. Joachim Reichstein; Archsum auf Sylt, Teil 1. Einführung in Forschungsverlauf und Landschaftsgeschichte. Röm.-Germ. Forsch. 39 = Stud. Küstenarch. Schleswig-Holstein, Ser. B,1 (1980).

II Georg Kossack, Fritz-Rudolf Averdieck, Hans-Peter Blume, Ole Harck, Dietrich Hoffmann, Helmut Johannes Kroll u. Joachim Reichstein, Archsum auf Sylt, Teil 2. Landwirtschaft und Umwelt in vor- und frühgeschichtlicher Zeit. Röm.-Germ. Forsch. 44 = Stud. Küstenarch. Schleswig-Holstein, Ser. B,2 (1987).

Ahrens, C., 1966: Vorgeschichte des Kreises Pinneberg und der Insel Helgoland.

Albrectsen, E., 1946: Fyns Bebyggelse i den ældre Jernalder. Årbøger 1946, 1–71.

Albrectsen, E., 1956: Fynske Jernaldergrave 2.

Albrectsen, E., 1968: Fynske Jernaldergrave 3.

Andersen, H. H., 1985: Zum neuen Schnitt am Hauptwall des Danewerks. Arch. Korrbl. 15, 525–529.

Aner, E., und Kersten, K., 1979: Die Funde der älteren Bronzezeit des nordischen Kreises in Dänemark, Schleswig-Holstein und Niedersachsen V: Südschleswig-West.

Bantelmann, A., 1949: Ergebnisse der Marschenarchäologie in Schleswig-Holstein. Offa 8, 75–88.

Bantelmann, A., 1955: Tofting, eine vorgeschichtliche Warft an der Eidermündung.

Bantelmann, A., 1957/58: Die kaiserzeitliche Marschensiedlung von Ostermoor bei Brunsbüttelkoog. Offa 16, 53–79.

Bantelmann, A., 1967: Die Landschaftsentwicklung an der schleswig-holsteinischen Westküste.

Bech, J.-H., 1984: Heltborg – en ny byhøj fra Thylands ældre jernalder. Hikuin 10, 39–56.

Bech, J.-H., 1985: The Iron Age Village Mound at Heltborg, Thy. Journal Danish Arch. 4, 129–146.

Becker, C. J., 1961: Førromersk jernalder i Syd – og Midtjylland.

Becker, C. J., 1971: »Mosepotter« fra Danmarks jernalder. Årbøger 1971, 5–60.

Bloemers, J. H. F., 1978: Rijswijk (Z. H.), »De Bult«. Eine Siedlung der Cananefaten.

Boas, N. A., 1983: Kridtkælder. Skalk 1983, H. 6, 9–13.

Boeles, P. C. J. A., 1951: Friesland tot de elfde Eeuw.

Booysen, J., 1833: Die Silter Burgrudera. In: A. L. J. Michelsen u. J. Asmussen, Archiv für Staats- und Kirchengeschichte der Herzogthümer Schleswig, Holstein, Lauenburg, 259–261.

Borg, K., Näsmann, U. u. Wegraeus E. (Hrsg.), 1976 u. 1979: Eketorp, Fortification and Settlement on Öland/Sweden.

Brandt, J., 1951: Die vor- und nachchristliche Eisenzeit auf den nordfriesischen Inseln (ungedr. Diss. Kiel).

Brandt, R. W., 1983: De archeologie van de Zaanstreek. Westerheem 32, H. 2/3, 120–137.

Brøndsted, J., 1963: Nordische Vorzeit 3.

Camerer, J. F., 1756: Sechs Schreiben von einigen Merkwürdigkeiten der hollsteinischen Gegenden.

Camerer, J. F., 1762: Vermischte historisch-politische Nachrichten.

Capelle, T., 1976: Holzgefäße vom Neolithikum bis zum späten Mittelalter.

Christensen, K. V., 1959: Middelalderbro i Vejleådalen og Trælborg voldsted. Vejle amts årbog, 115–130.

Christiansen, L., o. J.: Chronik der Insel Sylt (Archiv der Söllring Foriining).

Cosack, E., 1977: Zur Konstruktion einer Hüttenwand aus einer kaiserzeitlichen Siedlung bei Stolzenau, Kr. Nienburg (Weser). Nachr. Niedersachs. Urgesch. 46, 253–261.

Cosack, E., 1979: Die Fibeln der Älteren Römischen Kaiserzeit in der Germania libera 1.

Crumlin-Pedersen, O., 1975: »Æ Lei« og »Margrethes bro«, Nordslesvigske mus. 2, 9–25.

Cunliffe, B., 1974: Iron Age Communities in Britain.

Cunliffe, B., 1983: Danebury. Anatomy of an Iron Age Hillfort.

Danckwerth, C., 1652: Die Landkarten von Johannes Mejer, Husum, aus der Neuen Landesbeschreibung der zwei Herzogthümer Schleswig und Holstein (Nachdruck 1963).

Dehn-Nielsen, H., 1976: 348 oldtidsminder i Jylland.

Dieckmann, B., 1973: Ein früheisenzeitlicher Fundplatz bei Kapern, Kr. Lüchow-Dannenberg. Nachr. Niedersachs. Urgesch. 42, 250–253.

Dietz, C., u. Heck, H.-L., 1952: Geologische Karte von Deutschland. Erläuterungen zu den Blättern Sylt-Nord und Sylt-Süd.

Draiby, B., 1984: Fragtrup – en boplads fra yngre bronzealder i Vesthimmerland. Årbøger, 127–216.

Eggers, R., 1973: Fundchronik Land Freie Hansestadt Bremen-Bremerhaven. Bremer Arch. Bl. 6, 43 ff.

Engström, J., 1984: Torsburgen. Tolkning av en gotländsk fornborg.

van Es, W. A., 1958: Een versterkte nederzetting te Vries. Voorlopig verslag. Nieuwe Drentse Volksalmanak 76, 50–66.

van Es, W. A., 1967: Wijster, A native Village beyond the imperial Frontier 150–425 A. D. Palaeohistoria 11, 5–595.

van Es, W. A., 1968: Paddepoel, Excavations of frustrated Terps, 200 B. C. – 250 A. D. Palaeohistoria 14 (1970) 187–352.

van Es, W. A., u. Miedema, M., 1970/71: Leeuwarden: small terp under the Oldehove Cemetry. Ber. Amersfoort 20–21, 89–117.

Ethelberg, P., 1986: Hjemsted – en gravplads fra 4. og 5. årh. e. Kr.

Falck, N. (Hrsg.), 1819: M. Anton Heimreichs nordfriesische Chronik (Nachdruck 1979). Beilage 2, 343–348.

Fehring, G. P., 1982: Germanische, slawische sowie deutsch-dänische Burganlagen an der Landbrücke zum Lübecker Stadthügel. Arch. Korrbl. 12, 93–99.

Fehring, G. P., 1982: Grabungsbefunde zum slawischen Burgwall Bucu und zur landesherrlichen Burg mit zugehörigem Brunnen im Burgkloster zu Lübeck – Ein Zwischenbericht. Lübecker Schr. Arch. u. Kulturgesch. 6, 77–98.

Friis, P., u. Lysdahl Jensen, P., 1966: En jernalder – hustomt med kælder på Grønhedens mark. Kuml 1966, 31–57.

Glob, P. V., 1944: Studier over den jyske Enkeltgravskultur. Årbøger (1945), 1–282.

Glob, P. V., 1952: Danske Oldsager II.

Gray, H. S., 1933: Trial-excavations in the so-called »Danish Camp« at Warham, near Wells, Norfolk. Antiqu. Journal 13, 399–413.

Haarnagel, W., 1937: Die frühgeschichtlichen Siedlungen in der schleswig-holsteinischen Elb- und Störmarsch, insbesondere die Siedlung Hodorf. Offa 2, 31–78.

Haarnagel, W., 1965: Die Grabung auf der Heidenschanze bei Wesermünde im Jahre 1958. In: R. v. Uslar (Hrsg.). Studien aus Alteuropa 2 (Festschr. K. Tackenberg) 142–178.

Haarnagel, W., 1979: Die Grabung Feddersen Wierde. Methode, Hausbau, Siedlungs- und Wirtschaftsformen sowie Sozialstruktur. Feddersen Wierde 2.

Hachmann, R., 1960: Die Chronologie der jüngeren vorrömischen Eisenzeit. Studien zum Stand der Forschung im nördlichen Mitteleuropa und in Skandinavien. Ber. RGK 41 (1961) 1–276.

Häßler, H.-J., 1977: Zur inneren Gliederung und Verbreitung der vorrömischen Eisenzeit im südlichen Niederelbegebiet.

Hahn, K.-D., 1977: Die einheimische Keramik von Haithabu (Diss. Kiel).

Handelmann, H., 1873: Die Bauernburgen auf den nordfriesischen Inseln. Zeitschr. Schleswig-Holstein. Gesch. 3, 54–75.

Hansen, C. P., 1856: Chronik der Friesischen Uthlande..

Hansen, C. P., 1859: Die nordfriesische Insel Sylt, wie sie war und wie sie ist.

Hansen, C. P., 1865: Das Schleswig'sche Wattenmeer und die friesischen Inseln (1865).

Harck, O., 1972/73: Nordostniedersachsen vom Beginn der jüngeren Bronzezeit bis zum frühen Mittelalter.

Harck, O., 1979: »Landesaufnahme« som udgangspunkt for bebyggelses-historiske undersøgelser. In: H. Thrane (Hrsg.), Bebyggelseshistorisk metode og teknik (Kongr. Odense 1978). Skr. Hist. Inst. Odense 23, 14–19.

Harck, O., 1979: Trælbanken ved Kærgård – et voldsted fra oldtiden. Nordslesvigske Mus. 6, 29–41.

Harck, O., 1982: Eine Siedlungsgrube der Völkerwanderungszeit aus Bergen a. d. Dumme, Kr. Lüchow-Dannenberg, Niedersachsen. Stud. Sachsenforsch. 3, 31–51.

Harck, O., 1984a: Gefäßopfer der Eisenzeit im nördlichen Mitteleuropa. Frühmittelalterl. Stud. 18, 102–121.

Harck, O., 1984b: Töpferei. In: G. Kossack, K.-E. Behre u. P. Schmid (Hrsg.), Archäologische und naturwissenschaftliche Untersuchungen in ländlichen und frühstädtischen Siedlungen im deutschen Küstengebiet vom 5. Jahrhundert v. Chr. bis zum 11. Jahrhundert n. Chr. 1: Ländliche Siedlungen, 295–298.

Harck, O., 1984c: Hausrat, Trachtzubehör, Schmuck. Ebd. 309–336.

Harck, O., 1986: Archäologische Untersuchungen in Wallanlagen Nordfrieslands. Ber. RGK 67 (1987) 362–372.

Harck, O., Hoffmann, D., u. Schäfer, G., 1974: Großsteingräber am Sylter Weststrand. Offa 31, 126–132.

Harding, D. W. (Hrsg.), 1976: Hillforts. Later Prehistoric Earthworks in Britain and Ireland.

Hatt, G., 1928: To Bopladsfund fra ældre Jernalder fra Mors og Himmerland. Årbøger, 219–260.

Hatt, G., 1938: Jernalders Bopladser i Himmerland. Årbøger, 119–266.

Hatt, G., 1953: An Early Roman Iron Age Dwelling Site in Holmsland, West Jutland. Acta Arch. 24, 1–25.

Hatt, G., 1957: Nørre Fjand. An early Iron - Age Village Site in West Jutland.

Helbig, A., 1989: Eine kaiserzeitliche Siedlung auf Amrum. Das Fundmaterial (ungedr. Magisterarbeit Kiel).

Hingst, H., 1951: Die Siedlungskeramik vom Püttkampsweg in Hamburg-Osdorf. Hammaburg 3, H. 7, 42–53.

Hingst, H., 1952: Die Wittorfer Burg. Offa 10, 54–60.

Hingst, H., 1983: Die vorrömische Eisenzeit Westholsteins.

Hinz, H., 1954: Vorgeschichte des nordfriesischen Festlandes.

Hoffmann, D., 1968: Aufbau und Alter der Marsch im Kern der Insel Sylt (ungedr. Diss. Kiel).

Hoffmann, D., 1974: Aufbau und Alter der Marsch im Kern der Insel Sylt. Ber. RGK 55 (1975) 378–385.

Hvass, St., 1984: Trældiget. Vejle amts årbog, 89–107.

Hvass, St., 1985: Hodde. Et vestjysk landsbysamfund fra ældre jernalder.

Iversen, J., 1967: Danmarks Natur 1, 420–421.

J. O. 1967: Lillebitte lerkar. Skalk, H. 4, 32.

Jacobsen, J. A., u. Halling Lorentzen, A., 1986: Usynlige husfæller. Skalk, H. 2, 8–10.

Jacobsen, J. L., 1975: Kastrup: Offer eller gravplads? Nordslesvigske mus. 2, 30–37.

Jankuhn, H., 1937: Die Wehranlagen der Wikingerzeit zwischen Schlei und Treene.

Jankuhn, H., 1943: Die Ausgrabungen in Haithabu (1937–1939).

Jensen, S., 1976: Byhøjene i Thy og aspekter af samfundsudviklingen i ældre jernalder. Mus. Viborg amt 6, 64–77.

Jensen, S., 1986/87: Gårde fra vikingetiden ved Gl. Hviding og Vilslev. Mark og montre, 5–26.

Jørgensen, E., 1968: Sønder Vilstrup-fundet. En gravplads fra den ældre jernalder. Årbøger, 32–90.

Kaul, F., 1985: Priorsløkke – en befæstet jernalderlandsby fra ældre romersk jernalder ved Horsens. Nationalmus. Arbejdsmark, 172–183.

Kaul, F., u. Nielsen, B. H., 1981: Fjendtlig jernalder. Skalk, H. 5, 9–13.

Kaul, F., 1984: Den befæstede landsby. Skalk, H. 5, 10–14.

Kersten, K., 1951: Vorgeschichte des Kreises Herzogtum Lauenburg.

Kersten, K., 1967: Vorgeschichte der Insel Sylt. In: M. und N. Hansen (Hrsg.), Sylt. Geschichte und Gestalt einer Insel, 11–34.

Kersten, K., 1968: Die Tinnumburg auf Sylt. Führer zu frühgeschichtlichen Denkmälern 9, 232–234.

Kersten, K., u. La Baume, P., 1958: Vorgeschichte der nordfriesischen Inseln.

Kingo Jacobsen, N., 1964: Træk af Tøndermarskens naturgeografi. Folia Geographica Danica 7, 1.

Kjær, H., 1930: En ny Hustomt paa Oldtidsbopladsen ved Ginderup. Nationalmus. Arbejdsmark 1930, 19–30.

Kjærum, P., 1960: Stensatte Jernalder-Kældre i Vendsyssel. Kuml, 62–89.

Klindt-Jensen, O., 1949: Foreign Influences in Denmark's Early Iron Age. Acta Arch. 20, 1–229.

Klose, O., u. Martius, L., 1962: Ortsansichten und Stadtpläne der Herzogtümer Schleswig, Holstein und Lauenburg.

Kossack, G., 1974: Neues zur Archsumburg auf Sylt. Die Heimat 81, 109–113.

Kossack, G., 1982: Stand und Probleme siedlungsarchäologischer Forschung in Archsum auf Sylt. Offa 39, 183–188.

Kossack, G., u. Harck, O., 1973: Grabungen in der Archsumburg auf Sylt. Germania 51, 477–499.

Kossack, G., Harck, u. Reichstein, J., 1974: Zehn Jahre Siedlungsforschung in Archsum auf Sylt. Ber. RGK 55 (1975) 261–377

Kossack, G., Behre, K.-E., u. Schmid, P. (Hrsg.), 1984: Archäologische und naturwissenschaftliche Untersuchungen an ländlichen und frühstädtischen Siedlungen im deutschen Küstengebiet vom 5. Jahrhundert v. Chr. bis zum 11. Jahrhundert n. Chr. 1: Ländliche Siedlungen.

Kramer, E., 1984a: Finds from the Pre-Roman Iron Age near Kimswerd (Municipality Wonseradeel). Helinium 24, 221–239.

Kramer, W., 1984b: Die Datierung der Feldsteinmauer des Danewerks – Vorbericht einer neuen Ausgrabung am Hauptwall. Arch. Korrbl. 14, 343–350.

Krüger, B. (Hrsg.), 1976: Die Germanen. Geschichte und Kultur der germanischen Stämme in Mitteleuropa.

Künzl, E., 1976: Die Silberschale des 4. Jhs. n. Chr. aus Altenwalde. Führer zu vor- und frühgeschichtlichen Denkmälern 31, 73–79.

Kuhn, H., 1984: Zu den alten Wallburgen Nordfrieslands. Nordfries. Jahrb. N. F. 20, 15–33.

Kvist, J., 1948/51: Trælborg i Veerst skov. Fra Ribe amt 12, 213–227.

La Baume, P., 1952/53: Die Wikingerzeit auf den Nordfriesischen Inseln. Jahrb. Nordfries. Ver. Heimatkde. u. Heimatliebe 29.

La Cour, V., u. Stiesdal, H., 1957: Danske Voldsteder. Fra Oldtid og Middelalder. Tisted amt.

La Cour, V., 1963: Danske Voldsteder. Fra Oldtid og Middelalder, Hjørring amt.

La Cour, V., 1972: Danske Borganlæg til midten af det trettende århundrede.

Lagler, K., 1982: Einige vorgeschichtliche Keramikscherben aus der Lübecker Innenstadt. Lübecker Schr. Arch. u. Kulturgesch. 6, 335–337.

Lagler, K., 1989: Sörup II und Südensee. Zwei eisenzeitliche Urnenfriedhöfe in Angeln.

Laur, W., 1967: Historisches Ortsnamenlexikon von Schleswig-Holstein.

Laux, F., 1982: Der Lüneburger Schweinetopf. Ein Gefäß der bürgerlichen Küche des 17. Jahrhunderts. Aus dem Alltag der mittelalterlichen Stadt. H. d. Focke Mus. 62, 123–132.

Leeds, E. T., 1927: Excavations at Chun Castle in Penwith, Cornwall. Antiquity 26, 205–240.

Liversage, D., 1982: An uncompleted Fortification on Sejerø. Journal Danish Arch. 1, 87–93.

Löbert, H. W., 1982: Die Keramik der Vorrömischen Eisenzeit und Römischen Kaiserzeit von Hatzum/Boomborg (Kr. Leer). Probl. Küstenforsch. 14, 11–121.

Lohmeyer, K., 1936: Die Burg auf der Altenwalder Höhe und die Wälle in der Altenwalder Heide. Jahrb. Männer vom Morgenstern 27, 92–105.

Lomborg, E., 1964: Myrthue-graven. Kuml 1964, 31–51.

Lund, J., 1975: Overbygård – en boplads med »underjordiske« huse. Hikuin 2, 97–110.

Lund, J., 1976: Overbygård – en jernalderlandsby med neddybede huse. Kuml 1976, 129–150.

Lund, J., 1977: Overbygård – landsbyen fra ældre romersk jernalder. Vendsyssel Nu og Da 1, 53–62.

Lund, J., 1984: Nedgravede huse og kældre i ældre jernalder. Hikuin 10, 57–82.

Manneke, P., 1965/66: Die Havoruntersuchung. Vorläufige Mitteilungen. Tor 11, 137–154.

(Ohne Verf., 1961) Med arkæologien Danmark rundt.

Mestorf, J., 1886: Urnenfriedhöfe in Schleswig-Holstein.

Miedema, M., 1983: Vijfentwintig eeuwen bewoning in het Terpenland ten Noordwesten van Groningen (ungedr. Diss. Amsterdam).

Mildenberger, G., 1978: Germanische Burgen.

Møllerop, O., 1971: De ringformede tunanlegg i Rogaland. Fra Haug ok Heidni 4, H. 3, 151–166.

Müller, S., 1888/95: Ordning af Danmarks Oldsager II. Jernalderen.

Müller, S., 1900: Fremmede Lerkar fra Romersk Tid. Årbøger, 162–165.

Müller-Wille, M., 1977: Bäuerliche Siedlungen der Bronze- und Eisenzeit in den Nordseegebieten. In: H. Jankuhn, R. Schützeichel u. F. Schwind (Hrsg.), Das Dorf der Eisenzeit und des frühen Mittelalters, 153–218.

Neergaard, C., 1916: Sønderjyllands Jærnalder I. Årbøger, 227–302.

Neergaard, C., 1931: Nogle sønderjydske Fund fra den ældre Jærnalder. Nationalmus. Arbejdsmark 1931, 63–80.

Neugebauer, W., 1964/65: Alt-Lübeck. Ein Forschungsbericht. 1 Der Burgwall Alt-Lübeck. Geschichte, Stand und Aufgaben der Forschung. Offa 21/22, 127–257.

Neumann, H., 1950/51: Årsberetning 1950–51. Haderslev amts mus. 4, 3–28.

Neumann, H., 1955: Fund og erhvervelser. Haderslev amts mus. 5, 8–27.

Neumann, H., 1982: Olgerdiget – et bidrag til Danmarks tidligste historie.

Nielsen, J. N., 1972: Byhøj fra Nørhå. Mus. Viborg amt 2, 68–81.

Niquet, F., 1966: Probegrabung auf dem »Erbbrink« bei Seinstedt, Kreis Wolfenbüttel, einem Siedlungsplatz des ersten Jahrtausends nach Chr. Geb. Neue Ausgr. u. Forsch. Niedersachsen 3, 102–144.

Norling-Christensen, H., 1954: Katalog over ældre romersk jærnalders grave i Århus amt.

Oppermann, A. v., u. Schuchhardt, C., 1888–1916: Atlas vorgeschichtlicher Befestigungen in Niedersachsen.

Prange, W., 1963: Das Holozän und seine Datierung in den Marschen des Arlau-Gebietes, Nordfriesland. Meyniana 13, 47–76.

Prange, W., 1968: Geologische Untersuchungen in den Marschen der alten Köge vor Bredstedt, Nordfriesland. Neues Jahrb. Geol., Mineralogie u. Paläontologie 10, 619–640.

Prinz, H., 1982: Abriß der Ingenieurgeologie.

Raddatz, K., 1974: Husby. Ein Gräberfeld der Eisenzeit in Schleswig 2.

Raddatz, K., 1981: Sörup I. Ein Gräberfeld der Eisenzeit in Angeln.

Resi, H. G., 1979: Die Specksteinfunde aus Haithabu. Ausgr. Haithabu 14.

Robra, E., 1907: Die Altenwalder Burg. Jahresber, Männer vom Morgenstern 9, 45 ff.

Röschmann, J., 1963: Vorgeschichte des Kreises Flensburg.

Rosborn, S., 1984: Hököpinge – Pile. Medeltida centralbygd i sydväst-skåne. Pugna Forensis-?Arkeologiska undersökningar kring Foteviken, Skåne 1981–83, 69–85.

Ross, A., 1968: Shafts, pits, wells – sanctuaries of the Belgic Britons? In: J. M. Coles u. D. D. A. Simpson, Studies in Ancient Europe. Essays presented to Stuart Piggott, 255–285.

Ross, A., u. Feachem, R., 1976: Ritual Rubbish? The Newstead Pits. In: J. V. S. Megaw (Hrsg.), To illustrate the Monuments. Essays on archaeology presented to Stuart Piggott on the occasion to his sixty-fifth birthday, 230–237.

Saggau, H., 1981. 1985: Bordesholm. Der Urnenfriedhof am Brautberg bei Bordesholm in Holstein 1 u. 2.

Schietzel, K., 1970: Hölzerne Kleinfunde aus Haithabu (Ausgrabung 1963–64). Ausgr. Haithabu 4, 77–91.

Schietzel, K., 1984: Hausrat in Haithabu. In: H. Jankuhn, K. Schietzel u. H. Reichstein (Hrsg.), Archäologische und naturwissenschaftliche Untersuchungen an ländlichen und frühstädtischen Siedlungen im deutschen Küstengebiet vom 5. Jahrhundert v. Chr. bis zum 11. Jahrhundert n. Chr. 2: Handelsplätze des frühen und hohen Mittelalters, 304–312.

Schindler, R., 1953/55: Eine germanische Siedlung des 1.–5. Jahrh. n. Chr. in Hamburg-Farmsen. Hammaburg 4, 173–196.

Schmid, P., 1957: Die vorrömische Eisenzeit im nordwestdeutschen Küstengebiet. Probleme Küstenforsch. 6, 49–98.

Schmid, P., 1965: Die Keramik des 1. bis 3. Jahrh. n. Chr. im Küstengebiet der südlichen Nordsee. Probleme Küstenforsch. 8, 9–46.

Schmid, P., 1976: Das Fundgebiet um Sievern. Führer zu vor- und frühgeschichtlichen Denkmälern 31, 30–45.

Schmid, P., u. Zimmermann, W. H., 1976: Flögeln – zur Struktur einer Siedlung des 1. bis 5. Jhs. n. Chr. im Küstengebiet der südlichen Nordsee. Probleme Küstenforsch. 11, 1–77.

Schmidt-Eppendorf, P., 1972: Der Sylter Chronist Hans Kielholt (Sylter Beitr. 5).

Schwarz, K., 1975: Die Geschichte eines keltischen Temenos im nördlichen Alpenvorland. Ausgrabungen in Deutschland 1, 324–358.

Selle, D., 1975: Archsum auf Sylt – eine historisch-geographische Strukturanalyse (1740–1800). (Staatsexamensarbeit Kiel) (Archsum-Archiv).

Sielmann, B., 1974: Eine mehrphasige Grubenanlage der vorrömischen Eisenzeit aus Rade, Kr. Harburg. Hammaburg N. F. 1, 57–67.

Spreckelsen, R., 1968: Sylter Leuchtfeuer und Seezeichen.

Stenberger, M., 1933: Öland under äldre järnåldern.

Steuer, H., 1979: Die Keramik aus der frühgeschichtlichen Wurt Elisenhof. Stud. Küstenarch. Schleswig-Holsteins Serie A,3.

Stieren, A., 1929: Vorgeschichtliche Bauten in Westfalen. Bodenaltert. Westfalen 1, 97–121.

Struve, K. W., 1975: Tönerne »Feuerböcke, Feuerkruken und -kästen« der vorrömischen Eisenzeit. Kölner Römer Illustrierte 2, 101.

Struve, K. W., 1981: Die Burgen in Schleswig-Holstein 1.

Stuurmann, P., 1968: Roman Period Pottery from the Zichtenburg Town Development Scheme, The Hague. Ber. Amersfoort 18, 163–174.

Szabó, M., Grenander-Nyberg, G. u. Myrdal, J., 1965: Die Holzfunde aus der frühgeschichtlichen Wurt Elisenhof. Stud. Küstenarch. Schleswig-Holsteins, Serie A, 5.

Thieme, W., 1981/83: Ein Urnenfriedhof der älteren römischen Eisenzeit in Garlstorf, Kreis Harburg. Hammaburg N. F. 6, 145–164.

Thomsen, N., 1959: Hus og kælder i romersk jernalder. Kuml, 13–27.

Thomsen, N., 1964: Myrthue, et gårdanlæg fra jernalder. Kuml (1965) 15–30.

Tischler, F., 1937: Fuhlsbüttel, ein Beitrag zur Sachsenfrage.

Tischler, F., 1955: Das Gräberfeld Oberjersdal, Kreis Hadersleben.

Trap, J. P., 1966: Danmark^5 10,2, 620–628.

Trier, B., 1969: Das Haus im Nordwesten der Germania Libera.

Vebæk, C. L., 1985: Petersminde – en sydjysk brandgravplads fra ældre romersk jernalder. Årbøger, 38–74.

Verwers, G. J., 1972: Das Kamps Veld in Haps in Neolithikum, Bronzezeit und Eisenzeit. Analecta Praehist. Leidensia 5.

Voss, O., 1957: Trælborg, Skalk, H. 4, 14–16.

Voss, O., u. Ørsnes-Christensen, M., 1948: Der Dollerupfund. Ein Doppelgrab aus der römischen Eisenzeit. Acta Arch. 19, 209–271.

de Vries, J., 1937: Altgermanische Religionsgeschichte 1–2.

Wait, G. A., 1985: Ritual and Religion in Iron Age Britain.

Waller, K., 1931: Chaukische Siedlungen an der Nordseeküste. Prähist. Zeitschr. 22, 145–168.

Waller, K., 1948: Die Silberschale von Altenwalde. Jahrb. Männer vom Morgenstern 31, 58–72.

Waller, K., 1958: Die Urne vom Löhberg. Die Kunde N. F. 9, 84–93.

Waller, K., 1959: Der Topf von Neu-Bachenbruch. Jahrb. Männer vom Morgenstern 40, 106–108.

Waterbolk, H. T., 1977: Walled Enclosures of the Iron Age in the North of the Netherlands. Palaeohistoria 19 (1978), 97–172.

Wegewitz, W., 1955: Zum Problem der »Abfallgruben«. Nachr. Niedersachs. Urgesch. 24, 3–31.

Wegewitz, W., 1957: Ein Rennfeuerofen aus einer Siedlung der älteren Römerzeit in Scharmbeck (Kreis Harburg). Nachr. Niedersachs. Urgesch. 26, 3–25.

Westhusen, F., 1957: Eine Siedlung der römischen Kaiserzeit in Hamburg-Gr. Borstel. Hammaburg 5, H. 11, 55–57.

Wilhelmi, K., 1977: Zur Funktion und Verbreitung dreieckiger Tongewichte der Eisenzeit. Germania 55, 180–184.

Wilhelmi, K., 1981: Die vorrömische Eisenzeit zwischen Sieg und Mittelweser. Kl. Schr. Vorgesch. Seminar Marburg 8.

Wilhelmi, K., 1987: Zur Besiedlungsgenese Englands und des nordwestlichen Kontinents von 1500 vor bis Christi Geburt. Acta Praehist. et Arch. 19, 71–84.

Wind, C., 1970: Een Nederzetting uit de Voor-Romeinse Ijzertijd te Rockanje. Westerheem 19, 242–261.

Zimmermann, W. H., 1976: Die Heidenstadt. Führer zu vor- und frühgeschichtlichen Denkmälern 31, 45–47.

Zoller, D., 1972: Das Forschungsprogramm »Ammerland«. Ergebnisse und Probleme der Grabungen 1966 bis 1972. Die Kunde N. F. 23, 196–219.

Tafeln 1–40

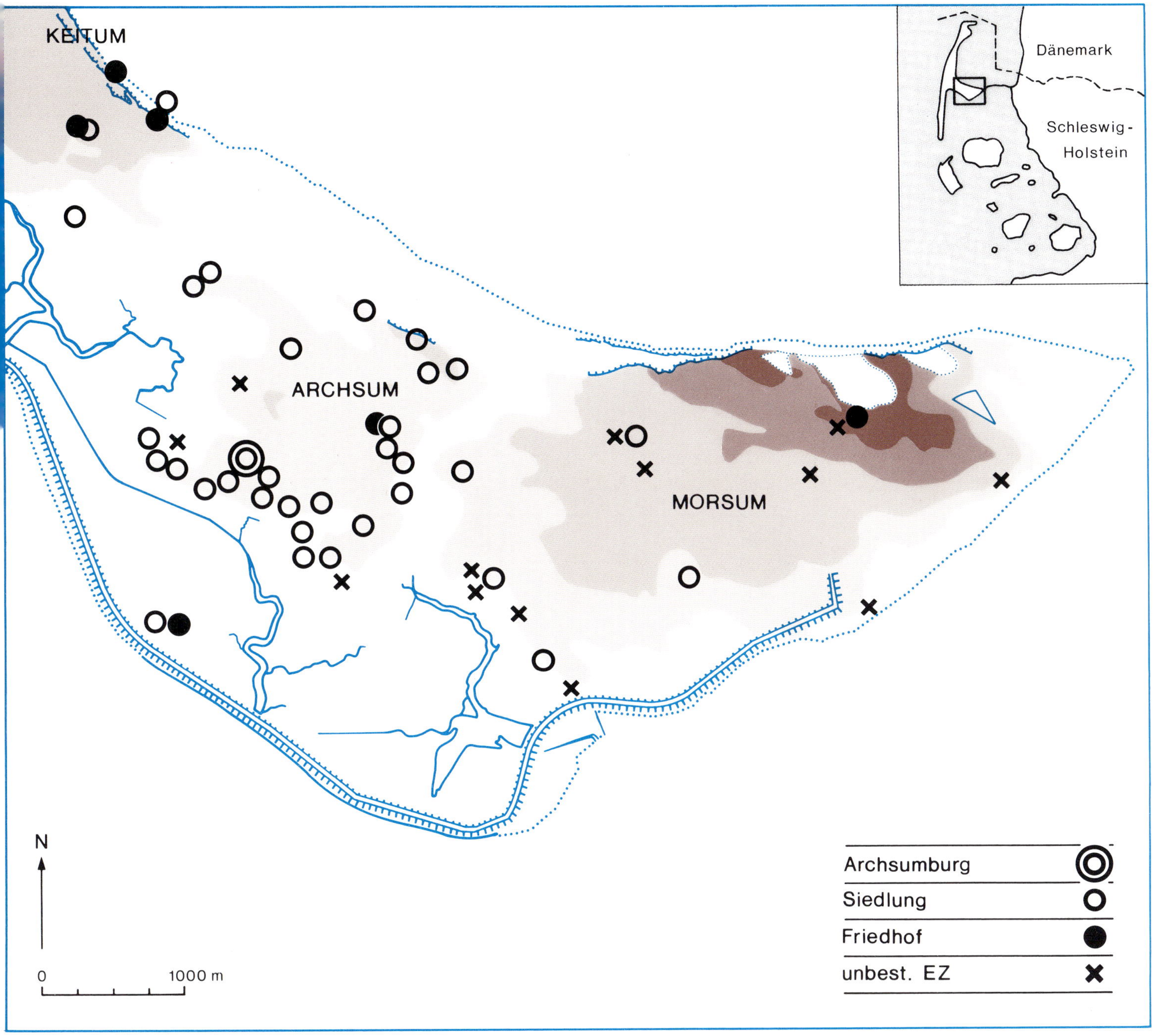

Ostteil von Sylt mit Fundstellen der römischen Kaiserzeit. – M. 1 : 40000.

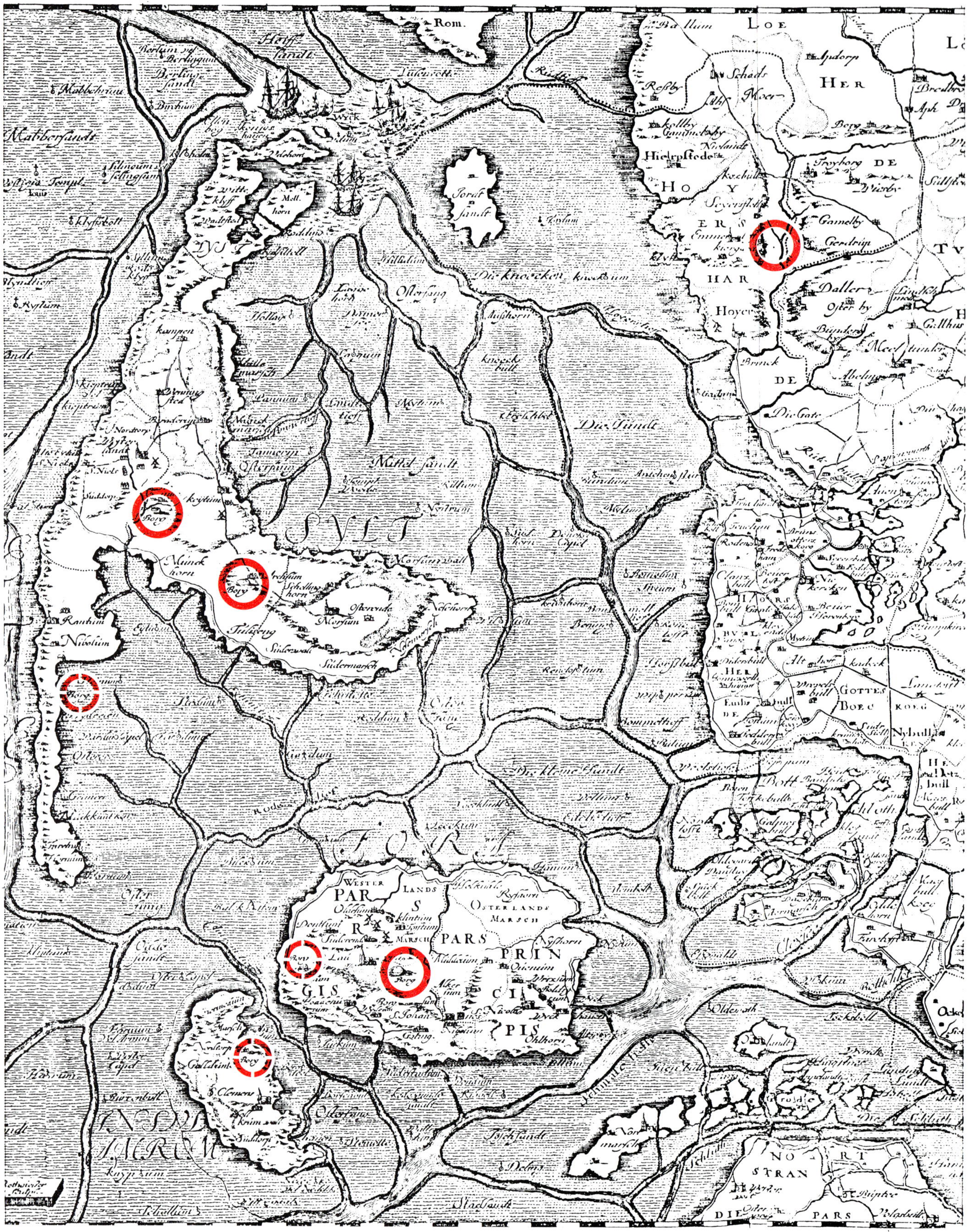

Lage der Sylter Burgen, der Lembecksburg auf Föhr und Trælbanken bei Højer in der Karte von Johannes Mejer (1648).

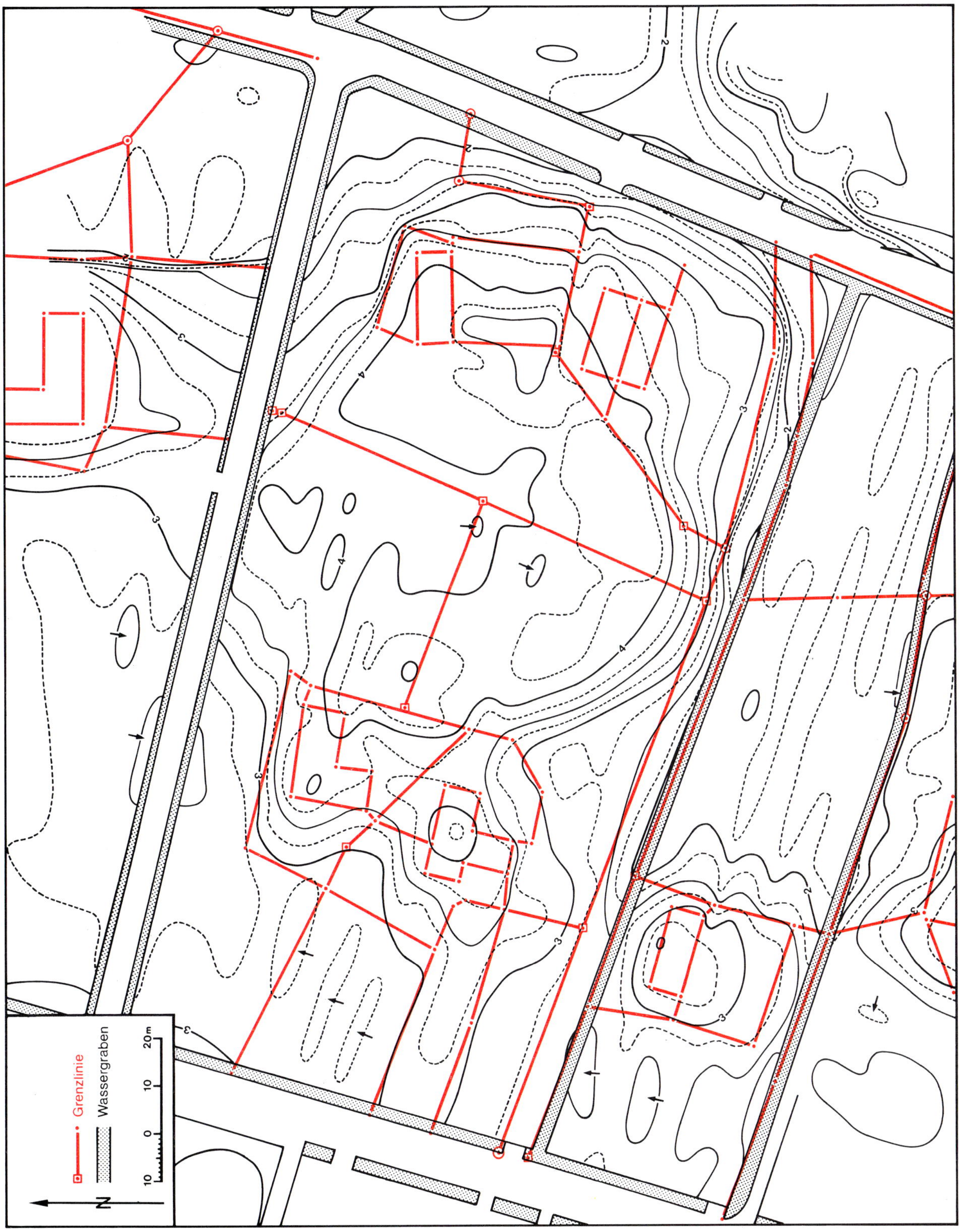

Archsumburg, Geländerelief 1970 nach der Aufnahme von K. Koch. Rot eingedruckt: Parzellengrenzen vor 1936. – M. 1 : 2000.

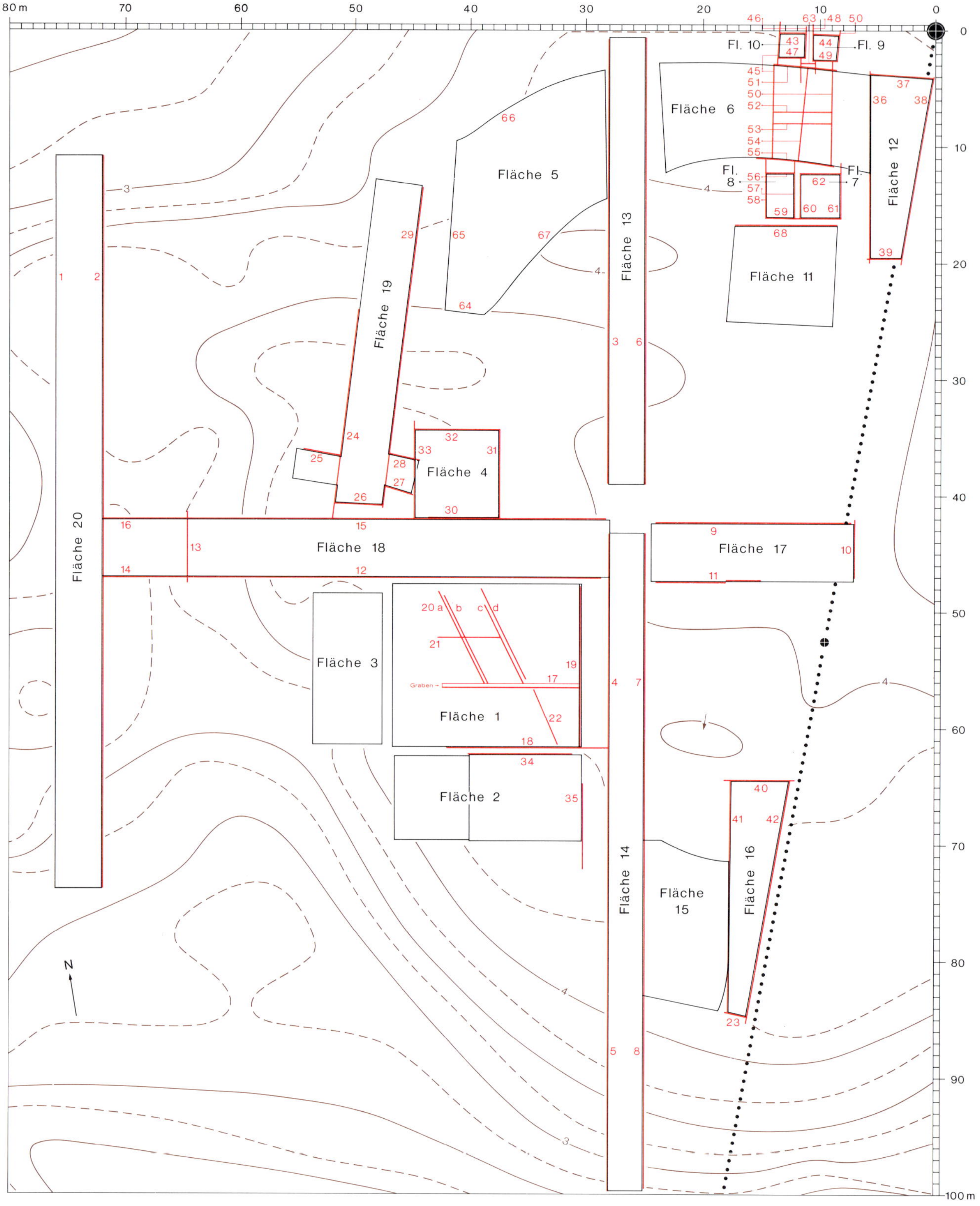

Archsumburg, Westhälfte mit Höhenschichten, Grabungsflächen und Profilen. – M. 1 : 500.

Archsumburg, Steinmauer 25 und Geröllhalde XXVII im Flächenbefund. – M. 1 : 500.

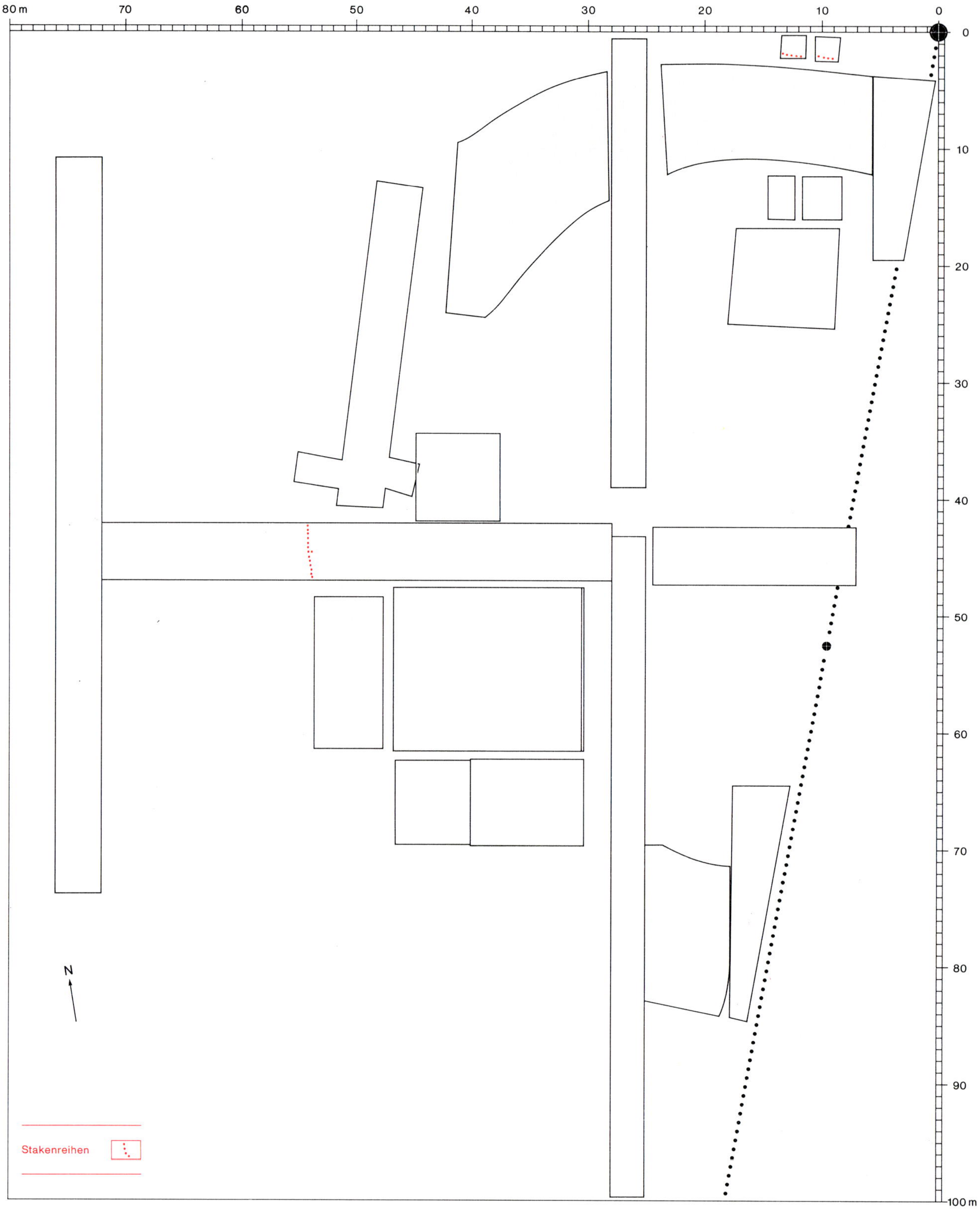

Archsumburg, Holzstakenreihe in Fläche 18 (West) und Fläche 9–10 (Nord). – M. 1 : 500.

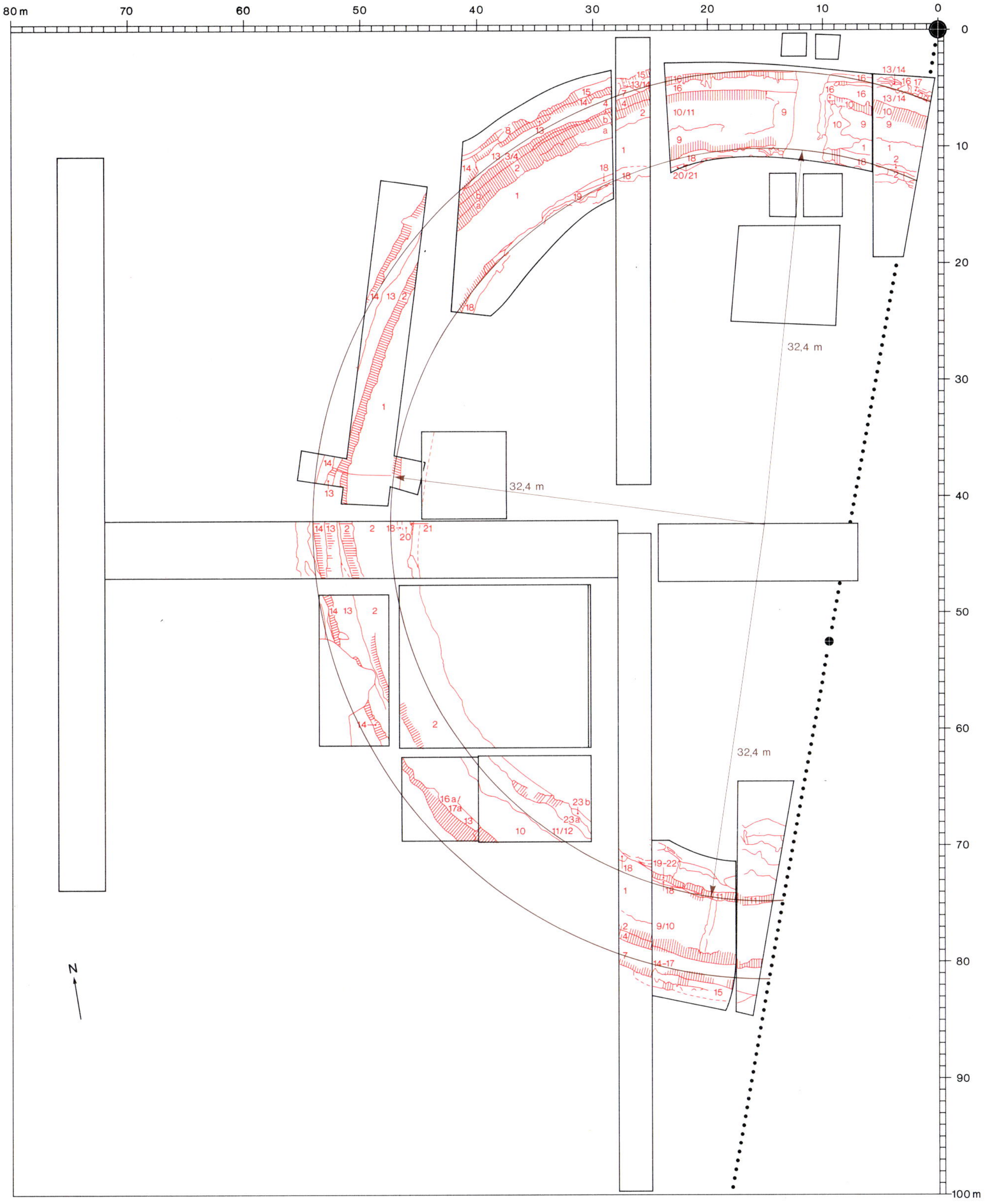

Archsumburg, Wallaufbau im Flächenbefund. Eingedruckt: Rekonstruktion des »Idealwalles« und der »Bauachsen«. – M. 1 : 500.

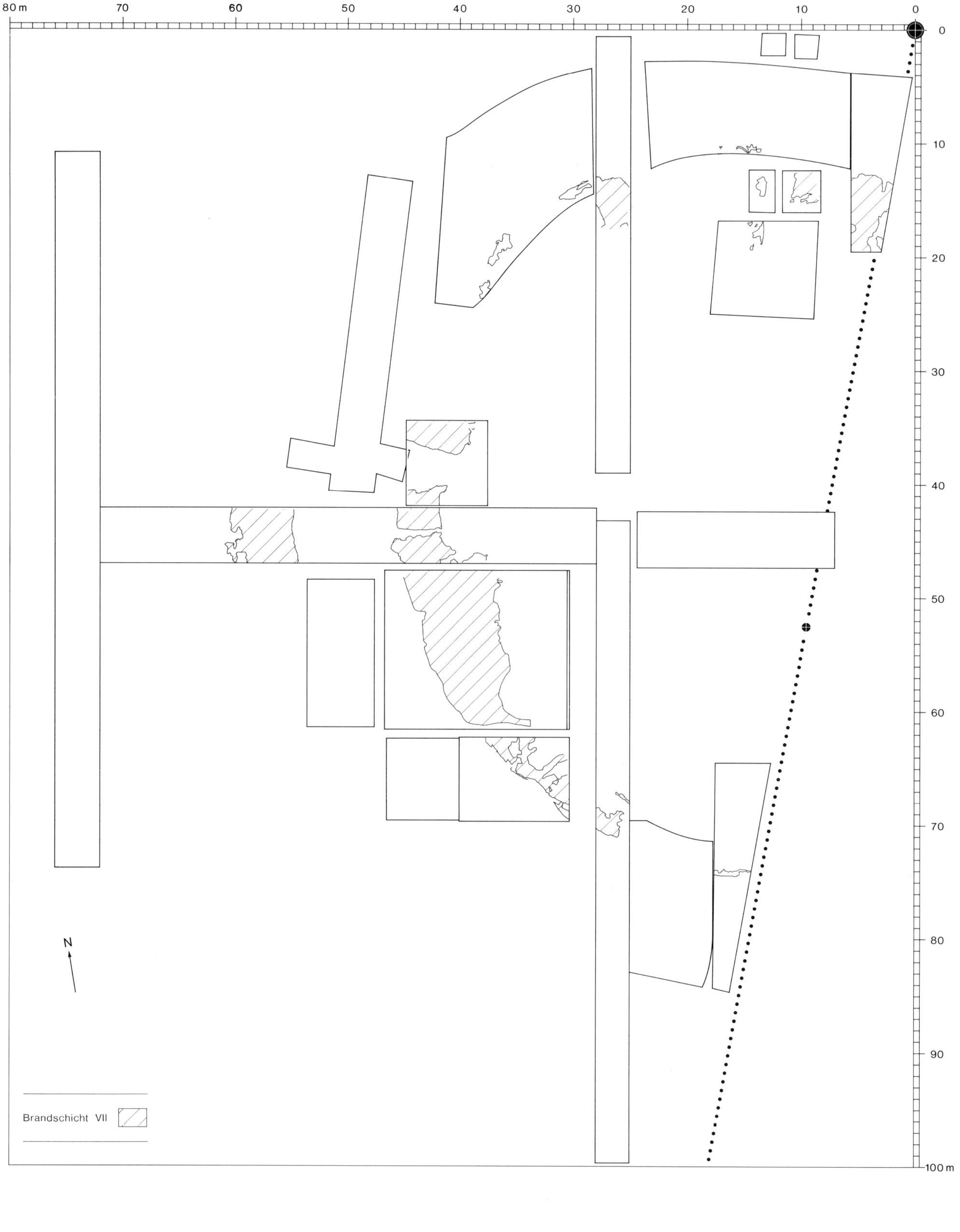

Archsumburg, Brandschichten VII und L (außerhalb des Walles). – M. 1 : 500.

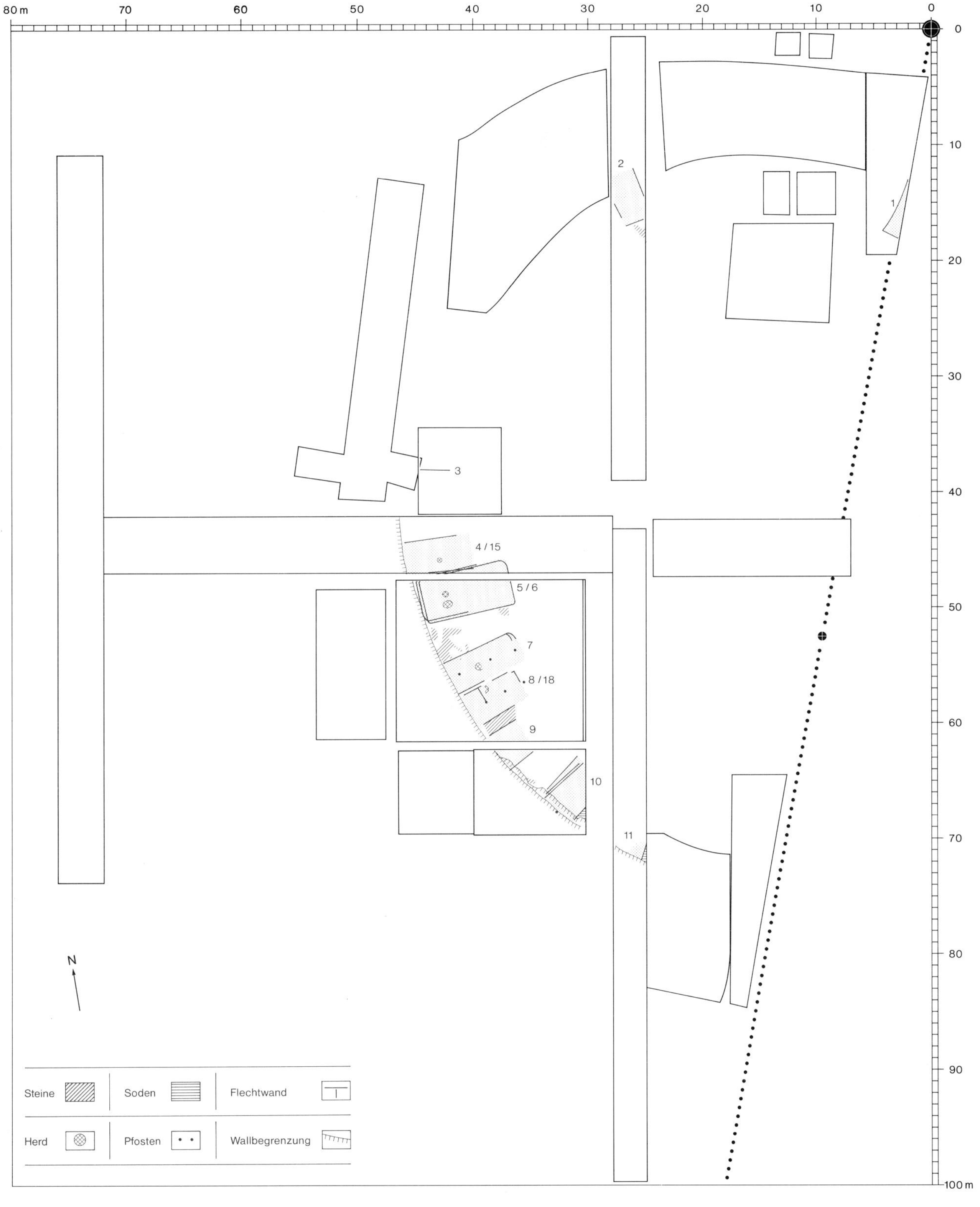

Archsumburg, Hüttenbebauung Schicht IV. – M. 1 : 500.

1. Archsumsburg, Fläche 18. Hüttenbefunde 4/15. Holzrost.

2. Archsumburg, Flächen 4 u. 18. Wandreste der Hütte 24 (von West).

Archsumburg, Flächen 1 u. 2. Im Hintergrund Wand der Hütte 9, vorn im Bild Wände der Hütte 10.

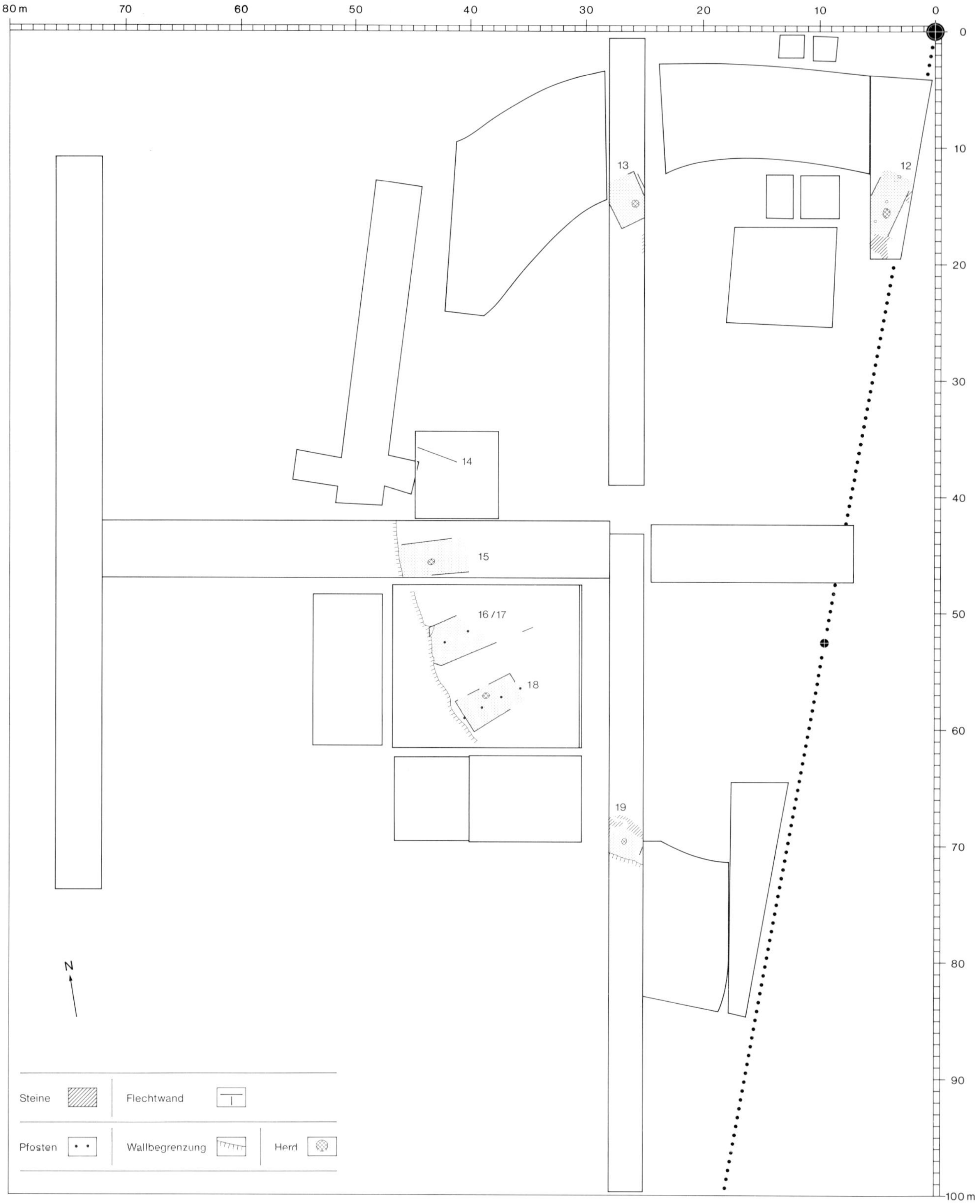

Archsumburg, Hüttenbebauung der Schichten V–VI. – M. 1 : 500.

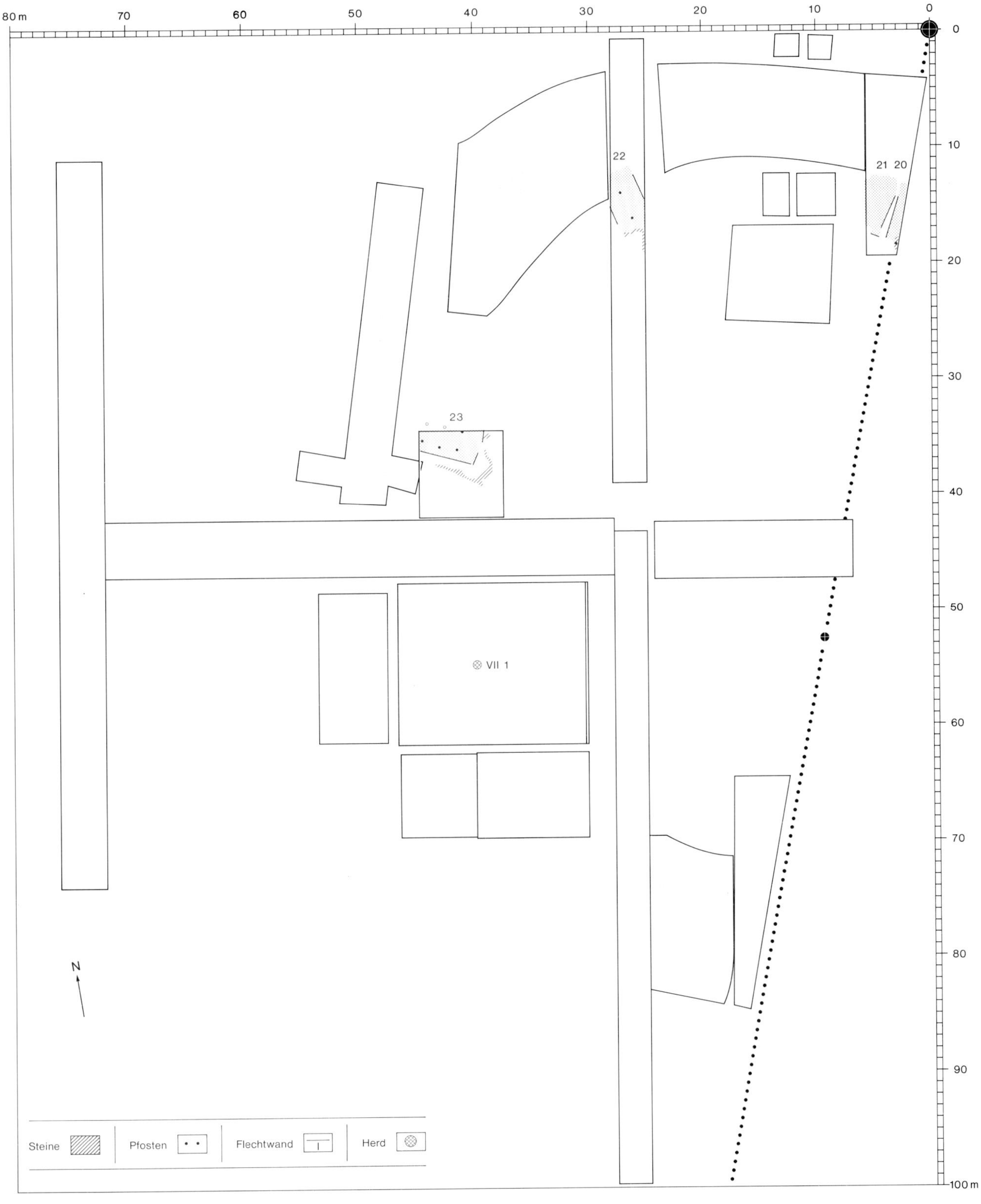

Archsumburg, Hüttenbebauung Schicht VII. – M. 1 : 500.

Archsumburg, Fläche 4. Hütte 23 mit Steingruben 11 und 12.

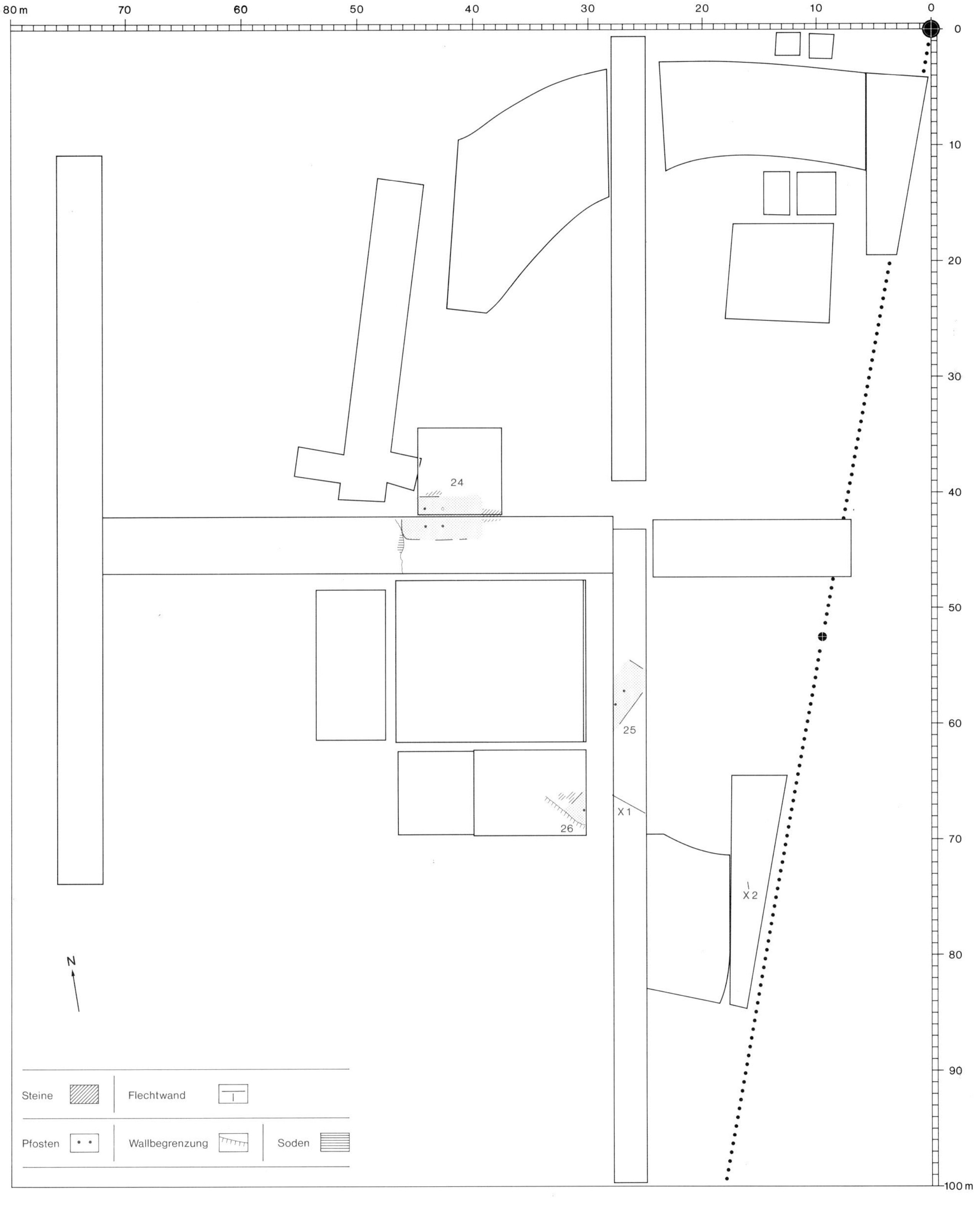

Archsumburg, Hüttenbebauung Schicht X. – M. 1 : 500.

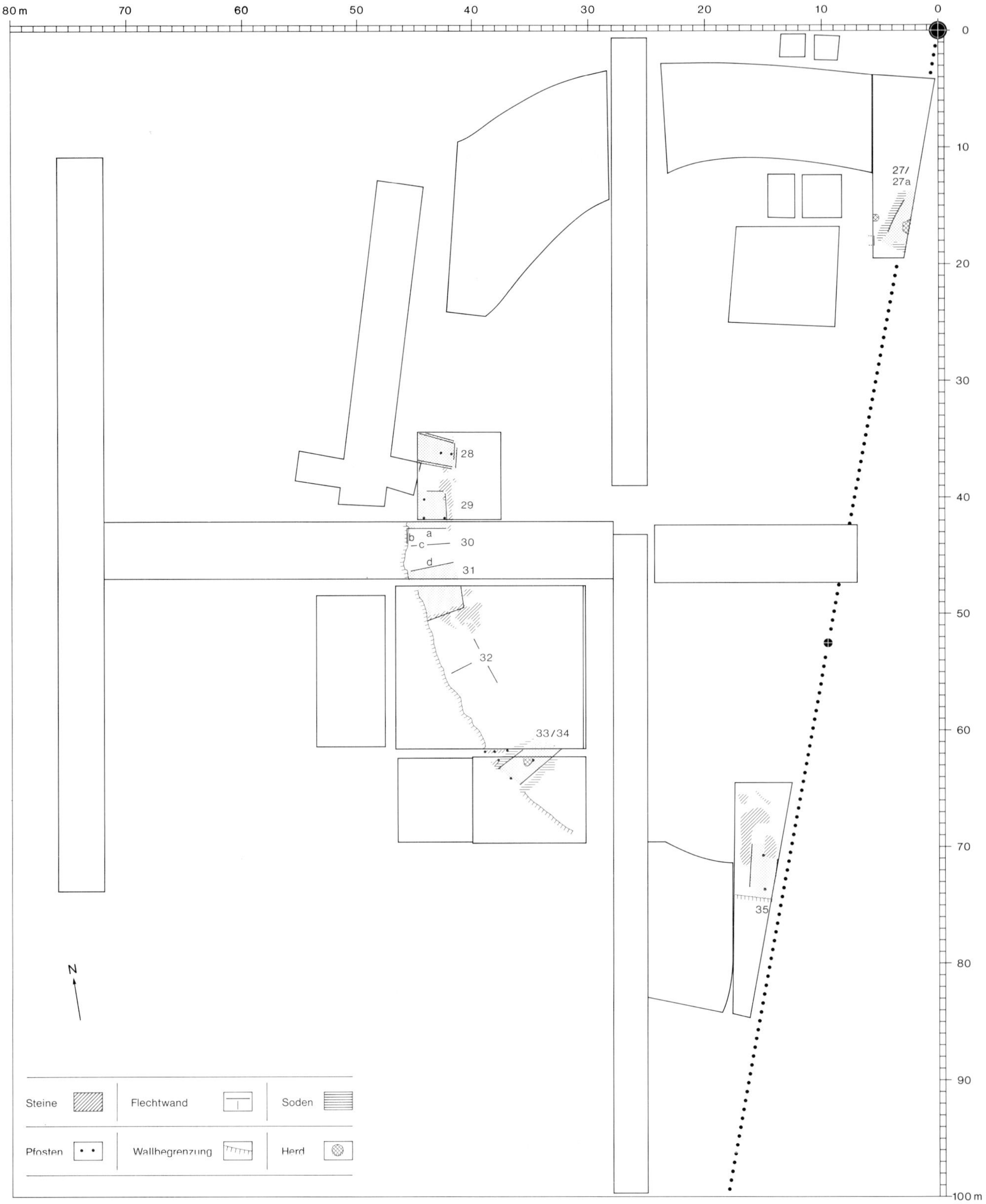

Archsumburg, Hüttenbebauung der Schichten XII–(XV). – M. 1 : 500.

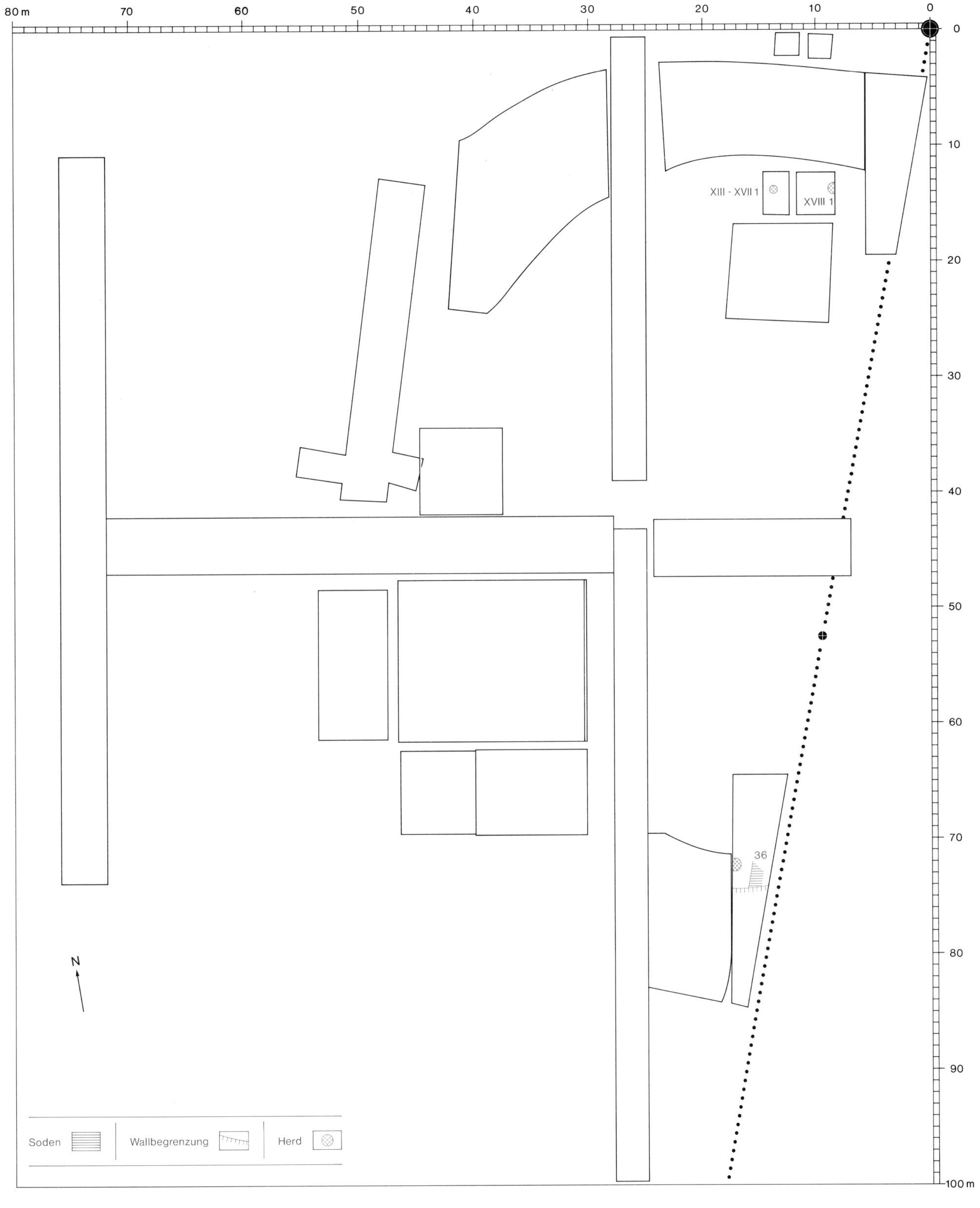

Archsumburg, Hüttenbebauung der Schichten nach XV. – M. 1 : 500.

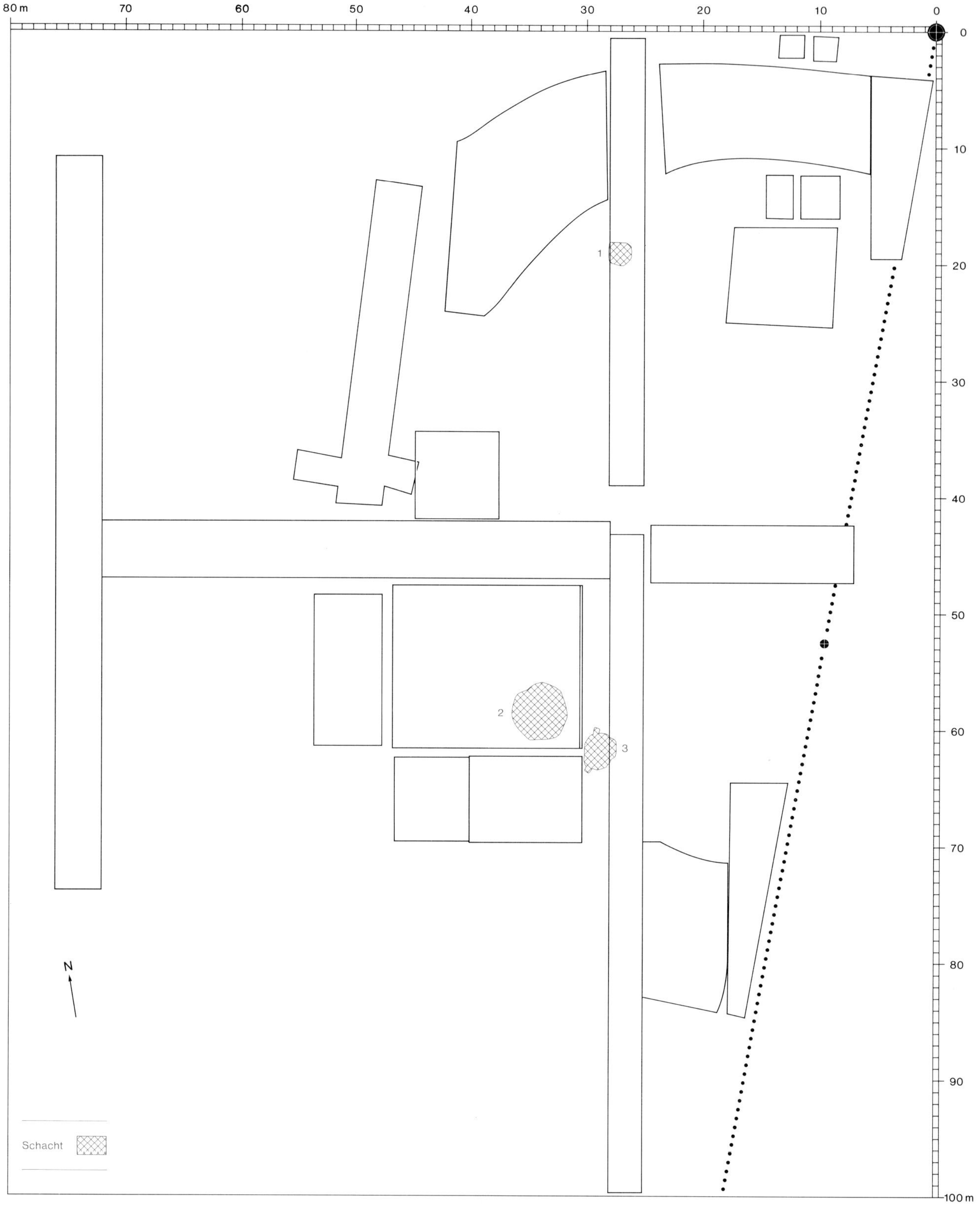

Archsumburg, Schachtanlagen 1–3. – M. 1 : 500.

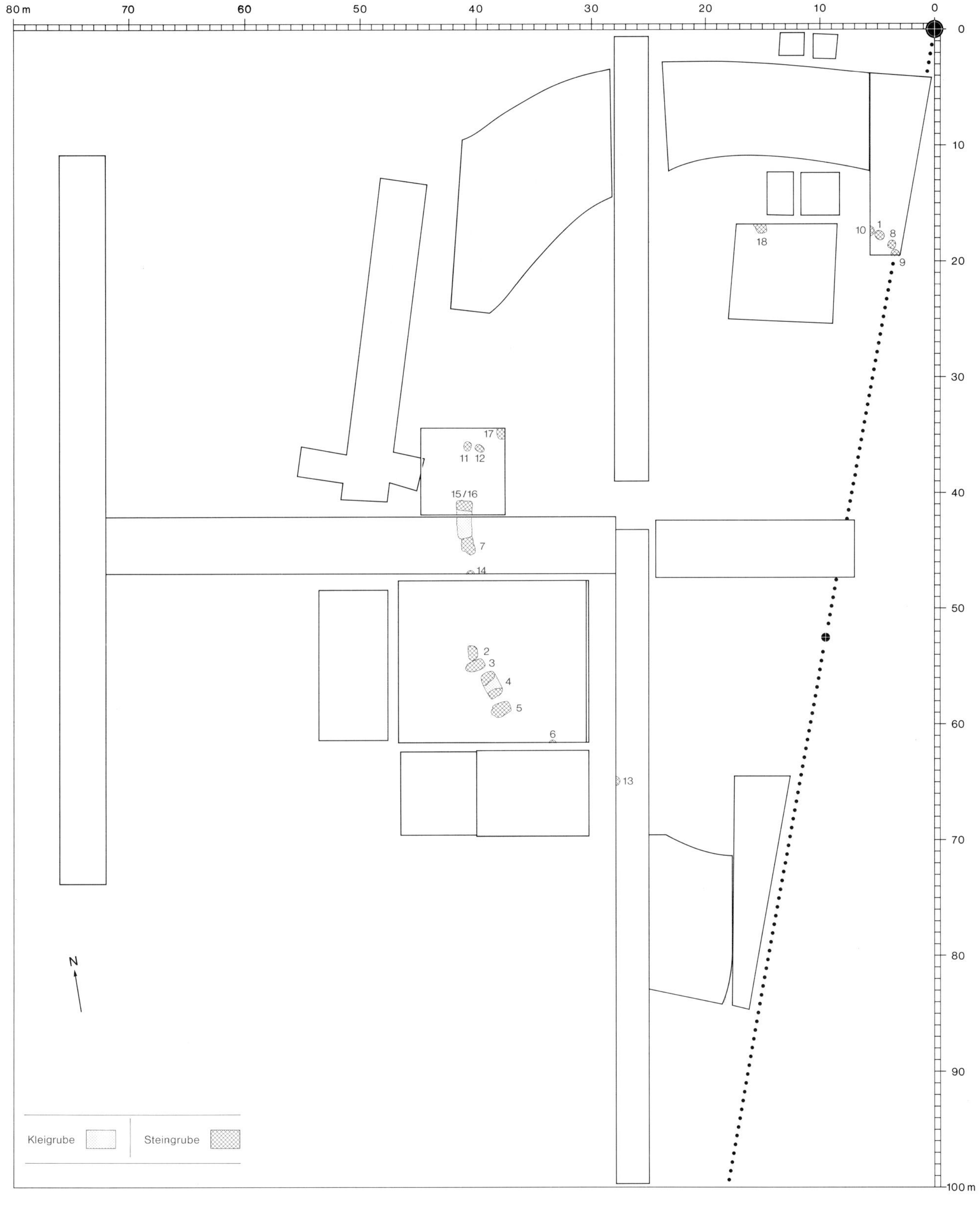

Archsumburg. Verteilung der Stein- und Kleigruben (1–18). – M. 1 : 500.

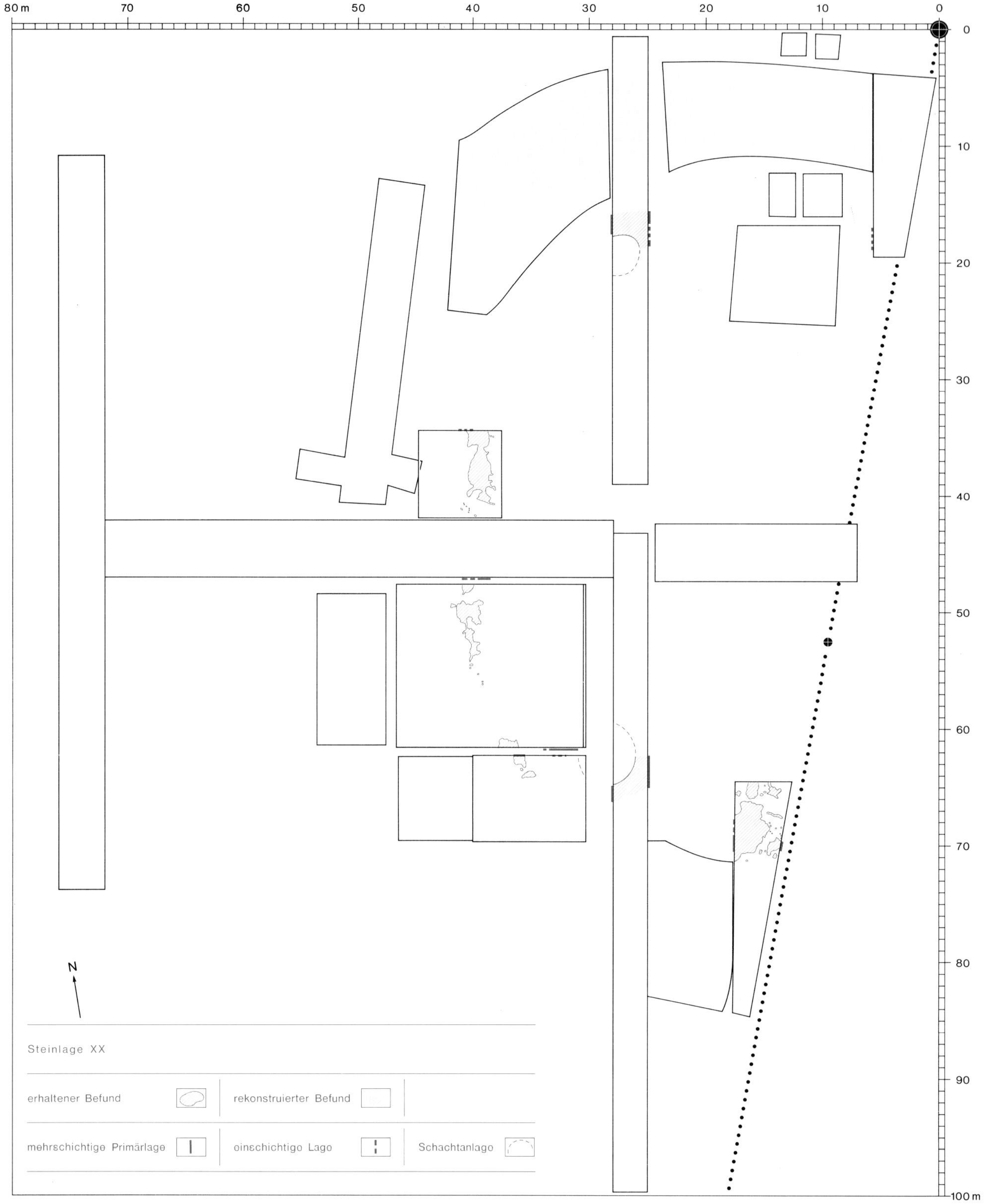

Archsumburg. Geröllsteinanlage XX.

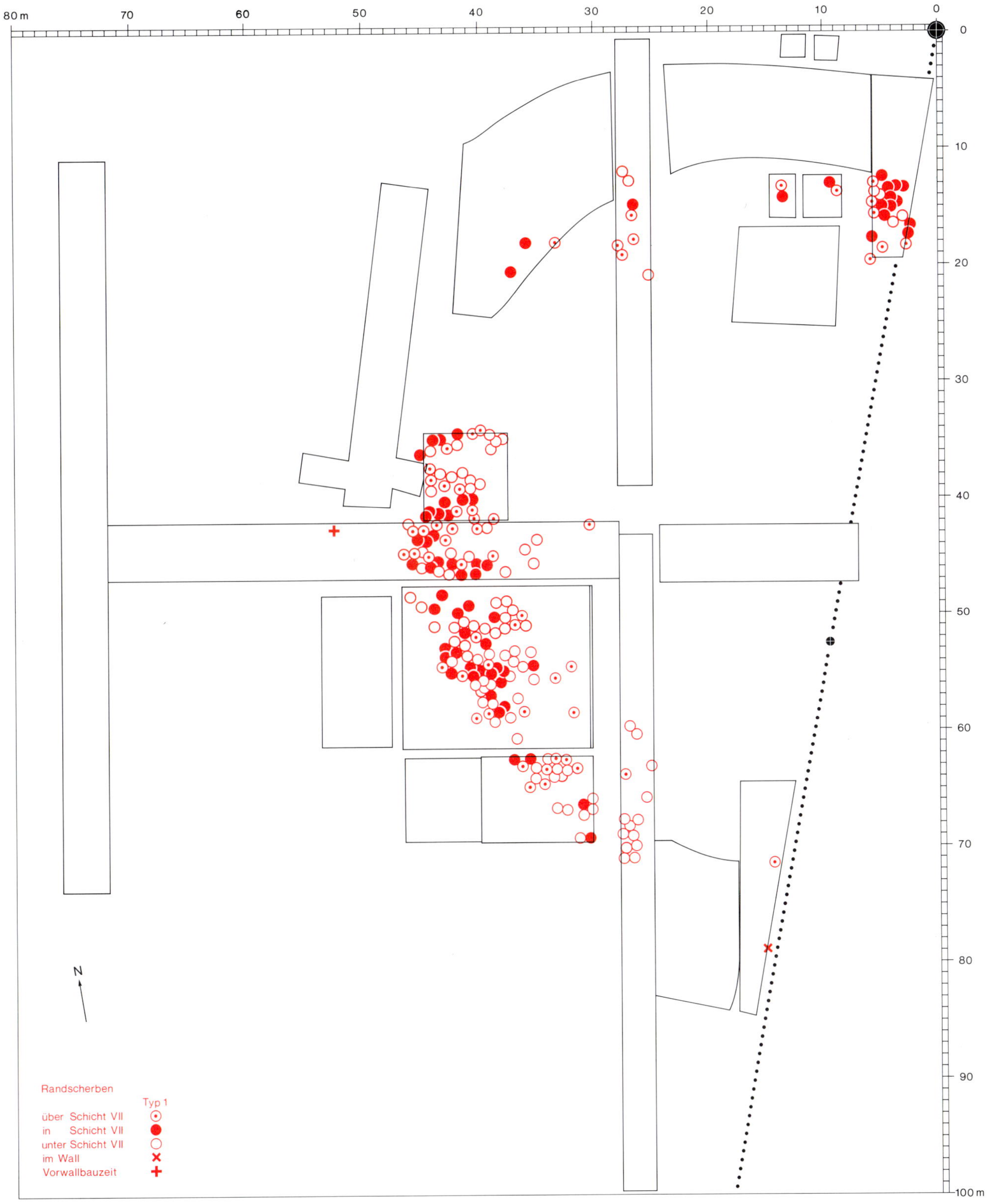

Archsumburg. Verteilung der Randscherben Typ 1. – M. 1 : 500.

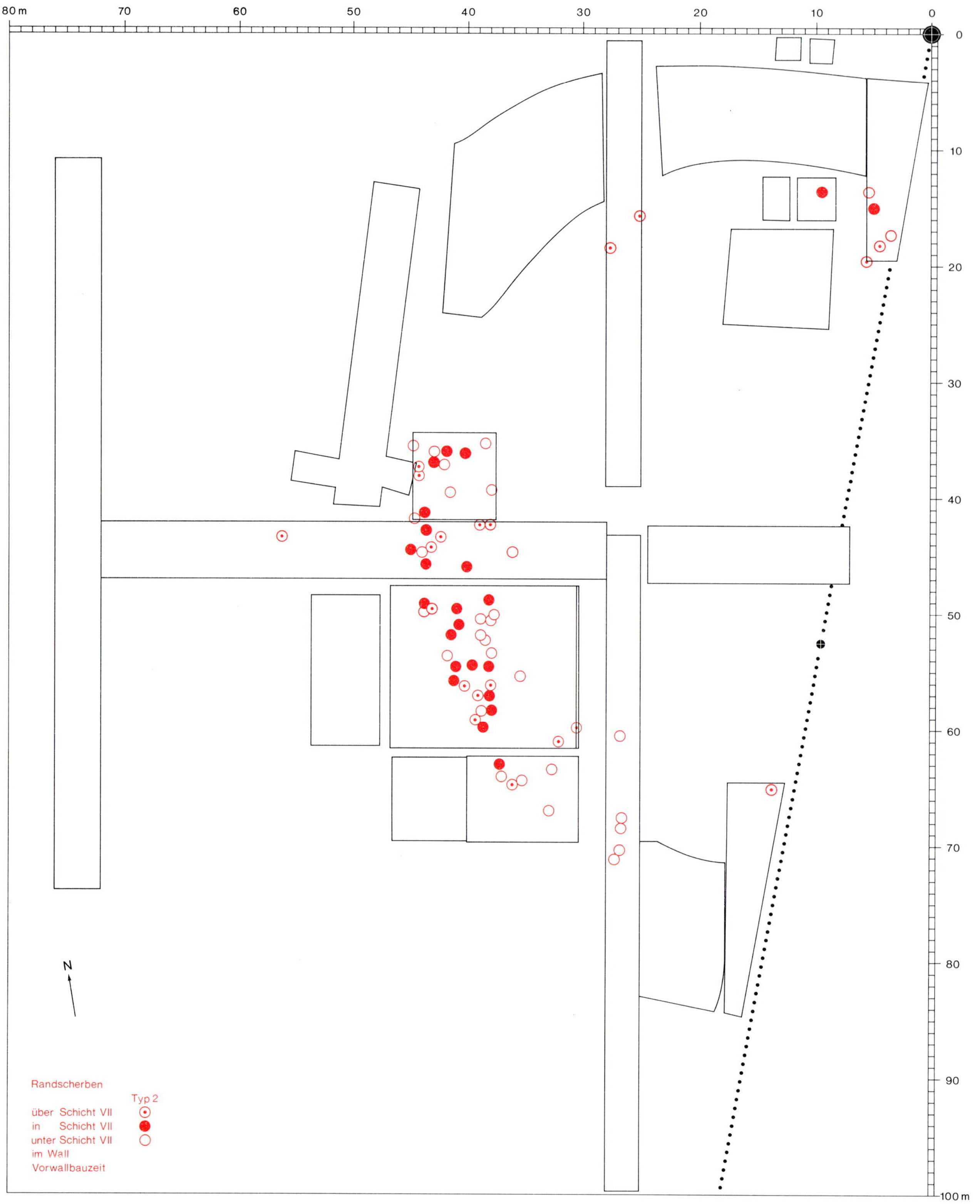

Archsumburg. Verteilung der Randscherben Typ 2. – M. 1 : 500.

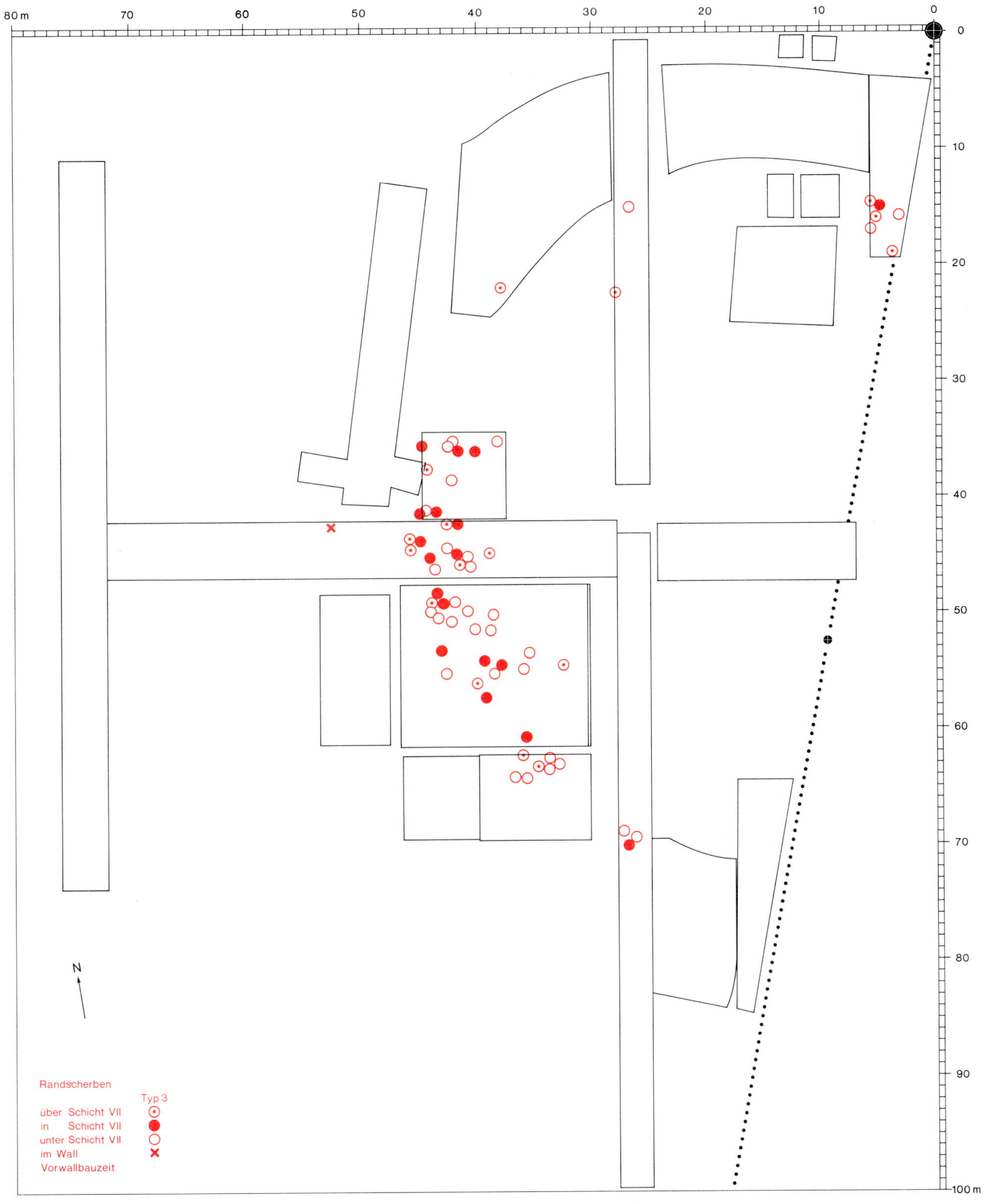

Archsumburg. Verteilung der Randscherben Typ 3. – M. 1 : 500.

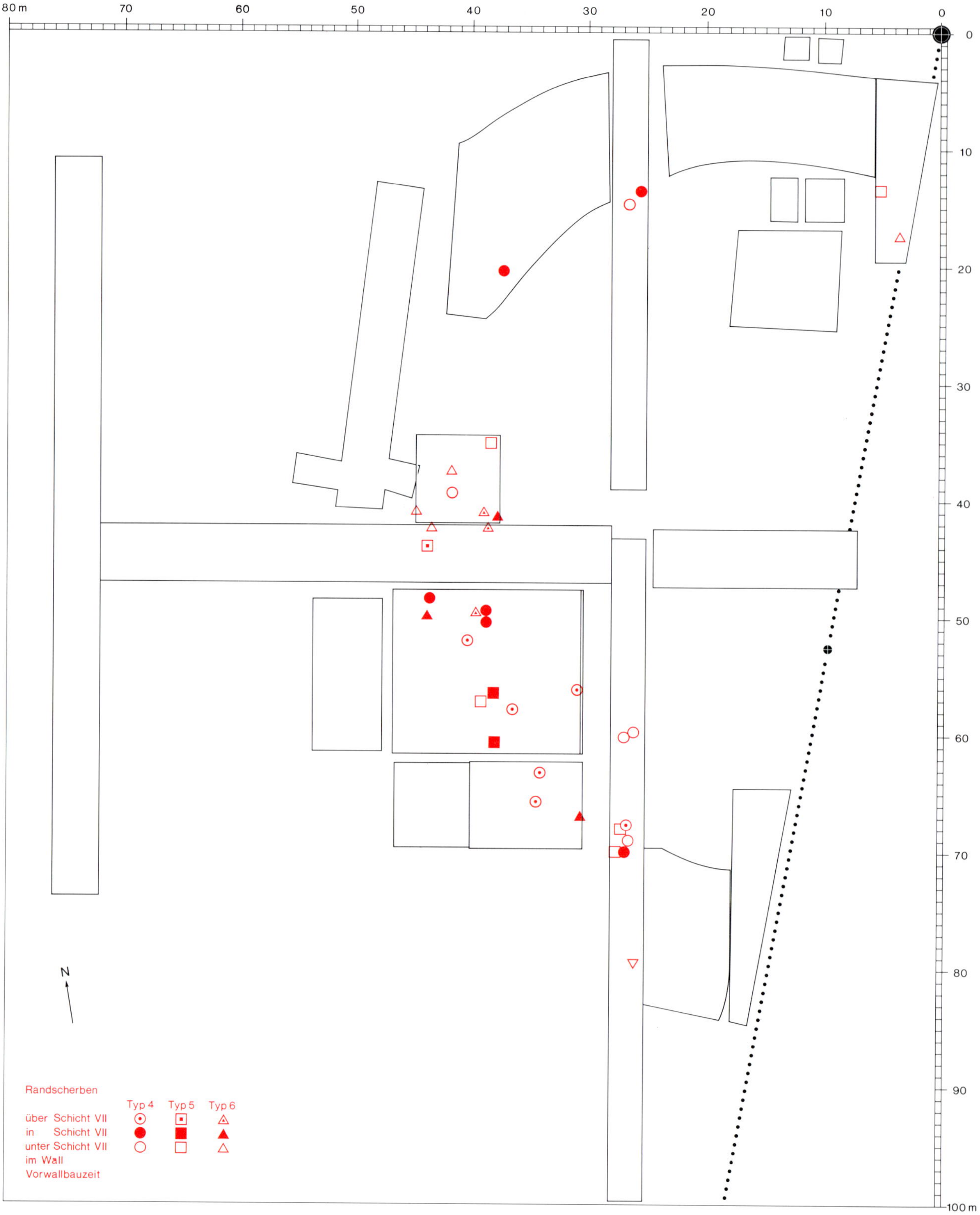

Archsumburg. Verteilung der Randscherben Typ 4–6. – M. 1 : 500.

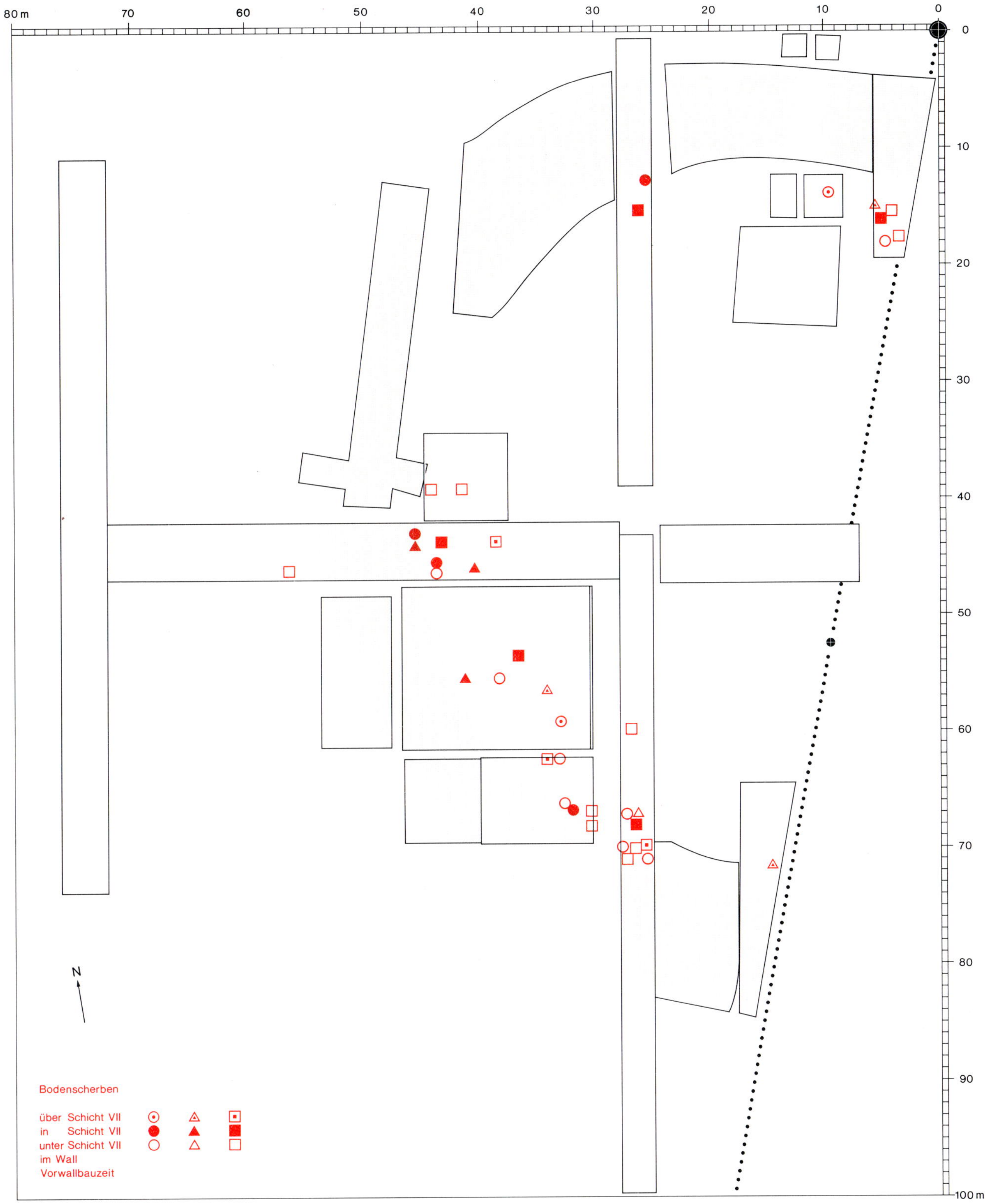

Archsumburg. Verteilung charakteristischer Bodenscherben Typ c–e. – M. 1 : 500.

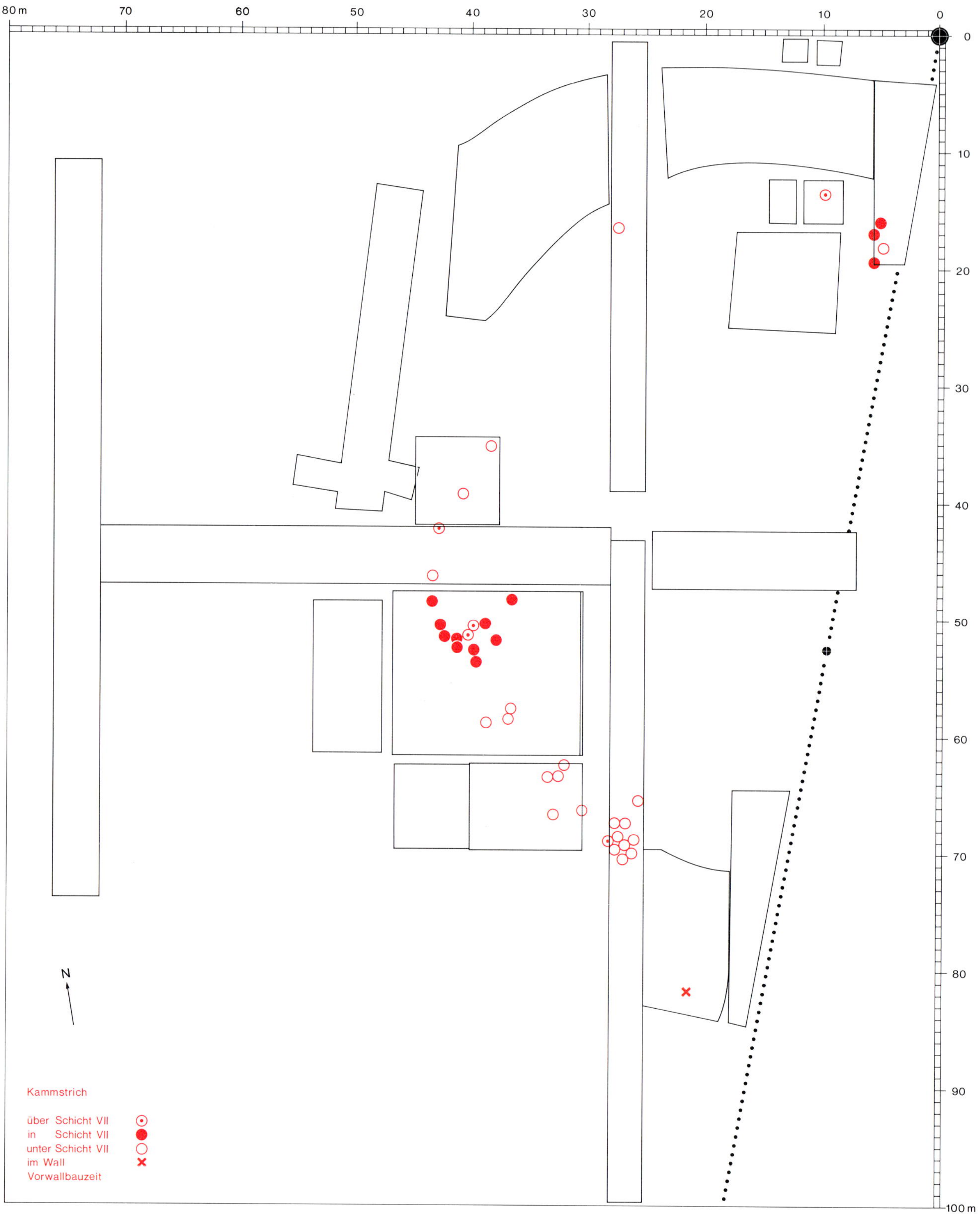

Archsumburg. Verteilung kammstrichverzierter Scherben. – M. 1 : 500.

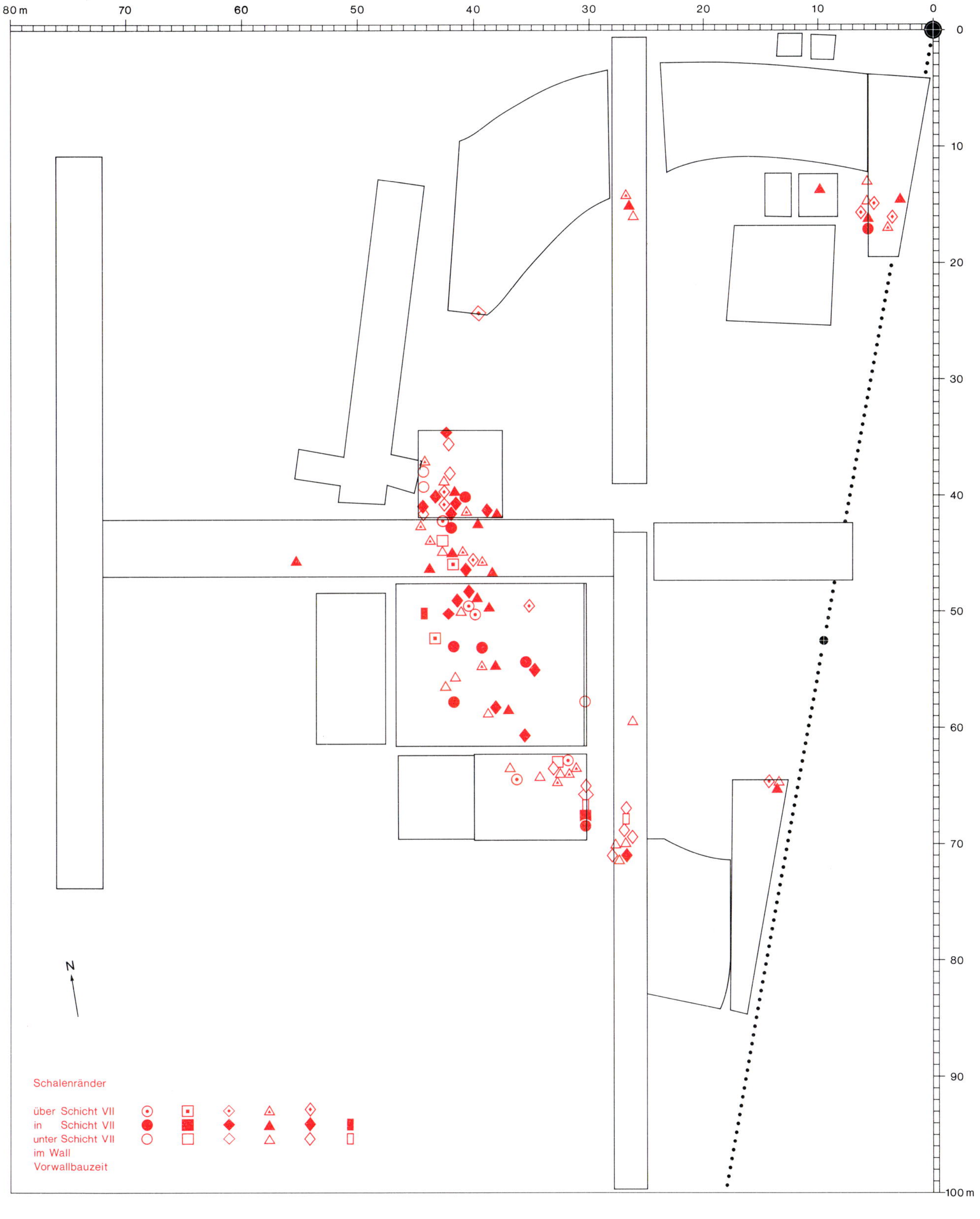

Archsumburg. Verteilung der Schalenränder Typ I–V. – M. 1 : 500.

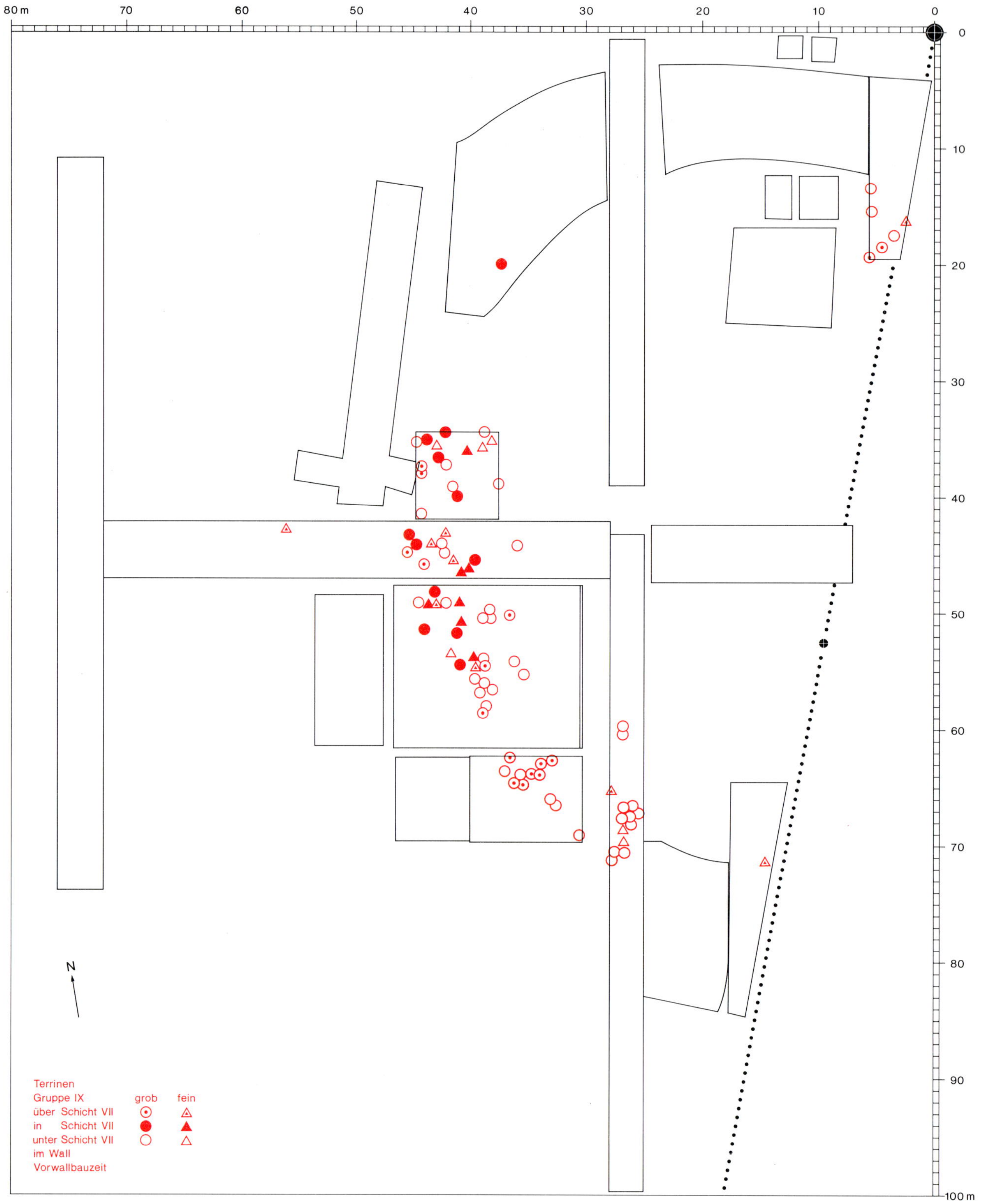

Archsumburg. Verteilung der Terrinen (Fein- und Grobware). – M. 1 : 500.

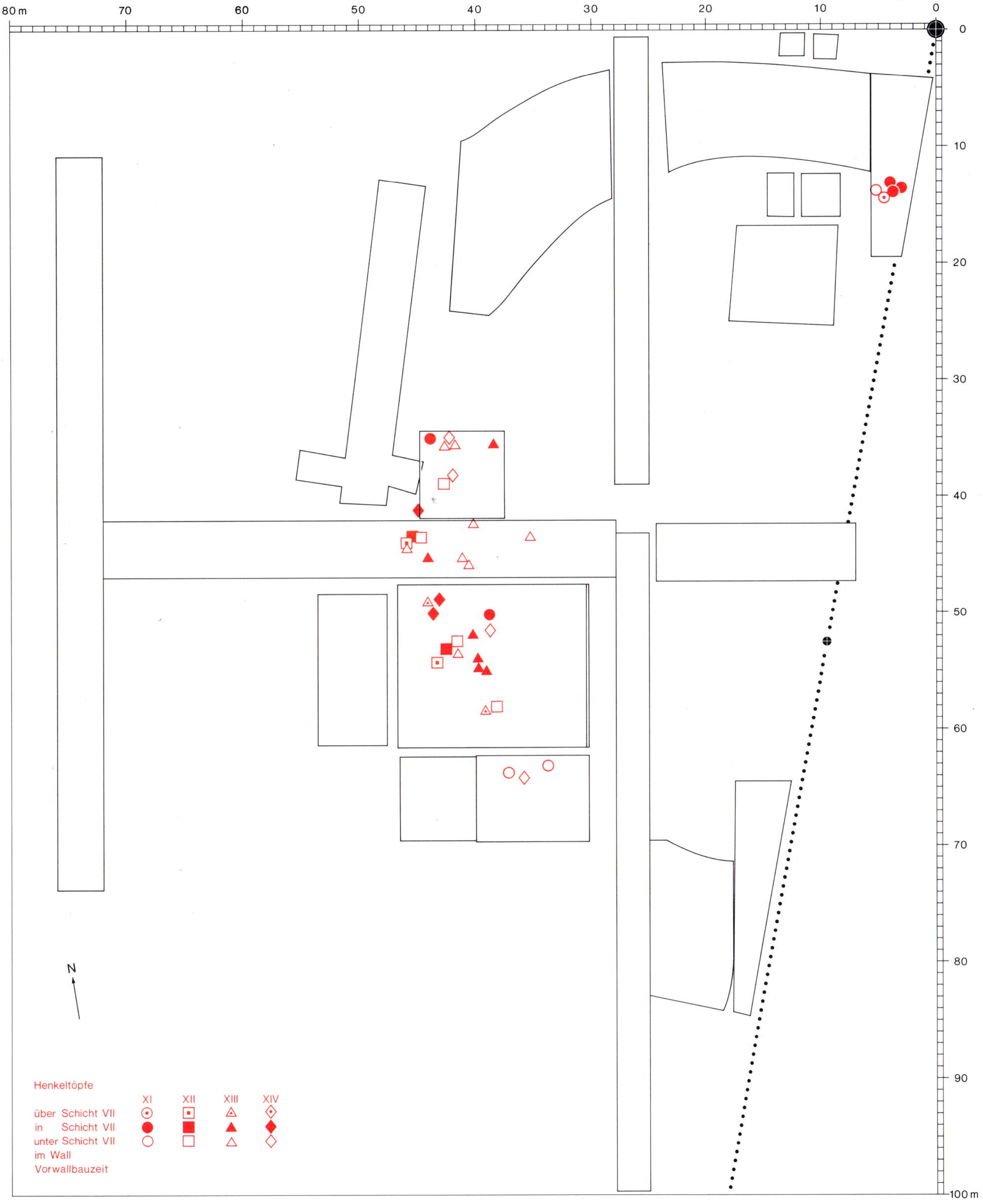

Archsumburg. Verteilung der Henkeltöpfe. – M. 1 : 500.

Archsumburg. Verteilung der Schalenformen 1–6. – M. 1 : 500.

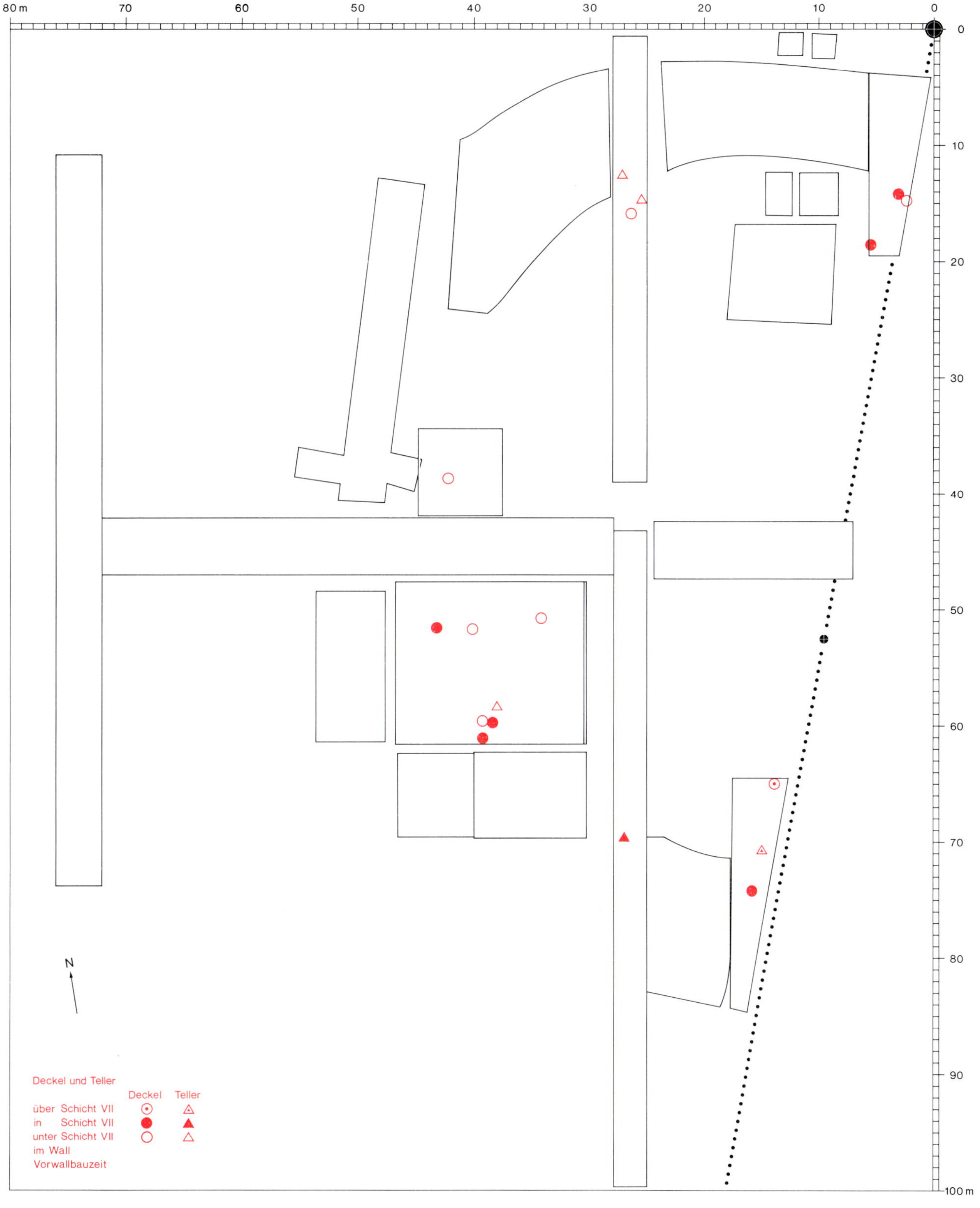

Archsumburg. Verteilung der Deckel und Teller. – M. 1 : 500.

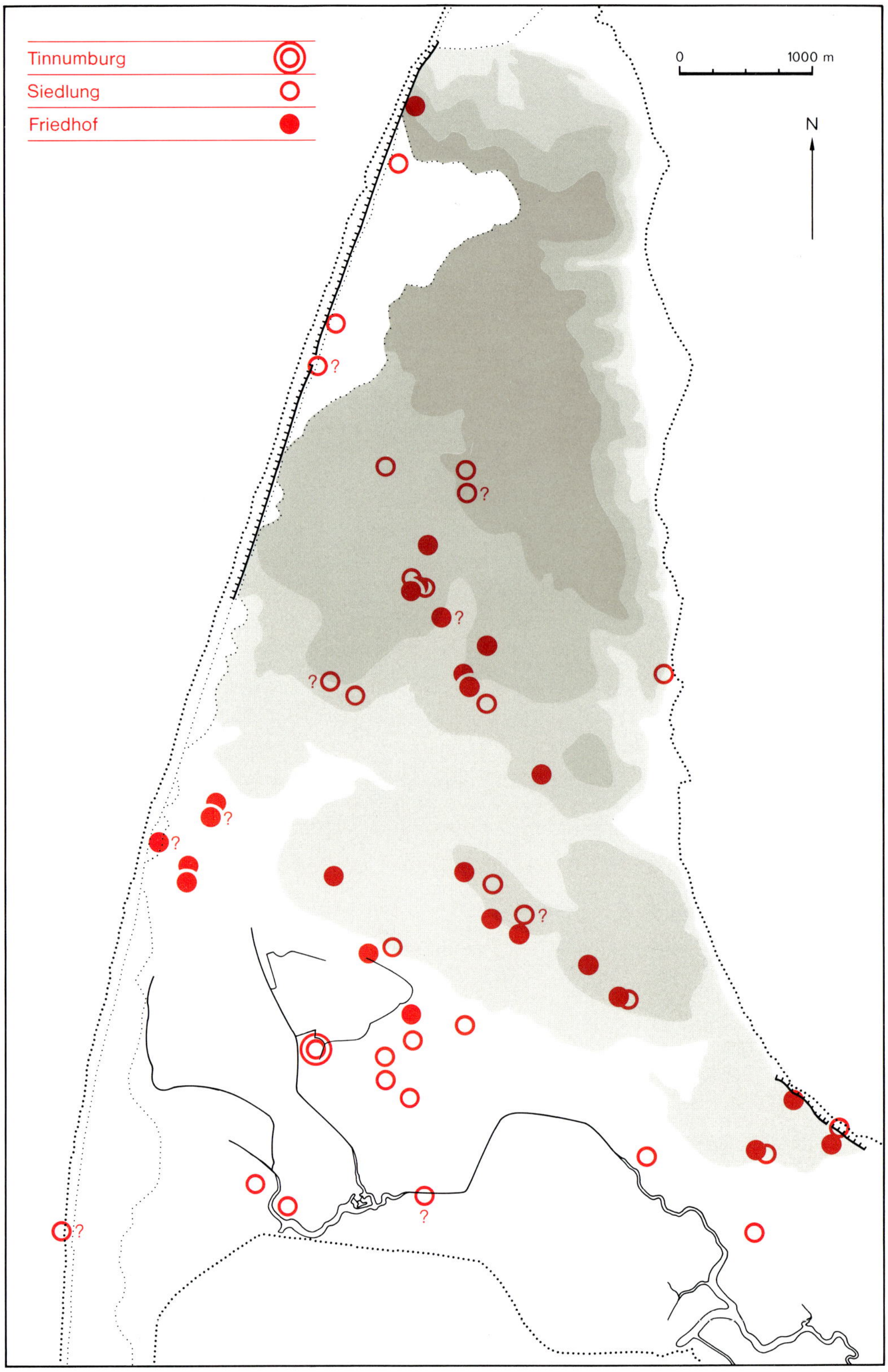

Eisenzeitliche Fundstellen auf dem Sylter Geestkern zwischen Westerland, Kampen und Keitum. Die Tinnumburg liegt am Südrand der besiedelten Zone. – M. 1 : 50000.

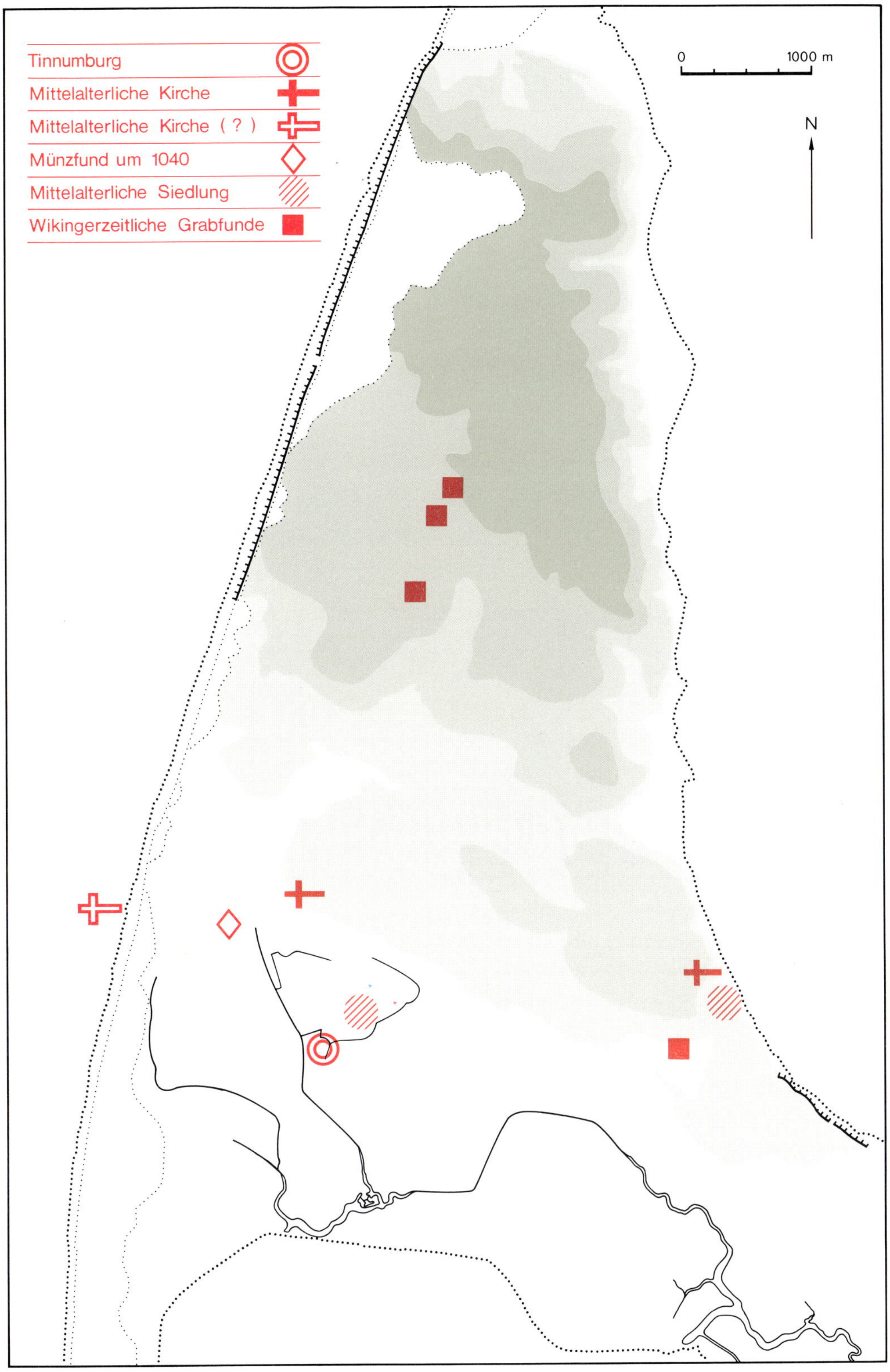

Frühgeschichtliche und frühmittelalterliche Fundstellen auf dem Sylter Geestkern zwischen Westerland–Kampen–Keitum. – M. 1 : 50 000.

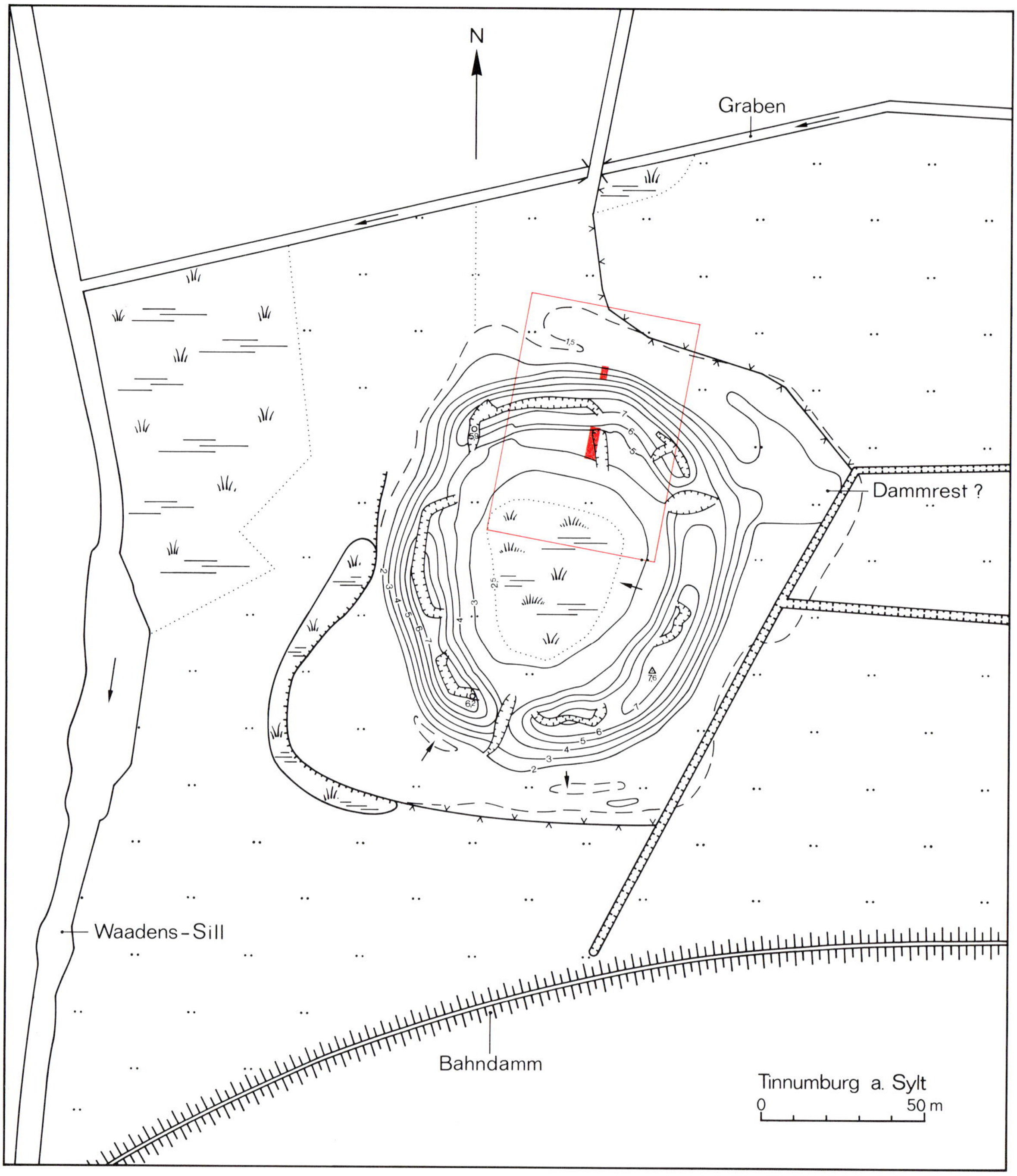

Tinnumburg. Lageplan. – M. 1 : 2000.

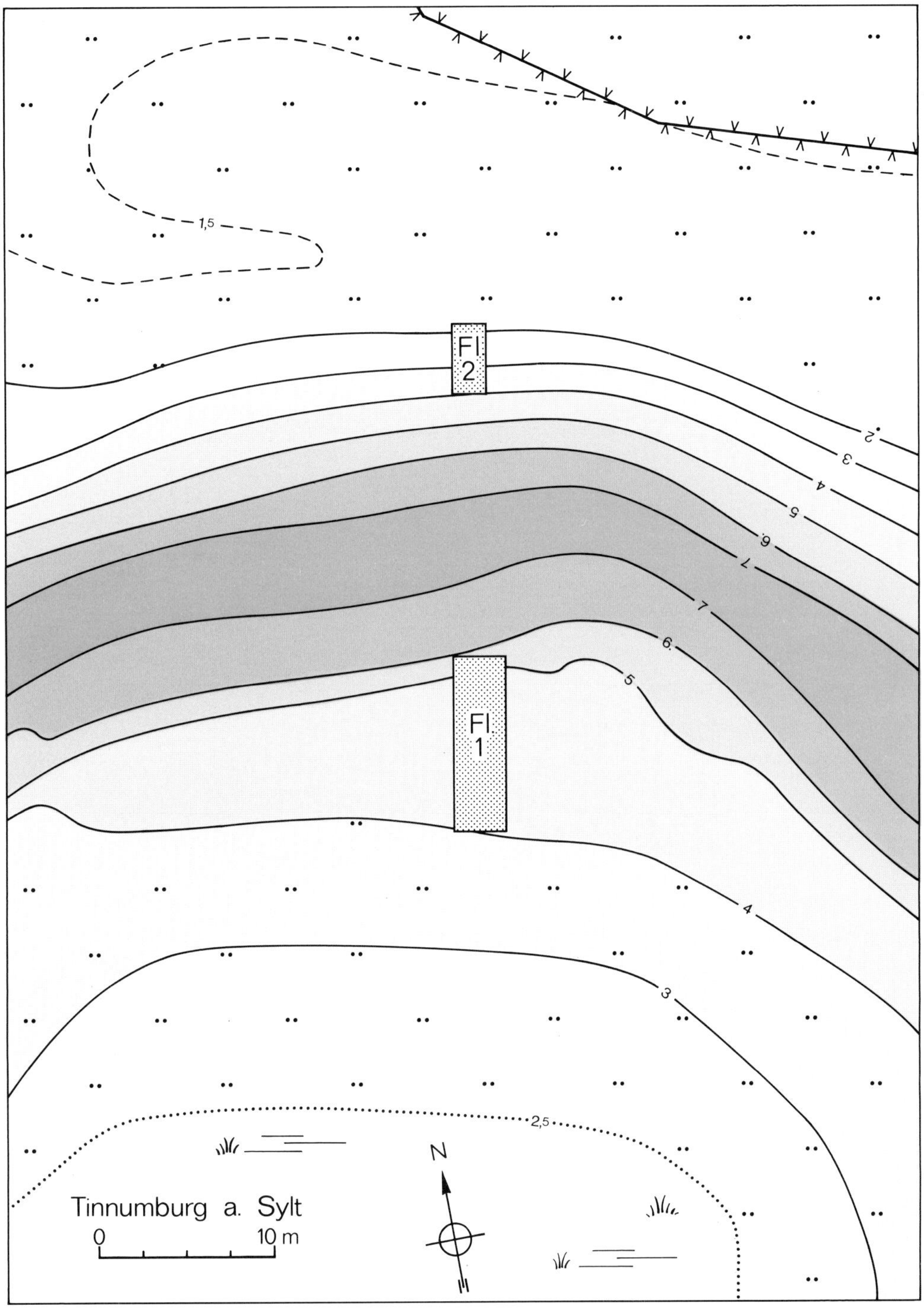

Tinnumburg. Lage der Flächen 1 und 2 im Nordwall. – M. 1 : 600.

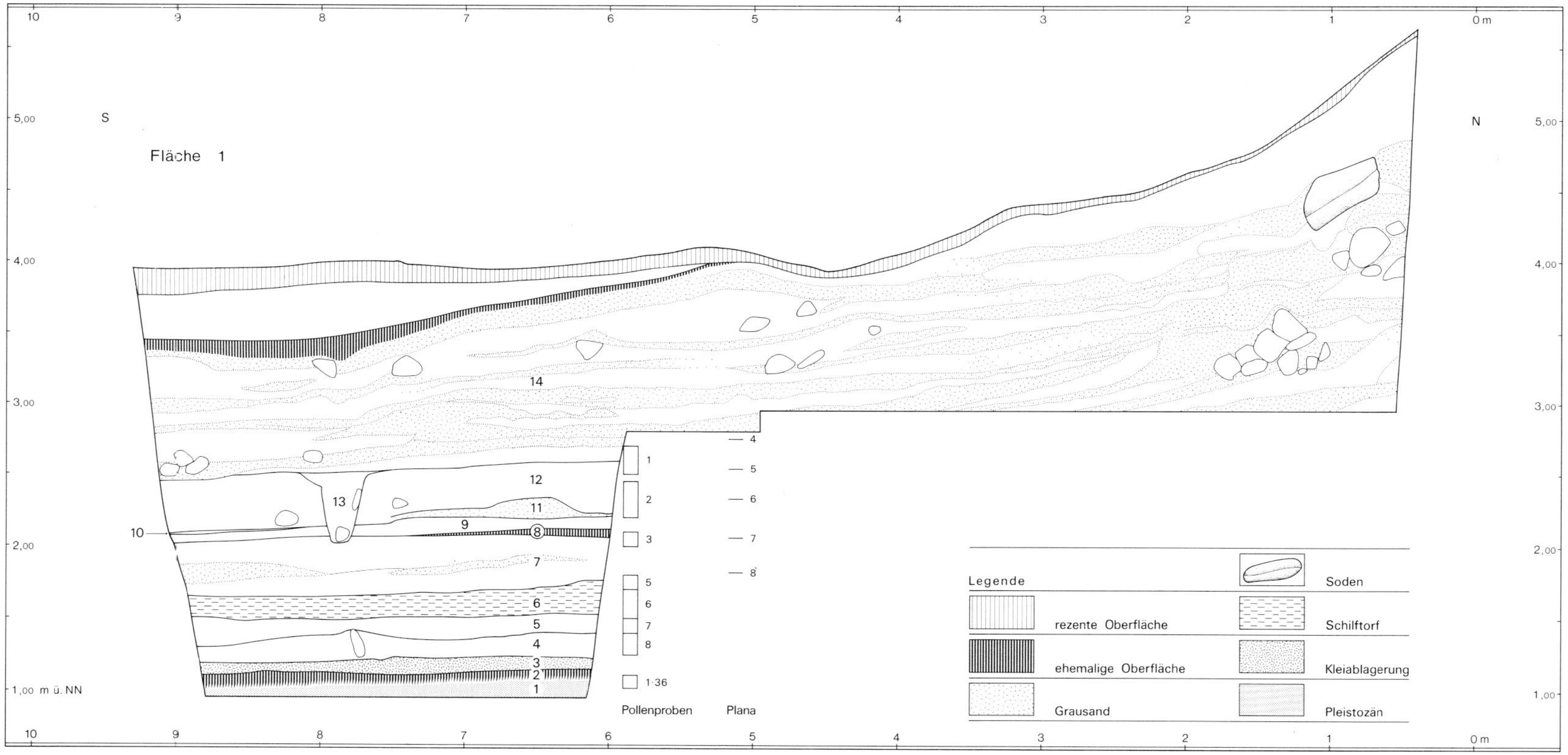

Tinnumburg. Umgezeichnetes Westprofil in Fläche 1. – M. 1 : 50.

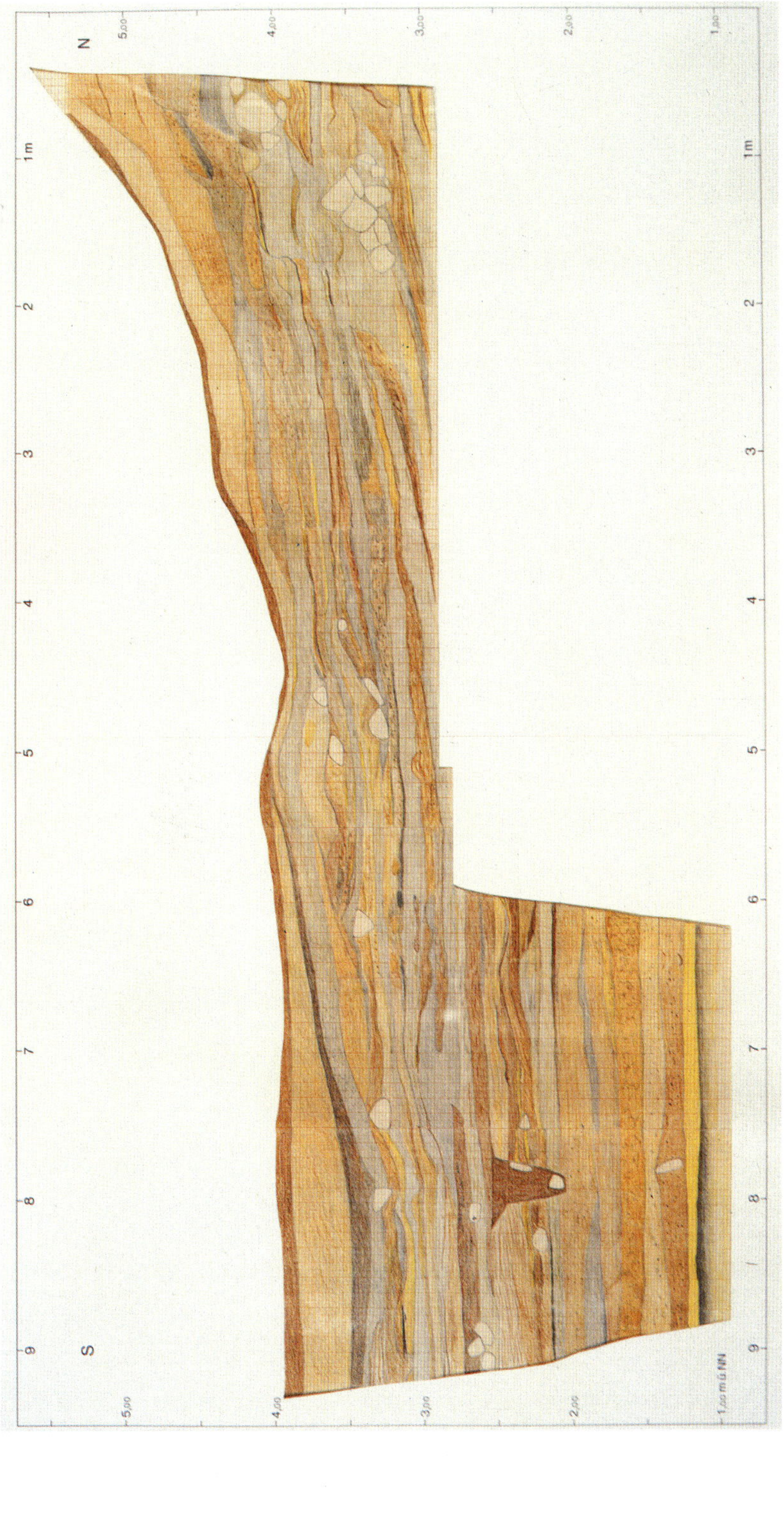

Tinnumburg. Schichtfolge im Westprofil der Fläche 1. – M. 1 : 50.

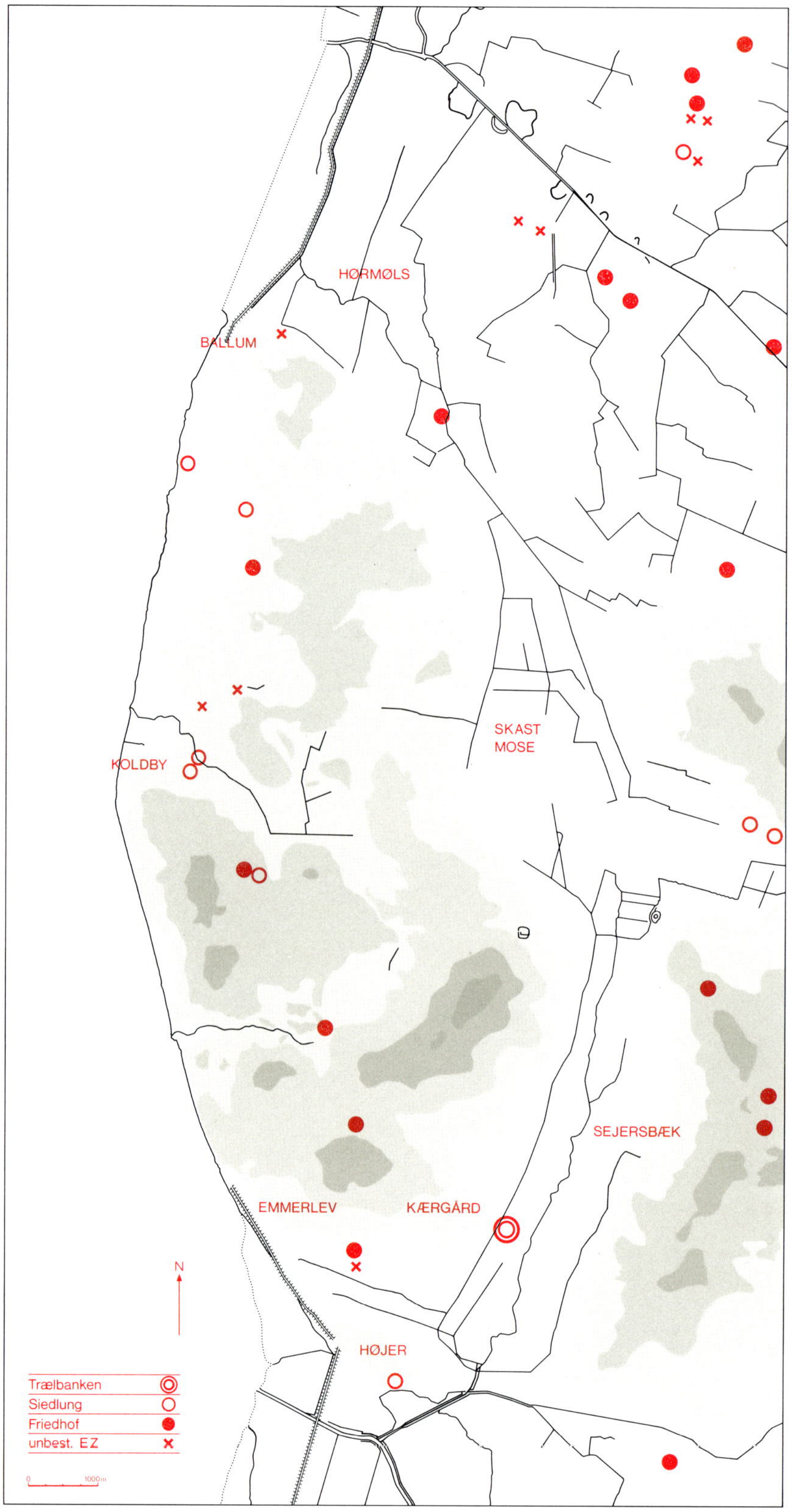

Verteilung eisenzeitlicher Fundstellen in Westschleswig (nach Unterlagen im Museum Haderslev). – M. 1 : 100000.

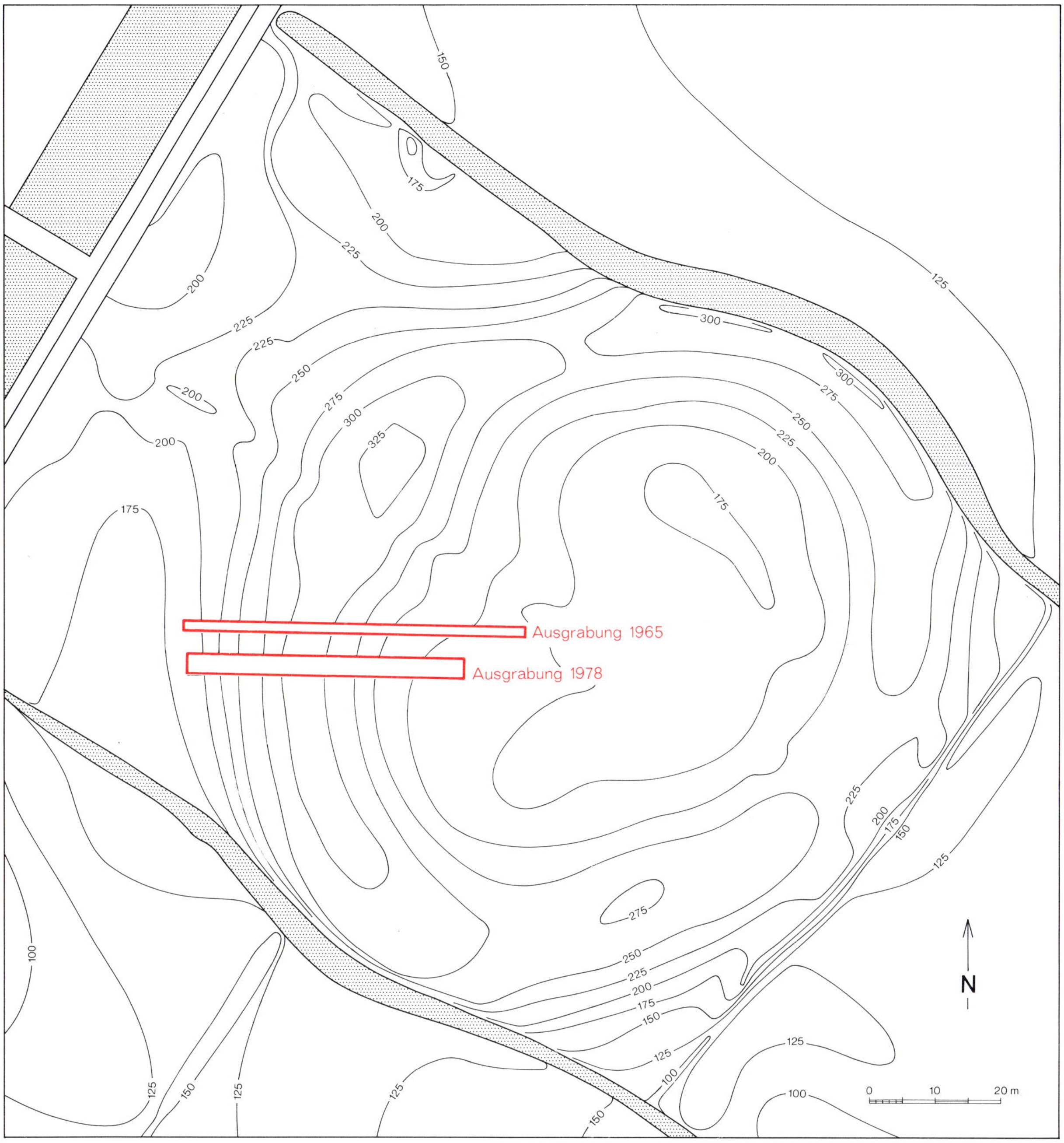

Trælbanken. Schnittplan. – M. 1 : 1000.

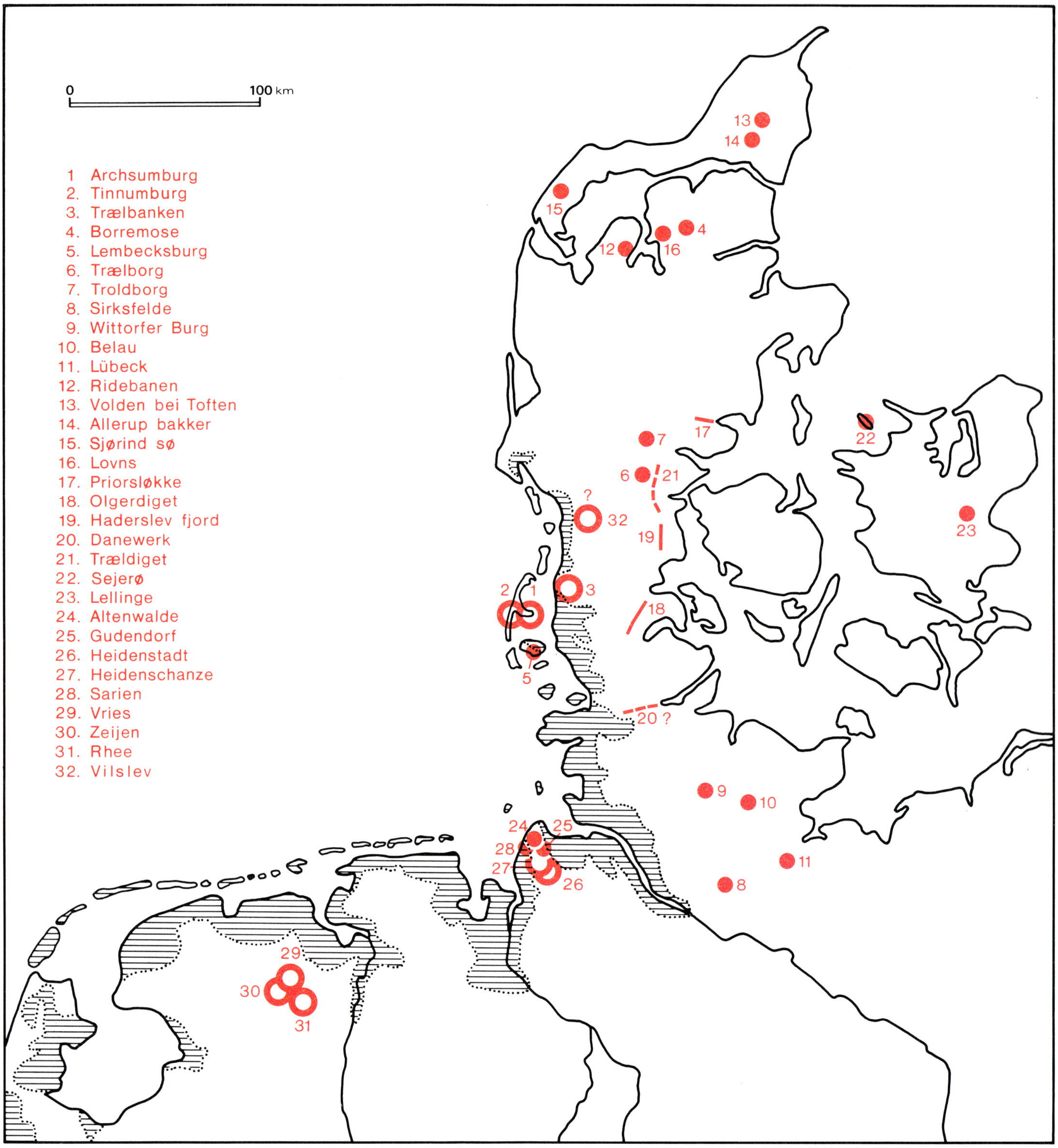

Lageplan von Wallanlagen in Jütland, auf Seeland, in Niedersachsen und Nordholland. – Doppelkreis: Kaiserzeitl. Bering; Punkt: Im Text erwähnte Fundstelle; Balken: Langwälle.

Beilagen 1–14

Plana

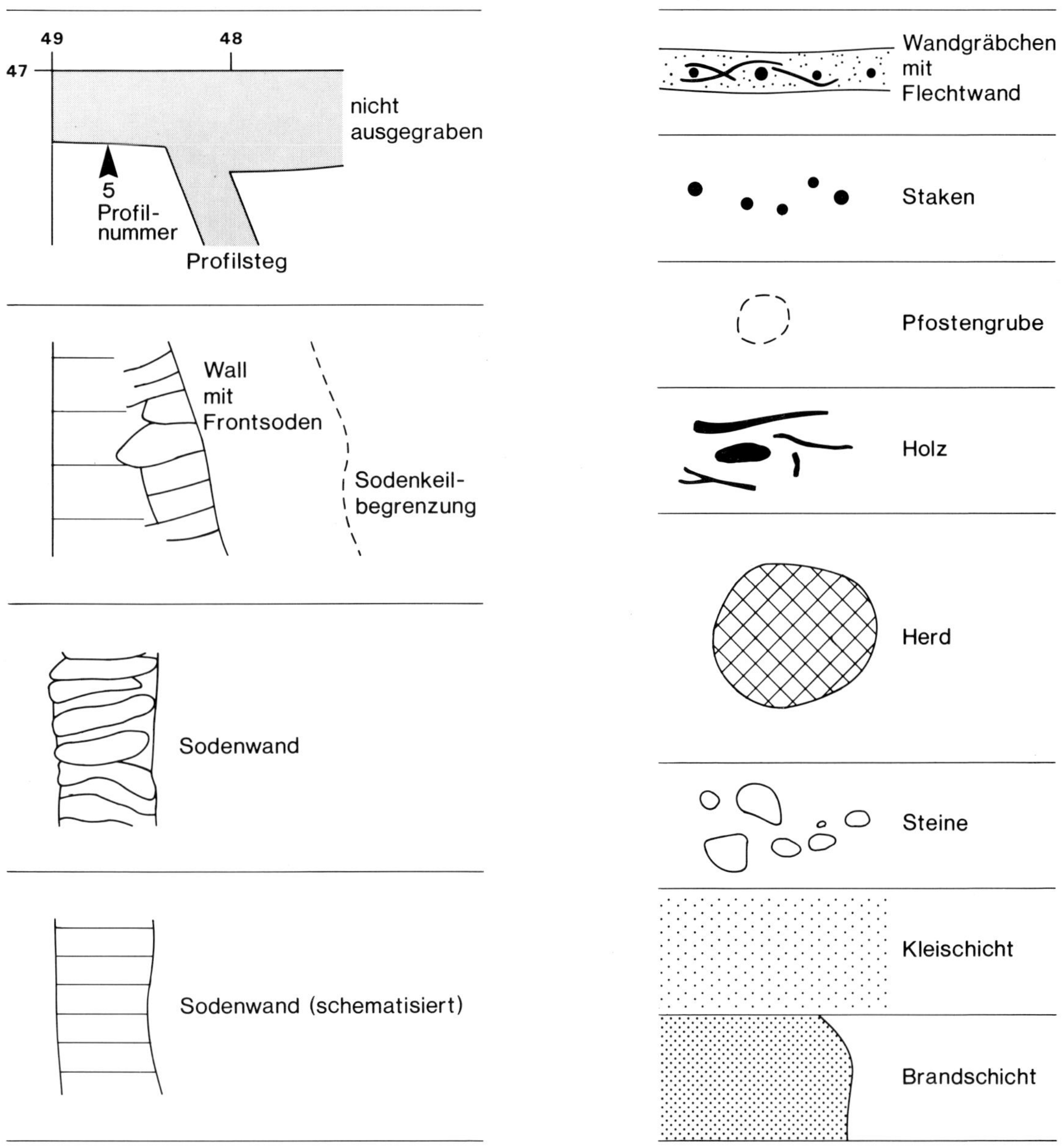

Profil

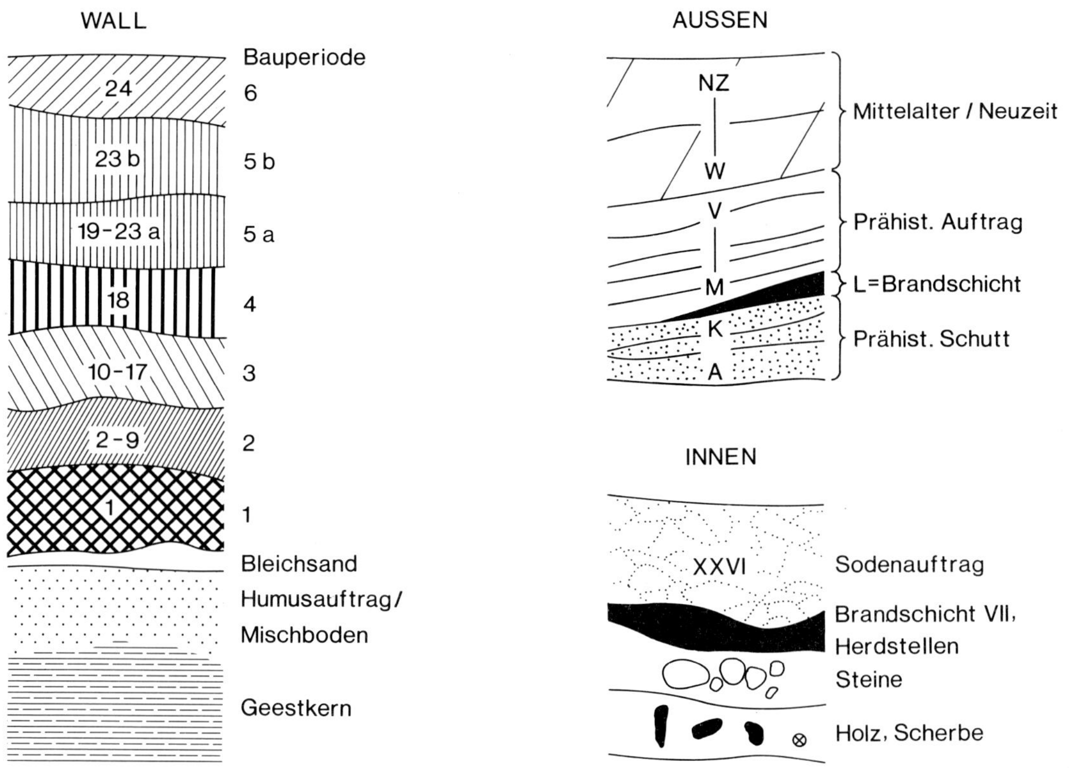

Beilage 1 Legende zu den Profilen auf *Beil. 2–9* u. *11.*

Beilage 1 Legende.

	Fläche 1 Probe 9	1	2	3	5	6	7	8	1/36	Fläche 2 Probe 1	2	3	4	5	
sonstige Sträucher															
Juniperus	+	.	.	.	.	+	+	+	.	.	.	.	.	.	Wacholder
Crataegus-Typ	.	.	.	.	.	+	.	+	.	.	.	.	+	.	Weißdorn-Typ
Sorbus	1,2	.	.	.	.	+	+	.	.	.	+	.	.	.	Eberesche
Rubus	3,6	.	.	.	+	+	+	.	+	.	+	.	+	.	Himbeere, Brombeere
Hedera	.	.	.	.	.	.	+	.	.	.	.	.	.	.	Efeu
Rhamnus frangula	.	.	.	.	.	.	+	.	.	.	.	.	.	.	Faulbaum
Sambucus	.	+	.	+	.	+	+	.	.	.	.	.	.	.	Holunder
Lonicera periclymenum	.	.	.	.	.	.	.	.	.	.	.	+	.	.	Wald-Heckenkirsche
Papilionaceen															
Ononis-Typ	.	.	.	2,8	.	.	+	.	.	.	.	.	.	.	Hauhechel-Typ
Lathyrus	.	.	1,6	+	+	+	+	+	.	.	.	.	.	.	Platterbse
Lotus corniculatus	.	.	.	.	.	.	+	.	.	.	.	.	.	.	Hornklee
Melilotus	8,4	.	.	.	.	+	5,2	5,9	.	.	8,1	.	+	.	Steinklee
Trifolium repens-Typ	15,0	2,5	8,0	5,3	+	+	1,7	6,6	.	.	.	.	.	.	Weißklee-Typ
Trifolium pratense-Typ	.	.	2,4	.	.	+	.	1,2	.	.	+	.	.	.	Wiesenklee-Typ
Trifolium arvense-Typ	.	.	.	+	.	.	2,3	+	.	.	+	.	.	.	Hasenklee-Typ
Trifolium campestre-Typ	.	.	.	.	.	.	.	3,5	.	.	.	.	+	.	Gelber Ackerklee-Typ
Vicia-Typ	.	.	.	+	.	.	+	.	.	.	.	.	.	.	Wicke-Typ
Papilionaceae indet.	.	.	.	+	.	.	+	.	.	.	+	.	.	.	
Asteroideen															
(sonstige tubuliflore Compositen)															
Centaurea cyanus	.	.	.	.	.	.	.	.	.	.	.	+	.	.	Kornblume
Centaurea jacea-Typ	.	.	.	.	.	+	+	.	.	.	.	.	.	.	Flockenblume-Typ
Cirsium-Typ	.	.	.	+	5,0	5,6	+	.	.	.	.	.	+	.	Kratzdistel-Typ
Matricaria-Typ	3,6	+	.	5,3	.	+	.	+	.	.	+	+	+	.	Kamille-Typ
Bidens-Typ	.	.	.	.	.	+	.	.	.	.	.	.	.	.	Zweizahn-Typ
Asteroideae indet., scabrat	+	+	4,0	+	+	+	+	+	+	+	+	+	2,6	+	
Asteroideae indet., psilat	+	+	+	+	+	+	+	28,0	+	+	+	+	1,4	+	
sonstige mögliche Landpflanzen															
Empetrum	.	+	.	.	.	.	.	.	.	+	+	.	.	.	Krähenbeere
Vaccinium-Typ	.	.	.	1,2	.	+	.	.	.	.	.	.	.	.	Heidelbeer-Typ
Erica	+	.	.	.	.	.	+	+	.	.	.	.	.	+	Glockenheide
Polygonum aviculare+	9,0	+	.	2,9	.	.	.	.	.	.	+	.	+	.	Vogelknöterich
Polygonum hydropiper-Typ	1,2	.	+	+	.	.	.	.	.	.	.	.	.	.	Wasserpfeffer-Typ
Spergula+	1,2	.	.	+	.	+	+	+	.	.	1,2	+	+	.	Spark
Spergularia+	3,0	+	+	+	.	.	2,8	8,0	.	+	.	.	.	.	Spärkling
Scleranthus+	1,2	.	.	.	.	+	+	+	.	.	.	.	.	.	Knäuel
Cerastium-Typ+	2,4	+	.	.	.	.	.	.	.	.	+	.	+	.	Hornkraut-Typ
Lychnis-Typ+	.	+	.	.	+	1,2	+	.	+	.	.	.	.	.	Lichtnelke-Typ
Silene-Typ+	.	1,2	+	2,4	.	.	.	.	.	.	.	+	+	.	Leimkraut-Typ
Sagina-Typ+	.	.	+	+	.	.	.	.	.	.	.	+	1,0	.	Mastkraut-Typ
Urtica+	+	+	+	+	+	3,5	+	3,3	+	.	.	.	+	.	Brennessel
Humulus/Cannabis+	+	.	.	.	.	.	.	.	.	.	.	.	.	.	Hopfen/Hanf
Ranunculus acer-Typ	.	+	+	2,4	1,2	2,2	+	+	.	.	.	.	.	.	Scharfer Hahnenfuß-Typ
Ficaria	+	.	.	.	.	1,5	+	.	.	.	.	+	.	.	Scharbockskraut
Anemone-Typ	1,2	.	+	.	+	1,7	.	.	.	.	.	+	+	.	Windröschen-Typ
Ranunculaceae indet.	.	.	.	.	+	.	1,2	.	.	+	.	+	+	.	
Thalictrum	.	.	.	.	.	6,0	.	.	+	.	.	.	.	.	Wiesenraute
Potentilla/Comarum	+	+	+	+	+	5,8	+	+	+	.	.	+	.	.	Fingerkraut/Blutauge
Geum-Typ	+	+	+	+	+	+	+	+	+	+	+	+	+	+	Nelkenwurz-Typ
Rosaceae indet.	.	1,9	+	+	.	.	+	.	.	.	+	.	.	+	
Radiola+	.	.	.	.	.	.	.	.	.	.	2,2	+	+	.	Zwergflachs
Hypericum	.	.	+	1,2	.	+	.	+	.	.	.	.	+	+	Johanniskraut
Epilobium	.	+	.	.	.	+	.	.	.	.	.	.	.	.	Weidenröschen
Geraniaceae	+	.	.	.	.	.	.	.	.	.	.	.	.	.	
Gentiana cf. *pneumonanthe*	+	.	.	.	.	1,2	.	.	.	.	+	.	.	.	Lungenenzian?
Boraginaceae+	+	.	.	+	.	.	.	.	.	.	.	.	.	.	
Convolvulus arvensis+	.	.	.	.	.	.	.	+	.	.	.	.	.	.	Ackerwinde
Calystegia sepium+	.	.	.	.	.	.	.	.	.	+	.	.	.	.	Zaunwinde
Mentha-Typ	+	+	+	+	+	3,6	+	+	+	.	.	.	+	.	Minze-Typ
Lamium-Typ	+	+	.	.	.	+	.	+	.	.	.	.	+	.	Taubnessel-Typ
Galeopsis-Typ	.	.	.	.	.	.	+	.	.	.	.	.	+	.	Hohlzahn-Typ
Solanum dulcamara	.	.	.	+	.	+	+	+	.	.	.	.	.	.	Bittersüßer Nachtschatten
Solanum nigrum+	+	.	.	.	.	+	+	.	.	.	.	.	.	.	Schwarzer Nachtschatten
Scrophularia cf. *nodosa*	+	.	.	.	.	+	.	.	.	.	.	.	.	.	Knotige Braunwurz?
Rhinanthus-Typ	+	+	1,6	.	.	+	+	.	.	.	1,0	+	+	.	Klappertopf-Typ
Veronica-Typ	+	+	+	+	+	+	+	+	+	+	+	+	+	+	Ehrenpreis-Typ
Melampyrum+	.	+	.	+	.	+	.	+	.	.	.	+	+	.	Wachtelweizen
Plantago major+	.	+	.	.	.	+	.	.	.	.	.	.	+	.	Großer Wegerich
Rubiaceae	.	13,7	4,0	2,4	3,7	17,4	2,3	+	.	.	+	+	+	.	
Succisa	+	+	.	.	.	+	+	.	+	+	+	+	+	+	Teufelsabbiß
Campanulaceae	2,4	+	+	+	+	+	+	+	+	+	.	.	+	+	
Orchis	.	+	.	.	.	.	.	.	.	.	.	.	.	.	Knabenkraut
sonstige Sumpfpflanzen															
Rumex hydrolapathum-Typ	.	.	.	.	+	+	+	+	.	.	.	.	.	.	Flußampfer-Typ
Caltha	1,2	.	.	.	.	+	.	.	.	.	.	.	.	.	Dotterblume
Ranunculus flammula-Typ	.	2,5	4,0	10,6	.	3,1	+	.	.	.	.	.	.	.	Brennender Hahnenfuß-Typ
Filipendula	1,8	.	.	+	+	+	+	+	.	.	.	.	.	.	Mädesüß
Lotus uliginosus	26,0	1,9	17,6	5,3	1,7	3,9	1,2	+	.	.	.	.	.	.	Sumpf-Hornklee
Lythrum	.	.	.	1,6	1,2	+	+	.	.	.	.	.	.	.	Blutweiderich
Viola cf. *palustris*	.	.	.	1,2	.	+	+	.	.	.	.	.	+	.	Sumpf-Veilchen?
Lysimachia thyrsiflora	.	.	.	.	.	+	.	.	.	.	.	.	.	.	Straußblütiger Gilbweiderich
Lysimachia vulgaris-Typ	.	.	.	.	.	.	+	.	.	.	+	.	+	.	Gemeiner Gilbweiderich-Typ
Hottonia	.	.	.	.	.	.	+	+	.	.	.	.	+	.	Wasserfeder
Menyanthes	.	.	.	.	.	+	.	.	.	.	.	.	.	.	Fieberklee
Scutellaria-Typ	.	+	.	.	.	.	+	+	.	.	+	.	+	.	Helmkraut-Typ
Litorella	.	.	.	.	.	.	+	.	.	.	.	.	.	.	Strandling
Alisma	1,2	.	.	.	.	.	+	1,2	.	.	.	.	.	.	Froschlöffel
Iris	.	.	.	+	.	.	.	.	.	.	.	.	.	.	Schwertlilie
Sparganium/Typha angustifolia	+	+	+	+	+	+	5,6	+	+	.	+	+	+	.	Igelkolben/Schmalbl. Rohrkolben
Typha latifolia	.	.	.	.	.	+	.	4,2	.	.	.	.	.	.	Breitblättriger Rohrkolben
sonstige Wasserpflanzen															
Nymphaea	.	+	.	+	.	.	.	.	.	.	+	.	.	.	Seerose
Batrachium-Typ	3,0	1,2	+	+	.	2,8	4,3	+	+	+	+	5,5	+	+	Wasserhahnenfuß-Typ
Callitriche	+	.	.	.	.	.	+	.	.	.	.	.	.	.	Wasserstern
Myriophyllum spicatum/vert.	.	.	.	.	+	+	+	.	.	.	.	.	.	.	Ähriges/Quirlbl. Tausendblatt
sonstige Polypodiaceen															
Asplenium-Typ	.	.	.	.	.	+	.	.	.	.	.	.	.	.	Streifenfarn-Typ
Polypodium vulgare	.	.	.	.	.	.	.	.	.	+	+	+	.	+	Tüpfelfarn
sonstige Sporenpflanzen															
Ophioglossum	.	+	.	.	.	.	.	.	.	.	.	.	+	.	Natternzunge
Botrychium	.	.	+	.	+	.	.	.	.	+	.	.	+	.	Mondraute
Lycopodium annotinum	.	.	.	.	.	+	.	.	.	.	.	.	.	.	Sprossender Bärlapp
Lycopodium clavatum	.	.	.	.	.	+	+	+	.	.	.	.	.	.	Kolbenbärlapp
Equisetum	.	.	+	.	+	1,2	+	.	.	.	.	.	.	.	Schachtelhalm
Anthocerotales	.	.	+	.	.	.	.	.	+	.	.	.	.	+	Hornmoose

Beilage 13 Tinnumburg. Auflistung der in den Summenkurven des Diagramms *Beil. 12* enthaltenen Pollen und Sporen. Nur Werte über 1% (bezogen auf die Baumpollensumme) sind quantitativ aufgeführt. x = vorhanden; — = fehlt. Ökologische Gruppierung in Anlehnung an Oberdorfer (1979).

Beilage 13 Tinnumburg, Liste der Pollen und Sporen in Pollendiagramm *Beil. 12*.

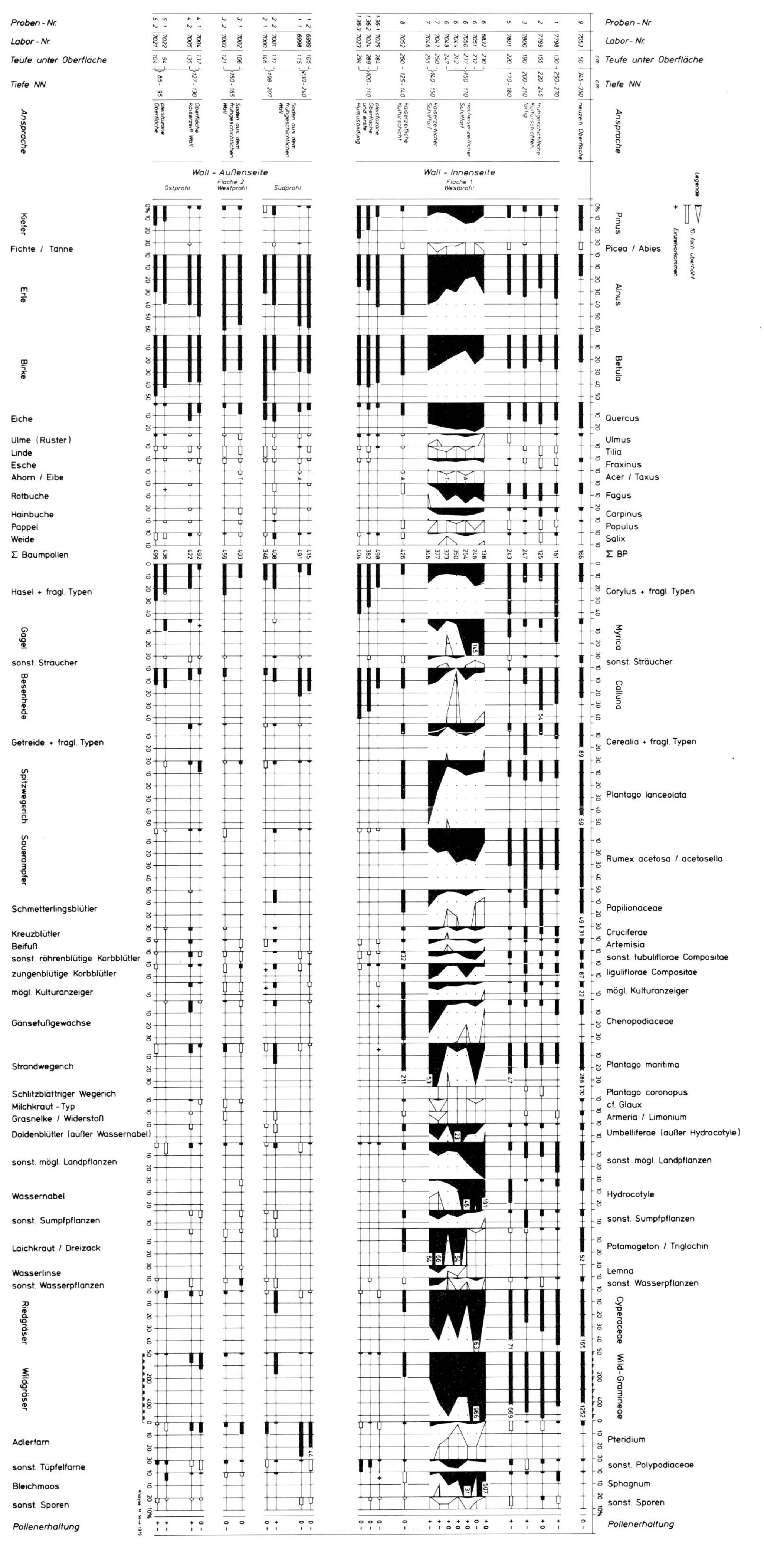

Beilage 12 Tinnumburg, Flächen 1 u. 2. Pollendiagramm.

Beilage 12 Tinnumburg, Pollendiagramm.

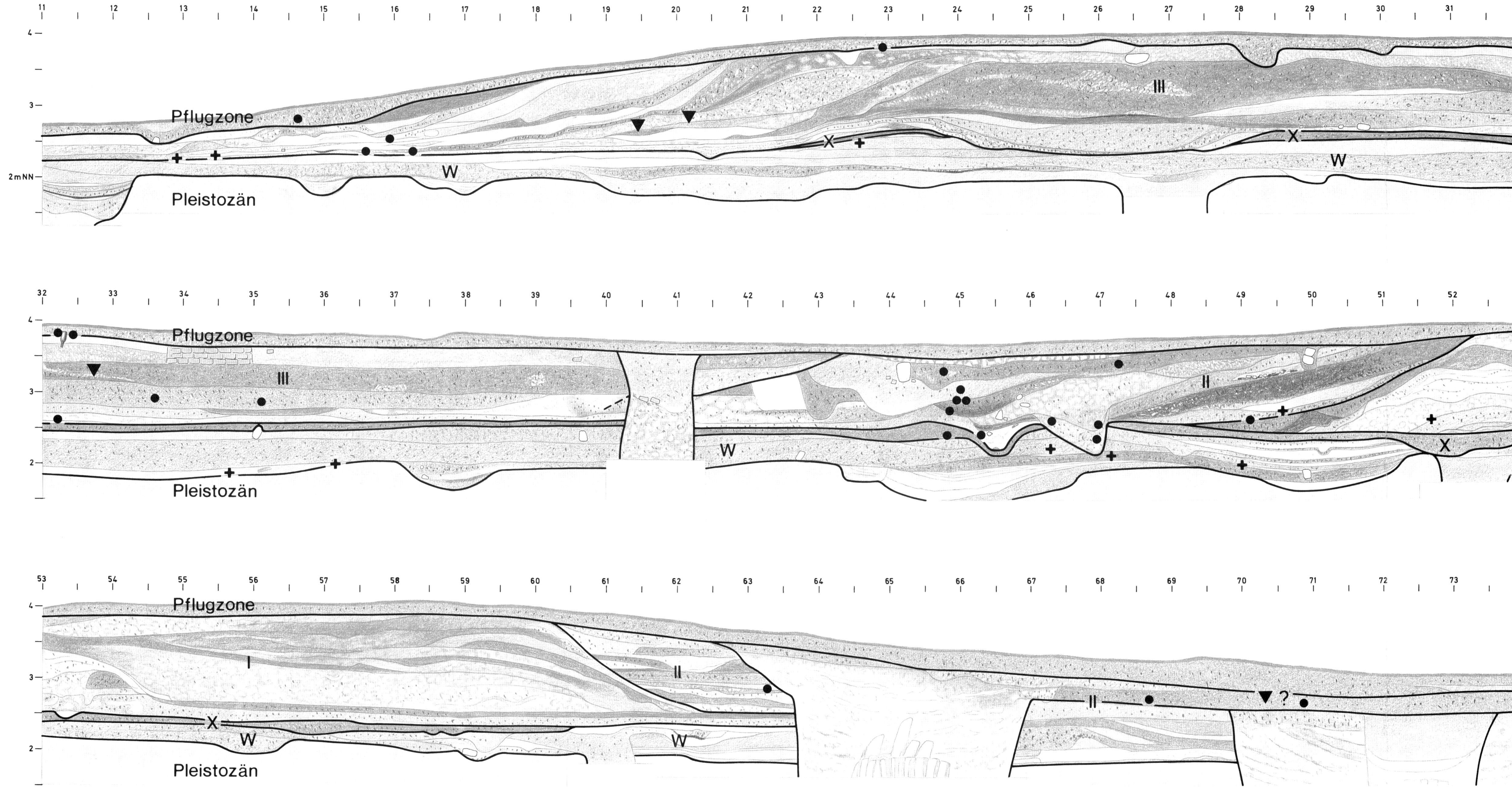

Beilage 10 Archsum. Fläche 20 westlich der Burg, Profil 2. – M. 1 : 50.

Legende:	
spätmittelalterl. Schicht	W u. X
neuzeitl. Aufwarftung	I–III
mittelalter. Keramik	✚
prähist. Keramik	▼
neuzeitl. Keramik	●

Beilage 10 Archsum. Fläche 20, Profil 2.

Beilage 14 Tinnumburg. Liste der Gehölz- und der Kraut- und Zwergstrauchpollen und deren Taxa-Anzahl.

	Gehölze I	Gehölze II	Kräuter/Zwergsträucher I	Kräuter/Zwergsträucher II	Mannigfaltigkeit	Pollenerhaltung
Wallinnenseite, Grabungsfläche 1						
Probe 9, neuzeitliche Oberfläche	16	5,5	84	94,5	44	mäßig bis sehr schlecht
Probe 1, torfige früheschichtliche Kulturschichten	48,8	19,7	51,2	80,3	38	gut bis sehr schlecht
Probe 2, wie vorige	38,25	13,7	61,75	86,3	36	gut bis schlecht
Probe 3, wie vorige	40,45	15	59,55	85	48	gut bis sehr schlecht
Probe 5, wie vorige	56	15,4	44	84,6	28	wie vorige
Probe 6, nachkaiserzeitlicher Schilftorf bei 230 cm	67,2	19,4	33,8	79,6	22	gut bis mäßig
Probe 6, wie vorige bei 232 cm	65,2	18,3	34,8	81,7	32	mäßig bis sehr schlecht
Probe 6, wie vorige bei 237 cm	57	22,8	43	77,2	29	gut bis schlecht
Probe 6, wie vorige bei 242 cm	54	19	46	81	27	wie vorige
Probe 6, wie vorige bei 247 cm	67,2	16	32,8	84	32	gut bis mäßig
Probe 7, kaiserzeitlicher Schilftorf, bei 250 cm	42,3	16	57,7	84	43	gut bis sehr schlecht
Probe 7, wie vorige bei 255 cm	35,6	20,6	64,4	79,4	37	wie vorige
Probe 8, kaiserzeitliche Kulturschicht	22	15,4	78	84,6	46	mäßig bis sehr schlecht
Probe 36/1, pleistozäne Oberfläche	84,4	75,3	15,6	24,7	14	wie vorige
Probe 36/2, wie vorige	77,2	71	22,8	29	9	wie vorige
Probe 36/3, wie vorige	75,8	71	24,2	29	10	schlecht bis sehr schlecht
Wallaußenseite, Grabungsfläche 2						
Probe 1.2, Soden aus frühgeschichtlichem Wall	61,2	57,4	38,8	42,6	15	mäßig bis sehr schlecht
Probe 1.1, wie vorige	65,4	61,6	34,6	38,4	14	schlecht bis sehr schlecht
Probe 2.2, wie vorige	63,8	32	36,2	68	35	gut bis schlecht
Probe 2.1, wie vorige	86	82,7	14	17,3	10	mäßig bis sehr schlecht
Probe 3.1, wie vorige	76,6	70,3	23,4	29,7	18	wie vorige
Probe 3.2, wie vorige	82,5	69,4	17,5	30,6	27	wie vorige
Probe 4.1, kaiserzeitliche Oberfläche	76,7	39,4	23,3	60,6	19	wie vorige
Probe 4.2, wie vorige	66,6	45,3	33,4	54,7	40	gut bis sehr schlecht
Probe 5.1, pleistozäne Oberfläche	87	77,4	13	22,6	12	wie vorige
Probe 5.2, wie vorige	89	83,3	11	16,7	9	mäßig bis sehr schlecht

Beilage 14 Tinnumburg. Verhältnis der Gehölzpollen (Bäume und Sträucher) zu den Kraut- und Zwergstrauchpollen (ohne Gramineen und Cyperaceen). In Spalte I sind Gramineen und Cyperaceen herausgenommen, in Spalte II hingegen eingeschlossen. In jedem Fall sind sichere Sumpf- und Wasserpflanzen, die unbestimmten Polypodiaceen und Moose ausgeschlossen. Anordnung der Proben wie in Pollendiagramm *Beil. 12*.